· 中国国际问题研究所出版基金资助 ·

后时代

THE ERA AFTER

王 毅◎著

时事出版社

目 录

时空篇

地缘篇

引言：为什么提出"后时代"这个概念

"后时代"这个概念是我在法国工作的6年间萌发的，这期间差不多正处于学者们常说的西方"衰落的十年"和新兴国家"崛起的十年"之间，在参加各种各样的国际研讨会、报告会中，在与法国的政治家、学者、发达国家和发展中国家的外交官交谈、共叙友谊之中，在与同事们的交流、协作之中，隐约感觉到世界正在或是即将发生着重大变化，一种与以往任何时期大不一样，可以称之为"后时代"的分水岭式的变化。

著名历史学家保罗·肯尼迪曾说，有一个词叫"分水岭"，词典对它的解释是：水由这里分流并流向特定方向。如果分水岭是座山，那么水将以这里为界流向相反的两个方向。几个世纪以来，这个词也被用来形容特定的历史和政治现象。跨过分水岭，意味着人类社会跨越一个大断层，进入无法倒退的新时代。当然，除了经历拿破仑战争或第二次世界大战那样的大战争，否则同时代的人们几乎都不会意识到他们已经迈入了新时代。

2010年8月回国后，便有了充足的时间可以集中精力投入到阅读书籍、资料材料的搜集整理之中。对"后时代"的研究思路逐渐清晰，脉络也更加清楚。尽管自己的理论和写作水平有限，却仍然努力地苦苦探索，力争把握住"后时代"的思路和方向，对这个正在不断变化着、不断出现新事物的世界，殚精竭虑地做出分析和论证，在研究中得出以下一些粗浅的体会：

首先，我们今天所处的世界的确与以往大不一样，人类社会正在迈向肯尼迪所说的“跨越一个大断层，进入无法倒退的新时代”。一个一去不复返的“分水岭”。1991 年当我第一次出国去多哥赴任时，所乘航班的航线因地面正在爆发海湾战争而改变航向。这是冷战结束后发生的第一场战事，那时就有了“后冷战”的概念。2001 年“9·11”事件爆发后，又有人说这是“后后冷战时代”的开始。那么你会自问不会有“后后后冷战时代”了吧？我在法国期间，世界上发生的事情更多更快更密集，各种关于“后××时代”的议论不绝于耳。我想在这棵长着各种“后什么”的分杈中找到一个总树干，在这些关于各种战略、经济、地缘变化的“后冷战时代”、“后金融危机时代”、“后美国时代”的后面，找到一个可以全面概括的总纲，于是产生了“后时代”的想法。

其次，有了“后时代”作为参照物的比较，就会发现西方单独控制世界 500 多年的“前时代”是那么不公正、不合理、失衡甚至是丑陋的。全球化的迅猛发展、“9·11”事件后的“恐怖平衡”以及“和平建设观”对“战争建设观”的牵制、全球金融和经济危机发生后经济重心的位移以及经济金融格局“双轨制”的出现，迎来了一个以共同、公平、均衡为特征的“后时代”，世界也因它而变得全面和完整。

再次，本书分为“时空篇”和“地缘篇”，共 8 章。在“时空篇”里描绘了“前时代”的渐逝和“后时代”的降临；在“地缘篇”里则从地缘角度分析了当前的东崛、中乱、西衰现象，它更仿佛成为一条横卧亚欧大陆上的地缘跷跷板。在“前时代”这条跷跷板一头沉、一边倒，如今在“后时代”它变得两头摇摆均衡、平起平坐了（尽管还不完全）。而地缘跷跷板上有了真正的“玩家”，有了中部、东部的参与，它才具备“可玩性”和观赏性。

本书的最后一章题为“‘后时代’的中国”，阐述了中国的国际环境、面临的机遇、挑战，以及中国的应对之策。尽管我们现在稳坐在跷跷板的一端，怀揣着对"后时代"的憧憬和展望，但"后时代"尚不能一蹴而就，亦绝非遥不可及，中国已成为当今世界变革的重要推手，它所做的一切都是在除旧迎新，加速着"后时代"的到来。

经过一年半的努力，这部名为《后时代》的研究著作终于完成，由于自己的水平有限，时间短促，书中疏漏在所难免。也深知这个概念的提出会引起各种争议，恳请各位同行和读者给予批评、指正。

代为序。

王毅

2012年5月自序于北京柏林爱乐

时空篇

当我们截取1991年、2001年和2011年三个时间坐标进行空间对比，就会发现世界板块的构造发生了巨大的变化，政治经济重心出现了明显的位移，人们看待整个世界的方式与心态也发生了新变化。世界不再具有西方单边控制、少数垄断和多数受气、实力说话、优越救世的“前时代”特性，而是展现出以多为主、共同经营、富裕普世、民主治理的“后时代”特征。它不仅表现在战略安全领域，也表现在全球经济金融领域，而且显现得更为清晰。“后时代”将由于发展中国家的群体性崛起而变得更加趋同，发达国家和发展中国家间的界限变得越来越模糊。传统国际体系的核心和边缘结构发生了变化，处于核心区域的欧美大国和日本等再也不能单独主导国际经济和政治事务，原先处于国际体系边缘的新兴大国在历史上第一次走向国际舞台的中央，与原有的大国一起共同影响着国际体系的发展和演变。人类历史上首次出现了在重大国际事务上不再是单边、单轨制决定的半个世界，而是由新兴国家、发展中国家与发达国家共同参与、合作、竞争、较量的双边、双轨制共同构建起的一个均衡完整的世界。

第一章　走向“后时代”

进入21世纪以来，国际格局正发生着与以往不同的重大变化，在种种变化的波流之中，人们依稀看到浩荡洋流滚滚前行，感受到大规模积聚的能量正孕育着质变和震荡。

面对变化，国际关系研究与理论中越来越多地出现“后××时代”的字样，人们将冷战结束后国际格局出现的一超多强、多极化趋势的战略态势定义为“后冷战格局”、“后冷战时代”，将美国、西方综合实力步入衰退，新兴国家及发展中国家的群体性崛起概括为“后美国时代”和“后西方时代”，将全球经济金融危机发生以来国际上主要力量对比发生的重大变化形容为“后危机时代”，将发生在西亚北非阿拉伯世界的变革及其伊斯兰势力出现的战略复兴归纳为“后中东时代”、“后伊斯兰时代”、“后卡扎非时代”，将在哥本哈根全球气候变化峰会及其以后发生的发达国家、新兴大国以及发展中国家的对立与合作称之为“后哥本哈根时代”，等等，在这些林林总总被学者、政治家冠以“后××时代”的背后，我们可以感觉到当今世界正在发生着与以往任何时期都截然不同的巨大变化。俄罗斯当选总统普京将其称之为“全球大转型时代”，指出世界现在所遇到的是严峻的系统性危机，是全球转型的结构性进程。这是向新的文化、经济、技术和地缘政治时代过渡的明显表现。[①] 在一路经历了战略上的“后冷战”、“后西方”；经济上的“后危机”；实力变化上的“后美国”；地缘政治上的“后伊斯

① 弗拉基米尔·普京：“俄罗斯正在养精蓄锐，以应对我们必须应对的挑战”，俄罗斯《消息报》，2012年1月16日。

兰”；重大国际问题上的“后哥本哈根”之后，“后时代”逐渐清晰地出现在我们面前，而那个既熟悉又陌生、既不合理又不公正、既充满血腥又缺乏真正民主的“前时代”，正被滚滚向前的浩荡洋流吞噬粉碎。

第一节 诸多“后××时代”的宣示

自20世纪90年代冷战格局结束至今，国际政治经济安全格局发生着大动荡、大变化、大调整，各种“后××时代”层出不穷，在这些N多个“后××”时代的后面，究竟意味、宣示着什么呢？

一、“后冷战时代”预示着国际格局的重大变化

国际格局正在经历最为深刻、激烈的分化、重组，由分散的多极趋向整合、集结。一方面以美国、欧盟、日本为代表的西方势力虽呈衰退之势，但它们依然拥有雄厚的综合国力和较强的自我修复能力，因此以美国为主导，欧盟、中国、俄罗斯、印度、巴西、日本等国和地区组织构成的多极世界长期存在。但另一方面，几个世纪以来世界政治、经济、安全秩序被西方“单边”垄断、操纵的局面被新兴国家和发展中国家的群体性崛起所打破，人类历史上首次出现了在重大国际事务上不再是单边、单轨制决定的半个世界，而是由新兴国家、发展中国家共同参与、合作、竞争、对抗的双边、双轨制共同构建起一个完整的世界。发达国家与新兴发展中国家在国际政治、经济秩序、全球治理、民主、人权、气候变化等问题上既相互协调磋商，又相互矛盾对立；既合作又斗争。传统发达国家也好，新兴大国也好，任何

一国再也无力单独应对或承担责任，各种力量重新合并、重新组合、抱团取暖，世界的多极化也在向着“多极化＋两集（团）化”方向快速转化。

二战以来，国际体系以美苏两个超级大国为主导，美国借重欧、日主宰国际体系的发展。冷战结束后，美国成为最大的胜利者，国际力量对比向美国这个唯一的超级大国倾斜。然而，在短短的十多年间，美国的霸权地位就出现衰落的趋势。美国的战略失误、西方社会整体能力下降和非西方世界的全面挑战，共同构成国际结构发生变动的动力机制。从时空上看，当我们截取 1991 年、2001 年和 2011 年三个时间坐标进行空间对比时，就会发现世界板块构造发生了起伏，政治经济重心出现了明显位移，人们看待整个世界的方式与心态也发生了新的变化。从地缘角度看，发达国家代表的西方和以发展中国家为代表的东方如同分坐在一条巨大的地缘跷跷板的两端，过去欧美稳稳地压住跷跷板之西端，如今重量坚定而有力地开始向另一端倾斜。

在这 20 年里，全球化向全世界迅速传播与扩张，以互联网和手机为代表的信息技术的创新与应用，大大地拓展了人类共同发展的能力与空间。技术和知识的全球分享越来越迅速、便捷，后发效应促使发展中国家不断缩短与发达国家的距离。以清洁能源技术为核心的新一轮技术革命和产业创新正成为趋势。科技知识创新、传播、应用的规模和速度前所未有，世界各国纷纷采取规模空前的经济刺激措施，加强体制创新和政策引导，以抢占世界经济发展新的制高点。此外，清洁能源、节能环保、新材料、新医药、生物育种、信息网络等战略性新兴产业方兴未艾，各国基本处于同一起跑线上。谁在新兴战略产业方面率先实现重大突破，谁就能在未来的国际竞争新格局中占据主动。以中国、印度、巴西、俄罗斯、南非等“金砖国家”为代表的新兴经济体的经济总量在国际体系中所占的份额逐年增长，新兴经济体的综合国力不断提升，成为决定和影响未来国际体系发展的重要因素。在这20年里，包括中国在内的新兴大国，主动融入全球化浪潮，与各国的良性互动不断加深，20年间它们与世界的关系发生了历史性变化。新兴经济体的蓬勃发展带动了所有发展中国家的进步，新世纪头10年结束之际，发展中国家已占据了全球经济增长约一半的份额。同时，在北非、中东、中亚、南亚、东南亚等地区，伊斯兰世界和伊斯兰主义正在复兴。被西方称为“伊斯兰原教旨主义”的宗教势力，要求把伊斯兰教变成一种指导国家内外政策的政治意识形态，而在这个世界上有1/5以上的人口信奉伊斯兰教。最后，全球性挑战、非传统安全的挑战与日俱增，恐怖主义、金融风暴、大规模杀伤性武器扩散、气候变暖、能源供应与能源安全、非典、禽流感等，大大强化了人类共同发展的现实需要。

二、“后美国时代”扼杀“美国梦”

众所周知，美国的强大建立在四大支柱之上，即强大的经济金融实力、强大的军事实力、强大的外交干预实力和强大的科技实力。在美国强大的基础上建立起来的美国式价值理想、大众文化，曾经成为世界各地人们的追求与梦想。冷战结束奠定了美国的霸权地位，同样也开始了其权力的衰落过程。2008年美国作家法里德·扎卡利亚的书籍《后美国世界》一出版即引起轰动，此书是在金融危机导致全球经济衰退这一背景下对权力转移进行的诠释和剖析。作者认为，当代世界正在经历现代史上第三次重大的权力转移。这种转移不仅发生在经济领域，还体现在军事、社会和文化层面上，世界力量的分配正在逐渐脱离美国的经济支配，迈进一个多元势力共同支撑的“后美国时代”。但扎卡利亚反复强调，后美国时代不是一个美国衰落的世界，而是一个“他者崛起”（the rise of the rest）的世界。在这个新世界中，美国和其他各国领导人面临的最大挑战就是如何创建一个新的国际体系，从而在全球性重大问题上开展有效的国际合作。"后美国时代"的权力转移表现在国际权力由集中走向了分散。在这次权力转移中，世界力量在产业、金融、社会、文化等方面正在发生着前所未有的分化组合。在此环境中，美国权力的传统行使方式，无论是在经济上还是在政治、军事上，其有效性与合法性越来越受到质疑，世界正在日益偏离美国的统治。扎卡利亚认为，在"后美国时代"的图景中，"并非一切都发生了变化，新秩序的兴起并没有宣告美国的衰落"，"事实上，美国所拥有的实力使其可以在任何领域、以任何方式操纵和塑造世界"。[①] 从1991—2011年的20年间，美国经历了史上最为惊心动魄的、过山车式的变化：从冷战结束初期的"一超独大"到综合实力衰退、全面战略收缩。2001年"9·11"事件的爆发，引出随后10年里规模最大的两场战争——阿富汗战争和伊拉克战争。美国自恃有能力同时打两场战争，但10年过去了，它发现自己打得起但赢不了，军费成倍增加，国际形象严重受损。特别是随着2008年金融危机的爆发，美国综合实力呈下降趋势，对国际关系的影响力和控制力出现前所未有的衰退。软硬实力双双受损，美国陷入空前的战略困境。现任总统奥巴马不得已对其全球战略做出重大调整，转而采取以退为进"巧实力"政策。正如美国知名战略家基辛格在《大外交》一书中所说："在逐渐显现的世界秩序中不同于以往的是，这是美国有史以来首次面临的既不能退出又不能主宰世界舞台的困境。"[②]

美国的四大支柱正逐一动摇。在经济金融方面，美国由以前的强美元、高储备、大投资演变成今天的弱美元、零储备和低投资。美国国内生产总值（GDP）在二战后曾占国际体系经济总量的50%，如今下降到2010年的22%。近10年来美元不断处于贬值之中，日元、

① Fareed Zakaria, *The Post American World*, New York: Norton, 2008, p. 44.

② ［美国］亨利·基辛格著，顾淑馨等译：《大外交》，海南出版社，2010年版，第11页。

欧元、人民币先后崛起，如今美元的稳定与否实际掌控在人民币汇率走向之中。世界经济金融危机的根源来自美国极端自由的资本主义运作模式，迄今毒瘤未除。在军事方面，美军在越战后依托高科技、零伤亡、快速反应的超现代战争不适用于伊拉克、阿富汗的恐怖袭击和游击战，两场战争使美国付出了巨大的政治、经济和军事代价，美国军队不可战胜的神话被击破，美国拱手让出利比亚战争的指挥权，是美国出让全球霸主地位的重要转折点。在外交方面，冷战时期出于共同应对共产主义的需要，美国行政、立法、司法机构尚能团结一致，但在苏联解体后，各种压力集团、利益集团层出不穷，三权分立、相互制衡严重，对美国的外交政策形成严重牵制。这场危机的作用是凸显了资本主义制度——甚至像美国这样发达和先进的制度——内在的不稳定性。美国式的资本主义已经从神坛上跌落下来。[①] 唯有在科技实力方面，美国尚无可匹敌，唯可称雄，继续吸引着世界各地的尖端人才，但美国的科技实力及创造力也面临着来自新兴国家的激烈竞争，优势正逐渐丧失。“美国如今面临的最大挑战并不是赫然出现一个大国对手，而是债台高筑、基础设施破损和经济不景气这三重打击。”[②]

奥巴马上台以来确实展现出与以往的美国领导人不同的世界观。从越南战争起，美国就不断地重复着“疯狂—战争—清醒”的轮回，越战后才有了尼克松的现实外交。今天的奥巴马有可能像当年的尼克松一样，在经过伊拉克、阿富汗战争之后，美国终于醍醐灌顶。奥巴马政府意识到世界已处于“后美国时代”，美国已无力单独掌控世界，而只拥有相对霸权。甚至“美国可能实际上正转变为亚太地区的一个区域性力量”[③]。

---

① Nancy Birdsall and Francis Fukuyama，“The Post-Washington Consensus Development After the Crisis”，*Foreign Affairs*，March/April 2011.

② 蒂芬·沃尔特：“美国时代的结束”，美国《国家利益》双月刊，2011 年 11—12 月。

③ 阿里斯戴尔·伯奈特：“美国将重心放到亚洲是否是其全球大国地位削弱的第一步?”，美国《耶鲁全球化在线》杂志，2012 年 3 月 21 日。

奥巴马采取的"巧实力"外交难以发挥起死回生的作用。美国人历来是资本主义最热切的拥护者，然而最近的一项民意调查结果表明，目前仅有50%的美国人对资本主义持肯定看法，而40%的人则不以为然。这种幻灭感在18—29岁的年轻人、非洲裔美国人和拉美裔美国人、年收入3万美元以下的低收入人群、以及自诩的民主党人士中间表现得尤其明显。[①]

三、"后西方时代"预示着西方面临战略断层

以美国、欧盟、日本为代表的西方世界无论从综合实力、战略地位、国际影响，还是曾经引以自豪的社会模式、幸福感、舒适度方面，均被西方专家、学者描述成为遭遇到了前所未有的"战略断层"[②]、"旧秩序的危机"，以及"经济艰难时期的背后是对新秩序的担忧"[③]。美国地缘战略专家西蒙·瑟法蒂认为："在20世纪中，后欧洲的世界所涉及的不是美国国力的崛起，而是其他所有国家的衰落。在21世纪中，在后西方的世界——如果这种情况得到证实的话——不一定涉及包括美国在内的西方强国的衰落，而是涉及所有其他国家地位的上升。"[④]

"旧秩序"体内正发生着结构性的重大变化。首先，除了前面论述到的美国的战略困境外，欧盟在21世纪头10年，从2005年的欧宪危机起便遭遇一系列政治、经济、社会、安全危机的冲击，尤其是从2009年开始的债务危机，以及由此引发的各种危机的频率和节奏愈发

① 劳伦斯·萨默斯："目前的不景气要求理智干预而不是摧毁"，英国《金融时报》网站，2012年1月12日。

② Francois Heisbourg, "*Vainqueurs et vaincus, Lendemains de crise*", Stock, Paris, 2010.

③ 罗伯特·萨缪尔森："经济艰难时期的背后是对新秩序的担忧"，美国《华盛顿邮报》，2011年7月23日。

④ 西蒙·瑟法蒂："迈进一个后西方的世界"，美国《华盛顿季刊》，2011年春季号。

密集，欧盟内乱严重削减其在世界经济总量中的比重，削弱了欧盟多年来为之奋斗的“独立一极”声誉和形象。日本自20世纪60年代以来一直是世界第二大经济体，但如今这一局面不复存在。在20世纪90年代，随着日本经济泡沫的破灭，日本经济在经历了10年低迷后，进入新世纪后其增长缓慢。金融危机已对日本经济复苏造成重大冲击，环比出现负增长。然而“屋漏偏逢连阴雨”，日本保持近半个世纪的世界第二大经济地位在2010年被中国超越，2011年3月又遭到地震、海啸、核辐射的复合性灾难打击，对日本的综合国力及民族心理造成严重创伤。“西方生活在前途危机之中：新生代不再相信他们会比前辈们生活得更好，他们面临着思想、方向和生活意义的危机。西方知道他们从哪里来，但却不知向哪里去。”[①] 其次，昔日国际体系的主要行为体美国、欧盟和日本，除以经济为主的自身综合实力不断下降、国际影响力和控制力不断下滑外，其内部政治权力以及外交战略也在发生着不同以往的调整和变革：奥巴马抛弃了布什的单边霸权战略，改为以“倾听”为主的对外合作战略，美国的全球战略由全面扩张改为重点收缩，并将重心转至亚太；欧盟、日本政坛受金融危机影响，均在发生战后最为深刻的变化。一些西方思想家对西方社会本身能否继承延续了几百年的价值体系深表怀疑。他们担心，极力追求个人物质享受和精神刺激的倾向将把西方社会乃至整个世界引向分裂、混乱和崩溃。《文明的冲突》一书的作者亨廷顿认为：“西方文化受到了西方社会里一些群体的挑战。其中一种挑战来自于从其他文明过来的移民，他们拒绝同化，继续坚持并且宣扬他们母国那些价值观、习俗和文化……如果同化失败，美国将变成一个分裂的国家。”[②] 第三，多种形式的国家发展模式出现，非西方价值观的影响上升，对美国、西方的

① Le monde. Le 27. mai. 2011 “*La crise d'avenir de l'Occident*”.

② Samuel P. Huntington, *The Clash of Civilizations and the Remaking of World Order*, New York: Simon & Schuster, 1996, pp. 304—305.

政治价值观构成了强烈冲击。在东亚，政治家、学者、媒体抨击美欧的政治经济制度和价值观念之声不绝于耳。认为美国社会以个人主义和享乐主义为中心的价值观造成家庭的解体，社会冲突的加剧，以及经济和债务危机。而崇尚权威、强调集体主义、重视家庭伦理、遵从传统道德，则更能保证经济持续发展和政治稳定。东亚各国政治精英中日益增长的一种意识是，现代化不等于西方化，在经济模式、社会规范、政治体制、对外政策取向等方面，不应一切以西方为楷模。我们正在见证“旧秩序的危机”。各发达国家都面临着类似的问题：负担过重的福利、老龄化的人口，以及日益低迷的经济发展。这些情况构成了此次全球危机的特点，也解释了危机为何会同时降临在美国、欧洲和日本。① “我们习惯称当今世界是‘西方的’，甚至是‘美国的’，很少想到除了这两种叫法以外的其他情况。而且，在其他国家仰慕的目光中，西方国家在世界范围内享有很多既得利益。自然而然，霸权力量企图将自己的价值观和条约灌输给附属国，后者将会因地制宜地进行调整和改革；如果后者没有做出令其满意的回应，他们就会将那些价值观和条约强加在附属国身上，必要时甚至采用武力等极端方式。因此，无论从心态上还是利益上，美国和其他西方国家，都很难设想或接受一个自身影响力不断遭到削弱和缩减的世界。”②

四、“后危机时代”：推动世界经济秩序更加公平合理

2008 年起始于美国并波击全球的金融、经济危机，对现有的世界

---

① 罗伯特·萨缪尔森：“经济艰难时期的背后是对新秩序的担忧”，美国《华盛顿邮报》，2011 年 7 月 23 日。

② ［英国］马丁·雅克著，张莉等译：《当中国统治世界》，中信出版社，2010 年版，第 7 页。

经济格局产生了巨大冲击。造成“后危机时代”的世界经济格局出现了下列重大趋势性变化：第一，危机加快了世界经济重心的分化和转移。新兴经济体的经济增长率明显高于发达国家。尤其是亚洲的发展中国家，2008 年经济规模达到 72387.3 亿美元，占世界经济总量的 11.9%，如果加上日本，亚洲经济规模已占到世界经济总量的 1/4。危机以来中国、印度以及其他亚洲新兴经济体的表现大大好于美欧发达国家。亚洲目前在全球贸易总额中占 1/3，世界经济重心向亚洲转移的趋势十分明显。亚洲在经济上的崛起，已促使世界经济格局重新分化，逐步形成了欧美亚三足鼎立的局面。美欧等国竞相调整其对外经济政策，将重心移向亚洲。第二，新兴国家、发展中国家与发达国家的力量对比正朝着有利于均衡和更加公正合理的方向发展。伴随着新兴国家队伍的不断壮大，形成了一个遍布亚洲、非洲、拉丁美洲及中东的“新兴国家群体”，提振了新兴和发展中国家的整体力量，改变了南北力量对比。“后危机”中，新兴国家和发展中国家以高于发达国家经济增速发展的趋势还在继续。据国际货币基金组织（IMF）2012 年 4 月公布的统计显示，2010 年、2011 年新兴和发展中经济体增长率分别为 7.5%、6.2%，发达经济体仅为 3.2%和 1.6%；预测 2012 年新兴和发展中经济体将增长 5.7%，而发达国家仅为 1.4%。[①] 新兴和发展中国家经济在世界经济中所占份额逐步增大。进入 21 世纪以来，新兴国家和发展中国家占全球国内生产总值的比重从 24%上升到 33%，对世界经济增长的贡献率达到 46%。新兴国家的崛起，拉动了世界经济的复苏，推进了多极化进程，使世界格局由失衡趋向平衡。新兴国家经济在全球经济中的份额不断上升，这场国际金融危机为“金砖国家”改变世界格局提供了一个难得的契机。因为，“金砖国家”在全球治理中的地位却没有随着其经济地位的上升而同步提高。其根源在于，发达

① 资料来源：国际货币基金组织，2012 年 4 月 17 日，《世界经济展望》。

国家一直是国际金融体系的主导者，不会轻易地让渡权力。新兴国家在国际货币基金组织（IMF）、世界银行中的投票权与其经济份额严重失衡。第三，发达国家高企的政府债务将长期存在，制约着这些国家经济发展的步伐。巨额救市资金使西方政府债务猛增，成为后危机时代威胁经济平稳发展的最大风险。据 IMF 预测，发达国家债务高峰期将出现在 2011—2018 年，2014 年发达国家的财政赤字占国内生产总值的比重将升至 9%，政府债务将超过 100%，比危机前高 35 个百分点；到 2023 年，发达国家政府债务将降到 80%，2030 年才能恢复到危机前水平，即回落到 60%的警戒线以内。2010 年年初希腊主权债务危机爆发，很快波击到爱尔兰、葡萄牙、西班牙、意大利，该 5 国被冠以“欧猪五国”名称，金融市场再度陷入剧烈动荡，欧元遭遇自诞生以来最严峻的挑战。美国虽推出了两轮量化宽松的货币政策，开动印钞机，但美国经济依旧回暖乏力，失业率居高不下。第四，经济全球化基本趋势未发生逆转，全球化运行的一系列支撑条件仍然存在。西方跨国公司一直是引领全球化生产经营的主导力量，它们通过对全球生产价值链的管理，控制着全球生产的规模和流向。由于本国生产成本的上涨，这些跨国公司纷纷把生产经营环节向外转移，原先以生产为核心的母公司变成了控制整个供应链的、以提供“生产性服务”为核心的生产服务型企业，由此导致了发达国家的“产业空洞化”现象。但正是这种变化加速了世界商品、服务和生产要素的流动。虽然跨国资本因危机冲击受到一些影响，但整体上仍有雄厚的经济金融实力，能继续推进经济全球化进程。随着世界制造业新一轮的分化与调整，跨国垄断资本正在努力寻找新的全球市场，一大批跨国公司在削减产能、实行战略性收缩的同时，着力提高在新兴市场和新兴产业的投资比重，这无疑会进一步增强发展中国家趋向生产制造与能源供给的结构特征。第五，危机往往孕育着新的科技革命，全球将进入产业振兴的新时代。后危机时期，发达国家纷纷加快调整科技和产业发展战略，抢占新的制高点。美国提出，将研发投入提高到占国内生产总值 3%的历史最高水平，力图在新能源、基础科学、干细胞研究和航空航天等领域取得突破；欧盟宣布在 2013 年以前投资 1050 亿欧元发展绿色经济；日本强调重点开发能源和环境技术。

五、"后哥本哈根"：拉开两大集团较量的帷幕

应对全球气候变化，并为此制定出全球规则，已逐渐成为后危机时代全球政治经济一个重要的发展方向。从政治层面看，2009 年发生在哥本哈根联合国应对气候变化问题国际会议上发达国家与新兴大国、发展中国家间的激烈较量，形成广大发展中国家与西方分庭抗礼的局面。气候问题上的斗争与分歧不仅升级为道德和政治问题，更升级为发达国家和发展中国家之间的一道分水岭。在气候变化问题上这种利益多元化格局的出现，进一步加深了世界多极化向集团化发展的趋势。围绕全球气候变化规则谈判的准则，主要发达国家与主要发展中国家形成明显的两大阵营。在 2009 年哥本哈根会议之前，南非、巴西、印度与中国基于共同的立场，就形成一个谈判集团——"基础四国"。"基础四国"坚持全球气候变化谈判必须在《联合国气候变化公约》、《京都议定书》与《巴厘路线图》框架下进行。这一主张得到了绝大多数发展中国家的支持。从经济层面来说，针对气候变化规则，发达国家与发展中国家分歧的本质是经济利益，即成本的分摊与收益的分配。许多国际组织与研究机构的研究结果表明：即使考虑到对发展中国家的转移支付，发达国家也是全球气候变化规则的净受益者。这是因为：一是发达国家已经完成工业化使命，进入后工业化阶段，其碳密度自然低于发展中国家。而新兴国家和发展中国家尚处于工业化的起步阶段，能源与重化工业还有很大的发展空间；二是发达国家具有国际比较优势的产业是服务业，而新兴国家和发展中国家的比较优势产业集

中于能源与制造业。倘若不坚持发展中国家主张的“共同但有区别的责任原则”，发展中国家的比较优势必然会受损；三是发达国家在200多年的工业化进程中对现行气候变化负有不可推卸的责任，有义务补偿发展中国家的减排行为。然而，在哥本哈根会议上，发达国家对补偿基金却采取推诿立场，为此遭到发展中国家的指责是很自然的结果；四是欧盟倡导所谓的“碳关税”主张，对发展中国家更是一种歧视性的政策。原因是温室气体减排谈判的标准是生产环节的碳排放，而不是消费环节的碳排放（人均碳排放）。在现实中，发展中国家向发达国家出口的是高碳密度产品，而从发达国家进口的则是低碳密度产品。依照产品的碳含量（碳密度）征收碳关税，无疑违反了国际贸易的公平原则。从气候变化谈判的收益来看，发达国家的收益程度远高于发展中国家。国际金融危机已经证明，多年来支撑发达国家经济增长的金融业、房地产业，在可预见的将来难以重新充当支柱产业，他们迫切需要发展低碳经济产业进入新一轮经济增长周期。然而，无论是发展清洁能源还是传统能源的减排，都面临成本上升压力。只有制定出全球性的应对气候变化规则，发展低碳经济产业在经济上才是可行的，才能够吸引投资者进入。一旦按照发达国家的原则制定出应对全球气候变化规则，并加以强制性实施，新兴国家和发展中国家未来的经济发展将面临前所未有的挑战。

第二节 大势已去的“前时代”

一、何谓“前时代”？

如前所述，在各式各样的“后××时代”的背后，预示着“前时代”的终结和“后时代”的到来。“前时代”与“后时代”的关系是辩证的对立统一，既是对应、继续的关系，无“前时代”则无“后时代”，但同时也是“后时代”对“前时代”的否定、扬弃。

概括地说，“前时代”从16世纪葡萄牙建立第一个世界霸权起，是西方单独控制世界500多年的时代。

政治上，1519年葡萄牙人麦哲伦在西班牙国王的支持下开始征服大西洋，寻求到东方的新航线。1522年其船队绕地球一圈后返回西班牙，用实践证明了地球是一个球体的推测。这一地理大发现极大地推动了欧洲国家工业革命的进程，促使欧洲的商业中心从地中海沿岸向大西洋沿岸转移。全球性殖民扩张开始，用马克思和恩格斯的话说就是：“美洲金银产地的发现，土著居民的被剿灭、被奴役和被埋葬于矿井，对东印度开始进行的征服和掠夺，非洲变成商业性掠获黑人的场所；这一切标志着资本主义生产时代的曙光。这些田园诗式的过程是原始积累的重要因素。接踵而来的是欧洲各国以地球为战场而进行的商业战争。”① 从16世纪的葡萄牙、17世纪的荷兰、18—19世纪的英国，到19世纪中后期，随着帝国主义的到来，主要帝国主义国家将世界领土基本分割完毕，完成西方治下的帝国主义殖民体系。尤其是在20世纪两次世界大战后，美国取代欧洲老帝国主义者、老殖民主义者，凭借其强大的经济、军事实力，在全球建立起一整套由美国主导、欧洲、日本盟国追随和拥护，广大第三世界国家和地区被压迫被控制的政治、经济、军事、金融、货币、文化和道德体系。美国确立了在国际政治中的主导地位，唯我独尊，不可一世。“就其扎根于美国社会的深度而言，就其文化和其他体现形式的广度而言，就其历史生命力和世界影响而言，美国的意识形态都超过历史上其他霸权国的思想基础。”②“法西斯德国的种族优越论只能在德意志民族中产生共鸣；日本

① 《马克思恩格斯全集》第23卷，人民出版社，1972年版，第819页。

② 王缉思：《国际政治的理性思考》，北京大学出版社，2006年版，第105页。

称霸时期的'东亚共荣'论在日本以外的任何地区皆缺乏号召力；苏联霸权主义最终在国家内部的种种弊端、意识形态同现实生活的脱离、持不同政见者的反叛等诸多因素的作用下无法维持。相比之下，美国的意识形态却能够适应新形势，补充新观念，而且万变不离其宗。"[①] 早在第一次世界大战期间，美国总统威尔逊就宣称，民主作为一种全新的国内秩序也可以应用于国际秩序。从此，对外输出民主与美国对外战略结下了不解之缘。此后美国多任总统均以在国际事务中推行民主为己任，民主成为美国对外输出的重要商品之一。美国统治者坚信，上帝造就的美国民主制度是世界的典范，美国像是神话中的山巅之城，对外具有传播民主的使命。民主成了西方政治输出和外交干涉的掩盖与口号，成了西方追逐军事、经济和思想政治霸权的工具。

在体制上，从30年战争后的"威斯特伐利亚体系"起，经过拿破仑战争后的"维也纳体系"、一战后的"凡尔赛—华盛顿体系"与国联，到二战后的联合国框架，以及两极格局形成的"雅尔塔体系"。人类自有帝国历史以来，从罗马帝国到大英帝国，基本上都是以占领别国的领土、掠夺别国的资源、奴役别国人民的殖民帝国模式完成帝国积累财富、消耗财富的过程。第一次世界大战时德国向老牌殖民帝国挑战，想要获取自己的生存空间，结果失败了。20多年后德国再度崛起，再次向老牌殖民帝国发起挑战，结果又失败了。两次世界大战的教训，使美国意识到，必须避免重蹈古典帝国模式的覆辙。美国成为两次世界大战最大的获利者。在这样一种历史的判断下，美国人希望设计出一种新型的帝国模式，这种帝国既不同于传统意义的帝国，而又能尽享帝国之利。二战后，美国以反法西斯战争领袖的身份出现，巧妙地设计并建立一个全新的独一无二的帝国，主导了战后国际机制的构建，建立了联合国集体安全机制。美国成为联合国的倡导者、缔

① 王缉思："美国意识形态的新趋势"，《美国年鉴2000》，中国社会科学出版社，2000年版，第205—223页。

造者、最大资助者，也是最大受益者。国际关系理论认为，国际制度虽然不像国家制度那么明显，但是，近代国际制度的构建基本上是随国家体系而产生的。尤其是二战以后的国际制度，包括政治、经济、军事等领域，是以美国为首的西方主要资本主义国家建立的。美国"霸权稳定说"的主要学者吉尔平认为，国际制度的建立和维持取决于美国作为霸权国的权力，国际制度的存在和作用又维持和延续了霸权体系中的国际秩序。[①] 新自由主义主要学者基欧汉虽然认为霸权国衰退之后国际制度仍会存在、仍会起到重要作用，但是他也认为战后的国际制度是在美国的霸权体系中产生的，初始时是由于美国国家权力才得以实施的。[②] 如果说战后的国际系统主要是一种以美国为主导的世界性霸权系统，那么，随之建立起来的国际制度则主要是为了维护这一系统的稳定和发展。所以国际制度就其根本性质而言，不仅仅像基欧汉的制度需求理论所说的那样，是世界各国出于达成合作的目的所需求的物资，更重要的是为了维持一种业已建立起来的国际体系。美国学者米尔纳认为，国际制度和国家制度没有本质的区别，制度的作用主要取决于制度的合法性。[③] 美国在战后也一直在力图使一系列以美国为主建立起来的国际制度具有更高的合法性，其目的是加强国际制度的权威性和可行性。冷战结束以后，美国更是明确地把民主政治和市场经济作为其核心国际目标，而这些目标在高度相互依存的世界上，在相当大的程度上要通过国际制度来实现。所以，国际制度在本质上

① Robert Gilpin, *War and Change in World Politics*. Cambridge: Cambridge University Press, 1981, pp. 101－131.

② Robert O. Keohane, *After Hegemony: Cooperation and Discord in the World Economic*. Princeton, New Jersey; Princeton University Press, 1984, pp. 31－46.

③ Helen Milner, "*The Assumption of Anarchy in International Relations Theory: A Critique*", Neorealism and Neliberalism, pp. 143－169.

是为给定的国际体系服务的。[①]

经济上，在欧洲工业革命之前，亚洲与自身人口少得多的欧洲相比在世界制造业产量中占有更巨大的份额。从1750年、1830年、1990年三年的统计数据来看，整个欧洲在世界制造业中的比重分别为：23.2%、34.2%和60%；美国分别为：0.1%、2.4%和23.6%；第三世界分别为：73%、60.5%和11%；中国分别为：32.8%、29.8%和6.2%。在1750年，欧洲和第三世界按人口计算的工业化水平相差还不太远，可是到了1900年，后者只是前者的1/18（2%比35%），只是英国的1/50（2%比100%）。[②] 二战后，美国与盟国建立了世界银行、国际货币基金组织，确立了以美元为核心的世界金融体系以及美元在国际经济和金融秩序中的领导地位，建立起以关贸总协定为基础的国际自由贸易体系。1944年7月，在美国新罕布什尔州的布雷顿森林，美国与盟国的财政部长、央行行长和经济学家聚集在一起，商量出后来被称为"布雷顿森林体系"的世界货币体系。通过建立"布雷顿森林体系"，美国人一举确立了美元的霸权地位。这个地位一直延续到1971年。它的实质是将全世界的货币锁定美元，而美元锁定黄金。美国政府向全世界承诺，每35美元可以兑换一盎司黄金。1971年，美国宣布美元不再兑换黄金，完全抛弃了金本位制，从而正式确立了美元在世界的霸权，并使美国成为金融资本主义的典范。美国因发行美元而得到了世界性的铸币税。据国际货币基金组织估计，美国每年获得的铸币税超过150亿美元。由于世界金融市场普遍采用美元定价和交易，而美元债券成本低、卖价高、利润大，故美国金融机构大肆进行所谓的金融创新，无限制地滥发各种美元债券，追逐超额的流动性收

---

① 秦亚青主编：《理性与国际合作：自由主义国际关系理论研究》，世界知识出版社，2008年版，第78页。

② ［美国］保罗·肯尼迪著，王保存等译：《大国的兴衰》，求实出版社，1988年版，第181—183页。

益。美元的主要世界性储备货币地位，使得美国政府和国民可以靠举债度日。美国无偿占有了他国的商品和服务。美国还通过滥发纸币、使美元贬值的方式化解债务负担。美国用自己的金融体系，把全世界与美国紧紧地捆绑在一起。全球财富快速向美国集中，这也就是美国在1990年前的200多年里，国内生产总值最高时才达到7万亿美元，而在最近的短短20年里，其国内生产总值翻了一番，达到了14万亿美元。美国凭借国际储备货币发行权，对国际货币基金组织、世界银行、国际经济贸易体系等国际经济金融机构进行控制和主导，确立了全球经济霸权。

在战略上，西方奉行的是"功利主义"原则。在国家之间的关系中，西方以追求权力和利益为目标，以强权和力量为手段，重视的是利益和利害的权衡，而不是道德和道义。在它们崛起的过程中，遵循达尔文主义的"物竞天择、适者生存"的自然界逻辑、弱肉强食的丛林规则，崇尚强权和武力，热爱战争和征服。西方通过一次次殖民战争和两次世界大战，实现了一个帝国取代另一个帝国的轮回转换。按照美国霸权理论的代表人物乔治·莫德尔斯基的争霸理论，一个新的霸权总是在一场全球性的战争中产生。[①] 1494—1516年的战争诞生了葡萄牙霸权，1580—1609年的战争诞生了荷兰霸权，1688—1713年的战争诞生了英国霸权，1914—1945年的战争诞生了美国霸权。新的霸权国总会利用战后的和平协议获取优势地位，并使之合法化，而之后的国际安全和秩序由霸权国来提供。当霸权国的优势和合法地位开始丧失时，新的全球战争开始酝酿，而一场新的全球战争则又催生一个新霸权。一个霸权的兴起与衰落，形成一个霸权周期。据莫德尔斯基的研究判断，霸权周期一般为100年，英国从1713—1914年实际上是维持了两个霸权周期，这中间还经历了1792—1815年的全球战争。美

① 刘靖华：《霸权的兴衰》，中国经济出版社，1997年版，第46—47页。

国学者罗伯特·吉尔平和保罗·肯尼迪用经济学的成本收益法分析了一个霸权兴起和衰落的原因，指出只要一个新兴国家认为扩张给它带来的收益将会超过其为此所需要付出的成本，它就会开始扩大对领土和资源的控制权，扩大对国际经济的控制权。而一个扩张的强权在扩张中，以及霸权的维护中，其所需要付出的成本会越来越高，这些成本来自于维持海外驻军的费用、保持对其他国家绝对优势的费用、提供国际安全和国际经济秩序等公共产品的费用、惩罚体系的背叛者的费用等。一个霸权的长久与否就看它怎么更好地处理成本和收益之间的关系，一旦成本超过了收益，一个强权的霸权也就难以维系，霸权因此而走向衰落。①

二、"前时代"的主要特征

回溯历史，500多年来，世界上所发生的重大历史性、颠覆性的变革往往通过战争形式来表现，每次战争都导致旧政权、旧帝国及其控制的地区、世界势力的消亡，以及新政权、新帝国和新国际体系的建立。从欧洲建立"威斯特伐利亚体系"起，到"维也纳体系"、一战后的国联、二战后的联合国及"雅尔塔体系"，欧美都是通过殖民战争和两次世界大战，完成对世界领土、财富的占领和瓜分，从体系、战略、政治、经济、科技和文化上确立了西方对世界的统治地位，凸显出"前时代"的四大基本特征：单边、寡数、实力和优越性。"资产阶级，由于一切生产工具的迅速改进，由于交通的极其便利，把一切民族甚至最野蛮的民族都卷到文明中来了。它的商品和低廉价格，是它用来摧毁一切万里长城、征服野蛮人最顽强的仇外心理的重炮。它迫使一切民族——如果它们不想灭亡的话——采用资产阶级的生产方式；它

① ［美国］罗伯特·吉尔平著，武军等译：《世界政治中的战争与变革》，中国人民大学出版社，1994年版，第78页。

迫使它们在自己那里推行所谓的文明，即变成资产者。一句话，它按照自己的面貌为自己创造出一个世界。”① 下面我们通过对“前时代”四个主要特征的具体分析，可以看出“前时代”的世界是半个世界，而非完整的世界。

（一）单边控制

美国、欧洲通过操纵各种国际、地区组织为其利益服务，以单边、强迫、片面方式治理和领导世界。在“前时代”体系内，整个世界形成了极少数发达国家对世界上大多数国家和民众施行殖民压迫、军事暴力和经济扼制盘剥的世界体系。资本主义体系以私有制、民主自由为核心，在两次世界大战之前表现为以帝国主义国家为基本行为主体，它使整个世界处在帝国主义国家之间，帝国主义与殖民地、半殖民地国家之间的矛盾运动中，以及在两次战争后表现为美苏两极格局对峙、帝国主义阵营与社会主义阵营对立、老殖民主义国家与争取民族独立的广大发展中国家的矛盾冲突之中。主要表现为资本主义生产方式在全球日益扩张，强权政治日益盛行，集团政治不断增加，国际冲突日益尖锐和扩大，战争连绵不断。单边控制最主要的表现是二战后美国逐渐确立起来的单极格局模式，即所谓“美利坚治下的和平”。“美国霸权的一个重要表现，就是要用美国模式改造世界，要在全世界推广美国式的民主，要对全世界进行美国化塑造，这是美国霸权在国际关系中最大的不民主，是美国霸权的专制和独裁。”②

（二）少数垄断和多数受气

西方少数国家通过其把持的话语权、充足资金和科技优势，统治

① 《马克思恩格斯选集》第1卷，人民出版社，1995年版，第276页。

② 刘明福：《中国梦》，中国友谊出版公司，2010年版，第34页。

世界的绝大多数国家，迫使大多数发展中国家处于“多数受气”状态，受制于少数发达国家。在欧洲和北美生活的人口仅占全球总人口的大约1/7，但创造的财富却占2/3，而且拥有全世界2/3的武器，投入了全球2/3以上的科研经费。1800年，全球经济并不是以欧洲为中心的，实际上它呈现出多中心的特征，亚洲、欧洲和美洲共享着全球的经济力量，其中中国和印度是两个最大的经济体。目前，全球经济重新变得日益多极化。不要认为这是一个不正常现象，相反我们应该看到，过去200年里经济力量集中在欧洲和北美等少数国家手中，是一种历史脱轨的非正常情况。西方霸权是世界历史上最大的非对称性现象之一。总的来说，所有西方帝国——美国、比利时、英国、荷兰、法国、德国、意大利、葡萄牙和西班牙——的大都市仅占世界面积的7%，人口也仅占世界人口的18%，但是他们的领土却占全球总版图的37%，财富占全人类总财富的28%。[①] 西方大国崛起的历史，就是一部犯下原罪的历史。西方大国的原罪，是通过制造了一个落后的非洲，来创造了一个发达的欧洲。大西洋奴隶贸易的发展过程及其后果，充分展示了西方原罪的严重。1800年时，欧洲人占领和控制了世界土地面积的35%，到1878年这一比例上升到67%，到1914年其达到84%以上……在日本侵华战争的15年间，中国军民伤亡3500万人，其中死亡2000万；直接财产损失1000亿美元，间接经济损失5000亿美元……在北美大陆，由于白种人的迫害，印第安人的苦难延续了4个世纪之久，这个民族在16世纪初有近300万人，到1860年有34万人，1890年有27万人，1910年有22万人。[②]

---

① [英国] 马丁·雅克著，张莉等译：《当中国统治世界》，中信出版社，2010年版，第28—32页。

② 刘明福：《中国梦》，中国友谊出版公司，2010年版，第78—80页。

（三）实力说话

西方凭借科技、军事、经济优势，以强凌弱，不断发动一场又一场殖民战争、掠夺战争、贸易战争。殖民主义者的入侵给殖民地人民带来了深重的灾难，他们“走到哪里，哪里就变得一片荒芜，人烟稀少”①。二战后，雅尔塔体系的建立是“前时代”第一次出现较长期而且稳定的两极格局。但这场以政治、军事、经济、文化以至心理的综合较量，最终因前苏联的实力不济而在 1991 年败下阵来，20 世纪 90 年代可称为美国、西方发展到“前时代”的“巅峰时刻”，北约、欧盟迅速向苏联地区渗透扩张。一方面西方跨国公司代替了枪炮、坦克，在全球迅速扩张，成为西方大国推行其全球战略的重要工具，并谋求按其自身利益设计新的国际经济秩序。跨国公司凭借其强大的实力和政府的大力支持，在新秩序和新规则中居主导地位；而另一方面，美国主导下的北约与跨国公司并驾齐驱，跨国公司从隐蔽的经济领域，北约则通过不断转型实施战略扩张，露骨地从欧洲防区走向了世界，不断地发动一场又一场所谓人道干预战争、反恐战争，捍卫着西方的利益和价值理念。在西方人眼里，“现代历史初期，一个国家如果想实现经济上的统治地位，仍然需要借助于军事霸权”②。

（四）优越救世

科技、经济及军事优势地位造就出西方的“种族优越性”和“救世主”意识，自认为可以在世界上横行霸道，为所欲为，强行推行“民主”、“自由”、人权等西方价值观、民主体系以及资本主义发展模式。

---

① 《资本论》第 1 卷，人民出版社，1975 年版，第 762 页。

② ［美国］艾米·蔡著，刘海青等译：《大国兴亡录》，新世界出版社，2011 年版，第 276 页。

“美国的霸权不可避免地与白种人的全球主导地位联系在一起，暗含了一种松散的以人种为基石的世界等级制度，在该制度下，其他人种处于从属和受支配地位。”[①] 从19世纪起，随着殖民导致的财富不断积累和产业革命的完成，西方开始大肆宣传种族主义思想、进化论、文化优越论等“西方中心”论。种族主义认定欧洲白种人优于其他有色人种，甚至也优于其他白种人如犹太人、斯拉夫人。认为进化和动力之源来自西方，西方领导与东方被领导的世界殖民体系是自然选择的结果。“在1914年前，现代化就是西方化，西方化就是现代化，几乎没有人质疑这种观点。即使在20世纪欧洲控制下的印度、中国和世界大部分地区发生反殖民运动时，这些国家也几乎从不怀疑要是本国摆脱西方列强的统治，先要依照西方模式推动本国走向现代化。”[②] 冷战结束后，以美国文化为代表的文化帝国主义也最终形成，从而使得西方的意识形态理念，尤其是美国大众文化通过美国软实力的扩张在全球确立起文化霸权。西方建立起排他性文化霸权以推行文化殖民，目的在于获得经济、政治权威，按照自己的价值观塑造世界。在西方优越论的指导下，世界上不同国家的文明和文化被置于一个等级分明的价值体系中，发达国家在价值体系的上层，而落后的亚、非、拉国家则居于价值体系的下层。的确，诚如迈克尔·亨特和保罗·克雷默所说的那样，在美国对外政策思维中存在着一种由来已久的传统，即将世界按照人种分为等级，英美人是最高等级，其他欧洲人次之，亚洲人、拉美人和非洲人再次之。[③] 二战后决定美国对外政策的那些人就持有这样的观点。罗斯福将“东方的褐色人种”比作

---

① ［英国］马丁·雅克著，张莉等译：《当中国统治世界》，中信出版社，2010年版，第291页。

② ［英国］约翰·格雷著，刘继业译：《伪黎明》，中信出版社，2011年版，第186页。

③ Hunt Michael, *Ideology and U.S Foreign Policy*, New Haven: Yale University Press, 1987, pp. 46—91. 以及 Kramer Paul A. “*Empires, Exceptions, and Anglo-Saxons: Race and Rule between the British and United States Empires*, 1880—1910.”, Journal of American History 88, no. 4: 1315—53。

"需要监护的孩童"。同样，杜鲁门在其私下写的文章中，也对英国人大加赞扬，对中国人和日本人则带着蔑视的口吻，称其为"支那人"和"日本佬"。艾森豪威尔总统认为"世界上讲英语的人"地位要高于其他人。正如他的一个顾问所描述的那样："一群非洲人、亚洲人和阿拉伯人在数量上占据优势，但他们被感情所支配。与他们相比，西方世界在战争、和平与议会程序等方面更有经验。"①

宣扬西方民主模式的全球普适性和历史永恒性是"优越救世"另一个重要内容。在西方国家看来，西方民主模式是人类政治文明的最高峰，是终极形态；西方大国将独揽民主大旗：我即民主、民主即我；民主国家之间不打仗；西式自由民主是人类政治的最高形式，必将一统天下，人类只有在西方民主的基础上才能实现世界大同；今后世界政治版图上专制独裁政权将所剩无几，一波又一波的世界民主浪潮必将席卷全球，西式民主将成为全球政治的主宰；自由民主是历史的一切，人类政治历史就此终结。中国学者认为，美国"优越救世"的思想根源来自于其国内的民主。"美国国内在对外关系方面的'民主舆论'，通过20个世纪的反法西斯战争、冷战和本世纪初的反恐战争，已经形成一种'多数人的专制'，一种布鲁姆所说的'真正危险'而又'最成功的专制'。它使美国人对世界事务的认知在共同利益和共同价值观的基础上趋于一致，排斥国内外真正的不同意见。这就给美国领导集团和政治精英授予了一把'可怕而貌似正义的'软刀子，让他们能够以表面上十分理性而实质上常常是非理性的方式，通过国内民主使国家的'软实力'在国内实现最大化，使美国在国际上形成一个强大而统一的意志。人口仅占世界总人口4.6%的美国之所以能够在世界上如此霸道，其基于共同价值观的国内民主发挥了重要作用。一句话，

① Hunt Michael, *Ideology and U.S Foreign Policy*, New Haven: Yale University Press, 1987, pp. 162—164.

美国的霸权思想深深扎根于国内民主土壤之中。”[①] 西方学者也认为：“西方文明是最狭隘的文明，西方人从不把其他民族的观点放在眼里。”而且，不像其他伟大的文化那样，西方人为了留存自己的文化，往往强迫别人放弃原来的观点，排除异己并将之抛于脑后。这种情况最后可能导致自相矛盾，即西方人认为他们对当今世界做出的贡献远远多于其他国家，而这恰恰是说明他们并未理解现实情况的最好例证。[②]

可见，西方国家在国际关系中信奉的原则是强权政治，在国际关系中寻求建立统治与服从的权利关系，并使用武力或以武力相威胁的方式维护这种权利关系。根据“强权即公理”的强盗逻辑，以大压小、恃强凌弱，对世界进行多次分割，残酷地屠杀和压榨殖民地人民，建立了根据权利分配世界利益的国际政治经济安全旧秩序。当前的国际体系在诸多方面对体系内的弱小国家，尤其是欠发达国家都造成了侵害……外围国家中存在的这种情况说明威斯特伐利亚体系下的国家内部已经出现暂时的功能紊乱，这也成为当前国际体系结构上的显著特点。那些支撑威斯特伐利亚体系的观点忽视了这一事实，即除了从法律纬度窥视之外，国家实际上并不平等。因此，威斯特伐利亚体系的核心遗产——国家创建进程——在当前正面临着存在的合法性危机。[③]

三、全球化成为“前时代”失势的推手

推动国际无政府状态向相对有序演进的根本动力，是世界生产力的不断扩张。世界生产力对国际无政府状态有过两次历史性的冲击。

---

① 王缉思：《国际政治的理性思考》，北京大学出版社，2006 年版，第 109 页。

② 保罗·柯文：《在中国发现历史》，转引自［英］马丁·雅克著，张莉等译：《当中国统治世界》，中信出版社，2010 年版，第 81 页。

③ 罗爱玲：“非对称性的国际体系：恐怖主义滋生的结构性根源”，引自上海社会科学院世界经济与政治研究院：《负责任大国的路径选择》，时事出版社，2007 年版，第 171 页。

第一次是在中世纪末期，新的资本主义生产方式及其强大的生产力，力图冲破旧世界的藩篱，催生了现代民族国家，从而确立了国家主权原则。这一原则成为国际关系的最基本准则，即国家互动的根本准则。主权原则确定了国家之间相互承认生存权利的国际秩序，大大减少了在“自然状态”中国家被随意消灭的极端失序现象。第二次是在20世纪末期，在科技不断创新的条件下，世界生产力的加速发展造就了以经济全球化为标志的整体发展趋势，这是生产要素的全球配置与重组，是生产、投资、金融、贸易在全球范围内大规模流动。“总之，当代世界生产力的空前飞跃，扩大了国际范围内资源配置的范围、深度和合理性，为世界各国编织了一张相互依存的网。国际经济各个领域的发展趋势及其传导机制把各国经济连结成紧密联动的有机整体，这是以国内资源配置的市场经济体制方式的普遍化为基础的。经济协调和合作成为推动生产力发展的主导方式。国际政治结构必须适应世界生产力所引发的经济全球化进程。”①

法国著名战略家弗朗索瓦·海斯堡在其《赢家与输家》一书中指出，导致世界出现战略断层的主要因素有二：一是战争、自然灾害及尖端技术等；二是经济因素的质变。他说：“战争、传染病、自然灾害、尖端技术的获取等因素会导致全球战略大断层，对国际力量对比产生两种影响：第一，它以直接方式增强一方实力并削减另一方的实力。一国获取科技创新（如在30年代末发现核裂变）将从战略上取得优势地位，二战期间美国将此技术运用到军事目的使盟国取得胜利。这种断层或因技术进步，或因命运一击（自然灾害），或因一场战争或大规模恐怖袭击产生的毁灭性行动造成的。第二，潜移默化的影响。一些表面或深层次的趋势、幕后计划也能改变国际体系中不同角色的战略及发展前景。30年代苏联在世界上形象大为改善的原因并不是因

① 俞正樑：《大国战略研究——未来世界的美国、日、欧（盟）和中国》，中央编译出版社，1998年版，第3页。

为其经济和社会形象，而是它对 1929 年大萧条的免役力。也就是说经济性质上的裂变也会对国际力量对比产生重大影响。"[①] 当前，世界正发生着海斯堡所描述的经济性质的裂变，以及传统意义上依靠战争才能实现变革的颠覆性变化。尽管局部性战争、战争意识和冷战思维依然存在，但全球化取代了传统意义上的世界大战，成为推动世界格局演变的主要推手，成为除"前"（时代）迎"后"（时代）的主要原因。

在西方学者斯蒂芬·科布林看来，全球化是一种导致经济活动在要素、中间和最终产品、劳务等市场中跨边界的一体化进程，推动这一进程的主要力量是技术的进步，特别是电子信息技术的发展，彻底改变了世界经济的组织形式和结构。[②] 另一学者苏珊·斯特兰奇提出，各国在全球化浪潮的推进下，被纳入一个统一的政治经济结构的后果是，主权在许多基本职能方面自己无法单独完成，或者有些职能变得不像以前那样重要。斯特兰奇列出了以下几个方面：

1. 国家保卫其领土不受外来侵犯的职能，变得不像以前那么重要了，因为在经济全球化时代，领土（包括资源）竞争让位于市场竞争，战争在资源和生命上的代价变得如此之大，以至于作为一种解决争端的手段已不具有多大意义。

2. 国家的第二个基本职责是维护货币的稳定，没有稳定的货币，人们的储蓄得不到价值保证，经济就无法正常运转。而近几十年的历史表明，反通货膨胀既是一个国家的职责，也是一种国家间的集体责任，因为通货膨胀很容易从一个国家扩散到另一个国家。

3. 国家发展战略的制定和实施也是国家的主要职责，但在统一的世界政治经济结构下，国家在这方面选择的自由度已经很小了，在企

---

① Francois Heisbourg, *Vainqueurs et vaincus*, *Lendemains de crise*, Stock, Paris, 2010, p. 7.

② Stephen J. Kobrin, "Back to the future: Neomedievalism and postmodern digital world economy", in Aseem Prakash, Jeffrey A. Hart eds., *Globalization and Governance*, Routledge (London and New York) 1999, p. 165.

业的管理思想方面东西方在统一，国际贸易都在自由化。

4. 反经济周期被凯恩斯看作是国家最重要的一个职责，可是在 20 世纪 70 年代之后，单个国家的政府已经无力承担起这方面的责任，而很多问题必须在全球层面来共同采取措施。

5. 暴力是国家合法的垄断品，但现在有组织的犯罪网络和活动越来越向国家的暴力垄断发起挑战，它们使用暴力是为了获得利润，而它们存在的原因仍然是因为缺乏一个全球安全结构对全球武器市场进行有效控制。这样，国家对暴力的合法垄断也受到了黑手党和恐怖分子的威胁。① 全球化吹响了向"前时代"告别的送行曲，它对"前时代"的单一体系、国家权力、传统国家关系、思想理念以及国际格局等方面发出了重大挑战：

第一，在体系上，在"前时代"西方掌控的单一体系遭到全球化催生的多种价值体系、不同发展模式和不同性质规则的多极发展取向的严峻挑战。2008 年，雷曼兄弟公司破产引发的美国金融经济危机，导致了冷战以来美国经济霸权的衰落。与此同时，过去的十年间世界新兴工业国家开始崛起，以中国、印度、巴西、俄罗斯、南非为代表的"金砖国家"等经济体的发展虽然在经济腾飞过程中积极融入美国制定的经济规则并且依靠美国市场，但是它们都处于美国冷战霸权的安全同盟支柱之外。"我们不仅正在上演目睹美国自诩为'唯一超级大国'的短暂时期的结束，从更广泛的意义上说，我们也正目睹延续多个世纪的西方主导地位的终结。印度崛起成为全球最大的民主国家加强了这一转变，尽管印度和西方较为亲近。今后几十年内，相对衰落的西方将不得不与世界其他地区合作。这是好事，但也将带来许多重大挑战……我们必须认识到，权力更替总会引起重大摩擦，老牌大国试图维护它们所认为的'自然'秩序，而新兴大国则不满它们不断上

① Susan Strange, *The retreat of the State: The diffusion of power in the world economy*, pp. 73—82.

升的实力和地位总是迟迟得不到承认。"[①] 美国进入了在二战后未曾遭遇过的世界，在冷战时期，经济强国大多数是美国的安全盟友，但是，现在新兴经济强国在政治安全上不仅不是美国的盟友，甚至有可能是潜在对手，美国因为失去了历史参照而不知所措。如果说冷战中主要经济体之间的经济活动是被高度限制在美国安全和经济霸权框架下的"封闭的内部循环"，那么冷战后特别是进入21世纪后，这种"内部循环"已经被打破，美国的冷战安全与经济高度一体的霸权体系明显出现了"战略断层"。

第二，在民族国家权力上，全球化的大趋势正在迅速改变着政治、经济、社会和文化统一在民族国家内的状况，使国家与全球社会的相互依存度越来越大，国家的对外独立性和对内最高性因而受到某种制约。从1648年的"威斯特伐利亚和会"到21世纪，民族国家体制从欧洲走向全世界，但是，民族国家的生存方式是相对封闭的，边界、主权使国家成了"围城"。几百年来，世界生产力的发展不断地冲击国家这一"围城"，而国家一直坚守着自己的阵地，直到以经济全球化为核心的全球化大潮形成，人类发展的局部性与封闭性才走向终结，"前时代"封闭性的民族国家形式，远远不能适应因生产力突飞猛进所造成的经济全球化的世界形势。而全球化一方面是将各国边界的排他效应和主权的绝对管辖权逐步压缩到最低限度，另一方面产生诸多跨国性全球公共问题，如环境污染、气候变暖、跨国犯罪、全球安全等。全球公共问题不是单个国家面临的问题，而是多个国家甚至全球社会面临的共同问题。

全球化对国家的冲击表现在政治、经济、社会、文化诸方面，但在政治层面最具挑战性，其影响集中反映在国家主权上。全球化严重地侵蚀和弱化国家主权，传统的主权观念不仅在理论上受到质疑，而

① 马丁·沃尔夫："中国能和平崛起吗?"，英国《金融时报》，2010年11月22日。

且在实践上发生了重大修正，国家自主性受到严峻的考验。经济全球化不仅威胁和挑战了“前时代”国家原本拥有的权力和承担的职责，而且使得它作为经济活动的组织框架，不再具有天然的合法性。从大的方面看，经济区域化就是对经济全球化的一种反应，这在欧洲、亚太、北美三大区域表现得最为明显，尽管它们具体的区域化形式各不相同。本土化或者碎片化也是人们对全球化的一种反应。当全球化触及每一个角落，当全球化影响到各国各地人们的日常生活时，人们发觉自己原来所熟悉并固守的一些东西遭到了挑战，面临被消灭的命运，人们也感到自己的命运越来越被一种遥远的力量所控制，而在抵制这方面影响、控制自己的命运方面，他们原来可以依赖的力量、为他们提供保护的力量——国家政府却无能为力，甚至成了推动本国融入全球化进程的力量。这样，人们不得不求助于本地的力量，把本地的力量组织起来，以增强自己的安全感。而更激进一点的做法，则是把本地的组织、文化提高到一个超出一般的水平，以至于对外界的组织和文化持一种仇视和否定的态度，并据此采取行动，这就导致出现了诸如恐怖主义、种族排外等问题。美国学者罗森诺提出了“两个世界”的构想和“后国际政治”的概念。他认为，以国家为中心的世界仍然会长期存在并发挥作用，但另一个由跨国公司、非政府组织、国家机构等行为体构成的“多中心世界”已经崛起。他声称在后工业化的全球政治生活中出现了如此巨大的变化，世界政治的趋势已越来越由超越国家直接控制能力的互动关系所左右。[①] 一方面，世界上至今没有任何一个国家愿意或已经在本质上放弃主权，美国是如此，欧盟各国也是如此，发展中国家更是如此。对于作为弱者的广大发展中国家来说，主权是它们的强大武器，可用来在国内反对国家分裂，在国际坚持主权平等，这不仅是为了自身的利益，也是为了保证国际关系实现民主

① James N. Rosenau, *Turbulence in World Politics: A Theory of Change and Continuity*, Princeton, N.J.: Princeton University Press, 1990.

化。因此，在涉及主权本质的问题上，世界各国的态度和立场都是刚性的。但另一方面，世界各国在当代的国际大趋势下，采取了柔性的态度，以自主适应的姿态，对具体的主权权力进行自主限制或自主让渡。这种自主选择虽然历史上也有，但却是偶然的、少量的，而在当代则成为必然的、普遍的现象。它集中地体现在国际及区域一体化进程中。

第三，在国际关系中，各国相互依存、互有所求、平等互利的需求和愿望上升，逐渐取代“前时代”西方单一的、强制和霸权式的旧形式。这主要表现在：首先，全球化运动把世界各个地区、国家甚至地方紧密而且及时地联结在一起，相互依存代替了“前时代”的零和博弈。国际关系中的行为主体不只有国家，非政府组织和跨国公司对国际政治的参与已成为对外关系的一个正常部分，各国的国内政策对外部的冲击愈演愈烈，从而使各国的对外政策更富有敏感性。政府所关心的一系列与对外政策相关的问题变得更为广泛、更具多元化。所有问题都附属于军事安全的时代不复存在。由于使用军事力量要付出高昂代价，结果也难以预料，因此，在相互依存占优势的地区和某些领域内，一国政府不敢贸然对其他国家使用武力。相互依存理论的倡导者罗伯特·基欧汉和约瑟夫·奈认为，合作是相互依存理论的核心。国际社会可以是一个无政府的有序社会，其主流是非零和博弈。合作是国际关系的实质，是国际社会为建立秩序而进行的努力。[①] 其次，国家权力的多向转移：一是大国间以和平方式达到权力转移和平衡，通过谈判结成建设性伙伴关系，合作共治，不再外在地表现为霸权的更替，即新兴大国取代原有霸权国成为新的世界盟主，而是新老大国通过制定国际规则和制度，来规范进行中的权力转换，在协调、合作而不是威慑的基础上建构全球新秩序，以期避免安全竞争和军事对抗，

① David A. Baldwin, *Neorealism and Neoliberalism: the Contemporary Debate*, Columbia University Press, 1993, pp. 269—300.

这是一种超越古典的国家权力平行转移；二是国家权力向次区域、区域和全球共治其制度、组织转移，这是国家权力向上转移；三是国家权力向全球民间社会和国内市民社会转移，这是国家权力向下转移；四是国家权力向全球市场和国内市场转移，这亦是国家权力平行转移。[①] 再次，世界财富的转移。在国家权力转移中的财富实力转移方面，全球化造成世界财富由西方向东方、南方转移。据2010年经合组织发表的《财富翻转》报告称，世界财富的转移将是历史性的。按购买力计算，在近20年的经济竞争中，欧洲经济增长只有1%，美国增长2.5%，新兴国家则高达4.8%。2010年，经合组织成员国拥有的世界财富已从2000年的62%降至51%，非经合组织国家则由38%增至49%。预计到2030年，经合组织成员国只占43%，非经合组织国家将达57%。全球化在广大发展中国家激发起前所未有的活力和爆发力，全球十几亿人摆脱贫困，走上了富裕之路。新兴国家的崛起有利于世界贸易、投资、服务的自由化和市场开放，全球化对财富的重新分配有利于成本较低、人口众多以及资源丰富的国家。

第四，在思想观念上，全球化使西方“优越救世”和“普适民主”面临多重挑战。新兴国家发展模式的成功、“东方体系”对西方资本主义治理与理念上的冲击，以及穆斯林极端势力、恐怖主义对西方所谓“现代化”的仇视，导致西方的“优越性”和自豪感不再。美国未来学专家约翰·奈斯比特在《中国大趋势》一书中指出：“在政治领域，西方国家仍然宣称西方民主是最好的执政方式。但是从在中国的所见所闻来看，我们不得不怀疑西方现代民主是否是唯一可接受的民主形式。一个西方眼中的‘独裁政府’能够成功地领导全球1/4的人口走向富裕，并且保持政治稳定吗？西方人难以想象的市场经济与大政府的结合有可能实现吗？对于第三世界的许多国家来说，中国已经开始展示

① 俞正樑、陈玉刚、苏长和著：《21世纪全球政治范式》，复旦大学出版社，2005年版，第248页。

一种与西方不同的、诱人的发展模式。假以时日，它很有可能成为对西方民主治理方式的一种真正挑战。”① 在具有鲜明“变更期”特点的“后时代”，世界广泛强调积极的变革以顺应时代潮流的做法应该说是符合马克思主义的世界观与方法论的。正如美国共产党主席萨姆·韦伯所说：“变革符合马克思主义的世界观与方法论。如果不具备与时俱进的世界观和方法论，那么马克思主义就不能帮助人们重新勾画、塑造一个新世界。这不是乌托邦式的勾画与塑造，它力图满足21世纪初人们不断增长的对美国好生活的向往。”②

第五，在经济格局上，世界出现多极化和集团化经济格局的趋势。新兴大国的崛起意味着美国、西方经济霸权的衰落。新兴国家能够崛起的原因主要在于：一是社会职能健全、政府具有绝对权威、民族凝聚力较强。政府的职能在发展经济的进程中发挥着巨大作用，组织并带动企业界实施“走出去”战略，并得到非洲、中东、拉美等地区和国家的响应和支持；二是保持社会稳定局面，推动经济增长率以持续较高的速度增长；三是足以抵御经济强国强加的各种游戏规则，执行独立的政治、经济和社会政策。新兴国家对跨国公司开放市场以吸引外资，但又反对发达国家强加的种种不公正做法；四是有足够实力与能力向发达国家出口，吸引外国直接投资，并迅速取得增值效应。越是能在发达国家市场占有一席之地的新兴国家，越能更多地引进外国投资，这反过来又加速了发展。而对发达国家来说，经济全球化极大地削弱了政府职能，难以打赢这场经济保卫战。美元的霸主地位越来越受到挑战，其不仅来自欧元、日元，也来自人民币、卢比。美国的经济繁荣仰仗东亚国家，亚洲成为美国的最大债权国，世界出现金融

---

① ［美国］约翰·奈斯比特、［德国］多丽丝·奈斯比特著，魏平译：《中国大趋势：新社会的八大支柱》，吉林出版集团、中华工商联合出版社，2010年版，第5—6页。

② 萨姆·韦伯：“美共：在变化的世界中求进步”，转引自《国外理论动态》，2010年第1期，第50页。

动荡的概率较前相比明显增加。"多哈回合"谈判屡遭败绩，主要原因在于发达国家依旧死守陈规陋习，而新兴国家则要争取国际经济游戏规则的话语权。世界经济多极化趋势的发展将使美国、西方经济为主导的时代一去不复返，也造成美国越来越无力维持经济霸权。为了捍卫其霸主地位，美国将不得不保持军事超强优势。而对新兴国家而言，未来世界的争夺并不在于军事霸权，只要拥有必要的威慑力量就够了。美国将在最后才会明白，追求昂贵的军事霸权，结果是搬起石头砸自己的脚，反而会加速其经济衰落。

总之，全球化促使现代国际体系出现了种种超越"前时代"的"后时代"特性。全球化使得国家主权越来越受到挑战，国家无法控制全球化的力量。新技术的扩散，特别在生产、资本流动、通讯方面的扩散，导致一个全球的生产、贸易、金融和消费模式的形成。全球化限制了民族国家的自主性。但是，迄今为止，能够完全替代民族国家的实体形式还没出现，主权国家还在维持秩序主体的职责，国际体系仍处于由"前时代"向"后时代"的转型阶段。未来世界取决于那些新、老经济体如何运用其实力，也取决于发达国家、新兴大国以及发展中国家维护自身影响的能力以及为捍卫人类共同利益如何进行协调的意愿和品德。

第三节　走向均衡的"后时代"

一、改变世界历史的20年

在大战略家基辛格看来，任何时期的"改朝换代"都会经历大动荡，由"前时代"向"后时代"的过渡期同样也经历了巨大的动荡和不稳定的时期。"构成国际体制的实体，其特征一变，无可避免就会出现一段动荡时期。"[①] 自20世纪90年代初至今的短短20年里，人类历史上发生了最为惊心动魄的深刻变化：1991年苏联解体和冷战结束、2001年"9·11"恐怖袭击事件爆发、美国发动阿富汗战争、2003年美国攻打伊拉克、2008年全球金融和经济危机爆发、"G20"横空出世、2010年中国成为全球第二大经济体、2011年西亚、北非爆发大规模动荡等，这些刻骨铭心的重大历史事件，成为世界从"前时代"迈向"后时代"的重要分水岭。尤其是在进入21世纪的头10年发生的几件大事，基本规划出本世纪的战略蓝图。

一是2001年爆发的"9·11"恐怖袭击事件，表明"此后在短短几年内发生的一连串历史事件，给21世纪勾画出地缘政治新景象。与东西方对抗的冷战结束相比，'9·11'事件更具有历史转折意义"。[②] 恐怖主义、伊斯兰极端势力、原教旨主义同流合污，成为世界秩序的破坏者；二是发展中国家群体性崛起。30多年前，中国开始实行改革开放，走上发展基础设施、开发实体产业的发展道路。中国在实现工业、农业、国防和科技的现代化之际，正是西方实行里根—撒切尔的自由主义迈向金融业现代化、经济结构越来越"虚化"之时。同样是2001年，加入世贸组织使中国在21世纪的国际舞台上份量加重，中国的经济实力和政治影响，与东亚各国以及印度、俄罗斯、巴西、南非等新兴大国一起对西方主导的世界旧格局产生强烈的冲击。布热津斯基在《大棋局》书中说道："正如邓小平在1994年8月拐弯抹角地说过的那样，中国的地缘战略须同时寻求两大目标：'首先，反对霸权主义和强权政治，维护世界和平；第二，建立国际政治经济新秩序。'第一个目标显然是针对美国的，目的是要削弱美国的主导地位，但同时

① ［美国］亨利·基辛格著，顾淑馨等译：《大外交》，海南出版社，2010年版，第779页。

② Laurent Cohen-Tanugi, *Guerre ou paix*, Grasset, Paris, 2007, p. 23.

小心地避免同美国发生军事冲突，那将会断送中国寻求成为经济强国的努力；第二个目标是要改变全球实力的分配，利用在某些主要国家中对目前世界上的权势等级制度的不满。美国在这个等级制度中排在首位，并且在欧亚大陆的最西边和最东边分别得到欧洲（或德国）和日本的支持。中国的第二个目标促使北京寻求一种力求避免同与它接壤的邻国发生任何严重冲突的地区地缘战略，尽管中国在继续谋求地区的主导地位。”① 三是西方世界中的两极——美国和欧洲，因为2003年美国出兵入侵伊拉克和2004年欧盟急速扩大而引发的法国、荷兰拒绝欧宪条约，同时出现衰弱征兆。美国攻打伊拉克对其在世界、尤其在中东地区的声望和治理能力带来灾难性的打击，同时也影响和损害了跨大西洋关系和欧洲建设。法国、荷兰两国在2005年公民投票中，拒绝接受欧洲宪法条约，给欧洲带来深刻危机，削弱了欧盟在变化中的新世界的影响力。上述两大事件的交替发生，标志着美欧在国际体系中的政治领袖地位出现动摇，也意味着跨大西洋两岸关系渐行渐远的开始；四是2008年爆发的经济金融大危机及在此后西方世界出现的一系列危机，预示着整个国际秩序和格局正在和即将发生更大更猛的改变。危机之初，传统工业化国家为应对危机不得不实行预算赤字政策，导致沉重的公共债务。2007年美国、日本、德国、英国、法国、意大利等国的公共债务分别占当年国民生产总值的63%、170%、44%、44%、64%、113%。而中国在危机初期，外汇储备接近2万亿美元；2007年赤字仅有1%，远低于年增长率10%的创造财富的能力；公共债务在危机初期为3630亿美元，低于外汇储备的6倍，仅占国内生产总值的8%。2008年11月中国宣布实施为期2年、总额为4000亿美元的刺激经济计划并取得成果。从2009年第二季度起，中国经济开始复苏，年经济增长率达到8.7%，尽管出口未达到2008年水平，但

① ［美国］兹比格纽·布热津斯基著，中国国际问题研究所译：《大棋局》，上海人民出版社，1998年版，第222页。

因比其他经济体发展迅速强劲，2009 年中国超过美国、德国，成为世界第一大出口国。[1] 如果说 2001 年的"9·11"事件及随后爆发的阿富汗、伊拉克战争从军事战略上打击了美国不可战胜的神话，美国单边主义行径严重削弱了美国的国际形象和声望，致使美国的软硬实力双双出现伤痕的话，那么 2008 年爆发的全球经济金融大危机则从经济文化发展模式上动摇了美国的经济社会基础。"后世的历史学家或许会以 2008 年的国际金融危机作为'西方没落、东方复兴'的分水岭。"[2] 五是 2011 年发生在西亚、北非的大变革已经令人触目惊心，然而更引人瞩目的是"金砖国家"也发出了集体的声音，中国、俄罗斯两度联手否决叙利亚决议草案，这"体现了一种新世界秩序"。[3]

上述重大事件的发生，致使国际格局出现与"前时代"所不同的重大、深刻变化，其"快变、多变、突变"的显著特点，反映出各国为应对迅猛发展的政治多极化、经济全球化、国际关系民主化、文化多样化浪潮，纷纷调整对外政策，在变幻莫测的国际形势中下先手棋，力争抢占有利位置。而值得大书特书的是，这一改变人类历史进程和全球战略格局的变化过程，首次在和平、非暴力、非革命、非自然灾害等可控因素下完成。它花费了 20 年的时间，而以往人类历史上的改朝换代都是通过战争暴力完成的：第二次世界大战用了 8 年、第一次世界大战耗时 4 年、拿破仑战争用时 11 年、威斯特伐利亚战争用时 30 年。在 1991 年至今的 20 年里，世界首次在没有发生大规模战争的背景下，出现了一些具有转折性的、由量变向质变转化的重要迹象：

---

① 有关数据参见 Francois Heisbourg，*Vainqueurs et vaincus*，*Lendemains de crise*，Stock，Paris，2010，pp. 25—26。

② 土谷英夫："西方没落，东方复兴?"，《日本经济新闻》，2011 年 9 月 19 日。

③ 罗伯特·马昆德："在'金砖国家'崛起和'阿拉伯之春'的背景下，新的全球秩序得以形成"，美国《基督教科学箴言报》网站，2011 年 10 月 18 日。

（一）49 比 51，发展中国家与发达国家的距离迅速缩短

20 年来世界经济发展迅速，平均增速达 3.2%，但发达国家与新兴国家发展不一，发达国家中欧洲只有 1%，美国 2.5%，新兴国家则高达 4.8%。南方国家的工业生产占 52%，而在 20 年前只有 30%。南方国家持有 80%的外汇储备，拥有 3.5 万亿美元的主权基金。仅亚洲就拥有世界财富的 21%。占世界证券市场的 32%，美国、欧洲分别只占 30%和 25%。全球金融经济危机后发展中国家更是加快了追赶发达国家的步伐，2010 年巴西、印度、中国经济增长率分别达 6%、8%和 10.5%，美国、欧洲分别只有 3.2%、0.7%。2010 年经合组织发表的《财富翻转》报告称，世界财富的转移将是历史性的。报告称，按购买力计算，2000 年时，经合组织成员国拥有世界财富的 62%，非经合组织国家只占 38%，但是到了 2010 年，经合组织成员国仅占 51%，非经合组织的国家已接近半壁江山，占 49%。预计到 2030 年，经合组织成员国只占 43%，非经合组织国家将达 57%。报告还称，全球经济中心越来越向东方和南方转移。体现为：一是南南贸易增长迅速。从 1990—2008 年，世界贸易增长了 4 倍，而南南贸易则增长了 10 倍，南南贸易已占世界贸易的 50%。2009 年中国成为巴西、印度和南非的第一大贸易伙伴。二是在投资方面，以中国、印度为首的新兴国家正紧追西方，印度塔塔跨国公司已成为黑非洲地区的第二大投资方。[①]

在经合组织看来，目前南北方已难以简单地加以划分，经合组织按增长速度把世界分为四类国家："富裕国"、"接近富裕国"、"困难国"和"贫困国"。在 1990—2000 年之间，新兴国家，即人均增长 2 倍于经合组织成员的国家，从 12 个增加至 65 个。最具意义的是，许多亚洲国家如印度、印度尼西亚以及非洲的埃塞俄比亚、尼日利亚等

① 有关数据参见 Le Figaro，le 17 juin 2010。

国，已由“贫困国”变成“接近富裕国”。世界上的贫困国家数目从55个减少至25个。一些国家从债务国变成债权国，2008年发展中国家外汇储备达4.2万亿美元，占富裕国家的一倍半。至2050年，工业国家的人口仅将增长4%，而亚洲人口将占60%，非洲人口将占20%。2050年美国国内生产总值达35.165万亿美元，中国将达44.453万亿美元，印度将达27.803万亿美元。[①] 世界经济重心移向亚洲，在新兴国家的面前，西方手足无措，坐视工业革命以来掌控世界的大权旁落。在多边领域，美欧一言九鼎的时代一去不复返。在世界贸易、气候变化等国际热点问题的多边谈判中，新兴国家组成的集团不断挑战发达国家的不合理和不公正政策。新兴国家改变了世界经济的结构和框架，不再需要西方财团的施舍，中、印等国成为国际债主，中国不仅支撑着美国的财政赤字，而且还对非洲等发展中国家无条件提供援助，这一现象严重动摇了美国、西方国家在布雷顿森林体系中的统治地位。西方传统的民主、人权、市场经济理念及发展模式受到广泛质疑，也受到新兴国家发展模式的有力挑战。既使在西方内部，2003年美国对伊拉克的战争和2005年法、荷两国对欧宪的拒绝，对跨大西洋国家的团结和欧洲建设均是沉重打击。美国军事打击伊拉克，由表及里地损害了美国在世界上的形象和声望。美国使伊拉克成为新的“失败国家”，美国与阿拉伯穆斯林的关系长期紧张，美国与盟国以及其他地区的关系和影响都严重受损。在伊拉克、阿富汗军事上陷入窘境的同时，美国在世界上的“软实力”也加速下滑。欧盟虽扩大至27国，却空壳化了，这对欧洲建设的深化和扩大进程都是沉重打击，标志着“政治欧洲”的终结。2008年起席卷全球的金融风暴，更对正在下滑的美国、西方的实力和影响力起到了推波助澜的作用。2009年开始的欧洲债务危机将欧洲奋斗多年的经济一体化推向崖边。

---

① Laurent Cohen-Tanugi，*Guerre ou paix*，Grasset，Paris，2007，p. 69.

（二）国际秩序正由无序转向有序和多边

19 世纪，国家的概念演变成为人民国家、民族国家，随着民族自决这一启蒙思想的迅速传播，以及所有公民对于国家政治的参与，民族主义演变成一种不可遏制的政治力量。但是，随着民族国家的普遍建立，以及全球化现象中的许多方面都已经渗透进国家的政治议程，如在环境保护问题上、发展问题上，一国的政策往往要受到许多国家的关注。民族主义的情绪正在让位于松散的、多元化的共同诉求。

国际社会处于由无序向有序转化的过程中，到了最近的 20 年取得了重大进展。由于三大新发展——科技革命、信息革命和全球性引出国际价值认同与权力集中，虽然尚未从根本上克服全球社会的无政府状态，但是却使其有序性不仅有了大幅增长，还在质的意义上开始了重大转变，其趋向就是与世界整体性发展要求相匹配的全球基本稳定与有序。开始建立一种循序渐进的、国际合作的有序关系。当然这种有序不以世界政府为目标，不以牺牲国家主权为代价，仅是一种无政府状态下有序的质与量的强化，它只能建立在国家主权、国家利益、相互依存与生存的基础之上，它的目的是在新的历史条件下，为全球、区域或次区域提供安全、稳定、秩序、发展环境等重要而急迫的公共利益和公共物品。

当今世界已经从基于暴力的国际无政府状态，逐步转向自主性与多边主义合作相结合的全球社会的萌芽状态，而促使这一转变的关键因素是全球化。全球化带动世界进入新的秩序，国际秩序正经历着快速而深刻的变动，国际社会已经步出了大规模失序的无政府状态，逐渐走入国家与非国家行为者共同维持的有序之中。国际秩序的转变，在全球范围内应对冲突、解决问题和实现目标的根本性制度安排，是一种以全球广泛参与、国家共同治理为核心的全球共治下的秩序，它将使安全型秩序逐步转向和平——发展型秩序，不平等秩序逐步转向较为平等的秩序，从而在全球范围内走向尽可能大的有序。①

这种全球秩序不以个体及其利益为取向，而以集体以至全球社会和全人类利益为取向，追求全球范围内资源与价值分配的合理性与平等性。它是综合性而非单一性的秩序，涉及全球社会的经济、政治、社会、文化、生态等所有领域，国际安全只是其重要内涵之一，不是唯一的或压倒一切的，它不是消极的、压制性的，而是积极的、建设性的。它是全球共治的秩序，而非霸权或强权治下的秩序。

（三）单一或不同利益组合的"工具箱"现象

众所周知，最早被冠上"工具箱"帽子的是北约，在 20 世纪 90 年代的科索沃战争和 21 世纪初的阿富汗战争中，北约成为美国的"工具箱"，美国按需要与组织内有关成员国组成"志愿者联盟"，对北约这个"工具箱"用时则用，不用时则搁置。在全球化加速发展的作用下，国家之间关系日趋多元复杂，合作中有矛盾，对立中有需要，既非"零和"，亦非"共赢"。难以沿用传统的"天然联盟"或者是"全面伙伴"关系来界定国与国之间的关系。国家关系的合作不再具有"全面性"、"综合性"、"天然性"。而是依据各自利益的多少．大小．发展其"不同性"和"即时性"。一国借助多国，大国需要小国，小国依赖大国，国家依靠地区及国际组织，国际组织求助一国甚至一国的非政府组织，任何国家、地区联盟和联合国都可能成为一国或数国获取利益、各尽所能、物尽其用的"工具箱"。

中美在经济领域可能结盟，但在战略安全领域可能成为对手；美欧"天然联盟"关系不再，但在价值观理念上却能保持"民主联盟"；中欧全面战略伙伴关系产生的基础是针对当时世界上反多极潮流的单

---

① 俞正樑、陈玉刚等：《21 世纪全球政治范式》，复旦大学出版社，2005 版，第 173 页。

边主义，奥巴马上台后中欧战略伙伴关系的某些基础不复存在，这显现出中欧关系的“即时性”；在防扩散和核禁试问题上，美俄可能牺牲二流国家的利益达成妥协，而中国、法国等二等核国家却有可能找到共同语言，形成新的临时联盟；中俄战略协作伙伴关系主要体现在战略、安全、能源等方面，但气候变化问题上，俄罗斯则站在发达国家一边，其立场和作用尚不抵“基础四国”；德国、印度、日本、巴西为争当联合国安理会常任理事国组成“四国战略联盟”；南非、印尼发起的“亚非新兴战略伙伴关系”得到广大发展中国家支持；中国、巴西、俄罗斯、印度、南非已被国际舆论冠名为“金砖国家”（BRICS），尽管5个新兴大国体制不同、国情不同、发展规模和速度不同，但都因共同的经济利益和相同的战略利益建立起某种合作机制，成为当今国际秩序中一支强有力的新生力量；小岛国平常为人所不知，但在气候变化问题上成为大中小国家争夺的重点；巴基斯坦、也门成为反恐的前沿阵地，迫使国际社会加大对它们的关注和投入；现存的地区及国际组织如欧盟、北约甚至联合国的整体地位和影响下降，但欧元诞生10年来成功地挑战了美元的霸主地位，北约生存下来的目的在于震慑俄罗斯，联合国安理会机制在战后60多年的时间里总体上有效地维护了世界和平。基辛格也承认并告诫美国说：“在一个互相依存的世界，美国不可能建立一个完整的安全体系来平等地适用于世界各地。而最有创意的解决办法将是建立重迭的架构，有些是以共同的政治、经济原则为基础（如西半球），有些则以结合共同的原则与安全考虑（如大西洋地区与东北亚），有些则大体以经济关系做基础（如东南亚）。”[①]“工具箱”作用的日趋增强表明：一是在全球化面前，各国均意识到不可能单打独斗，而是围绕不同利益组成不同集团，形成合力以相互配合、支持；二是表明国家之间、国家与多边组织的联系日趋密切，缺

① ［美国］亨利·基辛格著，顾淑馨等译：《大外交》，海南出版社，2010年版，第806页。

一不可；三是现存的大小机构和组织均存在着其合理性和有用性，77国集团、不结盟运动、8国集团等的命运也许今天没用，但明天未必无用武之地。

（四）大国关系出现多极化的合作制衡

在合作方面，两极体制的解构，意味着在全球、区域、次区域层次上权力与价值必然趋向一定程度的分散，这在政治多极化发展中表现得尤为明显。但是，这一分散化趋势正在促成各大国在不同层次上的集结，绝大多数大国正在走出冷战的阴影，开始确立合作主导型的伙伴关系，这在维护全球与地区安全、应对经济危机等方面尤为突出。"9·11"事件后国际上形成的反恐联合阵线，以及全球金融危机爆发后大国召开20国集团峰会等就是例证。从某种意义上说，雅尔塔体制所确立的"大国一致"或"大国合作"原则正在复活，大国群体在21世纪的历史条件下集中了更多的共识和影响力。这种历史趋势是孤独的超级强国——美国难以阻挡的。这对全球政治具有越来越大的现实和潜在的意义。[①] 西方学者也认为，当今世界既非单极亦非多极，而是全球性的。甚至可以说是在美国相对削弱的道路上的多极化，特别是那些发展缓慢但不可逆转的力量极的崛起。它们虽还不能规制美国，但已经拥有了自己的空间、自己的控制领域以及在国际决策进程中具备了不断上升的份量。[②]

21世纪头10年里，在美国战略上深陷"第二个越战"即伊拉克泥潭、经济上遭受金融经济危机严重冲击之际，中、俄、欧、印等大国和集团在国际上的地位和影响迅速崛起，在国际和地区事务中的影响和地位也在上升。美国"一超"地位下降，促使其意识到自身已是今

① 俞正樑、陈玉刚等：《21世纪全球政治范式》，复旦大学出版社，2005版，第164页。

② Pascal Boniface, *Compremdre le monde*, Armand Colin, Paris, 2010, p. 8.

非昔比，不可能单打独斗，一手蔽日。美国对大国的求助和需求增加。伊核、朝核、中东等热点问题均离不开大国的参与和调解。美国在伊拉克、阿富汗问题上束手无策，很大原因在于其他大国不愿为美国解套。奥巴马政府调整单边政策，改善大国关系并加强了与其他大国在热点问题上的协调与磋商。今天，国际上已形成了美、欧、俄、中、巴西、印度等强国依托联合国等多边国际组织，对国际和地区热点问题进行“共同治理”格局：美国在中东问题上要借助欧、俄的配合，在伊核问题上离不开欧、俄，在朝核问题上需要中国，在阿富汗战场上要求助于北约盟国。未来的国际事务，不再是美国“一超”说了算，而是“八仙（既美、英、法、中、俄、德、巴西、印度）过海、各显其能”的时代，也是大国“共同治理”的时代。同时，大国关系又陷入相互牵制、相互制衡，以及进入群雄并起、相互制衡的时代。这是因为，如今在“后时代”里美国相对削弱，中、欧、俄、巴、印等国和地区相对崛起，无一国能单独说了算。从“G20”产生及其功能的发挥，到在“G8”去留问题上的争执，从哥本哈根会议上发达国家与新兴大国、发达国家内部、发展中国家内部、以及中美两国的矛盾与分歧，以及伊核、朝核问题久拖不决、地区冲突及热点问题频发、多边磋商机制陷入困境等来看，这个多极世界是无序的：美国说话已没人愿听，中国说话力度不够，欧盟成员国各说各话，俄罗斯说话无底气，发展中国家说不上话。“相对力量”时代世界缺乏领导者和引导者，互不买账、互不服气，导致全球治理的多边方案如联合国改革、世贸组织谈判、核裁军大会、气候变化等问题将长期陷入僵局。

二、有关时代和格局变化的理论依据

上述种种现象和趋势，让人们觉得自“威斯特伐利亚条约”以来存在和有效运转的国际体系，正在发生根本性的变化。对于这些变化，国际国内一些著名政治家和学者提出了理论性和观点性的真知灼见。

(一)关于当今世界是否处于新的转折时期

斯蒂芬·科布林把国际政治组织形式划分为“前现代”(pre-modern)、“现代”与“后现代”(postmodern)三个阶段:前现代指政治组织的形式是非领土的,不同的政治权威对同一片领土可能都有它们的管辖权;现代政治的组织形式主要由基于领土的主权国家组成,一片领土上最高管辖权威只能有一个;而后现代的许多内容目前虽然还不够明确,但已经比较明显的一点是,政治组织的形式面临着新的非领土化。[①] 全球化的进程,特别是冷战的结束不仅带来了国家间关系的调整,而且导致了国家、市场和公民社会之间权力的重新分配。[②] 中国学者认为,随着竞争—合作关系的发展与和平状态作为国际关系常态的出现,历史和现实正在预示着未来一种新的共同体关系,在此基础上人们的理性在飞跃,自主意识、幸福价值观共同维护一种和平状态,并向着和谐秩序发展……国际体系和秩序的变迁可以归纳为三个历程和两次根本转型。三个历程以三种类型为分期:前资本主义—维护等级秩序的封闭体系、资本主义—强权政治基础上的扩张体系、后资本主义—利益共同体基础上向往和谐秩序的合作体系。两次根本转型:第一次大的根本转型是从区域封闭体系向全球开放体系的转型。历史上不论是古代东亚体系,还是近现代欧洲体系,都是区域性体系,也都具有封闭性,西欧的主权国家体系尽管具有扩张性,但在其殖民扩张的同时它的主权原则却排斥非西方民族。随着 20 世纪全球主权国家

① Stephen J. Kobrin, "Back to the future: Neomedievalism and postmodern digital world economy", in Aseem Prakash, Jeffrey A. Hart eds., *Globalization and Governance*, Routledge (London and New York) 1999, p. 167.

② Jessica Mathews, "Power Shift", *Foreign Affairs*, January/February1997, p. 50.

体系的确立，这第一次根本转型基本完成。第二次大的根本转型是从等级和冲突秩序向平等与和平秩序转型。目前这种转型正在进行，还只是部分实现转型。[①] 由于力量发展不平衡规律的作用，力量及其对比总是处于变动之中，当这种量变达到临界点时，原有体系赖以形成的、相对稳定的结构状态就会被打破，一种新的体系便会根据新的力量对比出现，一个新的循环周期便开始了。国际关系体系的运动是辩证法运动，是在行为主体、体系与环境的相互作用过程中进行的。这种相互作用的变化，决定了体系在时间和空间上的移动，即体系的形成、发展、成熟和衰弱。这四个阶段是每一个国际关系体系历史运动的全过程。[②] 从辩证法的观点出发，国际关系体系与任何事物的发展规律一样，都经历了一个从量变到质变的过程。当一个体系发展成熟，在呈现出稳固状的同时，也开始走向大势所趋的动荡和衰弱。方柏华在《国际关系格局：理论与现实》一书中分析到，国际关系格局形成的标志或依据是：（1）数量相对稳定的国际战略力量的存在。国际战略力量具有下述特征：在较长一段时期内拥有相当的综合实力并对世界范围的基本利益具有独立自主的外交意向和活力。（2）国际战略力量之间在建立、参与和维护国际关系体系的目标和手段上取得一致或共识。（3）国际秩序得以建立并得到体系成员的遵循。在上述三个方面的条件同时出现的情况下，一个新的国际关系格局便宣告形成了。[③]

（二）变化中的世界具有不同以往的“后现代”性质

“前现代”的世界政治的组织形式多种多样，许多关于“前现代”

---

① 曹泳鑫：“和谐世界的历史基础：国际体系转型与理论反思”，上海社会科学院世界经济与政治研究所：《负责任大国的路径选择》，时事出版社，2007年版，第38页。

② 俞正樑：《当代国际关系学导论》，复旦大学出版社，1998年版，第26—27页。

③ 方柏华：《国际关系格局：理论与现实》，中国社会科学出版社，2001年版，第28页。

的讨论，多以中世纪欧洲的政治形式为范本。中世纪欧洲的政治形式有帝国、王国、城市国家、部族，其他大大小小的封建领地，还有各种各样的神权政治，皇帝、国王、公爵、骑士、教皇、主教、行会、城市等都可能在同一片领土上行使着重叠的权力。这些权力相互间有时会有冲突，但许多时候也能和平共存。威斯特伐利亚体系中断了中世纪的普世主义，从中世纪向现代的转变是政治的领土化，水平的、地理界定的主权国家代替了原先垂直的、重叠的等级。现代国家体系是根据领土主权原则组织起来的，地球被划成固定的、互相排斥的有管辖范围和明确边界的单位。以国家主权为基本单位组织起来的世界体系，在秩序上变得单一明确了，但也变得无政府了，因为主权国家在法律上一律平等，主权国家之上不再有任何别的权力。在现代国际体系中，主权国家是当然的、排他的国际行为体，而在全球化的国际关系中，跨国网络越来越多，决策层次变得交叉重叠，权威来源模糊化，主权的归属日益不确定，传统政治权威遭到削弱。世界的一体化和分散化都在加剧权威主体多元化、模糊化和交叉化的进程。权威主体的多元化，使得现代国际关系出现了后现代的特性，在后国际政治的时代，种种跨国家和次国家的行为体的兴起，削弱了国家的中心支配地位。

后现代的特性就是主权行为体越来越被边缘化，尽管其地位和重要性在今天仍无可替代，但同时非主权行为体则越来越走向国际政治舞台的中心。国际关系的后现代性还体现在国家所面临的问题和挑战上。过去对国家的传统威胁往往来自另一个国家，而在当今，来自于另一个国家的入侵威胁慢慢变小了，而对国家非传统的安全威胁正在上升，这包括恐怖主义、有组织犯罪、贩毒、部族冲突、人口膨胀、环境恶化、贫穷、经济发展停滞、政治不稳定，甚至国家解体，等等。这些发展趋势使得人们觉得个人的安全不再仅仅与国家安全联系在一起，而是和人类安全休戚相关。在后现代化中，全球统一的力量在发展，这种统一力量的载体是市场经济，而在这背后则有一种统一的意识形态在发展、在扩张。这种统一的力量，对于国家来说根本不可能拒绝，拒绝的代价会是和世界普遍发展水平相比落后几十年的差距，而这种差距反过来又构成了国家顺应这种统一力量的巨大压力。在这种压力下，进一步的发展却又必须以进一步的统一为条件。在基辛格看来，国际体制非常不稳定，每个“世界秩序”都期待能长久，可是，构成世界秩序的因素不断在流动。的确，每个世界国际体制持续的时间都在缩短。“威斯特伐利亚和约”产生的体制，存在150年；维也纳和会缔造的国际体制，维持约100年；冷战的国际体制只有40年。过去从来没有一个世界秩序的成员，它们互动的能力以及目标，变得如此快速、深刻，而且具有全球性。①

(三)“文明冲突论”和“民主的失败”

1993年，美国《外交季利》夏季号发表哈佛大学著名教授塞缪尔·亨廷顿的《文明的冲突?》一文。此文一出，一石激起千层浪，在世界范围内引起了轩然大波。从纯粹的学术角度来看，文明冲突论对冷战结束以来的全球政治提出了一种大战略的思考。作者抓住了冷战后亟待解决的一个重大问题，即“后冷战世界的范式是什么”这样一个重大问题展开论述，“文明冲突论”就是作者对这个问题进行思考的产物。在后来亨廷顿的《文明的冲突和世界秩序的重建》一书中，他认为文明改变了历史，改变了世界。在他看来，冷战后的国际政治超越了自身的西方阶段，在全球范围内呈现出多文明的世界。亨廷顿认为，20世纪以来，文明之间的关系，从受一个文明对其他文明单方向的影响支配阶段，走向所有文明强烈地和多方向地相互作用的阶段，

① ［美国］亨利·基辛格著，顾淑馨等译：《大外交》，海南出版社，2010年版，第779页。

历史学家们钟爱的“西方的扩张”终结了，非西方文明的崛起和自我认同度的提高，使得他们“不再是历史的客体，而是连接西方的历史发动机和塑造者”。[①] 特别是冷战结束之后，国际体系超越了西方文明的威斯特伐利亚体系。亨廷顿为自己的判断提供了三点论据，分别从文化、权力、本土化三个层面论证了西方文明和非西方文明之间的矛盾与张力。第一，西方文明的扩张在物质层面促进了非西方社会的现代化和西方化，但在精神层面非西方社会却采取了非西方化态度。第二，西方文明在权力层面（如世界政治、经济和军事领域）已处于衰落之中，表现在领土、人口、经济产值、军事能力等具体方面，非西方文明在这些方面已经开始崛起，并成为对西方文明的挑战力量。第三，随着现代化所带来的非西方社会权力的日益增长，植根于历史的习俗、语言、信仰以及体制的非西方文化的自我肯定意识越来越强，从20世纪90年代起，本土化成为整个非西方社会的发展主题，特别是伊斯兰教的复兴和以中国为代表的“亚洲的自我肯定”。

法国前外长韦德里纳在其《延续历史》一书中指出：冷战结束后，美欧被胜利冲昏头脑，老布什欲建立在西方民主、自由基础之上的“国际新秩序”，小布什也称“美国找回了使命感”。欧洲除了在推广民主的方式上与美国不同外，美欧均视民主、人权为放之四海为准绳的真理。美国天真地认为推翻萨达姆，会像1945年占领德、日一样建立民主制度。但“重建民主”和“建立民主”不是一回事。美国在重建民主时取得了胜利，如在战后的德、日、意、西、葡、希腊等国；但在从未有民主根基的国家，如伊拉克、阿富汗、非洲国家难以建立民主。同样，技术民主（选举、投票）出口容易，但文化民主（不同文化融合、尊重公民权和少数人的权利等）却难以扎根，民主不是速溶咖啡。美欧需要认真考虑的是，为什么冷战后10多年来，对俄罗斯、

① ［美国］塞缪尔·亨廷顿：《文明的冲突与世界秩序的重建》，新华出版社，1999年，第2版，第7页。

中国、阿拉伯世界、非洲等国家和地区竭力推广民主和人权，却收获甚微？西方输出民主体制只换来相反的结果：拒绝移植民主。在越来越不安全的世界面前，以及面对伊斯兰、俄罗斯和中国的挑战，西方欲组建“西方集团”，把北约变成“民主联盟”。但这一设想只能加快西方与非西方世界的对抗与冲突。美欧力图在统一价值基础上建立的“国际社会”还远未实现。西方的“非现实政策”（Irrealpolitik）难以维续，与现实发生严重碰撞。[①] 美国学者弗朗西斯·福山认为，21 世纪头 10 年，人们对不同政治经济模式的看法发生了巨大逆转。10 年前，在网络泡沫破灭前夕，美国占优势。美国的民主被广泛效仿，即便不是始终受到喜爱；美国的技术风行世界；稍加调整后的“盎格鲁撒克逊”资本主义被视为未来的潮流。但美国的道德资本在很短时间内消耗殆尽：伊拉克战争，以及军事侵略与民主推广之间的密切联系给民主抹了黑，而华尔街金融危机则打破了市场自我调节的理念。[②] 有学者指出，近年来西方学者从民主体制的缺陷中找出了西方衰退的原因。亨廷顿的理论反映了当代西方一种迷惘和绝望的情绪，他“一方面看到西方中心论正在破产，但在深层意识上却仍陷于西方中心论不能自拔”[③]。

（四）“无极化理论”与“相对大国论”

主张“无极”、“非极”、“零极”的学者们认为，由于没有一个能够并愿意争取举足轻重地位，或者与一个合作伙伴甚至竞争对手共享这种地位的国家，所以单极状态已经让位于事实上的零极，亦称“非

① Hubert Vedrine：*Continuer l' Histoire*，fayard，Paris，2007，pp. 25—28.

② 弗朗西斯·福山：“美国民主没什么可教给中国的”，英国《金融时报》，2011 年 1 月 17 日。

③ 金观涛：“西方中心论的破灭——评全球文化冲突论”，《二十一世纪》，1993 年 10 月，第 25 页。

极"。[①]"事实上我们生活在一个无极世界之中。美国的权力既强大到能设定国际行动日程，但又软弱得无法有效地在全球执行这样的议程。其他强权无论是国家还是次国家都有力量足以对抗美国的日程，但是却又无力塑造有吸引力的替代品或推行不受外界影响而能持久的地区日程。"[②] 美国学者理查德·哈斯则认为，世界已经进入"无极化时代"[③]；布雷默和鲁比尼表示：我们并没有生活在一个由 20 国集团领导的世界里。今天，没有任何由少数国家组成的集团在控制事态的发展，它们甚至都没有意愿去推动全球经济实施统筹性改革。所以，欢迎来到"零国集团"（G0）的世界。一方面 7 国集团陷入没落，另一方面 20 国集团又无力拿出所有成员都认同的具体方案，这就加快了世界寻找替代机制的步伐。[④] 在无极论的学者看来，用"极化"思维来概括欧洲的历史、二战以后的历史、冷战结束以后一段时间的现实，基本符合实际情况。而当前的世界政治受到信息革命和全球化的影响，各个大国虽然还在左右世界发展的大方向，但已经不能随心所欲地主宰世界事务。世界格局日益呈现出多元主体、复合依存、多重制衡的结构状态，"极"的概念已经难以准确地描述当今的世界格局。所以，应当超越"极化"思维，审慎地对待多极化主张。[⑤] 当代国际体系向无极多元方向发展的一个重要表现就是，随着新兴大国的群体性崛起，以国

---

① 西蒙·塞尔法蒂："迈进一个后西方世界"，美国《华盛顿季刊》，2011 年春季号。

② John Chipman, "*Remarks during the launch of The Military Balance* 2007", 31 January 2007.

③ Richard N. Haass. "The Age of Non Polarity. *Foreign Affairs*", May/June 2008. http://www.foreignaffairs.org/20080501faes.say87304/richard-n-haass/the-age-of-nonpolarity.html.

④ 美国政治风险咨询公司"欧亚集团"总裁伊恩·布雷默、美国鲁比尼全球经济咨询公司主席努里尔·鲁比尼文章："我们最好为迎接"零国集团"（G0）的世界做好准备"，《今日美国报》，2011 年 2 月 16 日。

⑤ 夏安凌、侯杰辉："超越'极化'思维，把握世界格局的基本趋向"，《国际政治研究》，2004 年第 3 期，第 15—21 页。

家为主体的力量中心不断地向全球分散，即处于权力核心区域的现有大国的权力向原先处于边缘或半边缘区域的新兴大国转移。但是，新兴大国却并没有因此而取代现存大国成为当代国际体系的核心。其中，超级大国美国的权力优势依然还存在。非极国家和非国家行为体的崛起相互交织，分散了国际政治权力。在全球化时代，传统的非极国家获得了一定的生存空间。部分国家抓住机遇，快速发展。以新兴大国为代表的发展中国家，显示出比以往更大的活力。新兴大国要求加入"大国俱乐部"，其他发展中国家开始通过政治上和组织上的联合而壮大力量。同时，全球化和信息化的发展，一定程度地制约了国家权力。国家已经不能垄断所有的政治事务，非国家行为体的力量乘势兴起。在国际事务中，非极国家和非国家行为体相互配合，进一步壮大了彼此的实力。对此，哈斯提出世界进入"无极时代"，看到"今天的世界越来越像权力分散的世界，而非权力集中的世界"。[①]

与"无极论"相类似的还有"相对大国论"。2006 年 10 月，法国国际问题专家皮埃尔·哈斯纳在法国《世界报》发表文章，提出"相对大国"观点。[②] 萨科齐就任法国总统后，针对当前国际形势变化的新形势和新特点，对未来国际体系的发展、构建新的国际秩序以及法国的对外政策进行了全面盘点和梳理，在哈斯纳的"相对大国"观点的基础上提出"相对大国论"。[③] 认为国际格局面临着复杂而深刻的变化，世界将进入持续三四十年的"相对大国"时代。以美国或西方霸权为主的单极体系，无论在力量还是合法性方面不为世界其他地区所接受，西方不再处于中心地位。21 世纪不是美国或西方的世纪，西方难以通

① Richard Haass, "What follows American dominion"? *Financial Times*, April 15, 2008. http://www.ft.com/cms/s/0/dd19987e－0af4－11dd－8ccf－0000779fd2ac.html? nclick_check＝1.

② Le Monde, le 3 Octobre 2006.

③ http://www.elysee.fr/president/les-actualites/discours/2008/voeux-au-corps-diplomatique.6883.html? search＝relativement&xtmc＝puissance_relative&xcr＝1.

过宣扬与推行自身的和平与自由模式来掌控世界。外来干预的合法性日益受到质疑，宗教、种族、社会分裂日趋严重。当前世界面临全球气候变化、宗教因素上升、新兴大国崛起的三大挑战①。法国须同世界各国对话，尤其是通过力量趋于相对平衡的大国间的共治，以务实的态度寻求化解危机与实现和平。随着中国、印度、巴西等新兴国家的崛起和俄罗斯实力的回升，欧盟在全球范围影响的提高，为未来大国格局和多极世界的建立创造了客观条件。大国的概念变得相对，世界力量对比日趋平衡，大国间敌人和对手的概念不复存在，冲突不可想象，代之以竞争和负责任伙伴关系的概念。问题在于能否建立与全球化世界相适应的、能否应对挑战及大小国家利益能否得到平等对待的21世纪新秩序。

三、“后时代”的趋势与基本特征

在“前时代”的历史上出现过三种比较典型的模式，它们是：单极格局、两极格局和多极格局，与这三种模式关系最为密切的是国际关系理论中的霸权理论和均势理论。但在由“前时代”向“后时代”过渡中，其发展的基本趋势将是向多极化和“两集（团）化”方向发展的新型格局，以及作为其理论基础的双向平衡理论。双向平衡理论既脱胎于传统均势理论，又显示出符合全球化浪潮和时代精神的特殊性。

传统意义上的均势指的是两个或多个个体处于平衡状态的一种情况，它得以运行的基本条件是国际系统中存在着两个或更多的国家，并且出现两个相对强大的国家或国家联盟间不同程度的对抗状态。在历史的长河中，均势理论及其国家间的均势政策占有非常重要的地位，

① “萨科齐在法国第15届驻外使节会议上的讲话”，2007年8月27日，法国总统府网站。

它对于稳定国际秩序、维护和平起到了一定的积极作用。在传统均势状态需要的均衡机制中，实力强大的国家始终占据着主要位置，从争取均势的出现，到维持均势的存在，大国一直是国际关系中的主角。在欧洲签订《威斯特伐利亚和约》后迎来了第一个均势理论发展的"黄金时期"，开始了从1648—1789年的欧洲多极格局。1815年维也纳会议后到第一次世界大战之前，欧洲出现均势理论的第二个"黄金时期"：英、法、俄、奥、普五强并立。20世纪70年代，世界再次出现了向多极化发展的明显趋势。1970年，美国总统尼克松就发表了"五大力量说"，认为美国、西欧、苏联、日本、中国这五大力量将决定在20世纪最后30年里的前途和命运。20世纪90年代初，东欧剧变、苏联解体、两极格局正式宣告结束，世界多极化趋势进程加快。法国较早在西方国家中倡导建立多极世界，前总统希拉克宣称："我国现在和将来都为一个多极世界而辩护，因为在任何社会都需要均衡和规则，这样才有利于各国的充分发展"，"欧洲应当成为未来均衡世界的主要极之一"。[①] 1997年4月23日，中俄两国首脑发表联合声明，明确提出世界多极化和建立国际新秩序的主张。[②] 许多第三世界国家也都主张独立自主地发展本国经济和加强区域合作，反对任何形式的霸权主义和强权政治，多极化成为历史趋势。国际关系中的多极格局既反映了国际社会两个以上国家和国家集团之间相互作用形成的相对稳定的态势，也反映了一种国际社会的战略均势。

到了21世纪头10年、尤其在进入第二个10年之际，在多极化加速演进、组合、深化的过程中，多极格局中又出现了新变化，即以发达国家为一集团、新兴国家和发展中国家为另一大集团的集团性合作与竞争日渐明朗化：一方是传统发达国家为应对新兴国家与发展中国

---

① Revue Defense Nationale, discours du President Jacques Chirac a la conference des ambassadeurs, octobre 2001, p. 17.

② http://www.fmprc.gov.cn/chn/pds/gjhdq/gj/oz/1206_13/1207/t6801.htm.

家加紧抱团；另一方则是新兴国家、发展中国家也在为捍卫自身及发展中国家的利益日趋团结。美国前国家安全顾问布热津斯基提出建立包括俄罗斯、土耳其在内的大西方圈，以应对东方国家的挑战。“美国推动扩大化的西方，使其成为世界上最稳定、最民主区域的努力若想成功，需要把原则与力量相结合。一个合作的、扩大化的西方将从北美延伸到欧洲，穿过欧亚大陆（最终将包括俄罗斯与土耳其），直到日本和韩国。它会加强西方核心规范对其他文化的吸引力，逐步推动出现广泛的民主政治文化……美国要想成功地成为新生西方的推动者和保证者，需要维持与欧洲的密切关系，继续对北约的承诺，欢迎土耳其及真正民主化的俄罗斯进入西方。”[①] 进而他又提出，在“扩大的西方”内部，美国将扮演和解者的角色，同时，美国也要在亚洲扮演平衡者的角色。相比一个存在众多小角色为自身利益竞争从而导致越来越多混乱和冲突的世界，一个“扩大的西方”将更有能力制定建设性政策以处理全球问题。“扩大的西方”由以中国为首的亚洲充满活力的经济体和平相处的民主国家构成。[②]

两大集团内部均由一些“中坚”力量形成凝聚力和号召力，能成为“中坚”力量的国家一般具备下列条件：一是具有较强的综合国力，特别是经济、科技和军事实力；二是具有一定的地缘政治优势；三是具有较强的国际作用力和凝聚力，能在自己周围吸引和团结程度不等的支持国。两个集团之间既互相对立，又互相依存；既展开竞争又合作对话。“两集（团）化”将是一个长期、复杂、曲折的发展过程。“两集（团）化”源于多极化中多极力量的重组改变，源于不同价值理念、不同文明、不同治理模式国家与集团的重新“合并同类”。这个“两集化”趋势绝不同于冷战时期美苏两大集团之间围绕着意识形态和

① 兹比格纽·布热津斯基：“随着中国崛起，美国制定新战略”，美国《华尔街日报》网站，2011 年 12 月 14 日。

② 美国《基督教科学箴言报》网站，2012 年 1 月 24 日，布热津斯基接受专访。

国家利益竞争的对抗，而是在平衡发展中确保自身利益最大化。换句话说，前时代的国际体系是失衡的单轨制，获益的只是由少数发达国家构成的半个世界，世界上大多数国家以及整个国际体系的利益都受到严重损害。而在“后时代”，世界因为新兴国家、发展中国家集团的出现以及与传统发达国家的共存性、共伴性，因为新兴国家、发展中国家另一条发展轨迹的出现而形成的双轨制，变得更趋均衡、更趋公平、更趋合理，世界也由半个世界变成一个完整的世界。“从地缘政治角度来看，‘金砖国家’之间的合作代表和领导着一个几乎呈对角线的从北半球东部延伸到南半球西部的结构，相比之前我们习惯的东西半球和南北半球的划分，这个结构可以说更为‘对称’。”① 那么在向“后时代”发展的过程中，“后时代”会有哪些基本特征呢？如果我们将其与“前时代”的特征逐一进行比较的话，会发现“后时代”的四大特征是：

（一）以多为主

与“前时代”西方“单边控制”不同的是，世界格局的演变、国际关系的发展越来越多极化、多元化。从冷战结束后到伊拉克战争爆发前的十多年间，美国在国际上的影响和地位无与伦比，在发动的海湾战争、前南战争、科索沃战争和阿富汗战争中连连获胜；在美国的操纵和淫威下，许多大国唯美国是从，少数“无赖”国家更不敢轻举妄动。“新保守主义”的强权理论和黩武主义盛行，这一阶段成为美国、西方“单边控制”的最高峰时期。但是，2001 年“9·11”事件的爆发阻断了这一进程，并贴上了世界变化的标签。阿富汗、伊拉克战争成为美国国际地位和影响由盛向衰的转折点。美国受困于中东，对中东之外的国际和地区问题表现得无能为力；美国在全球推行的“美国式民主”不得人心，连

---

① 蒂贝里奥·格拉齐亚尼：“多极大厦的砖块”，阿根廷新闻社，2011 年 11 月 17 日。

连在中东、独联体、拉美地区受阻；美国"后院"起火，拉美地区相继出现反美国的左翼政权；包括恐怖主义、大规模杀伤性武器、有组织犯罪等"新威胁"层出不穷；"无赖"国家借机向国际社会及国际法发难；伊朗、朝鲜不断在核问题上制造事端。美国不得不求助于大国和多边组织。前总统小布什被迫承认伊拉克局势等同于当年的越战。与此同时，全球战略形势出现重大转变。欧盟、俄罗斯、中国、印度、巴西等国家和集团地位和影响迅速上升，从美国历届总统拒不承认多极化的现实，到奥巴马总统被迫承认多极世界的现实存在，形成"一超趋弱、多强共治"多极格局。新的现实需要之一是：同时存在着几个实力相近国家的世界，其秩序必须建立在某种均衡（equilibrium）的观念上，而这是美国向来难以接受的一种观念。①

与多极化相伴而起的是多边化趋势的增强。随着全球化日益加深各国的相互依存和密切联系、非国家行为体作用的上升，体系内各要素的价值取向与追求呈现出多元化的特征。除了传统的政治军事安全，还有经济安全、移民问题、气候变化、环境保护、恐怖主义等非传统安全。价值的多元化必然要求建立多元的权力分配结构，全球领域被分配的价值和利益呈多元化趋势。各国或区域组织越来越将国际多边主义视为维护自身利益的重要途径与方式。任何一个行为体都不可能游离于国际社会之外，多边组织成为维护国家利益的主要方式与渠道。多边外交在国际体系中发挥着越来越重要的作用，多边主义正被国际体系广泛接受，成为国际体系普遍的对外关系基本准则。中国与俄罗斯积极主持并参与上合组织、加入20国集团和举办"金砖国家"峰会，积极主导朝核问题的六方会谈等，表明中国已经对坚持多年的"不结盟"政策做出了重大调整。奥巴马上台后，对布什的单边主义对美国利益的损害进行了深刻反思，决定放弃单边主义，实施多边主义下的多边外交。这说明即使是

① [美国] 亨利·基辛格著，顾淑馨等译：《大外交》，海南出版社，2010年版，第12页。

美国这样的超级大国也难以依靠自身的实力应对面临的各种挑战和威胁，而是需要整个国际社会的通力合作，加强多边主义下的内部协调。二战后在美欧主导下建立起来的传统机制仍会在“后时代”发挥作用，但已力不从心。美国、西方被迫承认和接受多极化现实，发达国家、新兴国家和发展中国家正逐步由“单边控制”走向“共同治理”。国际治理正由联合国安理会较为固定的“P”（常任）机制向更加灵活、更多国家参与的“G”（集团）机制过渡，形成新兴国家与发达国家不同利益组合的“G2”、“G8”、“G20”等GX形式。

（二）共同经营

与“前时代”时期“少数垄断”、“多数受气”不同的是，传统发达国家发展相对滞后，新兴国家与发展中国家发展速度加快，形成“共同发展”，以及各方为应对全球重大问题和热点问题“共同策划”的局面。它包括以下几个方面的内容：

一是人类的共同利益正面临前所未有的挑战，影响着人类的共同利益，任何一个国家仅靠自己的实力难以应对越发突出的全球利益的威胁，解决这些挑战需要每个国家的共同合作与应对。全球公共问题广泛分布于国际社会的各个领域。在军事安全领域，世界安全或全球安全问题提上议事议程；在国际经济领域，国家面临的经济问题，如汇率制度、跨国资本的管理、贸易保护主义原则等，都在某种程度上成为全球公共问题的一部分；环境领域的公共问题则是全球公共问题的又一个重要组成部分，比如臭氧层的消耗、全球气候变化、生物多样性的保护、水土与植被的保护以及污染等。公共问题最重要的特征是不可分性，没有一个国家可以置身于这些问题之外。[①] 二是随着科技

① 苏长和：《全球公共问题与国际合作：一种制度的分析》，上海人民出版社，2000版，第6—8页。

创新等人类获取利益方式的不断扩大，利益在逐步拓展，只有通过合作的方式，才能达到相互的利益共同促进发展的目的。传统的战争零和博弈理论已经过时，通过军事冲突的手段，不仅增加了战争成本，而且即使赢得胜利的一方，也将使国家的综合实力受到影响，甚至引发国内政治、社会和经济危机。三是新兴国家实力与地位的上升，形成了与发达国家共同治理的“两集（团）化”。从2009年叶卡捷琳堡“金砖四国”首次领导人会晤开始，“金砖国家”就提出倡议，推动国际金融机构改革，以体现世界经济形势的变化，建立更稳定、更可预期、更多元化的国际货币体系，支持建立一个更加民主和公正的多极世界，以循序渐进、积极务实、开放透明的方式推动“金砖国家”的对话与合作。这些目标实际上是历史上首次提出保证非西方国家在世界体系中正当权益的要求，体现了广大发展中国家的共同诉求。四是体现出灵活多样的“共同性”，主要体现在：（1）“集团结对”形式，新兴国家与发达国家间集团式结对，进而形成相对对称、公平、公正的布局，如“G20”集团的产生。从20世纪下半叶起，随着日本、亚洲四小龙、尤其是中国经济实现腾飞带动亚洲振兴以后，美国、西方的战略学、运筹学专家从中国的麻将、围棋博弈中探索到亚洲至胜的奥秘，对麻将、围棋产生了深厚的兴趣和关注。认为中国全胜的法宝在于中国善于巧于打出麻将中的“和”（和局）和围棋中的“活”（活眼）。如同中国麻将策略，“对和”是“后时代”国与国关系、国际格局出现在舞台上的最佳形式。表现在国际格局上，大国重新“集团化”正成为大国互动的新态势。[①] 一种是“对团”，即集团式结对。西方发达国家相对衰弱，南方国家群体性发展，过去东方与西方、北方与南方的不平等、不平起、不平坐现象减少，导致G20机制的产生；另一种是“对国”，即国与国之间能否结成战略伙伴关系。如大国关系上的

① 陈东晓：“国际安全格局的演变及中国与大国关系的机遇和挑战”，《国际问题研究》，2010年第6期，第36页。

中美G2说，欧洲早就存在的法德G2，中日关系是实现亚洲区域联合的关键，中俄战略协作伙伴关系成为新兴国家集团化发展的核心，美欧继续抱团，以及以巴和解、印巴和解、朝韩对话都离不开“对和”。因此，“对和”既不同于“前时代”的两极体系、雅尔塔格局，也不认同盛传一时的中美国G2说。它是多极世界的新表现，不同的“对”起着不同的作用。“对和”造成三角关系的重要性相对下降，因为三角关系反而容易使第三方产生失落和嫉妒。“对和”的重要性还在于它不是形成“对杀”，而是“和”字，突出了中国主张的“和谐”理念。《中国梦》作者刘明福认为，中国和美国的战略竞争，将区别于两次世界“大战”以前的“征战式”竞争，区别于第二次世界大战以后的“冷战式”竞争，是国际社会的一种战略秩序、战略规律、战略文化、战略文明。美国不能用与苏联进行竞争的思维和模式，来应对与中国战略竞争的实践。[①]（2）“国家派对”的形成，如中美、中俄、法德、中日、印巴、朝韩以及中东地区的以巴关系等，均成为国际或地区中具有绝对影响力或破坏力的双边关系，要实现全球治理并实现地区和平与稳定，只能依靠上述国家的“对和”而非“对伤”、“对杀”。（3）美国自以为在亚太加强军事部署给中国下了“死眼”，然而中国却在非洲、拉美布局，找到了更大“活眼”。俄罗斯在全球范围内同美国展开争夺，投棋布子，摆开围棋阵。双方都在为自己寻“活眼”，为对手设“死眼”。乌克兰、格鲁吉亚成为俄罗斯的“死眼”，俄罗斯却在中东、巴勒斯坦的哈马斯、伊核等问题上取得“活眼”；伊拉克、伊朗成为美国的“死眼”，美国却在两伊周边及印度求得“活眼”。（4）“非对称”的作用上升：一是大国不能再为所欲为，例如在联合国讨论应对气候变化问题的哥本哈根会议上，小国、岛国都成为大国竞相拉拢的对象。2010年5月，联合国“五常”加上德国准备在联合国制裁伊朗的关键

① 刘明福：《中国梦——后建国时代的大国思维》，中国友谊出版公司，2010年版，第63页。

时刻，巴西、土耳其却和伊朗达成处理核燃料的协议，这是区域大国挑战大国权威的一个例证；二是恐怖主义用非对称战争拖累美国。伊斯兰极端势力与恐怖势力发起的非对称战争严重拖累、消耗了美国及西方的实力。美国在 20 世纪 90 年代曾取得成功的零伤亡高科技战争，在阿富汗、伊拉克的非对称反恐战争中运作失灵，造成美国沉重的人力和财力损失；三是各国从“非对称”中吸取经验，以“非对称”形式对付美国、西方。在发展中国家整体实力尚难以全面抗衡发达国家的情况下，一些国家以“非对称”形式在经济、能源、科技、信息、军事等领域研发“独门暗器”，迫使对手不得不在行动之前有所顾及，宁愿坐下来谈判，也不愿冒被对方的“独门暗器”蛰伤的危险。

（三）富裕普世

在“前时代”，西方在科技、经济及军事方面的优势地位造就出西方的“种族优越性”和“救世主”意识，如今在“后时代”，西方的“优越救世”风光难以为继，发展中国家群体性崛起，与发达国家的贫富差距逐渐缩短，形成“富裕普世化”局面。

我们正处于有史以来消除贫困速度最快的时期。全球贫困率在 2005 年为 25%，现在正以每年一两个百分点的速度下降，每年使大约 7000 万人脱贫。联合国千年发展目标的主要内容（到 2015 年把全球贫困率从 1990 年的水平下降一半）大概三年前就已经实现。从长远的角度看历史，6 年来贫困率的急剧下降预示着新时代的到来。我们正处在一个大规模发展时代的开端。[①] 据经合组织统计，目前世界上贫困国家的数目已由 55 个减少至 25 个。世界银行公布的 2003 年全球国内生产总值总量达 36 万亿美元，其中有 7 个国家的国内生产总值超过了 1 万

---

① 劳伦斯·昌迪、杰弗里·格茨：“很少有人注意到，全球化减少了贫困”，美国《耶鲁环球在线》，2011 年 7 月 5 日。

亿美元：美国第一，达 10.9 万亿美元、日本为 4.3 万亿美元、德国为 2.4 万亿美元、英国为 1.8 万亿美元、法国为 1.7 万亿美元、意大利为 1.5 万亿美元、中国为 1.4 万亿美元。到了 2008 年，全球国内生产总值前 9 位的国家排名则变成：美国为 14.26 万亿美元、日本为 4.91 万亿美元、中国为 4.33 万亿美元、德国为 3.67 万亿美元、法国为 2.86 万亿美元、英国为 2.62 万亿美元、意大利为 2.31 万亿美元、俄罗斯为 1.68 万亿美元、西班牙为 1.61 万亿美元。从以上统计可以看出，近年世界经济发展具有两个显著特点：一是世界各国的综合实力都发生了重大变化而且呈上升之势，但差距明显缩小。2003 年世界经济排名前 4 位的国家国内生产总值相差数额较大，第二大经济体日本与第三位的德国国内生产总值相差近 2 万亿美元。而 2008 年日本与中国国内生产总值数额仅相差 5000 亿美元；二是美国在世界经济中的份额呈下降趋势，由 30%下降为 24.1%。中国在全球经济中的份额却大幅上升，由近 4%上升为 7.3%。而在中国改革开放之初，中国经济仅占世界份额的 1.8%。西方已有学者将全球性的“富裕普世”称作“大趋同”（Great Convergence）。例如诺贝尔经济学奖得主迈克尔·斯宾塞在其《下一次大趋同：多速世界经济增长的未来》一书中指出：世界第一次持续加速的经济增长出现在工业革命之后，但这种经济增长模式仅限于发达国家，影响的只是全球大约 15%的人口。第二次世界大战结束后，发展中国家开始出现经济增长，这种现象蔓延并加速。这是全球经济长达一个世纪的增长的开端，发达国家与发展中国家的差距首次缩小，创造着世界的“大趋同”。“大趋同”将逆转此前的“大分流”，“大分流”曾导致了中国和西方从 250 年前繁荣程度不相上下变为 20 世纪末的贫富两极分化。自 1950 年以来，中国人平均工资的提高速度是美国人的 10 倍多。1980 年，普通中国人收入的购买力相当于每年 525 美元，现在的数字在 5000—6000 美元之间。同一时期内，每名中国工人的生产力由美国工人的 3%提高至 19%。这种趋同的速度正不断加快：近5年来，美国经济仅增长了5%，而中国经济却增长了70%。"当北约争论在利比亚的战略时，'金砖国家'领导人聚集于中国三亚，展示另一个组织日益增强的实力……把两件事并列却再次向人们透露了20世纪的组织和思想正在让位于21世纪的组织和思想的些许端倪……虽然'金砖国家'离政治团结还非常遥远，在重要事务上也有分歧，而且它们还不具备建立一个正式的和以行动为导向的联盟的强烈抱负，但它们的确有一些使自身强大的有利条件。比如，这5个国家的人口总和几乎占世界总人口的一半，如果再加上在观点上赞同他们、而非北约的其他国家，那么它们更是占了世界人口的绝大多数。北约可能在资金和实力上占优势。'金砖国家'和其他国家不仅代表了世界人口和资源的大部分，而且是增长最快的部分。"[①] 全球化创造了复杂的文化和社会分化，这是基于传统和领土的贫富概念所无法解释的。国家之间和国家经济之间的传统交往方式发生了变化，在世界的中心地带出现了社会边缘化现象，而在边缘地带则出现了财富高度聚集的现象。全球化促进了世界市民社会的兴起，标志是领土化进程的发展和新的政治行为体的出现。公司和非国家行为体在全球范围内日益增长的权力是正在兴起的世界社会的显著特征。[②] 日本经济产业省发布的2010年《贸易白皮书》指出，2009年亚洲（中国、香港、台湾、韩国、印度、印尼、泰国、越南、新加坡、马来西亚、菲律宾）的中间阶层为8.8亿人，今后10年间将增加一倍多，达到20亿人。"全球化使发展中国家和发达国家开始趋向'均衡'。"[③] 拉美地区贫困人口在1990年时估计占到地区总人口5.8亿的大约50%，而现在

① 戴维·罗特科普夫："不需要美国批准的世界"，美国《外交政策》双月刊网站，2011年4月14日。

② ［美国］彼得·卡赞斯坦著，秦亚青、魏玲译：《地区构成的世界：美国帝权中的亚洲和欧洲》，北京大学出版社，2007年出版，第16页。

③ 野口悠纪雄："变化中的世界——如何与亚洲国家相处"，日本《经济学人》周刊，2012年1月10日。

这一比例已下降到30%。[1] 在非洲，据世界银行统计，每年收入3000美元的非洲人目前大约有6000万人，在2015年将达到1亿人。[2]

发展中国家群体性崛起，与发达国家贫富差距缩短，形成共同致富局面。《国际歌》中最后一句“共产主义一定要实现”，中文译作“英特纳雄纳尔一定要实现”，“英特纳雄纳尔”的法语是International，其原意为“国际”，国际主义又与全球化globalization极为相近。全球化使发达国家与发展中国家的差距缩短，全球化使世界在向《国际歌》中的“英特纳雄纳尔”走近，这是不是说我们所处的“后时代”离共产主义更近了呢？持相同观念的有中国知名学者王缉思，在他看来，“西方同非西方之间的力量消长，世界经济一体化的趋势，各国社会的内部变化，全人类面临的共同挑战，将使西方同非西方的界限逐渐模糊。马克思主义者和共产党人相信通过无产阶级革命、无产阶级专政和社会主义建设，国家将逐渐消亡，人类将走向共产主义的大同世界”[3]。

（四）民主治理

威斯特伐利亚体系确立了主权归属各个民族国家的理念，赋予各主权国家独立的、绝对不受干涉的权利，从法律上和形式上保证了国家的独立性。但是，威斯特伐利亚体系没有解决的重要问题是，如何治理各个国家互动中出现的公共问题。在“前时代”，由于发达国家拥有雄厚的经济基础，不存在国民的生存问题，因此发达国家更关注民主和人权问题，动辄对发展中国家的人权自由横加指责甚至进行军事干预。没有公共问题的国际社会是不存在的，而有了公共问题却得不到治理，这个国际社会也只能永远处于原始形态。威斯特伐利亚体系

① “渐入佳境”，英国《金融时报》，2012年1月10日。

② “非洲崛起”，英国《经济学家》周刊，2011年12月3日。

③ 王缉思：《国际政治的理性思考》，北京大学出版社，2006年版，第69页。

没有任何制度性安排来处理军事安全这样的公共问题，这就导致在"前时代"弥漫着极端的暴力和纷争，战争成为解决纠纷的最终手段；契约性的制度安排也少有，即使有也难以得到执行和遵守，从而使治理难度极大。因为威斯特伐利亚体系下的政治文化是"主权在国"，在法律上不接受其他更高的机构有权约束国家。当今全球化进程中涌现的全球公共治理问题，需要人们重新审视威斯特伐利亚体系下的主权理念，需要对旧有范式进行突破。这并不是说要否定民族国家，而是要重新界定国家和超国家组织的权限，以及避免强权和军事力量对公共决策的干涉。

全球化、多极化的迅速发展、经济发展不平衡的加剧、应对各种全球问题所需要的国际合作，催生了国际关系的民主化治理。"现代性竞争模式的出现预示了全新世界的诞生，在这样的世界里，没有哪个半球或国家能够具备西方过去 2 个世纪拥有的威望、领先性和占压倒优势的实力。取而代之的是，不同国家和文化现在开始争夺正当性和影响力。西方主导的世界已是过眼烟云；在新世界里，至少在 21 世纪，中国不会拥有过去西方拥有的地位。我们正在迈入一个由现代性竞争模式构成的世界，尽管中国的优势越来越明显，并最终成为主导。"① 今天，民主之所以普遍成为政治合法性最基本的标准，是由于全球化进程推动着民主化与全球化更加紧密地联系在一起。全球化意味着一系列政治、经济、社会的活动逐渐成为地区间或各大陆间的活动，以及各个国家和社会内的互动与联系程度日益增强。在此背景下，主权国家如今处在庞大的国际制度和国际组织林立的十字路口，建立这些国际制度和组织的目的，在于管理整个跨国活动领域和集体政策问题。尽管国际政治与国内政治有很大区别，但同样需要民主。国际关系民主化就是将民主机制运用于国际关系，或在国际事务中实行民

---

① ［英国］马丁·雅克著，张莉等译：《当中国统治世界》，中信出版社，2010 年版，第 343 页。

主原则。这一理念强调每个国家都是国际社会的平等一员，国际事务中的重大问题都要由每个国家参与协商解决，而不分其大小、强弱和贫富。当然，全球治理的民主化，包括中国、俄罗斯等国提出的国际关系民主化，绝不意味着把国内民主政府的模式扩大到国际社会和国际关系中，而是指全球公共问题决策的民主化，即全球问题、国家之间关系在民主的程序下受到监督和执行。

战争曾是“前时代”的主要特征之一。但在“后时代”，战争的成本和作用已大大降低，代价却异常昂贵。孔子说过，国家虽然不得不保留军事手段，但不能突出军事手段。“远人不服，则修文德以来之”[①]，就是说要用道德和文化的感召力和影响力来影响他国，而不是以战争来迫使他国臣服于己。美国历史学者艾米·蔡认为：“随着全球财富控制权的手段从陆地转移到海洋、从征服转移到贸易，获得世界霸权所需要的军事实力和经济力量之间的联系也发生了变化。对于一个试图摄取遥远国度财富的超级强国来说，侵略、占领、吞并不再是最根本的前提条件。因为，征服和统治需要付出昂贵的代价，而控制贸易则显得更为有效。”[②] 她告诫美国：“在现今世界，一个坚持激进军国主义思想的超级强国必将付出沉重的代价——巨额资金的消耗、生命的丧失、合法性的缺失、激起的仇恨等——而昔日帝国所得到的实惠它一点儿也得不到。”[③] 在冷战结束后的一段时期内，全球经济治理主要在以七国集团为核心的西方大国之间展开，发展中国家基本上被排斥在全球治理体系之外。全球金融危机和欧债危机的爆发，对发达国家造成比发展中国家更加严重的冲击，不仅发达国家的经济发展模式、金融管理模式令人怀疑，而且类似“99%：1%”[④] 严重两极分化

---

① 《论语·季氏第十六》

② [美国] 艾米·蔡著，刘海青等译：《大国兴亡录》，新世界出版社，2011年版，第276页。

③ 同上书，第286页。

④ 2011年9月美国纽约等城市民众爆发“华尔街占领运动”时提出的口号。

的现象也充分暴露出发达国家自身的人权和生存权问题。发达国家内部的社会动荡、严重的社会危机使“美国梦”、“欧洲梦”破灭。发达国家自身存在的问题击溃了美国继续充当全球经济霸权的信心，过去的“美国式全球化”正表现为“去美国化”的全球化，以及全球体系上的“去美国体系”。这些现象引起发达国家的深刻反思，使其不得不放下身段，与新兴国家和发展中国家坐在一起，推动国际体系中民主治理的进程。二十国集团逐步取代八国集团成为全球经济治理的主要磋商平台，这是一个历史性的飞跃，新兴国家的参与使全球经济治理进入新阶段。二十国集团的构成本身说明，离开新兴国家的参与，任何当代全球问题都不可能找到解决的出路。2008 年 11 月，在二十国首脑金融峰会召开前，一些经济学家发表公开信给参加峰会的领导人，建议应该尽快构建公平有效的全球金融监管体系，构建包括没有货币霸权在内的全球货币体系。专家们还认为，长期以来国际金融体系的相关“游戏规则”主要由发达国家主导，缺乏全球参与的民主性，导致现行国际金融体系缺乏公平性、公正性和有效性。因此，提高发展中国家在国际金融秩序中的话语权，也应成为改革的一部分内容。①

联合国助理秘书长、联合国开发计划署亚太局局长阿贾伊·奇伯于 2011 年 1 月撰文指出，一种新的国际发展合作模式——“新南方模式”正在脱颖而出。这种模式是一种更开放、包容、互惠、互利的合作伙伴关系。世界需要这个能为全球可持续发展提供沟通与解决方案的“新南方模式”，而不是规定什么可以做或什么不可以做的教条……“新南方模式”的优势之一，是借鉴了中国等新兴发展中国家的发展理念与应对挑战的经验，它们大多来自于这些国家近几十年来的发展探索，比西方国家一个世纪前的发展经验更贴近现实。在应对贫穷、饥饿和疾病等方面的挑战时，那些十多年前刚刚成功应对这些挑战的国

① 尚书：《国际多极格局走向》，时事出版社，2010 年版，第 362—363 页。

家将能提供更多有益的思路和经验。"新南方模式"的另一优势是由新兴发展中国家提供的发展解决方案更经济，成本更低廉。无论在制药、交通还是农业技术或能源等领域，"新南方模式"可以提供最恰当和最实惠的发展经验。现在，中国、印度、巴西和南非等发展中大国正在不断向其他发展中国家转让技术和经验。国际发展合作将不再是受限于理念和经验的单向传输，而是在全球范围内的双向或多向交流。这正成为国际发展合作的新趋势。面对生气蓬勃、不可阻挡的"新南方模式"，布雷顿森林体系必须做出改变——其附带条件的援助模式以及基于捐款国出资份额来决定决策权大小的治理结构已经过时……面对"新南方模式"，发达国家的正确选择应说是支持这一趋势，而不是加以抵制。一个蓬勃发展的新南方将使世界更加繁荣，并使发达国家最终也从中受益。现在，崛起的发展中国家为世界带来了一种新的国际发展合作模式——以"握手"取代"传授"。[①]

概括地说，"后时代"向我们展现的基本特征是：与前时代的"单边领导"不同的是"共谋策略"；与前时代"多数受气"不同的是"共同发展"；与前时代"优越救世"不同的是"富裕普世"；与前时代"实力说话"不同的是"共同治理"。中国先秦时期思想家管仲指出："夫丰国之谓霸，兼正之国之谓王"，即霸权国家以实力为基础，而王权国家则以实力和道义两者为基础。因此，成为王权国家必须得到世界绝大多数国家的支持，而成为霸权国只要得到体系中一半国家的支持即可，所谓"得天下之众者王，得其半者霸"[②]。按照中国先哲的逻辑，美国的霸权在"前时代"充其量只得到了半数国家的支持。在美国学者塞尔法蒂看来，拥有"半个世界"也是危险的："完全由美国绘制的单极地图看起来简单，事实证明令人疲惫不堪，冷战时期的两极地图是稳定的，但仍然很危险。只有未来几年才会告诉我们，美国以

① "人民网"，2011 年 2 月 28 日。

② 《管子·霸言第二十三》

及欧洲的新一代领导人是否能认识到，就艾奇逊所界定的'世界的一半'而言，他们的前辈在过去一个世纪里所取得的巨大成就，并思考在21世纪中它们仍能为世界的另一半做些什么。"[①] 正是有了与"前时代"截然相反的基本特征，"后时代"展现的不再是仅有半壁江山的霸权国家，而是需要建立一个得到世界普遍接受和欢迎的王权国家和一个完整、公平、均衡的世界。

① 布热津斯基西蒙·塞尔法蒂："迈进一个后西方世界"，美国《华盛顿季刊》2011年春季号。

第二章 日益平衡的战略安全格局

从20世纪90年代初冷战结束到2001年“9·11”恐怖袭击事件爆发前，随着苏联瓦解、华约解散，大规模战争威胁的消除助长了美国有恃无恐、一超独霸的野心。美国综合实力膨胀，四面出击，其势难挡。但“9·11”事件改变了美国，各国由担心、害怕美国的“恐美”变成美国举国上下提心吊胆的“美恐”。“9·11”事件也改变了世界，它成为全球战略安全格局的分水岭。随着新兴国家的崛起，国际社会爱好和平、主张对话、合作治理的“和平建设观”逐渐形成一股重要势力，对美国的单边、尚武的“战争建设观”形成强大制约，上合组织、独联体集安组织等新型安全组织的成立，也对北约等传统安全机制构成牵制，世界战略和安全格局发生了重大而深刻的变化，一种崭新、更加平衡的世界战略格局正在形成。

第一节 “9·11”事件改变了世界战略格局

一、“9·11”事件改变了美国

从2001年“9·11”事件爆发到2011年5月美国击毙本·拉登的短短10年间，美国以反恐为名先后发动阿富汗战争、伊拉克战争。令美国没有预料到的是，它为这两场战争付出了沉重的代价，美国在冷战后建立起来的“超级强国”地位迅速动摇和下降。保罗·肯尼迪指出："9·11"事件的最大影响就是分散了美国的精力，这包括两个非常重要的方面：首先，美国无法再关注世界上发生的其他许多事态；其次，美国忽视了自身金融实力和国际竞争力的衰退。[①]

（一）两场旷日持久的战争消耗了美国硬实力

"9·11"事件后美国的战略基轴是反恐和在中东推行民主化，但却遭到重大失败。小布什执政时期，美国急于反恐却又受制于斯，不断调整反恐战略，从"先发制人"到反恐与推广"民主"并进，再发展到由"反恐战争"转向"反暴力恐怖主义的全球斗争"；由单边到注意国际多边合作，改善盟友关系。尽管变化多多，实际收效甚微。美国的反恐战争未取得预想的效果，反而消耗了大量人力、物力和财力，主要精力被牵制在中东地区。2001年"9·11"恐怖袭击事件发生后不久，10月7日美国对阿富汗发动空袭，美军攻入阿富汗。迄今为止，阿富汗战争已经超过120个月，持续时间超过越南战争，成为美国历史上最漫长战争，使历经了103个月的越战退居第二，其后为伊拉克战争86个月，独立战争81个月，南北战争48个月，参加二战44个月。2003年3月美国军队开始攻打伊拉克，伊拉克战争爆发。同年10月，联合国安理会通过第1511号决议，授权组成一支由美国领导的驻伊拉克多国部队，使美国在伊驻军合法化。伊拉克战争最初几年中，美国驻伊部队有13万多人。从2007年开始，为应对伊拉克不断恶化的安全形势，美军不断向伊增兵，当年10月驻伊美军人数曾创历史最高达到16.6万。阿富汗战争和伊拉克战争已造成美国近6000名年轻官兵丧生，数万人受伤。美国为这两场旷日持久的战争支付了超过1万亿美元的巨额军费，拖跨了美国经济，造成数百万人失业。美国民众要求尽快结束这两场战争，反战呼声高涨。奥巴马接替布什出任美

① 保罗·肯尼迪："漂浮不定的美国"，美国《纽约时报》，2011年9月6日。

国总统后，迫于国内压力宣布全面撤军。奥巴马政府着手调整对阿、对伊策略。2009年2月，宣布了美国从伊拉克撤军的计划。计划包括在2010年8月底前从伊拉克撤离大部分军队，结束作战任务，留下3.5万—5万兵力，负责支持伊拉克政府及其安全部队的军事行动。2011年底美国已撤回全部剩余部队。至于阿富汗，2009年12月为打击塔利班武装分子，奥巴马下令向阿富汗增派3.3万名士兵，并保证第一批美军将在18个月后撤离。美国当时在阿富汗的驻军共10万人，每月的战争花费为100亿美元。2011年6月，奥巴马在白宫向全国发表讲话，宣布从阿富汗撤离美军的“三步走”计划：7月将撤回1万名士兵；2012年夏天之前，3.3万名作战部队撤离阿富汗，驻阿美军的任务从作战转为提供支持；撤军行动将在2014年结束，完成向阿富汗方面的防务移交。2011年5月初，美国击毙“基地”组织领袖本·拉登，为其撤减兵力和调整阿富汗战略提供了契机。一方面，本·拉登之死使美国国内的复仇情结得到缓解，反恐战争取得了阶段性胜利。在国内厌战情绪上涨的情况下，撤减兵力可谓顺应时势。另一方面，拉登之死也从侧面说明了阿富汗已不再是国际恐怖势力的主要庇护地，这为美国调整“后拉登时代”的阿富汗战略提供了依据。近来，美方甚至开始与阿富汗塔利班就和谈进行接触，为其实施和谈策略及促使塔利班与“基地”剥离提供可能。美国在阿富汗推行的“退出战略”正在紧锣密鼓地实施之中。

2011年6月，美国布朗大学公布了题目为《战争代价》的研究报告，这份报告指出：“9·11”恐怖袭击事件之后，美国花费在阿富汗和伊拉克等战争上的开支远在官方公布的1万亿美元之上，预计在3.7万亿—4.4万亿美元之间。纳税人为阿富汗和伊拉克战争最终支付的开支可能会远远超过国会和联邦政府提出的总预计额度。报告指出，这两场战争中共有22.4万—25.8万人直接死于战争，其中伊拉克平民为12.5万人。同时有更多人间接死亡，原因从缺乏清洁饮用水、医疗到营养。另有36.5万人受伤，还有780万人失去家园。报告称，从某种意义上说，恐怖分子以极小的代价造成了多方面极大的损失。19名劫机犯加上“基地”组织其他策划人员所有的费用，估计仅开支了40万—50万美元。恐怖分子发起的4起劫持飞机的恐怖袭击行动，共造成2995人死亡和500亿—1000亿美元的直接经济破坏。报告指出，美国总统奥巴马阐述从阿富汗撤军的理由时，说美国的反恐战争开支高达1万亿美元。尽管那个数字惊人，但它严重低估了美国财政部对伊拉克、阿富汗和巴基斯坦战争的总开支，也忽略了即将付出的开支。①

（二）10年间美国的“软实力”严重受损

两场战争成为美国的沉重包袱，使其四处树敌，处境孤立，陷入进退两难困境。全球对美国政策不满的国家越来越多，形成多个“反美点”。“恐怖链”与“反美点”相互作用和影响，使美国穷于应付，捉襟见肘。“反美点”上的国家未必是恐怖主义国家，但其一旦在美国的高压之下，就有可能暗渡陈仓，铤而走险。长期以来，美国在中东问题上偏袒以色列，激起阿拉伯世界对美国的强烈不满，为恐怖主义的滋长提供了土壤。“9·11”事件后，美国在全球强推西方民主，尤其是在中东地区实施“刺刀下的民主”，使西方民主的信誉和影响严重受损。美国与伊斯兰世界的矛盾向纵深发展，双方鸿沟越来越深，相互之间的对立和敌视情绪持续升温。伊斯兰极端势力的上升，以及遍布全球的恐怖活动是对“美式民主”不满的反应，这导致不仅在伊斯兰世界产生恐怖主义和原教旨主义的极端势力，也在普通民众中唤起了对伊斯兰教及其文化的认同和归属感。布什宣布一些国家为“邪恶轴心”，发动对伊斯兰“暴君”的全面战争，更加剧了西方与伊斯兰世界的冲突和矛盾。美国试图以阿富汗、伊拉克为榜样，在整个中东地区推广“美式民主”，企图对中

---

① 据人民网2011年6月30日。

东国家的社会政治结构进行根本改造以消除恐怖主义根源、加强对中东的战略控制，势将引起整个地区更大规模的混乱，这也成为2011年北非、西亚发生大规模动荡的重要原因之一。

"9·11"事件后美国的首要战略任务是反恐、防扩散，这转移了美国对其他大国的斗争矛头和防范视角；反恐成为大国关系的"调节器"和"粘合剂"，避免了因大国利益尖锐对立而导致局势失控。出于反恐的共同需要，这一时期大国关系基本稳定，即使在美欧关系因伊拉克战争尖锐对立时，双方在反恐领域依然保持了密切合作。布什在第二任期及奥巴马执政后，美国对反恐形势的复杂性、艰巨性和长期性有了新的认识，意识到打击恐怖主义需要标本兼治、软硬兼施。除了必要的军事手段外，还要动用政治、经济、外交、传统影响等综合手段，以铲除恐怖主义滋生的根源。美国主要精力受反恐的牵制，无暇他顾，给中、俄、印等大国的崛起提供了时间和空间。

综上所述，"9·11"事件之后的10年间，世界力量对比发生了历史性的变化。美国的道德资本、战争资源等软硬实力受损，债台高筑，美元地位持续跌落，影响世界的能力下降。美国一超地位和影响受到严重削弱和牵制。历史学家保罗·肯尼迪认为，正是在这10年里，美国忽视了国内事务，忽视了以广阔视角看待全球变化的必要性。他指出："9·11"事件的最大影响就是分散了美国的精力，这包括两个非常重要的方面：首先，美国无法再关注世界上发生的其他许多事态；其次，美国忽视了自身金融实力和国际竞争力的衰退。更令人担忧的是，10年来，美国忽视了"共同福祉"，也就是美国自身及其公民的福祉。布什政府一方面开展耗费巨资的外部战争，另一方面实施有利于富人的减税措施，导致美国联邦财政赤字激增，使美国越来越依赖别国，损害了美元的长远未来。[①] 世界格局从"一超独大，称霸天下"演

① 保罗·肯尼迪："漂浮不定的美国"，美国《纽约时报》，2011年9月6日。

变为“一超多强，大国共治”。奥巴马的全球战略放弃了“先发制人”、“单边主义”，转而采取“多边主义”和“巧实力”策略，美国进入一个战略紧缩期。

二、“9·11”事件改变了世界

冷战期间，世界处在以美苏为首的东西方阵营拥有相当规模核武器的阴影下，“核平衡”维持了近半个世纪的“冷和平”。“9·11”事件爆发后，恐怖主义和反恐斗争上升为国际关系中的突出矛盾，恐怖活动愈演愈烈，许多国家先后遭受大规模恐怖袭击。2011年美国击毙本·拉登后，反恐斗争虽取得阶段性胜利，但包括美国在内的世界各国依然不敢掉以轻心。恐怖袭击、大规模杀伤性武器等非传统威胁肆虐，如同冷战时期靠“核恐怖”维持了长达近半个世纪“冷和平”的核武器，“9·11”事件后恐怖主义代替了冷战时期人们对核武器的恐惧，形成了新的威慑力、遏制力和冲击力，对国际关系格局带来巨大冲击。

（一）恐怖主义成为一些国家既害怕又想加以利用的“核武器”

恐怖主义就像当年人们对原子弹既爱又怕一样，是一把利害有加的“双刃剑”。恐怖主义改变了传统盟友与对手、传统地缘政治与意识形态、传统理念与传统战争等关系，国际社会为应对“新威胁”，经历了冷战结束以来最大规模的震荡、改组、分化，且这一进程还远未结束。伊斯兰极端势力的发展对国际社会带来诸多挑战：在恐怖袭击频发和大规模杀伤性武器扩散等“新威胁”下的安全环境、大国间的战略利益争夺、能源供应安全、以色列的前途、伊朗与国际社会在核问题上的较量、美欧与其境内伊斯兰移民的关系等。因在反恐目标、政策、利益上的不同，并由反恐扩展到其他矛盾，美欧关系曾一度公开对立；欧洲内部又引出新、老欧洲的矛盾，由此又引发了欧盟在一体化深化问题上的制宪危机等。欧盟、北约虽双双取得东扩成果，但内部的矛盾斗争亦在发展。俄罗斯不满美国在俄反恐问题上持双重标准，俄美矛盾增加，进而影响到两国在反恐问题上的合作。美国“假恐济私”，借反恐乘机谋取私利，使反恐从一开始就打上“蒙世”的烙印。美国以反恐为契机，将战略关注重点由冷战时的欧洲东移至中东、中亚地区，在该地区发动了两场反恐战争，力推“民主改革”，制造“颜色革命”，借反恐谋取对该地区的主导权和控制权。俄罗斯在经受一连串的恐怖袭击后，借反恐实施强力政策，强化中央集权。日本也趁机“借船出海”，决定修改《防卫计划大纲》。北约等地区安全组织和一些国家以反恐为契机，竞相提出“先发制人”战略，以反恐为名强化军力。北约、欧盟的反恐职能也不断得以提升。

（二）恐怖主义钳制住美国，使世界多极化进程加快

“9·11”事件爆发后，美国意识到恐怖主义是其面临的最大、最现实威胁，以反恐为目标对安全战略和军事部署做出重大调整。但美国的反恐战争并未取得预想的效果，反而在伊拉克、阿富汗消耗了大量人力、物力和财力，在国际上陷入孤立。反恐使美国无心他顾，降低了对其他地区的干预和控制力度，对国际社会和联合国的需求有所增加。与此同时，以法、德为首的欧盟、俄罗斯，亚洲的中国、印度，拉丁美洲的巴西等国和组织在世界的影响和作用则迅速上升，并对美国的单边主义政策形成有力的牵制，促使当代国际体系加速转型。21世纪前10年里，中、欧、俄因共同反对美国而在国际事务中，尤其是在反恐的单边政策上迅速接近，相互借重和支持，在反恐的同时反霸，中欧、中俄、欧俄分别结成了战略伙伴关系，进而在亚欧大陆形成钳制美国霸权主义的大国关系链，继而还影响和带动了一大批中小国家敢于向美国说“不”。美俄曾因反恐走近，又因美国搞“双重标准”而关系趋紧；欧美在伊战问题上空前分裂，近来双边关系虽有改善，但

根本分歧犹存。美国虽竭力反对多极化，但又力不从心，不得不承认和接受欧盟、中国、俄罗斯、印度等国和集团崛起的现实。在曾经是美国“后院”的拉美，“美国对拉美的政策没有实质性变化，但它面对的却是一个日益团结的、抵制它的拉丁美洲。因此，我们看到了‘美洲自由贸易区协定’的失败，以及‘玻利瓦尔美洲国家替代计划’、‘南美洲国家联盟’和‘拉美和加勒比国家共同体’的建立”①。大国形成战略合作和竞争关系。一方面反恐促使大国进一步加强合作，避免了大国利益尖锐对立而导致局势失控。奥巴马执政后美国的反恐认识在向欧、俄、中的立场接近，对大国的需求增多，这有助于大国关系的稳定及多极力量的发展，也有助于加强大国间合作，推动反恐、防扩散、中东和平、消除贫困和发展不平衡等重大国际问题的解决；另一方面，美俄正在反导、能源、中亚、北极等战略和地缘政治上、美中在经贸领域和亚太地区、美伊（朗）在核问题上形成冲撞。各国还以反恐、防扩散为战略目标，加快了新军事革命步伐，加紧调整军事战略，抢占高科技制高点，增强军备竞赛。同时加强了内部安全防范措施，公民人身自由和行动受到一定限制。

（三）恐怖主义引起各方对中东、中亚地区的关注和争夺，引发阿拉伯世界与西方的紧张关系

中东、中亚地区既是恐怖主义的发源地，更是各国经济赖以生存的能源资源供应地。恐怖活动已造成石油价格飞涨。美俄欧均把注意力集中在中东、中亚和高加索地区，在加强反恐合作的基础上展开激烈竞争。反恐战争的扩大化和恐怖事件屡屡发生，加剧了以美国为首的西方世界与伊斯兰世界的矛盾。基辛格曾警告美国说：“在后冷战的世界里，当美国既不能主宰世界又不能脱离世界，当美国十分强盛却

① 贝尔纳·卡桑：“拉美左派正在巩固”，西班牙《起义报》，2011年11月15日。

又十分脆弱之时，美国势必不能放弃让他之所以伟大的理想，但是它也不应该妄自以为无所不能而破坏了美国的伟大。世界领导地位是随着美国的实力与价值观而来，但是美国没有特权可以自认为美国与他国结合是施恩于它们，也不能自以为具有无限能力可以借撤回协助而强要他国接受美国的意志。”[①]

冷战结束至“9·11”事件爆发前，美国曾把俄罗斯、中国视为潜在对手，准备与俄罗斯、中国展开意识形态领域的较量。但“9·11”事件迅速扭转了美国的战略目标和方向。布什向大中东地区强推“民主”，宣布“反恐战争不仅是军事斗争，而且是21世纪决定性的意识形态斗争”。美国对阿拉伯世界的打压，反而激起一些阿拉伯民众对被国际社会列为恐怖组织的“基地”组织、哈马斯、真主党的好感。阿拉伯世界的大量石油美元以及新闻媒体，明里暗里对极端势力甚至恐怖组织提供支持和帮助。这10年间，伊朗选举出强硬派总统；黎巴嫩真主党受到民众的支持和拥护，影响迅速上升；巴勒斯坦哈马斯在议会选举中上台；伊拉克成为伊斯兰极端势力的反美前哨和恐怖策源地；阿富汗塔利班东山再起；穆斯林兄弟会在埃及议会选举中势力上升，就连一些温和国家如沙特、埃及、约旦等，也在抵制美国的“民主”计划。美国与伊斯兰世界矛盾加剧，相互之间对立和敌视情绪持续升温，这反而又为恐怖主义提供了更加肥沃坚实的土壤。

（四）恐怖问题不可能在短期内消除

从政治上讲，当前正处在由美一超独霸的“前时代”向“后时代”发展的过渡期，各种矛盾和冲突不可避免。由于国际力量对比严重失衡，极端手段和拥有大规模杀伤性武器往往成为某些势力和国家达到

① ［美国］亨利·基辛格著，顾淑馨等译：《大外交》，海南出版社，2010年版，第807页。

政治目的之首选。从经济上讲，冷战后又是经济全球化加速发展的时期，世界更加繁荣，但无论从国际整体看还是从各国内部看，两极分化也呈加速发展之势。所谓“富者更富，贫者更穷”，某些国家和地区以及“弱势群体”处境更加困难，成为滋生恐怖主义的土壤。以宗教恐怖主义为手段的部分伊斯兰国家的激进分子将西方视为敌人，就是他们对自身长期处于西方控制的价值体系的下层、受到居于体系上层的西方国家的资源掠夺、政治经济文化压制不满情绪的积累发泄，它反映了国际体系中逐渐扩大的社会不同阶层的分歧，以及以美国为首的西方社会体系与世界其他体系之间的冲突。在这一发展过程中，冲突促进了弱势群体之间的团结，而宗教因素只不过是强化了这一发展过程。就国际社会而言，很难就反恐达成共识。尽管各国均不同程度地面临恐怖威胁，但各国对反恐的认识和目的却大不相同，并将长期难以协调。西方以“人权”、“民主”压制别国反恐，使国际恐怖势力得以钻空子，开辟新的“反恐战场”。10年来恐怖势力非但未被遏制，反而越反越恐，恐怖袭击呈递增之势，且扩大了恐怖活动范围，恐怖主义、分裂主义、极端民族主义势力相互勾结，表现出手段更狡猾、做法更残忍、方式更隐蔽等新特点。例如近年来“微恐怖主义”的兴起，就是新手段之一，它不是采取大规模袭击或追求轰动效应，而是注重行动的成功和有效性。本·拉登死后，失去了精神领袖和向导的“基地”组织有可能分裂成在全球影响力较小的地区性组织。

本·拉登被击毙后，美国在南亚的反恐斗争形势并没有因此得到改善，反而又陷入新的麻烦之中。首先，巴基斯坦作为美国的反恐盟友，在配合美国持久的反恐战争中，承受了巨大牺牲。但如今美国指责巴基斯坦庇护本·拉登，还称如有必要美军仍要进入巴基斯坦境内实施反恐，导致巴国内民众的强烈抗议和反美情绪；美巴关系的恶化，严重削弱了两国在反恐、打击塔利班上的合作。塔利班趁机活跃起来，2011年8月6日，美军一架“奇努克”武装运输直升机在阿富汗瓦尔达克省登吉山谷地区实施突击行动时遭到火箭弹袭击，38 名军人，其中包括 22 名美国海军“海豹”突击队的特种兵遇难。2011 年 5 月，正是这一美军最精锐特种部队在巴基斯坦实施突袭、捕获并击毙了本·拉登。这也是 2001 年阿富汗战争以来美军在战场上蒙受人员损失最惨重的单次遭袭事件；其次，2012 年是美国总统大选之年，杀死本·拉登使奥巴马的民意支持率得到提升，因此，尽快从阿撤军，减少战争支出，减轻纳税人负担必定是吸引选民的亮点。在此背景下，奥巴马期望在大选之前加快美国撤军频率，以便为自己争取更多的民意支持。但是，南亚反恐形势不容乐观，美军在阿富汗不断暴露出来的各种丑陋行径激起阿人民强烈的反美情绪，使得美国欲罢不能，北约盟国又纷纷要求撤离，美国从阿撤军的计划难以顺利实现。

第二节　战争与和平，两种不同治理理念的较量

自古以来，国际上并行着战争与和平、霸道与王道两种截然不同的“建设观”。中国战国时期伟大思想家孟子所颂扬的王权，即国家领导人——“君主”言义→求王道→施仁政→王天下，以及贬斥霸权之道，即“君主”言利→求霸道→施霸政→霸天下→衰落，即反映出古代先哲孟子颂扬王道、反对霸道的建设观。战争与和平，两种力量相互角力、制约、牵制，此消彼长，深刻影响和左右国际秩序的稳定与发展，成为人类历史长河中难解的一对矛盾体。

一、单极化助长美国的“战争建设观”

在 1945 年第二次世界大战结束至 1990 年冷战结束这段长达近半

世纪的时间里，在美苏两极格局对峙的情况下，无论是前期的“美攻苏守”还是后期的“苏攻美守”，除了美国发动两场大规模的朝鲜战争和越南战争，以及在某些地区制造和策动一些局部危机或“代理人战争”外，美苏双方总体处于“冷战”状态，热战不多。然而进入20世纪90年代后，苏联的倒台、社会主义的低潮、全球掀起的“民主”化浪潮，把美国推到了胜利的巅峰，美国再无对手和约束者，呈现出美国“一极化”和“西化”的鼎盛时期，单极当道，多极化进程受阻。“一极化”给世界和平与发展带来更多的危险和挑战。美国在全球的行动如入无人之境，这更加刺激了其战争欲望，在1991—2011年的短短20年中，美国发动或参与了海湾、波黑、科索沃、阿富汗、伊拉克、利比亚等6场较大规模战争。美国越来越倾向于使用武力，从使用战争频率到炮制战争理论，均达到登峰造极的地步。

“9·11”事件后，为应对恐怖主义和大规模杀伤性武器扩散等非传统安全威胁，美国调整军事战略和全球军事部署，抛出“先发制人”的军事理论，将发动包括核武器在内的战争门槛大大降低。美国还将反恐战争与推广“民主”挂钩，在中东地区强推其“民主”计划，在独联体制造“颜色革命”，把25个国家列入可能陷入混乱、内战并成为恐怖组织“基地”的“不稳定”、美国有可能进行军事干预的国家。美国还加强同日本、澳大利亚、韩国等国的军事同盟，极力推动北约的全球化进程。可见，单极比多极世界更加危险和更具不稳定性。美国热衷于战争、依靠实力说话的根基在于战争与其霸权思想、历史和经济等因素有着密切的联系。

（一）美国崇尚战争与其霸权思想、全球战略的关系

美国霸权主义的思想特点，是将本民族视为全人类一切活动的中心，它不以本民族的独立为满足，而是要使用强权手段，将本国的社会制度、意识形态和文化价值观念推广到全球。美国权力的根源反映

在美国帝权的特征上面。美国帝权结合了两种不同形式的权力。第一是领土权力。领土权力一度是旧大陆帝国和海洋帝国的核心权力，20世纪三场大的战争使得旧大陆帝国和海洋帝国都崩溃了。美国在冷战中建立了包围苏联的庞大“基地”网络，“9·11”恐怖袭击事件之后这一网络更为扩大。这显示了美国帝权中的领土权力成分。根据美国防部发布的统计数字，2001年9月，美国在153个国家部署了25万军事人员。如果将非军事雇员和家属计算在内，人数超过了50万。美国在38个国家设有重要军事基地。[①] 第二种是非领土权力。关于美国的非领土权力，哈特和安东尼奥认为：“帝国并非现代帝国主义的一种弱势版本，从根本上讲，帝国是一种新的统治形式。”[②] 根据这种观点，在世界政治中存在某些政治逻辑，这些逻辑不是在传统的民族国家层面上运作，而是在其他层面上展开。非领土政治的典型特征是流动式的不稳定性，表现在多重身份、灵活的等级体制、多渠道沟通，以及新的跨国界权威和强制形式的产生等诸多方面。[③]

在美国看来，国际权力的均衡分布并不理想，因此在战后创造了以美国为主导的“集体安全”理念和机制。这一理论假定，世界和平并不取决于使所有国家的权力处于平衡状态，恰恰相反，它取决于使那些时刻准备反对潜在的侵略国或者惩罚实际的侵略国的国家拥有压倒性的权力。按照集体安全的规则，世界上“爱好和平的国家”无论拥有多大的权力都不过分，因为人们预期它们永远也不会滥用自己的优势。“它们作为一个集体越是强大，它们吓阻或者惩罚——如果必要的话——潜在的和平破坏者的机会便会越大。按照这种假设，理想的

---

① ᵉJohnson Charmers, *The Sorrows of Empire: Militarism, Secrecy, and the End of the Republic*, New York, Henry Holt, 2004, pp. 154—160.

② Hardt Michael and Antonio Negri, *Empire*, Cambridge: Harvard University Press, 2000, xii, p164.

③ ［美国］彼得·卡赞斯坦著，秦亚青、魏玲译：《地区构成的世界：美国帝权中的亚洲和欧洲》，北京大学出版社，2007年出版，第4页。

状况是，那些被认为是世界共同体的和平与法律的捍卫者们拥有无可匹敌的霸权。”[①]

当美国自以为有能力使用战争手段达到自己的目的时，世界和平就受到了严重威胁。美国通过各种冠冕堂皇的幌子，不断制造对手和敌人，发动一场又一场战争，强行在全球推广美式价值观和“民主”、“自由”理念，以达到主宰和整合世界、维持美国一超独霸、实现美国治下的和平的战略目标。美国人的信念是“枪杆子里面出民主、自由”。在美国神话中，战争表现了这样的信念：只要团结起来，组织起来，心甘情愿地为所向往的目标贡献自己的一切人力和物力，美国人就能做到想做的一切，能够缔造诸多国家或重建诸多社会，能够加速进步，给世界带去自由和民主。[②] 美国人心里明白，今天的美国是一个建立在纸币上的帝国。要让这个帝国不垮塌，就必须保持美元的霸权，现在，要做到这一点，除了军事手段之外，手上已无牌可出。为了以绝对军事优势谋求美“绝对安全”和“一超独霸”的战略目标，美国不断调整其全球军事战略政策和战略部署。布什政府时期，抓住“9·11”事件对本土安全造成巨大冲击的机会，宣布大规模调整美军全球战略部署，体现了美国遏制和防范任何可能的潜在对手的战略意图（在军事和安全领域，美国仍视俄、中为主要潜在对手），但由于“9·11”事件的效应，美国不得不把重点放在对付恐怖主义和大规模杀伤性武器扩散等“非对称威胁”上，被视为恐怖主义集中地的“大中东”成为美战略调整的重中之重。美国对海外军事基地实行关停并转，对传统防范区域实施战略重组，美军在包括阿富汗、伊拉克在内的9国建立了13处军事基地，将从德国撤出的部分军队移往波、匈、罗、

---

① ［美国］阿诺德·沃尔弗斯著，于铁军译：《纷争与协作——国际政治论集》，世界知识出版社，2006年版，第107页。

② ［美国］詹姆士·罗迫逊：《美国神话，美国现实》，中国社会科学出版社，1990年版，第447页。

保，设立小型基地，加紧对独联体和外高加索国家的蚕食渗透。美国在中东、中亚地区排兵布阵，改造大中东，推动该地区的民主进程，并控制和掠夺该地区丰富的战略资源和能源，以确保自身的能源安全，进而左右世界经济的命脉。同时，美国雄据大中东可起到敲山震虎之功效，形成西控欧洲，北牵俄罗斯，南慑非洲、南亚伊斯兰国家，东遏中国的局面。加上原有精心构造的安全体系，美国完成了在全球范围内的战略重组，继续把持全球安全的主导权，维持自身绝对战略优势。美国国家安全顾问安东尼·莱克说，后冷战时期美国的目标是扩大“民主和平与繁荣区”，因为只有民主和市场经济在其他国家占主导地位，美国才能更安全、繁荣和富有影响力。通过把美国的安全与其他国家的国内政治体制特性联系起来，“民主和平论”不可避免地将美国推向干涉主义战略。[①] 只有在海外创造一个有利的意识形态和政治体制环境，才能确保美国国内政治体制的生存和繁荣，这种信念在某种程度上塑造了美国的外交和防御政策。[②]

美国崇尚武力与其崇尚使用暴力的历史密不可分。美国患有两大难以治愈的“瘾症”：一是战争瘾；二是欠债瘾（关于“欠债瘾”请参见第三章中论述）。哈佛大学约翰·肯尼迪政治学院教授斯蒂芬·沃尔特认为美国患上了“战争瘾”，指出美国不断发动战争的五大理由是：1. 因为我们有能力打仗。美国不断打仗最显而易见的原因是拥有非常强大的军事力量，尤其是对利比亚这样的小国来说。2. 美国没有真正的敌人。美国之所以可以发动一场又一场可打可不打的战争，是因为冷战的结束使美国的处境非常安全。由于本土不存在威胁，美国人不惜奔赴海外以“寻找怪物来摧毁”。3. 全志愿兵军队。我们对冒险主义

---

① Charles S. Gochman，Henry S. Farber and Joanne Gowa，*Democracy and Peace*，pp. 177—187.

② 秦亚青主编：《理性与国际合作：自由主义国际关系理论研究》，世界知识出版社，2008 年版，第 128 页。

无法自拔背后的第三个因素是全志愿兵军队，它使得美国动辄诉诸武力能够在政治上通过。4. 核心集团才是关键。我们在世界各地频频插手的第四个原因是外交政策的核心集团坚决支持“采取行动”。华盛顿的外交政策思想不是由新保守派主导，就是由“自由干涉主义者”主导。5. 国会出局。如今美国的军事力量集中在总统手中，对动用军事力量的政治约束力量逐渐遭到侵蚀。虽然宪法说得再清楚不过，宣战权是赋予国会的，而不是总统，但这种权力从二战开始就一点点被篡夺。当代的总统在下令军队攻击其他国家时显然没有任何约束感。[①] 美国人喜欢说，当世界上什么地方出现麻烦，总统的第一反应就是：我们的航空母舰在哪里？几十年来美国频繁发动对外战争，却不断在宣传美国比别的国家更爱好和平，极具有讽刺意味。关于这一点我们可以在美国历史学家施莱辛格的话中找到答案：“我们总自以为是一个温和的、宽容的、仁慈的民族，然而，这绝不是我们传统中唯一的气质。因为我们一直是一个崇尚暴力的民族。看不到这一点，我们就不能正视我们国家的现实。我们必须承认，我们的身体内有一种破坏性的欲望……我们是一个可怕的民族，因为我们在国内和国外的各种暴行到现在还没有唤醒我们政治家的良知，或者削弱我们在道德上自以为始终准确无误的超然信念。”[②]

（二）美国的繁荣与战争有着密切的关联

美国不断制造战争在一定时期内维持了国内经济的繁荣。2008 年金融危机爆发前，战争曾使美国经济保持了十多年的繁荣。美国每次发动战争，都会因军火需求带动生产扩大、就业增加、消费兴旺。战争之后，又使生产下降、失业扩大、经济停滞。20 世纪七八十年代美

① “美国是否打仗成瘾?”，美国《外交政策》双月刊网站，2011 年 4 月 4 日。

② 小阿瑟·施莱辛格：“暴力”，转引自梁茂信：《都市化时代—20 世纪美国人口流动与城市社会问题》，东北师范大学出版社，2002 年版，第 361—362 页。

国在基本无战事的情况下，经济出现严重萧条。90年代克林顿发动了三场战争，美国经济出现了10年的繁荣。小布什步克林顿后尘，以反恐为名发动两场战争，以战养战，保持了金融危机之前3%—4%的经济增长速度。由此看来，美国经济的确属于“战争消费型”，不打仗其经济就吃不消。战争是获利的事业，尤其是如果对手拥有许多宝贵资源，而其武装力量又无力捍卫这些资源，这样胜利者的所有战争成本将会得到充分的补偿。2004年美国政府设立了新的占领机构——重建和稳定办公室，该办公室与美国国家情报委员会密切合作，制定出25个国家在发生破坏性冲突或自然灾害后的重建计划。在该委员会的筹划下，美国政府决定推动南苏丹独立，同样在伊拉克、阿富汗的重建中，哈利伯顿公司在供应和建设方面获得了100亿美元合同。美国这种利用战后重建大获利益的模式被学者称为“灾难资本主义”①。

美国国防预算保持了连续13年的增长，每年高达5500亿美元（加上在伊拉克与阿富汗的费用达到7000亿美元），高于第二位国家十几倍，占美国联邦政府预算的15%，相当于美国国内生产总值的5%。对于预算批准向来吝啬的美国国会，对批准国防预算却是慷慨大方，长期以来美国国会有“过度批准国防开支”的习惯，这已经成为“华盛顿规则”。2010年时任国防部长盖茨向国会提出削减用于F—35战斗机引擎开发生产的预算24亿美元，但是国会仍然坚持将该预算划拨给国防部。因为国会议员需要这些预算以保证军队规模和军工企业运转来解决就业。美国IT经济泡沫崩溃后，战争和国防预算在很大程度上支撑着经济和就业。而这些军事人员的部署和军品生产与美国的全球安全同盟框架紧密相连，这充分证明美国的霸权逻辑已经被高度制度化和利益化。以中东为例，美国有意使该地区长期陷于紧张局势，促使该地区各国纷纷与美国签署大笔军购合同。2010年美国与沙特阿拉

① 列昂尼德·萨温：“灾难资本主义”，俄罗斯《战略文化基金会》网站，2011年9月29日。

伯签署价值600亿美元的军售合同，这是美国有史以来最大的一笔军火交易，该交易将为美国工业带来几万个就业岗位。2011年1月奥巴马签署《2011财年国防授权法》，根据该法案，2011财年美国国防预算总额达到7250亿美元，其中包括1587亿美元战争拨款（在阿富汗和伊拉克的作战行动）。在经济复苏乏力、债台高筑、白宫和国会谋求压缩联邦政府开支以控制预算赤字的情形下，美国新财年的国防预算规模不仅没有削减，反较上一财年有所增加。

（二）奥巴马“欲战还休”，改变策略以换取更大利益

一是实施以“收缩”为主的战略调整。在2010年5月出台的《国家安全战略》报告中，奥巴马政府重新界定了国家安全战略概念，认为除军事力量外，保持美国全球领导地位还需依靠强劲的经济发展，致力于发展教育、清洁能源、科学技术和减少联邦财政赤字。“创新”应该成为美国力量的首要来源。新战略重申面对国家安全威胁时要加强国际接触、协调，并称军事力量仍为国家安全的基础和全球安全的支柱，但军事优势不足以保持美国在世界的影响力，必须推动建立更能应对时代挑战的全球机制。在实施战略收缩的同时，美国的军事力量着力于加紧向高、精、尖发展，力求更多地从质量上保持世界军事领先地位。美国一方面与俄罗斯达成新的《削减和限制进攻性战略武器条约》，另一方面决定今后10年将至少斥资850亿美元维护和更新其核武库。为了使军事力量中的“矛”更尖、“盾”更厚，在2011财年年度预算中用于导弹防御系统的投资达99亿美元。这一投资规模较上一财年增加约7亿美元。此外，美国还着力加强包括太空互联网在内的全球立体网络和包括空天飞机在内的航天等新型作战力量的建设，谋求掌控军事竞争领域的“新边疆”和“高边疆”。在阿富汗和巴基斯坦，美国更多地借助无人机等高科技产品实施侦察和作战任务。奥巴马政府还明显加大了对亚太地区的关注和投入，重点经营南亚、中亚、

东北亚和东南亚，加强了在“三线岛链”方向的军事部署；提升与日、澳的战略合作关系，要求两国在亚太地区发挥“锚地”作用；支持日本修宪和改变“自卫队”性质，提升日本的军事大国地位；在澳大利亚达尔文港设军事基地；积极推动东亚反导合作，谋求将台湾纳入区域反导系统；极力加强与韩国、日本、菲律宾、澳大利亚等国和东盟国家的军事合作关系。二是要求盟国分担更多责任。为避免美军收缩后出现地区“安全真空”，美国大力调动盟国的“积极性”，帮助、鼓励传统盟国走向前台，把它们推向防御一线。在确保自身安全的前提下，通过加大与盟国的军事安全联系、强化与盟国的军事合作及扶持力度、改造或组建新的集体安全体系来保证美国及其盟国的安全。美国通过改造北约以使其配合美军事调整，加快“全球化”进程，要求北约在阿富汗、打击利比亚时发挥重要作用。2011 年 3 月美国军事打击利比亚，是其在遭受金融经济危机打击后参与的第一场战争，美国参与的意愿、斗志、规模、方式与以往相比发生了很大变化，美国已意识到自己霸权地位的旁落，于是主动放弃指挥权，让欧洲盟国和北约承担更多责任。三是浑水摸鱼，不断制造新的紧张点。美国的关注点正由陆地奔向海洋，从小布什时期的两场内陆战争转向三大海域，即地中海、霍尔木兹海峡和南海。2011 年前后，美国加紧在这三大海域兴风作浪，在地中海南岸和东岸，美国明里暗里支持和鼓动沿岸国家的年轻人上街示威游行，对“阿拉伯之春”起着煽阴风点鬼火的作用。直接领导和参与军事打击利比亚，并积极筹划推翻叙利亚的阿萨德政权。对于地中海北岸正在发生的欧洲主权债务和欧元危机，美国也乐见其成，因为美国不希望欧元对美元的霸权地位构成挑战。甚至有学者认为欧元危机的始作俑者就是美国，美国政府为转嫁危机，暗中唆使美国的信用评级机构不断下调欧洲的信用评级，酿成今天欧洲金融、经济形势动荡的局面；在中国南海问题上，美国鼓动菲律宾、越南、日本等国挑战中国主权核心利益，力图使南海问题国际化；在印度洋的霍尔木兹海峡，美国重兵集结，对伊朗实施威慑和遏制战略，不断试探伊朗的承受能力和心理底线，大有不推翻伊朗政权誓不罢休的架势。

二、制约战争的"和平建设观"

中国古代思想家荀子说："以德兼人者王，以力兼人者弱，以富兼人者贫，古今一也。"[①] 其意思是说，以道德为基础的兼并是可以获得世界领导权威的，以实力征服对方的兼并则会削弱本国，以财富兼并他国的则使本国贫穷。从历史角度看，战争是导致一个国家综合实力迅速衰弱甚至崩溃的重要原因。战争没有赢家。一战时的德奥匈，二战时的德意日，都曾是经济实力、军事实力居于当时国际前列的国家，然而它们发动战争的结局却是国家遭到分裂和灭亡。1979 年苏联发动对阿富汗战争，10 年间伤亡 5 万人，耗资 450 亿卢布，战争导致苏联的经济实力迅速下降，成为其解体的主要原因之一。美国在伊拉克、阿富汗两场战争上的直接花费超过 1 万亿美元，使其经济发展严重受挫，成为金融危机的主要诱发因素，并大大削减了美国综合国力和国际影响力。

早在战国时期，思想家孟子就提出了"仁者无敌"的治理理念。它对崛起中大国的启示是，王天下的方式是归心而不是强夺。一国的崛起不仅仅是一个实力的提升过程，也是一个观念和模式的扩展过程。光有实力的提升，就只能成为如西方诸强曾经走过的传统霸权老路的国家，这样的霸权令人厌恶，也令人恐惧。既有实力上的提升，也有观念和模式上的创新，成为王权式的大国，这样的大国才会令人羡慕和敬仰。进入 21 世纪以来，尤其是伊拉克战争爆发后，以中、俄等国

① 《荀子·议兵篇十六》。

为首的新兴大国以及部分欧盟国家，它们以史为鉴，从各自的历史和现实角度出发，提出以谈判、协商、妥协解决争端，以“软实力”来对全球事务进行“综合治理”，以“和平建设观”反对、抵制美国的“战争建设观”。欧盟较早提出了综合治理观，迅速崛起的中国为避免与其他国家的利益发生碰撞，提出了“和平崛起”、建设“和谐世界”的理念。为避免世界陷入文明冲突中，促进世界在和平、稳定、和谐的气氛中可持续发展，主张“和平建设观”的国家形成前所未有的合力，对美国的“战争建设观”构成强大牵制。2003 年在美国出兵伊拉克问题上，欧、中、俄一度形成事实上的反战统一阵线，反对对伊动武，使美国师出无名。在伊朗核问题上，欧、中、俄虽有分歧，但在和平解决、反对动武上立场是一致的，三方实际上再次形成了统一阵线。这次美国吸取了教训，被迫同意参与伊核问题六方会谈，与伊朗进行有条件谈判。2012 年初在叙利亚问题上，中俄两国坚决顶住巨大压力，极力倡导叙利亚问题的和平解决，避免了叙利亚成为第二个利比亚，阿拉伯国家民众再次生灵涂炭。印度外交官指出，俄罗斯和中国都对武力解决争端的方法极度厌恶，它们坚定地拥护国际法和联合国宪章至上的原则。叙利亚局势将为多极化世界未来数十年的前景和特点定调。[①] 国际社会主张“和平建设观”和制约战争的因素不断增强的主要原因在于：

（一）软实力在冷战后对于一国实力的增强和在国际舞台上国家目标达成所起的作用越来越大

在国际社会中，一国软实力的增强会给该国带来一定的权利。因为如果一个国家能够使它的实力在别人的眼中是合法的，它的愿望就较少会遇到抵制。如果一国的地位和影响具有吸引力，其他国家就会

① 巴德拉库马尔：“金砖国家对叙利亚问题的倡议”，俄罗斯《战略文化基金会》网站，2012 年 3 月 7 日。

自动地追随，它就没有必要使用代价高昂的硬实力。当然，软实力必须要以军事、政治等硬实力以及经济基础为依托，才能发挥出它的能量。长期以来，由于发展中国家在这方面影响有限，所以软、硬实力主要是由欧美等发达国家所有效运用，以此扩展西方的影响范围，巩固其在国际社会中的主导地位。美国利用冷战后西方民主思想在国际范围内得到传播的机会，不惜通过制造战争在全世界“促进自由、民主和人权”，其军事安全战略也将推进美国价值观作为核心目标之一，利用各种手段将美国价值理念塞到世界的各个角落，因而遭到世界各国人民的反对和抵抗。对此，美国《外交政策聚焦》杂志曾发表文章称：“美国拥有全世界最强大的军队。但是，美军在伊拉克的困局已经成为战略灾难，在阿富汗也陷入了无法取胜的战争。美国也许能在所有的常规战事中获胜，但打赢战争的难度越来越大。美国可以踏平伊朗，但谁都不相信伊朗人会就此俯首称臣。更有可能出现的后果是，油价急剧上涨，使全球各地的经济体摇摇欲坠……相形之下，中国不费一兵一卒，最近与伊拉克和阿富汗分别缔结了石油和矿产协议。他们还在伊朗的能源领域投入巨资，成为德黑兰的头号贸易伙伴……美国在中美洲建设新军事基地和向拉美派遣第四舰队耀武扬威的时候，中国却正在剥夺美国作为这块大陆主要贸易伙伴的地位。”① 因此，应对美国“战争建设观”的唯一确定可行的办法是，在肯定美国作用的同时采用软制衡战略。进行软制衡的手段有多种多样：如加强全球整合的力度，行使全球正面的联合力量，充分发挥全球制度、组织、机制的作用，动员全球舆论，使用各种经济手段，运用多边、均衡、伙伴等外交措施限制霸权，推动美国走全球整合之路，在全球框架内采取行动，通过与其他大国的合作来解决国际问题。这并非是孤立和遏制美国，而是使其意识到其力量界限的存在，建立帝国成本昂贵，从

① 康恩·哈利南：“北京和华盛顿：存在问题的方面”，美国《外交政策聚焦》杂志网站，2011年2月23日。

而使美国融入全球社会的主流，融入全球广泛参与下的国家共同治理。

（二）欧洲在战争与和平问题上与美国拉开距离

相对于美国侧重“硬”而言，欧洲相对注重利用“软”来实现自己的目标，也就是利用“软实力”的影响力来影响对方，而不是美国式的依靠自身的强势来实现目标。欧美同宗同源，欧洲在历史上与现在的美国一样崇尚武力。但自二次世界大战后，欧洲走上了和平发展与统一的道路，欧美被美国新保守派学者卡根形容为两个来自不同星球的“爱神”和“战神”。欧洲较为注重在世界事务中发挥其“软实力”作用。欧盟是联合国维和预算的最大资助方（欧盟占40%，美国占25%）、最大发展援助方（占全球发展援助的55%，占欧盟GDP的0.36%，美国占其GDP的0.16%），欧盟为联合国维和行动及各种人道援助提供的人员是美国的10倍。巴尔干维持稳定部队的90%、阿富汗国际援助部队的80%来自欧盟，在世界各地共有6万—7万欧盟军人在执行联合国、北约和欧盟的维和任务。在欧洲人看来，美国的战争逻辑是从政治→战争，而欧洲的战争观是从政治→危机→战争。美国为维护绝对霸权，必要时将毫不犹豫地动用绝对优势军力来确保绝对安全。美国过于崇拜克劳塞维茨的战争理论，认为战争是政治在另一形式下的继续。美国这种单向思维、崇尚武力、从政治直接走向战争的军事战略定势，可以说无处不在。在思想上和文化上，美军被不断灌输以武力和暴力观，认为军事力量可以解决一切问题；在军事条例上，强调效忠祖国和绝对服从；在具体步骤上，把强制行动放在预防和稳定之首。欧盟认为美国的战争理念已经过时。欧盟政治家在对冷战后爆发的历次战争及其后果进行思考后，在从政治到战争的中间，加入了正确处理危机的理念，即危机的预警、预防、控制和处理等几个阶段，提出了避免由政治直接过渡到战争的预防外交思想，认为战争不能解决一切。在思想和文化上，欧盟认为“得民心才能得天下”，必须了解当地的人文和社会构成，要从心理上赢得民众支持，武力是最后选择，而且只能是手段而非目的，绝对不能轻易动用；在军事条例中，法国军事条例第 3、4 条明确规定，军人在作战中应尊重对手，遵守法律和有关国际公约，这是美国军事条例中所不具备的。欧盟还多次提出，解决重大国际危机的依次秩序应是：预防、稳定和强制行动。近 10 年来，不断有曾经是美国亲密盟友的欧洲国家在战争问题上与美国分道扬镳，先是法、德坚持反对美国发动伊拉克战争，后有法、德、英率先在伊朗发展核能问题上与伊谈判，迫使美国对伊动武的计划一拖再拖，再有德国在联合国安理会关于利比亚问题的 1973 号决议上不顾盟国“团结”投弃权票。

美国的战略关注重点越来越移向亚太，远离欧洲，但对欧洲盟国和北约的依赖程度却在加强，需要得到更多支持。奥巴马政府已意识到单边主义加上武力不等于绝对安全，需要安全领域的多边合作，需要盟国与美国一道分担责任，在军事、外交和财力上有更多的投入，需要欧盟提供在维持稳定和安全方面的丰厚经验。美国看重欧盟近年来在世界安全领域扮演的重要角色，但是美国对欧盟的重视和需求可能给自己带来意想不到的后果，即不断向欧盟提供在国际舞台“借势发挥”的机会；而欧盟在国际舞台上发挥的作用越大，势必越会对美国霸权构成牵制和挑战，这可能是美国所始料未及的。

（三）中国、美国在和平与战争问题上的不同选择与实践，证明只有坚持“和平建设观”才是通向国家繁荣富强的唯一途径

中国改革开放的 30 多年，正是美国战事最为频繁的时期。“中国忙建设，美国忙打仗”成为当今世界值得关注的重要现象，也是致使中国迅速崛起走上坡路，美国实力受到削弱而走下坡路的重要原因。中国实实在在地做到了对机遇的善加利用。中国秉承传统上的“中和”、“和为贵”思想，提出以“和平发展”、“和平崛起”理念建设自

身并进而在国际社会中以共建“和谐亚洲”、“和谐世界”的理念来展示其“和平建设观”。在东亚，中国的“和平建设观”影响和带动了东亚、东南亚地区一大批中小国家走上了繁荣复兴之路，而在西亚、中东地区，美国对该地区的干预和军事介入导致地区形势长期处于动荡之中，美国在西亚打仗，中国在东亚崛起，这在亚洲形成“东和西乱”的格局。中国的“和平建设观”对东亚形势保持繁荣与稳定做出了巨大贡献。中国的“软实力”迅速提升，对中国的发展创造出了有利的国际、地区和平环境和良好机遇：一是美国无暇顾及东亚地区崛起，使东亚地区获得了较长时间的稳定、安全环境；二是在中国台湾问题上美国基本接受中国的建议和主张，中美妥善处理好了两国关系中的最棘手问题，保持了台海地区乃至东亚地区的稳定；三是战争拉动了美国的消费，其进口需求增加，美国从东亚、中国的进口逐年递增，美国成为中国的重要贸易伙伴；四是美国与伊斯兰国家矛盾激化，而东亚与阿拉伯国家、中国与阿拉伯国家的关系则取得长足进展。大批阿拉伯富人的资金从美国撤资，转到东亚投资，同时东亚各国在中东、西亚地区得到了可靠能源供应的保证；五是中国虽然财富增加，但却始终严格控制着国防开支。这一点美国著名历史学家、耶鲁大学教授保罗·肯尼迪做出了客观公正的评价。他说：“把国防开支放在次要的地位，是中国全力发展经济决心的最有说服力的例证。它与苏联拼命追求‘军事安全’的思想以及里根政府把大量资金投入武装部队建设的许诺形成了鲜明的对照……这反映了北京这样的信念：只有在目前的产量和财富翻了好几番之后，长期的安全才有保障。”①

（四）全球化等因素的影响

第一，随着互联网和通讯技术的发展、经济全球化趋势的增强，

① ［美国］保罗·肯尼迪著，王保存等译：《大国的兴衰》，求实出版社，1988年版，第554页。

各国的联系更加密切，形成“我中有你、你中有我”的密不可分的经济往来和联系，整个世界成为一个大的经济体，过去那种依靠战争的零和博弈方式，既增加巨大经济成本又损人不利己，得不偿失。第二，世界各国人民的利益诉求发生了重大变化，生存、教育、发展等基本民生权利成为第一要务，并影响本国执政者对外战略的制定。尤其是在美国先后遭到金融危机和债务危机的持续打击后，美国政府和国会承受着削减军费、要求从伊拉克、阿富汗撤军的强大压力。第三，国际社会共同应对以金融经济危机、气候变化、战略资源结构性缺乏等为主要内容的非传统安全利益诉求不断上升，这些问题不可能通过军事手段解决，只能依靠国际社会的通力合作，共同应对。这些因素均成为遏制战争的重要因素。第四，科技革命大大加快了军事技术的改革，但也给军事力量带来了负面影响，使用武力的政治和社会代价逐渐增大。核武器的毁灭性特征降低了其作为政策工具的效用；动用武力已不再是件轻而易举的事情，随着和平的观念深入人心，运用武力作为外交政策工具将会在国内遇到强大的阻力；在全球化经济中，相互依赖程度逐渐加强，动用武力的国家往往会在非安全目标上付出高昂的代价，而且在全球化的国际社会中诸如获取经济福利或良好生态环境等政策目标常常是不能通过武力来实现的。基于上述原因，军事力量不再如现实主义所说的那样，是国际政治中“首要和常用的手段”。

第三节　多极与多边下的新安全架构

一极化使美国由盛至衰，不仅为主张“和平建设观”理想的人们提供了各种全球安全治理“新理念”的平台，也为一个均衡发展的多极世界的崛起带来了极佳的实践机遇。在亚欧大陆多边安全架构方面，形成了三老：即欧盟、北约、欧安组织和四新：即集体安全条约组织（独联体）、上合组织、东盟地区论坛和六方会谈机制在内的七大安全机制并存局面。

一、不断转型以求生存的北约

在冷战刚结束的1991年11月，北约罗马首脑会议制定出《联盟新战略概念》，这是其实施后冷战时期战略转型的第一份重要文件。文件提出了在欧洲地区以预防冲突、处理危机和解决地区冲突为主的“全方位危机反应战略”，巩固冷战的“胜利成果”，通过北约东扩和建立和平伙伴关系等行动扩张势力范围，建立起了北约主导的欧洲安全体系。1999年4月，北约在成立50周年时在华盛顿出台了冷战后第二份战略转型文件：《北大西洋战略概念》。此时，正值北约发动科索沃战争，北约的“新使命”已扩展到防区外地区冲突的干预，包括干预“人道主义危机”、防止大规模杀伤性武器扩散等，这使北约“集体防御”的性质发生了变化。2001年北约组成国际援助部队介入阿富汗战争后，尤其是美国在伊拉克战场上陷入久拖不决、进退两难困境的形势下，美国对北约的认识发生了自科索沃战争以来的重大改变。美国再次重视北约，要求北约扩大在阿富汗的防区和使命，要求将北约的“阿富汗模式”扩大到伊拉克，期待北约盟国更多地介入伊境内。从此，北约的军事行动实现了两大突破：一是采取主动进攻方式，通过介入波黑战争、发动科索沃战争，突破了在北约境内防御的禁忌；二是通过参与阿富汗战争，派北约军队培训伊拉克军警，派军舰到索马里海域打击海盗等“远征作战”行动，突破了北约作为欧洲—大西洋地区军事组织的行动范围，把干涉范围扩大到中东、非洲和南亚地区。美国支持北约积极参与苏丹达尔富尔地区维和行动的后援和巴基斯坦震后救灾，推动北约与海湾国家进行政治对话，鼓励北约扩大伙伴，发展与澳大利亚、新西兰、日本和韩国的关系。美国企图通过北约全球化，使北约成为美国在全球构造一个新西方的工具。美国对北约态度变化的考虑是，首先，美国对单边政策做出重大调整。安全全球化目标已超越了单个国家的范畴，不仅仅是美国一国难以管理伊拉克，单纯的一国在国家范围内也难以打赢反恐战争。北约在阿富汗陷入困境，这里成为继伊拉克后又一个泥潭。美国意识到在这个世界上不可能单打独斗，对外交不得不做出新的调整，重点是寻求盟国及北约的支持和帮助。其次，冷战结束后，为应对不断变化的形势，北约不断地进行调整转型进而得以生存下来，北约现在是、将来也是捍卫美国及其盟国共同利益和共同价值的最大安全载体，美国必然要加以利用和掌握其发展方向。它的战略意图是，通过使北约政治化进而实现北约全球化。基于安全威胁日益全球化，北约必须走出传统防区，美国需要广泛的支持和盟国的团结，需要新成员和伙伴国，在全球网络成广泛团结的、民主的新西方集团。只有政治化，北约才有合法性，才能成为有效的多边主义机构，并为联合国所接受，成为其武装臂膀。北约经过2002年布拉格峰会、2004年伊斯坦布尔峰会、2007年里加峰会等几次转型的重要峰会，美国对北约进行了重大战略调整：从地理上讲，反恐、阿富汗战争和伊拉克战争将美国的战略目标南移，美国重视大中东、脱欧入亚，欧洲在美国的战略地位中趋于边缘化；从政治上，美国针对北约的集体行动原则要求最大限度地灵活性，在波黑、阿富汗和伊拉克，美军越来越采取独立和自主的行动，并力图摆脱曾确保北约正常运作的集体规则和日常谈判，又期待北约在阿富汗及伊拉克扮演政治支持美国战略合法性以及在战后阶段的军事支持角色；从军事上看，不断扩大的美欧军事差距加强了美国的单边选择，或组成志愿者联盟而非整体联盟。

2010年11月，北约28国领导人在葡萄牙首都里斯本举行首脑会议，通过了《积极参与，现代防御》的北约战略转型新报告，提出一系列北约战略新概念。它是冷战结束后北约制定的第三份重要战略文件，也是未来10年北约在全球的行动纲领。“新概念”通过对国际安全环境变化进行分析，提出北约面临的“新威胁、新挑战”。“新概念”列举了诸多对北约的安全威胁，包括导弹袭击、大规模杀伤性武器扩散、恐怖主义、北约境外的不稳定或冲突、网络攻击、跨境犯罪活动、国际能源运输中断、气候变化等等。北约承认，“对北约的领土安全的传统攻击可能性很小”，但强调传统安全仍不能忽视，世界上许多国家和地区都拥有实质上的现代化军事能力，包括弹道导弹扩散，这使“对欧洲—大西洋地区的威胁是真实的并不断在增加”。为对付传统安全威胁，北约将采取“核武器与常规武器相结合的综合威慑战略”，并宣布“只要世界上存在核武器，北约仍是核联盟”。北约今后将在全球范围内“实施大规模和多个小规模军事行动”加以应对。北约战略“新概念”其实就是北约战略思维的概括，它通过应对国际安全环境变化，寻找北约今后10年在全球的“假想敌”，确定北约的“新使命”，试图以对外军事干涉充当“全球宪兵”。

然而北约今后的发展及其北约全球化进程不会一帆风顺，而将困难重重：

第一，北约在发展方向上的迷失。北约发展存在两种倾向，一是地缘政治上的，北约寻求与新国家发展伙伴关系。北约欢迎非成员国如澳大利亚、日本在阿富汗以各种方式对北约的支持，并与北约的行动建立某种联系。但许多欧洲成员国认为，北约的性质不能改变，北约是欧洲—大西洋联盟而不是全球性组织。发展“全球伙伴关系”不仅将淡化欧美间的团结，更发出了恶劣政治信号：以西方世界的整合来对付不接受西方价值观的其余世界，由此可能产生文明冲突；二是职能上的。北约能否具有民事职能，参与战后国家的重建工作？北约能否在其整体战略中，在军事及民事行动方面寻找到接合点？北约在阿富汗的行动难以将两种行动截然分开，但北约的一些欧洲成员认为重建工作主要应交由具备相关职能的机构如联合国和欧盟来完成，北约的职能扩大到警察、人道救援领域将与联合国、欧盟的使命相冲突。把北约变成一个重建经济和民主的组织既不合法也无能力，反而会模糊北约的使命，丧失其灵魂和能力。北约时常抱怨在执行军事使命时资源不足，再让其承担其他任务，北约将更加捉襟见肘。北约的 5 万军队在三大洲同时出击，其中 3 万人受困于阿富汗，已充分暴露出其人力、财力资源的严重不足。“对欧洲（包括英国在内）的影响足够明白，只要有政治家愿意坦白承认。这个跨大西洋的合作组织——从某种程度上说是建立在各自利益基础上的军事同盟——现在已经到达保质期的末尾。事实证明，赋予其新含义的各种努力——例如把北约看作是冷战后美国政策的臂膀和一支全球军事力量等——都代价很高而且会引发分歧。”①

第二，北约在阿富汗面临严峻考验。北约在阿富汗的军事行动已进行了 10 年之久，阿富汗的安全形势依然严峻，暴力活动频繁发生，塔利班在一些地区卷土重来；中央和地方政府软弱无力，能力不足，效率不高，重建步伐缓慢；大量政治军事组织和军阀势力膨胀，毒品生产和交易泛滥。由于战争久拖不决，加上北约一些成员国在阿富汗人员的重大伤亡，使得北约多数成员国国内民众对这场战争的支持率不断下降，北约内部要求撤离阿富汗的呼声一直不断。北约一些成员国已经拟定于 2014 年前撤出本国在阿富汗的驻军。美国不断呼吁各盟国不要根据各自财政状况急于撤军，要求盟国替美国“分担责任”，解决盟国向阿增兵问题，但多数国家并不理睬美国的请求。法国社会党总统候选人奥朗德承诺当选总统后不久便宣布，将尽快撤回法国军队。北约在阿富汗的军事行动能否成功，事关北约转型和全球化的实现。

---

① 阿德里安·汉密尔顿：“北约已死——只是我们不承认罢了!”，英国《独立报》网站，2011 年 6 月 16 日。

第三，北约内部矛盾。从北约成立之初起，法国就在北约内部率领一些欧洲国家不断向美国的霸权发出挑战。法国的理念是，将欧洲防务建设变成欧洲政治崛起和国际角色的战略依托。这一军事强权的理念引发了欧美的矛盾和分歧。在 2003 年欧美在伊拉克战争危机中矛盾最尖锐之时，法、德、比、卢提议成立欧洲独立参谋部，也是这一理念的反映。法国总统萨科齐决定法国重返北约，法美在北约问题上的矛盾有所缓和后，当前欧美主要分歧表现在：北约是否成为从温哥华到符拉迪沃斯托克、从堪培拉到首尔的“全球联盟”，还是与日、澳、芬、瑞典、新、韩建立某种联系的“具有全球伙伴的联盟”？北约的“阿富汗模式”是自掘坟墓还是北约全球化的成功之路？如何对战争与和平进行治理、对恐怖分子进行定义？欧盟加强北约的欧洲支柱，会不会形成对美国的挑战？欧美关于全球安全战略的对话，是在北约还是欧盟—美国双边内进行等等。

第四，在对利比亚战争中进一步暴露出北约在对外行动上的能力不足和步调不一致。2011 年 3 月底，北约从美国手中接管对利比亚禁飞区的行动指挥权后，在北约 28 个成员国中，尽管都表示支持在利比亚的军事行动，但只有 14 个国家派兵参与该任务，其中有 9 个国家参与轰炸行动，大部分轰炸任务由英国和法国承担。北约实际上只有不到一半的成员参与行动，就连原来紧紧跟随美国的波兰也未参与此次行动。而且行动刚刚开始，许多国家就面临弹药短缺的情况，开始要求美国承担更多任务。这不仅在北约国家中引起了内讧，更引起美国的愤怒，美国前国防部长盖茨对北约前景痛心疾首，认为因为北约成员国拒绝增加军费，导致在对利比亚作战中出现“两种速度的北约”，“北约未来将十分黯淡”。[①]

第五，北约与俄罗斯的关系难有改观。冷战结束以来，俄罗斯与

---

① Le Monde, le 10. juin 2011, *Libye : Les Etats-Unis demandent à leurs alliés de plus s'investir dans l'OTAN*.

北约的关系冷热起伏不定，俄罗斯把北约东扩视作自己最大的安全威胁。2008年的俄格冲突，就是俄罗斯惩罚格鲁吉亚投靠西方、阻止北约战略挤压的反击行动，导致俄与北约关系恶化。在奥巴马政府“重启”对俄罗斯关系后，北约与俄罗斯的关系也得以“重启”。北约在阿富汗战争、伊朗核问题、反恐以及反导等问题上需要俄罗斯的合作与支持。但是，双方在北约东扩、格鲁吉亚等问题上，分歧依旧，其中，欧洲导弹防御系统问题成为新的摩擦点。2010年底梅德韦杰夫总统在年度国情咨文中警告说，未来10年，北约应当与俄就导弹防御系统问题达成一致，建立真正的联合协作机制。如果双方无法达成建设性协议，将引发新一轮军备竞赛。北约的反导系统如何建立，关键是北约与俄罗斯能否建立“真正的战略伙伴关系”。俄罗斯虽然同意参加北约的反导系统，但提出了平等、透明和对完成各项反导任务的共同责任等条件。反导问题涉及各方根本安全利益，美国、北约不可能满足俄罗斯的条件，围绕反导问题的争夺时紧时松。在战略层面上，俄罗斯仍希望改变眼下由北约主导的欧洲安全架构。梅德韦杰夫总统曾提出新的欧洲安全条约草案，谋求在北美、欧洲和中亚地区建立一个统一的、不可分割的政治军事安全空间，遭到美国和北约的冷遇。在对美国、西方时刻抱有警惕性的普京再次当选俄罗斯总统后，俄罗斯与北约之间存在的结构性矛盾更难以消除。

二、寻求建立自主武装臂膀的欧盟

（一）欧盟安全与防务政策的建立

1954年8月欧洲共同防务政策失败后，防务问题成了欧洲人之间的禁忌，北约成为负责欧洲安全的唯一机构。这个状况维持了50多年，1999年，法英两国领导人在法国圣马洛开会，决定共同推动欧洲自主防务建设，建立共同安全与防务政策，从此，欧盟安全出现了真正的安全与防务政策。当然英法因各自利益不同，有着不同的考虑。英国的重点是在应对危机时增加欧洲军事的效率并与大西洋联盟互补，更强调加强能力；法国则关注欧洲政治的可信性和强化欧盟整体实力，倾向于创立欧盟自己的政治和军事机构。两种立场并没有影响欧盟军事能力的建设。圣马洛会议的重要贡献在于实现了三个艰巨的目标：军事效率、跨大西洋团结和欧洲政治力量的上升。自共同安全与防务政策成立后，欧洲防务取得了一些重大进展：一是完成了从理论到实践的过程。2003 年是欧盟安全与防务取得重大转折的一年，欧盟开始实施首批规模不大、但意义重大的军事行动。证明了其防务政策在稳定危机和预防人道灾难方面的作用。2003 年 3 月，欧美在伊拉克战争危机中矛盾最尖锐之时，法、德、比、卢成立了欧洲独立参谋部；二是欧洲军事行动从巴尔干走向非洲。2003 年 6 月，在联合国的授权下，欧盟首次自主军事行动在民主刚果进行（ARTEMIS 行动），与此同时，欧盟还积极参与在巴尔干，如波黑的警察行动、马其顿的协和行动和 PROXIMA 行动，这两场行动一个在欧洲，另一个在欧洲之外，证明了其必要的军事能力、行动组织（国家、北约工具、自主性）和欧盟与北约在分工合作上的总政策。三是从投放到保护。1999 年欧洲防务仍停留在应付对成员国领土完整的威胁上。自“9·11”事件后，欧盟在防务中增加了对外投放和内部保护以及反恐的内容。2004 年 3 月马德里爆炸案后，理事会决定在出现针对成员国的恐怖袭击时动用“团结条款”。四是推动欧盟的军事能力和工业能力建设。欧盟对现有的军事能力进行重组，2004 年成立装备局后，欧盟从应对紧急危机事件发展到应对防务的结构、科技、工业和经济，它将协调成员国的军事需求、研发计划的资金、重组防务市场、维持欧洲在关键部门的竞争力和尖端技术。

欧盟防务得以在短期内取得重大进展的主要原因是：第一，体系的变化。随着冷战的结束，欧洲在美国的战略中失去了战略意义，苏联不再构成威胁，也就意味着欧洲不再在安全、防务上对美国有所依赖，尽管美国依然承担安全保证。在新形势下，集体防务和对外干预成为欧洲防务的新目标。欧盟需要一个有效的应对外部危机的政策；第二，一体化的特殊活力。经济一体化完成后，欧洲进程中的政治方面自然而然地提上了日程。冷战结束后，欧洲“经济巨人、政治侏儒”的矛盾越来越突出。美国继续全面把持对欧洲事务的干预引起强烈不满，欧洲不能只在国际经济论坛上发出自己的声音，却在国际安全问题上鸦雀无声。《马约》开始触及对外政策，启动了欧洲的第二支柱，即共同外交政策。第三，建设共同安全与防务政策的目的不是使欧盟军事化，而是促成欧盟成为全面的政治角色，可以动用其全部资源：经济、贸易、人道、外交和军事。为此，欧盟提出需要最小的民事和军事在内的工具和能力，将其纳入欧盟在世界行动的哲学：全球战略理念。2003 年 12 月欧盟通过首份“欧盟安全战略报告”，它实际上是欧盟“战略统一的身份证”，要求欧盟担当起三个安全角色：一是欧盟的全面安全角色，既面对恐怖主义和大规模杀伤性武器扩散，又面对地区冲突、国家犯罪、有组织犯罪等传统不稳定因素；二是欧盟的责任安全角色，通过实现三个目标：应对各种威胁、建立周边安全和促进建立在有效多边主义基础上的国际秩序来捍卫安全和价值；三是欧盟的可信安全角色，即在预防、处理危机中更积极，在建设必要的军事、外交和工业能力上更果断，在建立各种对外行动机构中更协调。

近年来，欧债危机，西亚、北非局势的动荡以及美国加速向亚太地区战略转移，均对欧洲防务建设产生消极影响。受金融危机、债务危机的冲击，欧洲各国纷纷开源节流、紧缩财政，其中国防预算首当其冲。在军事打击利比亚问题上，法国与德国产生的重大分歧，削弱了两国在欧盟中的一体化“发动机”作用。尽管英国与法国肩并肩地参与了对利比亚的军事行动，但英国国防大臣在 2011 年 7 月还是明确拒绝了法国、德国、波兰在一年前提出的成立欧盟常设军事行动司令部的倡议。奥巴马政府决定实施战略东移，削减驻欧美军和减少基地的扩充，对在安全和战略上依赖美国和北约的欧洲来说不啻雪上加霜。在这种形势下，迫使欧盟在困境中努力寻求联合自强的出路。法国专家呼吁："没有忘记历史教训的德国应当重新成为一个一流军事大国。没有德国防务的强大，欧洲防务就不可能进步！我们需要的不是法英二重奏而是由巴黎、柏林和伦敦驾驭的三驾马车。没有这三驾马车，就不会有防务和安全方面的'强大欧洲'[①]。2011 年 7 月欧洲对外行动署在其发布的长达 21 页的欧盟共同和安全防务政策报告中指出，随着世界安全环境的日益复杂和不确定，推动欧洲军事能力整合与共享已成为一种必然，而不再是单纯的一种选择。如果欧盟仍然希望成为国际事务中的重要一员，就必须保持强大的军事能力——对于一个有威慑效应的欧盟共同和安全防务政策而言，这是至关重要的。如果我们要保持和发展欧洲的防御能力，成员国之间的合作必须成为一种制度而不是例外。欧洲国家的国防开支不断紧缩，未来这种趋势可能不会改变。该报告指出，每年 2000 亿欧元（约合 2814 亿美元）的国防开支中只有一小部分用于改变军事部署能力。应鼓励成员国扩大现有的合作项目，建立新的合作伙伴关系，开展新的合作，空间和战略运输能力也可能成为共享的能力。因此，"灵巧防卫"成为欧洲各国应对金融危机、寻找维护国际安全任务要求与本国财政资源之间的平衡之策。欧盟 27 国国防部长还重点研究了在军费缩减后，各国如何通过有效的军事合作维持和发展欧盟集体安全的军事实力。2010 年法国、英国率先尝试整合和分享各自的防务能力。双方签署协议创建"联合远征军"快速反应部队，从 2020 年起联合使用航空母舰，并在 2015 年前实现核试验设施共享。连最为敏感的战略武器也在双方合作的范围之内。

① Le Figaro, le 22 avril 2011, Pierre Servan: *L'Allemagne doit redevenir la puissance militaire*.

德国、瑞典计划两国在部队训练、战术和战略运输、后勤、通信和侦察等方面加强资源共享，敦促欧盟成员国确定可能的合作领域；荷兰、比利时酝酿两国军队的一体化问题，以此减少国防开支。此外，为减少军事力量的重复建设，欧盟各国还纷纷通过精简、合并、共享等手段，合理有效使用军费，节省开支。所有这些势必成为推进欧盟防务一体化的“催化剂”，使欧盟的共同防务能力在此过程中得到实质性的维系和提升。

（二）妥善处理与北约、美国的关系问题

如何协调美国支配的大西洋联盟及一个战略和政治崛起的欧盟，是欧盟面临的一个重大难题。欧盟在地区和国际上的政治、军事作用越大，越容易与北约在输出安全方面相碰撞，“9・11”事件之前，确立欧盟与北约关系的互补性、透明性和综合性曾是优先目标，美国在欧洲共同安全与防务政策的运作中起着重要作用。这一作用的矛盾是：美国既是欧洲共同安全与防务政策在军事能力现代化上的推动者，又是欧洲政治统一性的限制者。不管美国谁执政，都提出了对欧洲共同安全与防务政策建设的总体框架：支持建设有效和必不可少的欧洲力量，反对在北约之外崛起一个自主的战略欧洲。在圣马洛会议前，关于在北约内建立欧洲一致的问题，已在重组欧洲军事能力以及在军事安排产生的政治反应之间被划出了明确的界限。出现了“分而不离”原则。欧盟科隆会议后，三D原则，即不分开、不重叠、不歧视（découplage，duplication，discrimination）原则成为美国控制北约、应对欧洲防务政策的官方理论：即美国和欧洲“不分开”，北约和欧盟的物资“不重叠”，对北约欧洲盟国的非欧盟成员国“不歧视”。美国在政治、军事上提出了接受欧洲安全与防务政策的一条不可逾越的红线：拒绝任何可能导致自主、随之而来的欧盟战略独立的举动。欧洲人注意在这些内部限制内维持PESD的发展。同时，欧洲

与北约达成了《柏林补充条约》，确定了双方在处理危机时的关系。面对国际恐怖主义的发展，欧盟与北约也强调协同和互补的必要。可见，无论发生什么，欧洲人都不可能尝试建立一支与美国分离的欧洲军。主权及与北约的归属感相互促进，排除了任何建立所谓欧洲军事一体化构想。“9·11”事件和伊拉克战争后，美欧关系出现新的演变。对美国来说，出现了三个重大变化：地理上，恐怖主义、阿富汗战争、伊拉克战争将美国的战略目标南移，美国重点在大中东地区，欧洲被边缘化；政治上，美国选择了单边主义和最大行动自由，美国难以适应曾确保联盟正常运作的集体规则和日常谈判；军事上，不断扩大的美欧军事差距加强了单边选择，美国转而选择使用专门联盟而非整体联盟。美国对北约采取了一些前后矛盾的做法。一面针对北约的集体行动原则要求最大限度的灵活性，如在波黑、阿富汗和伊拉克，美军越来越采取独立和自主的行动；一面把北约作为欧洲学习美军、加快军队现代化的平台，如快反部队计划；一面又期待北约在政治上扮演支持美国战略合法性以及在战后阶段的军事支持角色。“9·11”事件以来欧美关系交替处于危机、缓和、协调时期，问题的关键在于欧洲要在北约内争取平等，而美国仍要把持其领导地位。欧盟与北约关系进入合作、互补和竞争阶段。奥巴马上台后，在美国实施战略收缩的大背景下，美国又需要欧盟、北约在安全上为其分担更多的责任。以北约为中心、以欧盟共同安全和防务政策为支柱，把北约辐射范围扩大至全球，组成亲西方的安全同盟。北约强调要加强其“作为盟国间在战略和政治问题上磋商和协调论坛的作用”，这说明欧美之间在安全上还相互需要，包括法、德等国在内的欧洲国家仍然把北约视为改善欧美关系的重要平台。为避免出现两个北约，欧洲盟国发出呼吁，欧洲防务与北约的关系应建立在互补基础之上。为了避免军事资源使用的重叠，欧盟与北约不仅要加强协调，更需要在军事资源使用上增加灵活性，以最优化防务资源的方式，在国家的名义下，参与自愿者联盟、欧盟、北约或联合国框架内的行动。欧盟各国只有增加防务能力，才能加强大西洋联盟的欧洲支柱，才能成为美国的平等伙伴并在安全上与美国平等分担责任。

在 2011 年初第 47 届慕尼黑安全会议上，北约秘书长拉斯穆森首次提出了“灵巧防卫”策略，以应对金融危机对国防建设的冲击。按照拉斯穆森的设想，“灵巧防卫”理念的内涵主要是：加强资源集中和共享，防止重复发展，实现互补；推动北约和欧盟在一些具体领域的合作。具体来说，就是在资金短缺情况下，在开发军事技术和能力上通过北约整合和分享欧洲各国的能力和资源，把资金用在优先急需之处。

三、欧安组织面临的困境

欧洲安全与合作组织简称“欧安组织”（Organization for Security and Cooperation in Europe —— OSCE），其前身是 1975 年成立的欧洲安全与合作会议（欧安会），它包括所有欧洲国家和美国、加拿大，是唯一一个包括所有欧洲国家在内并将它们与北美洲联系到一起的安全机构。成立时有 35 个会员国，现在已增加至 56 个，是世界上最大的区域性组织。

1975 年 7 月，欧安会首届首脑会议在芬兰首都赫尔辛基举行，与会国家有 33 个欧洲国家及美国和加拿大。当时阿尔巴尼亚宣布不参加会议（1991 年 6 月 19 日，阿尔巴尼亚被接纳为第 36 个成员国）。会议签署的《最后文件》（又称《赫尔辛基最后文件》）共分四个部分，也称四个“篮子”：欧洲安全问题；经济、科学、技术和环境方面的合作；人员、思想和文化交流；续会问题。欧安组织是在两极对抗的国际环境下产生的，是东西方力量妥协的产物。成立的主要目的是在华约与北约两大军事对抗集团间搭起对话平台，以保障雅尔塔体系确定的欧洲国家边境的安全。冷战期间，欧安会建立信任与安全机制的进程成为两大对立军事集团的联系纽带和沟通平台。它作为泛欧安全对话桥梁，催生了信任措施，降低了两大军事集团爆发战争的风险，维护了欧洲的和平与稳定。欧安会进程培育出了一种新的维护安全的方式——合作安全。西方国家也利用欧安会进程，针对苏联和东欧国家的体制缺陷，以人权和人员、文化交流等为幌子，对这些国家积极实施和平演变，在一定程度上推动了冷战格局的最终瓦解，并且使这一发展势头在冷战后得以延续。1995 年 1 月 1 日，欧洲安全与合作会议正式更名为欧洲安全与合作组织，即“从一个提供东西方对话的泛欧会议论坛逐步转变为一个机制化的泛欧组织”。这个安全机制对自身进行了调整，以适应在国际军控背景下欧洲安全环境的变化。在 1999 年 11 月的伊斯坦布尔峰会上，欧安组织通过了《欧洲安全宪章》，调整了 1990 年的常规武器限制以适应环境的变化，在武器的数量和集结地上以“国家”限制取代了“集团”限制。北约还向俄罗斯保证，不会在新成员国的领土上驻扎大量军队，并且还要将北约武器系统的数量减少。其他措施方面也增加了透明度，使得在特定的地理区域内集结军队和武器变得更加困难。尽管《宪章》还远远不够完善，但它是欧安组织在自我调整方面取得的一个重大成就，使之适应了欧洲安全局势在 20 世纪 90 年代出现的剧烈变化。

苏联解体、北约东扩、科索沃独立、俄格冲突等一系列重大事件的发生，让欧安组织所面临的地缘政治环境发生根本改变，在新的安全形势下，欧安组织职能与实践的各个方面均日益表现出不平衡的发展态势，内在矛盾在大量增多的实际活动中逐步显现。首先，欧安组织的决策原则是协商一致，在危机处理中表现出缺乏效率、运转不灵，成为欧安组织的最大弱点。欧洲主要力量在欧安组织的利益不同，经常使欧安组织在新时期处于进退两难的境地。俄罗斯长期主张加强欧安组织的作用，扩大其安全职能，以期欧安组织在欧洲安全事务中享有高于其他地区组织的地位，建议将欧安组织建设成为具有法律效力的国际组织。而在美欧看来，俄罗斯的目的就是要利用欧安组织对抗北约，使俄对欧洲安全事务拥有否决权，扩大俄维和主导权，甚至希望将北约最终融入到欧安会的架构中，这是美国及西方所不能接受的。美国在冷战后始终把欧洲战略的重点放在北约的适应性改造上，决心把北约变成欧洲安全结构的核心，因而对欧安组织的发展采取利用、限制甚至排挤的政策。其次，该组织在地区冲突问题上陷于“尊重各国领土完整”还是“坚持民族自决原则”的两难选择。拥有56个成员国、横跨三大洲的欧安组织，这些年来前进的步伐十分沉重，随着2001年后非传统安全威胁上升和欧洲地缘政治安全格局的剧烈变化，欧安组织日益表现出鲜明的矛盾性和两重性：传统安全职能进一步弱化，早期预警、冲突预防、危机处理和冲突后重建四大新职能与推广民主、维护人权等“第三篮子”职能进一步合流，逐步陷于“双重适应性危机”。既继续奉行综合安全的理念，又过分强化民主、人权等“第三篮子”职能；既强调加强组织的政治对话功能，又在许多问题上形成以集团对集团或以集团对俄罗斯的局面，无法真正开展有效的对话与协调；既继续强调共同安全、合作安全以及协商一致的决策原则，又在实践中不断背离和破坏这些原则，偏重维护部分参与国的安全利益。第三，欧安组织在推动“颜色革命”中遭遇抵抗。在中亚国家，在美国、欧盟的积极推动下，欧安组织充当了倡导西方民主、人权和自由市场等价值观念的急先锋，希望通过在中亚地区灌输这些西方的经典价值理念，帮助中亚国家重建政治和经济体系，改善贫穷落后的状况，维护这一地区的稳定，进而维护欧洲的安全与稳定。欧安组织作为西方国家在前苏联地区大力推进和加强国际关系中民主行为规范建设，鼓励政治民主改革，确保转型进程不会发生逆转的国际组织，它无法完全摆脱意识形态差异和美国的影响，对亲西方政党的盲目支持和对具有不同价值观国家的指责，使得在几次“颜色革命”的过程中，欧安组织监督团报告发挥的作用丝毫不亚于美国。特别是针对俄罗斯总统选举的问题，西方集团要求进一步强化欧安组织监督民主、人权的职能，遭到以俄罗斯为首的许多独联体国家的强烈反对，呼吁欧安组织平衡关注安全的各个方面，回归安全合作主题。可见，欧安组织在相当程度上成为西方国家对独联体国家实施新一轮“民主化”改造的工具。欧安组织的这一发展趋向引起有关国家的不满和警惕，并在组织内部造成意见分裂。

2010 年 12 月，欧安组织在时隔 11 年后，在哈萨克斯坦首都阿斯塔纳召开成员国首脑会议。经过艰苦磋商而通过的会议总结性文件——《阿斯塔纳宣言》，重申了对欧安组织维护安全、促进经济发展和生态保护、推动思想人文交流等基本原则，并包括有关解决相关地区冲突的行动计划。会议进程表明，欧安组织所面临的地区环境和主要任务虽已发生改变，但成员国之间缺乏互信、安全利益难以协调等“顽疾”，依然阻碍该组织在欧洲安全体系建设中发挥重要作用。欧安组织成员国间的分歧仍十分严重。首先，在对欧洲安全概念的理解上，俄罗斯坚持其近年来主张的建立欧洲新安全体系，哈萨克斯坦也主张在跨越大西洋和欧亚大陆的空间内建立统一的、不可分割的安全体系。但欧安组织大部分成员国对此类建议态度冷漠，有关各方在安全领域的互信仍处于较低水平。其次，在对待原苏联地区所存在的领土问题上，各方矛盾更是难以调和。会议中，俄谴责格鲁吉亚率先对南奥塞梯和阿布哈兹使用武力，美、英、法等国则指责俄违背停火协议，要求俄尽快从相关地区撤军。在纳卡问题上，阿塞拜疆坚持本国领土完整，亚美尼亚则威胁如果阿对纳卡地区动用武力，亚美尼亚将承认相关地区的独立。从利益和观念因素看，由于美国更看重北约，欧盟积极推进共同外交与安全政策建设，北约和欧盟成为美欧实现安全利益的首要工具，而且北约和欧盟从各个方面借鉴学习了欧安组织的经验。欧安组织的职能和作用不断被其他组织替代和侵蚀。

四、由单一向多功能转变的集安组织

独联体国家位于欧亚大陆中心地带，具有非常重要的地缘战略地位，是世界大国争相谋求的地缘政治区。独联体国家均为原苏联加盟共和国，俄罗斯一直将其视为传统势力范围和自身安全的重要屏障，并试图借助这一松散组织将这些前卫星国重新凝聚在一起，但始终无法遏制该地区部分国家日益强烈的离心倾向，加之美国及其欧洲盟国不断进行政治、经济、军事和文化渗透，使本来就比较松散的独联体地缘政治结构充满了变数。俄罗斯试图借助军事合作扩大其在后苏联地区的实力地位。苏联解体后，部分独联体国家于 1992 年签署独联体集体安全条约。21 世纪初普京总统执政后，改变了叶利钦时期“全面一体化”的独联体发展战略，把重心放在实现集体安全条约组织下的军事安全一体化和欧亚经济共同体下的经济一体化上面，即要发展“小而精”的独联体。2002 年 5 月“独联体集体安全条约组织”（简称“集安组织”）成立，成员国包括俄罗斯、白俄罗斯、哈萨克斯坦、亚美尼亚、吉尔吉斯斯坦、塔吉克斯坦和乌兹别克斯坦，其宗旨是建立独联体国家集体防御空间，提高联合防御能力，防止并调解独联体国家内部及独联体地区性的争端。该组织是在独联体范围内由俄罗斯主导的一个具有军事同盟性质的国际组织，“已变成真正的军事集团，其地位的加强是俄罗斯近年来的一项主要外交成就，也是其最重要的优先方向之一”。俄罗斯将其他 6 个国家视为自己的盟国，将履行对盟国的义务：把针对盟国的武装侵略视为对自己的侵略，坚决予以回击；在盟国向俄提出请求时出兵打仗；在盟国遭受核武器或其他大规模毁伤武器攻击的情况下进行核反击。从另一个角度来看，集体安全条约组织是俄罗斯用以维护自身外部环境安全、防止周边地区“西化”的重要组织。集安组织条约还规定，当成员国遭到外来侵略时，该组织框架内的快反部队也有权对其实行集体安全援助。这样，集安组织就由一个多边性质的安全协作机制彻底演变为一个真正的军事联盟。在联合国与集安组织签署合作宣言后，联合国事实上已承认集安组织在保障欧亚安全方面的特殊作用。

集安组织的发展并不顺利。1999 年条约第一个 5 年期限刚满，阿塞拜疆、格鲁吉亚和乌兹别克斯坦三国就宣布退出。2009 年 2 月，塔吉克斯坦总统拉赫蒙因在能源领域所获支持不够，一度宣布将缺席集安组织和欧亚经济共同体峰会；6 月，白俄罗斯指责集安组织存在成员国之间军事政治安全与经济安全脱钩的问题，拒绝参加在莫斯科举行的峰会。集安组织一味打“安全牌”显然已经不能满足其成员国的综合发展要求。2005 年 6 个成员国的元首在莫斯科举行年度峰会后通过一项声明，就一系列国际问题阐述了共同看法。声明说，该组织成员国准备在独联体、上海合作组织和欧亚经济共同体框架内开展全面合作，希望同欧盟发展关系，并重申愿意同北约进行沟通和协调。声明说，集安组织的战略目的是促进建立公正民主的国际秩序，保持欧亚大陆的繁荣和安全。2006 年 12 月，乌兹别克斯坦最高会议参议院（上院）批准了有关乌重返集安组织的法律草案。在 2008 年 7 月出版的《对外政策构想》中，俄罗斯对集安组织的发展首次提出了总体思路，即“全力发展集安组织作为维护独联体地区稳定和安全保障的关键工具，强调该组织作为多功能联合组织适应局势变化，可靠保证成员国适时、有效地协作，使之成为在其义务范围内保证安全的中心体系”。2009 年 2 月，独联体集体安全条约组织成员国首脑在莫斯科举行的特别峰会上一致同意组建集体快速反应部队。2009 年 7 月，成员国领导人在吉尔吉斯斯坦召开该组织第二次非正式峰会。会议围绕内部合作和打击地区极端主义、恐怖主义等议题展开了“坦诚而富有建设性”的对话，以期加强各成员国间相互信任，实现该组织由单一“安全”职能向多功能方向拓展的转型。与会各国首脑决定在俄罗斯建立信息安全技术中心。在 2011 年 12 月举行的集安组织首脑会议上通过两项重大决定：一是各国同意在其他成员国认可情况下本国才能允许第三国设立军事基地；二是集安组织的快速反应部队可以用于平息组织成员国内部的骚乱。

五、新型的综合安全合作机制：上海合作组织

上海合作组织由 1996 年开始的中、俄、哈、吉、塔“上海五国”机制发展而来。21 世纪之初“上海五国”成功地实现了由首脑会晤机制转变成区域性多边合作组织机制的历史性飞跃，于 2001 年 6 月 15 日在上海正式成立，有中国、俄罗斯、哈萨克斯坦、吉尔吉斯斯坦、塔吉克斯坦、乌兹别克斯坦 6 个成员国。6 国领土面积总和超过 3018 万平方公里，人口总和近 15 亿。成立当日成员国签署了《打击恐怖主义、分裂主义和极端主义上海公约》，并确定以开展多方面、多层次的经贸合作作为上海合作组织稳定发展的基石，同年 9 月又建立上海合作组织框架内的总理定期会晤机制。随后上海合作组织历经多次峰会，签署《上海合作组织宪章》和《上海合作组织成员国多边经贸合作纲要》等一系列重要文件，建立作为常设机构的上海合作组织秘书处（北京）和地区反恐机构（塔什干），接纳了蒙古、伊朗、巴基斯坦和印度为观察员，斯里兰卡和白俄罗斯为对话伙伴国。

10 年来，在国际体系转型错综复杂的国际形势下，上海合作组织合作进程积极探索构建新型国家关系，包括安全、打击“三股势力”、区域经济合作、促进人文、科技和文化交流的新型综合安全合作模式；在经历“9·11”事件、阿富汗战争、伊拉克战争以及独联体国家“颜色革命”等重大国际事件的严峻挑战中日趋成熟，显示出旺盛的生命力。上合组织从初创到成熟，从建章立制到高效运转，在政治、安全、经济、人文、组织建设和对外交往等各个领域都取得了令人瞩目的成

就，已发展成为欧亚大陆不可或缺的重要建设性力量和成员国可以信赖和倚重的区域合作组织。除每年定期举行的元首理事会和政府首脑理事会外，还建立了议会领导人、安全会议秘书、外交、执法、经济、救灾、文化、教育、卫生、边防部门领导人、总检察长、最高法院院长及国家协调员等定期会晤机制，还有上海合作组织工商界论坛、学界论坛、银联体等非官方机制。上海合作组织奉行开放性原则，致力于同其他国家和国际组织开展各种形式的对话、交流与合作。现已与联合国、东盟、独联体建立正式联系，取得联合国大会观察员地位。此外，上合组织与欧安组织、联合国开发计划署、亚太经合组织、集体安全条约组织、亚欧经济共同体、欧盟、国际海关组织等建立了不同形式的合作关系。

安全、经济、人文是上合组织合作的三个重点领域。在安全上，该组织成立伊始，成员国就在首次峰会上签署了《打击恐怖主义、分裂主义和极端主义上海公约》，将打击“三股势力”明确列为上合组织的重要任务，针对本地区国际恐怖主义、极端宗教势力、民族分裂主义和毒品威胁，成员国开展了包括情报信息交换、协同打击罪犯、开展反恐演习等一系列合作措施，有效地遏制了本地区“三股恶势力”和毒品蔓延，使地区安全形势大为改观。上合组织形成了一套完整的安全合作法律体系，为成员国长期联合执法、安全合作奠定了坚实的法律基础。建立了安全会议秘书、总检察长、最高法院院长、国防和公安内务部长定期会晤机制，以及公安、司法等部门反恐应急磋商平台，开辟了保障油气管道运输安全合作新领域。上合组织连续举行8次大规模双边和多边反恐军事演习和多次执法反恐演习，“和平使命”系列反恐演习，以及“诺拉克”、“萨拉托夫”和“天山”等一系列执法安全机关反恐演习已成为成员国间制度化和机制化的反恐合作内容，有效提高了上合组织打击恐怖主义的能力，震慑了“三股势力”的嚣张气焰，确保了本地区和成员国的社会安全与稳定。

在经济领域，上合组织成员国签署了《上合组织成员国多边经贸合作纲要》及落实措施以及此后形成的一系列经济合作文件，明确了各阶段的主要经济合作目标和近、中、远期发展规划，确定了贸易投资、科技、金融、能源、交通、农业、电信、环保、卫生、人文等11个领域的127个合作项目。为了进一步加强各成员国的经济联系，中国率先提出在10—15年内建立上合组织自由贸易区的倡议。2003年9月成员国总理会议批准的《上海合作组织成员国多边经贸合作纲要》，明确提出争取至2020年实现商品、服务、资金和技术自由流动，为最终达成自由贸易区的共识奠定了基础。乌兹别克斯坦也提出建立中亚共同市场的建议。这些建议表明中亚各国与中国都在积极推动区域经济合作，努力提高本地区在国际经济格局中的地位。根据各国官方统计，上合组织6个成员国2010年外贸进出口总额达37175.8亿美元，比2001年增长近3倍。中国与其他5个成员国的贸易额已由2001年组织成立时的122.2亿美元增至2010年的847亿美元，略低于危机前2008年的868亿美元，年均增长超过30%，提前实现了2006年温家宝总理提出的到2010年贸易额超过800亿美元的设想。俄罗斯和哈萨克斯坦与上合组织其他成员国的贸易额也分别从2001年的168亿美元和64.1亿美元增加到2010年的690.6亿美元和305.2亿美元，增加4—5倍。[①] 金融合作更趋紧密，相继成立“上合组织银行联合体”和由中、俄、哈、塔、吉、白俄罗斯组成的“欧亚反洗钱与反恐融资小组”。为应对金融危机，中国先后向上合组织成员国提供了120多亿美元的优惠信贷，俄罗斯也向哈、吉、塔等国提供了数十亿美元的优惠贷款和投资。中俄还互设金融机构，正式将人民币和卢布在对方挂牌交易并在双边贸易中采取本币结算。从发展潜力看，上合组织成员国及观察员国市场基本构成了欧亚大市场。这10个国家的人口规模达到28亿，

① 数据来源：联合国贸易数据库 UN comtrade。http：//comtrade. un. org。

领土面积基本上覆盖欧亚大陆的大半部分。

在人文领域，成员国间在文化、教育、卫生、科技、紧急救灾、体育、旅游等领域签署了一系列合作文件。由普京首倡成立的上合组织大学的设想得以实施，总计 62 所“上海合作组织大学”已在中、俄、哈、吉、塔落成。上合组织框架内的大型“文化艺术节”、文艺演出和展览接连不断，非物质文化遗产和民族传统文化保护方面的合作相继展开。上合组织的人文合作正不断向全方位、宽领域、多层次方向发展。

上合组织把互信、互利、平等、协商、尊重多样文明、谋求共同发展的“上海精神”作为成员国合作的基本准则。中国外交部部长助理程国平表示：“‘上海精神’高度概括了成员国对新安全观、新文明观、新合作观、新发展观的思考，是上海合作组织在十年发展过程中收获的宝贵精神财富，也是对国际关系理论的重要创新和巨大贡献。”[①] 它选择的发展道路和合作方式符合全体成员国的共同利益，顺应了当今世界和平、发展与合作的主流。作为当代中国外交的重要实践、中俄与中亚邻国共同建立的新型区域合作模式，上合组织已成为由中俄主导的、以中国西北周边地区为中心的、并向亚洲其他地区扩展的开放性、综合性多边区域合作机制。

六、致力于东北亚和平的六方会谈机制

东北亚地区是世界国家关系最为复杂的地区之一，汇聚了中、日、俄三个世界大国，并且美国深深卷入其中。各国的意识形态、政治制度、历史文化差别悬殊，相互之间存在着历史认识、领土和领海纠纷，各种非传统安全问题日益严重。由中、朝、韩、俄、美、日六国组成

① 程国平：“上海合作组织：继往开来，前景广阔”，《国际问题研究》，2012 年第 1 期，第 7 页。

的朝核问题六方会谈机制于 2003 年启动至今，其间经过艰难曲折的谈判历程，在朝核问题领域取得了一系列成就，对国际和平与地区安全产生了积极效应。六方会谈的召开、无核目标的制定，有助于朝核问题的解决，但要实现东北亚的长治久安，还需要建立一个完善有效的安全机制。从这一点来讲，建立东北亚安全机制具有重要性和迫切性。六方会谈是以解决朝核问题为基本议题的多边主义机制，它一方面作为一个谋求朝鲜半岛无核化的谈判进程而存在，另一方面也作为东北亚地区一个非正式国际机制而存在。

从 2003 年 8 月会谈启动到 2008 年 12 月中断的 5 年多时间里，六方会谈机制围绕朝核问题共进行了六轮正式会谈和多次团长会，虽尚未能实现朝核问题的真正解决，但在缓解朝核危机紧张局势、促成相关各方达成共识、推动解决朝核问题具体行动等方面所取得的成就不可低估。2005 年 9 月最终通过了《第四轮六方会谈共同声明》(即著名的“9·19 共同声明”)。《共同声明》重申以和平方式可核查地实现半岛无核化是六方会谈的目标；朝美、朝日承诺采取步骤实现关系正常化；中、日、韩、俄、美表示愿向朝提供能源援助；各方承诺共同致力于东北亚地区持久和平与稳定；声明还提出落实共识的“承诺对承诺、行动对行动”原则。六方会谈作为涵盖东北亚区域各主要国家的多边主义架构，其机制构建和运行进程对国际和平、地区安全以及中国国家利益的维护与实现均产生了重要的积极效应。在全球层次，六方会谈机制有利于国际和平的维持。六方会谈机制为各方的理性沟通与合作提供了有效的平台，为和平解决朝核争端开辟了可行的途径，其运行进程消除了可能出现的半岛军事冲突甚至东北亚核军备竞赛，有利于朝鲜半岛紧张局势的缓解和东北亚地区安全的维护。2008 年底六方会谈机制暂时中止后，半岛局势一度持续紧张。2010 年 3 月的“天安舰”事件和 11 月的延坪岛炮击事件，以及 2012 年 4 月围绕朝鲜发射卫星事件各方的激烈较量，使半岛乃至东北亚全区域安全局势不断陷入危机之中。造成六方会谈停滞及半岛局势动荡紧张的主要原因是：第一，美、朝等国缺乏相互间的基本信任，信任危机加剧了现实危机。朝鲜对美国所能提供的安全保证缺乏信任，而美国对朝鲜的无核化承诺也缺乏信任，这严重制约了朝核问题的解决，使六方会谈提出的协调一致原则和“行动对行动”方案很难切实运行和真正落实。美朝之间利益的冲突和互信的缺失，导致双方在六方会谈内外不可避免地展开战略博弈。美朝博弈左右着六方会谈进程，是影响朝核问题解决的决定性因素。第二，六方会谈是一种非正式国际机制。它只是相关各方为解决朝核问题而建立起的一个临时性的、松散的协商机制，制度化程度很低，既没有国际组织所具备的常设机构，也没有正式国际机制所存在的成员国间“有法律约束力的权利与义务关系”，甚至没有明确的会谈时间安排。这种低制度化的现状导致六方会谈机制的运行屡遭中断。第三，缺乏恢复和重建信任的环境。要解决问题，最终还是要谈判，不然不会有任何进展。虽然有关各方都表达了恢复六方会谈的愿望，但愿望迟迟无法转化为行动。一个重要原因，就是有关国家出于自身的考虑，在谈判大门前设置了一道道门槛。六方会谈陷入困境后，朝鲜半岛安全形势恶化，甚至一度爆发了军事冲突。这为重启会谈的必要性提供了有力的反证。六方会谈机制虽面临诸多现实问题与困境，但仍是解决朝核问题最为可行的谈判框架，在维护东北亚地区和平与稳定方面具有无可替代的作用。在六方会谈的基础上继续保持和扩大多边安全合作架构，有可能为东亚地区安全合作摸索出更富有建设性的地区安全新机制。[①]

对中国而言，六方会谈机制有利于中国国家利益的维护。有效防

---

① Joseph R. Cerami, “From the Six Party Talks to A Northeast Asian Security Regime? Cooperative Threat Reduction Strategies and Institutional Development ”, The Korea Economic Institute of America: *The North Korea Nuclear Issue*, 2004, pp. 59—76.

止核扩散，构建和平稳定的周边安全环境，避免卷入区域军备竞赛和地区性武装冲突，是中国安全利益的重要内容。六方会谈为这些利益诉求在东北亚的实现提供了机制途径。同时国家形象的改善与国际声望的提高也是国家利益的有机组成部分。六方会谈机制的形成与运转，有赖于中国作为发起者和主席国积极主动的“穿梭外交”，这彰显了中国在朝鲜半岛和东北亚地区的影响力，促进了中国“负责任大国”形象的构建。当前，六方会谈机制虽然再次面临暂时的困难，但以六方会谈为基础的多边安全机制仍然是这一地区不可替代的合作安全形式。中国在过去的六方会谈中发挥了积极和建设性的作用，在未来的多边安全合作中仍将发挥独特的作用。中国外长杨洁篪指出：“实践证明，六方会谈是实现半岛无核化、维护半岛和东北亚地区和平稳定的有效机制，是各方通过对话改善关系的重要平台。”[①] 为了促成多边会谈，中国不仅进行了繁重的“穿梭外交”，在各方之间“穿针引线”、及时沟通信息，力陈进行多边磋商的各种好处以及尽快举行会谈的利害，并一直热情地提供多边会谈的对话场合。更重要的是，中方努力秉持客观、公正和积极的原则，没有中国的外交斡旋，建立六方会谈机制以及已有的五轮多边磋商都是难以想像的。

现阶段六方会谈机制运行陷于停滞并不符合相关各国的利益，因此各方已就六方会谈的重启展开了接触。今后随着六方会谈的实际运转，其机制本身会日益完善，制度化水平也会逐渐提高。六方会谈机制若能长期顺利运行，对东北亚安全机制的构建无疑具有积极意义。东北亚地区制度化安全架构的缺失，需要六方会谈由一种临时的、松散的实体转换为永久性的东北亚地区安全机制。开启新一轮会谈，通过会谈机制的运行促进相关各方的协商与合作，是维系东北亚地区安

① 2011年9月19日，由中国国际问题研究所举办的“纪念六方会谈‘9·19共同声明’发表6周年国际研讨会”在北京召开。中国外交部长杨洁篪出席开幕式并致辞。参见2011年9月19日中国新闻网。

全的现实需要。

七、强调合作安全的东盟地区论坛

冷战结束后，东盟各国内部的各种“低烈度威胁”已大大减少，而外部各种不稳定因素反有所增加。东盟认为，大国的威胁、地区潜在的各种冲突，尤其是逐渐升温的南海争端等问题都可能破坏地区稳定，威胁地区安全。因此，有必要通过加强成员间的安全合作来提高“地区恢复力”。1994 年 7 月 25 日东盟地区论坛（ASEAN Regional Forum——ARF）正式成立。其现有 27 个成员，是本地区规模最大、影响最广的官方多边政治和安全对话与合作渠道。

1994 年首届外长会议就地区安全形势初步交换了意见，肯定了安全对话合作的意义，会议主席声明将东盟地区论坛定性为一个高级官员的磋商论坛，其目的是就亚太地区政治安全问题开展建设性对话，为在亚太地区建立信任措施、核不扩散、维和、交换非机密军事情报、海上安全和预防性外交六大领域开展合作，并同意论坛沿正式和非正式亦即第一和第二轨道进行。东盟地区论坛的成立，是东盟各成员在地区安全问题上共同努力、有效合作的重要成果。它的主要功能是保障东盟的外部安全，即通过与东亚各国及世界主要大国的安全对话，建立信任措施和开展预防性外交，维护东南亚地区的和平与稳定，使东盟免受外部势力的干预。东盟地区论坛在建立之初，就确立了维护地区和平的三步骤方针：在成员国之间建立相互信任与信心；制止争端与冲突；建立解决冲突的方式。各成员国和对话伙伴共同商议增进本地区和平的措施。截至 2011 年，论坛已经举行了 18 届，成为亚太地区最主要的官方多边安全对话与合作渠道，对推动东南亚和亚太地区稳定与和平做出了重要贡献。建立安全信任措施是论坛的重要内容，几乎历届论坛会议以及会间支持小组会议都会讨论如何建立、促进以及完善安全信任措施。论坛采取的建立安全信任的措施主要有：开展非扩散和军控合作；出版安全政策文件；发表国防白皮书；参与联合国常规武器名册的登记并提交相关报告；分享军事演习情报；开展军控谈判；进行军事人员的培训与交流；参观军事设施、观察军事演习；在国际维和任务中相互合作等。论坛不仅包括东盟成员国，而且包含地区外大国或地区组织。论坛强调相互依存而非单边主义的合作安全。合作安全是指在对手或潜在对手之间进行安全对话，或是相关国家为了解决人类面临的共同问题而进行的合作与对话，以促进双边或多边加强危机管理、避免爆发冲突和消除人类面临的共同威胁。论坛成员几乎囊括了全球所有最重要的行为体及东盟周边的所有国家。成员国地域的广阔性、经济发展水平及社会制度的多样性以及安全诉求的复杂性，充分说明了东盟地区论坛已经成为国际社会开展安全合作的重要平台，推动着国际安全合作朝着更广更深的方向发展。论坛也为东盟各成员间的安全合作提供了新的舞台。东盟作为该论坛的主导者，掌握着拟订每届会议议程的大权，从而使得东盟各成员能在地区安全问题上协调立场、进行合作，以维护东盟的整体利益。例如，东盟曾几次将南海问题列入议程。另外，东盟各成员采取共同的立场积极合作推进该论坛向机制化方向发展，试图将其作为东盟主导下解决地区冲突与争端的场所。总之，东盟充分利用该论坛，发出协调一致的声音，在地区安全问题上进行了有效的合作。

1994年中国加入东盟地区论坛。中国不仅参加东盟地区论坛会议，提出了许多稳定周边地区的政策主张，而且参加或主持了多次会议，协商东盟地区论坛建立安全信任措施。中国赞成论坛“磋商而非对抗，确保而非威慑，透明而非秘密，预防而非纠正，相互依存而非单边主义”的合作方式。中国还主张求同存异，中国不希望与许多东盟国家以及东盟地区论坛其他成员国之间的诸多争端与争议成为相互合作的障碍，强调搁置争议、共同开发与发展。中国提出了循序渐进的建议。论坛具有强烈的软机制性，难以承受严重的安全信任危机的考验。论坛必须适应地区、成员国内形势的需要，遵循“耐心、谨慎与和平”的原则处理国家间暂时难以解决的问题。中国还强调增进功能性合作。建立安全信任措施既是国家间进行合作的基础，可推动国家间在政治、经济和社会文化等领域的合作，也是国家间在其他领域合作推动的必然结果。

综上所述，欧亚大陆在“冷战”后建立起来四个新型地区和次地区安全机构：独联体集安组织、上合组织、六方会谈机制、东盟地区论坛，以及与冷战时期成立的三大安全组织：北约、欧安组织和欧盟并驾齐驱，形成“四新”与“三老”共同应对欧亚大陆安全与稳定的新型格局，打破了过去由“三老”主宰欧亚大陆安全事务、美国主导亚太安全事务的单边控制格局。

当今世界，全球安全所涉及的领域不再是以往传统的军事安全的范畴，已扩展到经济、社会、文化、环境等各个领域，综合安全因素上升，军事实力的重要性有所下降，军事力量不再是确保国家、区域安全的唯一关键性因素。欧洲传统安全机制中的北约、欧安组织难以应对非传统安全的挑战，面临巨大的转型问题。北约目前在阿富汗的困难就是例证，两组织在稳定、重建、持久安全方面需要求助于外部因素（联合国、欧盟、经济及非政府组织等）的支援。欧安组织几近奄奄一息，北约不断以转型改革求生存。而具备了国家政治、经济、社会特征的欧盟，形成了拥有货币、外交和防务政策，以及从安全、军队到民事和人道干预的梯队型力量。欧盟正从“软”、“硬”两方面加大对亚欧和全球事务的影响，强调对各种传统和非传统安全威胁的“综合治理”。在由“前时代”向“后时代”过渡中应运而生的“四新”安全模式，与“三老”相比虽然年轻、经验不足、力量不够，但却显现出强大的生命力和适应能力。尤其是上合组织的进展引人关注。上合组织已有中、俄等 6 个成员国，又有蒙、巴、伊、印等国为观察员，成为亚欧大陆上面积最大、人口最多的重要安全机制并自成规模和体系。在深化方面，上合组织不仅展现出“硬实力”，举行中俄以及上合组织成员国的联合军演、发表声明要求美军从本地区军事基地撤军、强化安全合作，同时，它还注重发展“软实力”，提出以互利合作为基础的新安全观，通过经贸、人文合作以增强吸引力和影响力，着眼于长效和共同发展。上合组织以“软”、“硬”两手，双管齐下的治理理念，彰显了新形势下综合安全组织的适应性和活力。

七大安全机构以不同方式向周边甚至跨周边地区输出和维护安全，施加各自的影响。北约、欧盟及欧安组织各依已长，向东、向南挺进。北约在阿富汗的维和行动范围不断扩大，对利比亚动武进一步证明北约扮演着“世界宪兵”的角色。欧盟则通过干预（对利比亚）、谈判与制裁（对伊朗、叙利亚等）、对话（支持巴以和谈）的方式发挥在欧盟周边地区的“独特”影响。欧安组织以在高加索、中亚地区设立据点、推广民主与人权、监督选举来实现其安全模式。上合组织、集安组织植根于欧亚大陆腹地，虽不存在输出安全的问题，但随着其职能、作用的不断扩大与完善，其肩负的维护本地区安全与稳定的责任也就增大。上合组织、集安组织已与欧盟、北约、欧安组织在利益与使命上有交叉、渗透甚至碰撞。总体来看，集安组织类似于军事联盟，它的主旨是维护成员国的军事安全。上合组织是一个以地区安全为基础的综合性国际组织，它的宗旨是加强各成员国间的相互信任与睦邻友好；鼓励各成员国在政治、经贸、科技、文化、教育、能源、交通、环保及其他领域的有效合作；共同致力于维护和保障地区的和平、安全与稳定；建立民主、公正、合理的国际政治经济新秩序。集安组织的防御对象是集安组织成员国以外的国家，包括非集安组织成员国的独联体国家。而上合组织的战略重心在中亚，战略方向是维持中亚地区的安全与稳定，促进成员国间的多元合作，在安全方面的合作主要是打击三股势力。上合组织是一个综合性的国际组织，它的成员国与集安组织大部分成员国相同，所以上合组织在经济、文化上加强成员国之间友好关系的同时，也就加强了集安组织成员国之间的关系。集安组织与上合组织合作不仅可以促进中亚国家之间矛盾的解决，而且可以促进它的部分成员国之间友好关系的发展。两组织合作还有利于阿富汗的重建。阿富汗的5个邻国（中、乌、塔、巴、伊）中，2个是集安组织成员国，3个是上合组织成员国，2个是上合组织观察员国。所以集安组织与上合组织都对阿富汗重建特别关注。集安组织对独联体地区安全具有最为广泛的影响力。其影响力不仅局限于该组织的成员国，而且对独联体内的其他国家也具有一定程度的影响。因此，集安组织对独联体地区安全结构的影响具有全局性、基础性。北约处于独联体区域外，但其影响力的发挥具有渗透性的特征，影响范围有限。集安组织与北约在较大程度上呈现了竞争性的互动关系，这是由两者均为“排他性的军事同盟”的根本性质所决定的。无论是集安组织还是北约，均规定了“集体防御”职能，导致了两者在地区安全中“零和”性竞争关系的产生。与集安组织和北约之间的竞争关系不同，集安组织与上合组织之间的合作性更为突出。在维护地区安全，特别是中亚地区安全问题上，两者的利益共同点大于分歧。双方共同的安全目标，如反恐、边境争端解决等，为两者的合作奠定了基础。2007年集安组织与上合组织签署了合作备忘录，以正式文件的形式确定了共同的合作目标与方向。[①] 在亚太地区，随着美国加大对该地区的投入和干预，东盟地区论坛和六方会谈机制的存在及作用也日益变得重要。因此，亚欧大陆的新老安全机构建立某种协调机制，消除误解，避免针锋相对和恶性竞争成为它们推动地区安全力量平衡，维护地区乃至世界局势安全与稳定的重大课题。

① 文件强调上合组织与集安组织在“维护地区和国际安全与稳定、打击恐怖主义、打击跨国有组织犯罪等领域合作”。《上海合作组织秘书处与集安组织秘书处谅解备忘录》（2007年1月5日）。参见上海合作组织官方网站 http：//www.sectsco.org/CN/show.asp? id=177。

第三章　趋向双轨道的经济格局

2008年9月15日，拥有150多年历史的美国投行巨头雷曼兄弟公司因投资次贷产品不当蒙受巨额损失，负债高达6000多亿美元，不得不宣布申请破产保护，金融帝国一夜之间轰然倒塌。同样，美林公司和贝尔斯登公司被收购，华尔街众多银行接连倒闭。次贷危机造成债务违约和资产价格下滑，导致银行经营困难，企业获得贷款难度大增，不得不采取大量裁员、减产等手段应对，给美国及世界各国经济构成恶性循环的连锁压力，从而导致席卷美国和全球的金融和经济危机。这场因美国次贷危机引发的金融危机，对以美国及西方为主的全球金融、经济体系产生的巨大影响，其冲击力、影响力和震撼力不亚于2001年的“9・11”事件，不仅在财政、经济、社会领域产生影响，也带来了深刻的战略影响，成为全球经济、金融格局的分水岭。

第一节　西方主要经济体遭遇严寒

自2008年美国爆发金融、经济危机以来，西方主要经济体美国、欧盟、日本轮番遭受到金融、经济、财政和债务危机寒流的袭击，时至今日未见改观。

回顾历史，从1637年荷兰爆发第一次金融危机“黑色郁金香”至今，世界上发生过近百次经济金融危机，带来了巨大灾难。其中最主要的有：1637年荷兰“黑色郁金香”危机、1720年英国“南海公司泡沫危机”、1837年美国经济大恐慌、1907年美国银行危机、1929年经济大萧条、1973—1975年美国“滞胀危机”、1987年美国“黑色星期一”危机、20世纪90年代日本经济危机、1994年墨西哥金融危机、1997年东南亚金融危机、1997—1998年俄罗斯金融危机、2001年美国安然公司破产引发的网络经济危机、2001年阿根廷金融危机以及2008年爆发的全球金融和经济危机。从史上最早的“黑色郁金香”，到1929年经济大萧条，再到2008年开始的美国华尔街金融海啸，金融危机如幽灵般与市场经济如影随形、相生相伴。随着全球自由市场制度的逐渐成熟，金融危机及与其交织在一起的经济危机发生的频率越来越多，两次危机的间隔越来越短，危机发生的规模和强度越来越大，蔓延的方式越来越多样化，波及范围越来越广阔，产生的危害也越来越严重。次贷危机是美国及西方自1929年大萧条以来所经历的最严重的一场危机，它导致世界金融机构总损失超过5200亿美元，危机对市场信心打击沉重，金融机构资产负债状况持续恶化，银行收缩放贷，支撑经济增长的两大引擎——投资和消费需求均明显萎缩，美、欧、日等发达经济体经济增速明显放缓，危机伤害了投资者、消费者对金融机构的信心。国际资本对发达经济体投资趋于谨慎，反过来进一步造成金融动荡。时至今日，危机仍在近一步深化，影响逐步扩大。危机对美国、西方在“前时代”单轨道一边倒的经济霸权构成的不仅是挑战，而是严重威胁，其结果是美国、西方经济实力下滑，财政状况恶化和国际影响力减弱。

一、美国：危机向深层次发展

2008年全球金融、经济危机首先在美国爆发后，美国经济遭到灾难性重创：连续18个月陷入衰退，其中2008年第四季度和2009年第一季度GDP降幅分别达6.2%和5.7%。新增失业人数760万，蒸发4.1%的经济增长和20万亿美元的金融资产，吞噬美国人21%的实际财富。当年，美国三大股指道琼斯工业平均指数、纳斯达克综合指数和标准普尔500指数分别剧挫30.6%、34%和34.5%。美国政府先后出台了8000亿美元的经济刺激法案以及美联储启动了两轮货币宽松政策，但美国经济至今依然不尽如人意。按照时间推算，始于2008年次贷危机的美国经济衰退至今已历时长达三年半，可以说是二战以来美国持续时间最长的一次衰退。资料显示，2011年上半年美国经济实际增长率只有0.8%，为2009年二季度以来的最低水平。据此，美联储分别下调2011年和2012年美国经济年度增长率为2.7%—2.9%和3.3%—3.7%。2011年美国失业率为8.9%，严峻的就业形势直接影响消费支出。众所周知，美国经济的70%靠国内消费拉动，一旦消费不振，将对经济整体复苏产生影响。目前，就业不足导致美国经济发展进入恶性循环，即就业市场、房地产市场、消费市场和资本市场之间相互关联、相互影响。

随着危机的深入发展，美国的债务问题也浮出水面，从而进一步影响到美国经济的复苏。2000年，美国联邦债务为3.5万亿美元，与GDP比值为35%。金融危机爆发后，奥巴马政府为了刺激实体经济，采取量化宽松政策扩大政府债务，大量发行美元。连续3年，美国政府债务每年均超过1万亿美元。财政赤字规模创下二战后美国最高纪录，已经先后4次提高国债上限达5万多亿美元。为了救市，美联储向市场至少注入了2万亿美元以上的流动性。2011年美国债务达14.29万亿美元，国际货币基金组织发布的报告显示，当年美国公共债务总额占GDP的比例达99%，预计2012年将达到103%，大大超过60%的国际警戒线，相当于平均每个美国人负债约4.6万美元，高于其人均收入的4万美元，美国已经深陷入不敷出的危机境地。目前包括14万多亿美元的国债在内，美国的总债务已高达55万亿美元，人均负债17.6万美元，家庭平均负债67万美元。而税基薄弱的美国年度税收额仅约3万亿美元，中等收入家庭年均收入约5万美元。随着美国人口老龄化以及医疗保险费用的激增，社会项目开支在不断扩大，美国财政运转和债务上调的空间越来越小。估计2010—2019财年财政赤字总额将高达7.1万亿美元，到2035年，美国政府的欠款将占国内生产总值的180％。

目前，美国应对危机的措施手段有限，并都带来伴生性消极后果和负面影响：第一，实施量化宽松政策。美国长期靠发债借钱，以维持经济增长和过度消费，由此产生的巨大泡沫已引发金融危机。危机爆发以来，受房地产市场持续低迷，食品、服装、电脑、赌博业等消费持续走低，失业率上涨，消费需求不振等因素的影响，美国只能靠借新债还旧债、寅吃卯粮的方式来应对。美联储成为美国债务的最大买家，并且通过量化宽松政策让债务货币化。国际金融危机爆发后，美联储资产负债表总规模由2007年6月的8993亿美元上升到2011年5月初的2.7231万亿美元，膨胀了3倍多。“量化宽松”货币政策的直接后果是美元贬值，谁持有美元，持有以美元标底的资产价格也跟着缩水。美元贬值导致全球大宗商品价格上涨，给发展中国家，尤其是给大宗商品进口国带来输入型通货膨胀压力。另外，美元贬值还将造成新兴市场国家本币升值，对这些国家的出口造成巨大压力。同时，美元贬值也逼迫欧元被动升值，增加欧洲主权债务危机的还债成本，进一步拖累欧洲经济。第二，减少赤字。奥巴马曾希望通过增加对富人征税等方式减少财政赤字，实现国家财政平衡。但这一方案遭到了代表美国富人阶层的共和党的强烈反对。第三，增加税收。奥巴马政府力推新兴产业和医疗改革，希望在谨慎巩固美国金融业全球中心地位的同时，通过发展低碳经济等新兴产业重振高端制造业的优势。但巨额赤字又反过来削弱了新兴产业的支持力度，让美国在大规模产业投资上捉襟见肘，使得美国在经济结构调整上面临更大的难题。从长期看，巨额债务使得更多的社会资本用于政府开支和利息，而不能用在生产和投资上，如果不能提高美国的生产效率，从根本上削减美国预算赤字，美国的债务风险就不能根除。美国经济实力地位直线下降，2000 年美国经济总量占到全球经济总量的近 1/3，2005 年下降至 25%，2010 年再降至约 22%，10 年下降约 10 个百分点。

二、欧洲：主权债务危机

在大西洋的另一端，金融危机的冲击波还未完全结束，欧盟就遭到债务危机的沉重打击。2009 年 10 月，希腊政府宣布其当年财政赤字占国内生产总值的比例超过 15%，远高于欧盟设定的 3%的上限。随后，全球三大评级公司相继下调希腊主权信用评级，于是欧洲主权债务危机率先在希腊爆发。

在欧元区诸国中，希腊的经济基础较为薄弱，工业制造业落后。2009 年，希腊的经济自由度排在世界第 81 位，在欧洲仅高于波兰。希腊的行政机构效率低下，政治、经济领域腐败严重，提高了经济运行成本，进一步削弱了国家的竞争力。尽管如此，希腊人的生活水平却一点也不落后于其他欧元区国家，与其他国家一样享受着“奢华”的高福利生活。2008 年全球金融危机爆发后，希腊经济开始陷入困境，失业率不断攀升，到 2011 年 3 月达到 16.2%，较 2009 年上升 57.28%，其中青年人的失业率更是达到了 36.1%。过度消费的恶果开始显现，作为这些年过度借贷的一个表现，2009 年上半年，希腊的债务与储蓄的比例超过了 100%，债务总额更是高达 GDP 的 1.5 倍，但工作人员每年却可以领取 14 个月的工资，退休人员的养老金高达退休前薪资的 96%。2009 年 10 月社会党新政府上台，发现前政府为满足欧元区财政纪律，掩盖巨额财政赤字的真相。新政府预计，当年预算赤字占GDP的比例为15.4%而不是前政府提出的6%—8%，为欧盟最高。消息一传出，国际投资者对希腊经济的信心跌到了谷底。希腊在国际金融市场上的融资成本大幅飙升，只好向欧元区提出了救助申请。2010年11月，爱尔兰政府正式请求欧盟和国际货币基金组织提供救助，沦为第二个希腊。次年4月，葡萄牙政府也提出援助请求，成为第三个因不堪债务重负而被迫寻求外援的欧元区国家。由希腊首先爆发的主权债务危机，两年来迅速传染到爱尔兰、葡萄牙、西班牙、意大利，这些国家相继陷入主权债务危机，融资举步维艰，财政捉襟见肘。据欧盟统计局2011年5月公布的统计数据，2010年五国财政赤字占GDP比重分别为：希腊为10.5%、爱尔兰为32.4%、葡萄牙为9.1%、西班牙为9.2%。意大利为4.6%；五国公债占各自GDP的比重为：希腊为142.8%、爱尔兰为96.2%、葡萄牙为93%、西班牙为60.1%、意大利为119%。以西班牙为例，其财政赤字为66%，截至2010年底，西班牙公共债务总额达到1万亿欧元的规模，远远高于希腊3000亿欧元的水平。同时西班牙私有行业的海外债务总额也高达1万亿欧元。财政赤字占GDP的比重达到9%，失业率达到20%。五国因此被戏称为"欧猪五国"（PIIGS，即由葡萄牙、意大利、爱尔兰、希腊及西班牙五国英文名称的第一个字母组成）。除五国之外，欧盟债务状况恶化不断呈蔓延扩大之势。主要经济体德、法、英均超出了《马约》规定的标准：德国财政赤字占3.3%、公债占83.2%；法国财政赤字占7%、公债占81.7%；英国财政赤字占10.4%，仅次于爱尔兰、希腊的公债，达80%。欧元区第二大经济体法国的金融稳定性开始遭到质疑。2011年法国公共债务累计总额高达1.6461万亿欧元，占国内生产总值（GDP）的84.5%，相当于法国人均负债2.53万欧元，创下新的历史纪录。法国银行业持有意大利债务总量的45%，比其投资"欧猪"其余四国总额2538亿美元的风险敞口还高。英、法面临下调评级压力。此外，持有310亿欧元希腊债券、相当于GDP的1.7倍的塞浦路斯，以及债务占GDP比率高达97%的比利时，都有可能被卷入欧债危机。欧洲主权债务最为严重的“欧猪五国”一共欠债3万亿欧元，其中50%有违约的危险，这意味着金融体系将受到1.5万亿欧元的冲击。相比之下，因“雷曼”倒闭引发的美国金融危机，也只留下了6000亿欧元的资产待解决。2010年欧盟的总体财政赤字占该地区GDP的6.4%，公共债务占GDP的80%。如果欧债危机持续扩大，整个欧盟的债务总额会高达100万亿美元。国际金融数据提供商DEALOGIC的最新数据显示，2012年，欧元区各国政府有1.1万亿欧元的债务到期，仅第一季度就要偿还2500亿—3000亿欧元。这其中，意大利占一半还多，而该国10年期国债收益率近期一直处在接近或超过7%的水平，融资压力巨大。如果同为欧元区第三大经济体和世界第三大债券市场的意大利被巨大的融资压力压垮而不得不求援，那么面对意大利总额高达1.9万亿欧元的债务，欧洲现有救助机制也将爱莫能助。纽约大学教授鲁里埃尔·鲁比尼预测“欧元区正走向解体”①，他认为对欧元区危机“胡乱应付”的做法，未能解决欧元区内部发展不均衡的根本问题……如果这种情况持续下去，欧元将走向无序的债务整肃，同时，随着一些实力较弱的成员国崩盘并脱离欧元区，最终导致欧元区自身的分崩离析。

造成欧债危机愈演愈烈的主要原因是：第一，欧洲国家战后实行的高福利政策暴露出种种弊端。“福利国家”曾是欧洲国家二战以来最引以为自豪的社会成就，如今却成为西方国家难以承受之重。欧盟统计局数据显示，欧盟用于社会保障的支出占其成员国GDP总量的27.2%。靠借债维持的高福利制度增加了劳动力成本，降低了经济竞争力，减少了财政支出流动性，削弱了政府刺激经济能力，最终导致经济增速放缓、税收萎缩、入不敷出，各国只能借债还钱，陷入恶性

① 英国《金融时报》，2011年6月15日。

循环。第二，欧盟体制及发展不平衡所致。欧盟各成员国经济发展不平衡应由“团结与区域发展基金”加以协调。该基金包括团结基金和结构基金，旨在支持较为落后地区的经济发展，同时也为新入盟成员国加速经济发展并最终加入欧元区打下基础。国际金融危机发生后，宽松的货币政策加之国际游资的投机炒作，使欧元区本身在政策和制度安排上的缺陷日益显露，严格的财政纪律无法得到很好的实践。爱尔兰等国在经济发展过程中逐渐积累债务，希腊等国由于劳动力市场僵化导致经济发展滞缓。欧盟财政预算本身规模并不大，因此“团结与区域发展基金”对相对落后成员国的作用有限。事实上，欧盟各成员国经济发展的不协调，在国际金融危机爆发之前的10年间已经凸显。失衡的区域经济发展很难抵御国际风云的变化。欧盟现有体制不能像主权国家那样统一财政权与货币权，难以保证决议的迅速落实。第三，欧元建构上的失误。欧元从1999年1月1日诞生至今，走过了12个春秋。历经5次扩大，欧元区国家由一开始的11国增至现在的17国，欧元也成为仅次于美元的全球第二大货币。欧洲主权债务危机使欧元面临成立以来攸关生死存亡的最严峻考验。欧元区实现了货币的统一，却没有统一财政政策。因此欧元区对于希腊等成员不断恶化的财政形势和潜在的宏观经济风险缺乏有效监督和约束手段，欧元区的低利率政策进一步刺激了这些国家过度消费，助长了经济泡沫的滋生。当一国出现债务危机时，欧元区又没有统一财政政策和危机应对机制。现有单一货币体制为欧债危机的扩散提供了途径。国际货币基金组织指出，欧元区机构缺乏对政府预算的中央控制，这意味着一个国家的税收和开支决定可能通过其对货币的影响成为所有其他国家的问题。同时，由于采用单一货币，陷入欧债困境的欧元区国家无法利用货币贬值和通货膨胀手段来渡过难关，只能寻求紧缩财政或外界援助。第四，紧缩性财政政策的冲击。同美国应对金融危机的方式不同，欧盟国家并未采取扩张性财政政策，而是奉行削减赤字、巩固财政的紧缩政策。紧缩政策以减少公共开支、降低福利、提高税收为主要内容，具体措施包括改革养老金制度、提高大学学费、限制公务员薪资。但紧缩财政势必影响福利政策，损害了众多民众的个人利益，引起强烈不满，酿就一连串的社会危机。紧缩政策还限制了消费和就业，使欧盟经济复苏无望。而救助措施靠借新债还旧债，造成银行业资产负债状况恶化和流动性危机，欧债危机演变为金融危机的风险加大。第五，国际信用评级机构所起的推波助澜作用。国际评级机构已多次扮演了欧债危机直接导火索的角色。2009 年 12 月，三大评级机构相继下调希腊主权信用评级，引爆希腊债务危机，为欧债危机拉开序幕。此后，葡萄牙、西班牙的信用评级相继遭降。2011 年 9 月，国际评级机构标准普尔公司将意大利长期主权债务评级下调一级至 A/A—1，前景展望维持负面，理由是该国经济增长乏力和政局不稳的情况，将增大其应对债务危机的难度。消息传来，全球金融市场应声下跌，令本已面临债务危机严峻考验的意大利经济雪上加霜。随着国际信用评级机构穆迪下调西班牙主权信用评级、意大利和西班牙国债收益率走高，债务危机从欧元区边缘国家蔓延到核心国家，金融风险日益加剧。

三、美、欧、日将长期深受债务危机的困扰

据日本财务省统计显示，截至 2011 年 3 月底，日本的国家债务余额超过 924 万亿日元（1 美元约合 81 日元），创下历史新高，国民人均负债约为 722 万日元。日本财务省预计，到 2012 年 3 月本财年结束时，日本公共债务将从 2011 年的 11.3 万亿美元增至 12 万亿美元，超过其 GDP 的 2.3 倍。这意味着，日本已经成为发达国家历史上财政状况最恶化的国家。因为债务过大，2011 年 1—2 月，国际主要信用评级机构标普和穆迪连续下调了日本的主权债务评级。日本债务危机并没有产生欧洲债务

危机般的负面反应，原因在于日本具有庞大的外汇储备，绝大多数债务又为企业和个人所有，这样避免了突然集中爆发不能偿债的风险。支撑日本东部国债的民间资金主要源于经常收支顺差和家庭储蓄。长期以来，“自产自销”的国债市场为日本政府的赤字财政提供了必要资金。然而，随着日本人口减少和老龄化程度加深，加上长期经济复兴乏力，家庭净金融资产增长率开始跟不上国债余额增长速度。此外，贸易和投资所得盈余也出现缩水苗头。2011 年，日本时隔 31 年出现巨额贸易赤字，是对日本国债前景的一个预警信号。日本摩根大通证券预测，2015 年日本将出现经常项目赤字。瑞穗综合研究所的一份测算显示，在金融资产储蓄率持续下降、国债利率上升的最糟情况下，到 2020 年度，日本家庭金融资产将与国债余额持平。2011 年“3·11”日本东部大地震后，地震、海啸和核泄漏危机让日本的公共债务雪上加霜，大规模重建所需投资，特别是公共设施部分，不可能主要由企业或个人承担，而只能由政府承担，这使日本政府面临沉重的债务压力。一方面公共债务规模在不断扩大，另一方面，日本政府所拥有的全球最大公共养老基金——退休金投资基金越来越难以支持老龄化社会。

2008 年美国金融危机爆发之后，欧美金融市场采取一系列的去杠杆化方式来进行调整，政府也加强了对金融市场的监管，但美国及发达国家所采取的量化宽松货币政策却导致全球金融市场流动性泛滥，目前有 15—16 万亿美元的“热钱”在全球金融市场迅速大规模地流动，而当前全球金融衍生工具的市值达到 600 万亿美元，是全球实体经济的 10 倍以上。日本、美国、欧洲这三大世界主要发达经济体都出了问题。作为全球重要经济体，美债危机、欧债危机、日债危机的相互作用、相互影响，使债务负担还将不断增大。金融危机后发达国家财政赤字与主权债务攀升至二战结束以来最高，债务占国内生产总值的比重飙升了近 21 个百分点。评级机构穆迪的一项研究表明，2007—2010 年全球公共债务将增加约 15.3 万亿美元，其中八成来自西方七国集团。该组织则警告，二十国集团中的发达经济体到2014年的政府债务水平可能达到国内生产总值的118%。国际货币基金组织预测，发达经济体公共债务占GDP的比重将在2011年首次突破100%，到2016年进一步上升到107%，其中美国、欧元区和日本分别达到112%、86%和250%。这不仅会影响世界经济的全面复苏，甚至还会导致全球经济出现二次探底的危险。经济合作与发展组织（OECD）2011年底在其举债展望报告中警告，① 今年工业化国家政府的举债金额已突破10万亿美元，预计2012年还将进一步增长。OECD称，成员国政府2011年的总借贷需求预计将达到10.4万亿美元，2012年将增至10.5万亿美元——比2007年增长了1万亿美元，几乎是2005年的2倍。在OECD地区，短期债务发行的份额一直维持在44%左右，远高于2007年全球金融危机前的水平。

尽管美、欧、日公共债务产生的方式、规模和影响有所不同，但它们却具备了以下三个共同特点：第一，包括医疗保障、人口老龄化等在内的社会福利开支不断增长，导致财政负担日益严重。美国持续多年的战争费用、福利支出的膨胀，导致其财政入不敷出，只好通过举债来填补财政漏洞。如在第二章中所述，美国人不仅有战争瘾，还患有借债瘾，上至政府下至百姓，纷纷举债提前消费。不仅美国政府靠举债度日，美国多数家庭长期以来也习惯于借钱消费。储蓄不足使美国人对经济萧条的承受力降低，并迅速演变为社会不满。国际金融危机爆发以来，美国政府推出了好几轮刺激计划，更加剧了财政负担。欧洲劳动力市场僵化，欧元区货币统一而财权分散，成员国财政支出缺乏监督和制约，终于酿成债务危机。日本的公共债务负担日趋沉重与日本长期经济低迷、人口老龄化和自然灾害的冲击等因素有着密切

---

① “经合组织对全球资金斗争发出警告”，英国《金融时报》网站，2011年12月11日。

的联系。发达国家过度举债不仅未能拉动需求和提升就业，反而推动了“以债养债”的恶性循环。美联储前主席格林斯潘警告称，在长达80年的时间里，福利国家模式从未遭遇过真正的政治挑战。现在，福利国家已经撞上由经济现实和财政状况筑起的“南墙”。国会虽然通过了增加福利的法案，却没有切实的手段为此筹措资金，它很快就要因此陷入无路可走的境地。[①] 第二，受国际金融危机的冲击，发达经济体用于挽救金融机构和刺激经济增长的支出大幅增加。美国先后出台了两轮量化宽松政策，一方面印钞还债，一方面刺激经济复苏。但是增发货币的做法推高了通胀率，危及经济复苏进程。金融危机对实体经济冲击严重，发达国家经济复苏普遍缓慢，财政收入难以跟上支出增长的步伐。美国债务仍以每月1000亿美元的速度递增，但经济结构调整步履维艰，经济陷入两难境地。一半以上的州债台高筑，有的州濒临破产，只能靠举债度日。英国《金融时报》专栏作家吉迪恩·拉赫曼撰文指出：欧美这两个地区困境的相似之处，远比不同之处更为明显。它们的共同之处包括债务堆积如山、经济低迷、福利国家的负担越来越高昂、想改革却积重难返、对未来充满担忧，以及政坛陷入僵局。美国在艰难地控制社会保障和老年医保成本，欧洲领导人对此非常熟悉，他们也在艰难地削减养老金和医疗保险开支。许多欧洲人曾经认为美国政治家有着很大的优势，因为他们实行的是真正的联邦制度。一些人仍然认为，从长远来看，稳定欧元的唯一办法是向着仿照美国的“财政联邦主义”迈进。然而眼下，华盛顿的政治运行却比布鲁塞尔更加混乱。华盛顿似乎不可能对债务和开支问题进行严肃的辩论，这让美国政治体制是欧洲榜样的想法显得十分可笑。当然，在大西洋两岸的辩论中，仍存在明显的不同之处。美元的公信力背后有坚实的历史支撑，而欧元面世才不过10年出头。在造成欧洲体制瘫痪的

① 艾伦·格林斯潘，“福利国家模式遭遇挑战”，英国《金融时报》，2012年1月6日。

政治分歧中，责任最重的是国家间的隔阂。但在美国的辩论中，并没有与希腊和德国之间严重分歧相似的成分。在欧洲，解决债务高昂问题的方案中可能包含增税这一观点不会受到质疑。而在美国，共和党反对增税的立场却在政治辩论中占据着核心位置。由于专注于各自的问题和差异，美国和欧洲迟迟意识不到双方高度相似的危机之间存在的关联。但世界上其他国家的分析人士却更容易观察到共同的趋势。①第三，债务危机、外需不足和失业高企成为制约发达经济体经济增长的三大威胁。就债务危机而言，一方面，鉴于危机仍有可能升级，持有大量问题国家国债的金融机构信心下降，金融形势依然吃紧，恐再度诱发信贷紧缩，危及实体经济复苏。自从金本位制崩溃以后，人类进入信用货币时代。但纸币本位制决定了它会发生通货膨胀，纸币有贬值的可能性。金融危机爆发后，美国先后实行两轮量化宽松政策，购买 2 万多亿美元的债券资产，市场一直担心美国的量化宽松政策会导致全球性的通货膨胀。截至 2011 年 4 月，美联储资产负债表已扩张至 2.73 万亿美元，财政赤字货币化规模进一步上升，增加了全球通货膨胀的风险。同时又和欧洲主权债务危机相伴，相互影响，相互叠加，国际货币体系变得更加不稳定。另一方面，为应对债务危机，主要经济体结束经济刺激计划，转向财政紧缩，其中削减公共开支和提高税收等措施都将拖累复苏步伐。就外需不足来说，由于全球经济和贸易增长预计放缓，美、欧、日面临的外部环境有所恶化，出口增长势必受阻，而居高不下的失业率则会抑制消费。在失业问题上，“无就业”复苏是普遍困扰西方国家的“危机后遗症”。美国 2011 年失业率仍高达 9%。欧盟失业率在 9.4%左右，其中德国为 7%，西班牙高达 21%。经济复苏难以拉动就业和消费，消费低迷反过来影响经济复苏，为克服债务危机而采取的紧缩措施又加剧了这种恶性循环，形成西方经济

---

① Gideon Rachman, “America and Europe Sinking Together”. http//www. realclearpolitics. com/2011/07/05/america _ and _ europe _ sinking _ together _ 258679. html.

面临的难以摆脱的困境。

第二节 单轨道出现颠覆

次贷危机、金融危机、经济危机、债务危机、财政危机，导致当前以美国为首的西方被套上层层难以解脱的危机链，这是全球资本主义体系危机的明确信号，现代资本主义正进入一个高度不稳定时期。"9·11"事件、阿富汗战争、伊拉克战争以及当前金融危机所引发的一系列危机，共同导致美国、西方软硬实力严重受损，以美国为首的全球政治、金融、经济霸权地位遭受强烈冲击。

重大的国际战争和国际危机是引发国际关系发生结构性变化的两个根本性因素。"前时代"形成西方发达经济体长期掌控、左右世界经济和金融秩序的单边、单轨式格局，正因 2008 年爆发的金融和经济危机、财政债务危机而出现战略性颠覆，美国及西方的全球经济、政治霸权的统治基础开始动摇，引发了体系振荡、道义振荡、信任振荡、政治振荡、战略与安全振荡。美国金融资本主义的衰落是与苏联解体具有相似意义的重大转折事件。当然，美国不会像苏联一样解体垮台……经济危机对美国国际地位的影响是显而易见的。现在美国实际上已成为债权国的抵押品，依靠外债维持偿付能力，全球地位下滑已不可逆转。如果中国不再购买大量美国联邦债券，美国还供应得起踉踉跄跄而又花钱如流水的阿富汗战争吗？美国还能为其庞大的国防工业买单吗？很明显，一国经济力量衰退之时，也是其军事力量下降之日。美国的软实力也已经大大降低了。近些年来美国为推广其经济模式而进行的冗长说教已经产生了反作用，世界不再迷信这一模式，几乎没有人再把美国自称的金融领袖地位当回事。冷战结束本身就已削弱了美国的领导力，因为它标志着西方意识形态退潮的开始。[①]

一、体系振荡

美式自由放任资本主义、金融体制的无规范、无制约、无道德标准的市场至上主义和金融资本主义对全球金融体系产生极大的危害，危机充分揭示出西方资本主义体系的弊端。二战后世界资本主义的体系中心转移至美国，美国经济一统天下。1944 年，美国主导建立了布雷顿森林体系，这是一种扭曲的黄金美元双本位制。1971 年，美国宣布美元不再兑换黄金，完全抛弃了金本位制，从而正式确立了美元在世界的霸权，并使美国成为金融资本主义社会的典范。美国凭借其国际储备货币发行权、对国际货币基金组织和世界银行的控制权、对国际经济贸易体系的设计权、主导权，确立了其全球经济霸权，并维护着其全球政治霸权和军事霸权。形成以美国为主导的单边、单轨制式的全球经济金融秩序。美国依靠美元世界货币的地位，可以肆无忌惮地向世界各地转嫁危机。据统计，全球每年的货币交易额高达 700 万亿—800 万亿美元，其中与商品生产和流通有关的部分只占 1%；全球每年的金融商品交易额超过 2000 万亿美元，而世界 GDP 总额只有 50 万亿美元，与商品生产和流通相关的金融活动仅占 2.5%。经济逐步走向高度虚拟化，而实体经济则逐步走向萎缩。美国金融资本主义奉行过度消费和高负债增长的发展理念，由于受到房地产市场繁荣和宽松的贷款标准影响，美国消费者过度消费，负债消费。同时金融业在美国经济中所承担的份额越来越大，近年兴起的投资银行，通过复杂的衍生组合与高倍杠杆运作获取巨额利润，虽由其设计出的各种新型投资产品增加了经济活力，但也酝酿着巨大风险，违背了经济和金融运

① ［英国］约翰·格雷著，刘继业译：《伪黎明》，中信出版社，2011 年版，前言部分。

行的基本规律，虚拟经济脱离了实体经济，形成畸形的商业运作模式。在经济繁荣时期，高利润掩盖了高风险，而经济不景气或实体经济出现问题时，资产价格急剧下跌使原本巨大的金融机构立即陷入困境，引发严重金融危机。全球自由市场是一个注定会失败的计划，它坚信人类最终一定会走向单一文明，否认现代经济会演进出多种发展模式。它准备为实现强制的大同世界的目标付出巨大的人力资源代价，而且不能满足人类至关重要的生存需求。①

资本主义历来标榜公平自由，但在新自由主义泛滥的30年中，它给世界造成长期的动荡、差距、不平等及环境破坏。到2007年，美国0.1%拥有最高收入的人口占国民总收入的比例高达8.2%，不公平程度达到自1917年以来美国历史上的最高水平。经济学家伊曼纽尔·赛斯和托马斯·皮凯蒂证明，美国人口最上层的1%获得了2010年经济增长的93%。而2001年这个比例为65%，那是上一次复苏的第一年，而其余99%的人的实际收入基本没动。② 美国著名学者伯索尔和福山也指出："这场危机凸显了资本主义制度——甚至像美国那样先进的制度——内在的不稳定性。因此，美国版本的资本主义即使没有完全丧失信誉，最起码也不再占据主导地位。在今后10年里，新兴市场和低收入的国家很可能会进一步改革自己的经济政策方针，用与自由市场模式相关的灵活性和效率换取旨在确保更强大的恢复力的国内政策以应对竞争压力和全球经济创伤。这些国家将会不那么注重资本的自由流动，而是更多地关心通过社会保障网计划，把给社会造成的破坏减少到最低限度，更加积极地支持国内工业。"③

① ［英］约翰·格雷著，刘继业译：《伪黎明》，中信出版社，2011年版，第248页。

② 爱德华·卢斯："美国对这场危机的三种理解"，英国《金融时报》，2011年3月18日。

③ Nancy Birdsall and Francis Fukuyama, "The Post-Washington Consensus Development After the Crisis", *Foreign Affairs*, March/April 2011.

二、道义振荡

美式资本主义点燃了全球经济、金融危机的大火，“华盛顿共识”遭到失败，愈演愈烈的债务危机暴露出西方资本主义模式在道义上的缺失。一是美式资本主义感召力受损，一系列的危机反映出资本主义在道义上的缺失。包括美国的一些欧洲盟国都认为有必要对自由金融资本主义进行重新认识，树立行业道德标准，确立从业人员行为准则和问责制度，有错必罚。它们应深刻反思自己的经济和社会发展模式，切实为解决全球经济“失衡”问题做出贡献。更有国家担心美国再次通过其救市计划，以发行国债的方式向国外转移危机。法国前总统萨科齐明确表示是世界资本主义核心的美国出了问题，危机是资本的贪婪和疯狂所致，不应由世界其他国家为美国付出代价。萨科齐不断对美式自由金融资本主义提出批评，认为弱势美元政策和美国金融市场的非透明操作使欧盟蒙受巨大损失，指出二战后确立的布雷顿森林体系已不能适应新形势，对全球银行业进行大规模重组已提上日程。[①] 二是美国经济霸权难以维系。美国出台大规模救助方案，直接后果是财政赤字攀高。为纾缓金融领域的信贷紧缩，政府难免要进一步扩大货币发行量，这将影响投资者对美元资产的信心，导致美元地位进一步动摇。法国人类和社会学家保罗·若里翁认为：“美国的衰落确定无疑，金融危机摧毁了国家，美国不再有能力投资于社会保障，而社会保障曾经维持了所有人都能从这个体制中获益的信仰。现在的经济学只造成了一种意识形态，即市场是无所不能的。最终除了后来的凯恩斯，马克思作为亚当·斯密和李嘉图的继承者，是最后一位能够从内

---

① “萨科齐在第64届联大上的发言”，法国总统府网站，2009年9月23日。http：//www.elysee.fr/president/les-actualites/discours/2009/64e-assemblee-generale-des-nations-unies.1734. html? search＝DISCOURS。

部理解这一体系的经济学家，现在是重拾其理论并重建与他名字相符的经济学的时候了。”① 英国学者则认为：“罗马和英国的经历表明，形势一旦开始恶化就无力回天。以下是一些祸到临头的征兆：军事过度扩张、贫富分化加剧、经济外强中干、公民入不敷出靠举债度日、曾经有效的政策不再奏效、居高不下的暴力犯罪率、肥胖成为流行病、沉迷于色情及能源使用过度等，或许在告诉我们：美国已经处于文化堕落状态的晚期。”② 三是“华盛顿共识”遭到普遍质疑。“华盛顿共识”是1989年针对拉美国家和东欧转型国家的新自由主义的政治经济理论。其核心是促使第三世界国家走私有化、自由化和透明化的经济发展道路。其主要内容分为三个方面：财政紧缩、私有化、自由市场和自由贸易。根据这一共识，美国等债权国向发展中国家及经济转型国家硬性推出一套经济改革政策。这种经济改革政策是基于以美国为首的发达国家的国家利益设计的，选择这一政策的结果是导致像墨西哥、阿根廷这样的国家宏观经济结构失衡、收入分配不公和贫富悬殊现象严重、社会矛盾尖锐，最终导致政局动荡不稳。1994年墨西哥金融危机、2001年阿根廷金融危机等发生在发展中国家的危机表明，以新自由主义经济政策为理论依据的“华盛顿共识”遭到失败。新自由主义政策对墨西哥社会造成的影响并不仅限于中产阶层的萎缩，还极大地恶化了众多穷人的生存环境。1984年，新自由主义政策还未正式实施前，占墨西哥人口半数的穷人能够获得20%的国家收入，到1992年，这一数据跌至18.4%。“对拉美而言，华盛顿共识30年来的效果糟糕透顶。在此期间，该地区的年人均增长率不足1%，而此前的1960—1981年的增长率则达2.6%。另一方面，自1981年以来，以政府掌控全球化而闻名的东亚国家（以中国为代表）实现了6.7%的年人

① La Tribune，le 21 mars 2011.

② 拉里·埃利奥特：“美利坚帝国的衰落”，英国《卫报》，2011年6月6日。

均增长。”① 经济学家斯蒂格利茨曾尖锐地指出：“国际货币基金组织倡导的全球化结构调整改革，最终总让发展中国家落入地狱般的经济困境。这种新自由主义全球化分为若干步骤，其中第一步就是私有化，更准确地说是腐败化。”② 四是美国金融经济实力削弱，华尔街金融机构作为美国强大经济实力和金融活力的体现，如今难再呼风唤雨。金融资本快速膨胀，经济金融化成为美式资本主义的重要特征。美国作为全球市场体系的中心，一直是靠吸纳全球储蓄来维持金融膨胀的。危机爆发反映了美国金融和经济体制中存在自由放任、买空卖空、监管松懈、竞争过度等问题。国际舆论尖锐指出，美国经济规模巨大，对世界经济产生影响和负有重要的责任。本次金融危机使“华盛顿共识”失去主导地位，凸显了资本主义制度固有的不稳定性，美国式资本主义已经从神坛上跌落下来；资本主义追求利润最大化的资本积累模式已逐渐陷入僵局，新自由主义、全球化、举债、财政赤字、军事扩张这五条“逃生之路”非但未取得成功，反而加剧了矛盾，资本主义在某种程度上已达到了极限，美国、西方政治模式和意识形态霸权已经终结。

三、信任振荡

在道义危机的背后，人们意识到危机的根源在于不合理的国际金融经济秩序，在于美元霸权导致国际贸易和世界经济增长的失衡格局。自 1971 年美元与黄金脱钩以来，美元汇率持续走低，40 年间美元兑黄金从 35 美元兑 1 盎司升至 1800 美元兑 1 盎司，比率相差超过 50 倍。美元事实上的贬值，导致国际市场上以美元计价的大宗商品、原油等

① 英国《卫报》，2011 年 3 月 7 日。

② 汪大海等编著：《世界 14 次重大金融危机透视》，中国传媒大学出版社，2010 年版，第 173 页。

价格波动剧烈，使得广大发展中国家深受其害。此外，美元持续贬值再加上美联储过度宽松的货币政策所导致的全球流动性过剩，也是造成当前全球性通胀的根源。通过美元不负责任的贬值及借新债还旧债的恶性循环，美国大量无偿占有了世界各国人民创造的社会财富。据统计，过去5年间，美国利用美元贬值使其对外债务“蒸发”了3.58万亿美元。而债务规模的膨胀使持有美国债务的各国央行陷入进退两难的困境，持有意味着进一步被套牢，抛售则会使剩余部分价值蒙受巨大损失。美元事实上已经绑架了世界经济，各国要为美国的过度消费埋单。美元在全球货币储备中占到70％的份额，在国际贸易结算中占68％，外汇交易的80％、国际间银行业交易的90％是通过美元计算，石油、矿石、粮食等战略商品都是以美元计价，国际货币基金组织的全部贷款也以美元标价。在美元本位制下，对美元的发行和流动没有明确的制约机制，全球范围内的美元信用扩张渐成泛滥之势，虚拟经济脱离实体经济的现象越来越明显。正是这些信用泡沫的堆积，直接构成了各种危机酝酿与爆发的基础。随着美元本位的确立，国际储备的规模急剧扩张，到2007年达到了4.1万亿美元。以美元为主的纸币占到了国际储备的99％以上。贸易盈余国为了使所持有的美元保值，不得不通过购买美国的国债、公司债等金融资产使之重新流回美国。庞大的海外美元流入，给美国经济扩张带来了充裕的资金，同时也推高了资产价格，造成经济泡沫。2005年海外美元购买的美国政府支持型机构债券总额达到1503亿美元，到2006年和2007年，分别高达2285亿美元和1894亿美元。由于货币供给充足，家庭消费借贷变得更加容易，银行放贷条件也越来越宽松。低收入人群大规模地获得贷款，说明信用的过度扩张，而信用过度扩张成为加速危机到来的推进器。在金融和经济危机的酝酿与演化过程中，美国政府和国际金融寡头为最大限度地实现本国及自身利益，最大限度地利用他们对美国中央银行及全球金融体系的控制、利用他们手中的美元霸权转嫁损失和危机，竭力维护渐显衰落的霸权地位。

世界各国已深刻感受到美元对它们经济复苏和发展带来的灾难性影响：一是美元统治和美元霸权使其他国家在美国金融市场的投资受到损失，削弱这些国家基于美元储备而发行的本国货币的币值基础，破坏这些国家的金融稳定乃至经济安全；二是美国作为世界最大的债务国，已将它的各类债权人深深拖入泥潭，成了危机的埋单者。美国是危机的中心，但美元却成为大家争相追捧的“避险货币”而坚挺；三是受到冲击的国家，为了避免自身的金融市场破产，不得不向国内市场注入大量流动性，并采取降息政策。这致使本国货币贬值，却挽救了美元的颓势，使其得以恢复相对强势地位；四是在危机爆发后，美国在财政政策、利率政策空间渐失的情形下两次启动“量化宽松”政策，不惜将全球经济推向“二次探底”的边缘。“量化宽松”造成美元贬值，令别国持有的美元资产大幅缩水，“量化宽松”推高了石油、粮食等国际大宗商品的价格，给全球多数国家的通胀势头火上浇油。美国增发巨额美元还引起连锁反应，致使国际金融资本市场热钱泛滥，难免会加剧资产泡沫和金融市场动荡。由此可见，美元给全球经济带来的种种危害，使人们对以美元为主导的国际经济金融秩序产生强烈不满，丧失了起码的信任和信心。英国财政大臣坦言：“当前西方面临的不是资本主义危机而是信任危机，我们必须直面人们对于西方政治制度面对问题时无力采取果断措施和放眼长远的担忧。”[①]

四、政治振荡

基辛格在《大外交》一书说道：“美国人曾经拥有的共同基本信念是：美国拥有世上最好的政治制度，其他人类只要放弃传统外交，跟

① 乔治·奥本斯：“是信任危机而不是资本主义危机”，英国《金融时报》，2012年1月28日。

美国一样信奉民主及国际法，即可获得和平与繁荣。”[①] 如今，危机带给整个西方世界的不只是经济问题，而且是政治问题、社会问题和国家发展方向问题，不只是经济危机，更是政治危机。西方国家一向引以为傲、一直不遗余力向别国推销的经济、政治和社会发展模式，在金融危机的冲击下光环黯淡。

在危机的冲击下，西方经济和政治制度的弊端暴露无遗。美国政府与国会都离不开大财团和大企业的资助并为其服务，金融危机折射出美国金融体制中存在着惊人的官商勾结的“裙带资本主义”弊端。在2008年选举中，民主党获得金融机构的政治“献金”超过50%，奥巴马得以入主白宫。20世纪90年代末，商品期货交易委员会（CFTC）建议加强对金融衍生品的管制，遭到克林顿政府财政部长鲁宾和美联储主席格林斯潘等人的阻挠，他们在国会作证时宣称对金融衍生品管制将窒息金融部门的活力，国会也封杀了对金融衍生品的监管。2000年，国会通过的“商品期货现代化法案”规定，信贷违约互换等金融衍生品可免受监管。对金融衍生品监管缺失被证明是金融体系的祸根。金融机构以巨资从政府主管部门和国会获得越来越宽松的金融监管环境，金融资产特别是金融衍生品层出不穷、急剧膨胀。据统计，如果将美国金融危机前所有金融资产（包括担保债务凭证CDO、信贷违约掉期CDS、各种金融衍生合约以及可以交易和转让的各种资产等）价值都计算在内，未到期虚拟资产总额达到400万亿—500万亿美元，而美国年GDP只有12万亿—14万亿美元。这就是说，按照流量与存量的关系，美国12—14万亿美元国民收入形成的资产价值达400万亿—500万亿美元。另一统计显示，从2000—2007年，美国GDP从9.817万亿美元增加到13.8075亿美元，同期内金融资产从89.5280亿美元增加到141.9210亿美元，金融资产对GDP的倍数从9.12倍上升为

① ［美国］亨利·基辛格著，顾淑馨等译：《大外交》，海南出版社，2010年版，第11页。

10.27 倍，虚拟经济与实体经济已经完全脱离。美国国会和政府制定和实施不公正的收入分配和税收政策，导致贫富差距急剧扩大，这个矛盾不是靠少数富豪捐赠能够解决的。美国国会预算办公室公布的一项调查结果显示，最富有的 1%的美国人 2007 年的税后收入是 1979 年的 2.75 倍，在同期内中产阶级的税后收入仅增加 40%，而穷人的收入增幅更是低至 18%。使美国低收入群体更加愤怒的是，在美国深陷金融危机和经济衰退期间，少数富豪继续大幅度增加财富。

此外，美国面临的政治危机还表现在美国政治制度中解决问题的能力在大大下降。2011 年 7 月，奥巴马政府与国会众议院围绕是否提高 14.3 万亿美元国债上限上演了一出民主党与共和党长达数周的政治争斗大戏，双方都在拿“技术性违约”风险来要挟对方就范。表面看来，这是美国国内不同政治机构、不同政党之间的政策分歧，但其结果却对全球金融体系带来重大影响。作为全球货币的发行者，美国两党将政党争斗置于世界经济安危和各国利益之上，以损害债权人利益作为国内政治斗争的要挟手段，严重损害了美国的声誉和信心。8 月 5 日，国际评级机构标准普尔宣布，美国两党达成的减赤方案不足以达到其所认为的可以稳固美国政府中期债务状况所需要的程度，出于对美国财政赤字和债务规模不断增加的担心，决定把美国的主权信用评级从顶级的 AAA 级下调至 AA+级。美国主权信用评级被下调立即在全球引起轩然大波，造成国际资本市场剧烈波动。标准普尔在声明中表示，美国政治决策过程中的不确定性增加、对美国政治决策机制的信心下降，是其决定下调美国信用评级的基本原因。政治危机还表现在投资者担心政治家们只关心自己的政治游戏，把投资者的利益当儿戏。美国民众对政治家们产生了巨大怀疑，怀疑政治精英与金融精英沆瀣一气，政府出钱救助造成危机的金融机构用的是纳税人的钱，而政府债务的危机又要导致纳税人再次做出牺牲。这种信用危机会导致民粹主义情绪上升，最终导致政策上的恶性循环。以“茶党”以及

“占领华尔街运动”为代表的抗议力量的出现，表明美国民众对政府及传统政治的不信任。

欧洲亦然。欧债危机的表征虽是经济问题，实际反映出欧洲一体化进程中政治与经济发展的失衡，反映出欧洲国家与欧盟政治决策之间的冲突以及各国国内政治的矛盾。欧洲人早就明白，“没有政治统一，就没有货币统一”，但现实是，欧盟货币统合走在政治统合之前，欧洲政治依然停留在民族国家框架内踏步不前。面对这次危机，尽管德国经济界认为应该对希腊等国家施援，但是德国民众却拒绝伸出援手。欧洲已失去欧盟创建之初的那种紧迫感。2008 年金融危机之后，欧盟内部各国民族主义情绪高涨，严重消磨了欧盟的建设动力。欧洲政治被选举政治劫持，政府在制定和实施经济政策时过多考虑政治和选举因素，罔顾经济客观规律和国家长远发展需要。债务危机前，欧洲国家为取悦选民、争取选票，盲目增加福利、推高债务；债务危机后，受相关国家国内政治矛盾牵制，以及受到欧洲国家与欧盟政治决策之间冲突的影响，债务危机久拖不决，引发民众对现存政治结构的不信任和对政治体制效率的质疑。“我们所面临的并不是什么经济危机，而是我们的政治制度误入歧途所致：这个政治制度已经被那帮既自鸣得意，又没有能力的技术专家治国论者所把持，这一点几乎所有的人每天都会有亲身体会。”①

在上述背景下，西方越来越多的有识之士意识到，资本主义制度已经偏离平衡越来越远，西方面临的是结构性危机，它将导致经济的、政治的、社会文化的无序动荡，当前这套制度已经无法继续下去。“资本主义制度不再适合世界”、“陷入危机的资本主义”，这类此前西方主流舆论中绝少出现的“政治不正确”语句近来大量涌现在美欧媒体中。在被称为“全球资本家俱乐部”的 2012 年达沃斯论坛中，第一场活动

① Le figaro，15 septembre 2011。

就是“资本主义大辩论”。英国《金融时报》征集一组以“危机中的资本主义”为主题的文章，其中有文章指出，美国人向来是资本主义最热切的拥护者，然而最近的一项民意调查发现，目前仅有50%的美国人对资本主义持肯定看法，而40%的人则不然。这种幻灭感在18—29岁的年轻人、非裔和拉美裔美国人、年收入3万美元以下的低收入人群、以及自诩的民主党人士中间表现得尤其明显。①“全球经济的真正建立并不表明西方价值观和制度已延伸到世界各个角落，而是意味着西方主导全球时代的结束。”②

西方目前缺乏具备战略眼光的政治家，缺乏系统全面的战略思考和安排，缺乏重大的哲学思考，短视、功利和表象化充斥社会各个领域。西方社会实际上存在着严重的意识形态禁锢，只有很少数的政治家和学者能够比较客观地分析西方制度和体制存在的问题，能够理性地分析西方目前的处境和能从其他国家那里学到些什么。思想的僵化必然导致制度的僵化，西方面临的困境和僵局，正是其制度丧失生机和活力的反映。美国著名学者弗朗西斯·福山指出：“美国模式存在一个远未解决的更深层次的问题。中国适应性强，能够做出艰难的决定，并有效地加以执行。美国人以宪法的制衡原则为豪，制衡原则基于不信任中央集权政府的政治文化。这种体制确保了个人自由和私营部门充满生机，但现在却变得两极分化、思想僵化。目前，美国无意解决其面临的长期财政挑战。美国民主可能拥有中国体制缺乏的与生俱来的合法性，但如果政府内部出现分裂，且无力治理国家，那么它对任何人来说都不是什么好模式。”③

---

① 查尔斯·W·艾略特：“资本主义哪里出了毛病?”英国《金融时报》，2012年1月12日。

② [英]约翰·格雷著，刘继业译：《伪黎明》，中信出版社，2011年版，第5页。

③ 弗朗西斯·福山：“美国民主没什么可教给中国的”，英国《金融时报》，2011年1月17日。

五、战略与安全振荡

金融经济危机在战略与安全领域激起的振荡主要体现在以下三个方面：第一，美国由“世界第一”变成“受限制的第一”。① 从资本主义发展的规律看，2008 年后爆发的危机不过是历次危机中的一部分，美国似乎也比其他西方国家更适应周期性的经济危机。二战后以来，按国民生产总值连续两个季度下跌即称为“萧条”计算，美国出现过 8 次危机，1958 年、1960 年、1970 年、1974 年、1980 年、1982 年、1991 年和 2001 年。除了上述危机年份之外，美国在 1/4 世纪里平均年增长率始终比欧洲高出 1 个百分点，比日本多 2%。从以往危机的冲击和影响来看，美国战略地位与经济环境的联系并不密切。相反，美国在危机下多次证明其复苏的能力，每次都能通过新的增长方式进一步强化其超级大国的形象。美国与一些传统帝国的区别在于，有的帝国依赖单一的因素发达和衰落，如西班牙帝国依赖黄金和白银，苏联依靠的是石油和天然气。但美国拥有多样性的经济基础和适应能力。因此，此次危机从长远看，不过是美国历次周期性危机的一部分，美国在军事方面仍保持绝对优势地位，它依靠着占世界 45%多的军费开支，将长期是唯一能在全球任何一个角落实施快速、大规模和持久投送力量的国家。但此次危机却对美国战略及其可操纵空间产生史无前例的影响，使美国由“世界第一”变成“受限制的第一”。“美国作为全球金融中心的地位和美元作为占支配地位的储备货币都是依赖中国全力而长久支持的。当前全球金融危机的根本在于美国无法继续充当国际金融体系的支柱，这就是为什么当前的全球金融

① Francois Heisbourg, *Vainqueurs et vaincus*, *Lendemains de crise*, p. 63. Stock, Paris, 2010.

危机会如此严重，持续时间会如此之长。”[①] 美国的战略操纵空间受到限制，应对经济危机成为奥巴马政府的头等大事，受预算限制，美国的外交和防务政策不能不受到持续和沉重的影响，迫使美国政府面临下列艰难的选择：

第一，美国要在简单收缩还是重新部署战略处境中进行选择。收缩不是美国在两次大战中表现出的孤立主义，基于美国在全球的战略利益它不会走上这条老路。但美国不得不针对地区危机和全球挑战进行选择。小布什在执政初期已表现出这种趋向，如拒绝解决以巴冲突和拒绝接受《京都协定书》。奥巴马更明显地表现出收缩意图，急于从两场内陆战争中全身而退，把战略重点转移到亚太地区。在 2013 财政年度的国防预算中，国防经费总额将达到 6139 亿美元，从中长期目标来看，美国提出要在 5 年内节省 2590 亿美元、10 年内节省约 5000 亿美元国防经费。其次，在美国的战略重点、利益关切点与非战略重点、非利益关切点之间做出艰难取舍。鉴于预算的限制，基于美国在一些外交方面活跃，同时在另外一些方面被迫寻找新方式。奥巴马意识到单边主义成本昂贵且作用有限，而事事通过联合国又受到其他大国的制约。2008 年 11 月美国国家情报委员会的报告得出的结论与 2004 年的同类报告相比，发生了 180 度大转弯。后者认为美国的全球霸权还将继续，“断定其他主要大国已放弃平衡美国的目标”。而新报告则预测美国将衰落，多极化世界形成，美国将渐渐被迫与中国和印度分享全球权力。它宣称“到 2025 年美国将发现自己只是世界舞台上众多重要角色中的一员，尽管也许仍然是最强大的”。[②] 再次，美国如何处理债务问题，会产生战略性后果。美国的预算赤字 2009 年超过 PIB 的 11%，2010 年达 12%。未来 10 年预算赤字将以年均 4%的速度增长。

---

① ［英国］马丁·雅克著，张莉等译：《当中国统治世界》，中信出版社，2010 年版，第 284 页。

② 同上书，第 327 页。

美国债务已是寅吃卯粮，债务不断增加，从2007的63%上升到2011年的99%。危机前，美国在债务市场上的债务每年不超过1万亿美元，危机以后每年将达3万亿美元。中国成为美国金融债券的主要外国买主，中美由此产生复杂的联系和战略性后果。20多年来，美国经济由三大相互关联的因素所支撑：一是大量价格低廉的消费品（主要是中国的）进入，促进了消费者的购买力；二是中国大量购买美国公共债务造成的低利率；三是美国家庭将收入用来购买消费产品、股票和不动产造成的低储蓄率。危机将导致美国经济长期陷入缓慢增长阶段，因为这种模式随着公共债务的积累和不动产泡沫的破灭而结束，中国也把重点放在刺激国内消费上，美国低利率的时代不再，美国人不得不学会储蓄。在一个增长率70%以上依赖消费拉动的国家，储蓄增加将严重制约增长。在美国联邦债务中，最容易削减并对经济不会产生影响的是减少军备开支。2009年美军费近7000亿美元，达到GDP的5%。但削减军费会受到共和党和军工企业的强烈抵制。美国也可选择货币贬值的办法，但在20世纪30年代初美、英竞相贬值货币，进一步加剧和延长了危机，并使德国经济遭到重创。此外，中国等其他持有美元外汇储备的国家也会强烈反对美元随意贬值。

第二，美国的西方盟国同样在战略上受到牵制。欧洲面临主权债务违约的威胁以及欧洲单一货币区解体的风险正在不断上升，紧随其后的是银行业崩溃、大众恐慌、深度不景气和大规模失业的威胁。日本以及欧盟在近20年来年均经济增长率未能超过2%，它们已没有必要的资源来确保主权和世界安全。在利比亚战争中，参战的英法联军在战争进行不到一半的时候就出现了“缺钱、缺弹药”的窘境，不得已求助于美国军队。欧盟、日本的安全不得不依赖于美国提供保护，但是如果美国经济状况长期持续下去，美国肯定不再会为其盟国的安全“埋单”。“就整体而言，欧盟是世界上最大的经济体，因此这里发生的经济混乱将无可避免地造成全球性的后果。这将令贸易萧条，并威胁到全球金融体系。

20世纪30年代的教训是，全球性大萧条将削弱民主国家，并使得新的激进政治力量崛起。同时，在此过程中增加国际冲突的风险。”①

第三，危机在战略安全领域产生“多米诺骨牌”效应，催生三大海域性危机源。2008年金融危机爆发后，引发了不同地区、不同类型、不同规模的无数危机和动荡。在非洲、南亚等地发生骚乱或政变的国家就达20多个。如果说2001年“9·11”恐怖袭击酿成了随后的内陆性战争，那么金融经济危机则将安全危机由陆地引向海洋及海洋周边区域，即当前我们所看到的三大海域性危机源：地中海、霍尔木兹海峡、南海。地中海周边成为危机最为集中的地区：在北岸，出现了欧洲债务危机；在南岸，2011年在北非、中东地区爆发了声势浩大的变革风暴；在东岸，叙利亚形势一触即发。霍尔木兹海峡的风险系数最高，美国和以色列对伊朗虎视眈眈。在中国南海，菲律宾、越南等国在美国的支持和怂恿下不断向中国领土主权挑衅生事。

第三节 平衡发展的双轨道

在国际经济金融领域，“前时代”行将终结表现得最为明显：一方面以美国、西方为主导的单边、单轨制的国际经济体系、资本主义发展模式因出现战略性颠覆而运转失灵；另一方面以“金砖国家”为代表的发展中国家的多样化发展模式及经验正在形成一条有别于西方的发展轨道，既极大地推动了当今单轨制的国际经济体系迈向平衡的双轨道，又为人类实现共同繁荣、共同发展的“和谐世界”带来了新希望、新机遇。美国《新闻周刊》发表该刊高级编辑丹尼尔·格罗斯的

① 吉迪恩·拉赫曼：“20世纪30年代阴魂不散”，英国《金融时报》网站，2011年11月28日。

文章指出：债务正在改变政治和地缘政治。这是一个奇异的世界：阿根廷和巴西看起来像财政稳健的样板，而欧洲和美国却奋力应对金融事务。“失败国家”过去指的是索马里这类管理不了自己领土的国家，现在却包括对自身财政状况失控的国家，比如希腊。主权国家现在面临的威胁不是来自国内的叛乱，而是来自国际投资者。当今政治家的使命不是消灭军事敌人，而是减少债务。今天的全球经济就像一场竞赛，债务国试图带着沉重的铅砣飞奔。相反，处于有利地位的是储蓄率高而消费者、公司和政府债务相对较低的国家。①

一、危机加速了国际经济格局的转型

回顾历史，并不是所有的经济、金融危机都能够产生战略性的影响。例如1857年、1873年、1893年以及1907年美国的财政、金融萧条没有使当时的国际力量对比发生任何改变。虽然有一些危机曾导致出现战略大变化，如1973—1974年的石油危机造成整个工业化国家自二战后出现首次衰退，但这次危机起源于石油生产国与消费国之间力量对比发生变化，前者进行石油禁运，造成油价暴涨。换言之，是石油问题引发了经济危机而不是相反。同样的情况还有20世纪80年代初美国与欧洲出现的“滞胀”，其原因在于1978—1979年的伊朗革命和从1980年起爆发的两伊战争造成的国际石油价格的上涨。就地区而言，地区性危机改变了有关国家与其他伙伴或对手力量对比的例子也层出不穷。从20世纪80年代末起日本爆发的经济危机，结束了日本成为美国竞争对手的历史，半个世纪以来美国经历过8次经济衰退，并没有出现战略断层问题，美国人也习以为常，将危机视为资本主义经济发展的必然规律。

① 美国《新闻周刊》网站，2010年12月23日。

国内外许多专家学者将 2008 年以来的大危机与 1929 年大危机相提并论和进行比较。的确，今天的危机与 20 世纪 30 年代的危机的共性在于都产生了具有颠覆性的战略影响，但它们在战略上的重大区别是，前者通过战争改变了国家之间的关系，危机导致德国和日本法西斯主义的出现，最终爆发了造成人类死亡最多的一次战争。而今天危机的影响在于它首次以非战争的“和平”方式实现了国际格局的转型。下面仅对 2008 年金融危机爆发后初期阶段有关数据的图表（2008—2009 年）进行分析，研究危机对国际经济秩序带来的巨大改变：

表一　　危机对主要经济体国民生产总值的影响

国家	GDP 变化（2008 年 7 月 1 日—2009 年 6 月 30 日）
美国	－3.9％
欧元区	－4.8％
日本	－6.4％
中国	＋7.9％
德国	－5.9％
法国	－2.6％
英国	－5.5％
意大利	－6.0％
俄罗斯	－10.9％
加拿大	－3.2％
巴西	－1.2％
印度	＋6.1％

表二　　危机的“刹车”效应

主要经济体	2007 年增长率	与 2007 年相比，2008 年年中—2009 年年中产生的“刹车效应”
美国	＋2.0％	－5.9％
日本	＋2.4％	－8.8％
中国	＋11.4％	－3.5％
德国	＋2.5％	－8.4％

续表

主要经济体	2007 年增长率	与 2007 年相比，2008 年年中—2009 年年中产生的“刹车效应”
法国	+2.1%	−4.7%
英国	+3.7%	−8.6%
意大利	+1.4%	−7.4%
俄罗斯	+8.1%	−19.0%
加拿大	+2.7%	−5.9%
巴西	+4.2%	−5.4%
印度	+9.0%	−2.9%

表三　　受危机冲击最严重的几个国家均是西方的“好学生”

国家（2008 年世界经济排名）	2007 年增长率	2008 年第四季度增长率	“刹车”效应
墨西哥（13）	+3.2%	−10.3%（2009 年第 2 季度）	−13.5%
乌克兰（45）	+6.9%	−8%	−13.5%
新加坡（46）	+7.5%	−16。9%	−24.4%
立陶宛（75）	+8.9%	−10.9%（2009 年第一季度）	−20.8%
拉脱维亚（81）	+10.2%	−10.5%	−20.7%
爱沙尼亚（91）	+7.9%	−9.4%	−17.3%

（以上数据根据世行、国际货币基金组织、有关国家统计等资料整理）

以上三个图表反映出如下趋势性的重大变化：

一是危机对世界的冲击和影响程度不一，2008—2009 年金融危机对整个世界经济造成严重冲击。全球生产连续几个季度下跌，同时国际贸易迅速下滑，跨国投资减少近一半，从 2007 年第四季度的 6000 多亿美元跌至 2009 年第一季度的不到 3000 亿美元。但从上表可以看出，危机对发达经济体 GDP 的冲击远远高于新兴国家（俄罗斯除外），发达经济体全部出现负增长，而中国、印度仍然保持着 7.9%和 6.1%的高增长率。上述国家总体占世界生产总值的 3/4。国际金融危机重创了西方国家的银行体系，留下了巨额财政赤字，制约了政府的施政空间。发达国家的整体失业率超过了10%。美国的国内生产总值（GDP）下降了4.1%，居民财富蒸发了21%，760万美国人在危机中失去工作。欧盟又陷入了主权债务危机，债务总额已经超过了其GDP的75%，成员国内部对如何救助危机产生了严重分歧。

二是新兴国家脱颖而出，并推动国际经济体系走向双轨道。发展中经济体在危机中保持了增长势头，新兴国家经济发展在危机中一枝独秀的端倪由此出现。此后，世界经济一直呈现出发达经济体增长缓慢、发展中经济体增长较快的“南高北低”双速复苏局面，新兴经济体成为引领全球经济发展的引擎。2011年国际货币基金组织在其春季《世界经济展望》报告中预测，2011年世界经济将增长4.4%，2012年增速为4.5%。其中，新兴经济体经济仍将强劲增长，经济增速均将达到6.5%，而发达经济体2011、2012年经济增速将分别为2.4%和2.6%。世界银行也在《2011全球发展地平线——多极化：新的全球经济》报告中预测，新兴经济体作为一个整体在2011—2025年期间年均经济增长将达到4.7%；发达经济体的同期增长为2.3%；到2025年，六大新兴经济体——巴西、中国、印度、印尼、韩国和俄罗斯将占全球经济增长总量一半以上。这一力量对比的变化将成为贯穿整个21世纪世界发展的主要趋势。因此可见，世界经济由西方主导的时代走向了终结。而东方逐渐走上全球舞台的前沿，成为世界经济火车头的“金砖国家”的分量与日俱增。“恰恰是那些经常被指责经济市场化程度不高以及民主不发达的国家承担起了世界经济体系未来的重任。”①此外，那些深受“华盛顿共识”影响或向西方经济模式学习、转型的国家如墨西哥、乌克兰、新加坡和波罗的海三国等的GDP跌至10%以上，“刹车”效应达到20%。这场国际金融危机充分暴露出现行国际经

① 马拉特·沙伊赫丁诺夫：“未来国际秩序的轮廓：期待与现实”，《全球政治中的俄罗斯》，2011年双月刊第5期。

济金融体系的不足，难以有效化解经济全球化进程中积累的风险和矛盾，因此，改革国际经济金融治理结构、为世界经济长期稳定发展提供良好制度保证成为国际舆论广泛的共识。欧盟委员会经济和货币事务专员阿尔穆尼亚就指出："后危机时代，我们需要改革，需要更繁荣的经济，需要市场机制更好地运作，同时我们需要加强对金融市场的监管，需要共同出击解决 21 世纪出现的问题。"欧盟委员会主席巴罗佐表示："我们需要一个新的全球金融秩序。"[①] 法国前总统萨科齐呼吁国际社会推动建立一个全新的"布雷顿森林体系"。[②] 危机给资本主义发展道路及发展模式的沉重打击值得深刻反思，英国前首相布朗认为："把自 1930 年代以来最严重的经济危机形容为更严峻问题的症状似乎有点奇怪。然而，当历史学家回顾 1990 年后将 20 亿新生产者带入世界经济的全球化浪潮时，他们会发现在 2010 年左右出现了一个转折点：西方（美国及欧盟）在 150 年来首次在制造、生产、出口、贸易和投资方面被世界其他地区超越了。事实上，亚洲消费市场的规模将在 2020 年中前期达到美国市场的两倍。"[③] 把各种因素综合起来分析，经济金融危机对国家间战略力量对比以及国际游戏规则的演变产生了重要作用，危机加速了国际秩序的转型。

二、全球经济治理体系的重建

全球金融经济危机促使各国意识到加强全球合作、改革旧的不合理的国际经济金融秩序、加强全球治理的必要性和紧迫感，各国对后

---

① 刘洪："调整国际经济金融秩序已经成为全球的共识"，《经济参考报》，2008 年 10 月 21 日。

② "萨科齐在第 64 届联大上的发言"，法国总统府网站，2009 年 9 月 23 日。http：//www.elysee.fr/president/les-actualites/discours/2009/64e-assemblee-generale-des-nations-unies.1734.html? search＝DISCOURS。

③ 布朗："团结则存，分裂则亡"，新加坡《联合早报》，2011 年 9 月 8 日。

危机时代大变革、大调整的强烈呼唤，涉及国际金融经济体系、全球经济、发展模式、国际格局、大国关系、经济全球化和社会制度等经济、政治和文化领域的许多重大问题。随着全球化深入发展、南北相互依存日益增强，发达国家也认识到，发展中国家的进步从根本上关乎其自身的长远利益，毕竟在全球经济一体化的时代，一损俱损，谁也不能独善其身。只有同舟共济，齐心协力，才能避免经济遭到沉重打击。但改革旧有体系、触及西方既得利益极其敏感、复杂。将既有国际经济体系推倒重来的激进做法不太可能实施，既有国际经济体系在改革上出现集体不作为亦不符合现实需要。既有国际制度的改制和新兴国际制度的建制齐头并进，走双轨增量的渐进道路，才能最终确立更为公正、有序、均衡、包容的国际经济金融格局。“在未来的日子里，世界不只存在一个占主导地位的资方现代性（当然西方现代性本身也是一个多元化现象），还会有很多其他的现代性。很显然，我们已经进入一个具有多重现代性的时代。一直以来，我们都生活在一个西方制造和西方占主导地位的世界里，经济、政治和文化均不可抵抗地呈现出自西方流向其他国家的单向性特征。如今，一切皆已开始改变。国家之间的交往和流动已经变成了双向的进程，或者更为实际地说，是一种多项的进程。”①

（一）“G20”（二十国集团）应运而生

国际金融危机的爆发将“前时代”的遗产：布雷顿森林体系、国际货币基金组织、世贸组织等治理体系的缺陷暴露无余。随着经济全球化的不断发展，全球经济治理体系已经明显不能适应时代的变化。20 世纪 70 年代布雷顿森林体系崩溃后，1975 年成立的七国集团（G7）

① ［英国］马丁·雅克著，张莉等译：《当中国统治世界》，中信出版社，2010 年版，第 116 页。

是国际金融体系最主要的治理机制，在相当长的时间内，“G7”或是后来接纳俄罗斯成为“G8”，在世界经济、国际政治领域都占据着绝对优势地位。经济上，除了俄罗斯外的7国国内生产总值长期占世界生产总值的2/3以上，贸易量占全球的一半以上；政治上，联合国安理会的5个常任理事国中的4国属八国集团。但是，随着以中国、印度和巴西为代表的新兴国家的崛起，世界经济的实力版图发生了重大变化。七国集团作为一个封闭的发达国家俱乐部，对管理国际金融事务已经显得越来越力不从心。7国的GDP占整个世界GDP的比重由1999年的67%降到2008年的53%，而二十国集团中新兴国家的比重则由14%升到23%。1999年只有中国GDP超过7国集团成员中的加拿大，排名第七位，而到了2008年巴西和俄罗斯已经超过了加拿大，分别占据第八和第九位。中国已在2010年超过日本，成为世界第二。1999—2008年间，二十国集团中新兴国家的国际贸易占世界贸易的比重从13%上升到21%，而七国集团所占比重却从51%下降到42%。新兴国家的国际储备也在迅速增加，特别在近几年，作为应对未来危机的手段，新兴国家国际储备的增长不断加快。二十国集团中新兴国家的国际储备占全球储备的比重从1991年的14%提高到2006年的43%，到2008年，这一数字达到45%。新兴国家充足的外汇储备正是美国应对金融危机的借款来源。由此可见，经过10年的发展，七国集团的相对实力不断下降，而新兴国家的相对实力不断增强。在七国集团治理模式下，虽然没有爆发大规模的全球性金融危机，但各种各样的地区性金融危机却此起彼伏。七国集团作为全球金融市场“稳定器”的作用不断衰减。七国集团唯一的一次扩大是将俄罗斯吸纳为正式成员国。但俄罗斯常常被排除在核心的七国财长和央行行长会议机制之外，在国际金融、国际贸易相关议程上的话语权远远弱于其他成员国。

从20世纪90年代后期开始，八国集团加强了与其他国家（主要是发展中国家）的对话，发生了从G8到“G8＋N”的变化。2003年八国集团在法国埃维昂峰会期间，举行了第一次南北首脑非正式对话会议。此后，除了2004年美国佐治亚岛峰会之外，八国集团每年举行一次南北首脑对话会议。但在八国集团的框架下，与会的其他国家毕竟是客人身份，难以完全平等、充分地参与重大议题的讨论和决策。总体而言，七国集团在扩大正式成员规模上（特别是放松对国际金融治理的垄断权上）表现得异常保守，这使得其提高自身合法性和有效性的效果有限。更加重要的是，八国集团所进行的保守的改革已经无法满足国际金融治理的需求，国际社会需要一次根本性的制度变革。而美国金融危机的爆发及其对整个国际金融体系的重创为这次根本性的制度变革提供了前所未有的契机。国际金融危机爆发后，传统发达国家意识到，随着"金砖国家"等新兴市场国家在世界经济中的地位越来越重要，要找到解决全球问题的方案就必须让发展中国家更多地参与全球经济决策，"G8"机制要在国际事务中发挥作用，已离不开发展中国家的配合与支持。

2008年11月15日，在美国华盛顿召开的首次二十国集团峰会拉开了国际金融治理机制改革的序幕，国际金融治理体系开始从"G8"向"G20"过渡，有学者认为这是"第二届布雷顿森林会议"。[①] 在华盛顿峰会上，各国达成联手刺激经济和扭转国际经济失衡的共识，承诺通过财政政策和货币政策来抵消全球经济几十年来最剧烈的减速。中国做出了投入4万亿元人民币以刺激经济复苏的决定，而日本提出了27万亿日元的刺激政策。在2009年的伦敦峰会上，各国决定总共拿出5万亿美元的"联合财政扩张计划"，相当于全球经济总量的10%，如果危机恶化各国还会出台补充刺激方案。其中美国出台的刺激经济计划高达8000亿美元。在当年的匹兹堡峰会上，实现世界经济的均衡发展成为讨论的主题之一，各成员国一致认为应使世界经济走

---

① Aldo Caliari, "We Only Need One 'Bretton Woods II'", *Foreign Policy in Focus*, October 28, 2008, http: //www. fpi. f org/fpiftxt/5630.

上平衡发展的轨道。拥有大量贸易赤字的国家如美国承诺以后减少借贷，提高储蓄率，削减财政赤字；而主要出口国如中国、日本和德国承诺刺激各自国内的消费。各成员国同意让国际货币基金组织来评估它们的经济政策，以确保不会产生具有危害性的经济失衡。与20世纪30年代大萧条时期的无政府状态相比，2008年金融危机之后的国际金融治理显然有了明显的进步。国际社会以"G20"为核心制度平台，展开了一系列卓有成效的合作。"G20"成立和后来建章立制的历史意义极其重大：

第一，它庄严地宣告由西方单独掌控世界经济金融格局的"前时代"一去不复返，经济金融领域的话语权、投票权、责任与义务开始驶入发达国家与发展中国家共同经营管理的"双轨道"进程：在面对中国和其他国家挑战的背景下，开始对现有的以西方为核心的体系进行内部渐进式变革。从长期来看，由中国发起和支持同时包括其他新崛起国家（例如印度和巴西）的新体系走上了历史舞台。第二，"G20"已经代替"G8"成为全球经济治理体系和宏观经济协调的核心平台，大大拓展了全球经济治理的合法性和代表性。而如果没有"金砖国家"以及其他新兴市场国家的努力，金融经济危机对西方及全球的冲击恐不堪设想，全球经济治理体系改革也难见成效。第三，"G20"先后举行了6次峰会，出台了一系列应对金融危机和改善国际金融治理的协调措施，取得了实质性的成效，进而确立了国际经济舞台上的双轨制。双轨制的出现及发展反映了全球经济治理的新现实，即如果缺少发展中经济体的参与，任何全球性经济问题的解决都是难以想象的，"后时代"的理念正在逐渐成为现实。

（二）改革不合理的单轨制

双轨制的合理合法来自代表性和有效性。过去在这两个方面，国际货币基金组织、八国集团、世界银行等国际组织和机构都面临着重大的困境。作为一个超国家机构，虽然国际货币基金组织（IMF）的日常工作具有相对独立性，但在重大决策上仍然取决于成员国的投票。它使用的是一种加权表决制度，即成员国的投票权与其份额大小成正比。虽然国际货币基金组织经过了几次改革，新兴国家在其中的投票权略有上升，但它仍然反映了二战后的金融权力格局，无法适应新时代的权力结构变迁。在二十国集团推动IMF进行份额改革前，西方7国拥有46%的投票权，发达国家为60%，然而，除日本外没有任何一个债权国位列其中。俄罗斯的份额比意大利要少，中国不如法国，美国至今仍拥有否决权。伴随着国际货币基金组织自身合法性的衰退，其行动能力也日益萎缩，在国际经济治理中越来越难以发挥建设性的作用。作为布雷顿森林体系遗留下来的机构，IMF本该在2008年的金融危机中发挥金融“稳定器”作用，但事实上，在国际金融体系的核心国家遭遇危机时，它却显得束手无策。世界银行成立的主要目的是消除贫困，但世行在减贫方面的业绩难称典范。随着“金砖国家”、发展中国家的经济总量、人口规模和内部贸易总量的迅速上升，导致全球的经济和政治格局发生巨大变化。1990年，新兴市场国家与发展中国家在全球国内生产总值中的比重仅占31%，到2010年时已上升为48%。自2003年以来，新兴市场国家与发展中国家的年度实际国内生产总值增长率连续领先发达国家4个百分点以上。与前者不断增加的贸易盈余相比，发达国家逐渐增加的却是贸易赤字。这表明全球经济增长的重心和动力在向东方、南方倾斜。然而，IMF在决策权分配却依然体现着发达国家主导的秩序。

危机以来，新兴国家、发展中国家为改变“前时代”不合理、不公正的单边失衡的单轨制，捍卫广大发展中国家的自身利益，增强在国际经济金融体系内的话语权和代表性，利用金融危机暴露出来的“前时代”经济体系的严重缺陷与资本主义的弊端，向“单轨制”发出了有力的冲击和挑战，从而实现了人类历史上首次以“非战争”的和平方式，由旧体系向新体系、由单轨制向双轨制、由“前时代”向“后时代”的过渡：一是将新兴国家参与国际金融治理的地位制度化，新兴国家与发展中国家的地位和权力得到空前提升。在“G20”峰会中，新兴国家以完全平等的身份参与了治理金融危机的政策商讨。2009年匹兹堡峰会正式同意将“G20”峰会作为讨论全球经济议题的主要平台，使之对国际经济的管理进一步制度化，以替代旧的、由西方控制的“G8”，从而打破了发达国家对国际金融治理的垄断性权力。“G20”峰会还达成了取消关于世界银行行长和国际货币基金组织总干事必须是美国人和欧洲人的意向性共识。在2010年11月IMF通过的最新份额改革方案中，中国的份额将从3.72%升至6.39%，投票权也将从目前的3.65%升至6.07%，超越德、法、英，位列美国和日本之后。此次份额改革完成后，国际货币基金组织将向新兴经济体转移超过6%的份额，“金砖四国”（中国、印度、俄罗斯、巴西）将进入IMF份额前10位之列。这是该组织成立65年来最重要的治理改革方案，也是针对新兴市场和发展中国家最大的份额转移方案。同时，欧洲国家将在IMF执行董事会让出两个席位，以提高新兴市场和发展中国家在执行董事会的代表性。这无疑是扩大新兴国家权力的一个重要标志。二是对传统的治理乏力的国际机构进行了改革，加强其行为能力，确保IMF、世界银行和其他多边开发银行拥有充足的资源，帮助在危机中受到严重打击的发展中国家，并提供贸易和基础设置的融资。伦敦峰会公报宣布，向IMF等国际机构提供1.1万亿美元的“补充资金”，以缓解其资金困难。其中，绝大部分资金投给了IMF，以重建其作为国际金融体系首要监管者和“最后贷款人”的职责。“G20”决定向IMF追加总额为5000亿美元的贷款储备金，从而将其贷款储备金规模扩大为原来的3倍。“G20”还决定一次性增发2500亿美元的特别提款权，分配给其所有的185个成员。此外，“G20”峰会达成加强对金融市场进行监管和金融产品信息通报的合作共识。导致美国金融危机以及过去 30 年多次地区性金融危机的一个根本原因，就是金融领域里自由放任原则的泛滥，金融机构过度扩张，金融泡沫的积累。因此，“G20”峰会为医治和防范金融危机所达成的重要共识就是对金融机构加大监管力度，而对这一共识进行监督和执行的就是 IMF 和金融稳定委员会。为此，峰会决定将“金融稳定论坛”更名为“金融稳定委员会”，扩大其成员的代表性，吸纳所有“G20”成员国为其成员。

三、双轨制向纵深发展

危机以来，以“金砖国家”为首的新兴国家、发展中国家的经济发展稳步进行，尤其是“金砖国家”成为拉动世界经济复苏的“火车头”、发展中国家发展的积极援助者，以及债务累累的美欧国家的债权人。新兴国家在世界经济发展格局中确立起来的牢固地位使它们“底气”十足，信心倍增，以更加积极、主动、负责任的态度投入到推动全球共同治理的变革之中。

（一）推动“G20”走向可持续道路

当前国际经济金融体系内一系列的重要变革说明，“前时代”单一的意识形态不再适应世界发展道路多样性的现实。由西方主导的国际经济组织在经济上直接以条件性贷款迫使发展中国家和转型国家执行私有化、金融自由化、放松管制等措施，在政治上为推广西式“民主”和“自由”价值观搭桥铺路的“华盛顿共识”在发展中国家广受质疑。新兴国家的发展模式改变了过去单一的西方发展模式，它们与其他国家和区域组织合作，不为意识形态所支配，走符合国情、自主发展、对外开放的道路，为发展道路的多样化提供了新经验。以美国为首的西方不再是发展模式、社会政策创新思维的唯一选择。

“G20”在应对国际金融危机、促进世界经济复苏中发挥了关键作用，然而随着应对危机紧迫性的减弱，围绕“G20”的建构及前途、作用等方面出现种种分歧，甚至有些发达国家仍然想以“G8”或“G9”代替“G20”，重回“前时代”的单轨制。英国前首相布朗指出，代表着全球80%生产额的“G20”集团在2009年成为唯一能够协调全球经济政策的多边组织。但不幸的是，其成员国很快便抛弃了这个目标并着手寻求自身的解决方案。然而，单独行动可以预见已经无法确保经济复苏。现在是“G20”再次联手的时候了。[①] 尽管矛盾重重，但在新兴国家、发展中国家及一些发达国家的共同努力下，近年来“G20”从议题到建章立制仍然取得了重大进展。第一，积极推动国际货币体系的改革，继续加强对金融机构、金融工具和金融市场的监管，推动建立国际金融新秩序。在诺贝尔经济学奖获得者施蒂格利茨看来，“国际货币体系需要根本改革。它并非全球经济近来失衡和眼下不稳的根源，但肯定一直无力解决这些问题。因此有必要进行广泛改革，首先应立即扩大当前的特别提款权体系——即增加国际货币基金组织可以发行的货币。在这方面，二十国集团必须起到带头作用”。[②] 第二，促进贸易自由化进程，反对各种形式的贸易保护主义。在后金融危机时期，国际上贸易保护主义倾向有所抬头，对此，新兴国家强烈呼吁各国积极推动贸易自由化进程，抵御当前出现的贸易保护主义浪潮。2012年4月“G20”首次经贸部长会议在墨西哥举行，会议最重要的成果是再次强调抵制各种形式的贸易保护主义，共同推动贸易自由化和便利化，承诺避免采取新的贸易限制措施。会议共识将向6月举行的“G20”领导人峰会汇报，使贸易问题成为下次峰会的主要议题之一。第三，促进“G20”机制化建设，加强“G20”峰会的执行力度。“G20”本质上仍然只是一个论坛性质的组织，没有常设机构，没有理事会、秘书处，

① 新加坡《联合早报》，2011年9月7日。

② 约瑟夫·施蒂格利茨：“新全球货币的最佳选项”，英国《金融时报》，2011年4月2日。

议题的设定由发达国家和发展中国家共同参与与制定。新兴国家积极主张将发展议题作为“G20”的首要关切和核心议题，以推动平衡发展和绿色发展。第四，世界经济已经到了只有加快发展中国家的经济发展，发达国家才能实现经济全面复苏并从根本上解决全球经济失衡的阶段。因此，“G20”成为发展中国家与发达国家合作、博弈的平台。“G20”中新兴经济体已经占多数，而且在经济发展领域的诸多问题上有着共同的利益。“G20”成为新兴经济体和发展中国家协调谈判立场、反映共同诉求、维护发展中国家利益重要工具。与此同时，发达国家在全球经济治理中仍处主导地位，因而“G20”也是争取发达国家，加强与发达国家合作、沟通的重要渠道，并防止“G20”成为发达国家重新瓜分世界市场、剥夺发展中国家经济增长成果的工具。

（二）促进责任制下的全球治理

根据IMF通过的份额和治理改革一揽子方案，发达国家的整体份额将降为57.7%，发展中国家的整体投票权则升至42.3%，国际货币基金组织执行董事会成员选拔也将更加透明化。世界银行发展委员会也通过了投票权改革方案，由发达国家向发展中国家转移3.13个百分点，发展中国家的整体投票权由44.06%提升至47.19%，并承诺以更加开放的态度对信息透明。新兴国家、发展中国家话语权和投票权的增加，既表明发达国家承认已不能单靠自己处理全球经济事务，要求新兴国家在全球事务中承担更大的责任，也意味着新兴国家、发展中国家在全球经济体系的改革中任重道远，将承担起设计、勾画制定未来改革的重要责任，以确保全球经济治理体系继续向公平透明的方向发展，为世界经济的复苏和包容性增长奠定基础。近年来随着新兴国家在国际舞台中地位和影响的提高，传统发达国家与新兴国家、发展中国家围绕责、权、利的斗争与摩擦也日趋激烈。就现阶段改革而言，发达国家仍在世界经济体系中占据主导地位，新兴国家要想取得任何实质性权力、迫使发达国家作出的丝毫让步都是在双方的激烈博弈和讨价还价中取得的。“美国及其盟友必须找到一条途径来包容新兴强国日益壮大的军事实力和政治影响力，而且这意味着将扩大它们在现有体制内的发言权——否则将冒新兴强国各自为政的风险，增加冲突。”①尽管新兴国家的权力有所增强，但仍存在着新兴国家承担的责任与其享受的权利之间的不平等，存在着新兴国家在国际经济组织中的影响力与其代表权之间不平等。

从更广泛的意义来看，责任问题在全球综合治理方面更显突出。责任问题由来已久，包括美、欧、俄、日等大国和集团在跻身于世界强国之列时，都对自己和别国提出承担与分担责任问题。美国始终认为其是“世界领袖”，对世界负有不可推卸的责任。欧盟在 2004 年出台的首份战略安全报告中要求欧盟在世界事务中扮演特殊角色，承担更多责任。不仅是大国要承担责任，任何主权国家行为体都相应担负着一定的责任，比如伊朗明确要求国际社会承认其在中东地区的影响。随着国际政治经济力量此消彼长加速，包括中、俄、印、巴等新兴国家迅速崛起，对现有的国际政治经济安全秩序注入了新的活力，同时也带来挑战。新兴人国的崛起必然冲击现有国际格局，激起现有大国的反应，崛起和遏制崛起将是国际社会在相当长历史时期内的主要矛盾之一。因此，既有利益者——西方发达国家与既有利益的挑战者——新兴大国如何共处，如何处理好“责任”问题极其重要。多极世界和多极化是“后时代”发展的长远趋势，而“责任国家”或许是走向多极化进程中的第一步。“责任国家”可以化解现有大国与新兴大国间的矛盾，有效维护世界和平与稳定。为避免重演 19—20 世纪“列强并起必然导致列强争霸”局面，现有大国、新兴大国或地区集团可根据自身综合实力和影响力的不同，在不同地区和国际事务中承担起

① 乌里·达迪什、威廉·肖：“穷人将接手地球”，美国《外交政策》杂志网站，2012 年 6 月 20 日。

份量不同的责任和义务，确立各司其职、各尽其能的“责任国家”，可以积极、有效地化解大国矛盾，处理好国际或地区问题。比如“G20”的建立及运作、欧盟在应对气候变化问题上积极发挥带头作用、“金砖国家”成为拉动世界经济复苏的关键因素、中国在朝核问题的六方会谈中发挥的牵头作用，均是落实“责任国家”的成功经验和范例。地区性国家亦是如此，当印度、巴基斯坦各自拥有核武器实现了战略平衡后，印巴之间无形中形成“核责任制”并实现了和平相处。但责任还需要有国际社会与联合国的控制和监督，以避免出现“责任背离”。美国往往滥用责任，造成不负责任和失信于国际社会。美国在无确凿证据情况下攻打伊拉克，又伙同英法攻打利比亚，对战后遗留下来的乱摊子熟视无睹，不管不问，美国这种不负责任的做法失掉了其在国际社会上的信誉，使其形象受到严重损害。新加坡李光耀公共政策学院院长马凯硕提出：“我们需要不再虚妄地认为美国和欧盟是宇宙的主宰。它们都必须学会分享权力。这意味着要进行一些特定的改革，例如在国际货币基金组织进行投票权改革。我们还需要美欧改变态度，把亚洲作为平等的一方来看待。只有出现了这些变化，多哈回合谈判、气候变化问题协商或金融协作才会有结果。让很多亚洲人真正感到害怕的是，西方领导人依然不愿意告诉他们的民众这样一个明确的事实——世界已经改变。他们的国家现在必须经历他们曾经要求别国经历的改革的痛苦。”[①] 可见，要在全球综合治埋和国际体系结构改革上，实现发达国家与新兴国家、发展中国家真正意义上的相互平等、问责、节制、包容，确立“责任国家”不失为一种有效的选择。

（三）双轨制的扩展：走向共同治理的新范式

随着经济全球化的深入发展，世界各国在经济、政治、社会、文

① 英国《金融时报》，2011年1月25日。

化等方面的相互渗透、相互依赖日益加深，全球公共问题日益增多且重要性日益突出。“就相互依赖的广度和深度而言，就各国之间在经济、文化、环境乃至军事安全问题上的紧密联系程度来说，过去没有哪个时代和社会像当今世界这样，各个部分处于如此牵一发而动全身的地步。”[①] 全球公共问题和非传统安全具有的全球特性决定了这些问题涉及全球所有国家，解决这些问题无法依靠传统的政策手段，又非一个国家或几个国家力所能及或能够取得成效。在新兴国家群体性崛起后，新兴国家、发展中国家不仅积极参与后危机时代全球经济金融体系的重新建构，而且也积极投入到应对气候变化、环境保护、反恐、维护地区和平与稳定、处理突发危机、防止大规模杀伤性武器扩散、能源及运输安全、防止传染病等全球及地区问题的治理上，从而推动传统意义上的综合治理走向更具现实和代表性的共同治理新范式。全球共同治理具有比综合治理更广泛的内涵。首先，它形成了四级“塔型”治理结构和多层治理对象：第一级由所有成员国参加的大会构成塔基，是所有成员国发表立场看法的场所；第二级由部分国家因利益、经济、地缘、历史趋同而组成的专门委员会或“利益集团”，如“G20”和哥本哈根会议时出现的“27国集团”、“基础四国”等；第三级由若干个关键国家组成，在达成最终协议前完成相互妥协与利益等分配。如多哈谈判中出现的美、欧、巴西、印度四国，以及哥本哈根会议上的美、中、印、巴西和南非五国核心；第四级为塔尖，通常由两个对立、下注最大的玩家形成轴心。治理客体或对象则包括了全球层面、区域层面、次区域层面、其他多边与双边层面、国家层面和地方层面各种问题的治理。其次，双轨制的形成有利于组成最具广泛的治理主体，它既包括非政府治理和政府治理，也包括个人、群体、国家、国家间或跨国家等全球社会所有角色，更包括新兴国家、发展中国家与

① 苏长和：《全球公共问题与国际合作：一种制度的分析》，上海人民出版社，2000版，第4页。

传统发达国家。早在第一届“金砖国家”峰会上，“金砖国家”领导人就呼吁推动国际货币体系改革，实现储备货币多元化。2012 年 4 月在印度新德里召开的“金砖国家”峰会的主要成果之一当属 5 国在货币金融领域的合作。印度在会前提出的设立“金砖开发银行”构想，在国际社会引起巨大反响。目前成立“金砖开发银行”的计划正在酝酿之中，一旦成立将填补国际货币基金组织和世界银行等体系在国际公共物品供给上的能力不足和严重缺陷，将为寻求发展的落后国家提供更多更灵活的选择，也将成为国际金融机构民主化改革的重要助推器。“金砖五国”正在推进的贸易结算本币化，也引起了世界广泛关注。再次，强调国家共同治理的核心作用，其中，给予“责任国家”合作共治以足够的关注。这是“后时代”全球共治与以往西方主导下的全球治理的最大区别，也是承认现实、尊重现实的表现。大国仍然是全球社会政治舞台的支点，大国的权威与功能仍无法替代。在国内治理、次区域共治、区域共治和全球共治中，大国扮演了最重要的角色。

全球合作的进步，是与制度的设计与创新紧密联系在一起的，它能引导和激励逐利的行为者寻求个体利益与集体利益的双赢。由于历史的原因，现有的制度存在不公正、不合理以及失灵的现象，必须按照民主化的原则改造那些不合理的制度及其载体　　国际组织。要求那些后进国家改变固有的行事模式和制度，接受和参与国际上广泛接受的制度，与国际接轨，按照其制度的框架来界定自己的利益和规定自己的行动。应该认识到，在“后时代”建构一个在全球多边主义合作基础上的共同治理新范式，将是一个曲折、复杂而又激烈的过程。

第四章 “后时代”的困惑

全球化加速了“前时代”的解体和“后时代”的诞生，但“前时代”不会自动退出历史舞台，能量依然巨大，其产生的巨大惯性猛烈冲击着“后时代”刚刚诞生的新生命，给“后时代”的价值理念、机制建设、组织架构带来重大挑战。其根本原因在于：全球化是个不平衡发展的辩证运动，是由相互对立的趋势构成的，并沿着一个整体性方向前行。这些对立包括普遍化与本土化、中心化与边缘化、单一化与多样化、融合与分化、整合与分离。因此，全球化是个复杂的历史进程，充满着一体化与分散化、合作与冲突之争，既有现实的严酷，也有未来的展望。必须指出，“后时代”发展的大趋势与现实之间存在着巨大的反差，全球化的发展方向深刻影响着建立处理和解决全球问题与冲突、制定和实施规则的全球结构的模式，全球社会关系体系结构，以及全球政治、经济、社会一体化，这种统一不是简单的单质，而是异质或多样性的共存。因此在基辛格看来：“21世纪的国际秩序会出现一个似乎相矛盾的特点：一方面愈来愈分散；另一方面愈来愈全球化……到时至少会有六大强权：美国、欧洲、中国、日本、俄罗斯，可能再加上印度，另有许许多多中小型国家；与此同时，国际关系已首次真正地全球化了。通讯已是瞬间完成；全球经济活动在各大洲同步进行；有许多问题只能以全球式的方案加以解决，如核扩散、环境、人口爆炸及经济依存度高等。”[①] “后时代”主要面临以下四大方面的挑

① ［美国］亨利·基辛格著，顾淑馨等译：《大外交》，海南出版社，2010年版，第16页。

战，可以概括为四句话：两极体系卷土来，传统体制不愿改，冷战思维仍作怪，危机成串接踵来。

第一节 两极体系卷土来

“后时代”需要发达国家与新兴国家、北方国家与南方国家、中国与美国、大国与中小国家、不同宗教、文明和社会的共同发展，而且是相向而行的“轨道式”合作发展，而不是新兴大国 PK 传统发达国家、伊斯兰世界 PK 西方、中国 PK 美国的“两极化”发展模式，形成你死我活的零和关系。“后时代”各种力量之间的关系应是和谐统一，而非冷战时期两极体系下的零和对立。各方在“共同发展”、“合作发展”的基础上寻找“利益汇合点”、“利益共同点”。但在“后时代”的构建过程中，会受到一些试图证明两极体系更稳定、更有效的意识与理念的挑战。

一、“去全球化”试图重返两极体系

“去全球化”、“反全球化”是当今资本主义社会出现的一种普遍现象，以全面否定全球化来肯定、怀念两极治下西方社会的繁荣与稳定。它是主张两极体系的第一种尝试。在国际政治、经济核心地区发生的危机，已超越目前困扰西方的金融、债务危机，指向近 20 多年来全球经济发展方式的根源——全球化。越来越多的官员、专家、学者开始反思全球化，把当前资本主义陷于困境归咎于全球化，在依赖全球化实现连年经济增长、消除贫困、提高生活质量和民众幸福感后，深感对全球化失去了掌制的能力。“去全球化”甚至成为一些西方国家竞选

的主要议题。从表面看，这是各国决策者在面对迅速变化的市场前无能为力的表现，从而动摇了他们的权威，并有可能诱发更广泛的社会动荡。从深层次看，经济全球化、科技革命、地区一体化还会继续发展，但全球化的悖论在于：一方面全球化成为国际体制的唯一定式，以前所未有、暴风骤雨般的气势席卷全球任何一个角落；另一方面又导致传统地缘政治的重现，"民族国家"概念得到再强化。这两股力量可表述为一体化与分散化、全球化与碎片化，主权国家事实上同时面临两股朝相反方向发展的力量竞争。这种对立倾向使世界出现两幅发展蓝图：一是经济和多边主义的一体化，即通过共同发展实现和平的"后时代"国际合作主义，二是传统的，甚至是极端的，即在恐怖主义、干涉主义、内战和核扩散的背景下形成的国家利益、地区利益或大国战略利益的对抗，世界可能重复20世纪30年代大萧条时期的错误，重新回到政治两极化和保护主义的道路。

当前，西方国家重新审视全球化的思潮主要集中在三个领域：一是战略上的。全球化的始作俑者是美国，20世纪90年代，克林顿政府的国家安全事务助理伯杰说："我们看到了全球经济的出现，也看到了一个文明和知识的全球村。"美国当初所宣传的"全球化"，同冷战时期宣传的"自由世界"有异曲同工之妙，都是为美国建立"领导地位"服务的。其含义是美国在领导全球化潮流，顺之者昌，逆之者亡。哪一个国家不向美国和西方开放市场，不在购买美国商品、利用美国资金的同时接纳美国的信息、思想、文化、观念、生活方式，哪一个国家就是保守、落伍，就是站在历史的错误一边。但美国无法左右高速发展的全球化进程。全球化对财富的重新分配有利于成本较低、人口众多以及资源丰富国家，但却不利于传统工业国家。新兴国家经济腾飞后，在社会、文化、价值观和意识领域等"软实力"方面挑战西方，影响并带动了一大批发展中国家。西方传统的民主、自由、人权、市场经济概念受到新兴国家发展模式的猛烈冲击。全球化正表现为“去美国化”、“去西方化”的全球化，全球体系也表现为“去美体系”和“去西方体系”，美国、西方被相对孤立了。过去美国在传统双边对抗中习惯于确立明确的“对手”，如军事上针对苏联和贸易上应对日本，但是在“后时代”，美国难以应对新兴国家的群体性崛起与挑战。“所有这一切表明了发展议程方面的一项明显的转变。这曾经一贯是在发达国家产生的、在发展中国家得到实施——实际上往往是强加于后者的一项议程。美国、欧洲和日本将继续充当经济资源与思想的重要来源。但是，新兴市场国家正在进入这一领域，并将成为重要的参与者。巴西、中国、印度和南非等国在用于发展的资源和有关如何利用这些资源的最佳实践方面，都不仅将成为捐赠国，而且将成为受益者。尽管世界上的很多穷人都生活在其境内，但这些国家就经济、政治和知识而言，已经在全球舞台上获得了新的尊重。事实上，发展从来就不是富人恩赐给穷人的某种东西，而是穷人自己实现的东西。西方大国看来最终正在觉醒，已经认识到这一真理，因为这场金融危机对它们来说还根本没有结束。”[①] 二是经济领域。全球化是工业化的产物，追求的是资源和市场。冷战结束后，发展中国家的廉价劳动力和知识技能成为新一轮资源竞争的主要内容。于是，制造业和服务业随着资金从发达国家向发展中国家转移，以获取最大利润。结果发展中国家得以快速发挥自己的人力资源优势，获得迅速发展。而发达国家则普遍面临资金外流、产业空洞化的危险。随着过量的信贷投资与超前消费，发达国家债台高筑，难以为继。制造业的外流，也引起同制造业紧密相关的研发产业的外流。随着发展中国家在高科技实体经济、研发技术方面的迅速发展，这些产业的研发体系也跟着产业向发展中国家流动。发达国家的产业只剩下金融、营销、信贷等产业。没有实体产业经济做支撑，一旦遭遇经济危机，仅靠金融

① Nancy Birdsall and Francis Fukuyama, “The Post-Washington Consensus Development After the Crisis”, *Foreign Affairs*, March/April 2011.

信贷方面的优势将无法抵抗。美国和欧元区的经济几乎同时发生市场信心崩溃，背后的真正原因在于经济战略和政府领导力的失误。“欧洲和美国的政府没能处理好全球资本市场的现实和来自亚洲的竞争，理应承担最主要责任。大西洋两岸的领导人应该有所作为，通过制定成功的政策，向公众指出一条如何应对全球化挑战和当前经济困境的出路。指出欧美经济当前问题的核心是因为深受‘全球化的危害’，全球化不仅对缺乏技能的就业者造成沉重打击，而且实际上已成为全球超级富豪的巨大财源。除非出现大胆和齐心协力的领导人，否则全球经济的湍流将继续卷走就业岗位和资本。”① 三是社会领域。危机发生以来，西方国家内部的各种反全球化的社会思潮和运动风起云涌，罢工、示威、占领运动甚至采取极端手段的枪击、绑架层出不穷，种族排外、民粹主义、极右势力、极端保守势力、反穆斯林势力和影响迅速上升。极右政治势力、持保守思想的政客精英和部分工会组织成为“去全球化”的主力军，确保社会稳定和提高就业率事关西方国家政权的统治基础是否牢固，因而必然成为西方国家政府工作的重中之重。对政治家来说，全球化遇到了大麻烦，涉及的问题不一而足：既有全球化在世界经济危机中的作用，也有它在环境恶化和收入差距日益扩大方面的所谓影响。许多发达国家的政府在使本国摆脱经济困境方面正面临着巨大挑战。这些挑战引发了围绕危机前那几年的辩论，包括全球化及其对穷人的影响。穷人们发现，自己的就业岗位流失到新兴世界，而同时富人变得更加富有。总部设在美国、欧洲和日本的跨国企业正在国内对抗衰退或接近衰退的局面，它们将难以与新兴市场的竞争对手展开竞争，因为这些竞争对手的总部位于预期增长要快得多的经济体。②

① 杰弗里·萨克斯：“全球化的大败笔”，英国《金融时报》，2011年8月22日。

② 斯蒂芬·韦格斯蒂尔：“全球化是把双刃剑”，英国《金融时报》，2011年9月13日。

二、设计中美"G2"说

如果说第一种尝试对全球化否定后试图以"去全球化"重返两极体系，那么第二种尝试则是设计中美"G2说"，其目的在于对未来建构一个新两极治下的世界。

美国是最大的发达国家，中国是最大的发展中国家、最大的新兴市场，中美经贸合作给双方都带来了巨大利益。中美经济发展阶段的差异性和经贸合作的互利性，是促进中美经贸关系不断稳定发展的基础。在经济全球化进程中，中国和美国已经形成利益交融局面。发展互利共赢的中美经贸关系，符合两国和两国人民的根本利益，并将继续成为双边关系发展的重要基石和推动力。据中国商务部统计，截至2010年底，美对华投资项目累计5.9万多个，实际投入652.23亿美元，中国已逐渐成为众多美资企业的利润中心。据中美商会2011年发布的调查报告，2009年71%的美国在华企业实现盈利，46%的受访企业在中国市场的利润率高于其全球利润率。中国是美国第二大贸易伙伴，也是美国出口增速最快的市场。据中国海关总署发布的数据，2010年中美两国贸易额为3853.4亿美元，同比增长近三成，其中中国从美国进口1020.4亿美元，同比增长31.7%。美国对华出口也在高速增长：据美国商务部统计，2001—2008年，美国对华货物出口由192亿美元扩大到715亿美元，增长272%，而同期美国对其他国家和地区出口仅增长72%；在服务贸易方面，美国近年来一直对华保持顺差。2009年美方顺差达74.3亿美元，是2001年的近4倍。10年来，美国制造业和农产品对华出口增长330%，远高于美国对世界其他地区29%的出口增速。中国对美国出口的商品大部分是物美价廉的日用消费品。这符合美国市场需求，有利于缓解美国的通货膨胀压力，是对美国产业结构调整和经济发展的必要补充。2008年9月，中国首次超过日本成为美国国债海外最大的持有国。特别是金融危机爆发后，中国政府迅速大量增持美国国债，帮助美国应对金融危机和经济危机。中国不仅没有抛售美国国债，反而增持，到2010年10月增持到9068亿美元，不到三年中国净增持美国国债3881亿美元。这对美国保持金融市场稳定、增强流动性、缓解信贷紧缩、促进贸易融资都起到了重要作用，有利于美国宏观调控目标的实现。汇丰银行在其《50年的世界》报告中指出，中国经济规模将为24.6万亿美元，美国为22.3万亿美元——这两个国家将在全球经济中占据优势地位，形成双极共治的局面。印度则将以8.2万亿美元位居第三，一些欧洲国家则远远落后。[①] 经济危机以来美中关系形成的悖论是，一方面美中都在努力改变持续20年之久的“你生产、我消费”的过度依赖方式，但另一方面，美中“共治”格局已远远超过经济金融领域，一度在国际上引发对中美“共治”形成新两极“G2说”的激烈争议。

从20世纪90年代“冷战”结束到21世纪头10年，世界上最大的两个国家中国和美国经历着不同的发展道路。美国成为一架庞大的战争机器不停息地发动传统和非传统战争，中国则利用难得的战略机遇期实行“和平崛起”，追求影响力“和平辐射”，导致国际关系发生了最深刻的变革，即中国的强势崛起和美国一超地位的严重削弱。美国学者认为：“中国重获超级大国地位和美国的迅速衰落，正在世界各地激起多种不同情绪。对此，拉美、非洲和大中东地区大都持欢迎态度；欧洲正不知所措地焦虑观望；而美国则陷入非同寻常的两难境地。20年中美之间的实力均衡转变之快。苏联在1991年解体后，美国成为全球舞台上唯一的巨人。当时美国的经济是中国的6倍。2010年，中国大陆的经济已相当于美国的70%。2016年，中国将超越美国成为世界最大经济体。中美两国政策和行为趋势的鲜明对比具有非常重要的意

① 英国《每日电讯报》，2011年1月5日。

义。中国人忙于储蓄、投资和建设，美国人则在借钱、浪费和瓦解。中国培养和重用知识精英及杰出人才，华盛顿和串通一气的媒体则系统性地煽动种族仇恨并得意洋洋地为平庸之辈贴金。就在中国人自豪地肯定和传播其儒家及道家传承时，华盛顿正妖魔化和抹黑其丰富的欧洲遗产。中国正通过内敛的方式顽强而耐心地构建其实力，而华盛顿正在遍布全球的无用战争和帝国主义的傲慢中流血和枯竭。惨痛的崩溃点并不遥远。美国亟须内省以拯救其社会、经济和文化。”[①]

美国超级大国相对衰落和中国走向世界强国的趋势使得两国具备了更广泛的合作空间及可能性，“中美 G2 将统治世界，两国关系渗入了领导和合作的竞争，两国关系将打上政治上不可能的和解和经济上不可能的战争标签”。[②] 2007 年美国哈佛大学著名经济史学教授尼尔·弗格森和柏林自由大学莫里茨·舒拉里克教授共同创造出了一个新概念：“Chimerica”（中美国）。在弗格森的定义中，这个概念主要是指最大消费国（美国）和最大储蓄国（中国）构成的利益共同体，以及这个利益共同体对全世界经济的影响。占全世界 13％大陆面积、1/4 人口、1/3 国内生产总值（GDP）的中国—美国两国之间的合作是过去 10 年世界经济发展的发动机。美国需要中国的帮助来维持美国宽松的货币政策和财政刺激政策，现在中美已走入“共生时代”，双方合作的方式是美国负责消费、中国负责生产。弗格森为这种人类史上前所未有的合作关系创造了这个概念，以强调中美经济关系的紧密性。2009 年 1 月 12 日，在北京纪念中美建交 30 周年活动的会议上，美国战略家布热津斯基指出，美中之间建设性的相互依存是全球政治和经济稳定的重要根源，现在需要全力推进一种非正式的“两国集团”。[③] 他还表

① 安尤拉格·马赫斯瓦里：“中国和美国：腾飞的龙，流血的鹰”，［美国］《美国思想者网站》，2011 年 5 月 22 日。

② Le Figaro，le 26 avril 2010，Nicolas Baverez：*l ‘Europe est mal partie dans le siècle.*

③ http：//news. xinhuanet. com/world/2009—02/27/content _ 10907169. htm.

示，“能够改变世界的就是G2”。“G2说”的出现有着深刻的背景，2008年金融危机刚刚爆发，美国急需中国等新兴国家的协作支持，一些官员、学者也切身感受到从危机中诞生的“G2”充分展现出中国实力，中美经济贸易上已形成共存共亡的依赖关系，于是中美“共治说”出笼。然而不久，关于气候变化的哥本哈根会议“秀”出中国及新兴大国的“肌肉”，出现中美针锋相对的局面，国际上又流传起中美“分治说”。随后，国际上各种版本的“G2说”纷纷出炉，对其解释存在着积极和消极意义上的两种，积极意义上有中美“共治说”以及“分责说”，消极则有“分治说”。在一些学者看来，鉴于中国的实力及和平发展的战略意图，未来中美不可能形成全面合作或全面对抗的格局，有可能在某些领域形成中美“共治”局面，也有可能在民主、人权、台湾、西藏、安全等问题上冲突迭起，在发展模式、气候变化、援助等领域形成以中国为首的新兴大国、发展中国家为一方，以美国、西方发达国家为另一方的“分治”局面。在中国政府看来，中国的综合国力、国际影响力仍有待提高，不具备主导国际体系未来发展的能力。更重要的是，中美“G2说”无论从积极意义上还是消极面看，都使世界重返“两极格局”，这与中国所倡导的国际关系民主化、多极化战略格格不入、背道而驰。美国官方及许多学者也不认可“G2说”。美国国务卿希拉里在2011年1月发表的《宏观展望21世纪美中关系》演讲中指出，美中关系与世界上任何其他双边关系同样重要，但是不存在所谓的“两国集团”（G2）。我们两国都拒绝这样的概念。还有其他关键的参加者、盟友和新兴国家，它们将与我们一起共同努力来处理区域性和全球性事务。① 美国对外关系委员会研究员伊丽莎白·伊科纳米和亚当·西格尔也认为，所谓的“G2”即“中美共治”的说法与倡议

① http：//www.chinareviewnews.com/crn-webapp/doc/docDetailCNML.jsp? docid=101571673，2011年1月14日美国国务卿希拉里在国务院理查德·霍尔布鲁克演讲会上的讲话，题为“宏观展望21世纪美中关系”。

是不成熟的。如果不解决美中两国在价值观和执法能力方面非常实质性的分歧，要想进一步提升双边关系是没有出路的。现在应该承认，虽然与中国进行合作听起来很简单，但实则不然。如果美国想在未来30年提升与中国的关系，它需要世界其他国家的参与，而不仅仅是中国。“G2说”也引起其他国家的不安与批评，法国战略研究基金会特别顾问、前伦敦战略研究所所长弗朗索瓦·海斯堡就不安地表示：“危机已经对中美关系产生了影响。美国在政治、外交上采取谨慎小心的态度，以避免影响中国对其债务上的财政支持。中国在美元地位上的支持与否将更会导致双方关系的密切程度，因为美国视美元为战略利益，美国不受牵制、毫无顾及地印发钞票才能维持住美国这个战争机器。中美密切合作将会导致美国部分放弃其在东亚问题（台湾、美日同盟、朝鲜统一等）上的关切，也会换来中国对美国全球利益的尊重，形成一种亚太版的雅尔塔体系。历史告诉我们，雅尔塔体系也会带来对立、冲突。而中美关系如果缺乏密切合作和互信，则更会对地区和世界带来风险。”①

第二节 传统体制不愿改

我们虽迎来了“后时代”，但“前时代”并没有告别历史舞台，20世纪建立起来的老机制仍在发挥作用，尽管它已经力不从心。从联合国到“G8”，从IMF、世界银行到北约，它们或多或少地也在顺应时变，与时俱进，进行一些或深或浅的改革，但这些机构不愿轻易退出，不愿进行脱胎换骨式地转型，更不会自生自灭。国际格局仍然处于

① Francois Heisbourg, *Vainqueurs et vaincus*, *Lendemains de crise*, Stock, 2010, Paris, pp. 66—67.

"前时代"行将终结与"后时代"即将来临的转型阶段。

一、"前时代"不甘退出历史舞台

目前的国际关系体系主要是以主权国家为构成单位，主权构成了威斯特伐利亚国家体系和近现代国际法的基石。"后时代"主权国家已经过时的提法并不切合实际。但是，全球化和全球治理对主权国家及其国际体系带来的影响却非常深刻，而主权国家及其国际体系也不断做出各方面的调整适应。从理论上讲，威斯特伐利亚体系所规定的国际体系具有三层鲜明的特征，即：国家世俗性、主权的国内至高无上和国际独立性、国际关系实力有效性。以当前全球化、国际关系民主化来衡量这三层特征时，会发现它们已经不能适应新形势的要求。全球公共问题、国际组织的影响、全球公民社会的迅速壮大对威斯特伐利亚体系形成挑战。全球公共问题要求国际协作、国际组织内部的民主缺乏以及全球公民社会对世界各国发出的呼吁（如环境保护、气候变化、反战、人权、反全球化等领域），"都使得国内民主政治显得相当脆弱，它就像一双过时的小鞋，已经不适合一个成人的脚板。因此需要超越主权的国内至高无上性，许多国际事务的解决要求国家让渡自己的权力与利益，这种让渡标志着威斯特伐利亚体系所珍视的主权原则中的国内至高性已有些不合时宜。"[①] 国际民主建构还需要消除"强权"，这就需要超越国际关系"实力有效性"，才能在平等的国家地位上，展开和平与协商式的对外行动，以国际合作代替国际冲突。如本书第一章所述，"后时代"的四个基本特征是以多为主、共同经营、富裕普世和民主治理，这四个基本特征与威斯特伐利亚体系的三大特征形成了继承和扬弃的关系。因此"后时代"需要对威斯特伐利亚体

① 陈玉刚、袁建华主编：《超越威斯特伐利亚？——21 世纪国际关系的解读》，时事出版社，2004 年版，第 98 页。

系进行超越而不是放弃，原因在于其所规定的国际体系与国家层次的重要特性依然意义重大：首先，国家世俗化确保了政治生活免于宗教力量的干预和影响，确保了社会的世俗化，公众从宗教情结中回归于国家与市场所主导的社会；其次，尽管国家民主受到了全球民主的挑战，但国家主权依然是重要的民主前提，没有主权的国际民主和国内民主是无法想象的。发达国家利用它们在国际上的整体优势，通过控制的联合国安理会、八国集团、北约、世界贸易组织等国际机构，在“人权高于主权”的名义下进行国际干预，越来越强调超越国家主权，弱化主权，强化人权。而发展中国家则针锋相对主张加强国家主权，反对西方国家以各种借口干涉它国内政。

从实践来看，“后时代”的基本特征面临“前时代”一些顽固因素的深刻困扰。

（一）“后时代”以多为主的特性更加丰富多彩，但同时世界进入不确定的多极时代

全球化加剧了世界权力、财富、资源和能源的重新分配与转移，造成人类在不同利益、不同文明、不同模式上的冲突与对抗呈激烈上升之势。与20世纪90年代俄罗斯、法国等国构想的多极世界可以制衡“美国帝国”进而实现世界安全与稳定的愿望相反，多极世界面临着争端、极端民族主义、能源争夺和美国、西方联手加强进攻战略等因素的严重干扰，冲击着多极世界理念和多边主义。新兴国家的崛起对世界地缘政治既是革命性的也是不稳定性的。面对新兴国家的挑战，西方国家不是从自身的社会经济政策上找原因、下猛药，而是一味对前者进行批评指责。新兴国家的崛起和西方与伊斯兰世界的矛盾，对世界地缘政治产生战略性变革。美国、西方在西亚、北非、中东、南亚、拉美等地区，对俄罗斯、中国、拉美等国家和地区越强压、推广西方“民主”，越是激起反弹，发展模式和意识形态之争日趋激烈，西方与新兴国家的影响力和主导权之争也日益加剧。未来多极世界有可能形成中、俄、印等“强势极”，美、欧等“弱势极”和伊朗、南非、巴西等“地区极”。伊斯兰极端势力制造恐怖活动以发泄对“美式全球化”的不满，全球化对伊斯兰教和文化带来冲击，不仅在阿拉伯穆斯林世界产生恐怖和原教旨主义的极端势力，也在普通民众中唤起对伊斯兰教及文化的认同和归属，十多年来文明冲突愈演愈烈。在西方推波助澜下掀起的“阿拉伯之春”促使伊斯兰势力崛起，击碎了西方的如意算盘，大地中海地区成为最不稳定的动荡源，身处地中海北岸的欧洲只能落得自吞苦果、寝食难安。“相对冷战时期的国际两极系统而言，后冷战的复杂系统呈现的是无组织的状态，但也并不是一个完全失序的状态。而是处于体系变化，即现代世界体系的剧烈重组过程之中，它实质上改变了这一体系组成部分的性质，改变了组成这些部分相互关联的方式，改变了这一体系运转和自我再生产的方式。”[①] 依照罗西瑙的观点，目前两枝分形（bifurcation）的世界政治的混沌之中浮现的新秩序，已经逐渐显现在已经崩溃的旧秩序中，混沌之中仍然有一种秩序的存在（order out of dissorder)。可是，由于人们过于拘泥于现有的理论，诸如现实主义和自由主义，因而总是趋于低估当前世界景象的混乱状态。[②] 20 世纪后半叶欧盟一体化建设之所以能取得成功，其主要原因是依靠两根支柱：一是建立在多边主义下的民族团结与融合；二是以美欧为主导的相对稳定的国际环境。因此欧盟历来主张多极化和多边主义。然而近年来欧盟深受自身实力地位下降及各种危机的冲击，自身安全环境受到挤压，在多极化认知方面发生了较大的变化。欧盟从多极化的积极倡导者转向认为多极世界群龙无首，更

---

① 秦亚青主编：《理性与国际合作：自由主义国际关系理论研究》，世界知识出版社，2008 年版，第 253 页。

② James N. Rosenau, “Global Governance as Disaggregated Complexity,” in Alice D. Ba and Matthew J. Hoffmann eds., *Contending Prespectives on Global Governance* (London: Routledge, 2005).

易陷入无序和混乱，远不如在美苏两极或美国一超世界治理下的安全、稳定。欧盟及一些成员国对多边主义谈判失去耐心，急于转嫁危机和出头的想法冒头，在国际事务中表现出强硬姿态，不充分照顾各方利益关切、不遵守多边原则的案例时有发生。例如欧盟在哥本哈根气候变化会议上示强，法英等国对西亚、北非的强力干预，挑动欧盟军事打击利比亚，强化对伊朗、叙利亚的制裁，单方面宣布对航空公司征收碳排放税等。“这个问题的实质是，西方思想是在西方长期掌握主导权的情况下培育而成，绝非像人们期望的那样浸润着世界理念，事实上它是高度狭隘的，自认为具有普世精神，换句话说，就是自认为具有正确的判断和永恒的适应性。”① 因此，在法国前外长韦德里纳看来，西方单一操纵历史的时代已经终结，多极世界有可能不以西方的意志而发展，新兴国家可以不跨越美欧而加强它们之间的联系。如果西方国家还要长期维持和善于利用影响力的话，就必须学会适应现实，在联合国等多边体系内与新兴国家进行谈判。② 由此可见，“后时代”处于单极化还是多极化、民族主义还是多边主义、对话还是文明冲突的深刻矛盾之中。

（二）就共同经营来说，“后时代”要超越威斯特伐利亚体系的原因在于，威斯特伐利亚体系内的进程不是民主的

国家参与国际政治的能力和质量受到其自身实力和地位的制约，在大多数国际组织的政治过程中，国家之间在决策中的权力、影响力显然不平等，决策过程的“霸权”色彩明显。“前时代”许多国际组织不是用民主的方式做出决策，如采用加权投票制的 IMF、世界银行等。国际关系民主化显然受到了国际体系结构性的限制。二战以来，国际

① ［英国］马丁·雅克著，张莉等译：《当中国统治世界》，中信出版社，2010 年版，第 331 页。

② Hubert Vedrine, *Continuer l' Histoire*, . fayard, 2007, Paris, p. 52.

货币体系虽经历了几次重大变革，但没有从根本上动摇美元的世界货币地位。发达国家认为，规避金融风险目标固然重要，但如果改革损害了它们的主导地位，那将是不可接受的。发达国家不愿让出它们盘踞多年的、如今已与其实力、地位不相称的席位和权力，在它们看来，全球金融体系的改革只能在不损害其核心利益的前提下进行。尽管经过2008年的基金份额与投票权改革，新兴市场国家与发展中国家的投票权有了进一步提升，但这些变化依然无法撼动美国和欧洲各自在重大决策问题上的否决权，发达国家依然掌握着超过半数的投票权。新兴国家份额的增加基本上靠的是欧洲小国减少的有限份额，而且美国在IMF中拥有的“否决权份额”未发生任何改变。同样，“巴塞尔协议Ⅲ”在提高全球银行业最低资本监管标准的同时，对“大而不能倒”的问题也没有触及。

危机以来围绕全球金融体系的改革，由于目标的多元性决定了发达国家与发展中国家的立场差异，使得“共同经营”多半都停留在愿望和口头上。对新兴国家、发展中国家而言，在全球金融一体化背景下，任何国家都不可能从国际金融危机中独善其身，如果不能在权责分配中充分体现多元化要求，IMF在国际沟通和协调中的平台作用就很难发挥出来。因而需要从根本上改革现行全球金融体系。因此，在“后时代”经济领域内的共同发展并非易事，发展中国家既需要致力于推动全球金融体系的全面改革，又需要提升自身金融业的国际竞争力，“以实力换妥协”，以获得与经济实力相匹配的国际分工利益。

（三）在富裕普世问题上，大千世界变富了，然而社会不公却加剧了

在“富裕普世”的同时，各种危机矛盾也日益普遍化。无论是在发达国家还是新兴发展中国家内部，社会不公、两极分化的现象都在加速发展。经济合作与发展组织在2011年发表的报告中指出，在接受调查的22个成员国当中，收入差距自20世纪80年代中期以来扩大了10%，其中有17个成员国的情况出现了恶化。[①] 哈佛大学教授、前IMF首席经济学家肯尼斯·罗戈夫指出："许多国家在收入、财富和机会方面的不平等都要显著高于20世纪。遍览欧洲、亚洲和美洲，对效率的不懈追求使得公司不断产生着巨额利润，手握大把现金。但由于失业高企、工时缩短和工资增长停滞，工人所分得的蛋糕却在不断缩水。"[②] 全球化使美国受益巨大，每年因全球贸易增加财富1万亿美元，占美国经济总量的10%，相当于每个家庭增收1万美元。同时，美国每年却有50万人因此或失业或被迫接受低工资，经济损失每年达500亿美元。在诺贝尔经济学奖获得者约瑟夫·施蒂格利茨看来，美国的民主就伴随着日益增长的不平等，不平等到什么程度？将近1/4的国民收入进了最高端的1%人口的腰包。而财富分配的不平等就更严重了。事实上，大多数美国人今天的境况还比不上10年前。[③] 英国学者约翰·格雷则指出，美国不再是一个中产阶层国家，社会已经出现分裂，其中焦虑的大多数人介于绝望的底层阶级和拒绝承担任何公民义务的上层阶级之间。现在的美国出现了两种经济体制：一个是自由市场的政治经济体制；另一个是中产阶层文明的道德经济体制；这两者之间的分歧很可能是永远无法弥合的。[④] 在德国，据德国经济研究所统计，从2000—2007年，德国在收入中间值70%—150%范围内的中产阶级的比例从62%降至54%；日本从20世纪80年代中期到2007年，"在家庭可支配收入中间70%—150%范围内的中产阶级的比例已从51.9%跌至45.6%。随着中产阶级减少，低收入人群体（70%以下）

---

① 迈克尔·舒曼："如何拯救资本主义"，美国《时代》周刊网站，2012年1月19日。

② 肯尼斯·罗戈夫："不平等未知数"，世界报业辛迪加网站，2012年2月4日。

③ 施蒂格利茨："突尼斯催化剂"，约旦《约旦时报》，2012年2月6日。

④ ［英国］约翰·格雷著，刘继业译：《伪黎明》，中信出版社，2011年版，第122页。

和高收入人群体（150%以上）的比例相应增加，分别从27.3%和20.8%上升到了29.6%和25.4%，整体差距持续扩大。[①]

二、全球治理的艰难转型

全球共治是由不同结构层次构成的，它是一种从地方到全球的诸多层次、多角色、正式与非正式的、渐进的、合作的公共权威体系。从治理角色来看，有国家治理与国家共治与非国家治理，或者两者的共同治理，这是国家与全球民间等社会的平等合作。随着全球范围内公共治理的扩展，任何单个治理主体、单个治理机制都无法应对全球风险，唯有进行共同治理。共同治理由多种治理主体构成，尤其是作为核心主体的国家的合作性共同治理最为重要。从治理范围来看，是多维度的，纵向有全球层次治理与区域、次区域及国内治理；横向则具有多样性，人类活动的所有领域都需要治理。各个层次是由不同的国际行为者建构的，它们包括国家、政府间国际组织、非政府组织、跨国行为者、次国家行为者等。换言之，全球共治最重要的一点是，强调行为者的多元化、合作性、行动性与治理的多层次性。从形式看，全球共治主要是由国家间关系构成的，特别是在全球社会的政治、军事、经济等领域，诸如和平、安全、裁军、防扩散、国际恐怖主义和经济等问题，这些问题往往涉及国家，尤其是大国、强国的政治意愿及其相互作用，涉及它们政治、军事、经济等各项权力的转移。如在经济领域，经济大国以及IMF、世界银行、世行等随着全球化迅速增加的政府间组织，都通过制度化的国际合作机构解决世界经济问题。未来国际治理的结构将由联合国安理会稳定安全固定量的“P（permanent）机制”加上可变量共同治理的“Group＋X”机制，形成“固定

① 白波濑佐和子：“正在没落的中产阶级”，日本《经济学人》周刊，2012年1月31日。

量的P5＋可变量的GX"机制。同时，需要明确提出共同治理的标准：在观念上，超越冷战思维，具有开拓意识，以及共同治理的理念、觉悟和认同，形成互信、互利、平等协商，尊重文明多样性，谋求共同发展与繁荣；在利益上，保障全球军事安全、经济安全、环境安全、社会安全等综合安全，促进全球政治、经济和社会稳定与发展；在制度上，不断发展和完善机制，形成多层次、多领域、高效率的会晤、协商机制和多边合作机制及载体，在不弱化国家主权的情况下，各国在一个制度化的框架内，就共同关心的问题进行磋商、决策、执行和监督，从而使一国无能为力的问题，以较低的成本得到妥善的管理和解决。

（一）每一次"共同治理"都是力量博弈和激烈讨价还价的结果

从共同治理上看，共同治理的出现源于国际力量对比的变化，而其难点也源自于国际力量对比的变化。国际上任何新范式的建立往往伴随着剧烈的阵痛。虽然金融危机重创了资本主义发展模式和价值体系，使得资本主义发展理念进行调整，但西方国家并不认为资本主义在走向没落，仍然要维护西方在"前时代"获得的既得利益和捍卫其统治地位。这就给共同治理增添了困难和复杂因素：一是在重大问题上的"一致原则"使得关于全球治理的谈判进程越来越长：从西雅图开始的多哈回合谈判已持续了十多年，始于2005年的"后京都议定书"气候变化谈判也进行了7年，有专家预测可能要到2020年才会就此问题达成协议。全球治理问题上的久拖不决有可能促使一些国家放弃多边阵地，转向采取各自为阵的"自主治理"或是"地区治理"，甚至纵容企业、公民社会、非政府组织以极端、非协作的方式采取行动，对在共同利益下的全球治理产生消极影响；二是发达国家与新兴国家的对立。过去在全球治理问题上主要体现出在发达国家内部美欧、美日间的对立，如今发展成为发达国家与新兴国家、发展中国家的矛盾逐渐形成主流。过去由发达国家控制的世贸组织、IMF、世界银行等国际组织与国际谈判，如今都面临新兴国家要求权利、义务平衡的问题。世贸组织谈判未能取得进展的主要原因，在于在农产品上美国与中、印的对立以及在工业品上美、中的分歧。哥本哈根会议及后续谈判未能达成约束性协定，也是因为发达国家与新兴国家、发展中国家在“共同但有区别责任”原则上的意见不一致。过去美国在一些问题上能够得到发展中国家的支持，如今发展中国家不再追随美国；三是西方体制上的劣势。美国、西方受各种民主选举所困，急于在全球治理方案中取得立竿见影、急功近利的功绩。欧盟处境更为尴尬，既期望以“快”掩盖其内部成员国办事拖、慢的弱点，又受债务危机等内部问题困扰，更有被美国及新兴国家“边缘化”的危险。而包括中国在内的一些新兴国家体制却能制定出长远发展的战略目标，在多边谈判上拥有时间优势，它们每稳定发展一年就在与西方的赛跑中赢得一大步。但是，如前所述，美国、西方不会轻易放弃在“前时代”获取的既得利益，因此每一次“共同治理”都将是各方激烈较量、斗争的结果。在西方学者看来，“21世纪表现出根本紧张状态，一方面诞生了世界资本主义，另一方面形成了多种价值体系、不同性质规则和机构的多极轮廓。20世纪后半叶随着苏联的解体，民主与专制的对立不复存在，但资本主义的全球化并没有带来民主的全球化。政治自由的中心仍在西方，可西方不再是经济自由的中心，西方失去了垄断地位。民主面临双重挑战：穆斯林原教旨主义和恐怖主义对现代化的极端争执，以及通过北京共识对现代化治理上的竞争”。[①] 美国未来学专家约翰·奈斯比特认为，不同文化对于“真理”有两种观点。“普适论”(universalistic) 文化相信有些“真理”或者价值观是不言而喻的，是人类基本生存条件的一部分。西方国家信仰的就是这种文化。另外一

① Le Figaro, le 26 avril 2010, Nicolas Barverez: *l Europe est mal partie dans le siècle.*

种叫做“特定论”（particularistic）的文化则认为适应我的对我而言就是对的，适合你的对你而言就是对的。也就是说，每个特定社会都应该根据自己的需要决定什么是最适合自己的。大部分信仰个体主义的国家往往都是“普适论”的拥趸，大部分信仰集体主义的国家则往往倾向于“特定论”。因此，作为世界上个人自由旗帜的美国和人道主义旗帜的欧洲，都感到自己有责任训诫那些不符合自己所认为的每个人都应该遵循普适价值的国家和社会。但是，在推崇集体主义的社会里，人们首先忠于集体，然后再考虑个人。如果你来自这种社会，那么就会自然而然地认为自己的方式是自己的事情，别人不应该干涉。[①]

（二）传统机制以转变求生存

由于受到“前时代”国际政治结构的制约，目前的全球共治还不是真正意义上的共同治理，而是一种被扭曲的全球治理——国家间秩序的霸权，造成了当今共同治理的“合法性危机”，表现在管理、合理性、协调、服从和民主等方面存在严重不足。例如安东尼奥·凯瑟斯就指出：现有的国际法律秩序不能很好防止和解决 6 种形式的“直接暴力”，即：武装暴力、核威胁、经济压制、“强压性外交”、补助金和恐怖主义，认为联合国的集体安全制度在这方面是失败的，而在如今强调从“消极和平”向“积极和平”转变趋势面前，现有的国际法律秩序也是无能为力的。[②] 危机以来，西方试图通过对资本主义经营理念的嬗变以及对核心组织“G8”的转型改造，重塑资本主义，以适应时代发展。

① ［美国］约翰·奈斯比特、［德］多丽丝·奈斯比特著，魏平译：《中国大趋势：新社会的八大支柱》，吉林出版集团、中华工商联合出版社，2010 年版，第 28 页。

② Antonio Cassese, “Violence, War and the Rule of Law in the International Community,” in David Held, ed., *Political Theory Today* (Cambridge: Polity Press, 1991), pp. 255—275.

首先，在资本主义经营理念上，资本主义正在积极寻找新的、第四代资本主义的理论依托。众所周知，第一代资本主义即古典资本主义，它在第一次世界大战、特别是在20世纪30年代大萧条中受到沉重打击而寿终正寝，凯恩斯主义取而代之，成为第二代资本主义。20世纪70年代初西方经济危机暴露出凯恩斯主义的弊端后，出现了撒切尔—里根式的新自由主义，进入了第三代资本主义。在实施新自由主义资本主义的30多年里，金融业高速发展，资本主义空前繁荣，但同时新自由主义政策导致社会贫富差距扩大，社会不稳定性增加。金融危机的爆发则彻底粉碎了新自由主义理论，曾被奉为圭臬的信条，如"市场看不见的手能够自行调节供需"、"政府干预越少越好"等被抛弃，西方陷入理论上的混乱和危机。与此同时，西方进入第三代资本主义的时间正与中国实施改革开放同期，西方在走向金融业现代化、经济结构越来越"虚化"之时，中国则走上了实现工业、农业、国防和科技的"四个现代化"建设道路。中、印等新兴经济体的崛起，缩小了与西方的实力差距。西方精英一方面承认实行"社会主义"的中国、实行"国家资本主义"的俄、印等模式中有借鉴的成分，可用来完善西方资本主义模式，另一方面积极寻找第四代资本主义的理论基础，以摆脱危机，维护西方的优势国际地位。目前西方尝试的第四代资本主义的理论主要内容可归纳为：一是摒弃市场原教旨主义，借鉴新兴国家宏观调控政策，采取积极的干预政策，利用赤字财政和减税调节经济增长。公共和私营部门应通力合作，以"混合经济"形式确保经济秩序和社会稳定；二是建立"负责任的资本主义"，严格市场纪律，加强对金融市场和活动的国内国际监管，重视社会价值，强调所有国家、企业、个人都应对自己的行为负责，对全球环境、气候变化负责，对金融业的可持续发展和社会责任负责；三是建立"有道德的资本主义"，停止对金融、个人的过度崇拜和追求，摒弃社会达尔文主义，建设一个更有人性、更为公平和有生活质量的社会。各国建立更为理性的经济模式，既让市场有效运作，也让市场中的人感到幸福；四是建立“平衡、灵活、包容与合作的资本主义”。强调实现政府与市场的平衡、公共部门与私人部门的平衡、“看得见的手”与“看不见的手”之间的平衡。高度重视失业救济、公共养老金、教育和医疗等市场以外的经济社会功能，最终形成基于但不完全依赖于利润最大化原则，实现多种体制和多种目标结合的资本主义。

其次，在机制建构上，竭力保住“G8”。“G20”成立之后，“G8”担心被“G20”边缘化，更担心自己在国际事务中受到新兴国家的竞争、挤压，因而“抱团”情愫日趋浓烈。从经济实力看，“G8”仍占有全球 GDP 的 55％、国际贸易的 2/3，从政治分量看，“G8”拥有联合国安理会 5 大常任理事国中的 4 个，在 IMF、世行等国际机构中占有主导权。随着世界政治和经济格局的深刻变革，新兴市场和新兴经济体崛起，“G8”面对国际大调整大变革，不得不进行战略调整，将关注重点集中于国际政治、全球安全等领域。2011 年“G8”主席国法国就为会议提出了“新世界、新思维”的口号，[①] 试图通过一些调整，继续维持“G8”在国际舞台上的核心地位。法国在公开发布的主席国文件中承认，“G20”成立后，世界管理模式发生了变化，因此“G8”的作用要有所转变。法国主张建立一个“新型的八国集团”，更加关注发达国家的共同利益，关注国际和平与安全，加强与非洲国家的伙伴关系，以及关注可能导致混乱的国际热点问题，为处于转变中的西亚北非地区提供帮助等。[②] 尽管内部矛盾依旧，但面对来自新兴国家崛起的压力和改革治理架构的共同呼声，发达国家不甘心自身影响力下降，2011

① 参见 2011 年 1 月 24 日萨科齐在正式宣布法国担任 G20、G8 主席国时的发言，法国总统府网站。http：//www. elysee. fr/president/les-actualites/discours/2011/lancement-de-la-presidence-francaise-du-g20-et-du. 10504. html? search＝Conf％C3％A9rence&xtmc＝conference _ de _ presse _ le _ 24 _ janvier _ 2011&xcr＝2.

② 参见 Déclaration du G8 de deauville, un nouvel élan pour la liberté et la démocratie. Sommet du G8，26—27 mai 2011 Deauville，France.

年奥巴马在参加“G8”峰会前在英国强调，西方在全世界的影响力不会走向衰落，美英在面临的各种挑战面前应发挥领导作用。[①] 峰会发表的宣言表明，美欧均把联手对付北非、西亚变局视为改善和强化“G8”的重要契机，并凭借“G8”平台，全面输出其“保护自由和民主的共同价值观”理念和模式。“新型 G8”要通过政治和经济手段更加关注西方价值观的扩张与推广，加强与包括非洲在内的发展中国家的政治、经济关系，对那些处于混乱中的国家加大经济援助力度，支持这些国家向“民主与和平过渡”。峰会提出了包括建立“多维尔共同体”在内的“非洲马歇尔”计划：通过联合 IMF，出资 400 亿美元帮助西亚北非等掀起“阿拉伯之春”民主运动的国家，公布了对突尼斯、埃及等西亚北非国家的经援计划。

(三) 美国仍具备超强的自我修复能力

危机充分暴露出美国长期存在着严重弊端，包括资本主义对社会的腐蚀、贫富悬殊、党派分裂、政客腐败、种族矛盾、信仰危机、形形色色的社会痼疾、政府权威的衰落、国际影响力下降等。但是，美国仍是世界上无人能敌的强大国家，其具备超强的自我修复能力。首先，在软实力方面，美国仍是世界第一。据 2011 年底斯科尔科沃—安永新兴市场研究所公布的一项 100 分制综合各类因素的软实力指数调查报告称，人们原以为过去的 6 年会使美国的软实力蒙受损失，普遍将这场金融危机归罪于美国，华尔街金融机构和华盛顿政客们的恶劣表现已成为全球家喻户晓的故事。然而，美国在 2010 年却得到 87 分，领先第二名法国 37.5 分。报告显示，美国在软实力方面依旧是无可争议的全球老大。美国在 10 项内容中的 8 项表现优异：移民（外国出生

① http：//www.whitehouse.gov/blog/2011/05/25/president-obama-speaks-parliament-london-time-our-leadership-now.

的移民总数）、大学（全球一流大学的数量）、传媒出口（出口电影、音乐和书籍等产品赚取的版税），这几项对提升美国软实力的促进作用最大。之后是政治自由、偶像力量（美国《时代》周刊100位最有影响力的人物）、最受仰慕的公司、法治和入境游。美国只在两个方面得了低分，即二氧化碳排放和选民的参选率。① 其次，在经济领域，美元本位制确保了美国霸主地位难以动摇。美元是国际兑换和储备货币，各国在贸易中使用美元，外汇储备的大部分资产也是美元，超过70%的世界外汇储备使用的是美元，80%的国际贸易、70%的世界进口贸易和几乎所有石油贸易也都使用美元结算。20世纪70年代初，时任美国财政部长的约翰·康纳利讲了货币史上最著名的一句话：“美元是我们的货币，却是你们的问题。”美国有能力促使外国投资者掏钱负担其财政赤字不小的一部分——而且是以很低的回报率，这证实了美国的领导地位，美元是世界主要货币。纽约和伦敦究竟哪个应被称为最重要的世界金融中心并不那么重要。纽约是世界头号经济强国的金融中心，而且也具有国际影响力。伦敦则是中等强国的国际金融中心，且受到美国的显著影响。今天世界上的大多数金融市场和绝大多数现代金融产品都源于美国。② 除美元外，技术创新和制度创新也为社会发展提供强大动力。美国重视本国高等教育改革创新和海外优秀人才的引进，建立了由政府、企业、以基金会为代表的社会力量共同支持的完备的国家创新体系。再次，在军事领域，美国控制世界依靠的是全球最强的核武器、在各大海洋巡逻的核动力舰队以及包括在全球各大战略要点上的上千个军事基地。第四，在社会领域，自由、民主、公民权利、三权分立、政教分离、以私有财产不可侵犯为基础的市场经济、

① 彼得·约翰松、朴胜虎、威廉·威尔逊的软实力调查报告，英国《金融时报》，2011年12月19日。

② 格拉尔德—布劳恩贝格尔：“美元的力量”，德国《法兰克福汇报》，2011年7月30日。

宪法至高无上的法治等，成为美国社会中超越政治、宗教派别、阶级和种族界限，为全民所接受的核心价值体系。公民社会发达、社会自我纠错机制和能力较强，有利于防止国家发展道路偏离方向，避免对外关系中的严重战略失误。

第三节 冷战思维续作怪

以美国为首的西方发达国家或怀念两极体系、美国一超治下的霸主地位，或千方百计迟滞、阻挠“后时代”的到来，根本原因是西方许多政治家仍在用冷战思维看待正在发生巨大变化的世界，仍用旧的理念和冷战思维指导国家利益、国家战略和政策，对冷战时期的军事遗产爱不释手，继续维护和巩固霸权在21世纪的新形势下的延续。美国相信，国际体系的稳定需要美国霸权的存在，美国霸权能满足国际社会对秩序、安全、合作、经济稳定等“公共物品”的需求。

国际制度虽然不像国家制度那么明显，但是，近代国际制度的构建基本上是随国家体系产生的。尤其是二战以后的国际制度，包括政治、经济、军事等领域，主要是以美国为首的西方主要资本主义国家建立的。“美国霸权稳定说”的主要学者吉尔平认为，国际制度的建立和维持取决于美国作为霸权国的权力，国际制度的存在和作用又维持和延续了霸权体系中的国际秩序。① 新自由主义主要学者基欧汉虽然认为霸权国衰退之后国际制度仍会存在并起到重要作用，但是他也认为战后的国际制度是在美国的霸权体系中产生的，初始时是由于美国国

① Robert Gilpin，*War and Change in World Politics*. Cambridge：Cambridge University Press，1981，pp. 101—131.

家权力才得以实施的。[1] 如果说战后的国际系统主要是一种以美国为主导的世界性霸权系统，那么，随之建立起来的国际制度则主要是为了维护这一系统的稳定和发展的。所以国际制度就其根本性质而言，不仅仅像基欧汉的“制度需求理论”所说的那样，是世界各国出于达成合作的目的所需求的物资，更重要的是为了维持一种业已建立起来的国际体系。美国学者米尔纳认为，国际制度和国家制度没有本质的区别，制度的作用主要取决于制度的合法性（Legitimacy）。[2] 美国在战后一直在力图使一系列以美国为主建立起来的国际制度具有更高的合法性，目的是加强国际制度的权威性和可行性。冷战以来，美国更是明确地把民主政治和市场经济作为其核心国际目标。“霸权稳定论”的逻辑提供了一种以霸权为基础的传统国际秩序，尽管它缺乏合法性并与“后时代”世界新潮流相背。基辛格也意识到霸权对美国将产生的危害。他在《大外交》一书中说到：“就地缘政治而言，美国是欧亚大陆海岸外的一座岛屿而已；欧亚大陆的资源与人口都远远超过美国。不论冷战存在与否，单一一个大国主宰欧亚大陆两大范围之一（欧洲或亚洲），都会对美国构成战略意义上的危险。因为这样的组成会在经济上胜过美国，最后在军事上也凌驾美国之上。即使这个主宰的大国开明，也必须抵制此 危险。因为一旦这个大国改变意向，美国将会发现本身有效抵抗的力量已经大减、也逐渐没有能力影响事件发展。”[3]

新兴国家的崛起本身就对美国、西方的既得利益造成了前所未有的冲击和挑战，而新兴大国中的俄罗斯、中国因为在体制、价值观、治理理念和发展模式上与西方存在的巨大差异，更被美国、西方视为

① Robert O. Keohane, *After Hegemony: Cooperation and Discord in the World Economy*, Princeton, New Jersey: Princeton University Press, 1984, pp. 31—46.

② Helen Milner, “The Assumption of Anarchy in International Relations Theory: A Critique”, Neorealism and Neoliberalism, pp. 143—169.

③ ［美国］亨利·基辛格著，顾淑馨等译：《大外交》，海南出版社，2010 年版，第 786 页。

"另类"，俄罗斯和中国因而成为它们运用冷战思维和行动关注的"重点对象"。

一、美、俄关系中的"新冷战"因素

冷战结束后，巩固消化冷战成果，防俄弱俄、不断挤压俄罗斯的生存空间是美欧既定的战略目标。冷战刚结束时，美欧借俄罗斯立足未稳、国力衰退并呈现一盘散沙之际，通过欧盟和北约这两大政治、经济和军事机构，大举向中东欧和独联体扩张渗透，使俄罗斯的生存空间一次次缩小，俄罗斯划定的"红线"一次次被突破。但是欧美与俄罗斯的关系非但没有因不断蚕食俄传统影响地区而紧张，反而愈加密切，这就更加激起了欧美不断扩张的欲望。美国政府早就明言，北约东扩不是一个"事件"，而是一个"进程"。然而进入21世纪后，随着强势总统普京上台执政以及俄罗斯强有力的崛起，俄罗斯不再退缩，与美欧围绕"新冷战"展开了一场又一场惊心动魄的较量。

（一）围绕"颜色革命"的激烈争夺

冷战时期自20世纪70年代以来，美国与苏联关系进入既缓和又争夺的阶段，出现"冷战下的缓和"。20世纪90年代，俄罗斯国力式微，在美国及北约的强大攻势面前节节后退，战略安全环境不断受到挤压。美国和整个西方赢得了冷战也赢得了"和平演变"之战，然而它们并没有赢得苏联解体以后的独联体。前苏联地区一直是欧洲安全的敏感地区，特别是冷战结束后，在前苏联及巴尔干地区爆发的民族和种族冲突成为影响欧洲安全的一个新的不稳定因素。由于这些冲突同欧洲总体安全进程密切相关，西方认为有必要大力推进和加强整个欧洲国际关系中民主行为规范的建设，特别是鼓励前苏联和东欧国家进行政治民主改革，促使它们接受既定的欧洲国家关系的行为规范，确保这些国家的转型进程不会发生逆转。2003年格鲁吉亚大选直接为美欧在前苏联地区进行“民主改造”、制造“颜色革命”提供了最佳的时机。2003年11月，格鲁吉亚亲西方的萨卡什维利在“玫瑰革命”中上台，2004年欧美又把战略目标锁定在独联体的重要国家乌克兰身上，制造出“橙色革命”，以美欧支持的尤先科亲西方势力与俄罗斯支持的亚努科维奇亲俄势力展开了一场激烈较量，一场在西方直接干预、精心策划下，尤先科必胜、亚努科维奇必败的竞选闹剧终于收场。随后“颜色革命”迅速席卷到吉尔吉斯斯坦，这场革命在摘下了戴在吉尔吉斯斯坦总统阿卡耶夫头上的“民主斗士”之冠后，在一定程度上还波及到了摩尔多瓦、白俄罗斯。按当时的情况，“颜色革命”大有席卷整个独联体之势，美欧的共同战略意图十分明确，在前苏联地区推广西方“民主”，蚕食前苏国家，削减俄罗斯的势力范围和影响，阻止其复兴成为美国的潜在对手。同时美欧在对待俄罗斯的政策上又各有私心。对美国来说，2003年入侵伊拉克后，美国对在美欧、美俄关系降温的同时欧俄、法德俄建立战略合作关系心怀妒忌，对伊战时法德俄结成的“战略同盟”心怀不满，更对欧、俄等国主张的多极化国际秩序如鲠在喉，因而千方百计寻找机会予以分化、阻挠、破坏和扼杀，力图搅乱欧亚大陆局势，阻止多极化进程，维持美国一超独霸的根本战略目标。2005年5月，布什在国际共和政体研究所的一次午餐会上直言不讳地说：该所“成立以来，一直站在100多个国家民主改革的最前沿……近18个月来，我们成为‘玫瑰革命’、‘橙色革命’、‘紫色革命’、‘郁金香革命’和‘雪花革命’的见证人”。他又表示：“这还仅仅是个开始，在高加索、中亚和大中东地区，人们希望变革，这种变革已为时不远。”①

近年来，美国在欧俄之间的联结点及俄罗斯周边重点“经营”，在

① 孙凌云：“颜色革命与国际关系专题研讨会—黄仁伟、冯绍雷、潘光、沈丁立、赵华胜等著名专家观点综述”，《国际观察》，2005年第3期，第17页。

欧俄之间的广大“真空地带”设局洗牌，排兵布阵，并寻求突破口以打入楔子。在中亚地区，美国借反恐、推动“民主”为由，加强对该地区的全面渗透，并策动地区反对派向亲俄政权“谋反”；在欧俄相邻的前苏联国家，则制造“玫瑰革命”、“橙色革命”等“颜色革命”。中亚国家的“颜色革命”不可避免地与俄罗斯的战略利益发生正面碰撞，预示着美、欧、俄在俄罗斯的传统势力范围内又开始了新的一轮“脱俄入西”争夺。俄罗斯则视独联体国家为其安全战略的最后一道防线。随着欧盟、北约的扩大，俄在西部、北部的战略缓冲地带丧失殆尽，已无退路可走，其欧洲版图已退回到18世纪初彼得大帝时代，民族失落感强烈，对欧盟、北约“双东扩”的抵触和不满情绪上升。

2000年普京执政后，俄罗斯在外交上倡导多边主义和非意识形态化，在国际事务中与美国单边霸权政策大唱反调。随着俄罗斯国力的迅速恢复，以及美俄不可调和的结构性矛盾加剧，美俄关系日渐趋冷，实际已进入某种意义上的“新冷战”。两国“口水战”不断升级，愈演愈烈。2006年5月，美国副总统切尼在立陶宛的演讲中严厉指责俄罗斯，称俄在民主道路上后退，对周边国家构成威胁。俄罗斯面临着“要么回归民主，要么成为敌人的抉择”。切尼讲话被媒体比做1946年丘吉尔在富尔顿的“铁幕演说”，惊呼“新冷战”的开始。几天后，普京在发表国情咨文时强烈抨击了美国的全球野心，揭露了“狼同志”的狼子野心。2007年3月在慕尼黑安全政策会议上，普京发表了冷战以来对美国最严厉的指责，称美国领导的单极世界给全球带来更多的战争和冲突，北约东扩成为美俄不信任的重要因素，欧洲大陆将出现新的分界线。美俄伙伴关系由以合作为主、以俄退让为主转向以争夺为主、以俄反制为主。在普京总统的上一任执政期间，俄美关系几经反复并一度跌落谷底。与此同时，俄罗斯在军事上加紧军事化进程，新军事理论把战略矛头直指美国、北约，在经济上大打“能源牌”，实现了富国强军目标。对独联体国家，俄罗斯明显加强了内外控制，强化了与独联体其他成员在经济和防务上的合作，明确表示“不会把独联体拱手让人”。2008 年 8 月，俄罗斯借格鲁吉亚总统萨卡什维利由于错误判断形势而进攻南奥塞梯的有利时机，向格鲁吉亚发动大规模军事行动，并随即宣布承认南奥塞梯、阿布哈兹两地独立。这是俄罗斯在冷战后进行的首次境外军事行动，表明在普京领导下的俄罗斯再也不能忍受美国、西方长期对俄罗斯进行的“新冷战”，要用“热战”向美国、西方发出强烈不满的信号。上述事件表明，俄罗斯在国力有所增强后，对美国等西方国家对俄及独联体的分化瓦解政策开始实施反击。俄格战争起到了敲山震虎的作用，教训了“颜色革命”制造者，阻止了北约东扩步伐，打乱了美欧的战略部署。俄格战争也成为俄罗斯与西方关系的重要转折点，西方意识到俄罗斯捍卫其战略“红线”的坚强意志，再也不敢对俄罗斯冷眼相待。

（二）围绕欧洲大陆传统安全的新较量

美俄、欧俄都拥有太多的共同利益和需求，因此三方在俄格战争后都表现出相当的克制，竭力避免局势恶化。三方不得不在遏制与反遏制、脱俄与反脱俄的争夺中寻求妥协点。奥巴马总统上台后，从美国全球战略利益出发，提出“重启”美俄关系，以缓解双方之间紧张对峙的局面。为此，他主要采取了重开军控谈判、暂缓北约东扩、调整反导计划三项举措。奥巴马还盛情接待俄总统梅德韦杰夫首次访美，同意俄罗斯加入世贸组织，邀请俄总统出席北约里斯本峰会。俄罗斯也“投桃报李”，在阿富汗战事上给北约运输物资提供一定的便利，在制裁伊朗问题上做出配合，美俄两国谈成了新版《削减和限制进攻性战略武器条约》。此外，俄还提出与西方国家建立“现代化伙伴关系”的经济建设方针。俄美双边关系的气氛有所改善。

然而，“颜色革命”和俄格战争充分暴露出美欧继续以冷战思维视俄罗斯为主要潜在对手和美欧在欧洲大陆实现地缘政治野心的主要障碍没变；俄罗斯营造自身防御体系防范美欧的心态没变；美欧与俄罗斯根本战略利益上的分歧没变。美俄之间的固有矛盾和分歧并未得到解决，双方关系“重启”更多地停留在表象。美国、北约并未改变苏联解体以来“压俄”、“弱俄”的战略方针，不会听任俄罗斯重振世界大国地位。近年来美国、北约一面与俄罗斯大谈关系“重启”，一面加紧在欧洲建设反导系统。因此反导问题成为美欧与俄罗斯争斗的新战场。2009 年 9 月，奥巴马宣布美国放弃前任布什政府在东欧建立导弹防御基地计划，转而重新设计和配置欧洲反导系统，改由北约出面建立“欧洲导弹防御系统”，并邀请俄罗斯参加。根据奥巴马关于欧洲导弹防御分阶段适应的方法，2015—2018 年将在欧洲部署日趋精密的“标准－3”型拦截导弹。罗马尼亚将于 2015 年安装导弹防御系统，波兰将在 2018 年安装。2011 年 5 月罗马尼亚宣布美国将在罗南部部署反导系统后，俄罗斯外交部发表声明，认为这对其构成威胁并表示遗憾。俄罗斯和美国及北约因此就建立联合反导系统展开了密集谈判，俄罗斯要求美国和北约必须做出法律担保，承诺其反导系统不会针对俄罗斯，俄罗斯争取与欧洲建成联合的反导网络。然而美俄在反导问题上分歧严重，难成共识。美国明确表示不会做出担保。对此，俄罗斯总统梅德韦杰夫和总理普京多次表示，一旦俄与美国和北约建立欧洲反导系统的谈判破裂，俄方将采取一系列应对措施，包括部署进攻性战略核武器。2011 年 11 月，梅德韦杰夫在年度国情咨文中警告说，未来 10 年，北约应当与俄罗斯就导弹防御系统问题达成一致，建立真正的联合协作机制。如果双方无法达成建设性协议，将引发新一轮军备竞赛。俄罗斯希望与美国在反导系统问题上展开建设性对话，否则俄罗斯将采取“有效而非对称”的措施，突破美国和北约反导系统。在 2011 年俄罗斯杜马选举后，美国国务卿希拉里·克林顿多次在公开场合指责俄国家杜马选举不民主，存在舞弊行为，要求展开调查。正是希拉里对俄选举的妄加评论向俄罗斯反对派释放了支持信号，俄国内反对普京的抗议活动连续不断。普京认为，希拉里煽动反对派抗议和干涉俄罗斯竞选进程不利于巩固俄美双方的相互谅解。如果总统选举结束后美国继续资助和支持俄反对派的街头抗议活动，俄美关系的未来不容乐观。俄罗斯选举委员会于 2012 年 3 月 7 日宣布对总统选票的统计结果显示普京获胜的两天之后，奥巴马才打电话给普京表示祝贺。这“姗姗来迟”的祝贺，足见奥巴马已是“无可奈何花落去”。

美俄之争实际是两种不同价值观、不同世界观的较量。实力上升的俄罗斯对美国的霸权行径不再忍让退缩，宣称将为世界的“公道”、为多极化而战，而美国绝对不会放弃其霸主地位，双方不可避免地将发生类似冷战时期的意识争夺战。从总体上看，当前美俄间的较量与斗争仍保持在“斗而不破”的框架内，美、俄各自凭借实力进行角力，竞争面、合作面兼而有之。重启后的俄美关系相当脆弱，美国只是在对俄关系的策略层面进行某些调整，在全球和美俄关系的战略层面上仍未有根本改变，两国之间难以建立起战略互信。美国学者甚至建议美国政府重估美俄关系“重启”战略，因为“俄罗斯正试图在全球扩大其影响力，主张建立一个能够限制美国外交政策的多边世界秩序”。[①] 虽然俄罗斯实力与美国相比仍处于弱势，但俄罗斯凭借自身长处，利用美国目前面临的战略困境，对美国的霸主地位形成冲击和挑战，美国与西方已无法阻挡俄罗斯大国的崛起。

二、美国加紧在中国周边排兵布阵

美国冷战思维的另一具体表现就是企图在中国周边编织一张巨大的包围圈，以当年遏制苏联的方式遏制中国。在美国、西方国家眼中，中国始终为“另类”，担心不信奉西方价值理念的中国迅速崛起后，在

① 阿里尔·科恩、斯蒂芬·布兰克：“重启的遗憾：俄罗斯的全球战略损害美国利益”，美国《传统基金会》网站，2011 年 8 月 3 日。

政治、社会、文化、经济领域全面挑战西方在全球的战略利益。美国、西方对华采取的总体战略是“对话+遏制”，两者交替使用，各有侧重。但目标只有一个，即尽可能延长美国、西方在世界的主导地位，千方百计迟滞和破坏中国发展及其发展所需的国内外安全环境。小布什执政时期，美国已经加强对中、俄、印等新兴国家的合作及防范，将中、俄、印列为三个处于“战略十字路口”的国家，认为三国是决定21世纪国际安全环境的关键因素。2007年法国总统萨科齐刚上台就宣布将新兴国家的崛起、西方与伊斯兰世界的矛盾、气候变化和流行疾病视为21世纪对西方的三大挑战。[①] 奥巴马刚上台时还表示“美中关系是最重要的双边关系”，但从2011年起奥巴马开始对中国“变脸”。美国务卿希拉里高调宣布美国重返亚洲，“美国现在处于一个转折点。在过去10年中我们向伊拉克、阿富汗两个战区投入了巨大的资源。在今后10年中，我们对在哪里投入时间和精力需要做到灵活并有系统性，从而使自己处于最有利的地位，以保持我们的领导作用、保障我们的利益以及推进我们的价值观。因此今后10年美国外交方略最重要的使命之一是大幅增加对亚太地区外交、经济、战略和其他方面的投入”。[②] 2011年11月奥巴马提出亚洲外交政策，明确宣示美国的世界战略和对亚太政策的调整。在一些学者看来这简直就是新版的“杜鲁门主义”。“这或许可以称为美中对峙这一‘新冷战’的开始。杜鲁门总统曾经在1947年发表‘遏制苏联’战略，被后人称为‘杜鲁门主义’。此次奥巴马的演讲，从表面上看似乎与杜鲁门总统的时代有所不同，但从国家战略的本质来讲，却有着异曲同工的历史意义。”[③] 此后，

---

① 萨科齐在法国第15届驻外使节会议上的讲话，法国总统府网站，2007年8月27日。

② Hillary Clinton, “America's Pacific Century”, *Foreign Policy*, November 2011, http://www.foreignpolicy.com/articles/2011/10/11/Americas_pacific_century.

③ 西辉政：“美中对峙最前线的决断——当美军从日本消失之日”，日本《正论》，2012年2月号刊。

美国明显加快了在亚太对中国建立军事包围圈的步伐，对中国进行战略遏制的意图昭然若揭。主要表现在：

第一，借反恐名义在中国西部布局。早从20世纪90年代起，美国在苏联解体后便急于向中亚地区渗透，以填补该地区的“权力真空”。美国对中国在中亚影响力的不断提升提高了警惕，担心中国成为中亚的主导力量，成为美国推行全球战略的障碍。因此，美国通过北约与中亚各国都建立了“和平伙伴关系”，多次进行军事演习。“9·11”事件后，美国利用反恐之名为其军事力量“合法”出现在南亚、中亚找到借口，通过阿富汗战争、伊拉克战争实现了在该地区的军事存在。这不仅意味着美国在俄罗斯的后院撕开了一道裂痕，也意味着北约的外部边缘已接近了中国边境，在中国的西部边界放置了一颗潜在的“定时炸弹”。第二，调整美军战略重点。2011年2月美国军方发表《国家军事战略》报告，这份7年来首次有内容更新的《国家军事战略》调整了军事战略重点，将关注重点从阿富汗转向应对其它地区战略挑战的目标。《国家军事战略》由美军参谋长联席会议制定，是执行《国防战略》和《国家安全战略》的军事指导具体文件。上一版有内容更新的《国家军事战略》报告发布于2004年。与2004版《国家军事战略报告》相比，新报告发生战略重心变化，美军在伊拉克和阿富汗两个战场的战略比重下降，而“网络战”和亚太地区成为美军关注的新战略重点。第三，直接派兵在澳大利亚新建军事基地。奥巴马2011年11月访问澳大利亚时宣布，美国将在达尔文永久性建立海军陆战队基地，最多人数将达2500人。2012年4月已有首批约200名海军陆战队员入驻。第四，推动日本整体防卫思路和战略的转变。2010年12月日本出台战后第四份《防卫计划大纲》，新大纲提出防卫力量建设和部署的新方针和核心内容，即从“基础防卫力量构想”转换到“机动防卫力量构想”。大纲首次提出要在亚太地区与拥有共同价值观和安全利益的韩国、澳大利亚以及印度开展安全合作，提议修改“武器出口三原则”，竭力推动安保机制“正常化”。在2011年新版《日本防卫白皮书》中，进一步把中国锁定为主要防范对象。其中不仅继续强调所谓中国“国防政策不透明和军事动向对于包括日本在内的地区和国际社会形成令人担忧的事项”，而且就新防卫计划大纲有关“机动防卫力量”的运用作出进一步说明，强调在于加强日本西南方面的防卫态势。新《日本防卫白皮书》开始强调防止网络攻击的重要性，并引用美国国防部报告称，“世界多数电脑系统成为来自中国国内发动入侵攻击的目标”，把矛头直指中国。在钓鱼岛和南海主权争议问题上，指责中国采取“高压”态势使日本等周边邻国对中国“今后的走向抱有不安”。第五，推动建立军事同盟，强化军演，扩军备战。美国不仅暗中支持越南、菲律宾等国以强硬姿态就南海岛礁提出领土要求，还亲自出马或组织地区国家进行种类繁多的联合军事演习。据不完全统计，从2010年6月以来，美军与亚太盟国已举行20多场不同规模的联合军事演习。同时，美国还积极推动日本、澳大利亚、印度等组建联盟来对付中国。在军备竞赛方面，据2010年10月瑞典斯德哥尔摩国际和平研究所发布的数据显示，东南亚国家在2005—2009年间购买武器的数量，较此前5年翻了一番，并且这股军购潮还在延续。越南、澳大利亚、马来西亚、印度尼西亚等也纷纷扩军，尤其是海军的战舰和相关装备。越南表示将建立一支“南海区域最强”的潜艇部队，强调本地区海军力量“抱团合作”以应对南海争端。越南还有意向印度海军开放金兰湾和其他海军基地，作为回报印度海军将帮助越南“加强战力”。在菲律宾，其2012年国防经费从每年50亿比索（约合1.17亿美元）涨至80亿比索（约合1.88亿美元），其中主要费用用于购买相对先进的海军战舰和潜艇。泰国计划购买6艘德国海军退役的206型潜艇。日本与韩国也继续其早已开始的“海军战力大提升”计划。第六，奥巴马政府调整对缅甸政策，由以制裁为主的孤立打压向制裁加接触的“务实接触”政策转变。2011年11月，国务卿希拉里·克林顿在时隔56年后首次访缅。前美国众议院外交事务委员会主席伯曼在缅甸政策听证会上表示：“过去20年我们所采取的孤立政策的后果是中国在缅甸的政治和商业影响力不断上升。历史上中国与缅甸的关系并不稳定，但美国的缺失让两国关系得到了巩固。”① 美国政府认为缓和与缅甸的关系，可避免其完全倒向中国。第七，在向中国展示“硬实力”的同时，与其他盟国一起对华进行“软遏制”。美国、西方对高速崛起的中国的担心、恐惧在上升的同时，还采取一些不切实际想法和行动。近年来西方利用一切机会和手段“抹黑”中国，从“经济威胁论”到“军事威胁论”，从“社会崩溃论”到“环境破坏论”，从知识产权到人权，从人民币汇率到关税贸易，毕尽其能。2011年美国亚洲问题研究所年度报告妄称：“中国最近的崛起有第一次破坏美国在亚洲的一项核心目标的危险。这项目标就是阻止任何本地区大国控制该大陆，从而逐步积累充分力量，以控制该地区资源，最终威胁美国在该地区的盟国，甚至美国自身。”② 美国把任何一次中国境内外出现的风吹草动，都当成“反华、弱华、遏华”的最佳时机。加强对中国“软遏制”力度。美国、欧盟等国对中国“软遏制”不断升级改造，对中国内部发展上的人权、自由、环保、经济与社会政策、民族政策说三道四，在台湾、西藏、新疆等问题上施加压力，制造所谓“和平演变论”、“主权有限论”、“干涉主义”、“民族自决和独立”等理论，妄图迫使中国就范。

综上所述，亚太地区出现的一些紧张局势，是美国在冷战思维的作用下一手制造的，是美国及其盟国的一些政治家对中国崛起的未来发展走向做出的错误判断造成的。就连西方一些学者也对美国不合时

① Howard Berman, “Remarks of Chairman Howard Berman at hearing ‘U.S. Policy toward Burma’”, http://foreignaffairs.house.gov/111/berman102109.htm.

② 美国全国亚洲问题研究所2011年9月发表的年度报告：《战略亚洲2011—2012：亚洲应对本洲崛起中的大国：中印两国》。

宜地针对中国运用冷战思维进行了批判，伦敦大学教授吉尔伯特·阿奇卡认为，中国的崛起必然意味着冷战风险吗？按照结构主义者的国际关系观，一个新崛起大国与现有大国之间的关系必然变得紧张，即引发所谓实力关系框架内的“零和游戏”……中国正在进行势不可挡的经济扩张。然而，在军事领域，中国并未表现出19世纪帝国主义的行径，没有推行扩张政治军事统治的军国主义和炮舰外交。[①] 维基战略网站分析师托马斯·巴尼特指出：美国国内存在深刻的经济问题，与中国的金融关系急需重新平衡。但因为奥巴马和共和党人无法就应对经济问题达成一致，又缺乏重塑美中金融关系的战略眼光和政治勇气，我们陷入了最糟糕的气氛——将几千名美国海军陆战队员派到澳大利亚北部沿海，假装这样可以有效地控制中国的崛起。这种绝对无力的做法令人吃惊……简而言之，我们国家的政治和军事领导层似乎比以往任何时候都要脱离现实世界。当美国像最近这样失去经济运气时，国家就会在战略上变得非常荒唐。因为美国财政上自我毁灭的习惯，加上欧盟的这种习惯，世界面临着第二次陷入全球经济危机的可能性——西方似乎决意要把这场“大收缩”扩大到整个世界。[②]

亚太地区当前形势出现紧张，固然与该地区错综复杂历史背景有关，但也是在地区战略格局正经历深刻和剧烈调整变化、特别是面对中国快速崛起的形势，有关国家难以适应并固守过时的冷战思维定式的结果。日本综合研究所理事长寺岛实郎就认为，日本应该正确认知世界形势变化并转变冷战思维，他表示“日本要在‘全体参与型秩序’逐步形成、世界各国相互依存加强的时代生存下去，日本人就应该摆脱浸透着冷战思维的世界观，开创真正的后冷战时代”。[③] 21世纪是全

---

① 吉尔伯特·阿奇卡：“中国方程式”，英国《国际观点》杂志，2011年2月号。

② “新规则：美中关系需要领导者而不是不合时宜的错误”，美国《世界政治评论》杂志网站，2011年11月28日。

③ 寺岛实郎：“必须转换对世界的认识——2012年日本应下的决心”，日本《世界》，2012年2月刊。

球问题的世纪，人类的生活方式、发展模式都面临着巨大挑战，人类面临着众多具有整体利益的问题领域，必须逐步形成全人类的价值认同与凝聚力，逐步确立全球意识和全人类利益优先原则，以超越国界的全球视角和全球合作去应付这一严重挑战。人类的思维方式也应该彻底转变。首先，从“前时代”人与人之间的对立、两性之间的冲突，转向“后时代”人的平等、合作与共同协调发展。全球问题的解决有赖于人类自身的完善、发展与和谐；其次，倡导国家间“和为贵”，从相互对立、对抗的总维方式，转向求同存异、妥协折中、合作共存的思维方式，将有限的资源用于为人类营造一个更好的地球家园。不应该也不能够再沿用冷战思维，强化和扩大军事同盟，或以任何形式推行强权政治，迫使其他国家选边“站队”。历史证明，武力不能从根本上解决争端与矛盾，以行使武力或以武力相威胁为基础的安全观念和体制难以营造持久和平；再次，以互信、互利、平等、协作的新安全观解决有关地区争端和分歧。互信是超越意识形态和社会制度异同、摒弃冷战思维和强权政治心态，互不猜疑，互不敌视。周边国家应经常就各自的安全防务政策以及重大行动展开对话与相互通报；互利要求顺应全球化时代社会发展的客观要求，互相尊重对方的安全利益，在实现自身安全利益的同时，为对方的安全创造条件，实现共同安全；平等是指国家无论大小强弱都是国际社会一员，应相互尊重，平等对待，不干涉别国内政，推动国际关系的民主化；协作需要以和平谈判的方式解决争端，并就共同关心的安全问题进行广泛深入的合作，消除隐患，防止战争和冲突的发生。

第四节 危机成串接踵来

“后时代”面临的第四大挑战是，无论自然灾害还是人为因素制造的危机都在迅速增加。从金融危机到“甲流”疫情，从恐怖事件到利比亚战争，从全球气候变化到日本遭遇地震、海啸及核泄漏的三重灾难，我们不难发现，人类无论是在自然灾害面前，还是面对社会系统突发的极端事件，都显得十分脆弱。即便是依靠现代技术构筑的社会网络，如互联网、航空网、电力网、输油管道、海上航运等等，在灾难面前也都变得不堪一击。

一、非传统安全问题凸显

冷战后两极格局的崩溃和经济全球化进程加速带来的国家间关系的深刻转变，引起了国际安全研究范式的变革，在“批判安全研究”(critical security studies)[①] 兴起的过程中，非传统安全观渐趋成型。“批判安全研究”将安全的重心从对国家的关注转向对人的关怀，安全不仅仅局限于特定的主权国家，还包括所有的人的社会关系和所有的社会。[②] 在安全研究上采取构建主义方法论的哥本哈根学派主张“批判安全研究”既强调安全的客观属性，同时也具有强调安全为社会关系所建构的建构主义色彩。他们将安全领域明确划分为军事安全、政治安全、经济安全、社会安全和环境安全五个领域，“是军事安全不再被视为当今世界唯一的安全形式，开始了人们对安全的新思考，安全研究的议程被拓宽了”。非传统安全问题上升为国际议程的主要问题之一。冷战结束和“前时代”的终结，使国际社会遭受全面军事对抗和整体毁灭的可能性大大降低，但是，过去被两极对抗所掩盖的种种矛盾在冷战后露出水面，诸多过去不太引人注目的非传统安全问题备受

① Keith Krause and Michael C. Williams (eds.), *Critical Security Studies: Concepts and Cases*, University of Minnesota Press, Minneapolic, 1997, pp. vii—xx.

② ［英国］巴瑞·布赞、奥利·维夫、迪·怀尔德：《新安全论》，浙江人民出版社，2003年版，译者序，第5页。

国际社会的关注。非传统安全作为一个动态性概念，体现了安全现实的变化和安全理念的拓展。未来，随着涉及该领域的深层次问题不断涌现，全球范围内的非传统安全挑战将依然严峻，并有加大的趋势。其原因在于：一是两极军事对峙格局消失使传统安全问题对世界和平的威胁比冷战时期大为降低，非传统安全问题同传统安全问题的相互关系越来越密切，相互转化的可能性日益增强。比如恐怖主义向来被视为非传统安全问题，但"9·11"恐怖袭击事件却与许多传统安全问题直接相关，如美国霸权政治与伊斯兰国家原教旨主义之间的矛盾、以色列与巴勒斯坦之间旷日持久的冲突。恐怖主义威胁接连不断，国际反恐形势依然严峻；二是随着冷战后全球化的进一步发展和高新技术的进一步扩散，科学技术与现代风险的因果关系愈加密切联系。科学技术的高度发展，大大提高了人类的生活水平，但与此同时，它所带来的后果，也变得越来越难以预测与控制。科学技术就像一把双刃剑，它既给人类带来巨大福祉，同时也蕴藏着对人类社会的各种威胁，成为现代社会风险的重要根源，人们对科技发展后果的控制能力越来越低。因此，科学技术一面推动了现代社会的进步，一面又产生了大量的不可预测的副作用，即技术和生态风险。2009年爆发的"甲流"，2010年4月发生在美国墨西哥湾的漏油事件，共有相当于490万桶的原油泄漏入海，成为美国的"世纪灾难"。2011年3月日本大地震引发的海啸、核辐射三重灾难，成为日本的"世纪灾难"；三是非传统安全问题涵盖面不断拓展。如宗教极端主义、恐怖主义、民族分裂主义、资源短缺、环境污染、气候变暖、难民潮、传染病传播等，这些问题已经成为国际社会新的安全威胁。能源安全、生态安全、粮食安全、公共卫生、跨国犯罪等依然构成重大的紧迫挑战，事关各国的经济发展和社会稳定。"9·11"事件后，美国的国防安全战略首次将恐怖主义等非传统安全视为美国安全的首要威胁，就是非传统安全重要性提升的实例。法国战略学家多埃和教授多马尔尖锐地指出："我们现在进入了全球危机的时代。出现了三个重大的变局：政府体制危机、生态系统（气候和大自然）危机以及战略分析与预测危机。每一个危机实际上都有预兆，只不过有些预兆不易察觉罢了。由于不去看或者不再看的集体无意识，所有的这些征兆都被无视或者忽视。10 年来，我们已经经历了三个危机，这标志着传统战略模式及其预警系统的失败。第一个危机是恐怖主义的危机。2001 年 9 月 11 日在美国发生的恐怖袭击就是一个突出的例子。随着房地产和次贷泡沫的破裂，第二个危机也在美国出现。我们从这场危机中发现了旨在将重大风险转移到整个链条的下一个环节的有害机制。但甚至当一些基金或者是一些国家把它们的账目变为一种损人利己的机制时，竟没有任何人作出反应。于是，人们假装发现了管理危机，也就是主权债务的危机。第三个是能源危机。它对世界一级的核能未来提出了质疑。"① 非传统安全具有的全球特性决定了这些问题涉及全球所有国家，解决这些问题无法依靠传统的政策手段，又非一个国家或几个国家力所能及或能够取得成效。

二、非传统安全形成的危机串

我们生活在一个全球化的"后时代"，现代风险社会和"全球化"有着密不可分的联系。随着我们用与技术发展相同的速度创造出无法测算的不确定性时，人类就进入了"全球风险社会"。"经济危机与其它全球性危机如贫困、气候变化、全球化等从来都不是单一作用的，它们相互交织、相互影响、相互渗透，各种危机的关联性加剧了战略断层。"② 例如经济危机与全球化有着密切的关联关系。过去在全球化

① 阿兰·多埃、菲利普·多马尔："世界正面临战略思想的极度缺乏"，新华网，2011 年 7 月 4 日。

② Francois Heisbourg, *Vainqueurs et vaincus*, *Lendemains de crise*, Stock 2010, Paris, p. 104.

之前，发生危机时产生贸易壁垒，严格限制住各种性质的国家间贸易往来。在1930年的大萧条时期，国际贸易严重萎缩，跨国投资锐减，移民减少。如果这一情况发生在2008年或许全球化就终结了，因为当时国际贸易减少、对外直接投资从2007年的1.7万亿美元跌至2008年的1.3万亿美元，拉美移民美国以及中欧移民英国或西欧的人数都出现下降趋势。但是21世纪的全球化与20世纪二三十年代国家间的联系已经大不一样了，重要区别在于人类进入了“信息时代”和“通讯时代”。危机丝毫没有影响最贫困国家民众对手机和上网的热情和能力。2011年中国手机用户已达10亿人。在2008—2009年间，非洲新增9000万手机用户，用户总数达5.06亿，而非洲总人口约为8亿人。印度一年中新增1.27亿用户，增长52%。目前世界拥有50亿用户，占世界人口的3/4以上，其中2/3的人生活在贫困国家或新兴国家。就个人而言，通讯能让各行各业的人以低成本迅速获取对其有用的信息技术，就集体而言，它能起到对经济的支撑作用。新兴国家10%的手机用户增长率就能拉动0.8%的经济增长率。非洲和印度在一年中手机用户增长了30%到50%，这也部分说明贫困国家在危机中表现良好的原因。这个例证从正面表明了全球化在危机中避免了发展中国家经济出现衰退。但是当前“全球风险社会”面临着更多的是关联性危机或是危机串的冲击，主要体现在以下几个方面：

（一）信息技术成为政治、安全危机的潜在导火索

科技的迅猛发展，大幅降低了创造、发现和传播信息的成本。今天计算机信息处理的成本只有20世纪70年代初的千分之一。主要特点不仅在于通讯速度，更重要的是信息传播的成本大幅降低。但同时也产生了反作用，它使各国政治将不再仅限于政府范围，个人和私人团体——从维基揭密网、企业、非政府组织、恐怖分子到社会自发运动都能直接参与世界和国家的政治。英国议会的一项报告警告称，互

联网正成为暴力极端主义的最大滋生地。[①] 早在 2009 年，摩尔多瓦就爆发了“推特革命”。反对派利用推特网站发布煽动信息，号召群众游行抗议。随后上万名年轻人走上街头示威抗议，甚至一度占领了议会大厦。2010 年 11 月，美国和以色列秘密研究和测试的计算机蠕虫病毒“震网”，攻击了伊朗的离心机系统，病毒让伊朗的核计划进程倒退了几年。2011 年以来，突尼斯、埃及、也门等西亚、北非国家局势持续动荡，民众上街抗议，随之导致执政多年的强势政府倒台。在此过程中，互联网工具，尤其是“推特”、“脸谱”、“优兔”等网络技术推波助澜，发挥了极其重要的作用。信息、网络在国家政治、经济、军事和安全上所扮演的重要作用引起各国的高度重视。以计算机为核心的信息网络系统已经成为现代化军队的神经中枢，传感器网、指挥控制网、武器平台网等网络，将成为信息化战争的中心和重要依托。2009 年美军提出 21 世纪掌握网络权与 19 世纪掌握制海权、20 世纪掌握制空权一样具有决定意义。此后，美国《2009 网络安全法》通过，该法案给予美国总统“宣布网络安全的紧急状态”的权力，允许“关闭或限制事关国家安全的重要信息网络”。2010 年 10 月，美军网络司令部正式投入运行。2010 年美国国防部《四年防务评估报告》以及 2011 年出台的美国《国家军事战略》报告中均提出确保美国接入互联网的自由，体现了美国试图在信息空间确立压倒性优势以及确立主导权的思想，并将网络战视为继陆、海、空和太空战场之后，没有战火、没有硝烟、没有血腥的第五战场。2011 年 5 月美国推出《网络空间国际战略》，正式把网络空间当做一个新战场，秉承冷战时期的威慑理论，建立拥有网络武器、制定网络武器研发计划、规定网络武器使用范围三个部分组成的军事威慑战略。法国 2011 年 5 月宣布，决定仿效美国成立一支“网络战快速反应部队”。北约决定建立集体网络防御机构。目

① 艾伦·特拉维斯：“大臣们警告说互联网成为暴力极端主义的最大滋生地”，英国《卫报》网站，2012 年 2 月 6 日。

前俄罗斯、英国、德国、伊朗、印度、以色列、韩国等都已建立网军。日本也计划建立一支“网络空间防卫队”。随着信息化技术的不断发展和军队信息化的不断深化，越来越多的网络对抗力量将会出现。虚拟空间的斗争将没有战时与平时之分，网络空间的较量将越来越激烈。

（二）气候变化既引发外交战，又造成自然危机

全球气候变暖越来越成为国际社会高度关注和重视的重大问题，普遍被各国提升到新的战略高度，各国积极开展环境外交，气候变化问题也成为国际外交斗争的新舞台。欧美既竞争又妥协，竞相出台新的应对政策，大打“气候牌”，旨在为西方谋取最大利益。气候问题也深刻影响着南北关系，发达国家将此与政治挂钩，“生态政治化”倾向业已出现，新兴发展中大国成为环境与发展问题的主要批评对象。美国将发展中国家承担减排义务作为批准《京都议定书》的先决条件之一，欧洲国家威胁对不履行环保义务国家的出口产品征收惩罚性关税。以环保为名的国际贸易保护战正在拉开序幕。气候变化给世界带来严峻挑战，人类未来将不得不面对一些不可预测的生态危机。在此背景下，水资源安全地位未来将持续上升。人口增长、城市化和全球气候变化等因素将会导致水资源的脆弱性大幅增加，水资源供应短缺、污染和环境退化等现象更为严重，水资源危机有可能成为社会和政治不稳定的根源。国际社会将对水资源及高耗水产品的分配等问题展开讨论，以免因“水战”、“水恐怖主义”及其他诸如此类的问题而威胁到世界稳定。因气候变化、水资源紧张，以及人口增长等原因，又产生了“粮食危机”。与 2010 年 1 月相比，2011 年 1 月的全球粮价平均涨幅为 29%。粮价上涨等因素是造成西亚、北非政局动乱的主要原因之一。据 2011 年初世界银行发布的《食品价格观察》报告警告称，全球食品价格已经上涨到一个相当危险的水平，导致发展中国家新增 4400 万人陷入赤贫，威胁到全球数千万人生计。

(三) 能源领域引发系统性危机

先从金融危机产生的机遇来看危机产生的关联性。危机在短期内对降低全球二氧化碳的排放带来好处，国际能源局报告称，2009 年受全球增长放缓的影响，二氧化碳排放减少了 2.6%。从长期看，主张增加绿色投入以应对气候挑战的观点将与应对危机寻求新增长点的观点汇合。发展大规模太阳能、开发电动汽车及相关产业、发展核能、建造生态住房、碳捕获与存放等绿色经济、环保经济、低碳经济等政策在促进减排的同时，成为经济增长的主要因素。但是危机与能源问题关联性的负面效应更可怕。历史上能源问题通常加剧政治、经济危机。1973 年阿拉伯石油出口国对西方进行的石油禁运，导致油价暴涨 4 倍，结束了西方“光荣的 30 年”。从 1974 年起，所有的西方国家都进入衰退，出现了二战后的低增长期。从 1978—1979 年起的伊朗伊斯兰革命到 1980—1988 年的两伊战争，造成油价上升至每桶 100 美元左右。此后又造成西方经济出现“滞胀”期。包括西亚、北非在内的大中东地区是世界上最富有的油气资源集中区域，同时又是世界最不稳定、最具爆炸性的地区，美国出兵伊拉克、北约打击利比亚均与掠夺当地石油资源密切相关。能源问题导致系统性危机的主要表现：一是资源、能源国的抵抗风险能力降低。所有依赖于石油、矿产收益的国家，都会对与劳动价值有关的财富产生排斥效应，导致农业萧条，工业不景气。中东国家及俄罗斯就因为 10 年油价的井喷，没有实现工业的多样化和发展农业，因而极易在全球性经济危机中受到冲击；二是容易产生腐败国家和冒险性。石油资源属于国家，任何国家都会牢牢控制勘探、开发许可证的颁发以及石油及其产品的生产、销售。这极易造成国家最上层的少数人掌握巨大的财富，并绕开国家预算的制定和必要的民主程序，因为石油收入本身就能代替税收，这就是为什么许多依赖能源资源的国家容易产生腐败的寡头政治集团或成为专制国家。凭借巨大的财富，这些国家很容易不顾民众反对进行冒险，如 1991 年伊拉克萨达姆对科威特发动的侵略战争；三是产生社会动荡的温床。巨额石油收益妨碍了经济多性发展，石油天然气国家的增长率要低于其他经济类型国家，与经济多样性发展的国家相比，这些国家处于相对衰落地位。一方面造成社会的两极分化、贫富不均，另一方面单一经济结构导致失业人数、尤其是年轻人失业率极高，民众不满情绪长期积压，终于酿成 2011 年西亚、北非的大规模社会动荡。

（四）恐怖主义的能量依然巨大（详见第六章 中乱）

（五）安全危机持续发酵

1929 年爆发的经济危机经过 10 年的能量酝酿，到 1939 年终酿成世界大战的惨剧。如今历史虽不会重演，但在金融经济危机的长期冲击下，社会不稳定因素增加，一些发达国家、发展中国家及新兴国家均出现社会政局持续动荡局面，安全危机凸显。首先，在发达国家内部面临严重的安全隐忧。一是政府执政能力、公信力普遍下降，社会不满情绪导致暴力事件频发。金融危机爆发以来，欧洲已有冰岛、立陶宛、捷克、匈牙利、希腊、意大利、西班牙等国政府直接因经济和债务危机倒台，希、法、德、西、意、英等国的罢工、罢课风潮不断，并越来越倾向使用“暴力抗争”，出现非法扣禁企业主、抢占超市和公用设施，德国出现极左派和新纳粹派频繁制造烧毁汽车等暴力破坏活动。发生在瑞典的“疯狂枪手”枪击案造成 77 名平民死亡，法国也发生系列枪击案造成 7 人死亡；二是危机引发人们对资本主义制度及其弊端的反思，各种极端、无政府主义思潮和行动呈泛滥之势。传统工人运动斗争中的一些口号如“阶级斗争”、“革命”等字眼再现。法国由“隐藏委员会”出版的《造反来临》一书，公开介绍如何采取极端方式破坏国家的公共设施与服务网络。其次，发展中国家、新兴国家面临严峻的安全挑战。一是危机造成一些国家进入动荡和政变的高发期。2008年金融危机爆发后，亚洲的泰国、斯里兰卡、韩国、蒙古等国出现大规模示威和骚乱。非洲的几内亚、赤道几内亚、毛里塔尼亚、几内亚比绍、马达加斯加、马里等国发生了政变。发生在2011年初的西亚、北非的大动荡更是与经济危机有着直接的关系。根据德国海德堡国际冲突研究所的《冲突晴雨表》报告统计，2011年是一个暴力之年，发生的战争为1945年以来最多的一年，发生了20场高级别的冲突①；二是促使"问题"、"敏感"国家铤而走险。伊朗、朝鲜先后进行发射卫星试验，继续走"核边缘"政策。长期受西方压制、制裁的伊朗频繁举行军演，总统在联合国反种族歧视大会上发表攻击以色列的言论，拉拢伊拉克逊尼派，力挺叙利亚政权，不断挑战西方底线。再次，恐怖主义、海盗威胁呈蔓延扩大之势。尽管美国击毙了本·拉登，北约在阿富汗加强军事打击力度和经济援助，但"基地"组织、塔利班势力仍然活动猖獗，并对阿富汗、巴基斯坦、也门等国政权构成严重威胁。伊拉克恐怖袭击时有发生。"基地"组织、伊斯兰极端势力沿着"阿拉伯之春"打开的道路向西延伸，相机夺取政权。导致索马里海盗滋生的根源没有消除，海盗仍将继续存在，而且其行为开始出现变化，具有组织更加严密、袭击手段日趋隐蔽、活动范围向印度洋逐步扩大等特点。第四，全球防务费用逆势上涨。金融经济危机造成各国财力捉襟见肘，国际社会对发展中国家的援助和关注度也随之下降，据国际货币基金组织估计，外国对非洲大陆的投资将下降20%。但是，主要国家防务和安全费用不降反升，安全费用和武器开支增加，与此相关的军火工业蒸蒸日上。美国2009年国防预算高达6110亿美元，是二战以来最多的一年。2011年达7250美元。俄罗斯2011年国防预算为718亿美元，比上年度增长8%。印度2012—2013财年的国防预

① 约翰内斯·科尔格："战争之年"，德国《明镜》周刊网站，2012年2月23日。

算为 19340.7 亿卢比（约合 390 亿美元），同比猛增 17.6%，涨幅是 1947 年独立以来最大的一次，印度还成为新兴经济体中最大的武器购买国。日本用在自卫队上的预算比 2008 年增长 0.8%。菲律宾 2011 财年国防预算的涨幅将高达 81%，增至 1045 亿菲律宾比索（约 23 亿美元），约占 GDP 的 2%。越南 2011 年国防预算实际上已经达到 26 亿美元，较前一年提高 70%。第五，核问题前景堪忧。当前国际核安全形势不容乐观，一些国家急欲拥核，即使违反了有关国际条约也在所不惜。一些国家民族主义势力抬头，并试图发展核、生物和化学等大规模杀伤性武器。有核国家中的美、俄、法等核大国相继对核战略做出重大调整，力图通过“先发制人”和加紧对核武器的改造和研发，抢占新的制高点。为预防和打击恐怖袭击，有关国家都在加紧研发小型、精确、灵活的核弹。而为防止遭受先发制人的打击，其他国家势必寻求发展生存力更强的核、生物和化学武器，加剧军备竞赛。随着主要核大国相继调整核战略，降低核门槛，大大增加了爆发地区核危机的可能性。宣布“先发制人”核战略的国家，将会刺激其他有核国家降低核门槛，无核国家拥核自保。这将使和平解决伊核、朝核问题的难度增大，对世界军控、核不扩散政策及安全形势带来负面影响。对此，前北约秘书长索拉纳等人指出，在这样一个全球变暖、智能炸弹、网络战争和全球传染病频发的时代，我们必须借助更加复杂和微妙的策略来保护我们的社会。我们不能继续坚持已经过时的策略，无视全球共同威胁以及应运而生的相互依存的总体环境。①

① 哈维尔·索拉纳、丹尼尔·英纳拉里蒂：“新权力法则”，世界报业辛迪加网站，2011 年 8 月 1 日。

地缘篇

地缘跷跷板只有在“后时代”的多极化趋势下才有可能出现。如果说在西方单独掌控世界的几百年里，西方在世界力量天平上的份量和地位呈现出具有压倒性优势的“一头沉”、“一边倒”，那么从21世纪第一个10年起，伴随着代表着东方、南方新兴国家的崛起，以及从北非—西亚—中东—中亚广大阿拉伯穆斯林世界出现的巨大变革，自西向东在地缘战略上形成一条巨大的地缘跷跷板，其力量对比正在发生重大改变：西部是综合实力相对削弱的美国和欧洲，东部是快速崛起的新兴国家和发展中国家，中间支点则是广大的大中东地区。这条跷跷板目前呈现的力量对比情况是这样的：西方不再是唯一的方向坐标和发展模式，新兴国家因实力和影响的上升正争取实现与西方的平起平坐，而处于中间地带的大中东地区则因其地理位置和近年来爆发的巨大并带有不确定性、不稳定性的变革成为这条跷跷板的战略支轴，它向任何一方倾斜都会加强一方和减弱另一方的力量。目前东西两头都在对中间地带施加影响和拉拢利诱，力图使这条跷跷板发生对己有利的倾斜。而东崛、中乱、西衰，则构成当前这条跷跷板重要的地缘战略特征。

第五章 东崛

亚洲的崛起带动了整个发展中国家的群体性崛起，从而使“跷跷板”由“前时代”的“一头沉”发生历史性的倾斜，也为“后时代”平衡双轨制和世界完整性的确立奠定了坚实的基础。中国外交部副部长张志军在第48届慕尼黑安全政策会议上说，无论是在经济还是在安全上，亚洲对全世界都是一个加号而不是减号。东西方的发展不是“零和关系”，亚洲崛起是国际力量更均衡发展的标志。[①]

第一节 东亚起飞与东亚模式

从20世纪五六十年代起，一大批地处亚洲东部的大、中、小国家和地区在短短几十年内迅速振兴，不仅在经济、社会领域产生巨大反响，而且在政治、发展模式和论理道德上也独树一帜，既兼容并蓄、海纳百川地借鉴吸收了西方工业化的先进经验，又秉承历史传统和文化，形成有别于西方发展道路和轨迹的“东亚模式”。正因为有了一大批东亚国家和地区的崛起和推行“东亚模式”，才有利地影响和带动了世界其他地区发展中国家的快速发展，极大地促进了世界多极化的发展，推动了国际格局加速向“后时代”转型。

自20世纪50年代末期开始，东亚国家开始呈波次型、集团型的

① 新华网，2012年2月4日。

规模和气势向前推进。日本经济以较快的发展速度从战争废墟中恢复，实现了“30年繁荣”。作为一个1914年以前已经完成工业化的国家，其经济复苏不足为奇。随后，“亚洲四小龙”：韩国、新加坡、中国台湾和中国香港开始以惊人的速度增长，其中，中国台湾和韩国在后来的30年里，实现近两位数的年增长率。这形成东亚经济发展的第一波次。不过除日本外，“四小龙”经济规模都比较小，缺乏自然资源。到20世纪70年代末，“四小虎”：马来西亚、泰国、印度尼西亚和菲律宾开始走上快速发展道路，形成第二波发展浪潮。1979年中国开始实行改革开放政策后，以其人口最多、领土面积最广、连续30年经济平均增长率保持在9.5%高增长的磅礴气势掀起第三波浪潮。“世界上还从来没有出现过如此之快的增长速度。1820—1870年，英国的GDP年增长率仅超过2%，美国同一时期的年增长率也刚刚略高于4.2%。而后来的亚洲新兴国家——中国，甚至创造了比先前‘亚洲四小龙’还要高的增长率。其结果是，一个拥有大约20亿人口的地区完成了快速和积极的转型，东亚地区的贫困水平下降到2007年的不到25%（该数字在2006年是29.5%，1990年是69%）。”① 在中国之后，东亚的发展模式迅速波击到亚洲的其他地区，东南亚的越南，南亚的印度也从20世纪90年代起开始起飞，形成第四波发展浪潮。东亚国家和地区经济取得迅速发展的主要原因和重大意义在于以下几个方面：

第一，实现了历史性与现代性的完美结合。早在公元前3世纪，以儒家学说为中心、儒、释、道融合而成的华夏文明开始传入朝鲜半岛，而后又流传到日本列岛和越南等地。这种源远流长的文化交流，使得东亚诸国的人文价值理念和道德标准在儒家思想下整合统一起来，构成“儒教文化圈”。虽然东亚地区不仅有儒教，还有佛教、伊斯兰教和基督教等多种文化传统，但是儒家学说长期在东亚地区占主导地位。

① ［英国］马丁·雅克著，张莉、刘曲译：《当中国统治世界》，中信出版社，2010年版，第83页。

在长期的潜移默化中，传统文化价值观在东亚诸国中打上了深刻的烙印，即使接受了现代化和西方文化，但也始终坚持以东方理念实践西方原则。东亚文化具有多元主义倾向，呈现开放性的文化结构，能够不断吸收和融合外来文化。“在作为一个群体的东亚人和另外一个具有欧洲文化背景的人群之间，在社会心理方面有着巨大的差异。东亚人生活在一个相互依赖的世界里，个人是大集体的一部分；而在西方人生活的世界里，个人是单一的自由行动者。西方人喜欢简单，东方人假定复杂，这种取向涵盖一切，不仅仅只是他们的因果观。他们的偏好延伸到了一般性知识组织方式……我并不是说，我们在实验室发现的认知差异导致了态度、价值观和行为的差异，而是认知差异本身就与社会和动机差异不可分。人们持有特定的信仰，这是由他们的思维方式造成的；而他们的思维方式是由他们所生活的社会的性质决定的。”①

二战后，东亚诸国大多努力学习和借鉴西方文化，积极推动本土文化的历史性变革，先后走上现代化道路，不仅建立了市场经济，而且建立了现代政治体制，积极推进民主化。像罗马帝国那样，这种统一被一种强烈感觉到和根深蒂固的文化优越感加强、合法化和支撑。儒家学说加强了这种文化优越感。儒学是一种非常适用的哲学，它强调和谐、等级制度和纪律。②“东亚模式”包含着不同于西方个人主义的集体主义精神，以及由此产生的服从权威的社会秩序观等，被认为是东亚现代化发展速度快的重要原因。日本是“东亚模式”的典型，市场化程度很高，但其经济中的垄断成分一直具有举足轻重的地位。韩国把儒家的权威主义运用到经济中去，形成了“政府主导型经济”。

① ［美国］彼得·卡赞斯坦著，秦亚青、魏玲译：《地区构成的世界：美国帝权中的亚洲和欧洲》，北京大学出版社，2007年版，第99页。

② ［美国］兹比格纽·布热津斯基著，中国国际问题研究所译：《大棋局》，上海人民出版社，1998年版，第18页。

儒教的道德规范对东亚国家和地区现代企业的生产管理和人际关系中也有着极为重要的影响。美国俄亥俄州威顿伯格大学教授宾·尤里根据东亚地区经济腾飞的形势，曾经高度评价了亚洲的现代价值，认为“日本经济在世界独占鳌头，韩国、新加坡及其他国家的欣欣向荣，就足以证明：孔子思想可以作为重建世界的原动力”。[①] 与19世纪类似，现在的日本、中国、俄罗斯、新加坡和马来西亚在发展进程中都以现代国家的姿态有选择地吸收西方经验，同样拒绝西方模式。在亚洲国家出现了各种各样的新本土资本主义，它们不是旨在复制美国式的自由市场。这些国家的政府不会采纳可能导致经济脱离母体文化并最终失控的政策。[②]

第二，中国所发挥的强有力引领和示范作用。在20世纪80年代，中国国内生产总值（GDP）在世界总量中所占比重为3.6%，90年代为9.6%，在21世纪的第一个10年增至25.5%；经济总量从1978—2010年翻了四番多，达到5.88万亿美元，占世界的比重从1.8%增加到9.3%；人均国民总收入与世界平均水平的比例从2005年的24.9%提高到2010年的46.8%；进出口总额从1978年的206亿美元增加到2010年的2.974万亿美元；1979—2010年，累计使用外商直接投资1.0483万亿美元。同时，中国加入世贸组织以来进口的外国商品，为相关国家创造了1400多万个就业岗位。过去10年，在华外资企业累计汇出利润2617亿美元，中国非金融类对外直接投资从不足10亿美元增加到590亿美元。2009年境外中资企业实现境外纳税106亿美元，聘用当地员工43.9万人。[③] 中国只花了10年的时间，就实现人均产出（衡量经济起飞速度的标准）翻一番，而历史上英国耗时58年、

① 张颂之：“所谓海外新说对孔子现代神话形成的影响——孔子神话研究之三”，《中国文化研究》，2002年第2期。

② ［英国］约翰·格雷著，刘继业译：《伪黎明》，中信出版社，2011年版，第208页。

③ 有关数据参见2011年9月6日国务院新闻办出版的《中国的和平发展》白皮书。

美国耗时47年和韩国耗时11年才达到同等水平。当美国1870年开始经济起飞时，其人口为4000万。到1913年，人口达到9800万。日本经济起飞始于1950年，当时的人口是8400万，到1973年人口达1.09亿。相比之下，中国1978年开始腾飞时的人口是9.63亿，这个数字是美国1870年人口数的24倍、日本1950年人口数的11.5倍。金融危机以来，全球投资都经历了严峻的考验，而中国无论是作为资本吸收方还是作为资本输出方，都一枝独秀，尤其是中国的对外投资最近10年来正在以年均约80%的增长速度飞速发展。据中国商务部统计，截至2009年底，中国在全球177个国家和地区设立直接投资企业1.3万家，对外直接投资累计净额2457.5亿美元，居全球第15位。2009年，中国对外直接投资流量达到565亿美元，名列全球第五位。中国企业通过对外投资和收购，为东道国填补了资金缺口，促进了当地经济发展。[①] 中国作为传统的主要外资接收国，如今正在成为新兴的对外投资主体。2010年海外并购以资源为主，但服务外包、汽车、服装、医疗和化工等行业的海外并购开始兴起，吉利以18亿美元完成对瑞典沃尔沃的收购是中国制造业海外投资最具有标志意义的案例。

2010年是中国经济全面跃升的一年：经济增速达10.3%，经济总量在世界排名中首次超过日本，成为世界第二大经济体，这是中国实现的一次历史性跨越；外汇储备达2.85亿美元，稳居世界第一；外贸总额近3万亿美元，成为世界上第一大出口国、第二大进口国；吸收外资近1057.4亿美元，外资投资总额约达1万亿美元，成为世界第二大外商投资国。中国的国防、科技力量和软实力也同步大幅提高，尤其是国际地位和影响力空前上升，在一定程度上已跻身世界舞台的中心。中国崛起以其庞大的经济规模和综合实力对世界各国产生了巨大

① 《人民日报》，2011年1月24日。

影响。"作为世界上最有影响力的大国，中国的崛起给世界带来的影响将是深远的。两个多世纪以来，占据统治地位的制度、思想、价值、规范等都是和西方世界联系在一起的——开始是欧洲，后来是美国。西方的衰落意味着它越来越没有能力，也无法以以前的方式去塑造这个世界。出于同样原因，中国的崛起将意味着它的历史、文化、语言、价值、机制和企业将会逐渐影响世界。如果说自1978年以来，世界带给中国的改变要大大多于中国带给世界的改变，那么这种进程将很快发生逆转——中国带给世界的改变将远远多于世界带给中国的改变……中国的崛起对世界不是一种威胁，相反，中国的崛起——伴随着印度的崛起（两个国家的人口总数占世界总人口的38%）——是过去两个世纪以来对世界民主化进程最大的贡献。"① "自1978年以来，中国GDP的年均增长率一直保持在9.4%（原文如此）左右，超过美国1870—1913年3.94%增长速度的2倍。据预测，两个国家各自腾飞持续的时间将大致相同：美国约43年，中国约42年，因为虽然后者的增长速度快得多，但其人口规模也大得多。美国1870年开始腾飞时，其GDP占世界总量的8.8%，到1913年时，该比例上升至18.9%。与此相反，中国1978年时的GDP约占世界总量的4.9%，但这一比例到2020年的时候，很可能会增加为18%—20%。在这两种情况下，两国GDP的增长都对世界GDP总值的膨胀产生重大影响。例如，20世纪80年代，在所有国家中，美国做出了最大单一国家的贡献，约占21%；然而，20世纪90年代，甚至在其发展水平有限的情形下，中国超过了仍然保持21%比例的美国，为世界GDP总值的增长做出了27.1%的贡献。"② "毫不夸张地说，中国正在改变呈现在我们眼前的世界，而且还会把它带入一个陌生的未来。正因为这种转变及其

① ［英国］马丁·雅克著，张莉、刘曲译：《当中国统治世界》，中信出版社，2010年版，第XXIII－XXVI页。

② 同上书，第152页。

对世界的影响是如此之大，人们谈论现代经济历史甚至会使‘中国前’和‘中国后’（和‘公元前’、‘公元后’类比）之类的术语——1978年成为这两个时期的分水岭。”[①]“中国实际上是一场影响广泛而且深远进程的首要催化剂。正如全球化让世界变小，中国让西方——其价值观、原则和标准——变小。”[②]

第三，坚持和谐、多元、共赢的价值理念是形成“东亚模式”和促进亚洲区域化发展的关键。亚洲作为世界上面积最大、人口最多的大陆，经济增长成为全球增长最快的地区。亚洲各国存在着多样性、多元性、差异性，发展水平、发展模式、社会制度、价值观和国情多种多样，共生于较为宽松的人文环境中。所以，东亚文化的包容性很强，具有非同一化、非排他性特征。即它不追求特定的价值取向，无关社会制度和意识形态，东亚诸国以地区作为一个整体，以包容多元并存为特点，求同存异，努力在不同中追求和谐，在冲突中寻求合作共赢。在政治、经济交往中，以“和而不同”、“求同存异”的原则和精神来处理彼此关系，为维护亚洲的可持续性发展，以“天人合一”的精神致力于人类与大自然的和谐关系，以“求同存异”的精神来尊重多样性。亚洲新兴国家创造出一种新型的政治治理模式，即发展中国家的政治合法性和民众支持率，不仅基于民主选举，还体现在国家推动经济持续增长的能力。东亚政治不以实用主义为基础，其权力从本质上被视为一种最终价值，与社会的集体福祉密切相关。在区域一体化进程中，为应对全球化和其他大陆区域一体化的挑战，尤其在1997年东亚金融危机后，亚洲各国以亚洲为整体加快经济一体化进程的必要性和紧迫性日益增强。目前在东亚合作方面，区内贸易比重已

① ［英国］马丁·雅克著，张莉、刘曲译：《当中国统治世界》，中信出版社，2010年版，第151页。

② 斯蒂芬·哈尔珀：“中国在新的全球路线图上标明路线”，澳大利亚《悉尼先驱晨报》网站，2011年12月24日。

超过50%，区内投资占东亚经济体引资总额的2/3，区内产业、投资和贸易链正在形成。尽管亚洲各国间经济、政治、社会环境不同，发展阶段存在差异，但争取平等、和谐、公正、稳定和持续发展的目标一致，通过加强成员的相互依存度来增强区域整体的凝聚力和整合力，把多元一体作为根本指导原则，愿意通过对话、协调与合作，实现区域一体化。在安全领域，实现东亚和平与稳定是维护可持续性发展的关键。近年来中国积极倡导树立互信、互利、平等、协作为核心的新安全观，通过平等对话化解矛盾与争端，发挥亚洲大国的义务和责任，实现与周边邻国的睦邻、安邻、富邻的外交政策，消除周边国家对中国快速发展存在的猜疑和畏惧，展示亚洲在和谐基础上建立起的平等、有序、社会关注的新型发展模式。目前在亚洲的东西南北已经基本形成包括上合组织、六方会谈机制、东盟地区论坛的三大安全合作体系，重点进行机制化建设和确立通过平等对话化解矛盾、争端的和谐理念。在思想理念上，"东亚模式"正在引发亚洲人一场深刻的思想革命。亚洲新兴国家的经历证明，它们可以学习他人的经验，借鉴和运用现有的技术，推陈出新，赶超发达国家，建立与西方模式不同的、以"政府主导型"为基础的亚洲发展模式。亚洲实力的增强培养了亚洲人实现自我价值观的思想和意识，要做自己的主人，决定自己在世界舞台上的命运，改变由西方主导的世界政治经济秩序。"19世纪和20世纪都是西方的时代，但是这个时代即将结束。到21世纪中叶，西方国家占世界GDP的比例将不到一半，表明西方时代行将成为历史。中国、印度、巴西、韩国和其他许多发展中国家的崛起，不仅代表着一种经济力量均衡的巨大转变，同时还包含了更广泛的寓意。经济的繁荣有助于这些国家增强自信心和改善本国形象，也促使它们在世界更广泛的范围内宣传其政治和文化价值观。亚洲新兴国家的一个显著特征是，它们原本对西方的一切都充满了渴求，恨不得抛弃自身的所有特性去追求现代性，因为自身的特性与贫穷和落后画上了等号，而随着现代性进程的发展，它们逐渐迷恋上自己的土生土长的特性，而不再像以前那样只对西方事物情有独钟。”[①] 在区域内外关系方面，各国通过加强成员的相互依存度来增强区域整体的凝聚力和整合力。随着区域内一些国家快速崛起和区域外周边国家对亚洲关切度的上升，美、俄、澳、新等国怀着不同心态纷纷“入亚”，印度也积极向东亚靠拢，亚洲各国已意识到整合亚洲、尤其是整合东亚的必要性。即一方面巩固和深化亚洲内部的联系，促进内部大小国间、不同地区的均衡发展，消除对区域内大国间的矛盾和大国异军突起的疑虑；另一方面加强亚洲与世界其他地区之间的联系，给“入亚”国家以明确、合理的定位。“与欧洲相比，亚洲地区主义的历史渊源更深。历史上在中国强大的时候，亚洲就是和平的。等级制与稳定携手而行。中国的军事和经济优势以及稠密的跨国文化交流使得正式等级和非正式平等这两种形式结合了起来。定义地区体系的不是主权，而是宗主权，在这个体系中，中国虽然把其他单位包括在内，但是却给它们留下了相当大的回旋余地。在以中国为中心的世界里，各国象征性地承认清朝皇帝的至高无上，定期以繁杂的仪式向其表示致敬。但实际上，在朝贡贸易体系中，交流互换对于弱者更是有利可图的，当然有的时候也会在平等的基础上进行。皇帝允许缺乏美德和文化修养的外国人（如住在条约口岸的西方人）进行自我管理。皇帝的权威在于德行和文化上的卓越，他的美德可以给王土带来秩序和繁荣。皇帝的权威没有清晰的界定。为了和平与和谐，他有权力也有责任参与他统治之外的政治单位的事务。尽管权威界定模糊，中国周边的很多统治者都效仿了中国的统治体制。”[②]

① ［英国］马丁·雅克著，张莉、刘曲译：《当中国统治世界》，中信出版社，2010年版，第115页。

② ［美国］彼得·卡赞斯坦著，秦亚青、魏玲译：《地区构成的世界：美国帝权中的亚洲和欧洲》，北京大学出版社，2007年出版，第97页。

第二节 发展中国家群体性崛起

保罗·肯尼迪早在1987年出版的《大国的兴衰》一书中称赞道，当今众所周知的一个“全球性发展趋势”——太平洋地区的崛起。对这个趋势的继续发展作出肯定的预测是合理的，因为其发展的基础十分广泛。它不仅包括日本强大的经济，而且包括中华人民共和国这个急速变化着的巨人；不仅包括为人们所公认的繁荣的工业国澳大利亚和新西兰，而且包括像台湾、南朝鲜、香港、新加坡，以及东南亚国家联盟的其他成员国马来西亚、印度尼西亚、泰国、菲律宾等在工业化方面取得了巨大成功的国家和地区。[①] 从1990年起，新兴经济体和其他发展中国家占世界经济的比重每年平均增长近一个百分点，目前占世界总产出的30%。危机之后，发达国家复苏迟缓，新兴经济增长强劲，此消彼长，更加速了这一趋势。当今世界的力量跷跷板，正在发生急速的变化。1973年，美国、西欧、日本以及澳大利亚、新西兰等国所组成的“发达国家俱乐部”，加起来只拥有全球总人口的18.4%的比例，却占有世界GDP的58.7%的压倒性财富优势。到2001年时，发达国家占世界GDP的比例已下降为52%，人口只占全球总人口的14%。这期间最引人瞩目的变化是东亚国家占世界GDP的比例迅速上升，从1973年的16.4%一跃而至2001年的30.9%，人口比例从1973年的占54.6%增至2001年的占57.4%。在2001年之前，发展中国家由于人口在不断增长，人均GDP增长低于发达国家。但过去10年这种格局发生了变化，其中亚洲人均GDP以5.3%的速度增长，从

① [美国]保罗·肯尼迪著，王保存等译：《大国的兴衰》，求实出版社，1988年版，第538页。

2002—2007年更达到6.3%。2000年，新兴市场占到全球国内生产总值（GDP）的20%，但到2010年这个数字上升到近1/3。与此同时，新兴市场在全球贸易中所占的份额由8%上升到20%，而在全球产权投资市场资本总额中所占的份额由7%上升至30%。① 预计在未来的几十年里，这种变化趋势将表现得更为显著。据统计，到2032年“金砖国家”占世界GDP的比例可与美国、加拿大、英国、德国、法国、意大利和日本所组成的七国集团的相应份额等量齐观。预计到2027年，中国将超越美国成为世界最大的经济体。

一、俄罗斯走向富国强军的兴国之路

从2000年普京首次当选俄罗斯总统起，重新审视俄罗斯的政治发展道路，由于强化国家政权建设，在社会政治领域建立以总统集权为核心的“可控民主”，俄罗斯逐渐摆脱冷战刚结束时内部一盘散沙、对外政策一边倒向西方的混乱局面，走上了独立自主、富国强军之路。

第一，奉行能源武器的“功能化”，使俄罗斯丰富的石油、天然气等战略资源不仅成为复苏的资本，也成为其外交的重要“王牌”。俄罗斯利用国际油价上涨，实现了国民生产总值的快速增长，还清了债务。在1995—2000年的几年里，由于石油收入和家庭消费拉动，俄罗斯经济增长率从零上升到6%。经过20世纪90年代叶利钦时代的私有化，普京将石油、天然气行业及其他战略性资本（银行、建筑、航天等）通过政治权力强行收回，并将其亲信安排到公共大企业的领导岗位，而这些企业现在占到俄罗斯经济的1/3强。俄罗斯天然气公司股市市值在全球居第三位，占俄罗斯GDP的8%，有30万员工，2005年有

① 彼得·约翰松、朴胜虎、威廉·威尔逊：“新兴市场软实力不断提升”，英国《金融时报》，2011年12月19日。

117 亿美元的利润，成为俄罗斯企业的象征。从 1999—2006 年间，俄罗斯的 GDP 增加了 4 倍多。俄罗斯大打“能源牌”，以提升其在地缘政治和国际政经格局中的地位和影响力。西方国家，尤其是欧洲在能源问题上有求于俄，不得不在许多重大国际问题上对俄罗斯做出让步。2008 年在全球金融危机的冲击下，2009 年俄罗斯 GDP 下滑 7.9%，创下自 1991 年苏联解体以来的最大跌幅。经济增长减缓至 4%，通胀率达 7%。金融危机导致国际油价下跌，对俄罗斯经济造成巨大冲击，其脆弱性显现出来。过于依赖能源输出、国内经济发展不足的状况难以扭转。政府意识到过度依赖资源性产品和海外市场是俄罗斯经济发展模式的致命伤。俄罗斯经济发展的同时，以石油、天然气开采和出口为基础的经济增长模式并没有改变。目前，俄联邦预算收入的 30%与外汇收入的 45%来自石油和天然气产品。在出口和吸引外资方面，能源行业名列前茅。总理普京 2008 年 2 月在《俄罗斯 2020 年前的发展战略》中指出，虽然“建立世界上最好的现代化能源部门、设立从事原料开采和加工的高新技术企业，无疑是我们的重中之重”，但是，如果不能摆脱能源依赖型的经济发展模式，俄罗斯就可能会“沦为世界经济的原料附庸，在将来使我国落后于世界主要经济体，并被挤出世界领先国家的行列”。2008 年 11 月，梅德韦杰夫总统在俄罗斯联邦会议发表的国情咨文中明确指出，俄罗斯“需要彻底改革政治和经济体制”，同时宣布俄罗斯经济已从全球金融危机中成功复苏，俄罗斯经济实现 V 型反转。

第二，实施强军政策。在普京执政的 2000—2008 年间，俄罗斯的军事开支每年增长 25%—30%，2008 年达到 600 亿美元，尽管军费比美国低 10 倍之多，但其军事预算已接近国内生产总值的 4%，美国则是 5%。为弥补过去十几年忽视军队建设的损失，俄罗斯计划未来数年内把财政收入的一半投入战略力量建设并对军队进行脱胎换骨式的改造，打造一支职业化、标准化、专业化的新俄军。2011 年初总理普京宣布，俄罗斯在未来10年将投资23万亿卢布（约合6460亿美元），用于购买武器和使军队现代化。与上个5年相比，俄军从2011—2015年各类武器装备的采购量将成倍增长，有的甚至将增长4倍之多。国防部决定，将在今后几年内完成军事改革框架内所有新部队，包括空天防御部队的组建。根据俄罗斯联邦《空天防御构想》的规划，俄将加速推进空天防御系统建设，空天防御兵指挥所已开始战斗值班。此外，海军还推出建造航空母舰的重大举措。俄军建设将迎来一个新的快速发展时期。新军事理论与以往有很大不同，对俄罗斯的地位和作用进行重新评估，强调经济是强国强军的重要支柱，俄罗斯面临的主要威胁是美国、北约和新崛起的国家，威胁既来自军事的，也包括全球化、主权分裂、冲突、外国干涉等非军事的，以及可能导致外交或军事行动的各种威胁。普京2012年2月20号在官方报纸《俄罗斯报》及其个人竞选网站上发表了为竞选总统的第6篇纲领性文章，详细阐述了他对国家安全问题以及未来军队建设的看法和计划。他指出，政府在国家安全领域工作的重中之重是更新军事力量和军事技术。军队建设的目标是要在新的军事技术基础上建立起新的军队结构。特别是要尽快研发出射程更远、精确度更高、反应更迅速的武器技术，而新的技术之先进将超出所有敌对势力的预料。普京承诺，未来10年俄军将获得400多枚洲际弹道导弹、近百艘水上战舰、近2000架军用航天器和飞机、其中包括第五代战斗机。重点发展俄罗斯海军舰队，尤其是北海舰队和太平洋舰队。针对美国和欧洲不断推进的反导系统问题，普京在文章中警告称，将针对美国全球反导系统扩张做出有效且不对称的回应。而且将与美国在反导领域的发展步伐相吻合。普京指出，美国和北约扩展反导系统的行为决定了俄罗斯必须保障战略核力量的存在以及加强统一的空天防御系统。

第三，俄罗斯民族历来有两个根深蒂固的思维：一是军事上必须强大，军事永远是争夺世界的重要赌注，俄军事战略的根本在于拥有一支强大的军队；二是外交上的“双头鹰”政策，地处欧亚大陆中部的俄罗斯积极发挥地缘政治优势，既注重西方，也借重东方，当俄罗斯与西方关系吃紧时，它就会转向东方。反之亦然。是“融欧”、“入亚”还是齐头并进，均给俄罗斯外交提供了极大的战略空间和选择余地。普京第一次执政后俄罗斯迅速进入恢复期，国际影响达到苏联解体后的顶峰。在发展“硬实力”的同时，其“软实力”也显得咄咄逼人。一是政治上的“去西方化”，在俄罗斯看来，其民主理念与西方大相径庭，俄罗斯的“现代化”也决不意味着将“西方化”。俄罗斯与西方关系进入“合作”加“争夺”阶段。西方国家担心俄罗斯因素成为可怕的“战略竞争者”，敢于对西方说“不”。从大打“能源战”到发动俄格战争，从支持伊朗、叙利亚到反对美国在欧洲布置反导系统，从反对北约东扩到抵制“颜色革命”，俄罗斯正在全面抗击西方。经过多年美、欧、俄的较量，西方发现俄罗斯羽翼已丰，其在国际关系中的地位和影响日趋上升，成为难以应对的强大对手。相对于普京执政时期美俄频发的“口水战”，梅德韦杰夫担任总统期间双方的关系有所缓和，美俄关系实现了一定程度的“重启”，但是西方仍然难以判定俄是战略竞争者还是战略合作者，力求在“合作”与“竞争”中寻求平衡。2012 年 3 月普京再度当选总统，美国、西方更担心以强硬著称、对西方没有好感的普京掀起新的反对西方浪潮；二是外交关系中的“去意识形态化”，俄罗斯在外交上倡导多边主义和非意识形态化，与美国霸权政策大唱反调，赢得了国际社会中反感美国和西方政策国家的赞许和同情。在东亚，俄罗斯的战略地位空前提高，成为中国、印度、澳大利亚、日本争相团结的对象。俄罗斯在与美国、西方展开针锋相对斗争的同时，积极发展与维护同中、印、伊朗及阿拉伯世界的友好合作关系，以牵制西方。普京还积极倡导建立俄、中、印三方合作机制，并有意通过强化上合组织来抗衡美国及北约的战略挤压；三是针对独联体国家的“去殖民化”。表现在俄罗斯对独联体国家的政策发生较大转变，不再以从前的“宗主国”身份发号施令。2011 年 10 月普京正式宣布将参加总统大选后不久，提议原苏联国家成立“欧亚联盟”（Eurasian Union），新联盟将在业已存在的俄罗斯、哈萨克斯坦、白俄罗斯关税同盟的基础上建立。随后俄罗斯、哈萨克斯坦、白俄罗斯三国总统签署协议，在三国关税同盟基础上进一步推动经济一体化进程，并将于 2015 年成立欧亚经济联盟。在普京看来，这不是要以某种形式重建苏联，新联盟将建立在完全不同的价值观和政治经济原则之上，“我们提出的是强大的超国家联盟模式，它能够成为当今世界的一极，并在欧洲和亚太地区之间发挥有效的‘纽带’作用”。

第四，“俄罗斯因素”在“后时代”的国际战略地位凸显。俄罗斯正以前所未有的自信和能力重新参与国际舞台的博弈，国际格局中的俄罗斯因素日趋增强，国际影响和地位进一步提高。对美国、西方来说，很多人期待俄罗斯能在短时间内成为一个彻头彻尾的民主国家，但是愿望破灭后便产生了挫败感，认定俄罗斯因素更具威胁性和挑战性。在他们看来，俄罗斯的帝国心态从未消失过，并怀有报复心理，一旦时机成熟，它就会跃跃欲试。俄罗斯的现领导阶层并不认为叶利钦时代是一个民主思想开花结果的时代，而是受屈辱和软弱的时期。如今俄罗斯恢复了从前的强势，有能力通过实力对决来保障国家利益。但是，不能因为俄罗斯没有成为一个完整的民主国家，就说它今后一定会成为一个完全的极权国家。对欧盟来说，朋友可选，邻居不可选，面对一个近在咫尺、迅速崛起的军事强国，欧盟必须在困境中学会与变化中的俄罗斯打交道。尤其是在奥巴马推动美国的战略重心加速向亚太地区转移、轻视欧洲的地位和作用的情况下，欧盟要想在世界事务中发挥重大作用，就必须加大对俄罗斯的战略借重的力度。对美国亦然，美俄在国际和地区事务中也存在诸多共同利益，注定要坐在一起应对共同挑战。对于长期遭受西方打压的国家而言，俄罗斯因素构成“战略依托”。俄罗斯在外交上倡导多边主义和非意识形态化，反对别国干涉它国内部事务，在国际事务中与美国的霸权政策大唱反调。俄罗斯以军事、能源为手段迅速崛起，其发展模式对一些发展中国家具有吸引力，也得到长期受西方打压以及反感美国政策的国家拥护。伊朗、叙利亚、委内瑞拉等国均把俄罗斯视为强大的同盟和靠山。对于能源资源丰富的国家来说，俄罗斯带头以能源为武器，成为能源生产国的“龙头老大”。能源生产国乐见有强大的俄罗斯带头制造各种能源“危机”，使自己能从国际能源价格上涨中谋取暴利，又迫使像欧盟、日本等能源进口国加大对它们的依赖程度。中东地区的动荡给俄罗斯提供了恢复其在该地区传统影响的机遇。俄罗斯坚决顶住来自西方和部分阿拉伯国家的压力，反对西方国家借“民主”、“人道干预”之名武力干涉它国内政，利用自己与以色列及与伊朗、叙利亚等阿拉伯穆斯林国家的传统关系，积极在冲突各方中扮演“调解人”角色，这将大大提升俄罗斯在中东地区的影响和地位。对于新兴国家来说，俄罗斯因素则是它们战略利益的坚定支持者。俄罗斯虽是“G8”成员国，但实际上俄罗斯并没有得到其他7个西方大国的认可和尊重，俄罗斯深感自己只有在“金砖国家”中才能找到归属感。俄罗斯与中国、印度、南非、巴西组成“金砖国家”，在应对西方把持的国际秩序、推动多极化方面有着空前的共同利益，乐见“金砖国家”成为制衡“西方霸权”的一个重要平台。2012年3月4日，普京以近65%的优势赢得总统大选，“普京再次成为俄罗斯总统，这对在21世纪推行新殖民主义的美欧西方国家来说，是个巨大的恐惧。俄罗斯、中国以及其他‘金砖国家’正在为国际法受到尊重而努力，国际法是各国开展贸易、解决冲突和避免新的世界大战的唯一保障”。①

① 佩佩·埃斯科瓦尔：“普京令华盛顿发疯”，西班牙《起义报》，2012年3月14日。

二、力图成为世界大国的印度

第一，强经济与强军事并重发展。印度18世纪中叶处于英国东印度公司的殖民统治之下，1700年的人均GDP为550美元，1820年降为533美元，1857年被英国正式占领后，直到1870年人均GDP仍然是533美元，这说明印度1870年的人均GDP低于1700年，甚至还不到1600年的水平。在长达250年的时期内，印度大部分地区受到英国的殖民统治，人均GDP仅仅增长了5.5%。在印度独立之后，人均GDP在1973年上升到了853美元，到2001年的时候更是一路上升到1957美元，与独立前的水平形成了极其鲜明的对比。印度于1991年在与国际货币基金组织谈判结构调整贷款的框架下，开始了向国际开放市场和经济自由化。自此印度经济获得了年均6%的增长（近几年则接近8%）。根据印度官方估计，印度在20年中贫困人口减少了一半：从1977—1978年占总人口的51%减少到1999—2000年占26%。印度的主要增长点是高科技产业，其在软件开发、信息产业和管理领域取得了高速发展。早在20世纪80年代中期，时任总理拉吉夫·甘地就提出了“要用电子革命把印度带入21世纪”的口号，于是政府开始大力扶持计算机和软件产业。如今，印度IT产业发展得如火如荼，也孕育了很多世界知名的IT企业。全国软件和服务公司联合会发布的数据显示，IT及相关产业在2006财年的收入达到创纪录的396亿美元。印度因拥有广泛的中产阶级及受过良好教育的说英语的精英阶层，成为继美国之后世界上最重要的有竞争力的科学技术人才摇篮，这有利于印度融入全球化网络。印度主要经营西方跨国公司的分包业务，集中了40%以上的全球业务。此外，它还在信息技术、大众制药业及汽车业方面发展了当地尖端行业。服务业，特别是信息服务和金融服务业占印度GDP一半以上。但是，印度经济发展呈现出“不对称性”。农业、制造业和商业经济相当落后，社会生活水平普遍低下。3.5亿人生活在贫困线以下，失业率高达10%，文盲占全国人口的一半。以印度的经济发展水平和人均收入，服务业在其国内生产总值中却高达50%，违背一般发展规律，给其经济发展留下重大隐患。印度是一个自我消费的、与外部世界联系较少的相对封闭性经济，外贸总量不到世界贸易总量的1%。

在强经济的同时，近年来印度还大力发展国防建设，以作为实现其世界大国战略目标的重要筹码。据瑞典斯德哥尔摩和平研究所统计，在2006—2010的5年间，印度武器进口量在全球所占的比重上升到9%，成为世界第一大武器进口国。印军积极开展与俄、美、法、英、以等国的军事技术交流与合作。其进口的武器8成以上来自俄罗斯，2008年12月，印度与俄罗斯签署总额为13亿多美元的合同，用于购买80架米—17B直升机。2011年9月印度购买了8艘俄罗斯两栖登陆艇，每艘价值5800万美元。印度还将在2012年12月从俄罗斯接收改装的“维克拉马蒂亚”号航母（原俄“戈尔什科夫”号航母）。在积极从俄罗斯购买军火的同时，印度还极力使本国的武器采购向多元化发展。无论是美国、欧盟还是以色列的军火，都成为印度军备采购的对象。据英国《简氏防务周刊》网站报道，2004年以来印度与美国达成了价值82亿美元的军售合同，包括购买“大力神”C—130J运输机、10架波音公司的“环球霸王”C—17（Ⅲ）型运输机及“海神”P—8I多用途海上侦察机等。印度还将向美国采购价值41亿美元的10架运输机，在2013—2015年之间交付使用。与此同时，印度将价值104亿美元的战斗机采购合同交给了欧洲国家，采购单包括英国155毫米火炮、法国“鲉鱼”级潜艇和“阵风”式战斗机等。印度2012—2013年的国防预算为1.934万亿卢比（约合390亿美元），同比增长17.6%。其中，超过7950亿卢比（约合159亿美元）将用于军购。据报道，印度2012年将签署价值上百亿美元的军购合同，印度还正在升级51架“幻影2000”战斗机，同时与法国商议采购126架多功能战斗机，与美国商议采购 145 门超轻型榴弹炮，还准备购买 197 架轻型多用途直升机等。印度计划在未来 10 年投入 1000 亿美元用于军购和军事现代化。过度扩充军备和超越自己本身安全需要的国防预算膨胀，既劳民伤财，也引起周边国家的警觉和忧虑，引发其他国家竞相扩大军备，对本地区的安全和稳定带来不确定因素。

第二，借重大国来实现自己的强国梦想。印度一向以不结盟运动盟主自居，标榜外交独立，不会与某个大国保持特殊关系，更不愿让别国当枪使，去对付另一个国家。印度一边继续巩固同其传统“盟友”俄罗斯的关系，一边以“天然盟友”的身份加强同美国、西方的联系，一边又积极发展同“金砖国家”和发展中国家的关系。

近年来美欧竞相发展和加强与印度的关系。美、欧与印度接近有其必然性，双方合作的基础较为牢靠。从美国方面看，在政治上，印度民主制度健全、政局稳定，这不仅使美国从心理上产生亲近感，而且将印度被看做是不可多得的多种族和平共处的民主样板；在地缘政治上，印度雄踞南亚次大陆中心，是确保印度洋海上通道安全的重要国家，既可做为防止伊斯兰原教旨主义蔓延的重要屏障，为美国采取军事行动提供情报、通道和战略补给，也可以用做平衡中国崛起的主要力量；在经济上，印度经济增长强劲、高科技实力雄厚、人口众多，对美国有较强的市场吸引力，而且美印目前贸易额较小，经贸摩擦不突出，发展前景广阔。美国视印度为“天然盟友”，将继续予以拉拢和扶持。不过美国对印度的扶持也有所保留。美国帮助印度发展核能，其中不乏限制印度发展核计划的意图。因此，印度国内警惕被美国绑在战车上的呼声很高，认为为与美国合作丧失印度在国际事务中的独立性得不偿失。印度的对外战略也与中国存在相似之处，都不会甘愿充当美国在亚洲的“主要盟友”，也不愿与美国建立新型的“特殊关系”[①]。欧盟在其安全战略报告

① Fareed Zakaria，*The Post-American World*，New York：Norton，2008，p. 156.

中将印度视为欧盟的全球战略伙伴之一，并建立了年度磋商机制。欧盟提升与印度的关系虽有在亚洲平衡中、俄、日等大国影响的一面，但与美国有所不同的是，欧盟发展与印度正在关系更侧重于经贸联系。印度和其他国家一样，正在加快“东进”步伐。20世纪90年代初，印度提出“向东看”战略，希望通过加强与东南亚、东北亚各国的合作，积极参与东亚乃至亚太事务。越南和缅甸正在成为印度“向东看”战略的重要筹码，印度通过建立战略伙伴关系、开展安全对话、联合军演等方式加强与东亚、东南亚国家的关系，其牵制、应对中国的战略意图明显。在“金砖国家”机制内，印度与巴西一样有更多政治上的考虑。印度一直在谋求联合国安理会常任理事国席位，这一席位不仅要求担任者在国际经济领域有较多声音，在政治上更要求其具有代表性。所以印度和巴西两国在金砖国家中一直推动该机制成为国际游戏规则的参与者，借此壮大自己的政治声势。2012年3月，中国国家主席胡锦涛在访问印度时就发展中印关系提出5点建议：保持高层往来，增进政治互信，加强战略沟通；深化务实合作，扩大互利双赢，加强经济政策协调；加强人文交流，促进了解互鉴；妥善处理分歧，维护和平稳定，共同维护边境地区的和平安宁；加强沟通协调，扩大在国际事务中的合作，加强地区事务对话和协调，共同维护本地区安全稳定，促进地区各国发展繁荣。[①] 不过，印度要成为世界大国还有许多障碍。它必须要处理好与南亚邻国的关系，其中巴基斯坦是关键因素，如果印度无法解决与巴的矛盾，那么印度很难在南亚地区树立起负责任大国的形象。在争取联合国安理会常任理事国问题上，印度还要做许多工作，其以过度追求军事力量来实现自己的大国梦想，既不符合时代潮流，也会对国际社会产生不负责任的负面影响。

---

① 新华网，2012年3月30日。

三、特立独行的拉美大国巴西

第一，巴西的“第二次崛起”。自20世纪30年代实施进口替代工业以来，巴西便实现了比其他拉美主要国家更快的经济增长。1931—1950年，巴西经济年均增长率约为4.6%，高出墨西哥（4.1%）、阿根廷（2.9%）和智利（2.7%）的增长水平。自20世纪50年代开始，巴西进入一个经济快速增长的黄金阶段，库比契克政府（1956—1961年）甚至提出了“5年等于50年”的“大跃进式”经济目标计划。在1951—1980年的30年间，巴西年均经济增长率达6.8%，其中在1968—1973年“经济奇迹”时期达到了11.2%，1973年创下14%的增长记录。伴随经济的快速增长，巴西先后制定了一系列国家目标计划，其中，梅迪西政府（1969—1974年）在1970年10月公布的“政府行动基础和目标方案”明确提出“到20世纪末融入发达国家行列”的目标。但是20世纪70年代的石油危机使巴西“经济奇迹”戛然而止。油价疯涨、国际资本短缺、国际市场对初级产品需求下降等多重因素，使巴西经济的繁荣周期缩短，从1974年开始进入衰退。在军政府时期，巴西过于强调经济发展与国家安全之间的关系，这虽然促进了工业（尤其是与军事密切相关的重工业）的发展，却忽视了产业间的协调发展。此外，盲目吸引外资，片面追求经济增速，而忽视增长质量的“大跃进”模式，加深了巴西经济的对外依赖性，同时也使巴西经济进入一个“滞涨”的恶性循环阶段。从1974—1978年，巴西年均经济增长率下滑至6.7%。进入20世纪80年代，巴西经济转入负增长，1981年为−3.1%，1983年为−2.8%。两次石油危机和随后的债务危机使巴西长期积累的弊病迅速显现：从1973—1984年，巴西的外债余额从125.7亿美元增至910.9亿美元；债务总额占GDP的比重从15.9%增至43.1%；通货膨胀率从14.9%猛增至220.6%。经济形势的恶化使巴西淡出了人们关注的视线。在进行了政治体制变革后，巴西经济在萨尔内政府时期（1985—1989年）实现了年均4.5%的增长率，但通货膨胀率从1985年的235%增至1783%。宏观经济的混乱一直延续到1994年“雷亚尔计划”的实施。雷亚尔计划实施以来，巴西经济逐步进入一个速度适中的增长阶段。通货膨胀率从1993年的2489%降至929%，1995年降至22%，1996年回落到个位数(9.1%)。从1995—2008年，巴西经济增长率仅在1998年出现过0.1%的负增长，多数年份的经济增幅超过3%。另外，该时期的巴西经济增长呈现出较强的阶段性特点：卡多佐第一任期（1995—1998年），经济年均增长率约为2.4%，卡多佐第二任期（1998—2002年），年均增速仅为2.2%。自2003年卢拉政府执政以来，其谨慎的财政和货币政策促使巴西进入自20世纪70年代“巴西经济奇迹”以来最快且最长的经济增长周期。从2003—2008年，巴西经济年均增长率达到4%，其中2004年实现了5.7%的增长，创下了自1994年（5.9%）以来的最快增速，巴西重回世界经济十强行列。人均GDP则从2002年的2859美元增至2008年的8298美元，实现了连续5年的适中增长，其中2007年的人均GDP增幅达到5.2%，创下1986年（5.4%）以来的最快增速。巴西的发展潜力再次引起世界的关注。2001年11月，高盛公司在其报告《全球需要更好的经济之砖》中首次提出“金砖四国(BRICs)”的概念，并在2003年的《与BRICs一起梦想：通往2050年的道路》报告中对巴西、俄罗斯、印度和中国的发展前景做出了大胆预测。该报告指出，到2050年巴西将成为世界第五大经济体。高盛公司的报告助推了国际社会对巴西的关注，更提升了巴西学术界对“巴西崛起”这一话题的热议，为区别与20世纪70年代巴西的“崛起”，人们普遍将现阶段的巴西称为“第二次崛起”。2008年上半年，标准普尔、加拿大信用评级机构DBRS公司、惠誉国际相继将巴西的信用等级提高为“投资级”，三大国际信用评级机构公认，巴西的宏观经济形势得到根本改善，中期经济增长前景较为乐观。由于宏观经济形势的改善，巴西成为当前金融危机环境下经济最为稳定的国家之一。

与20世纪60年代末70年代初的“经济奇迹”时期相比，当前巴西的政治、经济、社会、外交等各个层面都发生了深刻变化，这些变化既与世界格局变革这一因素有关，但更重要的原因还在于巴西的内部环境发生了巨大改变。劳工党领袖卢拉在2003年上台执政后，较好地保持了民主体制的稳定和完善，组建了包括左翼、中左翼、中右翼、右翼政党在内的由十多个政党组成的执政联盟，这是巴西历史上规模最庞大的执政联盟。卢拉曾明确表示自己“不能再算左派”，并且他将这种转变定性为“理念的成熟”。卢拉激进主张的转变和广泛执政联盟的建立，有效地维护了政权的稳定和民主体制的巩固，并使巴西较快地度过了因2002年大选引发的金融动荡，逐渐恢复了国内外金融市场对巴西的信心。卢拉的转变不仅摘掉了欧、美扣给他的“邪恶轴心”的帽子，而且还赢得了“民主卫士”的称号。过去10年间，巴西一直是拉美地区第一大经济体，其对外贸易呈现出的多元化发展策略有力地促进了本国经济发展。2010年巴西国内生产总值增长率达到24年来最高的7.5％。巴西地大物博，是农业和资源大国，铁矿石等矿产资源储量在世界上名列前茅，大豆等农产品产量和出口量均居世界前列，这些资源和产品在国际市场上供不应求，价格不断攀升，使巴西的贸易顺差加大。此外，乙醇等生物能源的开发、利用和出口，改变了巴西依赖进口能源的局面；巴西是拉美大国，有1.8亿人口，是发展中国家中最有发展前途的消费品市场之一。可以说，巴西的经济发展具有很强的可持续性。新兴世界的腾飞及因此而带来的需求爆炸，使得巴西能够成功地避开北方国家的贸易保护主义，以南南贸易方式逐步取代了对美国和欧洲的出口，奠定了巴西经济起飞的基础。作为选择了全球化的石油生产国，巴西与委内瑞拉和玻利维亚的石油民族主义也不同，相反，它还利用自然资源发展可再生能源，使得巴西在这个有前途的部门中处于前沿。乙醇在巴西已经占到能源消费量的25%，1/3以上的巴西汽车是双燃料动力型的（乙醇/汽油），巴西对中国、印度、俄罗斯的贸易总量4年间翻了一番，该贸易额在巴对外贸易总额中所占比例由2006年的9%上升到2009年的17%。中国已成为巴西的第一大贸易伙伴。与此同时，发达国家在巴西对外贸易中的比重下降了约50%。据巴西国家地理统计局2012年3月发布的统计报告显示，2011年巴西国内生产总值达到4.143万亿雷亚尔（约合2.4万亿美元），超越英国成为世界第六大经济体。报告还指出，2011年巴西国内生产总值增长为2.7%，虽然经济增速比前一年有所放缓，但保持了连续8年的增长态势。巴西经济增长的动力主要来自国际市场上大宗商品价格的持续走高、亚洲及国内的需求上升。但受到欧美发达国家经济危机的影响，2011年巴西外贸出口仅增长4.7%，低于2010年的9.7%。此外，巴西政府为防止经济过热和控制通货膨胀而采取的一些限制性措施，对2011年的经济走势产生了一定影响。与其他新兴大国相比，巴西的增长率相对较低，特别是它在工业结构、基础设施、教育体制和制度机构等方面的弱点，限制了巴西在可预见的未来崛起成为经济强国。

第二，加大国际事务的参与力度。巴西不仅具备崛起的潜力，而且具有强烈的大国意识和大国抱负。巴西的大国抱负不是体现在一种自命不凡的大国意识之中，而是透露在基于国家利益的务实对外政策之中。多年来，巴西一直作为地区的力量中心在拉美的国际事务中发挥着领导作用。卢拉执政以来，巴西几乎处处与美国“对着干”，既表现了一个崛起中大国独立自主的外交风格，又表现出对美国强大的离心倾向。在2003年的坎昆会议上，巴西联合其他发展中国家要求美国和欧洲等国家放弃农产品补贴，为此，美国贸易谈判代表佐立克连篇累牍地在各种国际媒体上指责巴西破坏谈判。美国为保护本国棉花产业，给予棉农40亿美元补贴，巴西为此上告WTO，并且胜诉。当美国实行对进入美国的外国旅客留指纹和照相存档的措施后，巴西成为世界上唯一对美国实行对等措施的国家。卢拉对美国的美洲自由贸易区计划提出了强烈批评，认为美国的计划旨在吞并整个拉美地区。同时，由巴西主导的“南美国家共同体”建立。该组织由 12 个南美国家组成，是一个拥有 1700 万平方公里土地、3.61 亿人口和 9700 多亿美元 GDP 的地区性组织，是除欧盟及北美自由贸易区之外的第三大经济集团。巴西对拉美地域政治格局发言权的日益增强，与美国在拉美地区影响力的下降同步。一个崛起的巴西自然而然地承担起地区力量中心的角色，并改变拉美乃至西半球的力量版图。拉美将不再是美国随意驱使的后院，西半球也不再是美国一家独大的格局。巴西将加大对外援助力度作为提高巴西国际声望和影响力的手段。从 2004—2009 年，巴西平均每年向世界银行注资 2.53 亿美元，从 2003—2007 年，巴西向联合国的各项行动提供了大约 3.4 亿美元经费。卢拉把巴西向联合国世界粮食计划署提供的资金从 2009 年的 100 万美元增加到 2011 年的 2700 万美元。欧债危机发生后，在 2011 年 10 月召开的欧盟—巴西峰会上，罗塞夫总统告诉求援的欧洲领导人：“你们可以放心地依靠我们。”[①] 在与新兴国家关系方面，巴西和印度一样借重“金砖国家”平台以在政治上发挥其更大作用和影响。巴西一直谋求联合国安理会常任理事国的席位，巴西的“入常”要求获得了多数发展中国家和英国、法国、俄罗斯等三个安理会常任理事国的支持，这一席位不仅要求担任者在国际经济领域有更多声音，而且在政治上更要有代表性。巴西主张“金砖国家”加强合作，推动国际新秩序的建立。巴西与印度在“金砖国家”中一直推动该机制成为国际游戏规则的参与者，借此壮大自己的政治声势。巴西拥有一国崛起所必备的雄厚资源基础和巨大的经济增长潜力，以及强烈的大国意识和大国抱负。随着巴西的

① 爱德华·戈麦斯：“巴西的欧洲梦”，美国《外交政策》杂志网站，2012 年 3 月 20 日。

崛起，它作为拉美地缘政治力量中心的角色日趋明显，这不仅改变了拉美乃至西半球的地缘政治版图，而且束缚了美国对拉美地区政策的选择空间，构成了对美国长远利益和战略利益的挑战，极大地冲击着美国单极主导下的国际格局，成为美国霸权的制衡力量。更为重要的是，巴西的崛起本质上是21世纪一系列新兴国家崛起的组成部分，符合世界的潮流，符合冷战后各国人民求和平、求发展的迫切愿望。显然，巴西的崛起有利于拉美地缘政治的力量均衡，有利于促进世界多极化和国际关系民主化。

四、后起之秀南非

2011年4月南非接受邀请，正式成为“金砖国家”的第五个成员。据世界银行2009年的数据显示，南非的经济规模排在世界第31位，不到“金砖四国”中最小经济体俄罗斯的1/4。世界上其他一些新兴国家的经济规模也比南非大很多，如印尼（7000亿美元）、墨西哥（1.05万亿美元）、土耳其（7250亿美元）、韩国（1万亿美元），南非的经济规模不及它们的一半。但南非加入“金砖国家”具有举足轻重的意义。南非在“金砖国家”中具有鲜明的特点：

第一，自1994年取消种族隔离政策以来，“新南非”进入新的发展时期，经济和社会均迈上一个新台阶。为了纠正种族隔离制度对黑人在拥有生产资料与发展机会方面的剥夺，新南非政府先后颁布实施了《就业平等行动》和《黑人经济支持法》等法规，目的不仅是改善黑人的基本生活条件，而且要“使所有权和管理结构的种族构成实现实质性的变化”。南非政府实行了谨慎的财政政策，使南非经济在恢复和发展的过程中建立了稳固的税收基础，并使公共债务保持在低水平。南非政府从1998年开始实行“三年中期开支框架”，即三年滚动预算，以保证公共财政的良好运行，削减政府开支，改进国内储蓄，降低通货膨胀。由于政府稳健的财政政策和货币政策，使得南非在当前的国际金融危机和世界经济衰退当中，能够继续采取扩大社会开支和扩大公共投资的政策。南非的实体经济虽然受到一定的冲击，但是基本保持了整体经济和社会的稳定。国际货币基金组织有关南非的一份评估报告认为，南非政府在稳定经济方面取得了可观的进展，并奠定了经济取得更高增长的基础：公共财政得到有效的加强，通货膨胀得到坚决的控制，实际利率降低，负债状况得到改善。贸易自由化和放松管制，使南非经济更具有竞争力。为更好地应对危机，政府从2010年底开始调整经济结构，推出了"新增长路线"，其核心是：扩大基础设施和重点领域的投资，扩大内需，盘活市场，增加就业，改善民生。政府计划在未来10年内创造500万个就业机会，使失业率由目前的25%降至15%。"新增长路线"还要求南非社会各领域在工资、价格和储蓄等方面尽快达成共识，确保就业率能够显著增加，同时照顾弱势群体，减少收入不平等现象，通过社会各界的共同努力，实现经济新增长路线制定的目标。

第二，南非在地区和世界的影响和地位不断提升。曼德拉政府凭借"外交政策六原则"成功地改变了南非的国际形象，使南非顺利重返国际社会。姆贝基执政时期，提出外交要倚重周边，立足非洲，面向世界。南非和非洲休戚与共，突出"南非是非洲的南非"的国家身份，强调非洲要联合自强，力倡"非洲复兴"思想。南非国际问题专家克里斯·艾登指出，南非的经济实力和政治发展水平都足以支持南非成为非洲的领袖国家。[①] 南非全力推动"非统"向"非盟"过渡，参与主创《非洲发展新伙伴计划》，呼吁加速非洲一体化进程。姆贝基力主非洲人自主解决问题，联合友邦出师莱索托平息兵变，进军刚果（金）和布隆迪维和，帮助安哥拉、莫桑比克重建家园。南非视发展为

① Chris. Alden, Garthle. Pere, "South Africa in Africa: Bound To Lead? ", *South African Association of Political Studies*, 2009, Vol. 36, p. 145.

非洲和南非的首要任务，认为只有通过发展中国家联合自强，改变不合理的国际秩序，才能实现发展目标。主张积极参与南北对话和南南合作，努力突出南非作为非洲经济首强和发展中大国的地位，充当非洲和发展中国家的代言人，搭建南北对话的桥梁。南非公开谴责美英发动伊拉克战争，反对西方制裁津巴布韦，在世贸组织谈判中联合其他发展中国家维护共同利益。祖马政府时期，将南非的“国家利益”划分为“五大要点”：巩固“非洲议程”、加深南南合作、扩展南北关系、参与全球治理、加强与外部世界的政治经济联系，并明确指出这些因素将成为影响南非未来外交政策制定与执行的关键。① 南非还大力倡导“多边主义”，强调维护联合国等“多边治理体系”的权威。注重同发展中国家特别是发展中大国加强磋商与合作，南非与巴西、印度创立三国对话论坛，推动亚非次区域组织合作，共同应对全球化的挑战。南非重视与中国的关系，看重中国的大国地位和作用，积极建议并推动两国建立“战略伙伴关系”。2010 年 8 月，南非与中国正式建立“全面战略伙伴关系”。在重大国际事务上，南非主动与中方协商立场，提出共同组建发展中大国集团，并与巴西总统卢拉共同邀请中国加入“印—巴—南论坛”。

第三，南非是非洲大陆最大的经济体，在非洲大陆经济中占据主导地位，其国内生产总值约占撒哈拉以南非洲国家经济总量的 1/3，对地区经济发展起着重要的引领作用，影响力在非洲大陆首屈一指。南非面积约 122 万平方公里，在非洲居第 9 位，人口 4740 万（2006 年），居非洲第 5 位。2007 年南非的国内生产总值为 2776 亿美元，居世界第 28 位。南非自然资源丰富，是世界五大矿产国之一。是非洲最大的能源生产国和消费国，也是最大的黄金、铂和钯生产国。矿产资源总价

① Chris Landsberg, “The foreign policy of the Zuma government: pursuing the ‘national interest’?”, *South African Journal of International Affairs*, Vol. 17, No. 3, December 2010, p. 274.

值达 2.494 万亿美元，其中铂族金属（主要包括铂、钯和铑）矿资源价值就达 2.2 万亿美元，占该国矿产资源总价值的 88.2%，而且铂族资源价值占到全球的近 90%。南非是区域外国家与非洲其他国家开展商贸合作的重要基地、投资非洲大陆的主要平台。南非的金融、法律体系比较完善，通讯、交通、能源等基础设施良好。其相关企业在非洲的贸易、金融、电力、电信、建筑、农业等行业中都具有举足轻重的地位。南非依托德班、开普敦等八大港口，其货物贸易可直接辐射到周边的西方发达国家，同时也为整个非洲的经济发展提供了有力的支撑。南非拥有众多港口和丰富的矿产资源，其成熟的经济、完善的公司治理结构和强大的规则框架使它成为一个安全理想的投资地，约翰内斯堡证券交易所是全球第 16 大证券交易所，进入非洲的 90%的投资都是通过约翰内斯堡证券交易所。1999 年从瑞士引入的金融工具实时电子结算系统 STRATE，已实现了与瑞士证券结算系统 SECOM 系统同步、无时差、最终和不可撤销的结算。此外，随着金融监管的不断加强，金融环境也日臻完善和安全。南非利用双重货币体系对投资进行管制，其货币有金融兰特和贸易兰特两种，这种特殊的货币体系在有效地吸引外资的同时，还防止了资本的外流，因而得到了包括中国在内的外国投资的青睐。据中国商务部网站资料显示，到 2008 年底，中国在非洲的非金融类投资达到 78 亿美元，其中在南非的投资就占近 40%，达到 30 多亿美元。由于具有与西方国家金融系统同步对接的便利条件，南非能够为其他发展中国家提供与西方国家加强在金融、贸易和投资领域合作的中转站。南非以其在非洲特有的区位、知识和人才优势，成为西方及广大发展中国家在非洲的最重要贸易伙伴、投资来源和市场整合力量。

非洲大陆是世界最大的新兴市场，南非则是非洲大陆最具代表性的国家。南非加入“金砖国家”，获得了与世界上最大的新兴市场国家同等的发展机遇，这是与其新兴市场大国的地位相匹配的。南非加入

“金砖国家”的目的在于，通过加强与其他“金砖国家”的合作，进一步提升南非的政治、经济增长空间。经济外交是祖玛政府着手进行南南合作、繁荣南非经济计划的核心推动力量。政府意识到世界经济重心已开始向发展中国家转移，南非需要搭上这个顺风车。2010 年，祖马总统在访华时明确表示：“我们希望成为非常强大的国家之一……想参与‘金砖四国’一些重要的经济活动，促进南非经济的发展，促进非洲大陆的经济发展，摆脱贫困。”更重要的是，南非参加“金砖国家”合作机制，壮大了这些国家的力量，扩大了其范围和影响，有利于推动南南合作和促进全球经济的均衡发展，有利于南非加强与各种多边机制的协作。跻身“金砖国家”之后，南非在国际政治中的代表性和地位得到提升。南非的背后是整个非洲大陆，南非的加入也有助于“金砖国家”在非洲的发展进程中发挥更大的影响和作用。

五、新兴国家集体推翻了“前时代”

新兴国家的群体性崛起是 21 世纪最重要的事件，具有划时代的战略意义，它埋葬了西方“单独”统治全球政治、经济、社会、军事、科技、文化的“前时代”，推动世界秩序、国际格局和国际关系由“前时代”的失衡单轨走向“后时代”的平衡双轨，极大地促进了国际关系民主化更加公正、国际格局多极化更加有序、世界经济全球化更加均衡地发展。

2001 年 11 月，高盛公司首席经济学家奥尼尔在其报告《全球需要更好的经济之砖》（The World Needs Better Economic BRICs）中首次提出“金砖四国”（BRICs）的概念，他引用了巴西、俄罗斯、印度和中国的英文名称的首字母，组成 Brick，该词在英文中是“砖”的意思，故称“金砖国家”。2003 年高盛公司在《与 BRICs 一起梦想：通往 2050 年的道路》(Dreaming with BRICs：The Path to 2050) 报告中预言，四个“金砖国家”将于 2050 年独领世界经济风骚。从此，四个国家为了适应全球化的发展潮流和维护新兴国家、发展中国家的权益，相互抱团取暖、共同应对挑战的意识增加，逐渐朝着“金砖国家”范畴的多边合作模式方向发展。2002 年中国、俄罗斯和印度建立了三国外长会晤机制，2003 年印度、巴西和南非成立了三国论坛。2006 年“金砖四国”举行首次外长会晤。2009 年 6 月中国、俄罗斯、印度和巴西的国家领导人首次在俄罗斯叶卡捷琳堡会晤，商讨应对金融危机和全球经济发展大计。峰会后，四国的合作步入了快车道。2009 年 9 月，“金砖四国”的财长和央行行长举行了会议，专门讨论国际金融改革问题。会议发表的公报显示，“金砖四国”联合提议世界货币基金组织 (IMF) 和世界银行分别向新兴国家转让 7%和 6%的份额和股权。2010 年 3 月，“金砖四国”在俄罗斯举行首届农业部长会议。会议期间，四国部长就共同应对全球粮食安全、减缓气候变化对农业的影响等进行了深入探讨。当年，举行了“金砖四国”领导人巴西峰会。2011 年 4 月，“金砖四国”领导人在中国海南省三亚市举行第三次会晤，邀请南非加入，“金砖四国”变成“金砖五国”。峰会通过的行动计划提出，巩固“金砖国家”间已开展的 14 个合作项目，开拓 4 个新合作项目，并提出 5 项新的合作建议。峰会发表了《三亚宣言》，表示国际经济金融机构的治理结构应该反映世界经济格局的变化，增加新兴经济体和发展中国家的发言权和代表性。在后危机时代，全球经济复苏与加强全球经济治理是国际社会的重要关切，而共同繁荣离不开一个合理的、平衡的国际经济金融新秩序。经过几年的发展，“金砖国家”初步形成以领导人会晤为主渠道，以安全事务高级代表、外长、常驻多边组织使节会议为辅助，以智库、工商、银行等各领域合作为支撑的多层次合作架构。“金砖国家”政治外交的密切关系已显现出效果，推动着经贸关系的发展。在发生经济危机时，“金砖国家”之间的贸易不可能不受影响，但是它比世界其他市场板块更快地得到恢复。俄罗斯与巴西的贸易2011年增长了18%，接近2008年创纪录的水平（分别为71.6亿美元和79.85亿美元）；巴西与中国的贸易增长37%；巴西与印度的贸易额增长20%；俄罗斯与中国的贸易额2011年增长42%，达到840亿美元；2011年俄罗斯与印度的贸易状况不佳，尽管2010年前有高水平增长（2007年为43亿美元，2008年为69亿美元，2009年为75亿美元，2010年为85亿美元）。2011年中国和印度的贸易额有大幅增长，达到630亿美元（2010年为424亿美元）。俄罗斯加入世界贸易组织将进一步推动其贸易的大幅增长，特别是可扭转俄印贸易的状况。[①]2012年3月在印度新德里举行了“金砖国家”领导人第四次峰会，发表了《德里宣言》和《德里行动计划》。峰会在进一步增强“金砖国家”间合作的同时，强调提高发展中国家在全球治理中的作用。峰会在许多重要领域形成共识：呼吁建立更具代表性的国际金融架构，提高发展中国家的发言权和代表性，同时建立并完善一个符合各国利益、支持新兴市场和发展中经济体发展、公正的国际货币体系；重申国际货币基金组织和世界银行的负责人应通过公开、择优的程序遴选；表示将考虑建立一个新的开发银行的可能性，让更多资源可以用于“金砖国家”以及其他新兴经济体与发展中国家的基础设施建设和可持续发展项目。峰会认识到中东和北非地区的稳定、和平与安全对于“金砖国家”、整个国际社会尤其是受动乱爆发地区影响的国家及其国民都至关重要，强调“金砖国家”的目标是支持由叙利亚主导的包容性政治进程，欢迎联合国和阿盟为此付出的共同努力；认为需要对联合国包括安理会进行全面改革，使其更具效力、效率和代表性，以更成功地应对当今的全球性挑战。中国、俄罗斯重申重视巴西、印度和南非在国际事务中的地位，支持其希望在联合国发挥更大作用的愿望。《德

① 弗拉基米尔·达维多夫院士：“金砖国家寻找新的世界平衡”，俄罗斯《独立报》，2012年3月5日。

里宣言》表示，“金砖国家”各成员国将继续推进金融、财政、农业等领域的部长级会议，并加强在科技、可持续发展、城市化等领域的各方交流活动。宣言在“行动计划”中还提到，未来将进一步拓展在多边能源合作、长期战略问题上的一般性学术评估、青年政策对话、人口等领域的合作。五国共同签署了《金砖国家银行合作机制多边本币授信总协议》和《多边信用证保兑服务协议》。这次会晤再次表明，“金砖国家”合作符合和平、发展、合作的时代潮流，有利于世界经济更加平衡、国际关系更加合理、全球治理更加有效、世界和平更加持久。“金砖国家”从一个概念变成为一个重要的国际多边合作机构，其重要意义在于：

第一，“金砖国家”改变了国际格局的失衡局面，加强了地缘政治的“跷跷板”上发展中国家这边的份量。人类进入 21 世纪时的一大利好消息就是人们期待已久的新兴国家经济腾飞，它使全球几十亿人摆脱了贫困。全球化最终在广大发展中国家激发起经济发展和拥抱全球化的浪潮，新兴国家从此成为世界经济增长的发动机，不仅带动了非洲、亚洲、拉美的最贫穷国家的经济发展，也给发达国家的经济提供了新机遇。新兴国家与发展中国家一起共同把非西方的新因素推向国际舞台的前台，这是自 19 世纪中由先是欧洲、后是跨大西洋占主导地位的现代世纪开启以来的第一次。中国、印度的崛起，让世界看到两大文明古国的复兴。在 1820 年工业革命的初期，中国经济占世界经济总量的 30%，印度约占 15%，欧洲当时为 23%，美国仅占不到 2%。到了 20 世纪中叶，亚洲两个“巨人”的经济总量之和仅占世界的 8.7%。在美欧统治的世界中，美国占 27.3%，欧洲占 26.3%[①]。中国、印度两国在经过近两个世纪的边缘化后重新崛起，加上与俄罗斯、巴西、南非组成的“金砖五国”，它们来自各大洲和南、北半球，横跨

① Angus Maddison, The World Economy: A Millenial Perspective, *OCDE*, 2001.

亚欧美非四大洲，面积占世界领土总面积的27%，拥有近30亿人口，占世界总人口的43%。从经济上看，五国GDP约占世界总量的18%，贸易额占世界的15%；从发展速度上看，根据IMF预测，2011、2012年世界经济增长率分别为4.4%和4.5%，中国分别为9.6%、9.5%，印度为8.2%和7.8%，巴西为4.5%和4.1%，俄罗斯为4.8%和4.5%，南非为3.5%和3.8%。“金砖国家”成为国际舞台上一个上升的重要力量，也是世界经济复苏的重要拉动性力量。根据2010年世界银行和国际货币基金组织改革方案，“金砖国家”在世界银行的投票权将大幅增加至13.1%，在国际货币基金组织的份额将达到14.81%，增加了发展中国家在国际金融机构中的权力。据有关国际组织统计，2009年5国经济总量达11万亿美元，占全球经济的16%，至2050年5国的GDP将占世界的60%。从政治和安全上看，俄罗斯、中国是安理会常任理事国，巴西、印度、南非均在积极要求成为常任理事国成员。与立足于本地区的区域组织不同的是，“金砖国家”是个跨亚、非、拉三大洲的跨地区机制，这决定了该机制最重要的功能是协调新兴国家在重大国际问题和重要多边场合上的立场和行动，是沟通南北对话和促进南南合作的协商机制。“金砖”机制目前不谋求形成正式的国际组织，不试图与其他既有的国际机制进行对抗。该机制是21世纪以来国际力量格局分化速度加快的一个产物，是国际政治格局多极化的反映，是新兴国家倡议建设国际经济政治新秩序、进行跨地区协调合作的一个不可替代的重要平台。

第二，“金砖国家”在危机中发挥了中流砥柱的作用。在以往的金融经济危机中，新兴经济体往往是发源地，如20世纪80年代的拉美债务危机、90年代中期的墨西哥货币危机、90年代后期的亚洲金融危机，以及2000年初的巴西和阿根廷金融危机。而这次新兴经济体在危机中很快摆脱困境，并成为拉动世界经济复苏的“火车头”。其主要原因是：新兴国家在宏观经济稳定方面有了很大的改善。这次全球金融危机的发源地是美国，虽然很多新兴经济体都受到很大冲击，但它们的金融和银行系统没有发生危机，保持了基本稳定；政府财政赤字和债务水平远远低于发达国家，并且不断加强对银行和金融体制的监管。在危机之前，许多新兴经济体有外贸盈余，有很高的外汇储备，没有过高的外债，汇率体制比以往更灵活。金融危机之后，新兴经济体更是增强了抵御外部冲击的能力。在2010年全球经济增长中，新兴国家和其他发展中国家贡献了近60%的增长，其中“金砖国家”的贡献就占了1/3，新兴国家和发展中国家的贡献率已经超过发达国家。根据国际货币基金组织的统计，新兴国家在2010年的实际GDP增长达到近5%，而发达国家同期的增速只有1.3%。据2011年4月中国社会科学院发布的《新兴经济体蓝皮书：金砖国家经济社会发展报告（2011）》预计，2015年“金砖四国”（不含南非）经济总量将超过美国，GDP增量将占世界增量的1/3。按照市场汇率估算，“金砖四国”的GDP总量将从2008年占世界份额的15%上升到2015年的22%——四国经济总量将超过美国，同时四国的GDP增量也将占世界增量的1/3。[①] 从发展的角度来看，如果新兴经济体能够继续维持三四十年的增长，将大大减少世界贫困人口，缩小与发达国家的差距。仅“金砖国家”人口就近30亿，特别是中产阶级队伍迅速壮大，市场扩张潜力巨大，为未来留下了巨大的增长余地。同时，“金砖国家”居民消费升级很快，与发达国家同步发展，极大地刺激了创新发展和高新产业繁荣，提供了源源不断的增长源泉。正因为此，我们将看到在人类历史上第一次出现世界大部分人口能够共同繁荣的时代。而在“前时代”的几百年里，经济繁荣只是由世界上一小部分人口享有。“中国崛起为全球主导国家后，虽然不可能引入新形式的、民主的全球管理模式，但发展中国家——例如印度、巴西、俄罗斯——的兴盛，以一种模糊但已初露端

① 新华网，2011年4月8日。

倪的方式，预示了更民主的全球经济体系将会形成，过去两个世纪里财富和人口数量之间严重失衡这一特征将明显减弱。”①

第三，“金砖国家”走到一起是“后时代”国际关系发展的客观要求。“金砖国家”已发展成一个生机勃勃的新兴市场国家合作机制，导致世界经济增长点多元化，成为国际政治、经济关系民主化的推动力。首先，“金砖国家”缘起于经济，在改革国际经济、金融秩序领域有着广泛的共识，因此“抱团”争取利益，共同合作发展经济，改革和完善全球经济治理成为“金砖国家”的粘合剂。同时“金砖国家”还带动一大批发展中国家、尤其是低收入国家的经济增长，促进这些国家在国际贸易、投资和发展融资等方面取得巨大进步。21 世纪头 10 年，非洲经济年均增速 5.7%，同期全球经济增长最快的 10 国中有 6 个在非洲。2011 年，撒哈拉以南非洲地区 GDP 增长率达到 5.2%，成为继亚洲、拉美之后的第三个全球“增长极”。其次，不断拓展在其它领域的合作空间。“金砖国家”合作机制化后，不断拓展参与全球治理的深度和广度，从国际金融货币体系改革到全球气候谈判，从打击海盗到防止核扩散，“金砖国家”都不失时机地提出自己的改革方案和行动计划，将自身的国际经济影响力转化为不断上升的国际议题话语权。再次，尝试加强在外交舞台上的合作。这突出表现在 2011 年 3 月联合国投票表决关于利比亚问题的 1973 号决议时，“金砖国家”集体投了弃权票。2011 年 10 月，在联合国针对叙利亚问题谴责阿萨德政权行为的决议案草案表决中，俄罗斯、中国投了否决票。巴西、印度、南非弃权，增加了否决票的份量。在 2012 年 2 月关于叙利亚问题的安理会投票中，中国、俄罗斯再次投下否决票。法国前总理拉法兰指出：“金砖集团在中国海南三亚所举行的峰会将在很大程度上改变全球化的方向：过去这一进程是全球性的、统一的，而今后它将变得多元和复杂。五

① ［英国］马丁·雅克著，张莉、刘曲译：《当中国统治世界》，中信出版社，2010 年版，第 299 页。

位世界级领袖有着一个共同计划：团结，以在国际金融与货币体系改革中发挥作用；在应对通货膨胀问题上协调一致；促进绿色、低碳式的新经济增长方式；要求和平，在利比亚实现停火。这些国家所倡导的是一种和平的崛起。这一呼声与西方武装介入到世界多个地区的冲突形成了鲜明对照。”① 在推动联合国和平解决叙利亚冲突问题上，“金砖国家拒绝军事行动并支持对话来解决问题，展示出它们新的国际影响力”，“如果伊拉克是美国在中东走向衰落的催化剂，那么当复兴的俄罗斯和新兴的中国开始行动起来的时候，叙利亚则敲响了丧钟。”② 在印度举行的“金砖国家”峰会期间，俄罗斯总统梅德韦杰夫提出“我们的目标是将‘金砖国家’转型为一个处理经济和政治问题的全方位工作机制”的倡议。③ 再次，影响力不断扩散。21 世纪将是新兴国家受益于世界经济的时代。在世界经济重心东移的同时，东方国家的发展模式、文化与文明却呈反向运动，向世界扩散和传播。中欧国际工商学院中欧国际和商业关系中心主任戴维·戈塞特（高大伟）把中国扩大影响的方式概括为一种“巧实力”与“软实力”结合而成的“妙实力”，即不对抗、不干涉和时刻准备改变模式，并表示“在 21 世纪，比约瑟夫·奈所说的‘软实力’还要软的中国的‘妙实力’将悄无声息地扩大其影响力，西方学习中国的‘少取得多’的‘妙实力’可能是明智之举”。④

第四，发展中国家的多样化发展共同构成一个缤纷完整的世界。没有其他发展中国家的崛起，“金砖国家”充其量只能算是少数崛起。在大发展大变革大调整时期，发展中国家和新兴国家加紧了团结合作和建制立制进程。2011 年南非的加入增加了“金砖国家”的份量；年

---

① Le Monde, le 21. avril. 2011, *Attention a l' autre gouvernance mondiale*,

② 安东·伊萨：“俄中在叙利亚问题上的胜利标志着美国实力下滑”，澳大利亚广播公司网站，2012 年 4 月 9 日。

③ “经济组织关注全球政治”，俄罗斯《生意人报》，2012 年 3 月 30 日。

④ 《香港亚洲时报在线》，2011 年 4 月 11 日。

终由33个国家组成的“拉美及加勒比国家共同体”宣告成立，将美国、加拿大排斥在外；俄罗斯倡导的“欧亚共同体”计划在紧锣密鼓地建设之中。继高盛集团提出“金砖国家”概念后，2005年高盛集团又提出“新钻十一国（Next－11，简称 N－11）”概念，包括巴基斯坦、埃及、印度尼西亚、伊朗、韩国、菲律宾、墨西哥、孟加拉国、尼日利亚、土耳其、越南，高盛认为这些新兴市场国家的成长潜力仅次于“金砖四国”，并且也将对全球经济乃至政治事务的发展产生重要影响。日本学者门仓贵史则提出“展望五国（VISTA）”概念，VISTA是越南、印尼、南非、土耳其和阿根廷5个国家英文名字的首字母缩写。VISTA五国现在作为有潜力的新兴国家，继“金砖四国”之后已在世界上引人瞩目。VISTA五国的共同特点是都具有成为有潜力的新兴国家的五个条件：一是天然资源丰富；二是年轻劳动力有增加的趋势；三是对引进外资持积极态度；四是政治稳定；五是中产阶级正在崛起，个人消费增长迅速。“金砖四国”（Brics）一词的发明者奥尼尔在2011年又提议将墨西哥、韩国、土耳其和印尼与原来的“金砖四国”（巴西、俄罗斯、印度和中国）合并，统称为“成长型市场”(growth markets)。普华永道会计事务所评出“崛起中的七国”（E-merging 7)、《经济学家》评出“有经济潜力的发展中国家”（CIV-ETS)、花旗银行公布的“全球增长引擎”（Global Growth Generators）等，主要包括了孟加拉国、埃及、印度尼西亚、伊朗、韩国、墨西哥、尼日利亚、巴基斯坦、菲律宾、土耳其和越南等发展中国家。到2050年，这些国家的GDP综合将达到G7水平的2/3。在全球化的大背景下，发展中国家的经济还将继续不断创出一个又一个新奇迹，给“后时代”的世界带来更多精彩。美国《外交政策》刊物发表的文章指出，新兴经济体对发达国家的依赖下降，“新兴经济体对其他新兴经济体的出口从不到10％增加到如今的40％。正是因为这种多样化趋势，出口制成品的新兴市场国家和出口大宗商品的发展中国家对富有经济体的兴衰都变得不那么敏感了”。[①] 根据国际货币基金组织 2010 年 10 月公布的报告，到 2015 年，新兴市场和发展中国家的 GDP 所占比重将要从 33.6%升到 41.9%。到 2020 年，按市场汇率计算，二者的对比情况可能是 50%对 50%。而世界银行公布的数据则更乐观：以购买力平价计算，2009 年发展中国家和发达国家的财富比重已经平起平坐，未来发达国家很有可能只占 39%，新兴市场和发展中国家将达到 61%。

在当代国际体系中，群体性崛起的新兴国家的数量及其所覆盖的地缘是前所未有的。同时，这些地缘广泛和数量倍增的新兴国家群体性崛起对当代国际体系的转型产生了直接影响。新兴国家、发展中国家给世界带来的普遍繁荣和富裕是“后时代”人类发展的重大进步，也是世界发展不可阻挡的历史性潮流。“在中国和印度成为世界强国后，维斯特伐利亚体系或许仍然可以维持下去，但这一体系将会发生巨大变化，不在等同于历史上的任何时期。中国的崛起还会带来另一个新迹象，从 18 世纪末叶开始的工业革命一直到今天，世界上的强国都表现出两个特点：第一，它们的 GDP 在当时都排在世界前列；第二，它们的人均 GDP 同样也相当高，也就是说，最富裕的国家同样有着最富裕的人民。符合这两个特点的国家历史上曾先后出现了英国、法国、德国、美国以及日本。这种状况即将改变，因为中国只会拥有这两个特点之一。中国的 GDP 已经相当高了，按市场汇率来计算，中国的 GDP 已经位列世界第三。如果正如高盛所预测的，2027 年中国 GDP 能超过美国，但其人均 GDP 仍然相对较低，即使到 2050 年，中国人均 GDP 也只能属于中上水平，而不是发达水平。显然，这是一个新型的世界强国：在同一个时期内，看 GDP 总量，中国已经达到了发达国家的标准；但按人均 GDP，中国仍是一个发展中国家。一个潜在

① 彼得·帕塞尔：“分离：不再密切的关系”，美国《外交政策》网站，2012 年 4 月 4 日。

的超级大国同时具有发达国家和发展中国家的双重特征，这将会在众多方面造成深远的影响……像中国和印度这样的大型民族国家很可能在数十年间同时具有这两类国家的特征……中国和印度同属发达国家和发展中国家，这就意味着它们的利益取向也会呈现出多样化。”①

当前不合理的国际政治经济秩序基本上是由发达国家一手建立起来的，虽然国际金融危机使西方的实力遭受重创，但在诸多领域其话语的份量依然很重。因此这就需要新兴国家、发展中国家内部加强团结、相互体谅、彼此协调，也需要与发达国家同舟共济、加强合作来实现共赢。目前在新兴国家、发展中国家内部出现的一些矛盾和分歧值得关注和警惕：一是部分发展中国家因经济全球化而被“边缘化”，不但与发达国家间的贫富差距拉大，而且与发展中国家群体中的一批新兴经济体也拉开了距离；二是一些发展中国家在实际利益面前，以己为重、自行其是，甚至见利忘义，导致其内部矛盾加深；三是发达国家为维护其在经济全球化进程中的优势地位和既得利益，以各种手段对发展中国家群体进行分化打压，制造矛盾。

“后时代”将因为发展中国家的群体性崛起更加趋同，发达国家和发展中国家间的界限变得越来越模糊。传统国际体系的核心和边缘结构发生变化，处于核心区域的欧美大国和日本等再也不能单独主导国际经济和政治事务，原先处于国际体系边缘的新兴大国在历史上第一次走向国际舞台的中央，与原有的大国一起共同影响国际体系的发展和演变。由此，以西方独占“半壁江山”的国际体系开始向一个完整性的国际体系转型。

① ［英国］马丁·雅克著，张莉等译：《当中国统治世界》，中信出版社，2010年版，第186页。

第六章 中乱

亚欧大陆的中部地区，西起北非、西亚，东至中东、南亚，可以称之为“大中东”地区的混乱局面由来已久。在布热津斯基看来，“欧亚是个棋盘，对世界领导权的争夺在此从未停止过。虽然地缘战略——对地缘政治利益的战略管理——可被比作棋局，但在这个略成椭圆形的棋盘上一争高下的不是两个，而是数个实力不等的对手。最重要的棋手在这个棋盘的西部、东部、中部和南部。”[①] 然而在“后时代”，东部的新兴国家和发展中国家，西部的发达国家更像个地缘跷跷板，而中东地区则是这个巨大跷跷板的中轴，既承担着连接东西两端的重任，又受到两端力量的诱惑、压力。因此，无论是这个跷跷板的中轴发生摇摆，还是东西两端力量的转换，都会牵一发而动全身，导致这个跷跷板发生战略性变化。美国《基督教科学箴言报》发表文章指出：“随着美国单边主义的式微，西方国家和新兴的‘金砖国家’仍在寻找新的地缘政治平衡，北非、西亚发生‘阿拉伯之春’的国家则被夹在中间。不过与1989年不同的是，如今的美国和欧洲囊中羞涩，被人说成是‘力不从心’。而新兴大国巴西、俄罗斯、印度、中国和南非则坐拥大约4万亿美元的外汇储备，它们的总人口达到全球的1/3。它们正在对西方制定的世界秩序构成新的挑战。华盛顿外交学会的查尔斯·库普钱说，‘西方说欢迎你们加入俱乐部，但我们在二战后建立的秩序必须保留’，对此‘金砖国家’不以为然。它们说‘那个秩序是

① ［美国］兹比格纽·布热津斯基著，中国国际问题研究所译：《大棋局》，上海人民出版社，1998年版，第43页。

你们的秩序，现在是谈论如何安排下一个秩序的时候了’。这就是新兴大国和既有大国之间的摩擦和分歧……遗憾的是，这种博弈是围绕叙利亚展开的。”①

21世纪刚一开年，便爆发了“9·11”恐怖袭击事件，到了第二个10年的第一年，又爆发了所谓的“阿拉伯革命”，为本已错综复杂的大中东局势又注入新的动荡因素。2001年“9·11”事件爆发，随之而来的是美国在大中东地区的反恐战争；2011年初西亚、北非爆发了“阿拉伯革命”，随后又爆发利比亚战争，这一连串的事件，导致欧亚非大陆重要联结部中东、西亚、南亚、北非一大片地区陷入动荡多点爆发、动乱持续蔓延，一波未平、一波又起的混乱局面。

第一节　第一个动荡的十年

大中东地区是当今世界最不稳定的地区，自西向东形成一条“危险弧”。同时该地区战略地位十分重要，既是地缘跷跷板的中轴，又是世界石油、天然气等战略资源最重要的产地和输出地。该地区本来就因盘根错节的宗教、种族、部族等多重矛盾和冲突而长期处于动荡不安状态，更由于美国、西方长期偏袒以色列、打压阿拉伯国家以及对地区事务的介入干预而变得更加脆弱敏感。“在欧洲，‘巴尔干’这个词汇使人联想到种族冲突和大国的地区性争夺。欧亚大陆也有它的‘巴尔干’，但欧亚大陆的‘巴尔干’面积更大，人口更多，在宗教和种族上的差异也就更大。欧亚大陆的‘巴尔干’构成了这个巨大的长方形区域的内核，而且它在一个独特的方面有别于其外围区域：这是

① 罗伯特·马昆德：“在金砖国家崛起和阿拉伯之春的背景下，新的全球秩序得以形成”，美国《基督教科学箴言报》网站，2011年10月18日。

一个力量真空地带。”[①] 美国急于争夺和控制这个“力量真空地带”是大中东地区长期动荡的主要原因。

一、恐怖势力伺机作乱

正如西方人所说的那样，21 世纪大门一开启，就迎来了“9·11”事件的噩耗。随着大规模恐怖事件的发生、伊斯兰极端主义和原教旨主义便在许多温和国家及亲西方国家的发展、伊朗核威胁，以及不断出现的西方与伊斯兰在文化哲学上的冲突，阿拉伯穆斯林世界与西方国家的对抗终于在新世纪一开始就以极端的形式爆发出来。早在 1979 年伊朗霍梅尼掀起伊斯兰革命、信奉原教旨主义的什叶派掌权后，伊斯兰原教旨主义便迅速扩散。美国为了制衡伊朗和抗击苏联入侵阿富汗，着手支持和帮助沙特阿拉伯、巴基斯坦等国的逊尼派极端势力，由此直接导致了“基地”组织的诞生。20 世纪 90 年代，苏联解体、美伊关系缓和后，以“基地”组织为首的极端势力开始把矛头对准美欧以及亲美的阿拉伯国家。

“9·11”事件后大中东地区持续陷入动乱的主要原因是：首先，美国采取了错误的反恐政策和推动大中东“民主化”的政策，导致中东地区成为恐怖活动、地区冲突、大规模武器扩散的策源地和集散地。阿富汗、伊拉克、印度、巴基斯坦、黎巴嫩、沙特、埃及、阿尔及利亚、英国、西班牙等国的恐怖袭击及阴谋活动有增无减；其次，美国发动伊拉克战争对伊斯兰极端势力的上升起到了推波助澜的作用。美国以萨达姆与“基地”组织有联系为借口出兵伊拉克，宣布发动对伊斯兰“暴君”的全面战争，提出塑造“新中东”的理念，正中了伊斯兰极端势力的阴谋。因为伊斯兰极端势力的战略目标就是要重演历史，

① ［美国］兹比格纽·布热津斯基著，中国国际问题研究所译：《大棋局》，上海人民出版社，1998 年版，第 162 页。

挑起西方与阿拉伯世界的矛盾，在被压迫的穆斯林中点燃反西方怒火，同时在西方民众中激发“十字军东征”、“犹太主义”的情绪；再次，全球化也是伊斯兰极端势力兴起的原因之一。全球化产生的负面结果是伊斯兰极端势力的兴起，更进一步讲伊斯兰恐怖主义的出现是对“美式全球化”的一种反应。一些阿拉伯问题专家认为，是西方推动的全球化对阿拉伯穆斯林社会经济和文化的“暴力”刺激，激活了伊斯兰的宗教属性，恐怖主义和伊斯兰政治化只是其极端表现形式。[①] 同时，全球化和自由流动提供的科技、金融和后勤便利也大大方便了恐怖分子组织及其运作。

“9·11”事件爆发和美国攻打伊拉克后的近 10 年间，以“基地”组织为首的国际恐怖组织的活动趋于猖獗，从南亚、中东、西亚到北非的广大中部地区形成一条“恐怖链”并不断自东向西渗透和延长。据西班牙反恐专家统计，目前全世界的恐怖袭击事件至少一半以上发生在南亚和东南亚地区，但如果考虑到中东和海湾地区，以及北非、西非和东非地区，那么可以说全世界九成的恐怖袭击事件都发生在上述三大地区。2011 年全年，平均每月发生的 10 起恐怖袭击事件中，有 7—8 起都集中在 20 个国家中，特别是巴基斯坦、伊拉克和阿富汗这三个国家。[②] 恐怖袭击有增无减，呈时紧时松之势，间歇期和爆发期交织。伊斯兰极端势力日益壮大和成熟，并在阿拉伯穆斯林世界深入人心，影响越来越大，形成了比较完整的战略战术体系。呈现出恐怖活动全球化、恐怖组织军事化、恐怖分子职业化、年轻化与本地化等特点，恐怖分子的手段和活动方式也更加灵活多样。第一，在策略上文武结合。即在发动恐怖活动制造动乱、阿拉伯世界与西方关系紧张、

① Ali Laidi, Retour de flamme. Comment la mondialisation a accouché du terrorisme, Paris, Calmann-Lévy, 2006.

② 费尔南多·雷纳雷斯：“全球恐怖主义地图”，西班牙《皇家埃尔卡诺研究所网站》，2012 年 2 月 16 日。

挑起西方与阿拉伯穆斯林冲突的同时，以合法手段参政夺权。以“基地”组织发动的“9·11”事件为标志，世界进入恐怖活动高发期。在一些“失败国家”，如阿富汗、索马里、伊拉克混乱局面难以控制。伊斯兰极端势力以“民主”的方式伺机夺取政权，威胁到从地中海到中东、中亚等温和国家的安全与稳定。例如 2005 年 1 月哈马斯在加沙地方议会选举中获胜，一年后又在巴勒斯坦议会大选中获胜，但至今哈马斯被西方和以色列视为非法和恐怖组织。第二，在方法上内外结合。从地缘角度看，从南亚、中亚、西亚、中东到北非正在形成一条危险的“恐怖链”。在欧美内部，不仅恐怖威胁和活动随时可能爆发，而且导致伊斯兰文明与西方文明的冲突越来越频繁和尖锐。法国“伊斯兰头巾风波”、丹麦“漫画事件”、教皇本笃十六世的反伊斯兰言论、挪威和法国的枪击事件等，均是西方与伊斯兰世界矛盾尖锐的反映。第三，在战术上点面结合。伊斯兰极端势力制造的冲突呈现“战区化”态势。他们在世界各地零散式、分散式的恐怖袭击活动从表面看上毫无关联，实际上却具备了高度的组织性和运作能力。恐怖组织及恐怖活动由点到面，在大中东地区形成对国际安全格局重大威胁的四个战区，即以伊拉克战争、以巴冲突为主的中东战区，以阿富汗、车臣为主的中亚战区，以阿尔及利亚、埃及、也门为主的环地中海战区，以及以巴基斯坦、阿富汗、印度尼西亚、菲律宾为主的东亚、南亚战区。第四，战略上文明冲突与资源争夺相结合。上述四大战区均具有战略地位重要、资源尤其是石油资源丰富的特点，在地缘上它们是欧亚大陆的“中轴”，也是美国、欧洲、俄罗斯、中国、印度等大国的“利益相关区”，该地区形势的持续动荡势必对上述国家产生不利影响。伊斯兰极端势力通过冲突战区化策略，企图挑起整个阿拉伯穆斯林世界与西方的文明冲突，目的是制造持续动荡，干扰国际能源市场和金融市场的稳定，掌控发达国家和新兴国家经济赖以生存的资源、能源和运输通道，阻滞经济全球化进程，与以美国为首的西方展开战略利益争夺战。第五，伊斯兰极端恐怖主义对地区国家的主权提出挑战。一是阿拉伯穆斯林国家机器面临着来自内部宗教、民族主义、分裂势力上升的挑战，当权者的软弱无力有可能助纣为虐，使国家成为培养恐怖主义的温床；二是国家加强对公民的控制与国际环境的不安全加剧成正比，恐怖活动频发使民众要求国家机器发挥更大的作用，结果一些国家的政府借机强化内部统治，巩固专制政权。美国、欧洲出于反恐需要，对这些专制政权予以默认甚至待若上宾，为 2011 年中东大动荡埋下隐患。“如今的全球恐怖主义分布更为广泛，‘基地’组织只是在组织和行动方面的第一大成员，是其他组织的核心和参照物……因此，在 2003—2007 年间陆续出现了阿拉伯半岛的‘基地’组织、美索不达米亚‘基地’组织和伊斯兰马格里布‘基地’组织等全球恐怖主义脉络的第二类成员。第三类成员是一些‘9·11’以来一直与‘基地’组织保持密切联系且不断变化的杂牌恐怖组织，其中最著名的有巴基斯坦塔利班和索马里的青年党。第四类成员包括一些个人和独立的组织，他们也受到了‘基地’组织的思想和整体路线的启发。”[①]

在“9·11”事件爆发 10 年后，2011 年国际社会从美国总统奥巴马那里收到两份期盼已久的“惊喜”：一是奥巴马 5 月 3 日宣布美军特种部队在巴基斯坦首都附近击毙了世界头号恐怖分子本·拉登；二是此后不久奥巴马宣布美军将在 2014 年从阿富汗撤军，结束长达 10 年之久的这场战争。世界有关国家在大喜过望之余，难免心中五味杂陈。因为世人深知，反恐 10 年间美国失去的远大于今天所得。恐怖威胁将长期存在，近年来美国本土已发生多起极端分子袭击未遂事件。如 2009 年 9 月 11 日曾在巴基斯坦受训的纳吉布拉·扎齐等 3 人企图袭击纽约地铁；2010 年 5 月 1 日纽约时报广场发生未遂汽车炸弹袭击事件。2012 年 3 月在法国南部图卢兹，发生了具有恐怖主义色彩的系列枪击

① 费尔南多·雷纳雷斯：“‘基地’组织的成与败：对‘9·11’10 年后全球恐怖主义的思考”，西班牙《皇家埃尔卡诺研究所网站》，2011 年 9 月 6 日。

案，造成7人死亡。枪手梅拉赫为阿尔及利亚裔，与“基地”组织有密切联系并还接受过“基地”组织领导人的指令。5月美国又破获了一起恐怖分子企图用“内衣炸弹”袭击民航飞机案。可见在反恐成绩的背后，仍旧隐藏着更多的困难，国际恐怖活动将长期存在。据美国“简氏恐怖主义与平叛中心”公布的数据，2011年全球发生的恐怖袭击事件为1.13万起，死亡人数约为1.557万人。[①]

二、美国在大中东的两难困境

美国自第二次世界大战结束后全面进入中东以来，其在中东的利益不断扩展。冷战结束和苏联解体后，美国成为世界唯一超级大国，就一直将中东、中亚、南亚以及东南亚至东北亚的广阔地带作为重点经营地区。中东在美国全球战略中的重要价值逐步得以确定。1990年老布什政府发表的《国家安全战略》报告明确指出了中东能源对“自由世界”的重要性。1999年克林顿政府发表的《新世纪国家安全战略》报告表明，中东地区局势发展“将深刻影响美国的未来”。在“9·11”事件后小布什政府执政的8年期间，美国更是明确地把中东乃至“大中东”作为美国国家安全战略的重点所在。但也就是在小布什错误的“大中东政策”的影响下，美国、西方与阿拉伯穆斯林的矛盾空前激化，反恐斗争演变成一场所谓的“文明冲突”，出现了阿拉伯穆斯林世界极力摆脱西方的影响和控制，美国、西方在大中东地区的形象和影响迅速衰减，新兴国家的亲和力及发展模式受到欢迎，大中东在地缘“跷跷板”中的支轴地位变得更加独立和重要的局面。“9·11”事件使世界安全格局发生调整和变化，伊斯兰恐怖主义成为西方的主要威胁。美国主要战略对手是策动和制造恐怖活动的伊斯兰极端势力，战略基

① 费尔南多·雷纳雷斯：“全球恐怖主义地图”，西班牙《皇家埃尔卡诺研究所网站》，2012年2月16日。

轴是反恐和在中东推行“民主化”，但却遭到严重挫折。

第一，美国对伊斯兰极端势力的不断壮大负有不可推卸的责任。长期以来，美国偏袒以色列，每年向以色列提供大量经济和军事援助，使得阿拉伯民众认为其国家至今未能收复被以色列占领的国土，除了本国执政者无能外，主要原因是以色列得到了美国的支持。于是，伊斯兰极端势力就此指责阿拉伯世俗政权与美国狼狈为奸，号召人民集合在伊斯兰旗帜下解放圣城和收复失地。小布什宣布一些国家为“邪恶轴心”，发动对伊斯兰“暴君”的全面战争，这进一步加剧了西方与伊斯兰世界的矛盾和冲突。美国不顾国际社会的强烈反对，军事打击伊拉克，催生了一个新的“失败国家”，更造成美国与阿拉伯穆斯林世界的矛盾激化，改变了美国在世界上的形象和声望。

第二，地区形势发生不利于美国、西方的变化。在各种威胁面前，美国、西方的对策苍白无力。美国错误地认为使用传统的政治、军事手段，凭借其在二战中战胜纳粹和冷战时期战胜苏联积累的经验和能力就能赢得对伊斯兰极端势力的战争。但反恐10年来，美国对外发动了两场战争，对全球军事部署做出重大调整，耗资1.1万亿美元，伤亡3万多人，却落得越反越恐、在中东进退两难的境地。中东地区乱象丛生，且呈连片动荡之势：美军、北约十几万大军无力控制阿富汗局势、塔利班卷土重来、以巴冲突不断、“基地”组织在中东地区内外与西方大打恐怖之战、伊朗与西方在核问题上持续对抗、叙利亚局势动荡升级。被美国视为“问题国家”的阿富汗、伊拉克，经美国“民主改造”后成为“失败国家”。正如美国驻伊拉克记者所说，美军在推翻萨达姆后，建立一个由民选领导人治理、对人民负责的伊拉克的梦想正在迅速消失，该国已变得十分类似于一个“失败国家”。[①] 美国推行大中东“民主”政策使大中东变成了“失败大区”，同伊斯兰世界的

① 奈德·帕克：“我们留下的伊拉克——欢迎来到世界上下一个失败的国家”，美国《外交》双月刊，2012年3—4月号。

矛盾仍在发展深化。伊拉克治安恶化，阿富汗安全形势不容乐观，黎巴嫩、叙利亚关系紧张，美国的虐囚事件、丹麦的漫画风波等不断造成穆斯林与西方国家关系紧张，地区大国伊朗、土耳其、沙特阿拉伯等跃跃欲试，企图在本地区发挥更大作用，“危机弧”地区的安全形势每况愈下，美国、欧盟的以巴政策、阿巴战略、对伊朗和解战略以及解决伊核问题的六方会谈均无所建树。美国、北约增兵阿富汗的目的不再是赢得战争，而是如同越战一样寻求如何避免失败。当然，西方认为自己面临的最直接和最具威胁性的挑战还是来自伊朗。伊朗保守势力通过“民主”手段上台后，内贾德不断在核问题上挑战联合国权威，充分利用地区形势对自己有利的战略机遇，寻求发展核计划，从暗自开发核计划逐步走向明处，打着和平利用核能的合法外衣不断向美国施加压力，迫使美国在接受伊朗核计划或军事打击之间做出两难选择。伊朗一直是美国的“眼中钉”，但美国始终无力腾出手来应对伊朗，只能暂时采取缓兵之计，在与伊朗对话的同时对其保持强大的军事压力。

第三，加紧与“跷跷板”另一端的力量进行争夺。在布热津斯基看来，“巨大的、形状不规则的欧亚棋盘从里斯本一直延伸到符拉迪沃斯托克，为‘棋赛’提供了舞台。美国可能成为赢家，条件是：棋盘的中间地带能逐步并入扩大中的、由美国主导的西方势力范围；南部地区不被某一个国家单独主宰；东部国家不联合起来将美国逐出近海的基地。但是，如果中间地带拒绝向西方靠拢，而成为非常自信的单一的实体，并控制了南部，或同东部的主要棋手结盟，那么美国在欧亚大陆的首要地位就将严重受损”。[①] 美国借反恐名义进入南亚、渗入中亚、改造中东，目的既意在争夺和控制对中东和南亚地区事务的主导权和重大经济、战略利益，控制石油资源，在石油产地掀起“产地

① ［美国］兹比格纽·布热津斯基著，中国国际问题研究所译：《大棋局》，上海人民出版社，1998 年版，第 47 页。

革命”，更为防止布热津斯基所担忧的大中东地区拒绝向西方靠拢，甚至倒向东方并与东方结盟的可怕局面出现。于是，美国从全球战略目标着眼，决定调整策略，实行外交转型。美国认识到在军事反恐、政治上推行民主化上犯了“冒进”的错误，意识到反恐和民主化进程的长期性和艰巨性，过度将注意力集中在中东地区，“忽视”了中国、俄罗斯、印度的快速崛起对美国的霸权构成威胁和挑战。美国还担心西方一旦在中东失败，整个大中东地区未来成为伊朗、俄罗斯和中国的囊中之物。俄罗斯在大中东地区有着传统影响和巨大利益，地区的稳定也与其南翼的安全息息相关。此时普京总统领导下的俄罗斯对美国一再挤压俄的生存空间、在独联体大搞“颜色革命”极为不满并伺机反击，力图凭借近年来国力增强重振大国地位和国际影响。奥巴马上台后，意识到为应对非传统威胁的挑战，西方需要制定新战略，打击恐怖主义需要标本兼治、软硬兼施，除了必要的军事手段外，还要动用政治、经济、外交、传统影响等综合手段，以铲除恐怖主义滋生的根源。同时，深受金融经济危机打击的美国，正被财政赤字、政府债务、经济乏力等各种国内问题困扰，难以继续执行布什时期的强势反恐政策，因此要逐步缩小反恐“战场”，确定有针对性的目标，重点保护本土不受恐怖袭击，击败“基地”组织是美国新战略的最终目标。此外，击毙本·拉登也使美国“确信”恐怖势力遭到沉重打击。因此，美国需要尽快调整反恐战略。2011 年 6 月美国出台新的《国家反恐战略》报告，首次将本土作为反恐努力的最重要战场，将把打击“基地”组织与本土恐怖活动作为反恐重点，防止本土遭受恐怖袭击。按照该战略，“基地”组织及其分支被定位为对美国最重大的直接威胁，是重点打击的对象。此外，美国土生土长的恐怖分子也是重点。报告强调通过升级与加强防护措施减少国土安全的薄弱环节，在全球各地打击“基地”组织和领导层，破坏其安全港，反击其意识形态，切断其经济来源、后勤支持及网上联络，确保“基地”组织不会获得大规模杀伤性武器。为实现上述目标，美国在全球做出了一些新调整：决定从阿富汗撤军，利用特种部队、加快部署“特殊”装备，如更多地使用无人机，加大对“基地”组织的打击力度与频率，向企图袭击美国的武装组织施加“有针对性的、外科手术式的压力”。重点打击在巴基斯坦与阿富汗接壤的边境地区，并在也门、索马里、伊拉克与北非地区加大反恐投入。伊朗、叙利亚、黎巴嫩“真主党”和巴勒斯坦伊斯兰抵抗运动（哈马斯）等“支持恐怖主义的”国家与组织都对美国构成安全威胁，但已不是美国当前反恐战略针对的主要目标。

第二节　又一个动乱的十年

一波未平，一波又起。击毙本·拉登并没有平息大中东地区的混乱局势，相反从2011年初起，西亚、北非继“9·11”事件和伊拉克战争后，地区形势再次风云突变，总体看是因为民族变革运动的兴起、西方的推波助澜以及伊斯兰势力乘机坐大而燃起的动荡之火。在西方曾欣喜地称之为“阿拉伯之春”过后，“‘阿拉伯之冬’正席卷整个阿拉伯世界，和平抗议本应引来民主，结果却引来了流血和混乱。同时，反美主义也很可能在‘阿拉伯之冬’期间高涨”。[①] 在日本学者看来，“引导中东秩序走向崩溃的其实是美国。‘9·11’事件发生后美国开始反恐作战，期间美国以取缔伊斯兰激进派为名与埃及和利比亚等专制政权加强了关系。另外，美国对伊拉克作战推翻了萨达姆政权，使伊拉克由一个逊尼派国家变成了什叶派国家。美国这一系列行动不仅打

① 丹尼尔·比曼：“在充满希望的阿拉伯之春之后，接踵而来的是寒冷的阿拉伯之冬”，美国《华盛顿邮报》网站，2011年12月2日。

破了中东地区的力量平衡，还间接导致了‘阿拉伯之春’的最终爆发”。①

一、风云突变的西亚北非局势

2010 年 12 月 17 日，突尼斯中部城市西迪布吉德一位摆水果摊的 26 岁青年穆罕默德布·阿齐兹遭警察驱逐愤然自焚，引发全国性抗议活动，迫使本·阿里总统下台。这一事件很快成为点燃席卷整个中东地区的抗议风潮的导火线。埃及、阿尔及利亚、也门、约旦、利比亚、巴林、阿曼、沙特、科威特、叙利亚、苏丹、伊拉克和伊朗等国都不同程度地爆发了反政府抗议活动。在中东 25 国（22 个阿拉伯国家以及土耳其、伊朗和以色列）中，爆发抗议的绝大多数为阿拉伯国家，只有卡塔尔和阿联酋得以幸免。其中，利比亚动乱因西方干预而升级为战争，叙利亚乱局正推动国家走向内战边缘，阿曼、约旦、巴林、摩洛哥、科威特、黎巴嫩等国政府改组，阿尔及利亚结束长达 20 年的紧急状态，苏丹总统巴希尔宣布 2015 年任期届满后不再连任，伊拉克总理马利基宣布不寻求第三个总理任期。长期以来，阿拉伯世界一直探索着民族复兴之路。20 世纪五六十年代曾发生了以埃及纳赛尔革命为标志的“民族民主革命”、以反帝反封建建立民族独立国家的民族复兴运动。但在阿拉伯国家政治独立以后，在内外各种因素的综合作用下，阿拉伯国家并没有实现真正的民族复兴和推动民主化进程，在政治体制、法治建设、经济繁荣、民族宗派和解与团结、社会公平与正义等诸多领域裹足不前，甚至出现倒退。因此，可以说，导致 2011 年西亚、北非局势动荡的主要原因在于各种积重难返的内外矛盾总爆发，具体而言在于以下方面：

① 菅原出：“必须密切关注中东和南亚”，日本《呼声》月刊，2011 年 11 月号。

首先，政治独裁的专制和腐败。阿拉伯国家大致分为共和制（以埃及、突尼斯为代表）和君主制（以沙特阿拉伯为首的海湾6国加上约旦、摩洛哥等8国）。共和制国家实际上也多是一人长期执政或家族统治；君主制国家领导人为国王、埃米尔、苏丹或酋长。到2011年为止，实行共和制领导长期执政的时间表为：利比亚领导人卡扎菲从1969年上台到被推翻在位42年，埃及前总统穆巴拉克从1981年上台到2011年2月下台共执政30年，卡扎菲和穆巴拉克都还打算让儿子继承父业。突尼斯前总统本·阿里从1987年上台共执政24年，也门总统萨利赫从1978年上台共执政33年，苏丹总统巴希尔1989年发动军事政变上台，在位22年；叙利亚总统巴沙尔于2000年接任其父亲至今已11年，其父阿萨德于1971年上台，一直干到2000年病死。伊拉克前总统萨达姆自1979年出任总统，直到2003年在伊拉克战争中被推翻。阿尔及利亚总统布特弗利卡1998年上台，至今亦有14年。这些共和制国家实际上是一种变相的君主专制。这种专制的初建者大多是军人，他们依仗武力上台，崇尚以军警暴力治国，热衷以自我为中心的威权统治。在权力的巨大腐蚀作用下，当权者独揽大权，任人唯亲，领导人及其家族侵占国家巨额资产，官员贪污腐败。多党民主制形同虚设。利比亚、突尼斯、埃及、约旦、也门等国领导人被爆出在海外拥有大量资产或银行账户。在“透明国际”全球腐败国家排名中，埃及、黎巴嫩、叙利亚、也门、伊拉克等均名列前茅。曾得到人民拥戴的领袖人物日渐走向广大民众的对立面。在2011年的动荡中这些领导人相继倒台，预示着阿拉伯世界共和制政权的强人统治时代在走向终结。在君主制中比较开明的国家，如摩洛哥、约旦迅即宣布实行一些政治社会改革，使各种矛盾有所缓解。沙特阿拉伯等海湾国家因为盛产石油，经济发展较快，当地人生活大多比较富裕，社会相对安定。大动荡一发生，这些国家在宣布逐渐开放一定程度民主的同时，立即大幅度增加工资，分发丰厚的“福利红包”，暂时实现了“以石油美元买稳定”。君主制国家反而都逃过社会大动荡之劫。

其次，在经济上，大部分国家政府未能有效解决民生、社会公正问题。普遍存在经济发展水平低、国家之间以及各国内部贫富差距不断拉大的发展困境。据阿盟和联合国开发计划署报告，2009年阿拉伯世界有1.4亿人生活在联合国划定的贫困线以下。高通胀率、高失业率和高物价等问题让百姓不堪重负。2008—2010年，12个阿拉伯国家的通胀率在12%—16%之间浮动，伊拉克甚至高达30.7%—47.6%。阿拉伯国家总失业人数达1700万，埃及、突尼斯、也门、阿尔及利亚青年人的失业率在35%—45%。在全球金融经济危机冲击下，近年来基本消费品价格持续上涨，埃及、苏丹、阿尔及利亚、摩洛哥等国均因物价上涨尤其是“粮食危机”引发社会骚乱。2009年埃及的消费价格指数（CPI）涨幅超过18%，远远高于2006年5%的涨幅。伊朗物价指数从2006年的13%飙升到2009年的25%。绝大多数国家难以适应经济全球化。虽然该地区石油资源丰富，但分布并不均衡且产业结构较为单一，自然资源匮乏，投入与产出效率低下，因此造成国家综合国力提升缓慢，政府缺乏足够资源刺激经济发展和改善民生；对外缺乏国际竞争力，一旦出现经济危机，这些国家首当其冲沦为落伍者和弱势群体，经济形势恶化，政府无力挽救，民众对政府和领导人失去信心。

第三，社会上，传统与现代并存，政教矛盾突出，伊斯兰与民主矛盾尖锐对立。阿拉伯国家因普遍存在的贪污腐败、社会不公等严重社会问题，造成民怨累积甚深，各种社会民族矛盾一触即发。阿拉伯国家人口出生率和失业率全球最高，失业导致极端原教旨主义、移民、吸毒、社会骚乱等诸多社会问题泛滥。大部分国家存在伊斯兰极端势力，他们主张推翻世俗、腐败政权，“回归”先知创立伊斯兰教的时代，实行政治、经济、法律、社会的全面伊斯兰化。埃及、叙利亚的“穆斯林兄弟会”、突尼斯“纳哈达”、阿尔及利亚的“伊斯兰拯救阵线”等，都在此次动荡中利用各种社会矛盾，合法与恐怖手段并用，巧妙调整策略，隐藏极端主义口号，以借机扩大政治影响和社会基础。除少数国家，中东地区多数国家没有处理好宗教传统与现代性的结合问题，一方面伊斯兰文化对现代化抱有抵触情绪，政治上的专制和保守的教规教法，造成社会严重封闭和思想文化发展几近停滞，使阿拉伯国家在政治、经济、社会、文化诸多方面跟不上全球化迅猛发展的时代步伐；另一方面全球化、信息化不可避免地渗透到阿拉伯世界和每一个角落。互联网、脸谱、推特、卫星电视、移动电话等极大地方便了信息传播速度和范围。在此次西亚、北非的动荡中，卫星电视、手机和新兴社交媒体就扮演了十分重要的组织和传播作用。广大民众要求变革的呼声日趋高涨，但统治者却没有采取有效措施。

因此，发生在 2011 年的大变局，其本质是一场以反独裁、要发展、促民生为目标的“民主主义革命”，体现以“民主”为主要诉求的阿拉伯复兴浪潮的再次兴起。但是，由于西方的竭力干预和操控，并在阿拉伯国家中制造分裂，以及伊斯兰极端势力和宗教分裂势力乘虚而入，使得这场原本内容纯洁、目标单一的民主复兴运动很快就变了味，从内容到目标都变得模糊不清，充满血腥味和对未来的不确定性。如果说在突尼斯、埃及开始还主要是一场内生性的民主、民生运动的话，那么在利比亚、叙利亚则成为一场内部宗教争夺权力、外部西方势力干预的国际政治斗争。在这两个国家中，主要矛盾都已经变成宗族、宗教和部落斗争，而不再是民主与专制的斗争。阿拉伯世界将迈入变革与动荡的新周期，政治、社会、经济长期震荡将成为重要特征，其在地缘跷跷板中支轴的作用、以及东西两端对中部的影响都呈上升之势。

二、“后危机”的首场战争

2011 年初北非、西亚局势动荡以来，美欧既意识到这是对其传统利益和安全上的挑战，同时也认为这是引导、左右、干预地区形势向西方转变的大好时机。西方要抓住这一“历史性机遇”，顺应历史变化，因势利导，引导和推动阿拉伯国家向有利于西方的方向转变，这包括政治制度，也包括经济体制和社会文化。美欧急于扭转西方因在10年反恐中与阿拉伯穆斯林世界对立的局面，改善西方在阿拉伯世界中日益受损的形象，联手“抱团”，共同应对和防范阿拉伯世界的民族民主运动脱离西方控制的轨道。

从2011年1月31日起，利比亚第二大城市班加西和首都的黎波里先后爆发了要求卡扎菲下台的游行示威活动，受到卡扎菲的坚决镇压。2月29日反对派成立“全国过渡委员会”，得到法国的率先承认。为加速推翻卡扎菲政权，美法英等国先后推动联合国安理会通过制裁利比亚及设立“禁飞区”的1970和1973号决议。3月19日，法英超越1973号决议授权，对利比亚展开军事打击。8月21日，在北约支持下的反政府武装攻入首都的黎波里，“卡扎菲时代”结束。利比亚之战是“后危机”背景下西方发动的第一场战争，与以往的战争表现出很大不同。充分暴露出西方在内有金融经济和债务危机冲击，外有国际地位和影响力受到削弱，面临阿拉伯伊斯兰世界、新兴国家的双重挑战下内部出现的分歧和矛盾。它是一场一方拥有世界最强大军事组织和经济实力为后盾、另一方为军队人数不足10万且装备落后的不对称战争，在世界战争史上不过是一场“小战争”，但它却给欧盟、北约及跨大西洋联盟制造出“大麻烦”。

首先，在西方内部引发多重矛盾。法德这对欧盟一体化的“发动机”在是否动用武力解决利比亚问题上的分歧公开化，德国对安理会1973号决议投了弃权票，而且在战事爆发后一再对法国及北约解决利比亚问题的方式表示质疑。法英抛开欧盟、在利比亚问题上率先进行军事打击，采取“单边”行动，法国时任总统萨科齐未与成员国协商便第一个承认利比亚反对派并联英攻打卡扎菲，招致欧盟其他成员国的不满。波兰总理图斯克谴责军事行动暴露出欧洲的“虚伪”，批评法英采取双重标准，打着人权旗号使用武力。欧盟成员国内部在承认利比亚反对派问题上存在分歧，直到战争结束时，仅有法、意、西等少数国家承认利比亚反对派为唯一合法政权，包括英国在内的大部分欧盟成员国依然保持与卡扎菲的外交关系。一些申根成员国因担心北非局势动荡引发的难民潮冲击本国边界，表示要重立边界，限制人员流动，这是申根协定 1995 年实施以来的首次。法国从利比亚战事开始后就竭力反对北约军事介入，反对将指挥权拱手交给北约。后在美英压力下同意将军事指挥权交给北约，但要求将政治权力剥离出来，交给专门成立的“联络小组”处理。此后法国又不断指责北约打击力度不够，批评其他成员国袖手旁观。土耳其作为北约唯一的穆斯林国家，对北约军事打击利比亚有所保留，一度与法国成为北约接管军事指挥权的最大阻力。北约多数盟国对打击利比亚持怀疑、观望态度。在北约 28 个成员国中参战国有 16 个，但直接参与军事行动的只有 8 个，真正起作用的只有英、法、美等国。北约秘书长拉斯穆森再三呼吁更多成员国提供支持，以分担责任。美、欧虽在推翻卡扎菲政权、推行西方“民主”、“自由”方面拥有共同利益，但在谁指挥、谁出兵、谁出力、以及信任谁、承认谁等问题上争论不休。奥巴马不愿美军冲在第一线，把法、英推向前台，要求盟国分担更多责任，却始终对北约的欧洲盟国不信任、不放心，要通过北约把持指挥权、领导权。美国前国防部长盖茨多次严厉批评欧洲盟国在政治上缺乏意愿、军事上能力不足，严重威胁到北约的集体防御能力。

其次，西方联盟在利比亚战争中面临的“麻烦”表明在多极化和全球化加速发展的背景下，受经济金融危机和债务危机的冲击和连年反恐战争的拖累，昔日经济、军事实力强大、财力雄厚的西方联盟在利比亚这场“小战争”面前遭遇尴尬的局面。作为西方联盟中最强大的经济、军事机构，欧盟、北约及跨大西洋伙伴关系在战略目标、能力财力、利益等问题上面临困难：一是欧盟、北约自“双扩大”以后，随着成员国的激增及国际形势的剧变，为适应生存和顺应形势，两机构都提出了雄心勃勃的大目标、大战略。欧盟“里斯本条约”的实施以及在此基础上于2010年底建立起来的欧盟对外行动署，旨在协调、统一成员国的外交及安全政策，对外“以一个声音说话”，提高欧盟的国际影响力。北约也在2010年11月里斯本峰会上通过了《北约战略新概念》，重申北大西洋公约第五条集体防御的原则依然是联盟团结和生存的基石。但在应对北非、西亚变局和打击利比亚问题上，欧盟、北约及欧美之间为了各自的利益背弃“组织”基本原则和盟约，法、英绕开欧盟“单干”，欧盟、北约成员国在使用武力以及承认利比亚反对派问题上出现分裂，北约多数成员国按兵不动、隔岸观火的立场，严重削弱了两组织确立的战略目标的信誉和实施能力，对两组织的机制建设无疑是沉重打击；二是受全球经济危机和欧洲债务危机的冲击，欧盟及北约许多成员国纷纷削减军费，裁减兵员，在享受“组织”利益和保护的同时，却不愿在关键时刻齐心合力，出钱出兵。英国空军解散了两个装备有“旋风”战斗轰炸机的中队。按照2011年5月德国国防部推出的第二阶段军队改革计划，德军人数将从22万缩减到18万左右。德国国防部批准了将地面部队和作战坦克裁减一半的计划，还将在今后5年内关闭31个军事基地，缩减90处部队驻地的军事设施。欧盟、北约成为泥足巨人，面临着成员国数量激增、机制建设深化、战略目标扩大与军事行动能力、财政经济实力相对不足的矛盾。特别是北约成员国政治合作意愿减弱、军事能力下降，北约的作用、集体行动原则一再面临考验。达到北约承诺的国防预算占成员国GDP2％标准的国家只有美、英、法。美国自己债务缠身，无心、无力在利比亚另辟新战场，却不断指责欧洲盟国“非军事化”情况严重，影响到北约的发展前途。在利比亚战争期间，“G8”集团在法国多维尔召开峰会，为促进北非、西亚国家转型提出400亿美元的援助计划，但8国中除加拿大、俄罗斯外，其他国家均债台高筑，面临财力不济、捉襟见肘的窘境。美、日、英、法、德、意等国2010年公共债务、预算赤字占GDP的比重依次为：90%和9%、200%和10%、80%和10%、81.7%和7%、83.2%和3.3%、119%和4.6%。一边举债作战，一边举债援助，成为西方联盟在“后危机时代”发动的第一场战争中出现的奇特现象。美国的援助窘状可以通过做一番简单的比较得出结论：1948年援助欧洲的马歇尔计划为130亿美元，约为美国GDP的5%，相当于今天的7000亿美元；1991年海湾战争结束后，美国减免了埃及70亿美元的外债，2011年，它能提供给埃及新政府的只有10亿美元的贷款担保以及10亿美元的债务减免；[①] 三是欧盟、北约及欧美各方利益难以趋同，国家民族利益上升，集体合作意愿减弱，是导致各方一遇到具体问题就出现矛盾、分歧、争吵的重要原因。在欧盟内部，欧洲建设的三大“经典”成就：被视为欧盟一体化发动机的法德轴心、被视为欧洲用一个声音说话的共同外交与安全政策、以及被视为极大地促进人员自由流通的申根协定均出了问题。在利比亚问题上欧盟分裂为“强硬派”、“主和派”和“中间派”。法国主战、德国主和，法德在利比亚问题上的矛盾还间接影响到两国在其他领域，尤其是在最为紧迫的应对欧债危机上的合作。法德矛盾反映出两国在争夺欧盟领导权、确定欧洲发展方向以及用何种方式解决国际争端上的深刻矛盾。在北约内部，法国、德国不同形式的特立独行成为其他成员国的“坏榜样”。法国虽重返北约，但内心深处不信任北约，它坚持向俄罗斯出售“西北风”战舰已引起美国及中东欧国家强烈不满，因此法国在利比亚战争中虽冲锋陷阵，但未能消除美国及其他成员国对法国的警惕、怀疑。主张和平主义的德国影响和带动一批欧盟、北约成员国削减军费，坚持以欧盟的“软实力”在国际舞台上发挥独特影

① 斯蒂芬·沃尔特：“美国时代的终结”，美国《国家利益》双月刊，2011年11—12月。

响。在欧美关系中，双方战略利益上不对等，结构性矛盾难以根本解决。美国在利比亚战争中要求盟国“分担责任”，自己不愿当头，再次验证了欧洲国家的担心，即欧洲在美国战略重点和关注度中持续边缘化，奥巴马上台之初主张的大西洋和太平洋在美国全球战略中处同等重要位置的“两洋战略”，如今已变成“一洋”（太平洋）和“一地”（大中东地区）战略。欧洲更担心美国为了自身利益而坐视财富东移、动荡西渐情况的发生于不顾，使欧盟单独面对北非、西亚变局带来的巨大压力。

再次，西方在对外干预方面探索新模式。从西方联盟在利比亚战争中的各种表现，可以看出美欧既想维护西方在全球的战略利益、民主价值观，但又苦于综合实力相对下降、无力大包大揽的矛盾，以及在此困境下西方对大中东地区争夺和干预方面做出的一些新尝试：一是在价值理念上强化“保护的责任”，加大干预力度。利比亚战争是继2005年“保护的责任”被写入了联合国成立60周年首脑会议公报《2005年世界首脑会议成果》后，以及在2011年初联合国安理会通过第1973号决议后，对“保护的责任”的首次实践。但考虑到自身吸收消化能力大不如前，以及在干预具体对象上的利益不同、成本不同，而不得不采取区别对待、选择重点和双重标准；二是在干预方式上力求师出有名，借用联合国及地区组织的旗号，注意把有关区域组织和地区国家推向前台。同时为避免再度激起整个阿拉伯穆斯林世界对西方的不满，采取“打击”与“怀柔”并重策略。奥巴马立即就北非、西亚局势发表讲话，承认巴以边界应以1967年战争前的划分为基础，法国急于召开中东问题和会并承认巴勒斯坦国均在此意。美国还借地区“民主波”的示范效应，试图将祸水引入叙利亚、伊朗等对美国怀有敌意的国家，希望以此扰乱其内部政治生态，实现用其他手段难以实现的战略目的。美国希望借加大对叙利亚和伊朗的打压，形成“以压促变”的效果。美国最希望看到的，无疑是通过所谓“民主革命”

的风潮，把中东地区的反美势力一一扫除。而在利比亚政局发生变化之后，中东地区最坚定的反美堡垒就是叙利亚和伊朗，而且两国关系紧密，互为倚靠，给美国带来不少麻烦。美方有舆论认为，现在叙利亚和伊朗两国局势严峻，并且失去阿盟的支持，同时美国已在国际上组建了对这两国“最严厉”的制裁联盟，伊朗甚至面临着以色列“可能的军事打击”，美军航母不断驶往霍尔木兹海峡周边。美国希望借解决伊朗和叙利亚问题，巩固自己在中东地区主导者的地位，同时拉拢叙利亚、伊朗的周边国家作为盟友，为加强美国掌控中东局势打下更好的基础；三是在出兵形式上，奥巴马十分清楚美国没有塑造中东的能力，其减少在该地区军事介入的意向明显。美国从过去的一线作战改为“退居二线”，让二流国家先行、北约军事参与、欧盟经济配合、美国坐阵指挥。考虑到北约采取集体行动已不现实，北约不得已依据成员国的军事能力、政治意愿分化为部分国家参与、部分国家享受保护、不尽义务的“双速北约”。在财力不济、举债作战的情况下，迫使地区组织（阿盟、海合会）及国家（卡塔尔、沙特阿拉伯等）出钱出力，实施重点援助，并提高对受援国的要价和门槛；四是加速调整西方联盟内部领导和经营模式。欧盟内部依靠法德轴心为领导核心、由内圈向外围辐射扩散、联系不同成员国的“圆型”模式，以及北约内部依托美国绝对领导、自上而下并联成员国关系的“纵向”模式，正因法德在实力地位上的变化以及在诸多问题上的分歧而导致欧盟的“散型化”发展，北约亦因美国要求成员国承担更多责任而出现权力“横向化”发展趋势。北非变局和利比亚战争加速了上述变化进程。联盟内部围绕权力和义务的斗争加剧，成员关系引发新互动。法国在防务上加速向英国靠拢，两国联手牵制德国意图明显，德国则进一步“东进”拉近与中东欧国家的关系，对欧洲南部的债务危机和北非、利比亚局势袖手旁观。北约则在欧美分担责任，美不愿当头谁当头、谁能当头、谁配当头问题上争论不休。

最后，美国急于调整对中东政策。当利比亚战争正在进行时，奥巴马于 2011 年 5 月就中东北非局势以及美国政策发表重要讲话，这是奥巴马上任以来就中东问题发表的第二个讲话。[①] 主要内容：一是将支持中东民主变革作为最优先目标，具体提出了对面临“革命”的阿拉伯政权的政策：对利比亚，强调卡扎菲已经时日无多；对叙利亚，要求巴沙尔总统要不进行民主过渡，干脆走人；对伊朗，谴责镇压，反对其核发展和支持恐怖主义；对也门，要求萨利赫总统兑现移交政权的承诺；对巴林，希望推动改革和进行对话；二是以经济手段支援突尼斯和埃及的民主变革，欲通过经济发展来帮助民主转型。强调将集中打造突尼斯和埃及这两个“优秀样板”。必须通过帮助埃及满足其短期资金需求，来协助埃及人民从他们民主动乱造成的破坏中恢复。美国将“免除”埃及 10 亿美元的国债，并提供 10 亿美元的借贷保障来帮助开罗政府重新进入市场。奥巴马政府将同国会一起为在突尼斯和埃及投资而建立“企业基金”。奥巴马承诺要说服美国人民，即使美国经济仍未完全复苏，中东地区国家的命运也值得美国花费金钱与精力去关注；三是推动巴以和谈。以色列和巴勒斯坦之间的持久和平必须基于巴以两国的存在，而两国的边界应当是基于 1967 年战争前的边界。奥巴马总统敦促双方返回谈判桌，并承认推进以巴和平的谈判持续遭到挫折。在加大对以色列施压的同时，将强化美以军事同盟关系，加大安全援助；四是寻求合作伙伴的多元化。未来美国的中东伙伴不再单纯是传统的盟友，即当政者。与奥巴马 2009 年的开罗讲话相比，此次讲话显示美国中东政策发生了一些重要变化：第一，美国的中东政策重心已由传统的维护地区安全转向支持和推进地区民主改革，为此奥巴马提出“将利用我们所掌握的所有外交、经济与战略手段”支持“发生在中东和北非的能够满足整个地区普通人民的合理愿望的政

---

① http：//www. whitehouse. gov/the-press-office/2011/05/19/remarks-president-middle-east-and-north-africa.

治与经济改革”。第二，地区合作对象和方式由过去侧重与当权者打交道，转向强调与当地人民、青年、妇女、各种公民社会组织等多元社会力量打交道。方式上不再是过去相对单一的政府对政府的援助。第三，加大对以色列施压力度，要求其顺应变化进行政策调整。第四，强调要实现价值观和安全、利益的平衡。此次讲话后不久，奥巴马于5月底访问欧洲四国并赴法国参加多维尔“G8”峰会。他在访问英国时强调，西方在全世界的影响力不会走向衰落，美英在面临的各种挑战面前应发挥领导作用；[①] 在“G8”峰会上，他高度评价法国总统萨科齐在国际事务中扮演的“领袖”角色。“G8”峰会发表的宣言表明[②]，美欧双方决定联手对付北非、西亚变局，并将此视为改善和强化欧美关系的重要契机；峰会为促进北非、西亚国家转型提出400亿美元的援助计划。随后，奥巴马又邀请德国总理默克尔访问美国，极力淡化两国在利比亚问题上的分歧，强调美德“相互依存”的重要性。

三、利比亚战争带来的消极影响

利比亚卡扎菲戏剧性的命运，深刻揭示出西方怎样将一个曾经的座上宾变成曝尸沙漠的所谓“支持民主”、履行“保护责任”的牺牲品。可以说，利比亚战争成为阿拉伯民族复兴运动的转折点，由西方打着联合国旗号发动的对利比亚战争不仅一时蒙骗了不少阿拉伯国家，使得西方借机可以冠冕堂皇地介入，更为严重的是干扰破坏了阿拉伯国家民族复兴的正常发展轨道，在阿拉伯世界造成了更大的动乱和不确定性，产生了极其严重的恶劣影响。

---

① http: //www. whitehouse. gov/blog/2011/05/25/president-obama-speaks-parliament-london-time-our-leadership-now.

② Déclaration du G8 de deauville , un nouvel élan pour la liberté et la démocratie. Sommet du G8，26—27 mai 2011 Deauville，France.

（一）利比亚战争给阿拉伯世界的民族复兴运动造成极大的混乱

武力及武力威胁成为解决阿拉伯国家内部政治派别纷争的“时髦”工具，滋长了海合会、阿盟及有关国家选择武力解决问题的决心，凭借西方“保护的责任”和“人道干预”的支持，对不顺从、不合意的政府实行严厉制裁直至武力颠覆。叙利亚、也门等国的反对派受到“利比亚模式”的鼓励，也选择以暴力、武力解决国内政治问题，而非政治对话与和解。“利比亚模式”对一些国家的领导人起到震慑作用，他们或草草结束“民主”进程，或更加坚定了抵抗到底的决心和意志。这场阿拉伯剧变演进到叙利亚，已经由最初的民生和民权革命异化为宗教派别内斗和地缘政治之争，由内生性矛盾上升为地区干预力量主导和外部势力策应。以海湾合作委员会诸君主国为骨干的阿拉伯保守力量欲借力打力，抓住阿拉伯街头运动的势能，在祸水西移利比亚、和平解决也门危机后，决心彻底清算巴沙尔政权。阿盟强硬地反对巴沙尔政权，并非完全出于“道义”，更多的是“教派冲突”：叙利亚由伊斯兰教中的什叶派占统治地位，什叶派在整个中东地区属于少数派，什叶派和逊尼派之间历史悠久的斗争，使得叙利亚在整个中东地区显得格格不入。一方是由伊朗支持的、巴沙尔政权主导的伊斯兰什叶派，另一方是代表阿拉伯大多数的伊斯兰逊尼派。什叶派和逊尼派的斗争不仅在叙利亚存在，在伊拉克、阿富汗、约旦同样存在，地区局势已经演变为“逊尼派伊斯兰国家”与“什叶派伊斯兰国家”的相互争斗。而借助地区力量和部族矛盾扳倒巴沙尔政权或拆散叙伊联盟，进而最终孤立、削弱和制服伊朗，是本地区某些国家和其西方盟友的地缘利益交集点。因此，尽管是阿拉伯世界的重要国家，但国内示威游行爆发以来，叙利亚几乎已经完全被阿拉伯大家庭所抛弃。阿盟、阿拉伯议会、海合会均将矛头对准了巴沙尔政权。2011 年 11 月，阿盟正式宣布中止叙利亚在阿盟的成员国资格，还敦促其成员国召回各自驻大马士革的大使，对叙利亚进行经济和政治制裁。海合会在西方刮起的迫使叙利亚“改朝换代”风潮中，一直扮演“排头兵”的角色。它甚至比西方还西方，如主张立即武装叙反对派和向叙派出国际“维和部队”。其中有的国家已向叙反政府组织提供武器装备。

(二) 向伊斯兰极端势力、分裂势力和恐怖势力敞开了大门

民主自由缺失、社会分配不公、贫富差别过大、以权谋私、贪污腐败横行、失业贫困情况严重等集权统治下容易滋生的种种社会弊病，是引发阿拉伯国家“街头革命”的最主要因素。摈弃社会存在的上述弊端是伊斯兰势力选举获胜的法宝，也是赢得民心的重要手段。在西亚、北非变局中，阿拉伯国家的伊斯兰势力趁乱崛起，并向夺取政权迈进已成为一种趋势。“革命并非由伊斯兰主义者发动和完成，但他们却摘得了胜利果实。”[①] 对此基辛格警告称：“社会越分裂，号召团结起来、实行反对西方价值的民族主义和伊斯兰主义的诱惑越大。”[②] 一年来，各色伊斯兰势力在突尼斯、摩洛哥、埃及的议会选举中获胜，伊斯兰势力在利比亚、也门、叙利亚也竞相涌动。突尼斯举行了国家制宪议会选举，被本·阿里政府禁止了数十年的“伊斯兰复兴运动”成为第一大党，在议会 217 席中占据 89 个席位。摩洛哥众议院提前大选，伊斯兰政党——“正义与发展党”赢得议会 395 个席位中的 107 席。利比亚将在数月后举行大选，过渡委员会负责人表示，今后要以伊斯兰教为立法基础。种种迹象显示，伊斯兰势力正在阿拉伯国家动荡中崛起，伊斯兰政党通过选举和平取得执政权。一旦伊斯兰势力掌权，对内必将按照自己的意愿改革国家的管理模式。

① 克里斯托弗·博尔坦斯基：“伊斯兰主义星系”，法国《新观察家》周刊，2011 年 12 月 8—14 日。

② 基辛格：“干预新原则?”，美国《华盛顿邮报》网站，2012 年 3 月 31 日。

在中东混乱之际，恐怖势力和“基地”组织的插手，使本已纷繁复杂的事态向着更加不确定性的方向发展。与此同时，原本在专制政权高压控制下暂时缓解的部落与教派矛盾，如今像脱缰的野马迅速发作失控。利比亚迅速走向国家分裂，东部部落已宣布自治，对此西方却装聋作哑。叙利亚 74%的人口是逊尼派穆斯林，而执政 42 年的阿萨德家族属于什叶派阿拉维分支，该分支只占总人口的 13%。叙利亚发生动乱后，逊尼派组织“穆斯林兄弟会”试图在外部势力的支持下以武力推翻阿萨德家族统治。巴林的人口中什叶派占 70%、逊尼派占 30%，但其王室属逊尼派，与沙特阿拉伯、阿联酋王室共同组成逊尼派压制什叶派的“神圣同盟”。2011 年 2 月，巴林什叶派穆斯林举行企图推翻少数人统治的示威活动，沙特、阿联酋在巴林王室的请求之下出兵，将反政府动乱镇压下去。2009 年 1 月，沙特与也门的“基地”组织分支宣布合并成立“基地”组织“阿拉伯半岛分支”，该组织成立后宣布建立“亚丁—阿比扬军”和“伊斯兰政权”。自此，沙特和也门恐怖袭击事件骤增，袭击手段更加灵活多变，活动地点也由传统的也门东部地区开始向南部及全境发展。也门正成为其战略基地，而“基地”与也门北部胡塞什叶派叛乱武装以及地方部落武装遥相呼应，威胁到沙特南部的安全。沙特政府一直出巨资援助也门前总统萨利赫对付胡塞反政府武装。萨利赫下台后，也门与沙特、美国的反恐合作将难以持续，也门和沙特将面临更多极端分子的挑战。2012 年 2 月 25 日，在也门新任总统哈迪宣誓就职后的几个小时，位于南部穆卡拉市的官邸外发生了汽车爆炸事件，导致至少 28 人死亡，多人受伤。也门“基地”组织宣称对此起事件负责。也门将走上混乱分裂的“索马里化”之路。[①] “基地”组织在网站发表录像，出面声援叙利亚反对派，号召民众推翻巴沙尔政权。美国情报机构监测到，在“圣战者论坛”

① 亚历山大·萨姆索诺夫：“也门走上‘索马里化’之路”，俄罗斯《军事观察网》，2012 年 1 月 11 日。

发布的一份名为《向前，叙利亚雄狮》的视频中，“基地”二号人物扎瓦希里明确支持叙利亚反对派，他指责巴沙尔政权是“反伊斯兰教”的，“对本国民众犯下罪行”，呼吁土耳其、伊拉克、约旦和黎巴嫩的穆斯林支持叙利亚反对派起义，推翻其现政权。叙利亚发生的几起爆炸，也被认为是“基地”组织所为。“基地”组织伊拉克分支已经渗透到叙利亚。“基地”组织卷入旨在颠覆巴沙尔政权的恐怖袭击，使当地的复杂局面更加混乱而微妙。如果叙利亚局势真的失控，并演变成一场中东地区长期、全面的冲突，极有可能给“基地”组织及其他伊斯兰极端组织提供一个卷土重来、另辟新天地的好机会。

（三）动荡和战争对地区国家和经济造成严重创伤

西方打着“保护的责任”、“人道主义干预”的旗号对利比亚动武，又准备推动阿拉伯联盟以同样借口推翻叙利亚政权，但以制止人道主义灾难为名发动的战争所造成的更大灾难如平民伤亡、财产损失却无人问津。据联合国资料统计，在利比亚战争一周年之际，有 90 万人流离失所，平民伤亡不计其数，利比亚现有 5000 多个不受政府控制的武装组织，冲突、暴力常态化。俄罗斯要求联合国安理会对此进行调查，却遭到西方的抵制。“大赦国际”公布的关于阿拉伯世界人权状况的报告指出，尽管独裁政权相继倒台烘托出“巨大的乐观主义情绪”，但这些国家“并没有实施确保杜绝滥用职权的改革”，实际上新政权采取的镇压行动比独裁时期还要严重。“大赦国际”指出，在利比亚滥用职权“几乎不会受到谴责”。[①] 2012 年 3 月，利比亚东部地区的部族、军事和政治领导人联合宣布昔兰尼加“自治”，同时呼吁在利比亚施行联邦制。过渡委则强烈反对这一想法，认为权力分散只会导致分裂加剧。在利比亚战争发生一年后，调查称该国 1/3 以上的公民宁可重新受独

---

① “受质疑的革命”，西班牙《世界报》网站，2012 年 1 月 9 日。

裁者统治也不愿接纳民主。[①] 局势动荡造成该地区国家的经济增长速度大幅放慢。据国际货币基金组织2011年9月公布的《世界经济展望》报告预测，2010年埃及经济增速达到5.1%，而2011年锐减到1.2%。2010年突尼斯经济增速为3.1%，2011年预计增速为零。叙利亚经济增长率从2010年的3.2%下降到2011年的2.0%。各国支柱经济产业均遭受严重打击。利比亚、也门是以石油生产为主要支柱的经济结构，动荡使利比亚石油生产和出口一度陷入停顿状态。也门石油出口约占经济总量的1/4，2011年也门石油产量降至日均17万桶上下，比2010年一年减少约35%，导致也门石油出口大量减少。苏丹石油日均产量减少约35万桶。叙利亚动乱使得该国石油生产日均减少约23万桶，出口迅速下降。旅游业在埃及、叙利亚和突尼斯经济中占有重要地位，局势不稳和社会动荡使旅游业遭受严重打击。埃及2010年的旅游收入高达125亿美元，占国内生产总值的比例达11.3%，旅游业创造的就业岗位约占全国就业总数的1/10。由于社会动荡，2011年该国旅游业收入预计将不足100亿美元。政局动荡还导致外来直接投资迅速下降，对这些国家经济发展构成严重困难。根据总部设在科威特的阿拉伯投资和出口信贷担保公司的预测，埃及2011年吸引的外国直接投资从2010年的65亿美元剧降至5亿美元，利比亚2011年外国直接投资降幅高达87%，叙利亚的降幅预计达65%，突尼斯的降幅为21%。

四、"跷跷板"发生不利于西方的倾斜

对于美欧来说，以支持"民主"、"保护的责任"的战争图一时之快，虽然短期内西方在阿拉伯地区得分，但从长远看后患无穷，即使阿拉伯国家新上台执政的伊斯兰政党是温和派，其意识形态和执政理

① "三分之一的利比亚人希望回归独裁统治"，英国《独立报》网站，2012年2月16日。

念也与西方国家大相径庭，不可能像旧政权那样与美国配合，相反会对美国的中东政策和主导地位形成冲击。这些变化使得美国等西方国家企图利用动荡来推动阿拉伯国家、实现西方式“民主改造”的希望落空。美国、西方在大中东地区将面临严峻的挑战：

首先，美国在中东经营了几十年的战略稳定支柱遭到严重削弱，传统盟友体系和安全体系面临瓦解。海湾地区的沙特阿拉伯、科威特、阿联酋、巴林、也门、阿曼、卡塔尔和伊拉克等国，以及地中海东部的约旦和北非的埃及等国传统上都是美国的盟友，其中沙特、巴林、埃及、约旦和伊拉克尤为重要。突尼斯的本·阿里政府1987年上台以来就一直奉行亲西方的政策。利比亚卡扎菲政府2003年通过主动放弃大规模杀伤性武器换来了与欧美关系的改善，与美国恢复了外交关系，在法国总统萨科齐的邀请下卡扎菲将其帐篷搬进了法国的国宾馆。然而在动荡之后，这些领导人或被迫下台，或被北约军队打死，或正面临生死存亡的考验。这其中，埃及在变革后的变化最大。埃及“穆斯林兄弟会”成为议会最大党团，在外交上由亲美变成正在加速脱美，美国正面临着失去在中东重要盟友的危险。埃及作为阿拉伯国家联盟中的重要成员，在爆发革命推翻穆巴拉克一年后，埃美关系危机不断。埃及当局于2012年2月初宣布将起诉包括19名美国人在内的43名外国人，其中包括美国运输部长拉胡德的儿子萨姆，理由是这些人参与和制造埃及国内的骚乱。此举导致华盛顿威胁要断绝给埃及的每年13亿美元的军事援助。沙特作为美国在中东最重要的盟友，国王阿卜杜拉对奥巴马在本次中东变局中抛弃穆巴拉克感到不满，对美国的离心倾向可能进一步发展。

其次，土耳其、伊朗在中东变局中的影响和地位有所提高。土耳其在政治上向阿盟、非盟和伊斯兰会议组织立场靠拢，支持突、埃、利、叙等国的反对派。土耳其在利比亚战争之初拒绝参与北约对利的空袭，而在卡扎菲和巴沙尔处境被动后，土转变态度，开始为北约提供后勤支援，谴责巴沙尔的“暴政”，同意叙反对派在其境内安营扎寨。土耳其与以色列关系持续变冷，为争取阿拉伯民众，土支持以1967年中东“6·5战争”前的边界为基础重启巴以和谈，并准备再次派遣人道主义船队冲破以军对加沙的封锁。伊朗借势扩大影响，对美国以硬对硬。伊朗认为，阿拉伯多国的变局就是“反对世俗的亲西方政权的伊斯兰起义”，“一个基于伊斯兰原则的新中东正在崛起”。这意味着伊朗可能会利用其力量和影响渠道，帮助各种伊斯兰力量扩大影响。伊朗对巴林、伊拉克、沙特、也门等国什叶派的影响上升，伊朗最高领袖哈梅内伊和总统内贾德多次号召阿拉伯国家穆斯林投身“伊斯兰革命”，得到真主党和哈马斯领导人的响应。面对美国和西方的制裁，伊朗也表现出前所未有的强硬，哈梅内伊下令伊朗军方、情报、安全部门采取一切必要措施保护伊朗免受外界攻击。伊斯兰革命卫队司令贾法里下达命令，要革命卫队做好预防西方和以色列军事打击和偷袭的战斗准备。

再次，地中海成为动荡之源，欧洲除了要应对地中海北岸国家的债务危机外，其面临的更大风险来自南岸北非国家、东岸中东地区因局势动荡给欧洲直接带来的安全、恐怖、有组织犯罪、移民、社会动荡等问题。法国《外交世界》杂志刊文称，有一点可以肯定：一场新的地区冲突将使民主进程彻底葬送，而且它也意味着这个欧洲的近邻将陷入长期的混乱。[①] 西方大国企图在叙利亚复制“利比亚模式”并不顺利。叙利亚反对派四分五裂，各自为政，形不成合力。被西方承认为叙利亚人民合法代表的“叙利亚委员会”已经分裂。越来越多的阿拉伯国家明确表示，叙利亚的流血冲突必须停止，反对武装叙利亚反对派，反对任何形式的外国军事干涉。安理会也没有通过可被西方大国利用的有关决议。西方大国自身经济困难，人民厌战，美、法还面

① 阿兰·格雷什：“中东的地缘政治地震”，法国《外交世界》月刊，2011年12月。

临总统选举，再也无力发动另一场战争。更何况军事打击叙利亚将可能引发一场远比利比亚战争规模更大、范围更广、后果更为严重的中东战争。

第四，阿拉伯多国动荡，导致美国在中东最重要的盟国以色列的安全环境恶化，处境孤立。美国对以色列的说服力也在下降。两国不断暴露出在以巴“两国方案”、1967 年边界线、定居点及恢复和谈等问题上的分歧。面对地区动荡，以总理内塔尼亚胡指责奥巴马“抛弃”中东。在周边环境不断恶化的情况下，以色列的政治和社会更趋保守。备战意识强化，2012 年度国防预算比上年度提高 6%，增添了中东和平进程的难度。

第五，美国急于将战略重心东移亚太，可是中东变局打乱了美国既定全球战略部署，从突尼斯开始并迅速席卷其他阿拉伯国家的大变局，使得美国在中东的既得利益遭受严重挑战，美国是顾东不顾西，不得不加大对中东地区的投入。奥巴马仍把中东作为“重振美国在世界领导地位”的优先目标。

第三节　东部国家的积极作为

2011 年以来发生在“跷跷板”中部中东地区的变局，如果没有东方新兴国家和发展中国家的“和平干预”，那么中部地区的局势只能在西方的“武力干预”和“人道干预”下发生更悲剧性的变革，将有更多的人死于内战或外国武装颠覆的枪炮之下。可以说，东方国家的中国、俄罗斯等“金砖国家”以及广大发展中国家，与西方的“干涉主义”背道而驰，力主和平解决争端和坚持《联合国宪章》的基本原则，发挥了新兴国家的中流砥柱作用，为阻止西亚、北非变局中出现更多的战争和冲突，为实现地区的和平转型和平稳发展，付出了应尽的努力和做出了巨大的贡献。

（一）“金砖国家”首次在国际政治、安全领域发出集体声音

2011年3月联合国安理会关于在利比亚设立禁飞区的1973号决议，授权采取“除军事占领之外的任何行动”来实现禁飞和停火。该决议遭到“金砖国家”的联合抵制，投了弃权票。这是它们作为新成立的新兴经济体组织第一次在安全战略方面表达政治意愿。此后北约把“禁飞”变成对利比亚政府军的全面打击，把停火变成帮助反对派发动军事反攻，成为利比亚内战的参战方，完全超越了安理会关于禁飞和停火的授权。西方大国对这一“利比亚模式”颇为得意，一些政要和媒体毫不掩饰它们的兴奋和继续推行这一模式的冲动，甚至要把“利比亚模式”复制到其他处于政治转型的国家身上如叙利亚。利比亚战争造成数万平民伤亡，财产损失巨大，人民生活困难，国家面临分裂和再次陷入内战的危险。事实及其后果使得人们进一步看清，西方的“新干涉主义”不仅违反了联合国宪章的宗旨和原则，而且严重地损害了当事国人民的根本利益，造成地区局势紧张和石油价格暴涨，影响了世界经济的复苏。对多数阿拉伯国家和广大发展中国家而言，“利比亚模式”决不应该再被复制。2012年3月，在印度新德里举行的“金砖国家”首脑峰会发表的《德里宣言》中，有关国家再次在中东问题上形成共识，发出统一的声音。《宣言》第19条、20条、21条和第22条的内容均涉及西亚、北非局势，足见“金砖国家”对阿拉伯地区的关注程度和代表广大发展中国家积极提出政治主张。五国明确指出：“我们认识到中东和北非地区的稳定、和平与安全对于我们、整个国际社会尤其是受动乱爆发地区影响的国家及其国民都至关重要。”表达了它们在叙利亚和伊朗问题上的共同立场，强调制止叙利亚流血冲突只能通过“和平方式解决危机”，“金砖国家”欢迎联合国和阿盟联合特

使安南对叙利亚局势的斡旋。在伊朗问题上认为"伊朗问题不能升级为冲突，否则有关灾难性后果不符合各方利益"。宣言还称："我们承认伊朗根据国际义务和平利用核能的权利。""金砖国家"还呼吁巴勒斯坦人民和以色列人民采取建设性措施重建互信，为恢复和谈创造适宜条件，避免单边行动，尤其是在巴勒斯坦被占领土上建立定居点。[①]"金砖国家"的正义主张得到阿拉伯世界的欢迎，其影响力在中东地区迅速上升。在联合国特使安南提出关于解决叙利亚问题的"六点建议"后，叙利亚总统巴沙尔把和平的希望寄托在"金砖国家"身上。3月29日巴沙尔致信"金砖国家"峰会，称叙利亚已同意安南提出的解决叙危机的六点建议。巴沙尔在信中说，叙利亚决心在较短的时间内开启由所有派别参加的全国对话，致力于实现全国的安全与稳定，并希望"金砖国家"为此作出努力。

二、中俄联手否决关于叙利亚问题的决议草案

2011年10月4日和2012年2月4日，联合国安理会两个常任理事国中国与俄罗斯在安理会就叙利亚问题决议草案的表决中，两次投了否决票。中俄之所以否决决议草案，是因为其中包含了违背《联合国宪章》宗旨和原则的内容，这些内容有可能被作为发动武力干预的依据，使"利比亚模式"再次在叙利亚上演，造成中东局势动荡进一步加剧。在2月16日联合国大会投票通过一项有关叙利亚问题的决议，根据现场宣布的表决结果，有137个国家对这份由阿拉伯国家起草的决议投了赞成票，包括中、俄在内的12个国家投票反对，17国弃权。联大通过的决议与2月4日在联合国安理会被俄罗斯和中国否决的那份决议草案非常相似："全面支持"阿盟有关涉叙利亚问题的倡

① 新华网新德里，2012年3月29日电

议，“强烈谴责”叙政府镇压反对派的行动。通过外部势力强行推动叙利亚“政权更迭”，这些都不符合《联合国宪章》的宗旨和原则，也不符合国际关系的基本准则，因此受到俄罗斯和中国等国家的强烈反对。随后在联合国人权理事会表决涉叙利亚提案时中、俄又投了反对票。在俄罗斯前总理普里马科夫看来，俄中两个安理会常任理事国在叙利亚问题上的立场有着充分的根据：第一，叙利亚和利比亚一样，从一开始发生的就不是“阿拉伯之春”，即不是民众反对阿拉伯世界独裁统治的抗议行动，这两个国家从一开始发生的就是反对当局的武装行动；第二，从一开始西方和一些阿拉伯国家媒体的立场就不客观，片面报道叙利亚事态；第三，对事态忧心忡忡的莫斯科进行着斡旋，组织叙利亚政府与反对派谈判，但反对派坚决拒绝与他们接触；第四，从原则上说，俄罗斯和中国并没有拒不接受联合国安理会的决议，它们提出了更切合实际并有可能取得成效的建议。[①] 中俄一方面在安理会否决了有可能演变为发动对叙利亚战争依据的决议草案，为叙利亚的政治对话保留了一线曙光，另一方面一直坚持不懈地进行劝和促谈的外交努力。印度职业外交官巴德拉库马尔认为，印度应该与中俄携手调停叙利亚问题，“俄罗斯、中国、印度有很多理由来进行这样的斡旋。三国原则上都希望中东能够稳定、安全；它们与该地区所有国家关系良好，如沙特、卡塔尔、叙利亚、黎巴嫩等；纵观历史，莫斯科、北京和新德里对阿拉伯国家都没有霸权野心。总之，三国在提供帮助、让‘阿拉伯之春’按伊斯兰教传统为地区福祉服务的问题上，无疑拥有道义上的权利”。[②] 中俄的努力不仅得到广大发展中国家的理解和支持，也得到西方一些有识之士的积极评价。有学者认为：“俄罗斯和中国刚

① 叶夫根尼·普里马科夫：“距离混乱仅一步之遥”，俄罗斯《俄罗斯报》，2012年2月14日。

② 巴德拉库马尔：“金砖国家对叙利亚问题的倡议”，俄罗斯《战略文化基金会》网站，2012年3月7日。

刚否决了上述模式和伴随人道主义言辞的无耻的大规模犯罪。莫斯科和北京通过联合国安理会的否决票捍卫了两个原则：一是尊重事实，否则公正与和平就不可能实现；二是尊重民众以及各国主权，否则任何形式的民主都无从谈起。在经过很长一段野蛮时期后，是为重建人类社会而奋斗的时候了。”[①] 俄罗斯总统梅德韦杰夫表示，俄中否决联合国相关提案的原因就是由于这个提案并不能促进危机的和平解决，不能客观而且公正地评价叙利亚局势并向冲突各方发出平衡的信号。梅德韦杰夫强调，国际社会对叙利亚问题的立场应该是客观而公正的。俄罗斯所做的努力旨在通过全面启动冲突各方的对话来尽快停止流血事件，而且俄准备继续进行斡旋努力，但同时认为流血事件的持续出现是不能接受的。梅德韦杰夫还呼吁西方国家应避免仓促对叙采取单方面措施。俄罗斯外交部长拉夫罗夫则表示，安理会通过制定基于片面结论的决议促成此类负面方案的实施，例如叙利亚局势，“这类行动是绝对不能容许的，因为这是在将联合国安理会变为一个‘试验场’，只是用来给颠覆主权国家的文件盖章的地方”。[②]

三、中国积极展开外交斡旋

外交斡旋、或者说对冲突的国际斡旋的本质是通过第三方的介入为冲突各方寻找到妥协的道路，从而管理冲突并逐步发展出谈判解决冲突的办法。[③] 在国际关系史上，外交斡旋是国际关系与各国外交实践的重要内容之一。冷战结束后，外交斡旋在国际冲突的防止与解决进

---

① 蒂埃里·梅桑：“海湾合作委员会与北约丧失领导地位”，西班牙《起义报》，2012 年 2 月 11 日。

② 人民网莫斯科，2012 年 3 月 1 日电。

③ Chester A. Crocker, Fen Osier Hampson, and Pamela Aall, *Taming Intractable Conflicts: Mediation in the Hardest Cases*, Washington, D. C.: United States Institute of Peace Press , 2004, p. 4.

程中更是占据了特殊的位置。因为在意识形态对峙全球退潮、军事冲突的灾难性后果严重以及安全利益的相关性发散的情况下，一方面外交斡旋赢得了各种比冷战时期更为有利的国际条件，另一方面通过引进斡旋机制解决总是难以避免的冲突，符合全球化时代国家的根本利益。不管斡旋的结果如何，外交斡旋过程本身就是一个冲突管理的过程，能为危机的解决奠定必要的基础。[①] 传统的国际斡旋理论常常认为，斡旋国际冲突，即便不是直接的军事冲突也需要等到其自身爆发、难以收拾残局的时候，外交斡旋才能真正发挥作用。否则，冲突自身进程的有限性会遏止冲突当事方真正下定决心寻求妥协。而新斡旋理论则认为，从斡旋介入的条件来看，最有可能、也是最应该出现外交斡旋的情景是冲突双方形成了全面僵局、危机性质严重而又无法由当事方自身寻找到直接对话途径的时候。[②] 一项良好的、有针对性的外交斡旋行为常常取决于三个要素：一是能够便于冲突双方直接沟通和协商；二是能够引导形成相关的解决问题原则、并设定解决冲突方案的坚实基础；三是斡旋者能够主控会谈与磋商进程。其中，斡旋者是否能主控冲突重要当事人之间的谈判进程，是斡旋效果最强有力的制约因素。

中国在联合国安理会投票否决了关于叙利亚问题的决议草案后，并不是一否了之，而是精心设计了后续行动，展现出中国负责任大国的形象，开始了积极而有成效的外交斡旋。2012 年 2 月，中国政府派出特使、外交部副部长翟隽出访叙利亚。翟隽表示，中国敦促叙利亚各方立即开启不附带先决条件的、包容性的政治对话。中国中东问题特使吴思科出访了以色列、巴勒斯坦和约旦，与有关方面会谈的主要

---

① Jacob Bercovitch, ed., *Resolving International Conflicts: The Theory and Practice of Mediation*, Boulder: Lynne Rienner Bublishers, 1996, pp. 11－35.

② J. Michael Greig, "Stepping into the Fray: When Do MediatorsMediate?" *American Journal of Political Science*, Vol. 49, Iss. 2, April 2005, pp. 249－266.

内容均涉及叙利亚问题。3月4日，中国提出了政治解决叙利亚问题的“六点主张”，主要内容：一是呼吁叙利亚政府及有关各方应立即、全面、无条件停止一切暴力行动；二是要求叙利亚政府和各派别从维护国家和人民长远和根本利益出发，在联合国一阿盟的叙利亚危机联合特使的公正斡旋下，立即开启不附带先决条件、不预设结果的包容性政治对话；三是中方支持联合国发挥主导作用，协调人道主义救援努力。中方愿向叙利亚人民提供人道主义援助，反对任何人借“人道主义”问题之名，行干涉叙利亚内部事务之实；四是国际社会有关各方应切实尊重叙利亚的独立、主权、统一和领土完整，尊重叙利亚人民自主选择政治制度和发展道路的权力，为叙利亚各政治派别开启对话创造条件、提供必要的建设性协助并尊重其对话结果；五是中方欢迎联合国与阿盟共同任命叙利亚危机联合特使，支持其为推动政治解决危机发挥建设性作用；六是安理会成员应恪守《联合国宪章》宗旨和原则及国际关系基本准则。3月6—8日，中国外长代表李华新访问叙利亚，分别会见了叙外长穆阿利姆、副外长阿尔努斯和叙有关反对派组织负责人。中国还接待了叙利亚国内反对派代表团访华，与叙利亚全国委员会保持接触，积极劝说他们保持克制，尽快实现停火，开启政治对话。中国在向叙提供了人道主义的紧急援助后，还决定根据安理会决议派员参加联合国叙利亚监督团。中国一再对叙利亚问题进行斡旋，积极参与该问题的和平解决，受到国际社会的广泛关注。在中俄否决联合国有关决议之初，中俄在国际上成了“少数派”，许多国家对中国并不理解，一些西方国家借机抹黑中国，对中国的立场进行无端指责，为此中国承担了相当大的压力。然而，事实证明，由于中俄顶住压力，力排众责，行使否决权和采取一系列斡旋努力，才为叙利亚危机的政治解决争取了时间与空间。假如没有中俄的坚持，就没有后来联合国特使安南的斡旋，叙利亚早已成为第二个利比亚。中国多次表明，在叙利亚问题上中国没有任何私利，只是坚决主张要坚守

《联合国宪章》的宗旨和原则，遵守国际关系基本准则，尊重叙利亚主权、独立与领土完整，反对使用或威胁使用武力，反对强行搞“政权更迭”。这些原则是中国外交的精髓，是中国和平发展外交的核心内容，也是维护广大发展中国家利益的重要基石。从目前来看，不管未来叙利亚局势如何演进，中国所能扮演的外交斡旋的角色是基于中东地区和平与稳定的中国责任所能承担的贡献，中国只能用自己的诚意和责任去担当其作为新兴国家的和平使命。

四、叙利亚问题出现和平解决的曙光

联合国安理会经过一段时间的分裂后各方增加了共识，在叙利亚问题上出现团结合作的新局面。2012 年 3 月 21 日，联合国安理会 15 个理事国一致通过主席声明，支持叙利亚危机联合特使安南提出的解决叙利亚问题的“六点建议”，要求叙政府与反对派冲突双方在联合国监督下停止一切形式的暴力行为。安理会主席声明通过后，叙利亚各方均作出积极反应。叙利亚政府接受安南的“六点建议”，并且制定了从 2012 年 4 月 10 日起的停火撤军计划，积极落实“六点建议”。叙利亚反对派也做出了回应。欧盟外长会议对安南在叙所作斡旋表示支持，并呼吁叙各反对派在阿盟的主导下启动整合机制。4 月 14 日，联合国安理会一致通过第 2042 号决议，决定向叙利亚派遣 30 名非武装的军事观察员，监督叙利亚境内各方停止暴力活动、执行联合特使安南计划的情况。他们将立即着手建立联合国叙利亚监督团的先遣队。联合国秘书长潘基文表示，将向安理会提出具体计划，请求部署 300 人的监督团。

经过一年多的曲折演变，叙利亚危机终于出现政治解决的希望，基本排除美国和西方国家直接军事干预的可能。这是因为中俄否决对叙提案后，美国及西方国家已失去对叙动武的合法性。越来越多的阿拉伯国家认清了西方干预的本质，反对通过外部军事干涉解决叙危机。同时西方国家普遍面临的政治和经济困境，导致它们既无政治意愿也无经济实力再对叙利亚开战。尽管叙利亚问题错综复杂、政治解决道路不会一帆风顺，但它毕竟是代价最低、后遗症最少、唯一现实可行的出路。

综上所述，中东剧变本来是阿拉伯民众求民主、争自由、谋发展的自发性正当抗议活动，但激烈的政治转型，尤其是西方武力干预破坏了阿拉伯国家民主复兴进程，使“中东变局”日趋变成“中东乱局”，“阿拉伯之春”日趋演变为“阿拉伯之秋”、“阿拉伯之冬”。在围绕叙利亚问题以及较早出现的伊朗问题的博弈中，中俄的坚定态度极大改变了此前几乎“一边倒”的力量对比，“这是国际关系史上的一个重要范例，也许是美国在中东实力下滑的最好印证”[①]。中、俄等国的“和平建设观”战胜了美国、西方的“战争建设观”。“简言之，美国希望中国会因倾向于支持原政权而非民众起义而在中东更加受孤立，但它的这种愿望没有实现。”[②] 不仅在叙利亚，东方国家在伊朗、阿富汗、伊拉克、中东和谈等大中东地区热点问题上都在发挥着独特的作用，这雄辩地证明了“后时代”新兴国家具备了不可阻挡的政治力量和影响力。中东地区这个“跷跷板”的支轴，将会发生越来越来不利于西方的倾斜。近年来一些中东国家已经出现了经济上联合、政治上合作的现象，与欧美之外的东方国家往来日渐频繁，印度学者表示：“阿拉伯的民主人士应该研究东方一些较新民主政体的经验，而不是向西方学习。以印度为例，每次大选（迄今已举行了 15 次大选）都堪称人类历史上最宏伟的民主选举权展示。在印度，军方被严禁参与政治；而

① 安东·伊萨：“俄中在叙利亚问题上的胜利标志着美国实力下滑”，澳大利亚广播公司网站，2012 年 4 月 9 日。

② 尼古拉斯·格沃斯杰夫：“现实主义棱镜：在中东问题上别把中国排除在外”，美国《世界政治评论》网站，2012 年 3 月 2 日。

根据宪法和法律的规定，各种信仰的人都拥有平等的权利。比印度更能说明问题的是孟加拉国。尽管孟加拉国一度被视为无可救药，但该国目前年均经济增长率接近5%，不仅实现了粮食自给，还拥有庞大的制造业，逾100万妇女在其中就业。军队不再插手政治，这里的伊斯兰教比资本主义者更加普世，其公民社会亦充满活力。”①

① 拉玛昌德拉·古哈：“阿拉伯民主可学东方”，英国《金融时报》，2012年1月13日。

第七章 西衰

以美欧为首的西方行将结束自工业革命以来在世界上取得的统治地位。冷战结束后，美国一超独霸，欧盟政治经济一体化也取得迅速发展。可以说西方的民主价值观取得了全面胜利，制造出观察家称之为“单极的世界”（unipolar）或“一个超级大国”（one superpower）的世界，西方稳稳地压住地缘跷跷板的西端。但是，这只是昙花一现。进入21世纪以来，地缘跷跷板上的力量天平发生了不利于西端的倾斜。美国、西方几乎在各领域都遭遇挑战，危机四伏，眼睁睁地坐视自工业革命以来掌控的世界大权旁落。“二战后由大部分民主国家构建的旧秩序依托于三大支柱。其一是福利国家，政府会保护失业人员、老人、残疾人和穷人。其二是对经济扩张的信心，这会提高人们的生活水平，同时允许收入再分配。最后，全球贸易和金融满足了各国的共同利益。现在，这三大支柱都摇摇欲坠。可以肯定地说，金融危机使得形势雪上加霜，而每个国家又面临不同的处境。”[①] 美国作为“旧时代”的核心力量，多年来在国际政治、经济和安全领域的政策和行为，特别是它发动的一系列战争，都一再削弱了美国作为“世界警察”的道德基础和道义威信。美国的金融体制引发全球性金融经济危机，更使其曾经被视为楷模的美国发展模式受到国际社会的指责和批判。可以说，美式资本主义的光环不再，这意味着“前时代”重要支柱的倒塌；美国和其他发达国家走向衰落，意味着“前时代”下的旧秩序

① 罗伯特·萨缪尔森：“经济艰难时期的背后是对新秩序的担忧”，美国《华盛顿邮报》，2011年7月23日。

失去了灵魂和存在的动力。

第一节 美国、西方面临的困境

一、西方“民主”表面量的扩张与内在能的衰减

冷战结束以来，美欧借苏联阵营瓦解之际，在全球掀起了“民主化”浪潮。美欧各自利用北约、欧盟两大组织迅速向中东欧扩张，以增员扩盟、经济援助和安全保障为诱饵要求中东欧国家实行政治改革、民主转型，开始了第一轮“民主化”浪潮。“9·11”事件后，美国打着反恐旗号，掀起第二轮“民主化”浪潮，以图将“民主之风”吹向大中东地区，并推动首轮“革命”未彻底的国家进行“二次革命”。短短数年内，美欧在阿富汗、伊拉克组织了两国历史上的首次“民主”选举，在独联体制造“颜色革命”，乌克兰、格鲁吉亚等“弃俄入欧”。2011年初美欧认定西亚、北非动荡是它们掀起第三轮“民主化”的大好时机，迅速变脸，将美欧的长期盟友或杀（卡扎菲）或抓（穆巴拉克）或赶下台（萨利赫）或待剿（巴沙尔），甚至还打算将“茉莉花革命”推向中国、俄罗斯等世界其他国家和地区。冷战后的20年，“民主”已经被泛化成一种无处不在的国际政治现象，成为国际政治和国际关系的焦点问题。民主成为西方划分关系亲疏和国际阵营的政治工具，成为国际政治较量的核心内容。在西方战略家眼里，民主已经成为了一种全球化现象，民主政治和自由市场一样，已经成为无处不在、无所不能的价值、观念、标准、制度、原则、做法等。西方世界通过对外高调推广民主，力图掀起一波又一波的民主浪潮。西方国家“民主国际化”的内容是促使民主进程全球化、概念普适化、模式西方化，

根本目的是把持民主的定义权，占据国际道义和地缘政治的制高点。从“表面量”上看，西方民主扩张速度之快之猛的确令人瞠目。但是，在经历表面的“兴盛”之后，西方推进“民主”内外不顺，遭遇种种“梗阻”，出现“内在能”的功能衰减、紊乱。在力推“民主化”进程中出现了战略悖论，“表面量”与“内在能”之间形成巨大反差。“美国实质上并没有比冷战开始时更能单方面独断全部问题。美国比10年前更占优势，可是具有讽刺意味的是，权力也更加分散。因此，美国能够运用来改造世界其他地区的力量，实际上也减弱了。”[①]

首先，“内在能”衰减的表现形式之一是美欧各国社会矛盾集中爆发，从内部给予西方民主制度一记重击。金融危机爆发之前西方社会就没有平静过。2005年法国爆发了自1968年以来最为严重的社会骚乱，同样在这一年，美国“卡特里娜”飓风过后暴露出严重的社会两极分化问题，澳大利亚也曾爆发反穆斯林骚乱，并演变成种族冲突。金融危机后情势更加糟糕：西方国家普遍失业高企、社会福利锐减、贫富分化加剧、社会矛盾激化、民众不满情绪上升，并演化为对西方民主制度的质疑，各种抗议活动频繁发生。“在美欧国家，过去人们认为民主和资本主义是相生相伴的，如今资本主义与民主的冲突正在欧美各国爆发。”[②] 2011年5月，西班牙爆发了青年人“愤怒”运动及其全国性示威。与以往不同的是，示威者把矛头直指民主体制，喊出了“拒绝两党制”、“要求真正民主”的口号。8月，英国伦敦等多个城市发生严重骚乱，类似社会动荡和骚乱的现象在欧洲的法国、希腊、葡萄牙、德国等相继出现；9月，美国爆发了大规模的“占领华尔街运动”并波及到美国和西方国家的许多城市。同时，极右势力、民粹主

① ［美国］亨利·基辛格著，顾淑馨等译：《大外交》，海南出版社，2010年版，第782页。

② 哈罗德·迈耶森：“当资本主义与民主发生冲突时”，美国《华盛顿邮报》网站，2011年11月25日。

义、仇外排外势力迅速泛滥。2011年3月，美国发生了焚烧《古兰经》事件，2011年7月22日，挪威极右分子布雷维克制造了震惊世界的恐怖袭击案，造成77人死亡，约100人受伤。2012年3月，法国图卢兹发生带有恐怖色彩的系列枪击案。上述国家内部问题的爆发起因各异，但带有一定的共性。从表面看是社会问题，实质上触动的是西方的政治体制和价值观。在经济全球化迅猛发展的今天，传统民主体制难以适应当今国际国内形势发展的需要：一是民主产生的负面效应。在个人与国家利益之间，个人的绝对民主和自由高于国家利益，个人权力至上，既得利益不容侵犯。工会势力膨胀，社会舆论相对宽松，也起到了推波助澜的作用；二是发达的资本主义社会传统上鼓吹的平等博爱、自由公正、多元文化、社会融入等民主原则正遭受到强烈冲击，少数“政治精英”的治国理念与公众的诉求渐行渐远，贫富差距越来越大，发达国家中的“弱势群体”队伍不断扩大；三是在西方政治制度中，政治献金成为两党或多党制国家中政治活动的经济支柱。对于政治人物来说，搞政治离不开献金；对捐献的企业或个人来说，献金则是为了政治，通俗地说是“押宝”，是对自己“看好”的政党和竞选人进行经济支持，以期其胜选后在政策方面多照顾捐献者的利益。2010年英国保守党公布的政治献金收入达3200万英镑，工党的为2000万英镑，尽管数额巨大，但这些钱仍入不敷出，几乎每次选举都会曝出政治献金案丑闻。在美国，2008年大选期间有关选举的开支近60亿美元，其中10亿美元来自大企业的政治活动委员会和各种游说集团。在日本，一名国会议员平均每年的支出高达1.2亿日元，而其平均年收入不过4000万日元。如果想竞选成功必须依赖政治献金，政客们在竞选的时候都需要大笔资金。这些资金的筹措往往都是通过向大财团或者富豪阶层许诺各种优惠政策作为交换条件，获得他们的资金和选票支持，否则就无法在选举中获胜。竞选制度是西方民主制度中不可缺少的环节，但在经济社会中竞选制度已经演变成金钱较量，西方的民主是造就这种腐败的一个制度漏洞。政治献金的本质就是权和钱的交易，其利益交换是典型的“腐败期权化”，而且无法彻底根绝；四是民主政治已经异化为选举政治，各类选举名目繁多，为争取选民的支持而当选，政治家不得不漫天许诺，但当选后往往无法兑现承诺。另外，执政党与反对党之间形成零和关系，反对党不会采取措施来帮助执政党执政，而是千方百计对执政党进行干扰阻挠。他们鼓动民众上街游行示威。“这种政治游戏导致民众的情绪对立，政府的执政效率低下，国家经济的竞争力不断下滑。党争消耗公共资源，延误国家发展机遇，给社会和谐带来的裂痕，对此朝野双方心知肚明，但他们没有其他选择，因为他们没有办法摆脱其政治制度的基本逻辑。”① 五是为突出政绩，取悦选民，政府不惜寅吃卯粮，开足马力实施高福利政策。1950 年，美国政府支出占国内生产总值的 21%，法国占 28%，德国占 30%。按照已故经济史学家安格斯·麦迪逊收集的数据，到 1999 年，美国政府支出占国内生产总值的 30%，法国占 52%，德国占 48%。老龄化社会加大未来在养老金、社会保障和医疗上的花费。从 2008—2050 年，德国 65 岁以上人口预计将增加 40%，法国将增加 77%，美国则将增加 121%。鉴此，所有国家都面临着一个灾难性的抉择：为了给增大的福利支出提供资金，需要提高税收或增加赤字，但这将对经济造成进一步的破坏，而削减福利又会引起民众的强烈反对；六是“9·11”事件后加剧了因宗教因素造成的族群分裂，“白人至上”论抬头，外来移民尤其是穆斯林社会面临歧视、排斥和侮辱，移民的不满和反抗情绪上升，进而演变成暴力。以反恐和安全为由，西方社会奉为神圣的个人自由受到越来越多的限制。

凡此种种，建立在所谓自由平等基础上的西方民主正暴露出其难以克服的弊端。人们对美国的制度缺乏信心。在著名学者沃尔特看来，

① 曲星：“从当前国际形势看西方社会深层次结构性矛盾”，《国际问题研究》，2011 年第 5 期，第 13 页。

过去美国人沾沾自喜的"美国例外论"基本上是一种错觉。[①] 65%的受访者认为，美国正在衰退；83%的人说，与10年或15年前相比，他们对"广义的政治"少了信任；79%的人说，他们对大企业的信任度降低；78%的人说对政府的信任度降低；72%的受访者说对媒体的信任度降低。[②]

其次，"内在能"衰减的表现形式之二是西方在向全球推广民主过程中出现"对冲"现象。与民主"原教旨主义者"一样，西方"政治实用派"极力推广民主的普适性和通用性，但是他们忽视了民主的多样性、现实性和发展的阶段性。他们坚信，一旦移植西方社会的普选制度、政党制度、言论自由、三权分立等民主模式，民主便会成功，将民主化进程简单化。然而按照历史发展的自然规律，民主需要一个成长的过程，民主的发展程度与其所处的历史阶段密切相关。一些政治竞争形式对西方国家可能是美酒，但对发展中国家大多数民众则可能是毒药。"一个综合国力不断上升的国家，将自己变成受迫害者的避风港，宣传自己的宽容政策使之成为世界其他国家效仿的模式是一回事；但是，如果一个世界霸主试图扛起宽容政策传播者的大旗，或者将这些自己的政治制度强加给世界其他国家，但是又不愿意为他们提供美国公民身份，或者说不想以某种方式为他们创造一种共同的政治认同身份，那么将完全是另外一回事。令许多出于善意的美国人感到沮丧的是，美国最近试图将自己的西方宽容政策输出到世界其他地区的做法，包括自由市场经济和民主政策制度等，反而激起了这些地区无数人民的仇视甚至巨大的愤慨，因为他们认为美国的这些做法是帝国主义行为，是对他们生活方式的威胁。"[③] 事实上，近年来包括原苏

① 蒂芬·沃尔特："美国例外论错觉"，美国《外交政策》，2011年11月号。

② 迈克尔·福特："对'美国梦'的五种误读"，美国《华盛顿邮报》，2012年1月6日。

③ [美国] 艾米·蔡著，刘海青等译：《大国兴亡录》，新世界出版社，2011年版，第283页。

联东欧地区、大中东、拉美和非洲等国家在内，人为移植民主模式很少给这些国家的人民带来真正的民主、自由、平等和幸福，相反是造成更多的动荡和不安。西方在独联体地区推动的“颜色革命”业已退潮，乌克兰“橙色革命”阵营在短短一年内便四分五裂，乌兹别克斯坦弃美就俄，美欧不得不接受哈萨克斯坦颜色不变、现任总统胜选连任、亲俄罗斯的亚努科维齐当选乌克兰总统的现实。在大中东地区，小布什也好，奥巴马也好，美国采取了不同的中东政策，但其宗旨均是要推行西方民主自由，维护美国霸权。美国国家安全顾问安东尼·莱克说，后冷战时期美国的目标是扩大“民主和平与繁荣区”，因为只有民主和市场经济在其他国家占主导地位，美国才能更安全、繁荣和富有影响力。由于把美国的安全与其他国家的国内政治体制特性联系起来了，民主和平论不可避免地将美国推向干涉主义战略。[①]“只有在海外创造一个有利的意识形态和政治体制环境，才能确保美国国内政治体制的生存和繁荣，这种信念在某种程度上塑造了美国的外交和防御政策。”[②] 小布什曾希望通过在伊拉克建立“民主样板”，在大中东地区推广民主，改造伊斯兰世界。但现实是，伊拉克的选举没有弥合什叶派、逊尼派、库尔德人的严重对立，民主反而激化了萨达姆时代被掩盖的宗教、地区和族群矛盾。奥巴马欲借“阿拉伯之春”运动推广第三波民主化浪潮，但西方的干预与刺激反而激活了“穆斯林兄弟会”等伊斯兰原教旨主义势力，中东国家内部不稳定因素增多，美国几十年来苦心经营的战略支点面临分崩离析的危险。

第三，西方民主在内部运转和向外推进过程中出现的巨大矛盾，既暴露了西方政治体制的固有弊端，同时也是西方领导人盲目和强行

① Charles S. Gochman, Henry s. Farber and Joanne Gowa, “Democracy and Peace,” pp. 177—187. 相关论述还可参见 Jhon Keane, Violence and Democracy. Cambridge: Cambridge University Press , 2004.

② 秦亚青主编：《理性与国际合作：自由主义国际关系理论研究》，世界知识出版社，2008 年出版，第 128 页。

对外移植“民主”的必然结果。近年来，西方国家选民以各种方式宣泄对政治的不满，导致西方民主“怪象”不断：首先，选民对传统左右两党轮流执政均感到失望，选举中出现了忽上忽下、难分高低的“悠悠球现象”。美近两次总统大选都出现难分仲伯，最后仅凭一两个州来决胜负的现象。法国、德国大选均出现左右两派旗鼓相当的局面。其次，政治钟摆越来越摆向右派保守势力，为了消除民众的不满情绪和表明社会公正，右派在当政期间在政策上又向“左”转。欧盟27个成员国绝大部分国家由右翼政府掌权，但这些政府普遍吸纳借鉴左翼社会党的经济社会政策。再次，选民对少数“民主精英”忽视广大民众切身利益的治国之策予以惩罚。就在欧盟积极向外扩张民主，吸纳新成员之际，欧洲“精英”打造的欧洲宪法却被法国、荷兰、爱尔兰民众以民主投票的方式加以否定。2012年5月法国总统萨科齐在总统选举中不敌左派候选人奥朗德，使法国右派政府成为欧债危机以来继西班牙、意大利、希腊、爱尔兰、英国之后又一个执政党被选民赶下台的国家。同样，在新建立“民主”的国家和地区，“被民主化”的国家民主正遭到“反弹”。一是扩张民主解决不了安全与反恐问题。美国在伊拉克、阿富汗扶植起“民主”政权，但美国刺刀下的民主迫使当地民众（不光是伊斯兰极端势力）亮出反美占领的刺刀。印度尼西亚是穆斯林国家中的“民主”国家，但也一直是恐怖活动最频繁的国家之一。二是输出民主解决不了温饱问题。几年前俄罗斯与乌克兰在天然气问题上的争斗让乌克兰和欧洲民众明白了一个简单的道理，民主不能当饭吃。乌克兰进行“民主革命”后不能摆脱经济上对俄依赖的现实。三是具有讽刺意味的是，美搬起的民主“石头”开始砸自己的脚，伊朗、玻利维亚等国通过民主选举的方式，产生了对美国强硬的领导人。埃及“穆斯林兄弟会”在选举中获胜，大幅调整过去政府的亲美政策，使美国如鲠在候，尝到了“民主的苦头”。

西方民主制度产生的种种弊端已引起西方政界、精英们的高度重视和反思。希腊前总理帕潘德里欧尖锐地指出："希腊的危机反映了欧洲乃至全球更广泛的危机，这是一场政治危机，是民主治理的危机。"① "迄今为止，整个世界一直都是以西方的傲慢自大为特征的，西方国家相信它们的价值观、信仰、制度、机构和安排均优先于其他国家，这种心态的影响力和持续性不应该被低估。对于因宣传民主和人权的需要而向其他国家兜售自己的价值观和信念，西方国家的政府从来没有感到内疚或进行自我限制。这种心态绝非仅限于政府，它多半反映出一种流行的文化共识。"② 现代民主程序——由代议制所支撑的民主制度——使政治参与缩限为政治选举，代议士们本应成为选民的利益代言人，但事实上他们很容易沦为只具私利的权力团体，选举出来的行政领袖与官员以及所处机构也在选举后形成自己的固有利益。"代议制民主程序在层层授权中既滋长了政治权利剥夺最初赋予出权力的社会民众实现利益的机会，也培养了社会民众将自身权益的实现一概交由代议士与选举出官僚的侥幸心理。"③ 其后果对民主而言是沉重的：政治冷淡与不信任使民主运动失去活力，而失去民主运动的民主制度对公众权益的实现变得毫无意义。"如果资本主义不能从自己身上找到深化改革的力量，最可能的办法有可能是或多或少悄悄反对民主的一种或另一种形式的独裁，这是美国的茶党和欧洲的国民阵线好像要走的道路。"④ "民主制度的根本基础是政策的合法性和人民意见的一致性。一个所谓的'启蒙式'或者'自由式'帝国可能不会成功，原因在于

① Speech by George A Papandreou Prime Minister at the Council of the Socialist International, 1 July, 2011. http://www.pasok.gr/portal/resource/contentObject/id/8ba04af9—61b0.

② ［英国］马丁·雅克著，张莉、刘曲译：《当中国统治世界》，中信出版社，2010年版，第118页。

③ 陈玉刚主编：《超越威斯特伐利亚?》，时事出版社，2004年版，第88页。

④ 让·多梅松："市场经济是否已死亡?"，法国《费加罗报》，2011年8月19日。

这种帝国需要推行高压政治政策，而这与民主政治理想是背道而驰的。”[1] 美国著名学者伯索尔与福山从研究中国应对金融危机的经验中反证了西方民主的失误：“各国政府要促进工业发展和提供社会安全网络，就必须改革公共部门，使官僚机构发挥作用，中国之所以能够在国际金融危机发生后迅速恢复增长，就在于有一套严格管理、自上而下的决策体制，从而避免被混乱的民主程序耽搁。”[2] 就连美国国务卿希拉里·克林顿在 2011 年 6 月非盟总部讲话中也不得不承认，良政固然需要自由、公正、透明的选举，以及自由的媒体、独立的司法和保护少数民族权利，但“民主也必须为人民提供经济机会、工作和不断提高的生活水平”。[3]

二、美国的内忧外患

美国拥有超强的实力，GDP 占世界的近 1/4，军费占世界的 40%，可以说是罗马帝国以来最强大的国家。美国前总统安全顾问布热津斯基在 20 世纪 90 年代末说：“美国在全球的力量有四个具有决定性作用的方面居于首屈一指的地位。在军事方面，它有无可匹敌的在全球发挥作用的能力；在经济方面，它仍然是全球经济增长的火车头，尽管它在有些方面已受到日本和德国的挑战；在技术方面，美国在开创性的尖端领域保持着全面领先地位；在文化方面，美国文化虽然有些粗俗，却有着无比的吸引力，特别是在世界的青年中。所有这些使美国具有一种任何其他国家都望尘莫及的影响力。这四个方面加在一起，

① ［美国］艾米·蔡著，刘海青等译：《大国兴亡录》，新世界出版社，2011 年版，第 286 页。

② Nancy Birdsall and Francis Fukuyama, "The Post-Washington Consensus Development after the Crisis", *Foreign Affairs*, March/April 2011.

③ Hillary Rodham Clinton, Remarks at African Union, http://www.state.gov/secretary/rm/2011/06/166028.htm.

使美国成为唯一的全面的全球性超级大国。”[①] 但是，刚刚经历了21世纪第一个10年的美国人却有着前所未有的不安全感和孤独感。奥巴马领导的美国虽然“仍是世界头号强国，但正经历着道德危机、战略危机和经济危机”。[②] “我们当中的许多人一直生活在一个自认为是世界上最强大、最成功的国家里。但随着美国经济停滞不前以及中国的崛起，这样一个时代似乎行将结束。我们正在遭遇国家身份危机。”[③] 中国先秦时期思想家管仲在《管子·霸言第二十三》中指出：“夫丰国之谓霸，兼正之国之谓王”，即霸权国家以实力为基础，而王权国家则以实力和道义两者为基础。因此，成为王权国家必须得到世界绝大多数国家的支持，而霸权国只要得到体系中一半国家的支持即可，所谓“得天下之众者王，得其半者霸”。[④] 霸权的本质是强权与硬实力，王权的本质是在硬实力基础上的软实力，包括国际感召力、亲和力与凝聚力。奥巴马吸取了前总统小布什对外政策上的教训，努力尝试增强美国的国际感召力，培养亲和力，增加凝聚力。如在对伊斯兰的政策上，奥巴马发表的“开罗宣言”向伊斯兰世界发出了改善关系愿望的强烈信号，使美国决定从伊拉克、阿富汗战场撤出军队；在处理对华关系上，美国选择与中国“重塑21世纪”；对俄罗斯则“重启”了美俄关系，暂缓北约东扩步伐，缓解了两国在国际战略及地区安全上的紧张关系等。尽管奥巴马对策略有所调整，但就美国大战略的运筹而言，奥巴马政府同前几任政府有着共同的使命，那就是继续分阶段、有次序地加大对包括大中东、大中亚和东亚与太平洋地区在内的广阔地带的深度经营，从而为美国在21世纪的领导地位打下牢固的根基。奥巴马上台后确立了两大目标：一是重振强国的基础——美国经济；二是修复

---

① ［美国］兹比格纽·布热津斯基著，中国国际问题研究所译：《大棋局》，上海人民出版社，1998年版，第32页。

② Pascal Boniface：*Comprendre le Monde*，Armand Colin，Paris，2010，p. 119.

③ 戴维·罗特科普夫：“重新定义‘第一’”，美国《纽约时报》，2011年10月9日。

④ 《管子·霸言第二十三》。

美国在世界的形象。但奥巴马任期即将结束，美国综合国力继续呈下降趋势，改革举步维艰，在国际上难以保持与其实力相称的影响力，深受内忧外患的困扰。

（一）美国国内经济社会形势不容乐观，奥巴马改革遭遇重重阻力

首先，美国的全球竞争力持续下降。据2011年《时代》周刊公布的数据，美国在世界经济论坛（WEF）的排名在第5位，位于瑞典、新加坡、芬兰和瑞士之后。据信息技术创新基金会对从实际的风险投资到研发的各个方面做出的调查，美国落后于日本、韩国和瑞典等国家。该基金会评估了44个国家和地区在过去10年中提升自身竞争力的努力，美国排名倒数第二。在科学、数学和工程学方面，二三十年前，美国高校毕业生在全国总人口中所占比例居世界之首，如今降到了第9位；美国仅有6%的学位是工程学的，该比例是发达国家平均水平的一半，日本为20%，德国为16%；20世纪50年代，美国家庭负债仅为可支配收入的34%，如今高达115%。20世纪50年代政府对研发、基础设施和教育进行了大规模投资，而今天所有这些领域的开支都在减少。基础设施和研发开支在国内生产总值（GDP）中下降了一个百分点；用于投入自然科学研究的政府基金下降了54%，而且还在继续下降；30年前加利福尼亚州总收入的10%投入到高等教育中，造就了美国公共教育的王冠——加利福尼亚大学系统；30年前加利福尼亚州仅有3%的总收入用于监狱。今天加州总收入的11%用于监狱，而高等教育费用仅占8%。目前在监狱系统工作的人数几乎等同于在汽车制造业工作的人数。[①] 当美国《新闻周刊》根据健康、教育和政治衡量标准列出“世界最佳国家”时，美国排在第11位。在2011年生活质量指数排名中，美国位列第31名。在

① 法里德·扎卡里亚：“有关美国正在‘变软’的残酷事实”，美国《时代》周刊，2011年10月17日。

英国《经济学家》信息部公布的最新“全球最宜居城市”排行榜中，美国排名最高的城市仅居第29名。在美国咨询公司进行的全球生活质量调查中，排名美国第一的城市在该调查报告中排在第31位。其次，政府力主进行改革遭到传统势力的抵制。美国社会保障政策自20世纪90年代以来陷入积重难返的困境，医疗费用不断上涨加重了社会福利赤字，人口老龄化导致老年退休金保障的支付危机。奥巴马发誓要继承罗斯福“新政”的精神、与里根—布什政策“决裂”，领导美国人民迎来一个“负责任的新时代”。三年来，奥巴马力挺国会，通过了金融监管改革法案、医改法案和提出停止对富人减税等。金融危机后，奥巴马再三要对金融体制进行改革、加强监管。政府和国会制定了一些新的措施和法规，试图加强对金融业的监管。但是，包括限制金融高管过高的报酬等措施和法规，遭到金融业、特别是华尔街的抵制。奥巴马被美国金融和企业界贴上“与企业家为敌”的标签，金融界将更多的政治资金给了共和党，奥巴马不得不做出让步。在2010年11月国会中期选举期间，华尔街的大财团向共和党投入的竞选资金相当丁投给民主党资金的10倍。共和党控制众议院后，奥巴马推行金融监管和税制改革更加困难，甚至被迫做出妥协，同意把布什时期实施的对富人减税政策延长两年，并按共和党要求，将对富人征收遗产税的税率降至1931年以来的最低水平。美国群众对两党造成日益严重的债务问题更加不满。美国知名民调机构盖洛普2011年8月发布的民调结果显示，不满国会表现的受访者占比高达84%，创下盖洛普就国会支持率问题所作民调的最高纪录。盖洛普所作的另一项民调显示，奥巴马的支持率已跌至39%，创下他就任总统以来的新低。美国的两党政府都与华尔街金融寡头有着千丝万缕的联系。美国政党活动都要依靠财团支持，庞大的竞选开支、造势、媒体宣传等等都需要巨额经费。因此，奥巴马不愿意从根本上触及金融寡头的利益。第三，财富、收入分配不公现象越发严重。自1999年以来，美国中等收入人群的收入下降了7%以上，而1%的最富有人群的收入却在增加。在每4名美国儿童中，几乎就有一人生活在贫困中。[①] 自1980年以来的30多年间，包括中产阶级在内的美国普通劳动者的实际收入没有增长、尽管同期美国经济在增长，利润在增加。美国社会更不平衡，两极分化更加严重。美国人口普查局2011年9月发布的报告，对金融危机三年来美国经济社会状况做出了悲观的分析。报告显示，2010年美国贫困率为15.1%，贫困人口达到4620万，为52年来最高；收入在贫困线一半以下的“深度贫困”人口为2050万人，为36年来最高；没有医疗保险的美国人数量从2009年的4900万人上升至2010年的4990万人。同时，美国的贫富差距也在进一步拉大，收入最低的10%的人的所得相比1999年下降了12.1%，收入最高的10%的人同期所得只下降了1.5%，而同期收入显著增长的唯一人群是最富有的1%的人群，他们拥有总收入的约1/5。财富、经济发展成果分配严重不平衡的后果是对经济增长的长期影响。消费是美国经济发展的根本保障，但资本家、高收入者只将少数所得用于消费，更倾向于把大部分财富用于各种投资，而众多消费者在收入分配的蛋糕中所得有限，严重制约了消费者的消费能力和水平。第四，“占领华尔街”运动暴露出美国难以克服的制度性矛盾。“占领华尔街”运动始于2011年9月17日，断断续续已持续至今。这场集中呼吁整治金融秩序和改善经济不平等现象的社会运动，在高峰时期人数从最初的几十人发展到上万人，蔓延到芝加哥、洛杉矶、波士顿、西雅图等50多个城市，得到70多个国家民众的响应和支持。“占领运动”提示了美国社会所面临的最急切的现实问题，是美国经济危机在政治上的集中反映。占领者将目标锁定华尔街，表达了对美国金融体系的强烈不满。占领者提出的“我们代表社会的99%，不再忍受那1%的贪婪与腐败”口号，得到了包括中产阶级在内的广大公众的同情和支持，因为是金融投机者制造出市场动荡，掠夺了中产阶层的财富。美联储为刺激经济，实行量

① 戴维·罗特科普夫：“重新定义‘第一’”，美国《纽约时报》，2011年10月9日。

化宽松的货币政策，也侵蚀了中产阶层的储蓄，降低了他们的购买力。“占领华尔街”运动是近半个世纪以来头一个将资本主义整体作为核心批判对象的群众运动。这让数千万存在类似想法的美国人看到他们并不孤单，而这也让统治集团看到，反资本主义立场在美国也可能存在，而且得到支持。[①] 第五，美国的困境严重波及到外交与安全战略。财政巨额赤字迫使美国平衡政府开支，削减国防预算，但美国的全球战略利益要求其必须应对各种可能的军事突发事件，每一种不同的事件对所需要动用的武装部队和武器又有不同的要求，这使美国处于捉襟见肘的困境之中。2012 年 1 月国防部新公布的《战略指南》已将美国应同时打赢两场战争改为打赢“一场半战争”，美军在 2011—2020 年间至少要削减约 5000 亿美元的预算。然而，“对于像美国这样的全球战线过长的大国来说，在军备上的低投资可能使其感到危机四伏，处处易受攻击；而在军备上大量开支尽管可能带来短期的安全，但却可能损害其经济的商业竞争能力，从而将长期地削弱美国的安全”。[②] 华盛顿经济战略研究所所长克莱德·普雷斯托维茨表示：“美国花了太多时间担心宏大的战略目标，却没有花足够的时间使经济更强大。”[③] 中国学者认为，目前看来，本轮金融危机远非华尔街的危机，实是一场波及整个经济、政治、社会的结构性危机，以致美国的发展出现方向性困惑。经济上，出口倍增、实体回归、基础建设、投资未来，凡此方略看似步步在理，无奈知易行难，缺乏缓解当前困局的捷径；政治上，两党恶斗，极端派得势，温和派噤声，任何重大立法都会因引起政治斗争而难获通过。在效率优先的全球化急速发展时代，“美式民主”运转不畅，呈现“部分失效”；社会上，贫富差距拉大，极化现象加剧，金融寡头、军工集团、

① 对美国经济学家理查德·D. 沃尔夫的专访文章：“风暴的中心在动”，德国《新德意志报》，2012 年 2 月 22 日。

② ［美国］保罗·肯尼迪，王保存等译：《大国的兴衰》，求实出版社，1988 年版，第 646 页。

③ 戴维·皮林：“美国应如何适应太平洋世纪》，英国《金融时报》，2011 年 11 月 6 日。

劳工团体等利益集团各成气候，在重大问题上互不相让；思潮上，极端自由主义、激进主义涌现，财政保守主义、国防保守主义回潮，关于国家发展方向的大辩论已然拉开序幕。[①]

（二）美国外部环境未有根本性改观

首先，奥巴马推行“民主”、“自由”的结局与布什一样，造成美国在大中东地区的地位和影响继续下降。二战后，美国军队占领德国和日本，在占领期间对它们进行了民主化改造，并采取措施防止其重新崛起。事实证明，美国在上述国家战后重建过程中实施的策略取得了成功。凭此经验和逻辑，用战争手段、凭借美国绝对的军事优势发动战争、解除“流氓国家”的政权、实施人道主义干预、清除美国的“眼中钉”，成为美国显示霸权的重要战略。但在实践中美国却陷入两难境地。美国不明白在曾经有着民主经历的德国、日本“恢复民主”与在没有任何民主经验和土壤的发展中国家“建立民主”是两回事。美欲在世界、尤其是中东地区推广“自由”、“民主”，将意识形态注入到外交政策中，但从现实的角度看难以行得通。奥巴马急于结束前任在伊拉克、阿富汗留下的烂摊子，但美国从伊拉克撤军后局势恶化，阿富汗不断因美军虐尸、焚烧《古兰经》、枪杀平民等各种劣行激起民众强烈的反美浪潮。美国与阿富汗塔利班一起被阿总统卡尔扎伊称为“两个魔鬼”，“让我们祈祷真主把我们从两个魔鬼手中解救出来!”[②] 经过10年的战火，阿富汗民众对驻阿美军的忍耐已近极限，阿富汗政府在国内政治与对美关系上“走钢丝”、找平衡的难度也越来越大。西亚北非发生动荡后，美国通过武力、高压政策，甚至采取暴力推翻旧政权、旧

① 中国现代国际关系研究院美国所所长袁鹏：“美国体制危机十年前就开始了”，《环球时报》，2011年9月14日。

② 罗德·诺兰、阿莉莎·鲁宾、马修·罗森伯格：“美国与越来越反复无常的卡尔扎伊之间的裂痕越来越大”，美国《纽约时报》，网站2012年3月17日。

盟友来实现美式“民主”，使一些阿拉伯国家深感威胁，人人自危。美国著名咨询机构佐格比国际民意调查所的调查结果显示，在所有受访国家中，认可奥巴马政策的阿拉伯人还不到10%。[①] 显然，“伊斯兰世界想按自己的规矩生活，摆脱西方政治作坊制造的模式，西方在穆斯林中间的影响力在明显减弱”。[②] 有美国学者认为，美国帝权能够塑造一个由地区构成的世界，流行文化和技术的案例也说明了这一点。但是这个世界同样具有反动的能力，对美国常常是钦佩和怨恨相交织，有时还会喧嚣暴怒。所以说，这个世界也以对自己的反动力量重新造就美国。[③]

其次，美国加强在亚太地区军事集结难有作为。在布鲁金斯学会中国中心主任李侃如看来，美国并没有资源和能力去全部兑现奥巴马总统的承诺，除非美国能拿出远高于当前的效率去解决国内财政及相关政治问题……再有，大多数亚洲国家都决心继续与中国发展经贸关系。[④] 从某种程度上说，美国正在走前苏联等其他大国历史上走过的错误道路，即把过多的资源和国民财富用于军备扩张、战争、对外干预。如果美国朝野坚持这样的“世界领导”、“世界主导”地位，恐怕就不能怪其在国内经济和社会发展方面力不从心了。这也印证了美国著名历史学家保罗·肯尼迪的话：“大国走下坡路时的本能反应是，将更多的钱用于‘安全’，因而必然减少经济‘投资’，从长远看，这使自己的处境更为困难。”[⑤] 普林斯顿大学国际政治学者阿伦·弗里德伯格

---

① 阿尔弗雷斯·哈利费—拉默：“美国调查显示阿拉伯国家公共舆论憎恨美国”，墨西哥《每日报》，2011年7月20日。

② 德米特里·谢多夫：“2012年伊斯兰的影响在加剧”，俄罗斯《战略文化基金会》网站，2012年1月11日。

③ ［美国］彼得·卡赞斯坦著，秦亚青、魏玲译：《地区构成的世界：美国帝权中的亚洲和欧洲》，北京大学出版社，2007年出版，第215页。

④ 李侃如：“为什么说奥巴马总统要将重心转向亚洲说起来容易做起来难”，美国《外交政策》杂志网站，2011年12月21日。

⑤ ［美国］保罗·肯尼迪著，王保存等译：《大国的兴衰》，求实出版社，1988年版，第10页。

（前布什政府的外交顾问）则认为："美国对中国的'遏制政策'是很难进行的。这是因为今天美军将很难从中东和南亚、西亚的地区争端中抽身。"①

再次，美国与欧洲盟国间的裂痕更加扩大。奥巴马上台之初改变了小布什的单边对外政策，美欧因伊拉克战争引发的矛盾得以弥合，关系一度有所改善。但金融危机爆发后，双方又在金融政策、经济治理模式、打击利比亚、欧洲"非军事化"等一系列问题上出现了重大矛盾与摩擦：一是以法德为首的欧盟对美国的刺激经济方案提出了批评，主张结束对世界金融秩序发展的单边主导，加强对国际金融秩序的改革。欧洲埋怨其债务危机是美国次贷危机的牺牲品，而美国则责备欧债危机有损其经济恢复的外部环境。法国前总统萨科齐更是高调批评美国极端自由主义的金融经济政策，称美国是造成世界经济危机的根源与罪魁祸首。② 在促进全球经济复苏和增长问题上，奥巴马主张财政投入，而欧洲则提倡财政紧缩。在欧洲债务危机上，奥巴马敦促欧洲更快采取行动，达成解决方案，对此德国总理默克尔称无法接受美国一方面敦促快速采取行动、一方面阻止出台金融市场交易税的作法；二是美欧在安全防务上的分歧增大。欧洲盟国的防务预算近年来减少。美国防务预算在北约成员国总支出中占 74%，其他北约成员国的开支仅为 2200 亿美元。美国前国防部长盖茨在辞职前多次严厉批评欧洲不断削减军费的"非军事化"倾向，并警告说，如果这种状况不发生改变，北约的前景将会是黯淡的，"即使不是惨淡的话"③。欧债危机对欧盟的外交形成严重掣肘，影响到与美国的关系。奥巴马在外交上奉行"在幕后领导"的战略，希望欧洲盟友发挥更大作用，分担美

① 伊藤贯："对美国'遏制中国战略'的八个疑问"，日本《正论》，2012 年 3 月刊。

② http：//www.delegfrance-onu-geneve.org/spip.php? article626. 萨科齐在纪念国际劳工组织成立 90 周年上的讲话。

③ http：//www.msnbc.msn.com/id/43351604/ns/world_news-europe/t/dim-if-not-dismal-future-gates-blasts-nato/

国的负担，北约即是实现此意图的最佳工具。但这个军事同盟的大部分欧洲成员国却在紧缩财政，加之欧洲不再像过去那样面临大战的威胁，对北约能发挥怎样的作用各国均有盘算，不愿增加军费开支。作为跨大西洋关系基石的北约，甚至被称为“紧缩联盟”。美德在利比亚问题上产生重大分歧。2011 年 3 月联合国安理会就对利比亚进行军事干预投票时，德国投了弃权票，德国甚至从地中海撤走了参与北约海上巡逻任务的军舰。美国还对北约成员国绕开美国开展与俄罗斯的防务合作极为不安，批评法国不经北约同意向俄罗斯出售“西北风级”两栖战舰。三是欧洲对美国加速实施战略东移、让欧洲独立面对周边地区的不稳定局势深感忧虑。美国与欧洲关系渐行渐远成为定局，美国战略重点已转向亚太地区。2012 年初，美国防部宣布将在未来两年内大幅减少在欧洲部署的军事力量。美国意在借此向欧洲施压，要求其今后在欧洲防务上承担更多责任，但对于欧洲国家而言，要想填补美国留下的防务空缺绝非易事。统计数据显示，受经济危机影响，欧洲 2010 年国防开支下降了 2.8%，在哈斯看来，“欧洲与亚洲的反差大得几乎不能再大了。亚洲日益成为全球经济的重心……政治和经济竞争无法避免，军事冲突的可能性不能排除。对于亚洲这些事态的发展，欧洲最多只能发挥不大的影响力……欧洲内部以及美国在政治和人口构成方面的变化也注定了这个跨大西洋联盟会失去重要性。对欧洲国家来说，尤其是对欧洲南部出现难以为继的财政赤字的国家来说，国内的经济乱象是排在第一位的，而安全问题则没有那么紧迫。日益突出的金融问题和削减赤字的必要性必定会限制欧洲各国在欧洲大陆以外所能采取的军事行动……现实是：欧洲和跨大西洋关系主导美国外交政策的时代已经结束。对于美国人来说，解决之道不是为此威逼欧洲，而是应该接受现实，并做出相应的调整。”① 而在塞尔法蒂看来，

① 理查德·哈斯：“欧洲为何不再举足轻重”，美国《华盛顿邮报》网站，2011 年 6 月 18 日。

美国和欧洲各国仍是世界上最不可或缺的双边关系，但无论跨大西洋伙伴关系多么必要，它所提供的框架都过于狭隘，不足以建立新的世界秩序。[①]

最后，美国霸权因“非对称”的挑战而摇摇欲坠。美国虽无人能敌，地球上不存在具体化的、可与之相对抗的对手、敌人，但美国却被无形的“非对称”挑战牢牢地卡住了脖子。“非对称”的本质是“以已之长，克敌之短”，古来有之。冷战结束后国际关系中的传统定式被打破，大国之间、大国与小国之间、主权国家与非国家行为体之间的关系更加错综复杂，一些主权国家和非国家行为体无力与霸权主义硬碰硬，只能选择“旁门左道”，使用“独门暗器”，甚至采取极端方式进行抗争，以保全自己。“非对称”迅速发展成为反击霸权、“以弱制强”的有效手段。因为从“9·11”事件爆发后，一些国家及集团从“非对称”恐怖活动中汲取了经验，加强了对“非对称”战略的研究和使用，“非对称”攻击由过去单纯的军事战法扩展到政治、经济、外交等各领域。在全球化及高科技和信息化时代，传统影响、外交资源、海外利益、移民、核技术、能源、生化产品、网络、金融等所有可资利用的资源，都有可能成为“非对称”的工具或被“非对称”攻击的目标。进入21世纪以来美国实力、地位的衰落与“非对称”对美国的巨大挑战密不可分，总的来说美国受到下列五大“非对称”因素的严重制约。第一，国际恐怖组织对美国发起的“非对称”恐怖战争。“9·11”事件是美国进入21世纪面临的第一场战争，与传统战争不同，它是国际恐怖组织以非国家性的战争主体、以“不确定的敌人”、在“不确定的区域”、以“不确定的手段”、对比它们强大的多的确定目标发动袭击。美国为了打赢反恐战争，将战略重点集中在反恐上，出兵占领阿富汗、伊拉克，但恐怖分子以非均衡、非对称战法与美军

① 西蒙·塞尔法蒂：“迈进一个后西方世界”，美国《华盛顿季刊》，2011年春季号。

周旋，恐怖分子越打越多，活动越来越猖獗，范围越来越扩大，伊拉克极端势力、阿富汗塔利班、黎巴嫩真主党、伊朗都以“非对称”方式向美国、以色列等西方国家叫板，使整个中东地区成为“非对称”反击美国利益的中心。从“非对称”恐怖战争开始之日起，美国经济走向了衰退。“9·11”事件爆发前，受到信息技术革命的强大推动，美国经济在20世纪的最后10年经历了建国200年来最为繁荣的时期，年均增速高达4.5％以上。“9·11”事件的突降让美国经济在2001年来了个“急刹车”，当年经济仅增长0.3％。虽然小布什政府迅速采取了增加政府补贴、减少个人所得税和连续大幅度降息等措施，美国经济在2002—2007年保持年均增幅3.5％，但“9·11”事件使美国耗费了大量的经济资源，造成政府赤字持续飙升，债务包袱空前膨胀，财政状况的恶化以及经济实力因反恐而大大透支，终于酿成全球性的金融和经济危机，削弱了美国的综合国力和竞争实力。第二，俄罗斯虽无力与美国全面抗衡，但却采取“非对称反应”战略应对美国的挤压。美国、西方在俄罗斯周围排兵布阵，对俄战略空间不断蚕食挤压，激起俄罗斯强烈不满并采取应对之策，其主要手段就是以“非对称但有效”的反击方式应对美国的挑战和威胁。军事上俄罗斯加紧研发成本较低、能突破美国反导系统的先进武器；经济上以能源为武器，组建亲俄的“天然气欧佩克”，并着手建立亚欧经济一体化组织；外交上利用与叙利亚、伊朗、白俄罗斯、乌克兰等国家的传统友好关系，在西亚北非变局、伊核、北约东扩等热点问题上与美国人唱反调。俄罗斯国家军事学说明确指出，美国和北约是俄罗斯的主要威胁，但俄罗斯不会像冷战时期一样与美展开全面竞赛，而是采取低成本、“非对称”方式来维护国家的核心利益。总理普京强调俄罗斯将以有效、“不对称的方式”对美国的全球反导防御系统及其在欧洲部署的反导设施做出军事技术回应。[①] 第三，新兴国家以

① 普京：“强大是俄罗斯国家安全的保障”，俄罗斯《俄罗斯报》，2012年2月20日。

“非对称”方式与美国强大的综合实力和军事能力进行周旋。处于相对弱势的新兴国家，不希望与美国发生冲突，因为美国可以运用更多的手段，如经济制裁、外交孤立、军事封锁、动员和利用盟国甚至操纵联合国，来处理与新兴国家发生的危机。由于核心利益很少受到威胁且拥有相对充分的手段，美国能够在与新兴国家的斗争中拥有更大的政策选择余地。相比之下，新兴国家在处理同美国的危机中，手段和政策选择余地都受到较大限制。但是，“不应忽视的一点是，虽然中国的实力同美国相比不占上风，但就像朝鲜战争所表明的那样，中国仍具备给美国的国家安全、军队和生命财产造成无法估量损失的能力。因此，决心、意志和有限的军事威慑能力（包括核打击能力），可以在一定程度上弥补中国处理危机手段的不足。此外，在中美经贸关系迅速发展、中国的国际影响不断扩大的今天，一旦发生新的中美危机，中国将可以运用新的手段（经济制裁、外交拆台等）来制约美国的行为，而美国的政策选择余地也会因此而缩小。中美危机中双方在利益、实力、处理手段和政策余地上的非对称性，对今后中美可能发生的危机有很大的影响”。[①] 2007年5月美国国防部发表的《2007年度中华人民共和国军事力量报告》称，最近几年中国人民解放军正在“进行全面的”转型，从一支人数庞大、旨在在自己的领土上进行长期消耗战的军队，转型为一支能够战胜高科技对手、赢得短期激烈冲突的军队。这一变化说明，中国领导人正在通过“非对称战争”来发挥中国的优势。[②]“2012年1月美国国防部发表的《维持美国的全球领导地位》报告称，“中国和伊朗等国将继续采取非对称手段来对抗我们的力量投射能力”[③]，“中国对全面及非对称性实力的追求使之暗中成了某些新领域

① 王缉思：《国际政治的理性思考》，北京大学出版社，2006年版，第263—264页。

② http：//www. defense. gov/pubs/pdfs/070523-china-military-power-final. pdf.

③ “维持美国的全球领导地位：21世纪国防的优先任务”，美国国防部网站，2012年1月3日。

中的领先者，包括网络和太空。中国繁荣发展的经济和巨额储蓄增强了它对邻国和全球行为者的影响力。在面对这些趋势时，美国忽视这个正在崛起的最大对手构成的潜在威胁将是愚蠢的。”① 第四，弱小国家使出看家本领，与美国展开“非对称”较量。委内瑞拉以石油为武器，在拉美掀起反美浪潮，与古巴、玻利维亚、伊朗等国组建“反美轴心”；伊朗坚持发展核计划，在外交上频频出招，展开“非对称外交”，在军事上准备对美实施“非对称相互摧毁”战略。伊朗宣称，一旦自己的核设施遭到攻击，伊朗虽不能打击美国本土，但其海外利益、盟国的利益将遭到伊朗的“非对称”报复。“伊朗一直在稳步提高自己进行‘不对称战争’的能力，即较弱的一方在对付较强的敌人时，倾向于使用小规模袭击和‘打了就跑’的战术来缩小劣势”②；朝鲜不断打出核问题牌，实现了朝美两国直接对话的预期目标。第五，各国采取灵活的战略与美国进行博弈，尽量避免与美国在政治、军事领域发生正面碰撞，而是集中力量在经济领域与美国展开竞争、抗衡。欧债危机爆发以来，国际上流传着债务危机的始作俑者是美国的说法，由于美国不希望任何国家或地区挑战自己的经济霸主地位，要像20世纪80年代搞垮挑战美国的日本一样，在欧盟内部制造经济金融危机，击败欧盟及欧元，因为欧元已经成为美元霸权地位的最大挑战者。“事实上，各国都在与美国交往的过程中，以自己独特的方式抗衡、制约着美国霸权，但应该明确的是，反对美国的霸权主义并不等于反对美国，也不意味着必然要建立一个反美联盟，但如果美国偏执、傲慢地滥用自己的权力追求私利，也可能使处于弱势地位的一些大国加强协调，正如约瑟夫·奈指出的那样，其他国家是否团结起来抗衡美国霸权，

① 帕特里克·克罗宁：“谢谢，登马克，但中国依然让我担心”，美国《外交政策》双月刊网站，2011年3月21日。

② 吉姆·迈克尔斯：“分析人士认为伊朗擅长削弱强大的敌人”，美国《今日美国报》，2011年12月29日。

既取决于潜在对手的力量，也取决于美国的所作所为。当美国为了一已私利置国际组织于不顾，践踏国际法、国际准则，破坏国际秩序时，就会步履维艰，最终难以避免重新走向寻求国际合作的道路或是收回其霸权触角的命运上来。”[①] 2003 年美国出兵打击伊拉克，引起传统盟国法、德等国的强烈不满与反对，它们与俄罗斯等结成“反战联盟”就是一个典型例证。由此可见，美国已经成为各种“非对称”反击的焦点。美国恃强凌弱，遭致全世界人民的不满和反对，而美国为了应对“非对称”挑战，则付出了沉重的政治、经济、军事和道德代价。

然而，尽管美国走向相对衰落，陷入上述内忧外患的种种困扰和困境，但不管是共和党执政还是民主党掌权，无论采取什么策略，美国都不会放弃它的战略目标和方针路线，在下列重大问题上将坚持不变。

第一，继续捍卫美国“一超”独霸地位的目标不变。使美国的对外扩张战略符合并变成现实的战略利益，在不同时期为服从自身不同战略利益的需要赋予其不同的内容，但万变不离其宗。“重振美国的领导地位”的战略，是奥巴马上任后在他提交的第一份美国《国家安全战略》报告中明确提出的。报告指出，美国的“国家安全战略应着眼于重振美国的领导地位，使我们能够在 21 世纪更有效地推进美国利益”。奥巴马政府吸取克林顿政府时期主推的“软实力”外交经验和布什政府奉行的“硬实力”外交教训，将“巧实力”列为指导外交实践的重要理论。2009 年 1 月 13 日，希拉里提出：“我们必须使用被称之为巧实力的政策，即面对每种情况，在外交、经济、军事、政治、法律和文化等所有政策工具中，选择正确的工具或组合。”[②] 巧实力理论意在为重振美国经济开创良好的国际环境，修复其大国形象，捍卫其全球霸权。在经济上，美国不断强化挽救金融危机的措施，甚至不顾

① 尚书著：《国际多极格局走向》，时事出版社，2010 年版，第 65—66 页。

② http：//www.usatoday.com/news/washington/2009－01－13－hillary _ N.htm.

世界各国的反对，在经济刺激方案中提出美国人“购买美国货”的贸易保护主义条款。借“G20”等多边机构向国际社会尤其是中国等经济势头发展强劲的国家施压，要求它们帮助美国克服金融危机，以便使美国经济尽快得以恢复，增强经济实力。在多边领域，美国积极参与并主导多边国际组织，以增强美国对世界的影响力。为推动美国主导下的自由贸易协定，2011 年 11 月奥巴马在夏威夷 APEC 峰会上积极推动“跨太平洋战略经济伙伴关系协定”（TPP），以充分利用其在亚太地区的外交战略优势和经济比较优势，结合国内的产业结构调整，积极开展与本地区各国的多边和双边合作，形成以美国为核心的新地区经济分工体系，并将 TPP 作为未来亚太经合组织要推进的亚太自由贸易区的样板。在军事上，2012 年 1 月美国国防部公布的《战略指南》中，将冷战后“同时打赢两场大规模地区性战争”改为“一场半战争”，不断调整国外军事基地及驻军，以在原有的军事优势基础上，确保美国超强的军事实力。在对外关系上，注重软实力，发展新型盟友关系，增强美国的巧实力。美国绝不希望多极格局国际体系成为现实而影响美国的霸权利益。

第二，实施战略扩张，在利用地区局势动荡的同时在全球扩张美式“民主”和“自由”的战略意图不变。在国际上推广“民主”方面美国虽付出了沉重代价，但也尝到了甜头。美国用和平和暴力两种手段，先后在阿富汗、格鲁吉亚、伊拉克、利比亚等国推翻了旧政权，建立起亲美政府，实现了美国认可的“民主”选举。美国在推行“民主”方面取得的一连串“胜利”，刺激了美国的胃口，鼓励了新保守派，助长了美国对外政策的冒险性和扩张性。美从阿、伊选举中尝到将“民主”与反恐挂钩的甜头，从突尼斯、利比亚、埃及选举中尝到将“民主”与“保护的责任”挂钩的甜头，认为这是“民主模式”和“反恐模式”、“人道干预模式”综合运用的结果。即以反恐、防扩散和支持动荡地区的“民主”、“自由”为由，对“非民主”国家进行军事威胁和打击，推翻反美政权，组织“民主”选举和扶植亲美政权，最终使“非民主”国家变成“民主”国家，使“假民主”国家变成“真民主”国家，使“真民主”国家变成对美国言听计从的“仆从国”。

第三，战略东移的既定目标不变。小布什上台后，即着手谋求重塑亚太地区政治经济格局，但“9·11”事件和随后发生的反恐战争打乱了小布什政府的战略计划。奥巴马执政后，意识到小布什的政策失误以及美国实力的相对下降已导致美国在亚太地区被边缘化，因而下决心要“重返亚洲”，加大对亚太的投入，发挥美国在地区事务中的领导作用。国务卿希拉里·克林顿表示今后10年美国外交政策最重要的使命之一就是“大幅度增加对亚太外交、经济、战略和其他方面的投入”。[①]“美国的未来与亚太的未来相联系，本地区的未来有赖于美国。美国有强烈的兴趣延续其在经济和安全领域发挥领导作用的传统，而亚洲也有强烈的兴趣看到美国继续作为一个充满活力的经济伙伴和起稳定作用的军事影响力。”[②] 为此，奥巴马政府提出要建立一个更富有活力和更持久的跨太平洋体系，塑造一个更加成熟的安全和经济架构。这个体系和框架的主要内容：一是深化和更新同盟关系，大力提升与日本、韩国、澳大利亚、菲律宾等国的军事合作，首次在澳大利亚北部的达尔文港设立军事基地。二是在对华关系问题上两面性突出，一方面美国需要深化和扩大与中国的合作，另一方面美国对中国力量的迅速上升和在亚洲的影响力扩大深感不安，竭力要制衡中国。三是拓展与越来越重要的地区伙伴印度、印尼、越南等国的关系。奥巴马表示支持印度成为改革后的联合国安理会常任理事国。美越在防务合作方面进展迅速，2010年8月双方举行首次防务对话和首场军事演习，

---

① Hillary Clinton，“America's Pacific Century”，*Foreign Policy*，November 2011，http：//www.foreignpolicy.com/articles/2011/10/11/Americas_pacific_century.

② Hillary Clinton，“Remarks on Regional Architecture in Asia：Principles and Priorities”，Honolulu，January 12，2010，http：//www.state.gov/secretary/rm/2010/01/135090.htm.

一年后两国又签署了《防务合作谅解备忘录》，内容包括共同“保证海上安全”、“为维护地区安全交换信息”等。四是积极介入和引导地区安全架构，强化军事存在。2010 年 10 月美国参加了首次举行的东盟防长扩大会，2011 年 11 月奥巴马首次出席东亚峰会，呼吁峰会拓展议题，关注本地区面临的战略与安全挑战。美国积极加强美军及盟友的导弹防御能力，发展新的“海空一体战”，强化在东南亚和印度洋的军事存在和与有关国家的军事演习。五是推动地区贸易和经济开放和多边合作。2011 年 11 月，美国宣布与澳大利亚、文莱、智利、马来西亚、新西兰、秘鲁、新加坡、越南等国开展“跨太平洋战略经济伙伴关系协定”（TPP）谈判，并力促日本、加拿大、墨西哥等国加入，以此建立以美国为主导的亚太合作。美国与韩国已开始实施《美韩自由贸易协定》，两国将在 5 年内取消 95%的贸易关税。六是继续在亚太地区促进人权和民主，重点是针对中国、越南、缅甸和朝鲜。

第四，美国推翻伊朗现政府的决心未变。美国虽暂时无暇顾及伊朗，但伊朗始终是美国的眼中钉，有可能成为下一个打击目标。在美国眼里，伊朗不仅从事大规模杀伤性武器扩散活动，又是“支持恐怖主义的首要国家”，是个双料“嫌疑犯”。在“阿拉伯之春”的大背景下，随着穆巴拉克深陷囹圄、卡扎菲死于非命，美国在中东地区的重点打击对象落在了伊朗和叙利亚这两个最棘手的国家上。推翻伊朗以其精神领袖哈梅内伊为核心的伊斯兰宗教领导体系，实现伊朗政权更迭，则是美国的首要目标。2011 年 11 月下旬，奥巴马签署总统令，下令对伊朗重要的石化产品行业实施制裁。12 月 20 日，美军现役最高军事官员、参谋长联席会议主席马丁·邓普西上将表示：“只要奥巴马总统一声令下，美国随时可以打伊朗。”2011 年 12 月 31 日，美国总统奥巴马签署对伊制裁法案，禁止与伊朗央行开始或维持代理交易的外国金融机构在美国境内从事交易活动。随后，欧盟各国就禁运伊朗石油达成协议，欧盟外长会议决定禁止成员国从伊朗进口和转运原油和成品油。伊朗是世界第四大石油生产国和欧佩克第二大石油输出国。石油是伊朗的经济命脉，石油收入占全部外汇收入的85%以上，西方国家对伊朗石油出口实施制裁将使伊朗经济遭重创。美国和以色列也在海湾地区排兵布阵。2012年初，美国“尼米兹”级航空母舰“约翰·C·斯坦尼斯”号和“亚伯拉罕·林肯”号核动力航空母舰相继出现在阿拉伯海海域。而伊朗也毫不示弱，击落美国无人机，抓捕美国间谍，威胁若其石油出口遭到西方国家的制裁，将动用武力封锁霍尔木兹海峡。美国则表示，霍尔木兹海峡是全球石油运输的战略咽喉，封锁这一航道是不能容忍的，如果伊朗动用武力，美国会毫不犹豫地用武力阻止。尽管美伊双方唇枪舌剑、剑拔弩张，但美国也明白，战争是最后解决的手段，对伊发动战争会在政治、经济和安全等方面付出难以承受的代价，因此美国寄希望于加强对伊朗的长期制裁，致使其内部发生变化以求不战而胜。

第二节　深受多重危机煎熬的欧盟

20纪后半叶欧盟一体化取得长足进展，其成功的主要原因在于：一是联合自强，建立起超越民族主义和国家主权之上的超国家联合体并实现了和平；二是得益于以美欧为主导的相对稳定的国际环境。但现如今，欧洲和美国等西方国家一样，在“前时代”独自享用的舒适环境不复存在，国家保护主义和民族主义势力上升，欧盟深化和扩大进程遭遇一系列危机的打击，一体化建设陷入困境。

一、欧盟被危机链所困

早从20纪90年代起，欧洲就渐露出走下坡路的迹象。布热津斯基在《大棋局》一书中这样描述道："欧洲内部的活力正更加普遍地下降。现存的社会经济制度的合法性、甚至连正在露头的欧洲人格意识，都显得十分脆弱。在一些欧洲国家，人们可以看到出现了信任危机……对两次世界大战造成的破坏记忆犹新，对经济复苏的渴望以及前苏联威胁所带来的不安全感，曾经是形成欧洲一体化的政治势头的三个主要动力。但是到了90年代中，这三个动力已经消失。"① 进入21世纪后，从2005年法国、荷兰两国公民投票拒绝"欧洲宪法条约"起，尤其是在2008年全球金融经济危机的冲击下，欧洲的政治危机、债务危机、体系危机、信任危机、社会危机等多点集中爆发，形成一条"危机链"，导致欧盟综合实力和内外影响严重受损，欧洲一体化建设陷入前所未有的困境，"欧盟解体说"、"欧元崩溃说"、"欧洲衰落论"等各种怀疑论、悲观论层出不穷，欧洲患上"一体化疲劳症"，给欧盟一体化建设前景蒙上厚重的阴影。"柏林墙倒塌后的20多年本应是欧盟充实内外的大好良机，但现实却截然相反：扩张之后我们对扩张感到疲劳；制宪失败后对政治一体化感到疲劳；欧元危机后对经济和金融感到疲劳。经过10年的机构和条约改革，将要拯救欧洲免于瘫痪并将它带入21世纪的《里斯本条约》只是一份陌生的文件，看不见它的成果。"②

（一）政治危机严重影响欧洲一体化建设

2004年欧盟急速扩大，由原来的15个成员激增至25个（现在为27个）。欧盟在扩大的同时，内部矛盾和问题也日趋突出。围绕欧洲扩大还是深化、制定"宪法"还是简明条约、建立经济联盟还是政治联

① ［美国］兹比格纽·布热津斯基著，中国国际问题研究所译：《大棋局》，上海人民出版社，1998年版，第78页。

② 何塞·伊格纳西奥·托雷夫兰卡："欧洲四分五裂的五个原因"，西班牙《国家报》，2011年5月15日。

盟、未来发展成为“欧洲联邦”还是“欧洲邦联”、建立自主防务还是强化北约、成为独立一极还是依附跨大西洋关系等诸多问题，在成员国与欧盟之间、大国与中小国之间、新老成员国之间、主要成员国英法德三国之间均产生严重分歧。欧洲债务危机发生后，危机的表面是经济问题，但深刻暴露出欧洲一体化进程中政治与经济发展的失衡、政治联合远远落后于经贸联盟的弱点。危机发生后，欧盟内部各国民族主义情绪高涨，严重消磨欧盟的建设动力。成员国各自为阵，法德“发动机”时停时续，法英德三大国勾心斗角，债权国与债务国、地中海国家与北欧、新老成员国之间矛盾分歧不断，形成不同利益集团。欧盟新老机构难有作为，严重削弱了欧盟应对危机的能力。因此国际货币基金组织警告，如果欧盟国家在解决债务问题上缺乏政治领导力，将引发重大金融市场动荡。要求欧盟实施更严格的经济治理。[①] 分析认为，“欧元区要想长期生存，就需要一个更强大的政治联盟和更高的经济灵活性”[②]。危机接连引发欧盟“政坛地震”，遭受债务危机打击最大的爱尔兰、葡萄牙、希腊、意大利和西班牙政府，均因应对政策不力而在2011年内政坛出现震荡，政府被迫下台。南北成员国经济发展失衡被认为是诱发债务危机的原因之一，经济上“北强南弱”的差距还造成成员国分裂。2011年3月，欧盟成员国领导人分别在芬兰首都赫尔辛基和希腊首都雅典召开峰会。一方是以德国为首的北方阵营，另一方则是以希腊为代表的南方阵营，欧盟内部的南北隔阂正在加深。在2011年12月举行的欧盟峰会上，英国行使否决权，否定了法国、德国要求修改欧盟《里斯本条约》的提议，也拒不参加作为“修约”替代方案的、旨在要求各成员国加强经济、财政协作的“政府间协议”，成为欧盟27个成员国中唯一的反对者。对此法国时任总统萨科齐公开表示不满，他称，现在有“两个欧洲”，一个“欧洲”希望欧盟

① Le Monde, le 19 juillet 2011.

② 马丁·沃尔夫，“欧元区三大挑战”，英国《金融时报》，2011年4月1日。

成员国与制度更加协调，另一个（英国）则固执于单一市场的规则。法英随后爆发“口水仗”。英国前首相布莱尔的办公室主任乔纳森·鲍威尔忧心忡忡地说：“这个灾难性的决定有着极其严重的后果，因为我们现在连一个可以依靠的‘特殊关系’都没有了。像丘吉尔和罗斯福、撒切尔夫人和里根、布莱尔和克林顿时代那样强有力的英美关系，如今已不复存在。英国传统外交政策的两根支柱，即英欧关系和英美关系，都被我们抛弃了。我不知道离开其中任何一根支柱，英国政府该怎样让英国立足于世界。英国政府也不知道。”[①] 欧盟的政治一体化是一个长期而漫长的进程。欧盟发展史表明，只有在经济形势看好、经济一体化取得顺利进展之时，才是政治一体化取得进展之际。在当前欧盟债务持续蔓延、经济复苏乏力、失业率居高不下、国际竞争力下降、公众“疑欧”、“排欧”情绪上升、民族利益至上的情况下，欧洲政治联合进程严重受阻，英国行使否决权就是一典型例证。

（二）债务危机持续发酵

（参见第三章、第一节欧债危机部分）欧洲民众普遍认为，造成欧债危机的外部因素是美国次贷危机在欧洲的延续。而内因在于欧洲货币一体化制度设计的缺陷，以及没有认真执行《马约》规定的财政纪律。在欧洲货币一体化的制度设计中，最为严重的缺陷则是欧元区各国货币统一，但财税不统一，一旦出现问题或危机，成员国政府将无法采取有效的财政政策和货币政策对经济进行干预。南欧国家竞争力水平相对低下，在加入欧元区后面对德国等北欧国家的竞争处于劣势，但南欧国家政府仍然要为民众提供同北欧国家水平相当的福利，只能大量举债，直至无法偿还。因此在欧洲问题专家看来，“欧洲好似一辆

---

① 乔纳森·鲍威尔：“卡梅伦的灾难性决定”，英国《金融时报》，2011 年 12 月 13 日。

超载的卡车吃力地爬上陡峭的山坡，欧盟就快要熄火了。在这场危机中，属希腊情况最为紧迫。从雅典街头的愤怒情绪到布鲁塞尔、柏林、法兰克福和卢森堡决策者间的持续分歧，危险一触即发。不仅是希腊，在爱尔兰、葡萄牙和西班牙，愤怒情绪也在沸腾，人们认为年轻人、穷人和失业者在被迫为政客们的目光短浅埋单——还有法国和德国的银行家，他们慷慨地给不该放贷的国家提供贷款……不仅仅是欧元区。欧盟所有主要项目都岌岌可危。法国和意大利提出应取消申根区。几乎在所有地方，团结、社会公正和1945年之后欧洲项目的核心价值都在减弱，因为出现了越来越多的不平等，以及为了解决公共债务而削减开支。"[①] 2012年欧元区各国有1.1万亿欧元的债务到期，仅第一季度就要偿还2500亿欧元至3000亿欧元。其中意大利占一半还多，该国10年期国债收益率近期一直处在接近或超过7%的水平，融资压力巨大。导致2012年初，标准普尔公司大规模下调欧元区法国、意大利、葡萄牙、西班牙、奥地利、马耳他、斯洛伐克、塞浦路斯和斯洛文尼亚等9个国家的信用评级，穆迪投资者也调低了欧元区6国的信用评级，并将奥地利、法国和英国的AAA评级展望调至负面。穆迪、标准普尔等评级机构指出，如果不解决欧洲一体化当中出现的机制失衡、经济失速问题，如果欧洲不设法发展经济、谋求增长，保守和被动的方案只会令债务应对措施大打折扣，不仅阻碍欧洲经济的复苏，也将进一步影响其他地区的经济发展。经济增长是偿债能力的基础，也是重建市场信心的关键。然而，2012年欧洲经济增长前景黯淡，进一步打击了本已脆弱的市场信心。欧洲央行预测2012年欧元区经济增长率在负－0.4%到1%之间，而此前的预测为1.3%。欧盟委员会预测欧盟27国2012年上半年将陷入温和衰退。国际货币基金组织则预测欧元区17国经济2012年将萎缩0.5%。而且，欧洲当前解决债务危

---

① 蒂莫西·加顿·阿什："欧盟所见之处皆危机"，美国《洛杉矶时报》，2011年6月16日。

机的措施主要集中在财政紧缩上，也不利于经济增长。在信心低落、经济疲软的情况下，欧元区国家不仅无法推出刺激措施，正在实施的财政紧缩政策也将进一步打压投资和消费，阻碍经济增长。

（三）体制危机揭示出欧洲体制上的弊端

这些弊端主要表现在：

第一，二战以来，西欧国家形成以高福利为特征的社会市场经济体制，然而福利社会过于偏重社会公平，忽视经济效率，造成多年来政府支出高于收入，欧盟一些国家的社会福利用掉了 GDP 的 1/4。债务增加，增长乏力，导致政府再也无力为高福利政策提供经济保障。第二，共同的民主自由理念、福利社会、公正与多元文化等元素曾构成欧洲联合的共识与认同。但是从 2005 年法国、荷兰两国拒绝欧洲宪法后，疑欧恐欧情绪上升，欧洲一体化建设便陷入低谷。金融危机之后欧盟又不得不对各种福利政策进行大刀阔斧地改革，成员国政府被迫采取以减少公共开支、降低福利、增加税收为主的紧缩政策、实施改革养老金制度、提高学校学费、限制公务员工资等措施这些严重伤及到民众的切身利益，激起他们强烈不满。民众对“欧洲模式”心存不确定性。反对一体化的势力得势，使欧洲上层建筑发生变化，右翼甚至极右政治势力得到越来越多的支持。第三，欧盟模式难以应对大国和新兴国家的挑战。经济全球化对“老欧洲”国家，即传统高福利国家造成的冲击更大，这是因为：一是全球化造成财富分配的两极分化，一身包袱的高福利国家自然竞争不过轻装上阵的新兴发展中国家；二是投资减少、资金外流、企业搬迁导致“老欧洲”的失业率长期保持在较高水平线上，2011 年 6 月，欧盟国家 15—24 岁的青年失业者总数超过 500 万人，平均失业率为 20.5%，西班牙和希腊的青年失业率分别高达 45.7% 和 38.5%。法国 20 年来失业率一直徘徊在 9%—10%，大批找不到工作的年轻人对社会强烈不满，对政府失望，对前途感到迷茫；三是欧盟虽以政治经济一体化来应对全球化，强调发展高新领域，但作为主权国家的联合体，各国财力分散，难以形成合力，难与传统大国美国、日本以及新兴大国中国、印度等展开竞争。第四，欧元区成立后形成单一货币政策，但没有共同的财政政策和金融规范，违背了经济与金融运行的基本规律，形成畸形的财政运作模式。对此，德国总理默克尔曾表示："欧洲正处于二战以来异常艰难、或许是最艰难的时期，其困难之处在于这场危机并非在一夜之间形成，而是几十年错误积累的结果。在我们面前是一条漫长而崎岖的道路。"[①] 法国战略研究基金会特别顾问弗朗索瓦·埃斯堡警告说，欧洲可能会像苏联一样解体。"那些在20世纪80年代分析苏联帝国衰落以及后来垮台的人们如今只能因欧盟当前的状况与当时有些相似而感到震惊。这样的断言将会令人感到意外……然而，两者衰落的进程是相似的。在这两种情况下，我们都目睹了经济失去活力、经济增长下降的情形，尽管经济体制不同。更重要的是，我们注意到了解决眼下意识形态和政治计划所固有的矛盾。从欧盟的情况来看，源于两次世界大战的'永不再战'的创始者的想法，将越来越吸引不了新生代。"[②]

（四）信任危机增添了欧盟的不确定性

由于外有全球化、经济金融危机，内有债务危机、政治危机、社会危机等多重打击，欧盟从上到下、从精英到民众对全球化、区域一体化建设、多元文化社会、法德合作的信心和支持度锐减。欧洲民众对全球化造成的世界格局及力量对比的变化充满疑虑和恐惧。近10年

① http://www.bundesregierung.de/Content/EN/Artikel/_2011/12/2011-12-14-er-bk-regierungserklaerung_en.html；jsessionid=91A879F262A216948E3EB55356 CF340C.s3t1? nn=393830.

② Le Monde，le 10 novembre 2011，Francois Heisbourg，"L' Europe va dissoudre comme l' Union sovietique?"

来，与世界其他主要经济体相比较，欧盟受扩员、深化政治改革及机制建设等问题的拖累发展迟缓，内部矛盾制约对外政策影响力。全球金融危机、欧债危机更加剧了这一发展趋势，欧盟的国际战略地位和处境不利。在全球化的竞争中，欧盟在追赶美国途中差距越来越大，而与后来居上的新兴大国的差距则越来越短。民众对政治的信任感持续低落，各政党及政府的支持率下降，各种选举的弃权率越来越高。许多领导人和民众把欧盟遭遇的各种困难归咎于全球化，认为全球化造成欧洲的通货膨胀、就业机会减少和经济增长乏力。欧洲出现周期性贸易保护主义和反全球化运动。法国媒体称，“去全球化”将是法国总统大选竞选活动的主题。[①] 84%的法国人表示反对开放边界。[②] 欧洲“去全球化”的思潮与行动泛滥。针对欧洲民众和政界兴起的反全球化和保护主义呼声，世贸组织总干事拉米警告说：“去全球化是反动的概念。”[③] 长期致力于推动欧盟一体化发展的法德“发动机”，如今在危机面前运转失灵，迷失方向。两国在加强经济治理、如何救助及规模大小、欧盟影响力及领导权、发展核能、打击利比亚等问题上的分歧公开化。两国领导人在政治上短视，更加顾及国内利益、民意走向和争取选票。德国从一体化的主要推动者变成时时说“不”的反对者。据民调显示，63%的德国人不再信任欧洲，只有24%的人认为加入欧盟利大于弊。法德矛盾增加，同时其他成员国也不满法德当“老大”，反对欧盟的发展被法德所左右。危机对民众、市场的信心打击沉重，一方面有关国家债务高企，负债状况持续恶化，银行收缩放贷；另一方面政府又采取紧缩措施，造成支撑经济增长的两大引擎——投资和消费需求明显萎缩，经济增速放缓，伤害了投资者、消费者的信心，造成经济、金融形势的持续动荡。法国时任总统萨科齐明确指出：“危机

① Le Monde, le 26 juin 2011.

② Nouvel Observateur, le 30 juin 2011.

③ Le Monde, le 30 juin 2011.

是欧盟成立以来遭遇的最大挑战。以欧元危机为例，它实际是可信性危机、信任危机，只有在解决了可信性和恢复信任后才能摆脱危机。”[①]然而在经济社会体制改革方面，欧盟陷入改革不行、不改革也不行的两难境地。欧盟各国深刻意识到，在全球化深入发展的背景下，欧盟必须进行经济社会的体制改革，寻求适合欧盟发展的新模式，然而任何触及选民切身利益的改革，都将会遭到选民的抵制和反对。

（五）社会危机引发欧洲社会剧烈动荡，欧洲进入多事之秋

在危机的冲击下，欧洲的社会不公和两极分化现象加剧。各国的治安形势普遍恶化，面临新一轮社会政治动荡时期。具体表现在：首先，多年来欧洲福利制度一直面临变革压力，危机发生后各国政府纷纷推出削减福利措施，引发民众不满。2010 年以来，先后爆发了希腊反紧缩示威及骚乱，法国数十万民众举行反对提高退休年龄游行和多行业大罢工，英国民众抗议学费上涨、西班牙民众抗议高失业率以及全欧反对削减社会福利游行等大规模抗议活动。此起彼伏的民众抗议不只是因为社会福利被削减、生活水平下降，更是为了反对社会不公，反对“让普通民众为资本家的贪婪和政府的无能埋单”。2011 年 5 月，西班牙首都马德里发生青年人“愤怒”抗议运动，“愤怒青年”上街游行示威，在公共场所安营扎寨，长期进行抗议。他们提出“不要左翼、不要右翼，要前途，要工作”的口号。抗议者不仅对政府的财政紧缩措施表示不满，而且将矛头直接对准目前的欧洲社会体制，要求实行一种全新的政治和经济制度。抗议运动蔓延到了 60 多个城市以及葡萄牙、希腊、法国、英国等国家。以至于美国《时代》周刊将其与一海之隔的地中海南岸正在发生的阿拉伯变局相提并论，认为“即使欧洲经济开始好转，年轻人有关社会组织体系的激进思想也不可能烟消云

① 萨科齐 2011 年 12 月 1 日在法国土伦的演讲，法国总统府网站。

散，因为越来越多的欧洲年轻人认为，他们的社会已经不能再向他们提供其父辈们曾经获得过的那种繁荣机会了。对职业生涯——甚至对常人眼中的独立生活——表现出来的这种失望情绪并不新鲜，这正是'阿拉伯之春'运动之前人们所看到的那种情绪。但是，欧洲的这种情绪还正在不断加深和扩散，正促使年轻的欧洲人仿效阿拉伯年轻人走上街头，要求改变二战结束以来的社会秩序，因为这种秩序已经无法实现他们的愿望了"。[①] 其次，危机让极右翼政党、极端势力、排外势力、民粹分子以及无政府主义分子找到发展空间，借机作乱。丹麦、荷兰、芬兰、法国、德国、奥地利等国的极右翼势力均得到不同程度的壮大。2010 年瑞典大选中极右翼带有种族主义倾向的民主党首次进入议会；2011 年 4 月，极右翼政党"正统芬兰人"党在芬兰议会大选中猛增 24 个议席，成为芬兰的第三大政党。该党明确表示反对救助葡萄牙等需要援助的国家。再次，移民成为替罪羊，社会多元文化融合受到冲击。欧洲社会一直试图实现社会多元化和促进多元文化融合，以体现欧洲社会模式的优越性和包容性。但是受失业率攀升和社会福利削减的影响，反移民情绪上升。欧盟各国普遍收紧移民政策，对移民的限制也在增多。欧洲社会整体右转，反移民情绪高涨。德、法、英等国领导人均承认，本国实行多元文化的努力"彻底失败"。法国、比利时等国立法禁止在公共场合戴穆斯林头巾。欧盟委员会修订申根协定，使有关成员国在面临诸如突发难民潮的情况下可以恢复申根内部边检。而丹麦在 2011 年 5 月已宣布对边界进行单方面控制。2011 年 7 月 22 日，在世界最富有和对多元文化最包容的国家挪威，发生了震惊全球的枪击惨案，造成 77 人死亡。枪手布雷维克为右翼原教旨主义基督徒，反对工党所支持的多元文化政策和穆斯林移民政策。8 月初，在曾经成功实现多元文化的英国首都伦敦，发生了大规模种族骚乱。

---

① "为何希腊的骚乱预示着欧洲自己的'阿拉伯之春'的到来"，美国《时代》周刊网站，2011 年 6 月 17 日。

而2012年3月在法国南部图卢兹，则发生了具有种族主义和恐怖主义色彩的系列枪击案，造成7人死亡。枪手梅拉赫为阿尔及利亚裔，与“基地”组织有关密切联系。

二、欧盟继续展现“走强”的一面

尽管欧盟一体化建设出现上述危机和困难，但欧盟及其成员国借助危机“重塑欧洲”的期待与努力也在增强，危机中欧盟体现出较强的“保护功能”，相继出台一系列应对措施，进一步推动欧洲政治、经济统合，在国际舞台上继续发挥重要作用，显示出欧盟“走强”的一面。

（一）欧盟完成宪制改革，一体化建设进入新的发展阶段

欧盟作为一个超国家机构的主权国家联合体，建立起世界上独一无二的共同的决策机构、共同的执行机构、共同的议会、共同的中央银行和共同外交与防务政策。但长期以来，这些共同性却运作在纷杂繁乱、前后矛盾、缺乏民主、透明和效率的法律文本之上，即主要有《罗马条约》（1957年）、《单一文件》（1986年）、《马斯特里赫特条约》（1992年）、《阿姆斯特丹条约》（1997年）和《尼斯条约》（2001年），使欧盟难以适应自身扩大和深化的需要。因此，整合以往条约、简化法律文本、构图未来蓝图、提升欧盟的国际地位和影响力、为上述共同点寻找到合适的法律基础等要求，催生一部欧洲宪法。2004年10月，欧盟25国领导人在罗马签署了欧洲历史上第一部宪法条约，同时拉开了各成员国的批准程序。但是，不曾想该宪法条约在2005年法国、荷兰举行的公民投票中遭到拒绝。经过几年的艰苦谈判、协商、妥协，2007年10月，欧盟27国领导人在里斯本举行的非正式首脑会议上，一致通过简化版的新条约《里斯本条约》。主要内容是设立欧盟

主席职位，主席任期为2年半，可以连任，取消每半年轮换一次的欧盟主席国轮替机制；设立欧盟外交和安全政策高级代表，全面负责欧盟对外政策；以“双重多数表决制”取代目前的“有效多数表决制”，即有关决议必须至少获得55%的成员国和65%的欧盟人口的赞同。新表决制将在2014年开始实施，到2017年之前的3年为过渡期；在税收、社会保障、外交和防务等事关成员国主权的领域，仍采取一致通过原则；从2014年起，欧盟委员会的委员人数减至目前的2/3，欧洲议会的权力将增强，席数将从目前的785席减至750席；新条约将确认“欧盟基本权利宪章”对各成员国的法律约束力。2009年11月当最后一个成员国捷克完成批约手续后，11月19日，27国领导人在布鲁塞尔召开特别首脑峰会，履行《里斯本条约》，决定由比利时首相范龙佩担任首位欧盟理事会常任主席，任期二年半，负责主持欧盟理事会、协调欧盟内部意见并在对外场合代表欧盟；欧盟贸易委员、英国人阿什顿担任首位欧盟外交与安全政策的高级代表，并兼任欧委会副立席，任期5年。

简化版的欧洲宪法条约《里斯本条约》最终被成员国所接受，欧盟新机制的诞生标志着欧盟宪制改革进程结束，欧盟一体化建设进入新的发展阶段。《里约》是欧盟一部既普通又特殊的重要法律文本，它的普通之处在于，它不是欧盟的宪法，也不具备宪法性质，其法律地位将与1957年的《罗马条约》、1991年的《马斯特里赫特条约》、2001年的《尼斯条约》等欧盟各重要历史时期缔结的条约地位一样。《里约》是在原《欧盟宪法条约》的基础上修改而成，新条约不是涵盖欧盟所有既有法律的一部大法，而是对创建“欧洲经济共同体”的《罗马条约》和建立“欧洲联盟”的《马斯特里赫特条约》进行修改增补的一部普通法律。《里约》还删除了一切带有宪法意味的内容，包括更改其“宪法条约”名称、省去欧盟盟旗、盟歌等内容。这样，新条约的重要性下降，各成员国可以通过议会审批方式核准条约，而无需举行可能导致条约遭否的全民公决。《里约》的特殊地位在于它是包涵了宪法实质内容的法律，它将《欧宪》长达1000多页进行"简化"，仅有200多页，实际上是对其"去表存里"，抛开了宪法的外衣，择其要点，保留了宪法条约的实质内容。《欧宪》的核心部分，即机构改革几乎全部保留下来。《里约》的生效、欧盟理事会常任主席和外交高级代表的产生，有利于欧盟一体化高效运作并借联合自强扩大国际影响和地位，有利于应对美国和新兴大国快速崛起的双重压力，更有利于欧盟适应新一轮国际政治、经济格局的调整，促进多极化的发展。

（二）欧盟在抵御危机中显示出"堡垒"作用

首先，随着危机的不断深化与蔓延，欧盟各国领导人深刻意识到联合团结的必要性和紧迫感。欧盟委员会主席巴罗佐疾呼："欧洲正处在十字路口，欧盟应该改革，否则就会解体，不进则退。"[①] 欧盟前理事会主席德洛尔、普罗迪、西班牙前首相冈萨雷斯、前委员会副主席达维尼翁等人联名发表公开信，强烈批评当前危机的根本原因在于现任领导人缺乏明确目标，"应共同认识到欧元必须战胜这场危机并生存下去，而且在走出危机后欧元更加得以巩固"[②]。德国总理默克尔惊呼，欧洲或正处于二战以来"最艰难时期"，欧盟各国必须结成更强大的政治联盟，通过建立高度一体化的"新欧洲"来解决当前债务危机和经济困局，"必须进一步改革欧盟的结构"。[③] 2011年12月初默克尔在联邦议院进一步表示，当前危机是欧元诞生以来最严重的一次。德国离

① http://europa.eu/rapid/pressReleasesAction.do?reference=SPEECH/11/738.

② www.lemonde.fr，15.07.2011. Une vision claire pour l'euro afin qu'il sorte renforcé de cette crise.

③ http://www.bundesregierung.de/Content/EN/Artikel/_2011/12/2011－12－14－er－bk－regierungserklaerung_en.html；jsessionid=91A879F262A216948E3EB55356CF340C.s3t1?nn=393830.

不开欧盟，德国只有凭借欧盟重要成员的身份，才能在国际舞台上发挥影响力。“单靠我们自己，一个占世界人口只有1%的国家，我们不可能取得太大的成就。”[①] 与此同时，法国时任总统萨科齐也表示：“欧洲不是一个选择，而是一种必需。如果欧洲不尽快改变，历史簿上将不再有它的存在，欧洲需要加强团结，加强团结需要更多的纪律。”“重塑欧洲的第一个原则就是纪律，第二是政治责任。”[②]

其次，欧盟在危机中体现出较强的修复能力和自救能力。危机爆发以来，欧盟领导人采取了多项金融改革措施：在应对危机方面，2010年5月欧盟设立了总额为7500亿欧元的三年期临时救助机制——“欧洲金融稳定安排”，希腊先后获得二轮总额为2300亿欧元的援助贷款；爱尔兰、葡萄牙也各获850亿、780亿欧元。2011年3月欧盟决定成立欧元区永久性救助机制——“欧洲稳定机制”，以代替临时性的“欧洲金融稳定安排”。“欧洲稳定机制”将是一个由欧元区国家依据国际公法、通过缔结条约成立的政府间组织，总部设在卢森堡，有效融资能力为7500亿欧元。欧盟决心强化财政纪律特别是实行更加严厉的预算监管；加强银行业测试和监督；强化欧洲中央银行职能；探讨发行欧元债券的可能性；倡导财政联盟向财政一体化迈进。在加强经济治理方面，2010年6月通过了未来10年的经济发展规划，即“欧洲2020战略”，旨在改变发展方式和进行产业结构调整，以加快经济复苏，促进新一轮增长。该战略最突出的特点就是不以GDP增长而是通过实现主要指标的“巧增长”，把科技发展、人的发展、社会发展以及促进自然和谐列为核心目标。“欧洲2020战略”提出，到2020年要使20—64岁的劳动人口就业率达到75%；把科技研发经费在欧盟GDP

① http://www.bloomberg.com/news/2011－12－02/merkel-says-joint-euro-bonds-unthinkable-as-eu-faces-debt-crisis-marathon.html.

② discours de M. le président de la république Toulon（var）——jeudi 1er décembre 2011，Presidence de la Republique.

中的比重从目前的1.9%提高到3%。2011年3月，欧元区17国领导人通过了旨在增强经济竞争力、促进就业、巩固财政和维护金融稳定的“欧元公约”。多国政府普遍采取了紧缩财政和削减福利措施。希腊、葡萄牙、西班牙、法国、爱尔兰、英国等政府纷纷采取公务员减薪裁员、养老金冻结、推迟退休年龄等措施以减少开支。在能源领域，目标是实现可再生能源占能源总消费量的20%、能效提高20%、温室气体排放量比1990年减少20%，如果条件许可，减排量增加到30%。

再次，欧盟财政一体化取得实质性进展。在2011年12月的欧盟首脑会议上，除英国之外26国同意修改《里斯本条约》，签署具有较强法律约束力的“财政契约”，通过政府间协议的方式加强财政纪律。根据法德的共同建议，“财政契约”将对欧元区国家以及其他愿意加入的欧盟成员国施以更严格的财政纪律和经济趋同政策。内容包括三个方面：一是成员国要努力实现预算平衡或盈余。年度财政赤字占国内生产总值比例不超过0.5%、公共债务总余额占GDP比例低于60%的国家允许适度超标。这一规定必须纳入各国宪法或者其他相应法律；二是对违规成员国进行“自动惩罚”。如果成员国财政赤字和公共债务占GDP比例超过欧盟规定的3%和60%上限，欧盟委员会可直接对违规成员国采取惩罚措施，除非多数成员国反对；三是成员国将在金融监管、就业、税收和促进增长方面采取趋同政策，并通过法律形式加以规范。此外，峰会同意提前一年启动欧元区永久性救助机制——“欧洲稳定机制”，用以取代现有临时救助机制——“欧洲金融稳定安排”。欧洲稳定机制最高贷款能力达5000亿欧元，加上欧洲金融稳定工具杆杠化后的规模约6000亿欧元，欧元区可供支配的救助资源有望达到1.1万亿欧元。2012年月1月，除英国和捷克之外的25国在布鲁塞尔召开特别峰会，同意签署“财政契约”，执行更加严格的财政预算。进入2012年以来，欧元区成员国的融资成本持续下降。其中，葡萄牙首次重返国债市场融资，市场反应好于预期；法国1月国债销售维持超售局面。曾屡屡突破7%甚至逼近8%的意大利10年期国债收益率降至6%以下，西班牙10年期国债收益率也从此前的高点降至5%以下。欧债危机出现初步缓和迹象。欧元区财长会议批准对希腊的第二轮救助计划，总额为1300亿欧元。由此，希腊将能够偿还2012年3月份到期的145亿欧元国债，从而避免了无序违约。

第四，法德“发动机”重启，成为力推欧盟改革的核心。众所周知，法德历来是欧盟一体化发展的“火车头”，欧盟每一个重大决定、每一次重要会议都事先由法德两国领导人定调。“法德和、欧盟兴”，正如前欧盟委员会主席德洛尔所说，“法德联盟是欧盟的生命之树”。[①]但在危机之初，两国在应对危机的方式和主张上分歧不断，例如萨科齐在金融危机爆发后提出的成立欧元区“经济政府”的主张一直遭到默克尔的冷落。德国内部反对给予陷入危机的欧元区成员国实施经济救助的呼声很高，总理默克尔不得不顾忌选民意见，在救助问题上摇摆不定。但是，随着危机的深入及蔓延，法德两国意识到团结一致、捍卫欧元区稳定和避免一体化倒退的重要性。法德领导人表示：“欧元是欧洲的未来，是欧洲繁荣、更是友好、和平的基石。”[②] 从2011年初起，两国的协调面、妥协面有所增强，德国的“对欧洲政策发生战略性转变”。[③] 默克尔同意设立永久性救助机制，接受萨科齐提出的成立欧元区“经济政府”的倡议。8月两国更是宣布一系列重要倡议：一是成立欧元区“经济政府”，这个“政府”将包括欧元区17个成员国，法德领导人建议由欧洲理事会常任主席范龙佩出任政府主席，任期两年半，每年定期召集两次首脑会晤，协调欧元区成员国的经济和财政政策；二是建议所有成员国应实施名为“黄金准则”的财政平衡政策，

---

① Le Monde, le 7 avril 2011.

② Conference de presse conjointe de M. le président de la république et de Mme Angela Merkel chancelière de la république fédérale d'Allemagne, Palais de l'Elysée——Mardi 16 août 2011.

③ 德国《商报》，2011年2月14日。

减少财政赤字，并建议从 2011 年 9 月份开始征收金融交易税。为此，法德两国还将作出更多表率，从 2013 年起法德将出台共同的公司所得税率，此外两国内阁以后将共同开会协调双方的财政预算。欧盟委员会主席巴罗佐表示，法德的建议为欧元区加强经济治理的努力作出了“重要的政治贡献”。默克尔与萨科齐频繁会晤商讨化解危机之策，以至于有媒体专门为其二人创出了一个新名词——“默科齐”。德国是欧洲最大的经济体、经济发展最好的国家，是拉动欧洲经济的“火车头”，又在各金融援助计划中是最大的出资国，因而其在欧盟中的领导作用得到巩固，在法德力量对比中处于有利地位，因此，高傲的法国人不得不向德国人低下了高昂的头颅。法国《世界报》2011 年 8 月的一项调查显示，46％的法国人对默克尔和德国政府应对经济和财政危机有信心，而相信萨科齐和法国政府的只有 33％，67％被调查者对法国的财政状况感到忧虑。[①] 萨科齐多次重申，“只有法德团结，整个欧洲才能团结和强大起来”。[②] 2011 年 12 月 7 日，在欧盟峰会召开前夕，萨科齐和默克尔正式致函欧盟理事会主席范龙佩，提议修改现有欧盟条约，强化欧盟特别是欧元区的财经纪律，以保证经济稳定和增长，摆脱目前欧洲面临的主权债务危机困境。随后欧盟峰会的主要议题，就是审议并通过法国和德国提出的加强成员国财经纪律的修约建议，签署具有较强法律约束力的“财政契约”。

第五，在国际舞台上欧盟继续发挥“独特”作用。尽管欧盟在内政外交方面困难重重，但欧盟继续在国际关系和国际体制格局中占据重要份量和具有较大影响，继续努力推行其全球治理理念，极力引导国际规则的制定和推动国际体系改革，力主使国际金融体系改革、气

① lemonde . fr. 11. 08. 2011：Crise ：les Français font plus confiance *à* Merkel qu'*à* Sarkozy.

② Discours de M. le président de la république Toulon（var）-jeudi 1er décembre 2011，Presidence de la Republique.

候变化谈判以及对发展中国家援助等三大领域成为欧盟的外交“品牌”。欧洲意识到，“所有的问题都源于缺乏意志力，而不是军事或经济实力不济”[①]。欧盟的军事实力世界第二，是中国、俄罗斯、巴西、印度军力总和的2倍。欧盟成员国每年的国防开支高达2000—3000亿美元，虽然不到美国的一半，但超过俄罗斯和中国的总和。从单个国家来看，法国、英国、德国和意大利也位列全球十大军费支出国家。2010年，欧洲国家约有160万全职军人、500万预备役军人和准军事人员，军队规模超过美国。欧元区的债务和赤字水平也远低于美国、日本。根据国际货币基金组织统计，2011年美国公共债务占国内生产总值的比重为98.5%（2012年将达到102%），而欧元区国家平均债务水平为85%。虽经金融危机的沉重打击，它的经济实力并未遭到太大削弱。希腊的国内生产总值只占欧盟经济总量的2%，希腊、爱尔兰、葡萄牙三国的经济规模合计不足德国的30%，意大利仍具有较强的经济竞争力。因此，在较长时期内欧盟仍将是世界重要经济、贸易、投资和技术的强大实体，是平衡国际关系格局、维护世界和平、促进发展的重要力量。

纵观欧盟发展史，欧盟成长过程一直在曲折起伏、强弱兼具中前行，强中带弱、弱中显强是欧盟发展中的常态。目前欧盟表现出的“弱”是暂时和可以克服的。同时欧洲一体化发展又是在压力和危机下取得的，每次危机都会使欧盟退一步进两步，蹒跚向前。危机发生以来，欧盟及其成员国屡屡打破“禁忌”：欧元区“稳定条约”曾禁止向成员国提供救助，欧盟先是通过临时救助机制绕开条约规定，后又决定修改条约成立永久性救助机制；“欧元公约”通过表明各国就税收、社会福利、劳工市场政策“紧密协调”，使欧盟的权力进一步扩大；欧元区经济政府一旦成立，不仅实现了欧盟期盼已久的经济货币联盟，

---

① 马克·莱昂纳德，“欧元危机根源在制度”，英国《金融时报》，2011年8月26日。

而且向“强欧洲”迈出了一大步。2011 年 12 月 9 日，克罗地亚在欧元和欧盟遭遇严峻挑战的时刻签署入盟条约；2012 年 1 月 1 日，爱沙尼亚在欧债危机愈演愈烈的大背景下加入欧元区，所有这些都加强了人们对欧洲一体化的信心。

第三节　日本的多重灾难

二战后，日本在一片废墟上迅速崛起，不但从根本上摆脱了因战争带来的贫穷和饥饿，还创造出一个令世人称奇的繁荣。在 1966—1968 年间，日本的国民生产总值先后超过法国、英国和西德，成为仅次于美国的第二大经济强国。到 20 世纪 80 年代中期，日本已成为世界第一大债权国。在世界国民生产总值中，日本所占的比重从 1955 年的 2.2％上升到 1987 年的 15％，美国同期所占比重从 36.3％下降到 25.7％；日本的尖端技术产品出口在世界同类产品出口中的比重到 1980 年增长了近两倍，而美国的则下降了 16.7％；在 1970—1986 年的 16 年中，日本出口规模扩大了 10 倍，美国仅增加 1 倍；1980 年日本对美国贸易顺差仅 99 亿美元，到 1986 年增至 586 亿美元；在投资方面，1980—1986 年日本投资增长 19.45％，同期美国仅达 3.2％；1985 年日本海外纯资产超过英国和联邦德国，成为世界最大的债权国；1987 年日本国民生产总值占世界总产值的 15％，1988 年，日本人均产值超过瑞典跃居世界第一。然而，日本的“战后经济奇迹”在 20 世纪 80 年代中后期到 90 年代初全面崩溃，自此日本开始一蹶不振，在三大经济体中率先拉开了西方经济由盛到衰的大幕。“仅仅在 20 年前，日本还是新的后美国和后苏联力量结构中最明显的后起之秀。然而从冷战结束以来积累的证据表明，日本与亚洲较大的邻国相比，已沦为经济上的次要考虑和地缘政治上的‘脚注’。在这20年期间，日本经济每年增长微不足道的1.1%，其股市的总价值按照实际计算暴跌了大约75%，其经济的净债务和总债务从1991年分别占GDP的13%和68%猛增到2010年的115%和227%。由于2008年的经济衰退，2009年日本经济下降了5.2%——这种情况导致自民党连续了50年的执政终结，开创了日本政治上没有明确航向的一个时期。”①

一、日本因何走向衰退

始于20世纪80年代中后期的日本危机，内部原因在于股市、房地产以及银行信贷三股泡沫的破灭。经济泡沫首先起源于股票市场的急剧膨胀。从1985年末到1987年9月不到两年的时间内，股价上涨了近一倍。1987年底股票价格总额竟达到了全球股价总值的近一半。在股市疯狂暴涨的同时，房地产行业日益火爆。据调查显示，从1985到1990年的5年间，全国地价上涨了近一倍。地价上涨所产生的虚拟资本收益高达千万亿日元，相当于同期日本国内生产总值平均值的3.6倍。银行信贷泡沫也在这一时期疯狂形成。由于房地产行业的特殊性，其保值增值性在国土面积狭小的日本等国到广泛认同，使得包括权威银行在内的许多金融机构普遍认为只要有房地产作抵押，贷款就不会有任何风险。这种做法为银行的巨额呆账埋下了隐患。

外部因素在于日本迫于美国压力，签署“广场协议”，造成日元大幅升值。日本成为世界经济中的老二，不断向美国的老大地位发起挑战，这是美国绝对不能容忍和允许的。在20世纪80年代，日美间的贸易摩擦有增无减，美国对日本贸易逆差1982年为70亿美元，1984年为340亿美元，1984年后每年逆差为500亿美元左右。随着日本资

① 西蒙·塞尔法蒂：“迈进一个后西方世界”，美国《华盛顿季刊》，2011年春季号。

本积累的迅速增加，其资金大举涌入美国，在美国掀起收购风潮。尤其是在 1989 年日本索尼公司和三菱公司分别收购了哥伦比亚制片娱乐公司和纽约洛克菲勒中心这两大美国的形象工程，极大地刺激了美国民众的情绪。“日本威胁论”甚嚣尘上，在美国国会内外响起一片“报复日本”、“遏制日本”的强烈呼声。1988 年美国国会通过《综合贸易法》，要求对贸易不公平的国家进行报复。1989 年 5 月，美国根据该法案第 301 条款宣布日本为“不公开贸易国家”。日美经济矛盾和摩擦大大超越了经济范围，扩大到两国民众认知和国家安全的战略层面。这一事件使日本从民众到政界的信心倍增，加快了谋求政治大国的步伐，公开宣称“日本已不再是听命于美国老师的规规矩矩的小学生，而是平等合作、有时又是竞争的伙伴”，要求与美国分享更多权力。而美国则认定日本成为比当前的苏联还具现实威胁的头号战略对手。根据 1989 年 1 月美国波士顿“美国内情集团”舆论公司的调查，63％的美国人认为，“与苏联的军事力量相比，日本的经济力量已对美国的安全保障构成更大的威胁”。美国高度忧患日本的战略野心。政治上美国担心日本以经济大国为依托，在世界上占据领导地位，压制美国。经济上担心美国受制于日本，军事上担心日本危及美国安全。至此，美国决定运用金融武器反击日本。1985 年 9 月 22 日，美国、日本、联邦德国、法国、英国 5 国在纽约的广场饭店召开会议，签署“广场协议”，广场协议要求 5 国政府联合干预外汇市场，诱导美元对主要货币的汇率有秩序地贬值，以增加产品的出口竞争力，改善美国国际收支不平衡状况，解决其巨额贸易赤字问题。日本政府从“争取成为与自身经济实力相适应的政治大国”的角度出发，对“日元升值”采取了积极的姿态。在协议签署后的 3 年时间里，日元兑美元升值一倍，日本经济泡沫终于爆发。“广场协议”的签署对加速日本经济危机起到了推波助澜的作用。日元升值使得国内外的巨大流动性资金迅速投向了高风险市场，如房地产与股票市场等，加速了泡沫经济的形成。日元升值沉重打击了以出口为导向的日本经济，为了应对升值带来的负面影响，日本在1989年实行紧缩性货币政策，连续5次提高贴现率。急剧收紧的货币政策打破了资产泡沫，随着“泡沫经济”的破灭，日本经济陷入通货紧缩和经济衰退并举的长达十几年的停滞期。

二、“失去的十年”

自1991年起至21世纪初，日本经济衰退的主要表现是：第一，经济增长低迷。在“失去的十年”里，日本经济的平均增长速度为1.75%，通货膨胀率为0.57%。除了1995年、1996年两年日本实际增长率在2.5%以上外，其他年度都在2%以下，1998年甚至出现了负增长。失业率也曾一度达到4.7%，为战后最高水平。2002年以后，各项经济指标仍显示，日本经济陷入衰退状态。第二，工业生产与效益下降。十多年间，工业生产总体呈下滑趋势。2001年比1990年总体工业经济增长下降了4.5%，矿业下降了4.8%，2001年9月工业生产同比下滑了12.7%；大型企业的利润形势恶化也极为明显。第三，通货紧缩现象明显。20世纪90年代初，日本出现了通货紧缩的迹象，物价水平保持平稳。从1992—2001年，CPI指数仅上升了2.9%，平均年增长0.3%。1999年后，通缩现象日趋明显，1999年与2000年连续两年物价水平下降了0.5%。

造成日本经济长期衰退的主要原因在于：一是“经济泡沫”破裂直接导致经济衰退。日本经济泡沫于1990年破灭。“泡沫经济”给日本经济带来的直接恶果是：股市暴跌和不动产大幅萎缩，企业、个人资产总额严重缩水。10年间，东京股市大约损失市值达300万亿日元以上。日本地价从1992年以后持续下跌，到2001年初，日本平均地价比上年下跌4.9%，其中商业用地价格比上年下降了7.5%，仅为1990年商业用地的18%，居住用地比上年下降4.2%。经济泡沫破裂后，国民财富迅速缩水，导致企业资不抵债，金融机构陷入困境，加之实体经济因之前超常规模的设备投资而严重过剩，导致供给严重过剩、需求空前萎缩的萧条状态。二是国际经济环境恶化导致净出口锐减。1985 年的“广场协议”导致日元美元的汇率大幅度上升。由于日本对外贸易依存度很高，日元升值对其出口影响很大。受美国经济及世界经济增长放缓的影响，日本出口形势不断恶化，国内供给过剩，有效需求不足，从而影响了企业再投资的意愿。企业破产导致失业人口增加，个人消费不足。三是错误的财政政策。自 1990 年日本经济泡沫破裂以来，日本主要采取以赤字财政为主的宏观调控政策，收效甚微，反而积累了巨大的财政金融风险。从 1992—2000 年，政府共追加了 11 次补充预算，共计 130 万亿日元。政府采取的一系列扩大内需的政策，不但牺牲了效率，也影响了财政政策的可持续性。从货币政策来看，由于企业坏账增加，不良债权导致货币政策传导机制失灵，零利率政策基本没有效果。泡沫破灭和亚洲金融危机使日本金融机构的不良债权十分突出。据日本银行统计，日本全部金融机构的不良债权 2000 年为 43.4 万亿日元，不良贷款的比率约为 6%，并呈上升趋势。日本政府实施了各种保护措施的结果，是使本应退出市场的大量“僵尸企业”留存下来，这些“僵尸企业”缺乏创新活力，生产效率低下，导致经济增速放缓。四是政治不稳定严重损害经济发展。日本政府频繁更迭带来的政治不稳定对经济发展产生负面影响，自执政多年的小泉纯一郎内阁 2006 年下台后，从安倍晋三到菅直人，先后出现了 5 届执政一年左右或更短命的内阁。2011 年 9 月野田佳彦政府上台，已历时半年有余。短命政府难以进行预算、税制和法律等方面的决策。对企业来说，设备投资、研发和招聘正式员工等人力资源投入均属于长期投资，当政府政策的不确定性上升后，在不确定性消失前“不进行消费和投资”将更加有利，因此人们会对投资和消费计划持消极态度。劳动市场制度、环境监管和电力市场制度等的不确定性，也对长期投资带来不利影响；对私人经济主体来说，政治的不稳定性降低未来政策的可预测性，加大实施投资计划和消费计划的难度，如对社保制度可持续性的担心使人们增加备用性储蓄，造成消费低迷。根据日本经济产业研究所对3000多家企业的调查结果，1/3左右的企业将“政府和政策的稳定性”列为对经营产生重大影响的因素。[①] 此外，日本社会老龄化和少子化也是阻碍经济发展的重要因素，老龄化速度过快影响了国内劳动密集型产业的发展，经济发展速度随之放缓。在老龄化和少子化双重作用下，日本长期保持的高水平储蓄率下降。

三、日本遭遇三重灾

2011年3月11日发生在日本东部的大地震以及由此引发的海啸、核泄漏事件使日本经济雪上加霜，面临“三重灾”的考验。这场天灾加人祸的巨大灾难造成的经济损失达16万亿—25万亿日元，远远超过阪神大地震10万亿日元的损失，2011年日本GDP增长因此次灾难减少0.2%—0.5%。日本政府2011年12月公布的经济数据显示，11月日本工矿业生产指数环比下降2.6%，时隔一个月后再现环比萎缩；家庭消费支出同比减少3.2%，零售销售同比减少2.3%，其表现差于市场预期；消费者价格指数同比下滑0.2%，核心消费者价格指数环比下滑0.5%，为连续第二个月出现负增长。日本央行也下调了对经济形势的预期，在其公布的金融政策会议的内容中，对日本经济的判断由“经济正在好转”下调为“经济恢复的速度趋缓”。据世界银行预测，日本此次重建需要5年时间。按照这样的重建投入和恢复时间来看，日本的债务雪球将越滚越大。日本震后重建工作面临着诸多复杂的经济问题，经济复苏前景更加不明朗。日本首相野田佳彦公开承认日本

① 森川正之：“不稳定的政治严重损害经济发展”，日本《经济学人》周刊，2012年3月27日。

面临多重危机：第一个危机是国内产业的衰退，形成所谓“空洞化”问题；第二个危机是电力等能源问题，核电站的“安全神话”破灭了，日本面临着电力日益不足的局面；第三个危机是财政危机，地震之前国家的债务总额即将突破1千万亿日元，地震更加剧了财政危机。[①] 日本面临的主要困难是：

第一，维系日本国债安全的三大支柱同时动摇。一是日本央行的“公债货币化”接近极限，不再具可持续性。在大地震之前，截至2010年底，日本国家借款总额达919万亿日元，约为同期名义国内生产总值的193%，是发达国家中负债率最高的。国家借款净增额超过年度税收总额，有175个地方市町村出现财政拮据。从中央到地方的债务问题纷纷亮起黄灯。地震后，日本央行灾后超常放款，截至2012年3月，累计向市场注资逾100万亿日元，央行的基础货币供给额度也超过了40万亿日元，约为雷曼兄弟公司倒闭后的8倍。在美国华尔街，已经开始有人买入信用违约掉期（CDS），为日本债务危机爆发的那一天做好准备。过去一年日本主权债券CDS大幅震荡，现为135个基点左右，比日本主权债券收益率高出100个基点。CDS为投资者提供了违约情况下的获利机会。美国华尔街的“债券保安团”可能会逐步将日本债券收益率推至高位，从而导致日本政府再也无力偿付债券，引发历史上最大规模的主权债务违约潮。日本财务省估测，到2012年底，中央和地方长期债务余额将达937万亿日元，较2011年底增加34万亿日元。包括短期债务（不满1年）在内的政府债务总额2011年底升至1024万亿日元。据经合组织（OECD）预测，从2011年底中央和地方债务余额（包括长期和短期债和社会保障基金等）占国内生产总值的比例看，日本将达212%，超过债务危机国希腊（157%）和意大

① 野田佳彦：“我的政权构想——如今最需要‘中庸’政治”，日本《文艺春秋》，2011年9月刊。

利（129%）。[①] 据日本政府测算，即使算上“增长战略”带来的税收增长，日本2020年度的财政缺口仍将达到16万亿日元。二是日本的个人储蓄率迅速下降，财政结构失衡，加之出生率低、老龄化社会加速到来，日本国民储蓄率由20世纪80年代的10%急剧降至2008年的3%，且呈负值化趋势。三是日本经常收支持续顺差的结构动摇，从产业根基上瓦解了国债安全。此次的自然灾害和核泄漏事故直接冲击日本制造业，受地震冲击最严重的岩手、宫城、福岛三县，集中了日本钢铁、汽车、石化、核电等支柱产业，以及富士通、索尼、东芝等多家知名电子产品制造商。地震严重破坏电网、道路和港口等基础设施，多处核电站瘫痪，电力供应能力大幅下降，造成多家知名企业停产。一些著名企业，如松下与夏普，均陷入创业以来最大规模的亏损与严重的生存危机，松下甚至不得不将旗下的三洋电机资产转卖给中国海尔集团以纾困。据日本能源经济研究所的调查，2012年如果核电站全部停止运转的话，日本2012年度GDP最大将下降3.6个百分点（20.2万亿日元），而因电力不足所造成的国内产业空洞化将使20万人失业。电力长期不足，将使日本企业在遭遇日元增值、高法人税、劳动规则、全球变暖对策、贸易自由化落后等困难后增添新的损害，使日本经济及其国际竞争力受到沉重打击。

第二，外部环境不利于日本经济恢复。一是全球经济仍处于脆弱的修复期，不排除二次探底的可能性。受债务危机、经济紧缩和高失业率影响的美国、欧洲自身难保，难以援助日本。日元兑美元和欧元的汇率极其坚挺，导致日本出口商品的国际市场价格远高于从前。2011年日本31年来首次出现贸易逆差，其“出口立国”方针开始动摇。随着出口减少，日本一些大型出口企业可能出现创纪录的亏损数据。松下公司已宣称2011财年预计亏损100亿美元，索尼公司净亏损

① “日本的‘欧洲化’令人担心”，日本《每日新闻》，2011年12月25日。

将翻番至28亿美元左右，创下公司历史上最高的年度亏损。日本大企业亏损意味着日本经济增速放缓，政府财政收入锐减。为了维持运转，政府只能继续向国民借更多的钱；二是在全球产业分工体系中，“日本制造”面临被其他国家“快速补缺”和“创新填空”的风险，日本产品的全球市场份额面临被进一步挤压的局面，出口制造业越来越受到新兴经济体的强力竞争，而高端制造业则面临着德国的挑战。泰国2011年持续数月的特大洪水，使日本在泰国的产业投资几乎全军覆没。如以丰田为代表的汽车，以松下为代表的家电业，几乎无一幸免，有的企业生产甚至要重建。

第三，在“三重灾”中，最具震撼力的是福岛核电站的泄漏，除了它所具有的更大的潜在危害外，还因为它与地震和海啸自然灾害不同，是人祸所致。通过这次事故，暴露出日本由来已久的“官产学”所谓“铁三角”的腐败体系已经渗透到核电站这样的高危产业，对社会构成了严重的危害，加重了国民对日本政治乃至社会的不信任，留下深刻的精神创伤。

据日本财务省统计，尽管债务问题突出，但日本此前却没有像希腊、爱尔兰等欧洲国家一样陷入主权债务危机泥潭。究其原因是因为日本央行是国债的最主要购买者，日本央行自2001年开始持续推行总量放宽政策，大规模吸收国债，释放资金，且以国债持有量为杠杆，调节市场资金的供应量，实行实际上的“公债货币化”。日本国债余额的95%为国内金融机构和个人持有，不易受外界影响。此外，日本特有的国民高储蓄率和经常收支顺差结构，为日本国债提供了资金保障。对于日本遭遇的种种困难，《读卖新闻》集团董事长渡边恒雄认为：“从表面上看，日本危机体现在经济上，但从本质来讲却是日本统治体制发生了危机，也就是说，归根到底危机是由于政治家的无能和平庸造成的。”[①]

① 渡边恒雄：“侵蚀日本的大众迎合政治”，日本《文艺春秋》，2012年4月号刊。

第八章 “后时代”的中国

世界在变，中国也在变，中国自身的发展与变革构成国际变局的重要组成部分，因此中华民族的复兴及作为只有在国际体系的大动荡、大变革、大改组中才能实现。中国崛起既是体系变化的重要推力，也是体系变化的主要结果，这一结果就是“前时代”的结束和“后时代”的开始。今天，中国与外部世界的关系已发生了重大变化，进入深度调整的关键时期，并对国家战略的谋划提出了更高的要求和期盼。国际制度正在酝酿变革，这也为中国发挥建设性作用提供了极为难得的契机。2008 年全球金融危机爆发后，胡锦涛主席在出席 20 国集团领导人峰会上提出，国际金融体系改革应该坚持全面性、均衡性、渐进性、实效性的四原则。[①] 这四项原则可以概括为中国在“后时代”全面参与国际制度改革的原则。就全面性而言，是要总体设计、全面参与，既要参与政治层面的联合国机制改革，又要参与经济层面的国际金融体系、贸易体系的机制改革；既要关注国际体系层面的机制改革，还要关注各领域层面的和地区层面的机制改革；对均衡性来说，加强同各利益攸关方的充分协调，平衡体现各方利益，特别是要体现新兴国家和发展中国家利益；就渐进性看，是要循序渐进，先易后难，分阶段实施，以保持国际制度改革的和平与稳定；在实效性方面，是要讲求效果，促进国际体系的和平转型。“后时代”中国需要中国从国际体系的“积极参与者”到“积极的建设者”的角色转变，在国际组织、国

---

① “胡锦涛 G20 峰会发表讲话提出四项改革举措”，2008 年 11 月。http：//news.xinhuanet.com/fortune/2008－11/17/content_10368553.htm.

际机制改革方面争取话语权，注入中国特有的文化理念和价值观。“后时代”中国需要思想和智慧，也需要战略创新。

第一节　中国的国际战略环境

中国是全球化的主要受益者，也是“前时代”的主要改革者，更是“后时代”的重要引导者和建设者。“前时代”的守护人和“后时代”的新生代对中国的诉求、看法、感知、对策绝不相同。美国、西方必将严防死守，维护其在“前时代”的优势地位和利益，将继续视中国为经济上的伙伴、战略上的对手、体制上的对头。其他新兴大国和发展中国家对中国的迅速崛起既爱又怕，既拥护又担心。各种力量在寻求与中国合作的同时，防范、担心、戒备也在增强。在“后时代”中国面临的挑战更加复杂严峻，同时中国的战略机遇期也得到进一步延长和巩固，机遇和挑战将长期并存。

一、中国面临的国际环境

首先，国际格局继续发生深刻复杂的变化，政治多极化、国际关系民主化、经济全球化加速发展，正在除旧迎新，推动一个“后时代”的到来。俄罗斯外长拉夫罗夫认为：“今天世界正在发生急剧的变化，这种变化的催化剂是全球金融危机和经济危机，这场危机有力地表明，西方主宰世界 500 年的时期即将结束，将形成多中心的新型国际体系。”[①]“后时代”世界形势保持总体稳定，冷战后国际冲突和战争的形

① 拉夫罗夫：“紊乱的国际关系——支撑点在哪里?”，俄罗斯 2011 年度《外交年鉴》。

态已发生重大变化，不太可能酿成大国之间的直接对抗和世界大战。世界主要大国关系中相互防范、竞争和牵制的一面依然存在，但相互妥协、合作和借重面也在上升，大国关系趋于平衡、稳定，维持了国际格局的总体稳定。和平、发展、合作的时代潮流不会发生根本性逆转。

其次，两种治理观念正在进行较量。围绕是通过和平、发展、合作建立全球政治经济新秩序，还是通过强权、高压、战争整合世界，国际上出现两种截然不同的“建设观”。包括中国、俄罗斯在内的许多国家主张“和平发展”，强调“和平崛起”，尊重社会、文化的多样性，寻求“和而不同”的政治多极化及国际关系民主化。而美国及一些西方国家则采取单边主义、“人道干预”、强行推广“自由”、“民主”、制造“颜色革命”以及不断发动战争等高压手段，通过“以战养战”来确保美国、西方的安全与繁荣，维护其霸主地位。“在冷战结束后的22年中，美国在海外打仗就有16年时间。要实施‘由美国来统治世界的一极化战略’，就需要庞大的军事开支，不断地在世界各地发动战争。而且，这些战争的军事成本都很高，属于消耗型的战争。”[①] 两种“建设观”汇成当今形势中最大看点，即中国忙于建设，美国忙于打仗。两种力量的较量将长期发展下去，但绝大多数国家需要和平稳定的国际环境，反对战争；而美国等西方国家则需要不断寻找和制造新的或潜在的对手，准备挑起下一场战争。

再次，三地力量的此消彼长形成“跷跷板现象”，东崛、中乱、西衰的演进过程是相对、缓慢和不确定的，但其总体方向是促使世界发展更趋平衡化。包括东方、南方国家在内的新兴国家和发展中国家形成的“东崛”力量，是“后时代”产生和发展的主力军和推动力，它们推动国际格局、尤其是国际经济金融格局出现相向而行的“双轨

① 伊藤贯：“对美国‘遏制中国战略’的八个疑问”，日本《正论》月刊，2012年3月。

制”；包括西至北非、南抵中亚、南亚在内的“大中东”地区持续出现的乱局，因其地缘战略的重要性和政治生态的变幻莫测而在“跷跷板”中扮演着战略“支轴”的作用；包括美国、欧洲和日本在内的“西衰”是相对的，美国仍将在综合实力上无人能敌，西方仍将在“后时代”长期把持和控制国际事务的话语权、规则的制定权。然而这条巨大的战略跷跷板正由过去倾向西方的“一头沉”渐渐向东方倾斜，中部大中东地区正在发生的大变局则有可能加剧这一向东方倾斜的趋势。主要大国关系中合作面相对上升，但竞争面也在发展。世界主要政治力量围绕国际秩序和地缘战略态势等问题展开的角逐仍在继续，世界多极化在曲折中发展。

第四，“三海”（地中海、霍尔木兹海峡、南海）成为新“热点源”并与传统“热点”叠加，局部形势严峻。“三海”具有的共同特点：一是除地中海北部为欧洲和南部属北非之外，其他都在亚洲地区，表明亚洲不仅是全球政治、经济、军事力量增长最快地区，也是国际热点和冲突最集中的地区、大国激烈争夺的地区，亚洲形势牵动世界。二是与海洋运输通道及能源安全密切相关。新近在以色列西部和塞浦路斯南部黎凡特海盆发现巨型天然气田，据美国地质勘探局估计，这片海下区域蕴藏着123万亿立方英尺的可开采天然气，相当于200亿桶，是美国战略储备的20多倍。[①]“东地中海一直是一个既有当地国家利益冲突又有外来势力较量的海上冲突场所，现在的情况也没有任何区别，将来也不可能改变。”[②] 霍尔木兹海峡是全球原油贸易的咽喉。2011年全球通过海路运输的原油约35％经过这里，占全球原油贸易总量的20％。2011年为了弥补利比亚的原油产量缺口，沙特等海湾国家增加

① 詹姆斯·罗森：“能源生产革命在中东开始”，美国《福克斯新闻网》，2012年3月12日。

② “对抗的种子：东地中海新的海上力量均势”，《世界政治评论》，2011年12月6日。

了源油产量，使通过霍尔木兹海峡运输的原油从 2010 年的每天 1600 万桶增加到 1700 万桶。[①] 中国 2/3 的石化能源需求不能自给，需要进口，中国对海洋运输线的依赖、海洋通道对中国未来发展战略的重要性与日俱增。“三海”不仅是联系世界各地的重要海上运输通道和原料、能源供应线，而且分别对应着“地缘跷跷板”上的西部、中部和东部，因而“三海”成为三种力量和大国角力的新舞台，也是争取未来世界和地区政治、经济、安全格局主导地位的主要战场。能源输出国大打“能源牌”，能源进口国则急欲确保供应安全。随着能源供求矛盾凸显，能源安全被各国提升到新的战略高度。各国竞相出台新的能源政策，控制和掌握包括核技术在内的能源新技术。因此可以说，地中海稳，则欧洲、北非稳；霍海稳，则中东稳；南海稳，则亚太稳；三是“三海”动荡的背后都有美国“推手”在兴风作浪。美国急欲在地中海、霍海除掉多年的“眼中钉”伊朗、叙利亚，并利用南海问题煽动其盟国对中国进行牵制和遏制。

第五，经济全球化“双刃剑”的作用日益突出，经济、金融和财政危机继续发作。一方面，中、俄、印、巴、南非等国能够顺应全球化趋势，经济持续稳定发展，国际地位和影响力不断上升，正在改变国际力量对比，冲击着国际格局和国际秩序。但全球性危机对新兴国家和发展中国家的拖累已经显现。另一方面，全球化的负面影响以及危机的冲击叠加，使一些中小发展中国家首当其冲，边缘化程度加剧，进而酿成社会的剧烈动荡。更突出的是，全球化负面效应加深了西方国家内部的社会、经济和种族矛盾，使其普遍陷入经济长期低迷、债务高企、失业率居高不下，企业外迁严重的艰难境地。发达国家对新兴国家的贸易保护主义加强，贸易摩擦增多，贸易失衡加剧。

---

① 费利克斯·阿特亚加、贡萨洛·埃斯克里瓦诺：“伊朗与封锁霍尔木兹海峡：军事与能源风险分析”，西班牙《皇家埃尔卡诺研究所》网站，2012 年 1 月 26 日。

二、中国面临的机遇和有利因素

在上述大背景下，中国面临着许多机遇和积极因素，为其构建 21 世纪第二个战略机遇期开创了有利的环境和格局。

(一)“后时代”形成的以多为主、共同经营、富裕普世、民主治理的局面既是中国与世界各国共同奋斗努力得来的结果，也是中国未来发展的最大机遇和有利保证

促进世界多极化和多样化发展及推动多边主义，改革过去的单边、不合理和不公正的国际政治经济秩序，共同维护世界和平，促进普遍繁荣和寻求共同治理、共求合作是各国人民的共同愿望。“后时代”国际形势的演进对中国国际环境总体有利，战略回旋余地继续扩大。随着综合国力的不断提升，中国对国际和地区事务的影响力日益增强，“中国因素”日益成为牵动国际形势发展的重要因素之一，是国际政治、经济和战略舞台上不可或缺的平衡力量。特别是在国际秩序重建、维持世界和平与安全、叙利亚问题的和平解决、推动经济复苏、反恐、防扩散、朝核、伊核等方面中国正发挥着建设性作用，各方面对华借重明显增加。无论是跷跷板的西部、还是中部，或是东部的发展中国家，均在加强和中国的磋商与合作，战略共同点增多。在基辛格看来，“与中国对抗的政策将使美国在亚洲有遭到孤立之虞。没有一个亚洲国家希望或承担得起在美国与中国爆发政治冲突时出面支持美国；它们认为这是美国政策方向出现错误，才会爆发美中冲突。一旦发生这种情况，绝大多数的亚洲国家即使内心可能不愿，多少也都会与美国保持距离”。[①] 在地区方面，美国想改善自己在阿拉伯世界中的形象，从

---

① ［美国］亨利·基辛格著，顾淑馨等译：《大外交》，海南出版社，2010 年版，第 801 页。

伊拉克、阿富汗撤军，从中东地区解脱，把战略重点东移至亚太地区的如意算盘却在现实中不断碰壁：小布什遗留下来的伊拉克、阿富汗两个烂摊子成为奥巴马的“烫手山竽”；西亚、北非变局动摇瓦解了美国苦心经营几十年的战略支柱；伊核危机持续升温，伊朗不断挑战美国的心理底线；叙利亚坚决顶住来自西方和阿盟的压力；中东、南亚地区反恐形势不见好转且战线越拉越长。多国与美国的矛盾加剧斗争此起彼伏，美俄、美欧、美阿（富汗）、美叙、美伊、美巴，美国与伊斯兰世界、美国与拉丁美洲的矛盾交替出现，这既为中国增添了回旋余地，缓解了中国面临的战略压力，也为中俄、中欧、中国与阿拉伯国家、中国与拉美地区合作提供了机遇。在大国关系方面，美国仍视俄罗斯为现实对手，美欧结构性矛盾难以消除，欧盟有成为世界重要一极的强烈政治愿望，对华借重与发展双方关系符合欧盟的战略利益。日本在安全上靠近美国的同时，在经济上更加依重中国。在大国关系、尤其是中美关系保持总体稳定的前提下，中日关系、朝鲜半岛局势虽会出现波折，但不会出现失控局面。奥巴马的“重返亚洲”政策不断被迟滞和分散，随着中国综合国力的增强，美国在处理国际事务和对华关系方面更需要借重中国、加强协调，实施具体行动和举措则更加慎重。

（二）中国在崛起的过程中强调“和谐”、“和平”，建设“文化大国”、“负责任大国”，突出“软崛起”的理念，受到国际社会的赞誉、理解和尊重

“如果说在 21 世纪第一个 10 年里，中国依靠和平崛起的发展道路，成为世界发展的重要组成部分，中国与世界形成了共同利益的扎实基础；那么在 21 世纪第二个 10 年里，中国将更加依靠和平崛起的发展道路，成为世界发展过程中更加重要的一部分，中国与世界也将形成更加系统和更可持续发展的共同利益，这也就从根本上决定了中国与世界的关系在今后10年乃至更长时间里的发展走向。”[①] 中国“软崛起”的形象比有的国家更具亲和力：第一，中国及时提出“和平崛起”、“和谐世界”理念，与西方的“均势”理论、欧洲实现和解时提出的“缓和、谅解、合作”以及欧盟的“综合治理”理念有异曲同工之处，进而打消了西方一些人士对中国快速崛起的顾虑。中国的和谐思想源于中国传统治国理念。《礼记》认为，真正的和谐世界是一种均衡的状态，即国际秩序的稳定。各国国内政治的稳定必须建立在各国领导人较高的道德水平和执政能力基础之上。“和谐”的内涵是修身、齐家、治国、平天下。要由内到外，由小及大，内到国内，外到国外，小到家庭，大到世界。只有每个社会层面都处于均衡状态下，才能实现真正的和谐。积淀在中华民族精髓里的文化传统决定了今天的中国必然选择“软崛起”这条唯一正确的发展道路。第二，对中美这两个传统大国和新兴大国的对外战略进行比较，在外交任务上，中国首要任务是为国内发展服务和维护国家主权，美国则是在全球谋求利益和扩张民主；在战略重心的方向上，中国提出周边是“首要”，重点是在周边建立友好国家体系，美国则收缩至亚太地区；在全球战略的调整上，中国由过去的联合反霸转向构建“和谐世界”，2012年美国国防部公布的《国家军事战略》报告则强调巩固美国与外国伙伴的关系，发挥国际联盟的作用。从以上可以看出，在首要任务上，中美关切点不同，不会发生直接碰撞；在战略重心方向上，中国是努力经营周边地区，美国也针对亚太地区，有可能与中国发生战略碰撞，两国利益有时可能会出现摩擦；在全球战略调整上，中国由反霸转向与包括美国在内的世界各国共建“和谐世界”，以柔克刚，避让并化解未来与美国可能发生的矛盾与冲突，而美国则主张发挥盟国作用，也由过去的“刚”变成今天相对的“柔”，中美两国都在致力于外部伙伴关系的构

---

① 郑必坚：“全方位构建国际‘利益汇合点’与‘利益共同体’的几点思考”，新华网，2011年6月30日。

建。第三，中国实施对外战略的方式和手段胜过美国、西方。美国及西方一些国家往往以暴风骤雨、武力入侵的方式进行对外干预，强推民主，掠夺资源。而中国则强调“软实力”建设，立足于文化立国和经营“孔子学院”。中国以细雨无声、不干涉内政的“软实力”方式赢得了在非洲等发展中国家的影响，两相对比，中国方式对英国、法国等非洲的老殖民者产生强烈冲击，他们正以忐忑不安的心情，观察中国在非洲的每个举动甚至期待与中国实现合作“共赢”。“中国实施‘和平崛起’的目的是与世界其他国家建立信任、缓和矛盾、加强合作和避免冲突。如果我们能认识到欧美是通过把资本主义、家长制、军国主义和帝国主义结合起来达到巩固实力的目的，那么中国的做法就颇具意义。”[①]《礼记·大学》的“修身、齐家、治国、平天下”中实现“平天下”的条件就是“软实力”。“软实力”是一个国家的文化实力，包括一国的意识形态和价值观的吸引力、民族文化的感召力、民族群体的素质以及国家形象的亲和力等。《礼记》主张在“以德服人”的基础上“平天下”，反对“以力服人”、靠武力来征服天下。孟子曾说：“域民不以封疆之界，固国不以山溪之险，威天下不以兵革之利。得道者多助，失道者寡助。”[②] 意即巩固大下靠的不是疆域的界线、地势的险要、先进的军事科技，而是靠“道”，这个“道”，就是人心，就是软实力。这一点恐怕是靠实力说话的美国、西方永远不明白的。

（三）中国周边环境继续有所改善

中俄不仅在重大国际问题上相互配合、相互协调，且在推动经贸和能源领域的合作上也不断取得新进展。中日关系由于历史问题政经交流和合作进展不大，但中国上升的态势决定日本不得不重视对华关

① 圣地亚哥·阿尔瓦雷斯·坎塔拉彼得拉：“世界往何处去——‘中国化’时代的全球问题解决之道”，西班牙《起义报》，2011年11月24日。

② 《孟子·公孙丑下》。

系。朝鲜半岛形势总体缓和，金正日去世后权力交接顺利，新领导人对发展朝中两国传统友谊寄以厚望。巴基斯坦成为中国全天候的战略伙伴。中国与印度这两个发展最为强劲的新兴大国在国际和地区事务中的共同语言增多、合作增加。中国积极发展巩固与东盟、亚太经合组织和湄公河流域国家的经济合作，使亚太国家同中国友好交往和合作关系更加密切。中国经济长期高速稳定发展，极大地拉动了亚洲经济发展，逐步取代日本成为亚洲经济发展的主引擎，亚洲区域内经贸联系成为中国对外经济关系的重点。1997 年以来，中国进口年均增长速度为 18%，进口在 GDP 中所占比例高达 34%，高于日本 4 倍。中国进口的一半来自东亚地区，连续多年成为亚洲最大进口市场，仅 2010 年就进口 8346 亿美元，贸易逆差达 1025 亿美元。以中国—东盟为例，双方贸易额从 1991 年以来已扩大了 37 倍。自贸区建成以后，双方对超过 90%的产品实行零关税，有力推动了双边贸易的快速增长。中日贸易额在 2010 年达 3000 亿美元，中韩贸易额达 2000 亿美元，均创历史新高。

十多年来，亚洲各种形式的区域（次区域）合作层出不穷，逐渐显现宽领域、多层次、广支点、官民并举的特征，相关的区域（次区域）合作组织与合作机制推动着区域一体化的良好发展。目前已有机制化的上海合作组织、东盟、“10＋3”、“10＋1”、东亚峰会以及亚太经合组织等，正在发挥着积极作用。上合组织以打击“三股势力”为基础，深化了中国与俄罗斯、中亚国家的全面合作。作为东亚合作新的平台或重要补充，东亚峰会机制按照循序渐进、由易及难、优势互补的合作原则，在许多领域开展了务实合作，促成了以东盟为主导，以“10＋3”为主渠道，突出发展、互利、共赢主题的“东亚合作模式”。2011 年 11 月东亚系列峰会在印度尼西亚巴厘岛举行，会议成员首次扩大到美国、俄罗斯。中国总理温家宝在峰会上指出，面对当前国际金融危机带来的严峻挑战，东亚各国最为关心的议题和最为迫切的任务是保持东亚经济持续较快增长，改善民生，为世界经济实现强劲、可持续、平衡发展提供动力。本届峰会达成的基本共识是，应继续坚持“东亚合作模式”，在新形势下继续保持东亚经济发展的良好势头。

（四）中国与“金砖国家”共同构成“后时代”的践行者

2011年4月14日，胡锦涛主席在海南三亚“金砖国家”领导人第三次会晤时的讲话中指出：“实践证明，‘金砖国家’合作不仅有利于我们五国经济社会发展，而且有利于世界和平与发展。我们应该立足当前、着眼长远，坚持团结互信、开放透明、共谋发展的基本原则，通过合作加强互信，永远做好朋友、好伙伴。我们的合作是开放的、透明的，目的是实现互利共赢、共同发展。我们应该继续坚定维护‘金砖国家’的共同利益，在国际经济金融和发展领域加强协调，增强新兴市场国家和发展中国家在全球经济治理中的地位和作用。”[①]“中俄战略合作伙伴关系”的意义日益显现。在双方共同努力下，中俄关系全面、健康、稳定、快速发展，两国关系处于历史最好时期。2011年是《中俄睦邻友好合作条约》签署10周年，“中俄战略合作伙伴关系”确立15周年，并进一步提升为“平等信任、相互支持、共同繁荣、世代友好的全面战略协作伙伴关系”。中俄高层互访频繁，政治互信不断增强。中俄定期高层会晤及其他各层级交流磋商机制规格之高、组织结构之健全、涉及领域之广泛在中国对外关系中独一无二。其有效运作为中俄关系的健康发展提供了稳定的机制和组织保障。中俄双方在能源、科技、军技、地方等重点领域实施的一批大型合作项目进展顺利。中俄贸易结构不断改善，相互投资、合作生产加工等方面的合作呈现新的良好发展态势，边境和地方合作成为新的增长点。两国贸易

① 新华网，2011年4月14日。

额2010年接近600亿美元，恢复到2008年金融危机前水平，是2000年的6倍多。中国已成为俄罗斯最大贸易伙伴。中俄战略协作关系越来越密切。双方携手在国际舞台上展开了密切的协调配合，在涉及主权、安全、发展等核心利益问题上相互支持，有力维护了中俄两国的根本利益，双方战略互信持续深化。中俄关系的发展不但有力地促进了两国的共同振兴，而且推动了世界多极化和国际关系民主化进程，推动了“后时代”的到来，为建设持久和平、共同繁荣的和谐世界作出了重要贡献。中俄关系已成为国与国关系，特别是大国关系的典范。中国与印度两国积极推进战略合作和务实合作。两国人口占世界2/5，中印两国共同发展，加强协作，将有力地促进亚洲的振兴，增强发展中国家的力量和信心，推动国际秩序朝着更加公正合理的方向发展。进入21世纪，中印两国都步入发展的快车道，双边关系取得长足进展，两国建立起“面向和平与繁荣的战略合作伙伴关系”，并确定了“十项战略”。双边贸易额在10年内增长了近20倍，中国成为印度第一大贸易伙伴，印度则是中国在南亚最大的贸易伙伴。两国力争在2015年实现双边贸易额达到1000亿美元的目标。中印在应对气候变化等全球性挑战、推动国际金融经济体系改革、促进区域合作等方面协调配合，在“金砖国家”、“G20”等机制下加强合作，有效地维护了两国的共同利益，受到全世界的瞩目。中印关系超越了双边范畴，日益具有全球和战略意义。

（五）传统西方大国关系成为“后时代”的重要合作伙伴

1. 中美两国在21世纪采取什么样的应对战略，是两国面临的重大战略选择。“合作双赢”的中美关系符合两国人民的根本利益，有利于亚太地区乃至世界和平、稳定、繁荣。自从40年前中美两国逐步恢复正常贸易以来，两国经贸往来日益紧密，2011年双边贸易额达到4467亿美元，是两国刚建交时的180倍，中美已互为第二大贸易伙伴。据商务部统计，2011年中国从美国进口首次超过了1000亿美元，达到1222亿美元，同比上升了20%，中国已经连续11年成为美国增长最快的出口市场。中美两国历史文化、社会制度、发展水平不同，存在分歧在所难免，但只要客观理性地看待对方，尊重对方对社会制度和发展道路的选择，尊重对方的主权、领土完整和发展利益，中美关系就不会偏离正常航道。美国因扩张过度造成力不从心，促其对外政策趋向务实，回归多边，更多借助盟友和联合国等多边机制。美国在加强防范中国的同时，更需要维护同中国的合作。美国国务卿希拉里·克林顿在第二轮中美战略与经济对话开幕式上强调："全球性问题无法仅靠美国或者中国得到解决。但没有美国和中国的共同参与，有关问题也不可能得到解决。"[①] 2011年1月，中国国家主席胡锦涛在访问美国时提出5点建议：发展求同存异、平等互信的政治关系；深化全面合作、互利双赢的经济关系；开展共同应对挑战的全球伙伴合作；推进人民广泛参与的中美友好事业；建立深入沟通、坦诚对话的高层交往模式。[②] 中国主张平衡、和谐，与美国所主张的"均势"异曲同工。基辛格曾再三告诫说："美国在发起本世纪（20世纪）第三次创建新世界秩序的任务时，最重要的工作是在隐藏于其例外主义内的两大诱惑之间取得平衡。这两大诱惑一是认为美国有必要纠正一切错误、安定一切骚动；二是它有潜伏的本能要退却回去。"[③] "具有美国这样理想主义传统的国家，不能以权力均衡作为新世界秩序的标准来制订其政策。但是它必须知道，均势是追求其历史目标的基本先决条件。"[④] "中国关于'和平发展、和平崛起'的宣示，实际上就是选择了一条'和平竞争'的模式。就是要把与美国的战略竞争纳入'和平竞争'、'非战对

① http://www.whitehouse.gov/the-press-office/remarks-president-state-union-address.

② 新华网，2011年1月20日。

③ ［美国］基辛格：《大外交》，第804页。

④ 同上书，第805页。

决’的轨道，从而使这种竞争能够促进中美发展，造福于世界。”[①] 美国国务卿希拉里·克林顿就美中关系发表文章指出：“今天，与中国的关系是美国有史以来必须管理的最具挑战性和影响最大的双边关系之一，需要进行审慎、稳定和动态的管理。我们对中国的方针是立足现实，注重成效，忠实于我们的原则和利益。众所周知，担忧和误解仍然在太平洋两岸徘徊不去。我们国内的一些人把中国的进步视为对美国的威胁；而中国的一些人则担心美国会试图遏制中国的发展。我们反对上述两种观点。事实是，一个欣欣向荣的美国对中国有利；一个欣欣向荣的中国也对美国有利。通过合作而不是对抗，我们两国均能显著获益。但是，不能仅靠愿望来建设两国关系。它需要我们双方更加始终如一地把积极的言词转化成有效的合作。”[②] 近年来中美两国在共同推进金融和经贸领域的国际机制改革，在处理朝鲜半岛局势、伊朗核问题等地区热点问题和应对气候变化、恐怖主义、跨国犯罪、传染性疾病、自然灾害等全球性挑战中积极合作。中国支持美国主办亚太经合组织领导人夏威夷非正式会议，欢迎美国正式成为东亚峰会成员，愿同美方就亚太地区的重大问题加强政策对话和立场协调，同本地区其他国家一道构筑开放包容、良性互动、合作共赢的亚太格局。美国越来越看重发展对华关系，虽然继续对中国“两面下注”，既接触、借重又防范、遏制，但美国的精力和财力受到越来越多的限制，因此其对华合作面大于遏制面，难以集中力量应对中国。约瑟夫·奈表示：“美国最不希望亚洲出现‘第二次冷战’。不管双方的立场如何充满竞争，中美在贸易、金融稳定、能源安全、气候变化和流行性疾病等问题上的合作都将惠及两国。该地区其他国家也将受益。奥巴马政府转向亚洲，表明承认该地区的巨大潜力，而不是吹响遏制（中国）

① 刘明福：《中国梦》，中国友谊出版公司，2010 年版，第 53 页。

② Hillary Clinton, “America's Pacific Century”, *Foreign Policy*, November 2011, http://www.foreignpolicy.com/articles/2011/10/11/Americas_pacific_century.

的号角。”[①] 前美国助理国防部长查斯·弗里曼在《未来时代的中国》一文中写道：“21世纪，亚洲在越来越多的人类活动领域恢复了领导地位；无论如何，中国及其邻国将决定这对新出现的后工业世界——包括美国人——意味着什么。”他指出，中国虽然不再是弱国，而且在世界上一点也不孤立，但却仍然没有完全摆脱贫困。实际情况是，中国在发展道路上仍然面临着巨大的挑战，需要数十年时间才能达到比较富裕的社会发展阶段。在这样的背景下，中国经常表示要确保和平的国际环境以便专注国内社会经济的发展，完全是言之成理的，当然也是可信的。[②] 他又在2012年发表的文章中指出，国际关系中没有比中美关系更重要的了。虽然两国不会重复另一个冷战年代，但中美如何处理它们之间的关系将决定21世纪是风平浪静还是动荡不断，决定美国、中国及全球经济是充满活力还是日渐式微。不管怎样，变革正在到来。10年内，中国经济将超过美国。同时，美国与其他国家的差距也将缩小。为了重塑全球金融安全，国际货币体系及其机构必须改变，中国及其他新兴经济体必须在维持全球经济稳定上发挥相应的作用。[③] 美国国会中国执行委员会前高级顾问、美国外交协会国际事务研究员卡尔·明斯奈在“中国崛起于美国利益”一文中认为，美国可能不得不采取行动，以适应中国崛起的现实。他指出：中国大陆的发展势必改变19世纪以来西方国家在地缘政治中的主导局面，因此问题已经不在于欧美是否乐见这种态势，而在于如何适应这种态势。而事实上，中国领导人也不想与美国进行全球对抗。有鉴于此，美国的中国政策应从三个方面进行考量：第一，不要将中国视为威胁，而是将其视为

① 约瑟夫·奈：“奥巴马转向太平洋”，新加坡《海峡时报》网站，2011年12月7日。

② Chas Freeman: “China in the Timeto Come,” http: www. theglobalist. com/StoryId. aspx? StoryId＝6179－610.

③ 查斯·弗里曼：“中国和美国：不是两国集团而是两个大国”，美国《全球主义者》在线杂志，2012年4月5日。

一种挑战，为此，美国无须以经济保护主义对抗其带来的经济竞争，而要着力打造自身的竞争力，例如提升本国的教育质量。无需用单边主义或孤立主义对抗中国的政治影响力，而是应当扩展既有的国际组织，让北京共同承担国际责任。第二，美国必须重申对国际规范和多边组织的承诺，使其成为保障美国利益的最佳工具。第三，应以多面向的态度处理与中国的关系。[①]

2. 中欧关系面临新“拐点”。中欧关系均在内部调整和历史机遇面前进入一个新起点，既面临前所未有的机遇，也面临前所未有的挑战。双方都对中欧战略、政治、外交、经贸、科技等各方面的合作提出了更高的要求和期待。据海关数据，2011 年中欧双边贸易额达到 5672.1 亿美元，增长 18.3%。欧盟是中国第一大贸易伙伴、最重要的技术来源地，中国已成为欧盟增长最快的出口市场。2011 年 7 月，中国超过美国成为欧盟第一大贸易伙伴，而欧盟已经连续 7 年成为中国第一大贸易伙伴。中德建交时两国贸易额只有 2.7 亿美元，至 2011 年底已增至 1700 亿美元，双方争取到 2015 年增至 3000 亿美元。德国已是中国在欧洲的最大贸易伙伴和技术供应方，而中国是德国在亚洲的最重要贸易伙伴和出口市场，中德贸易额相当于中国同英、法、意三国贸易的总和。对欧盟而言，欧盟对中国在国际、地区热点、多边外交、经贸合作等方面的需求和借重呈上升趋势，加强对华战略的借重与合作始终是欧盟对华政策的主流。中国的第十二个“国民经济和社会发展五年规划”，以及欧盟为在 2020 年以前增加就业促进发展制立的“欧盟 2020 战略”，成为双方合作的新推动源。同时，欧债危机爆发后，中欧关系再次出现新的合作契机和合作空间。欧洲专家认为：“很多迹象表明，欧洲人提供的商品很适应中国新的消费行为。现在欧洲厂商的目标是中国兴旺的中产阶层，是耐用家电、高档汽车、名牌时装、

① Carl Minzner：“The Rise of China and the Interests of the United States”，http：//www.riponsciety.org/forum207i.htm.

葡萄酒和西药。到2020年德国对华出口占其出口比重有可能增加2倍，达到15%。欧元区其他国家也有望面临类似的情况。从现在到2020年，中国的变革很有可能会将欧元区的结构性年均经济增长率提高0.25到0.4个百分点，这会创造上千万个就业岗位。从德国的角度看，将中国经济夸大成威胁始终是相当荒谬的。现在中国新的经济增长模式甚至能够在危机中帮助欧洲。”[①] 中欧关系有过曲折和起伏，但总体上仍是不断向前发展的，合作的一面占主导地位，现实利益的共同性超越意识形态或价值观念上的分歧。中欧虽然社会政治制度、历史文化传统和发展水平不同，但没有历史遗留的争议问题，也不存在地缘政治上的直接利益冲突。经济上互补性很强，可以取长补短的领域宽广。在相互理解和认知方面，特别是如何客观、公正地看待中国，妥善处理不同社会制度国家间的关系方面，真正做到相互尊重，平等互利，不干涉内政，求同存异，合作共赢。中欧关系处在新起点的位置上，双方正在努力寻求共同利益的最大化，化解矛盾与使困难最小化。欧盟外交和安全政策高级代表阿什顿表示，“中欧合作将成为21世纪国际合作的典范”。[②]

（六）中国互利互惠的合作在广大发展中国家深入人心，中国的地位和影响持续提升，发展模式亦对发展中国家具有很强的吸引力，全球范围内的中国热继续升温

“作为‘危机的赢家’，北京并没有在世界层面显示出帝国的野心，也不主张意识形态扩大，而是强调发展模式和坚持对威斯特伐利亚的主权。苏联和布什政府在阿富汗发动的意识形态和帝国战争在中国不会有市场。在国际社会、尤其是在新兴和贫穷国家眼里，中国的作为

① 托马斯·弗里克文章，德国《金融时报》，2011年4月15日。

② 参见外交部网站：“中欧举行第二轮高级别战略对话”，http://www.fmprc.gov.cn/chn/pds/wjdt/gjldrhd/t822321.htm。

其实是中国发展和治理模式在与危机中处境艰难的传统民主国家的竞争，中国的'和平崛起'在危机中加快了速度。"[①] 新兴大国、发展中国家是中国在"后时代"的可靠同盟军，作为新生代力量，新兴大国、广大发展中国家在"共同治理"、"共同发展"方面与中国有广泛共识和战略基础。作为世界上最大的发展中国家，中国外交的立脚点必须放在广大发展中国家身上：一是中国在短短几年时间内从一个在1996年才正式成为东盟对话伙伴的国家，成为率先与东盟签订建立自由贸易区协定和最早加入《东南亚友好合作条约》的区外大国。二是中国将"上海五国会晤机制"机制化，建立了"上海合作组织"。三是2000年开辟了"中非合作论坛"作为中非合作的机制化平台。2006年中国主办了"中非合作论坛北京峰会"，53个非洲国家中有48个国家派出了国家元首或者政府首脑与会，非洲国家集体到区外国家汇聚一堂举行峰会在历史上尚属首次。中国已成为非洲最大的贸易伙伴，非洲也成为中国的第四大投资目的地。双边贸易从2000年的100亿美元增加到2010年的1269亿美元。2004年中国与阿拉伯国家的"中阿合作论坛"成立，2010年中阿双方决定在该框架下建立全面合作、共同发展的战略合作关系，体现了中阿双方致力于加强合作的共同意愿，有力促进了中阿关系的发展。四是中国积极推动"金砖国家"峰会，加强新兴经济体之间的联系。2011年胡锦涛主席在纪念博鳌论坛10周年的讲话中更加明晰地提出了"包容性增长"的概念，强调南南合作中相互照顾彼此的重大关切，实现可持续的共同发展的理念。

金融危机发生以来，中国经济更成为世界公认的拉动全球经济的主要力量。中国巨大的发展以及由此带来的贫困人口的减少，也引发了这些发展中国家的极大兴趣，它们想知道中国会为它们提供哪些经验和教训。"中国模式"的一个重要特点是"大政府"的理念和对西方

---

① Francois Heisbourg, *Vainqueurs et vancus*, *Lemdemain de crise*, Stock, Paris, 2010, pp. 40—49.

式民主理念的回避，这一做法对于非洲各国政府来说显然很有吸引力。在西方学者看来，“北京共识”包涵了下列内容：渐进式的改革、创新和实验、出口导向型增长和国家资本主义。① 由于中国经济的成功，中国的发展道路似乎注定对发展中国家的影响更大，也更能引起这些国家的共鸣。许多国家与中国经济形成你中有我、我中有你的局面，双方都从经济、贸易、投资、金融合作中获益巨大。

三、中国面临的挑战

中国发展虽有上述良好的外部环境和机遇，但同时也面临诸多制约因素的严峻挑战。这些风险和挑战是全方位的，更为复杂，某些方面甚至更为严峻。“后时代”的产生所造成的国际格局大变动，“跷跷板现象”的形成，西方的不景气和新兴大国的崛起，并不自然而然地能给中国带来国际环境的改善。同“前时代”相比，虽然中国的实力地位有了极为显著的提升，国际压力却并不因此而减轻。这些挑战概括起来主要包括四个方面，即美国和西方、周边地区、非传统安全以及经济金融危机。

（一）中国与美国、西方国家的合作共赢是主流，美国肯定中国为利益攸关者，但美国、西方视中国为潜在的战略对手并加以防范的考虑和行动明显增加

由于对中国发展的走向抱有疑虑，美、欧、日、澳等国加紧抱团针对中国的意图也明显上升。西方国家对中国普遍实行两手政策，在发展交流和合作的同时，不放弃对中国实行“西化”和“分化”，并继续利用中国内部的人权、西藏、台湾等问题对中国施压，制造更多的

---

① 约翰·威廉森：“‘北京共识’现在还占据主导地位吗？”，美国全国亚洲问题研究所《亚洲政策》，2012年1月号。

事端。美国、西方在国际上不断制造和掀起一轮又一轮的“中国威胁论”，从知识产权到环保，从传统玩具服装到现代网络黑客攻击，从稀土到国防开支，从中非合作到中国企业“走出去”等，各种“威胁论”无所不包，涉及中国的政治、经济、社会、军事各个领域，重点集中在能源与环境、食品和产品、金融与投资、发展模式等经济社会领域。出现美国挑头、欧洲紧随、一些不明真相的发展中国家借机发难的“同流合污”现象。美国、欧盟外交中正在形成“价值观外交”，对中国的社会主义制度和共产党执政怀有根深蒂固的偏见，在意识形态上视中国为“异端”，一些领导人甚至叫嚣说像中国这样的“极权国家”的崛起对民主不利，千方百计利用一切机会，在人权、新闻自由、公民社会等问题上不断制造事端。美国前国家安全顾问布热津斯基指出：“对亚洲的长期稳定和美中关系来说，最糟糕的情况将是两国进入一种不断变本加厉地互相妖魔化的状态。不仅如此，当两国在各自国内都面临困难之际，遵循这种路线的诱惑很可能越来越大。”① 美国为了在战略上牵制中国，加大了在中国周边地区投棋布子的力度和规模，动作不断，将中国周边地区布局成挑战较为集中的地区。政治上，美国不断策动“民主潮”，拉拢利诱中国的邻国，策动中亚国家政权更迭，提升美国与日本、澳大利亚、韩国、菲律宾、印度等国的战略关系。经济上，中国成为美国转嫁经济危机和其国内问题的“替罪羊”，美国在人民币汇率、贸易保护、产品倾销和知识产权保护等经贸问题上对中国的压力增大。美国频频在人民币问题上向中国施压。2011 年 10 月美国参议院投票通过《2011 年货币汇率监督改革法案》，要求政府对“汇率被低估”的主要贸易伙伴征收惩罚性关税。此举主要针对中国，旨在逼迫人民币加速升值。2012 年 3 月美国联合日本、欧盟向 WTO 起诉中国限制稀土出口，要求中国解除出口限制，否则将进行贸易制

① 布热津斯基：“如何与中国为友”，美国《纽约时报》网站，2011 年 1 月 2 日。

裁，想借打官司从中国获取更多低价的稀土资源。军事上，美国调整亚太军事部署，强化了在中国周边的战略布局。根据美国五角大楼公布新军事战略评估报告，今后10年美国的国防开支将缩减，从“同时打赢两场战争”，转变为打赢一场战争并干扰对付一个潜在敌人。这是一个总体上的收缩性战略，但亚太的地位更加突出。美国推动北约加速向中国西部边陲挺进，想方设法保持在中亚的军事和战略存在；在中国东部，美国全面提升美日同盟的战略地位，继续向台湾出售先进武器，加强与东盟国家的军事合作，在中国南海问题上兴风作浪，均表明美国在亚太地区对中国进行战略遏制的意图。

（二）中国周边地区成为高风险地区

周边地区消极因素有所增多：第一，朝鲜半岛形势潜伏着较大不稳定性。朝鲜受伊核、中东局势及内部政局演进的影响，为扭转在国际上被动、孤立的局面，有可能铤而走险，在核开发、导弹问题上制造事端。2010年以来，韩朝关系持续恶化，朝核危机陷入僵局，“天安”号事件和延坪岛炮击事件发生后，美日韩明显靠拢，恢复朝核问题六方会谈的前景渺茫。朝鲜半岛成为东北亚地区最大的不稳定因素。第二，日本是中国周边最大的发达国家，是影响中国周边环境的重要因素之一。当前，日本政治右倾化，对华政策强硬，牵制中国发展和统一的意图增强。日本还重蹈覆辙玩起“政经分离”，经济上利用中国，政治上防范中国。最突出的是中日围绕钓鱼岛领土争端加剧，2010年9月钓鱼岛撞船事件导致的两国关系恶化。日本将领土争端与安全问题联系起来，渲染“中国威胁论”，借机调整安全政策，加强日美同盟。日本加强对中国的防范，密切监视中国军舰经过冲绳主岛和宫古岛之间的公海驶向太平洋的活动，美日举行所谓的“夺岛演习”中也包括一些与中国有争议的岛屿和中国不承认为岛的冲之鸟礁。日本《防卫计划大纲》和中期军事力量发展计划，明确把中国作为防范对象，确定将强化对包括冲绳岛在内的西南地区的防卫，对中国进行“警戒监视”。日本还企图构筑制约中国的战略联盟，前外相前原诚司表示要加强同“共有成熟民主主义和市场经济”的国家合作，构筑安全和经济合作体制。[①] 第三，南海问题日益突出，美日澳及东南亚一些国家声称中国的对外政策发生了变化，煽动所谓中国“强硬论”。美国在东盟地区论坛上公开提出支持在南海制定“各方行为准则”，将美国海上对华抵近侦察与中国和东南亚一些国家在南海的领土与海洋权益之争混在一起，高调声称是在维护海上自由航行权，围绕南海的联合军事演习频繁。第四，亚太地区国家展开激烈的军备竞赛。随着战略重心东移，美国投巨资加强在亚太应对“反介入威胁”的能力；澳大利亚计划在今后20年花费2750亿澳元（约合2730亿美元）对军队进行现代化改造；日本在2011年一年内就投入14亿美元采购P—1反潜巡逻机和“苍龙”级潜艇等装备，不断提高对周边海空域的情报侦察和作战能力；2010年至今，印度军队不断加强北部边境地区的陆、空基础设施建设并强化前沿兵力部署，其数量、规模及覆盖范围为近年来之最，印度还悄悄研发隐形无人战机。2012年4月成功发射“烈火—5”型洲际导弹，印度成为全球第六个拥有洲际导弹的国家；东盟国家开始加强防卫产业合作。越南近两年表现非常活跃，在已经购买了先进的潜艇、导弹、战机后，2011年又订购了射程为290公里的“宝石”超音速岸对舰导弹。据英国国际战略研究所的数据显示，2011年，亚洲国家的防务开支在近代历史上首次超过了欧洲，亚洲国家（澳大利亚和新西兰除外）的防务开支为2620亿美元，而欧洲北约成员国的防务开支略低于2700亿美元。该研究所称，二者之间的这种关系将在2012年逆转。[②] 第五，台海形势总体稳定，但美国在2010年1月宣布

① 日本前外相前原诚司2011年1月6日外交演讲，http://www.mofa.go.jp/mofaj/press/enzetsu23/emhr_0106.htm。

② 英国《金融时报》，2012年3月8日。

价值64亿美元的新一轮对台军售，中国坚决出台反制措施。台湾问题是中美关系中最重要的问题之一，奥巴马不顾中国的强烈反对执意碰触这根最敏感的神经，无疑加深了中国对美国的不信任感，对中美关系带来了新的损害。第六，2010年以来，部分东盟国家在南海主权争端问题上，对中国的态度日趋强硬。越南和菲律宾通过加强与美国的军事合作来对抗中国，进而巩固其在南海的非法所得利益。菲律宾更是一意孤行，在中国的黄岩岛及附近海域不断挑衅中国的主权。在竭力拉拢美国，引入其他大国势力的同时，东盟各国也极力稳住中国，企图形成“经济上依靠中国、安全上依靠美国”的局面，在中美之间两面讨好、相互牵制，谋求在中美之间左右逢源，以获取最大的收益。第七，南亚安全形势仍然复杂、不确定。阿富汗已成美国造就的一个新“失败国家”，巴基斯坦政局仍不稳定，美巴在反恐和对阿富汗政策上的分歧有增无减。印度对中巴民用核合作耿耿于怀，中国对美印加强战略合作的关切也在上升。

（三）非传统安全领域的挑战

全球反恐、宗教极端主义、恐怖主义、民族分裂主义、能源资源短缺、环境污染、气候变化、金融、难民潮、公共卫生和自然灾害等非传统安全问题日益突出，中国也是如此，面临的各种非传统安全因素的威胁迅速上升。冷战后两极对抗格局的终结，使国际社会遭受全面军事对抗和整体毁灭的可能性大大降低，但是，过去被两极对抗所掩盖的种种矛盾在冷战后迅速露出水面，诸多过去不太引人注目的非传统安全问题备受国际社会的关注。随着冷战后全球化的进一步发展和高新技术的进一步扩散，许多非传统安全问题变得越来越突出，这些问题已经成为国际社会的新的安全威胁。同时，非传统安全问题同传统安全问题的相互关系越来越密切，相互转化的可能性日益增强。中国更是直接面临着大规模杀伤性武器扩散，极端主义、分裂主义和恐怖主义等“三股势力”在周边活跃，以及能源短缺和原料价格上涨、气候变化、海外公民和企业的安全、海盗、走私贩毒、公共卫生、食品安全、非法移民等威胁的挑战。能源资源的稳定供应和运输安全问题突出，中国与周边地区因能源问题的海上争端由来已久，在今后一段时期内也不会平息。海洋对于中国的重要性日益提升，但中国长期的大陆思维方式与走向海洋国家的发展模式有深刻矛盾与冲突。中国在迈向海洋的过程中，缺少足够的海洋战略和足够的手段。核扩散、核材料流失和走私风险增大，核恐怖主义的威胁依然存在。有关国家“拥核”自重。2011年日本福岛核泄漏事故发生后，全球核能发展前景被蒙上一层阴影，人们对核设施安全性更加关注。另外，国内国际两个大局的互动远比以往更为紧密。“法轮功”、网络安全等问题，“台独”、“藏独”、“疆独”等分裂主义威胁，今天比20年前严重得多。

（四）金融经济危机对中国经济安全造成冲击

国际金融动荡、发达国家、发展中国家的经济衰退及其带来的市场萎缩、各国的经济民族主义和贸易保护主义，油价攀升使中国经济成本增加，原材料涨价，对经济可持续发展产生极为严重的影响。第一，虽然中国在世界银行和IMF中的投票权有所提高，但是，这些投票权的增加，并不意味着真正改善了中国在这些全球治理和决策机构中的地位。因为这些机构的变革还处在初期阶段，其原则仍然不是民主、透明的，中国依然缺乏足够的话语权。第二，危机以来美国不断通过美元贬值来转嫁经济困境，中国作为美国最大的债权国，美元贬值使中国持有的美元资产大幅贬值。美国主权信用降级，意味着中国外汇资产风险的提升，还导致大宗商品价格上涨、热钱进入中国，令中国治理通胀变得更加困难。第三，贸易摩擦“绿色化”、“政治化”趋向加重。美国、西方针对中国设立的技术性贸易壁垒越来越多，包括与环境、安全和生态等有关的技术法规、标准和合格评定程序，检验和检疫措施、包装、标签及标志要求、绿色壁垒、信息技术壁垒等。在贸易摩擦“政治化”方面，由于中国经济竞争力提高，美国、西方把人权、民主、自由等问题混杂在对华贸易政策中，强调国际劳工组织的“基本劳工公约”。欧盟在“中欧新伙伴合作协定框架协议”谈判中，把加强中欧在安全和健康标准方面的合作作为重要内容。第四，危机造成中国主要贸易伙伴消费不振，对华投资和需求减少。2004年以来，欧盟一直是中国的最大贸易伙伴，2011年中国超过美国成为欧盟的最大贸易伙伴。随着欧债危机的蔓延，欧洲各国经济（包括德国）增速都出现了放缓的趋势，失业率不断攀升。据统计，2011年第三季度，欧元区17国失业率高达10％，欧盟27国失业率升至9.5％。不断攀升的失业率一方面减少了欧盟国家对中国出口商品的需求，另一方面失业率居高不下导致欧盟对华贸易保护主义抬头。2011年以来，美国、欧盟对华贸易保护主义措施明显增加，使得我国出口面临巨大压力。

造成中国面临上述四大方面的威胁与挑战的主要原因是：

第一，围绕“中国因素”在国际关系格局中明显上升而出现的新形势，各国相继调整外交重点。中国综合国力的迅速提升，中国发展模式影响力的持续扩大，使国际社会对中国的关注不断增加，中国成为世界第二大经济体的现实对美国、欧盟、日本等西方国家的传统利益和心理承受力不可避免地构成战略挤压，“中国模式”对西方产生强烈震动。西方不愿正视中国发展强大，唯恐西方文明和价值观遭到挑战，因此一直对中国“两面下注”，实施“合作＋遏制”战略：一面公开欢迎中国发展崛起，一面又加强对中国防范、遏制，利用一切可乘之机，对中国进行牵制，迟滞崛起进程。美国与欧盟建立全球战略对话，强化美日军事同盟，提升美印战略关系，推动北约与日、澳、新建立伙伴关系，力促北约全球化，明显带有遏制和防范中国的一面。欧盟在对华问题上加强了与美国的磋商、协调。日本认为中国的发展威胁到其亚洲的“领导”地位，加强日美军事一体化，并利用南海、台湾问题同美国一起对中国进行牵制。印度提升同美、欧、日、俄的战略关系，不乏与中国抗衡之意。美未来学专家约翰·奈斯比特认为：“对于许多西方人来说，承认中国的发展、中国社会所允许的多元性就是在可怕地挑战西方国家作为全球道德高地的地位。中国的开放不仅拓宽了领导层的视野，而且撼动了改革精英们的政治视角。欧洲和美国正在面对一个新的竞争者，它不仅经济繁荣、政治稳定，而且在世界大舞台上坚定地呈现着自己的价值观。”① “随着中国的兴盛，西方普世精神将不再是放之四海而皆准的，它的价值观和想法的影响会越来越小……它一直认为，‘西方的’这个形容词天然地、毫无疑问地应置于所有重要名词前。这种情况将不再出现。西方会非常痛苦地发现，世界不再是西方的。”② 近年来，特别是国际金融危机以来，美国、西方和中国的力量对比发生着重大变化，中国和美国、西方进入了一个互不适应、互不理解的时期。欧洲学者提出，欧洲应“正视中国的现实情况，不要将中国妖魔化或者理想化。其中包括承认使数以百万计的中国人脱贫的成就，这个成就是明摆着的。从中国人的角度看，这个成就的意义不小于西方所要求的给予居民政治自由权。其中包括下述认识：如今大部分中国居民要比许多欧洲人和美国人更乐观地看待未来，因此在中国的现实中，中国共产党的政治合法性问题就没有像西方人通常设想的那么糟糕。其中包括更好地理解中国对外政策的推动力，中国的外交政策首先不是受到谋求全球优势、而是受到国内发展和使这个国家现代化的巨大挑战的推动。其中还包括这种认识，即中国如今已经是一个受到全世界重视的大国。作为未来的超级大国，

① ［美国］约翰·奈斯比特、［德国］多丽丝·奈斯比特著，魏平译：《中国大趋势：新社会的八大支柱》，吉林出版集团、中华工商联合出版社，2010 年版，第 6 页。

② ［英国］马丁·雅克著，张莉等译：《当中国统治世界》，中信出版社，2010 年版，第 327 页。

中国也要求得到美国在国际政治中要求得到的东西：在保持最大限度的行动能力和独立性的同时，确保在国际机构中有尽可能大的共同决定权。"[①] 对在二战后维持了半个多世纪"美国霸权"的美国来说，始终认定对其全球霸权地位构成挑战的国家是美国国家安全的最大威胁。而这种挑战主要来自于世界第二经济大国或第二大强国。美国对中国综合实力上升后的战略动机和政策走向极为敏感，担心中国挑战美国的全球霸主地位，防止中国在一些区域合作组织中排挤美国。战后至今，世界上有两个曾经在军事上和经济上实力仅次于美国的第二大国：苏联和日本。它们都在美国的打压下衰落下去。苏联的解体导致战后两极体制的瓦解，日本的衰落使世界经济美、欧、日三足鼎立时代不复存在。如今中国作为新的第二大经济体，如果同美国经济规模的差距进一步缩小，同美国发生战略摩擦不可避免。而就中国而言，其战略利益外溢必将与西方的既得利益发生"战略碰撞"。经济发展状况及其伴随的物资需求、市场扩展、企业"走出去"和人员往来的增加等正常的国际化行为，被西方一些媒体描绘成各种"中国威胁论"，成为被抨击的焦点。其重要原因在于中国实力和影响力的迅速上升对现有以西方为主导的世界体系造成巨大冲击，导致西方加紧集结并煽动一些发展中国家，将其国内发展中遭遇的困难转嫁到中国头上。随着经济的发展和应对各种传统和非传统威胁的需要，中国加强军事现代化建设合情合理。但中国正常、合理的国防现代化进程却导致了美国、西方及中国周边一些小国的担忧甚至借机利用，它们加紧抱团和扩充军备以平衡中国力量。

第二，中国周边地区的紧张局势既有历史原因，但更主要的是大国借机利用的结果，其始作俑者是美国，上述紧张源无一不与美国高调"重返亚太"密切相关。美国国务卿希拉里 2010 年 11 月在夏威夷

---

① 托马斯·保尔森："对新东方采取现实政策"，瑞士《新苏黎世报》，2011 年 2 月 24 日。

发表关于美亚太政策的讲话，提出“前沿部署外交”概念，强调坚持美国的领导权、加强双边同盟体系、扩大伙伴关系、积极介入各种多边机制。① 美国成功利用“天安”号和朝鲜炮击韩国事件、钓鱼岛问题，强化美、日、韩联盟；也利用南中国海问题“重返”东南亚。美国战略转向传统安全，加剧了中国的传统安全困境。在南海问题上，中国和东盟国家早在2002年11月就签署了《南海各方行为宣言》，宗旨是维护南海稳定、增进互信和推进合作，为有关当事国最终和平解决争议创造良好条件和氛围。但是，一些南海周边国家，特别是越南和菲律宾误读了中国的和平诚意，以为中国出于顾全大局的忍让和耐心是软弱可欺，肆无忌惮地侵占这一海域从历史上和法理上都属于中国的大批岛、礁。这些国家对《南海各方行为宣言》采取了双重标准：一方面把《南海各方行为宣言》视为约束中国的工具，另一方面又不理会《宣言》的约束，在侵占的岛礁上修建机场、构筑军事设施、驻扎军队、鼓励移民、设立行政机构并派驻官员、设立旅游景点，以种种方式宣示“主权”，而且还大量扩充海空军，不惜一战。越南和菲律宾还通过与美国开展军事演习、主张多边谈判等手段，企图使南海问题国际化，向中国施加压力，严重恶化了南海局势。2011年10月菲律宾和美国在菲律宾全国多地同时举行“两栖登陆”演习，其中一处演习地点靠近南海区域。2012年2月菲律宾能源部长阿尔门德拉斯向投资者做出保证称，正在进行招标的15个区块中部分在中国管辖海域范围内的油气区块“属于菲律宾领土”。从4月11号菲律宾最大军舰在黄岩岛海区企图抓捕中国渔民被中国执法船拦截开始，两国一直对峙。菲方增派海警船只，提出国际仲裁，向美国求援，要求东盟国家支持，甚至要重新命名黄岩岛，去除岛上与中国有关的标志，挑衅中国的态度极其嚣张。

① http://www.state.gov/p/eap/index.htm.

第三，美欧对经济全球化表现出“去美国化”、“去西方化”深感恐惧。全球化的始作俑者是美国，但美国无法左右高速发展的全球化进程。全球化对财富的重新分配有利于成本较低、人口众多以及资源丰富国家，但却不利于传统工业国家。中、俄、印、巴西等新兴国家的崛起得益于世界贸易、投资、服务的自由化和市场开放，新兴国家经济腾飞后，在社会、文化、价值观和意识领域等“软实力”方面挑战西方，影响发展中国家，西方传统的民主、自由、人权、市场经济概念受到中国等新兴国家发展模式的挑战。“中国威胁论”从根本上说是全球化时代市场、资金、资源等激烈争夺的必然反映。过去的“美式全球化”正表现为“去美国化”的全球化，以及全球体系上的“去西方化”。美国、西方必然要对中国实施反制：国际金融、经济危机表明长期以来以美元为主导的国际货币体系已成为国际金融动荡和全球经济失衡发展的重大隐患，因而也成为中国经济安全的最大、最不稳定因素。中国的外汇储备是随着美元的迅速膨胀猛增到3万亿美元的，这说明中国外汇储备的迅速增加是美元膨胀的直接后果，中国吸纳了急速增加的美元，还大量购买支撑美国政府信用的美国国债。美国通过量化宽松政策大量印发美元，暂时拯救了美国经济，但让包括中国在内的其他国家承担美元增发带来的通胀压力。自2005年中国进行汇改以来，人民币汇率累计上升30%，但是，人民币汇率以及反倾销、反补贴调查、知识产权保护、自主创新政策等问题始终是美国、西方向中国攻击发难的口实。

第二节 中国的应对之策

从总体看，国际环境和周边环境对中国外交是有利的，机遇大于挑战。但中国应保持清醒的头脑，增强忧患意识，既要善于抓住机遇，更要勇于面对挑战。当今的中国，正站在新世纪第一个10年向第二个10年迈进的新历史节点上，正处于重要战略机遇期的联结点上，现在的中国所面对的也是一个新的国际环境。中国的实力定位决定了中国不是现存国际政治经济秩序的主导力量，出于自身利益和力量对比的考虑，中国接受了“前时代”由传统发达国家制定的国际政治、经济、安全秩序，接受了核不扩散、打击恐怖主义、贸易和投资自由化、知识产权保护、应对气候变化等由西方发达国家倡导的国际规则，接受了美元主导的国际货币体系。随着中国综合实力和国际地位的不断增强、提高，中国在国际事务中拥有越来越大的发言权，也承担了更多的外援、维和等国际责任。“后时代”需要中国在国际秩序、体系架构、国际关系理论上发出声音，需要中国在国际政治、经济、军事、安全等领域占有一席之地和充分的话语权、游戏规则的制定权。中国自身也需要在周边地区享有安全感和舒适度，需要在财富、资源、能源的重新分配上拥有“共处权”、“分享权”，在海外利益、海上安全通道获得基本安全保障。因此，抓住机遇，应对挑战，制定与“后时代”特点相适应的政策应该包括以下几方面内容。

一、传承历史，确立以“和”字为核心的基本方针

作为有着5000年悠久历史的国家，中国是世界上最追求和最善用“和”字的国家，在中国古代先哲那里可以发掘一些极为有用的思想和理念。中国传统文化的天下观：“天下为公”、“世界大同”、“四海之内皆兄弟”的思想，与今天的“全球化”、全球共治的理念在本质上是相通的。中庸之道以“和”为目标，以“和”为途径。所谓“中”，是在两个极端取其中，执两用中，无过无不及，恰到好处，通过“中”达到“和”。中庸思想认为，由于事物间存在着微妙而复杂的互动关系，

以兼容并包、互补相推的态度求得平衡，表面相悖的因素可透过时间、空间和角色上的延伸或转换取得协调。因此，凡事不能执于一偏，物极必反，一定要做到刚柔并济、协调相对，防止失去大局或整体失衡。要求在承认差异、承认矛盾的情况下，防止冲突和斗争激化，促成矛盾的转化与解决，使之达到协调与均衡。"和"是中庸的目的和结果，对于多样性与冲突性的全球社会具有特别重要的意义。只有"和"，才能产生共治的行动，进行全球社会的建构。战国时期的荀子认为，"故用国者，义立而王，信立而霸，谋权立而亡"，[①] 即认为王权是高于霸权的国际领导地位，"天下"是归来的而不是夺来的。无论是儒家秩序的和平论、墨家行动的和平论、道家取法自然的和平论，都孕育了一种以兼收并蓄、宽容包容为特征的和平共存共荣文化，形成了崇尚和平、反对战争和暴力的历史传统。"和为贵"是全球共存进而共治的基本保障，强调和睦相处、合作共事，"已欲立人而立人，已欲达而达人"，"已所不欲，勿施于人"。全球交往、共治以和为贵，最后实现和谐统一。但这种和合思想并非是同一，也不是绝对谦让与绝对服从，而是要以中华儒学的"和而不同"、"求同存异"理念来辩证、建设性地塑造"共同观"、"和谐观"，求和平、稳定、发展之大同，存多样化之大异。坚持合作与斗争相结合，"共同"、"和谐"有时需要通过斗争来实现，小斗、小吵能换来大同、大和。如果脱离了原则而言"和"，其结果必然是反其道而行之，助长了霸权，无法进行合作与共治。中国政治文化的理想目标是追求天下大同，并依靠政治文化的传播与融合实现这一目标，这种观念强调通过政治文化的交流与沟通来达到国际关系的融洽。中国人对"以德服人者王"的信条深信不疑，相信依靠政治文化的力量能够使道德的政治文明传向四方，最终达到"协和万邦"的和平局面。中国传统政治文化的人文精神、价值理想是"和"

① 《荀子·王霸篇第十一》。

或“和合”，以此作为化解天与人、国与国、家与家、人与人以及不同文明之间冲突的最佳方式。“和合”的理论基础是“兼相爱”的友好精神，以协调为最高原则。当前要建立的国际政治新秩序所谋求的是，在严格国际行为准则与道德准则基础上的国际政治行为主体之间的和谐，进而达到整个国际社会的公正、合理与和谐，其中包括人类与自然的和谐，即天下普遍的“和合”。中国传统政治文化推崇“仁”、“义”、“礼”、“智”、“信”。这几点都可以在处理国际关系当中加以发挥，作为建立一个合理、公正和稳定的国际秩序的政治文化基础。在上述传统政治文化的基础上形成了“和谐社会”这一新的政治文化理念。古代中国与周边国家形成的朝贡体系，一定程度上也是“和合”思想的体现。“从历史上来讲，朝贡体系是各国对中国这个文明国家的认同。文明国家的影响在中国国内仍有很大市场，因此‘朝贡’现象在整个国际关系领域会具有很明显的持续性。与现存的威斯特伐利亚体系相比，中国对主权国家概念和国家关系的态度在很大程度上仍将受到朝贡体系观念的影响。”①

新中国外交更加凸显“和”字。自新中国成立以来，中国根据不同时代的国际环境提出了许多外交战略原则，这些原则分别适用于相应的国际环境，因此事实上也在不断地与时俱进，推陈出新。但新中国成立以来，外交精髓中有一个字一直没有改变，就是中国祖先留传下来的“和”字。新中国外交战略目标一直围绕着“和”字展开，奉行独立自主的和平外交政策。早在20世纪50年代，中国就同一些邻国共同倡导不同社会制度国家互相尊重主权和领土完整、互不侵犯、互不干涉内政、平等互利、和平共处的五项原则。20世纪80年代，中国领导人邓小平提出“和平与发展是当今时代的两大主题”。表示：“世界上有很多争端，总要找个解决问题的出路。我多年来一直在想，

① ［英国］马丁·雅克著，张莉等译：《当中国统治世界》，中信出版社，2010年版，第228页。

找个什么办法，不用战争手段而用和平方式，来解决这种问题。”[①] 2005年4月在雅加达举行的亚非峰会上，中国国家主席胡锦涛首次提出了走“和平发展”道路的战略，以及建设“和谐世界”这一问题。2005年9月，中国政府提出了“和谐世界”的外交政策，外交工作以建立友好关系为目标。[②] 在同年9月15日庆祝联合国成立60周年的首脑会议上，胡锦涛主席发表了题为《建立持久和平、共同繁荣的和谐世界》的演讲，他将“建立和谐世界”作为中国的建议正式提出，并对其内涵做了深入的阐释，引起国际社会的高度关注。[③] 2006年10月，中共十六届六中全会将建立和谐社会定为社会主义事业的长期历史任务，并提出社会公平与正义是社会和谐的基本条件。[④] 中国共产党以高屋建瓴、统领全局的战略高度提出建设“和谐世界”的马克思主义科学理论和科学发展观。建立“和谐世界”则是要面向国际社会，旨在调解作为国际关系中最主要行为体的主权国家之间的关系。中国提出建立“和谐世界”，是中国这一外交思想在新形势下的新阐释和新发展，基本思想与以往一脉相承，但显然又增添了新的内容。这主要体现在“和谐世界”的内涵，不只是各国单纯地和平共处，而是要通过共同努力，实现“持久和平”与“共同繁荣”。

“和谐世界”的指导思想是推动世界和谐发展，使世界的每个部分都能参与全球化进程，成为全球化的受益者。中国不追求自身利益的最大化，而是要带动整个世界的共同发展，只有实现共同的和平发展，中国的发展才有意义。“和谐世界”的基本内涵是什么？胡锦涛主席在提出这一理念的时候是这样表述的：“努力建设持久和平、共同繁荣的和谐世界”。置于“和谐世界”前面的“持久和平”与“共同繁荣”这

① 《邓小平文选》第3卷，人民出版社，1993年版，第49页。

② 《人民日报》，2006年9月16日，第1版。

③ 新华社，2005年9月15日电。

④ 《人民日报》，2006年10月19日，第1—2版。

两个修饰语，实际上就是建设“和谐世界”的两项基本内涵，或者说两个基本目标。这两个基本目标，正是现今世界需要解决的和平与发展这两个根本问题。建设“和谐世界”，从政治上说，要做到国家不分大小一律平等，不以大欺小，不以强凌弱，保障不同社会制度的国家和平相处；从经济上说，要做到各国友好合作，照顾彼此的关切，反对欺诈盘剥，实现互利双赢、共同繁荣；从安全上说，要做到各国彼此信任、相互合作，通过对话消除分歧，不使用武力或以武力相威胁，反对各种形式的恐怖主义，共同维护社会稳定与安全；从文化上说，要做到各国相互尊重、彼此借鉴，不将自己的意识形态和价值观念强加于人，保障文化的多样性发展，实现人类多种文明的共同繁荣；从环境上说，要做到各国相互协调、彼此照应，协力应对各种自然的与人为的灾害，实现人类与环境的和谐发展，确保地球作为人类家园的优美与平安。这几项内容，相互联系，彼此促进，从而确保整个世界实现持久和平与全面繁荣。

“和谐世界”国际秩序构想的提出是国际秩序理论发展中的一次重要的理论创新。“和谐世界”主张由安全、发展、和谐三个关键概念组成，它关注三个层次不断递进的目标。即通过共同安全实现持久和平稳定，创设国际秩序有序运行的基本条件；通过共同发展和共同繁荣既满足世界各国发展的利益要求，又促进全球安全威胁根源的消除，为国际秩序的有序运行提供保障；通过开放包容实现不同文明的和谐相处、共同进步，实现国际秩序的公正合理。[①] 其中，共同安全是基本目标，建立公正合理的新秩序即和谐世界是最终目标。2011 年 9 月，国务院新闻办发表《中国的和平发展》白皮书，从六个方面界定了中国和平发展道路的特征：一是科学发展，即以人为本，全面协调可持续，统筹兼顾地发展；二是自主发展，即把国家发展的基点和重心放

① 王公龙：“‘和谐世界’：国际秩序的新构想和新范式”，《现代国际关系》，2007 年第 3 期，第 56 页。

到国内，不向别国转嫁问题和矛盾；三是开放发展，即把国内国际两个市场、两种资源结合起来，以开放的姿态融入世界；四是和平发展，即把为国家发展营造和平稳定的国际环境作为对外工作的中心任务，并为世界发展作出应有的贡献；五是合作发展，即以合作谋和平，以合作促发展，以合作化争端；六是共同发展，即在追求自身发展的同时努力实现与他国发展的良性互动。白皮书用“推动建设和谐世界，坚持独立自主和平外交政策，倡导互信、互利、平等、协作的新安全观，秉持积极有为的国际责任观，奉行睦邻友好的地区合作观”概括了中国和平发展的外交政策。其中“积极有为的国际责任观”是首次出现在政府的公开文件中。白皮书把环保合作作为和谐世界的有机组成部分进行论述，指出中国的核心利益包括主权独立、领土完整、国家统一，国家政治制度和社会大局稳定，经济社会可持续发展的基本保障；从综合安全、共同安全、合作安全三方面给如何实现“互信、互利、平等、协作”的新安全观指出了可操作的路径。在中国发展国防问题上，白皮书强调了中国有广阔的领土、辽阔的海洋、漫长的陆地边界和海岸线，面临复杂多样的传统和非传统安全挑战，受到分裂势力和恐怖主义的威胁，因此中国的国防开支是合理和适度的，中国无意进行任何军备竞赛，也不对任何国家构成军事威胁。白皮书还表示：“中国不谋求地区霸权和势力范围，不排挤任何国家”，“随着综合国力的不断增强，中国将力所能及地承担更多的国际责任”，“中国的和平发展打破了‘国强必霸’的大国崛起传统模式”，“中国乐见和支持发达国家继续繁荣发展”。

在全球化背景下的今天，形成更为广泛的“共同”政治文化的趋势明显。全球化是当今世界的一个重要特征和发展趋势。全球化通过商品、资金、人口、技术等要素的自由流动，导致整个世界在政治、经济、军事、社会等各方面相互依存的加深，促进了世界性的普遍交往，使先进的技术手段和管理经验以及其他方面的文明成果在国际上普遍传播，被不同的民族共同利用。其结果将是：一个基本相同的工业文明的全球连续统一体的形成，世界各国在交往中形成的“你中有我，我中有你”的相互依存局面，使人们的政治心理、政治观念发生深刻变化，并在此基础上形成全球政治文化。[①]“后时代”的特征在于“共性”，共同合作、共同发展、共同安全，与“前时代”单边、片面、霸权形成截然不同的发展方向。这是中国“和谐世界”理念的又一战略创新。国际社会日益关注中国将成为一个什么样的超级大国。中国学者阎学通根据荀子对王权、霸权、强权的分析，认为中国应当建立王权：“国际社会显然不愿中国成为当年的法西斯德国和日本，同时也不希望中国成为另一个美国。中国如果成为另一个美国，其结果有二：不是世界出现两个霸权，重现冷战；就是中国取代美国，世界秩序依然不变。这也不是国际社会所希望的。中国如果成为一个王权国家，即一个以道义为基础的超级大国，那么中国将带给世界一个比现在更安全的国际秩序。王权体系也非完美的国际体系，但相对于目前的霸权体系而言，王权体系则是一个更多合作和更安全的体系。”[②]

二、以和谐理念经营周边

“和谐世界”理论在实践中成功与否，突出表现在中国处理与周边国家的关系上，尤其是妥善应对周边中小国家对中国崛起的疑虑以及美国及其盟国针对中国设立的包围圈。作为一个快速崛起的亚洲大国，如何在美国加速战略东移、与周边国家加强对华防范遏制的背景下继

① Akiyoshi Hoshino, *Prospect for Global Politics-Change, Conflict, Governance, and Peace in Globalization*, Tokyo: TEIHAN Publishing Company, 1997.

② 阎学通、徐进等著：《王霸天下思想及启迪》，世界知识出版社，2009年出版，第152页。

续实现对周边邻国的睦邻、安邻、富邻的外交政策，如何消除周边国家对中国崛起存有的猜疑和畏惧，如何与周边国家建立起真正的互信关系，如何发挥一个大国的地区义务和责任，既是当前中国亟待解决的重大课题，也是对“和谐世界”理论的重大挑战和考验。

随着经济全球化加速发展，区域一体化方兴未艾。区域一体化是当今时代一个显著特征和发展趋势，亚洲国家越来越意识到只有实现亚洲经济一体化，才能应对全球化及各地区区域一体化的挑战。东亚国家在社会制度、价值取向、宗教文化、生活水平等诸多方面存在很大差异，东亚振兴面临着实现地区和平与稳定、实现区域一体化合作的重任以及摆脱外国势力对东亚合作的干扰问题。也同样面临着如何以和谐理念，提倡“亚洲意识”、开展“亚洲运动”，实现振兴亚洲的大业。亚洲在走向一体化建设方面可以借鉴欧洲一体化的成功经验。欧洲建立一体化的成功经验概括起来有以下五点：一是振兴“欧洲意识”。通过建立欧洲一体化实现对欧洲的国家整合，打破传统国家界限，促进国家间经济融合和政治互信，实现超国家的政治、经济和社会的整体协调及可持续发展。二是以“和”为主，“以和谐促联合”。二战后，欧洲政治家痛定思痛，认为欧洲实现长治久安的唯一正确道路是化干戈为玉帛，永不再战。法德两国率先实现和解，通过建立煤钢联营，根除德军国主义物质基础，使战争不再成为可能。两国建立起互信基础，逐渐形成牢固的“法德轴心”并成为欧洲政治经济一体化的“发动机”。苏联阵营瓦解后，欧盟又以和平方式快速东扩，实现了整个欧洲的联合与统一。三是协调内部发展。为消除成员国间的差异和差距，欧盟明确表示其目标是“促进平衡与持久的经济与社会进步”，采取一系列社会经济政策，使成员国相互取长补短，富国援助穷国，富裕地区扶持贫困地区，维护人与自然的和谐生态，防止两极分化和社会不公，实现了经济、社会、环境的和谐、均衡及可持续发展。四是善于妥协和求同存异。欧洲一体化是对一组实力强弱和利益差异都很大的国家进行协调整合的繁杂系统工程，在协调整合过程中矛盾分歧甚至利益冲突不可避免。关键在于成员国之间能够本着互谅互让、追求共同目标、实现共同利益的精神，摒弃零和游戏规则和霸权主导方式，善于求同存异和平衡利弊得失，实现妥协。五是尊重多样性和多元文化。欧洲一体化在承认和尊重多元化的前提下，在确认政治民主化、经济市场化、法治和人权等基本原则的基础上，超越狭隘的意识形态和党派界限，共同探讨促进一体化深化和扩大的新议题。从欧洲一体化发展的经验看，欧盟的“欧洲意识”至少实现了三个主要目标：“和平、联合、脱美”，即欧洲避免了战争，实现了长治久安；以经合为先导，进而实现了欧洲的政治联合；提升了欧盟的国际地位，摆脱了美国的控制。

亚洲国家与欧洲国家的发展有很大的不同，但对于亚洲国家来说，欧洲一体化的成功之处值得借鉴。近些年来在中国和周边国家的共同努力下，亚洲国家在地区一体化建设、处理区内外国家关系、促进地区经济发展、安全方面取得了重要进展。

第一，实现东亚和平与稳定是实现一体化和走向“和谐亚洲”的关键。亚洲各国已意识到整合亚洲、尤其是整合东亚战略安全环境的必要性。即巩固和深化亚洲内部联系，促进内部大小国家间、不同地区间的均衡发展，消除对区域内大国间的矛盾和大国异军突起的疑虑。

第二，以包容精神欢迎美国、俄罗斯等国“入亚”。由于历史形成的特质以及随着区域内一些国家快速崛起，区域外周边国家对亚洲的关切度上升，美、俄、澳、新等国怀着不同心态纷纷“入亚”，印度也积极向东亚靠拢。因此，从短期看，亚洲不可能完全摆脱美国的影响，因此应在和谐平等的原则基础上加强与世界其他地区之间的联系，给美、俄等“入亚”国家以明确、合理的定位。

第三，美国以其强势即军事优势重返亚太必将被中国“以柔克刚”之策所化解。美国重返亚太的目标是组建平衡中国的军事同盟。2012年初发布的美国国防政策报告指出，维护美国在亚太的基本利益，在一定程度上取决于其军事实力和驻军的基本平衡。① 总统奥巴马、国防部长帕内塔多次指出，削减军费开支不影响美国对亚洲的安全投入。维持亚太地区“稳定的军力平衡”与美国的霸权一脉相承，但它并不能解决亚太地区现在面临的安全问题，反而可能成为美国难以承受的新包袱。奥巴马与其前任小布什总统一样再犯“新帝国”扩张思维的错误，力图在“帝国”实力下滑之际重新夺回在世界重心地区的领导权和主导权，更何况其冷战思维使美国的亚太政策显然跟不上地区变化的现实。如今的亚太地区早已进入中、日、韩三大经济体与东盟国家密切合作的时代，东盟成员国内部贸易从1980年的20.8%上升到2010年的25.4%，在更大范围的东亚合作（东盟+中国、日本和韩国）中，相互间的贸易从1990年的43%上升为2010年的55%。中国已是日、韩以及东盟国家的最大贸易伙伴。据美国学者估算，按购买力平价计算，1999—2009年美国占全球GDP总量从23%下降到20%，同期中国占全球GDP总量从7%上升到13%，按这个趋势发展，到2016年中国经济总量将超过美国。② 中国越强大，美国平衡中国所需要的资源就越多，而亚太国家追随美国孤立中国的意愿也会减弱。美国最终会发现，在安全上包围、对抗追求“和谐世界”、“和平崛起”的中国将是一项难以持续、不受欢迎的政策。在过去的30年间，中国的持续高速发展，使得美国与亚洲国家的关系变得更为错综复杂，美国在这个地区的影响力已大不如前。日美矛盾显现，韩美协调困难，东南亚国家对美国的期待已缩减到安全这个

---

① Sustaining U. S. Global Leadership：Priorities for 21st Century Defense，January 21，Department of Defense，the United States of America.

② Joseph M. Parent and Paul K. MacDonald，“The Wisdom of Retrenchment：America Must Cut Back to More Forward”，*Foreign Affairs*，Volume 90，No. 6，2011，p. 36.

单一领域。而在经贸方面，所有美国盟国以及“新的支点”国家的最大贸易伙伴都是中国，它们对中国的依赖已经难以摆脱。的确，亚洲国家中的一些国家寻求在中美之间搞平衡，但是这些国家与中国在地缘上的紧密关系却无法改变。朋友可选，但邻居不可挑。对这些国家来说，讨好美国并不意味着要得罪中国，有人玩弄两面派手法，想引进美国对付中国，但这毕竟是少数国家，和中国对抗不符合它们的根本利益。

第四，为了给美国重返亚太寻找借口，美国搬出“中国威胁论”，在南海问题上制造事端，提出“南海航行安全”的伪命题。由于美国的破坏性“介入”，东盟内部在对华问题上出现分歧，一些国家对华立场趋于强硬，南海问题更趋复杂，中国所受到的压力增大。但是，美国人忘记中国是一个具有聪明才智、善于用和平手段和方式处理各种争端和历史遗留问题的国家。早在 1984 年，邓小平就提出“搁置争议，共同开发”的处理争端的和平理念。“在中国看来，主权问题不一定就会拖累解决其他问题的步伐，它可以被暂时搁置，而不是一个根本无法解决的问题。中国不仅常常引用邓小平的观点来说明南海的岛屿问题，以及在中国东海上同日本存在类似争议的钓鱼岛问题，而且在处理台湾问题时也引用了他的观点。虽然中国坚持对台湾拥有最终主权，但同时暂时搁置台湾问题，前提是台湾不谋独立。这再次体现了中国在处理相关问题上的灵活、和平态度。要理解中国人的这种主权概念，关键就在于理解香港《基本法》中‘一个国家，两种制度’的提法。对中国来说，问题的关键是中国对香港拥有主权，至于大陆和香港是不是实行统一的社会制度则位列其次。而西方的看法则完全不同，它们的主权和社会制度是相互融合、相互联系的。‘一国两制’源自中国有着上千年历史的传统思想，那就是承认并接受存在于各个省份之间的巨大差异，或者换句话说，这些差异正是中国这个‘文明国家’内在的、密不可分的一部分。西方的威斯特伐利亚体系实际上是以‘一种制度，多个国家’为基础，而中国的朝贡体系和其自身一样，都是建立在与西方完全不同的‘一种文明，多种制度’的基础上。”[①] 在南海问题上，中国同样可以参照香港“一国两制”等灵活多样，既不损害中国主权，又与有关各方合作共赢的和平解决方式。南海毕竟不是地中海，更不是霍尔木兹海，虽然美国在南海可以从中国与一些东南亚国家的纷争中捞取一些外交与安全上的好处，但美国不是主权声索国，难以直接介入争端，只能扮演跑龙套角色，不可能掀起大浪。

第五，中国在共同利益和新安全观基础上，积极参与、推动和倡导的地区合作新体系，主要由围绕中国周边的三个区域合作机制组成。一是东盟加中、日、韩的“10＋3”机制。1997 年 12 月首次东盟各国与中、日、韩领导人非正式会晤在吉隆坡举行，[②] 由此开始了东亚区域的“10＋3”机制合作框架，并在此框架下同时举行东盟分别与中、日、韩（3 个“10＋1”）以及中、日、韩三国的首脑定期会晤。经过近十多年的发展，“10＋3”机制合作由经济领域向社会、经济、文化、安全领域扩展，构建起以经济为动力的多层次、多交叉的全面合作格局，形成日趋成熟的东亚区域合作的主渠道。二是上海合作组织合作机制（参见第二章第三节）。三是东北亚六方会谈机制。2001 年 10 月朝鲜核危机再度激化，由于朝美双方采取全面对抗立场，核危机逐步升级，东北亚地区安全出现紧张态势。中国以建设性态度进行了外交努力，先在 2003 年 4 月促成中、朝、美三方北京会谈，而后又成功地推动了自同年 8 月起由中、朝、美、韩、俄、日参加的关于朝核问题的四方 6 轮会谈相继在北京举行。由此产生了朝核问题的多边会谈协

① ［英国］马丁·雅克著，张莉等译：《当中国统治世界》，中信出版社，2010 年版，第 230 页。

② 当时为东盟 9 国加中、日、韩峰会，1999 年 4 月柬埔寨成为东盟第 10 个成员国后，1999 年 11 月第三次东盟加中、日、韩峰会即由“9＋3”机制变为“10＋3”机制。

商机制。在中国的积极介入和倡导下，朝核问题的六方会谈机制不仅走向长期化和机制化，而且出现其功能向纵深延伸的趋势，最终可能成为解决朝鲜半岛的永久和平机制乃至东北亚安全合作机制。

因此，冷战时期形成的美国主导的亚太同盟体系正在调整之中并有所加强，在相当程度上仍然支配着亚洲地缘政治格局。由中国参与、推动和倡导的“10＋3”、上海合作组织和东北亚六方会谈这三个次区域合作机制起步不久，处于不断发展和完善中，还面临着许多内外挑战和发展瓶颈，其成熟度和内聚力仍不及美国主导的亚洲盟国体系。但是，这些机制在发展趋势上显示出旺盛的生命力和发展潜力，呈现良性、上升、扩大的势头，正在构建起一种谋求地区合作、稳定、发展与繁荣的新型亚洲合作体系。它将与美国在亚洲的盟国体系并存，在相当长时期内形成亚洲二元地区国际体系和地缘政治格局。

三、担负起与崛起程度相适应的“国际责任”

2011年9月，中国国务院新闻办发表了《中国的和平发展》白皮书[①]，白皮书概括了中国和平发展的外交政策，其中“积极有为的国际责任观”首次出现在政府的公开文件中。近年来，随着中国综合实力的不断上升，“中国因素”在国际事务中的作用日趋重要和明显，“中国责任”也日益成为国际社会热议的话题。

其实，早从新中国成立之日起，中国就在国际上承担起相应的责任。据2011年4月国务院新闻办公室发表的《中国的对外援助》白皮书介绍，自1950年起，中国就开始向朝鲜和越南两国提供物资援助，开启了中国对外援助的序幕。20世纪70年代末实行改革开放后，中国同其他发展中国家的经济合作由过去单纯提供援助发展为多种形式的

① 国务院新闻办公室：《中国的和平发展》，人民出版社，2011年版。

互利合作。进入 21 世纪特别是 2004 年以来，中国对外援助资金保持快速增长，2004—2009 年平均年增长率为 29.4%。截至 2009 年底，中国累计对外提供援助金额达 2562.9 亿元人民币，其中无偿援助 1062 亿元，无息贷款 765.4 亿元，优惠贷款 735.5 亿元。先后 6 次宣布免除与中国有外交关系的重债穷国和最不发达国家对华到期无息贷款债务。累计向 161 个国家以及 30 多个国际和区域组织提供了援助，经常性接受中国援助的发展中国家有 123 个。受援国涉及亚洲、非洲、拉丁美洲、加勒比、大洋洲和东欧等地区的大部分发展中国家。中国对其中最不发达国家和其他低收入国家的援助比重始终保持在 2/3 左右。在国际金融危机中，来自中国等发展中国家的投资比发达国家的投资更能经受住考验。2010 年中国境外投资流量达 590 亿美元，据商务部统计，截至 2009 年底，中国对外投资总量 2457.5 亿美元，其中 75.5% 投入亚洲，12.5% 投入拉美。二者合计占 88%，投入发达地区只有 181.7 亿美元，占 7.4%，其中对美国投资 33.4 亿美元。中国还积极参与多边国际机构援助工作援助，表明中国对外援助观念的重大转变，这在中国对伊拉克、阿富汗、东南亚金融危机，乃至美国发生“卡特里娜”飓风以后中国提供的援助中都得到体现。

中国的经济总量在 2010 年超越日本，跃居世界第二。于是，各种要求中国承担更多“国际责任”的呼声此起彼伏，国际社会对中国的判断和对中国的期望都在发生变化。但中国是既富又贫；既是崛起的新兴大国，又是一个人口多、底子薄的最大发展中国家；既是一个具有悠久历史的文明古国，又是一个与资本主义制度不同的社会主义国家。这些中国所特有的属性造成其独特性：5000 年文明、13 亿人口（相当于 4 个美国或 3 个欧盟）、960 万平方公里国土（世界第三大）、GDP 规模世界第二、在过去 30 年以年均两位数增长、同时还有 1.5 亿人达不到联合国一天一美元的脱贫标准，残疾人 8000 万（相当于一个德国）。要在这样一个规模如此之巨、国情如此之复杂的国度里实现变革与发展，同时又能保持长期稳定，是相当不容易的。鉴此，中国在“后时代”发挥的国际责任必须做到责任与义务相适应，责任与其发展所处的地位和阶段相匹配。

第一，从国际体系的变革来看，由于综合实力的提升，中国的影响力也应得到相应提升。在IMF执行董事会通过的份额改革方案中，中国的份额从3.72%升至6.39%，投票权从3.65%升至6.07%，仅次于美国和日本。而在世界银行，中国的投票权份额也从2.77%提高至4.42%，成为世行第三大股东国。但是，西方国家仍然保留着冷战时期形成的政治、经济、军事联盟体系，它作为一个整体在国际体系中占据着明显优势。美国、欧盟、加拿大、日本、澳大利亚、新西兰等发达经济体占世界经济总量的60%以上。发达国家的科技、文化、教育水平和创新能力，以及相对稳定的国内政治和法律环境，构成它们在相当长时间内能够维持国际优势的基础。因此，尽管中国成为世界上最大的出口国家，是世界新兴的对外投资的重要力量，是美国政府在国外的最大债主，中国对世界发展做出了极大的贡献，但在美国、西方仍占主导地位的国际体系中，中国将长期面临着应享有的权利与中国的贡献不相称、承担的责任与权利不相符的矛盾。

第二，中国坚持走和平发展道路，不谋求推翻“前时代”的国际体系。中国不是苏联，无意建立自己的军事集团或势力范围，不赞成搞对抗。中国还是“前时代”国际体系的参与者、建设者和受益者之一。为此，中国积极融入国际体系，参加了100多个政府间国际组织，签署了近300个国际条约。近年来，中国积极参加联合国、二十国集团等国际组织活动，成功举办奥运会、世博会等重大国际活动，中国对现行体系建设所做的贡献有目共睹。

第三，“后时代”推翻“前时代”系水到渠成，是世界历史潮流发展的必然结果，是不以哪个国家的意志为转移的。中国作为“后时代”的弄潮儿和引领者，坚持“责任大国”战略定位，不能对现行国际规则一味服从，而是在融入世界市场和国际体系的基础上更好地参与、制定、修改和完善国际规则，利用自己的影响力构造和重塑世界。与“华盛顿共识”不同的是，中国模式拒绝“休克疗法”和“大爆炸式变革”，而是走一种对现有体制进行渐进式变革的道路，致力于打造一种能够掌控并领导改革进程的强大发展型国家。它还包括一种“选择性学习”或者“文化借用”的过程：中国曾借鉴了很多国外的发展理念，包括美国的新自由主义发展模式，然后对其进行了本土化改造。最后，它还注重改革的优先选择。[①] 中国在接受国际普遍规范、信守承诺的同时，要以“负责任大国”的姿态积极参与制定新的国际规范，逐步改变“前时代”少数国家把持规划制定的不合理状态。

第四，每当世界上出现风吹草动，中国往往成为各种问题的“替罪羊”，有人要么会指责中国“转嫁危机”，要么以“热捧”的方式要求中国负起责任，而这两种手法往往隐含同一个目的，那就是以“责任”制约和规范中国。在世界经济受到美债、欧债危机的冲击后，一些西方媒体和学者再次打出了“热捧中国”这张牌。以欧盟为例，欧盟高谈“中国责任论”，表明欧盟有在全球层面发挥“规范性强权”的目标意图。[②] 近年来，欧盟有意识要从社会、政治角度构建全球化，因而在WTO、八国集团、联合国等多边框架内不遗余力地推动制定有关温室气体减排、知识产权保护和劳动标准等方面的全球统一规则。前欧盟贸易委员拉米也曾提出了“集体偏好”概念，[③] 建议在普世的“集体偏好”“如人权”的基础上，建构全球治理体系。无论是“规范性强权”，还是“集体偏好”概念，都反映了欧盟利用欧洲的规范和价值观来规范和制约中国的发展模式的意图。中国对西方强加给中国的责任

① 《当中国统治世界》，第259页。

② Ian Manners, “Normative Power Europe: A Contradiction in Terms?”, *Journal of Common Market Studies*, vol. 40, no. 2, 2002.

③ Lamy: *The EU, Cancun and the Future of the Doha Development*.

论在保持警惕的同时，也应理解中国现在是崛起中新兴大国的领头羊，美国、西方是现有格局分工中最大的受惠者和捍卫者，它们担心的是中国以何种角色或身份承担大任，是现行国际秩序的“破坏者”、“终结者”？还是“合作者”、“建设者”？因而中国受到来自以美国为首的既得利益者的关注和压力在所难免。

第五，中国走向“责任大国”的唯一道路是和平发展，不可能通过传统霸权和对外掠夺的方式来实现：一是必须努力实现与社会制度不同的国家长期共存，在竞争中取长补短，在求同存异中共同发展。同时，尊重各国的历史文化、社会制度和发展模式，承认世界多样性的现实。二是在世界市场与其他国家和地区实现合作和共赢，不追求单边利益，应以非掠夺性的方式共同开发资源和能源，不以自然环境的破坏为代价。三是高度强调文化大国建设，重视软实力竞争。四是致力于推动世界和谐，为和平、发展、合作做出积极贡献，维护国际公正和主持公道，反对霸权主权和恃强凌弱的行为。五是共同促进世界市场和国际体系的共治、共建、共享，和平解决争端和分歧，根据国家的实际能力提供国际公共产品，共同享有和平和稳定的国际环境。

第六，坚持“韬光养晦，有所作为”的战略方针。20世纪90年代初期，邓小平同志根据当时国际形势发生的重大变化，提出“韬光养晦，有所作为”战略方针，指出，不管国际形势如何变化，我们都要在和平共处五项原则的基础上从容发展与所有国家的友好关系；我们要保持警惕，谁也不怕，谁也不得罪，朋友要交，心中有数；要韬光养晦，埋头苦干，不扛大旗不当头，过头的话不说，过头的事不做；要真正扎扎实实地抓好经济建设，不要耽搁；中国在国际舞台上不是无足轻重，是能够而且应该有所作为的。“韬光养晦”的实质是冷静、谨慎，长期埋头苦干，集中精力干中国自己的事，在国际上不当“头”。“有所作为”则指不应妄自菲薄，在国际舞台上必须发挥应有的作用。如今，中国国力有了大幅度增强，国际地位明显上升，而西方总体实力地位相对下降，中国的国际环境有了很大改善。于是坚持“韬光养晦”的难度增加，而要求“有所作为”的呼声格外高涨。民情民意不可避免地对这一战略方针产生影响，“韬光养晦，有所作为”的外交政策深受国内民情民意左右。自20世纪90年代以来，似乎中国的“养晦”政策主要是针对西方，避其锋芒；而“作为”政策则更多地体现在积极发展与广大发展中国家的关系上。在大部分时期，当中国与西方利益冲突时，如对1989年“春夏之变发生的政治风波”、1999年美国轰炸我驻南斯拉夫使馆、2001年中美南海撞机事件等，中国都采取了“养晦”政策，避免了与美国针锋相对，但也与民意、舆论多少有些脱离。近些年在涉及中国核心利益时中国政府顺应了民心民意，显示出“有所作为”时，虽然纾缓了国内民众的呼声，但却引起西方的猜疑和不安，诬称中国的民族主义高涨。因此，在中国发挥“国际责任”时，更需要将“韬光养晦”与“有所作为”有机地结合起来，统筹处理好国际国内两个大局，处理好国内民情民意与国际社会两者间的互动关系，二者不可偏废。中国应在相当长时间内把国家战略的重心放在增强综合国力上，不应追求过高的国际目标，同时对“韬光养晦”的战略思想进行补充和调整，不能墨守成规。“后时代”更呼吁中国要“有所作为”，中国综合国力不断上升客观上也要求中国提高在国际上的地位和影响力，对世界和平与发展做出应有的贡献。

四、构建发达国家与发展中国家两大主要力量间的“战略外交”

成功的大国崛起战略是在适应不断变化的国际形势中创造出来的，中国崛起要求对有关理论和战略不断创新。“战略外交”就是中国外交的一种新实践，已经成为中国开展对外关系交往的一种新型模式，其重要性和深刻性非一般外交形式可比，意义非同凡响。“战略外交”的对象是世界或地区有影响、有份量的国家或集团。1996年4月，中俄两国元首在北京签署《中俄联合声明》，双方正式宣布建立平等信任、面向21世纪的战略协作伙伴关系。1997年中国与法国建立全面伙伴关系，2001年中国与法国建立两国元首指导下的战略磋商机制，这是中国与外国建立的首个军事战略对话，促进了双方在重大战略问题上的沟通与交流，2004年中法两国升格为全面战略伙伴关系，同时也带动中国与其他西方大国开展战略对话。近年来，中国与世界主要大国或区域组织相继建立战略伙伴关系或战略对话机制，“战略外交”日趋活跃。这种外交方式旨在通过对双方最关切的双边和重大国际问题进行坦诚交流，增信释疑，减少误判，促进战略合作，从而避免出现“战略意外”，推动双边关系实现良性互动。“战略外交”的性质是不针对第三方的战略合作，基本出发点和落脚点都在于稳定和改善双边关系。随着“后时代”世界多极化和两极化的深入发展，传统力量与新兴力量之间的合作与竞争的都呈加快演变之势，需要中国在“和谐”、“合作”的基础上与发达国家、新兴国家和发展中国家实现“共同发展”、“共同治理”，需要中国在“地缘跷跷板”上平衡好东部、中部和西部的关系，因此，中国与世界主要力量建立持久、稳定、互利、互信的“战略外交”关系，实现“两手抓”：一手抓住传统发达国家，一手抓住新兴国家和发展中国家，并在其中发挥“桥梁”和核心作用。

第一，中国同美国、欧洲等西方的关系是实现“后时代”大国关系稳定的根本所在。中国发展所需的安全稳定的国际环境的营造，在很大程度上取决于中国与主要大国关系的状况。其中，建立中美战略互信至关重要。

随着中国综合实力的不断上升和战略利益的迅速外延，从马克思主义的历史唯物主义和科学发展观看，中国的崛起不可避免地将与外部利益、尤其是美国的霸权地位和战略利益发生碰撞。中国的发展将继续对世界政治经济格局产生深刻影响。传统发达国家在积极发展对华关系的同时，在战略上借助或抗衡中国的意图均在持续增强。大国对华政策的两面性更加突出，矛盾心态日益显露。一方面，美国等西方大国加强了针对中国的战略对话，既视中国为“利益攸关者”，更视中国为“全面竞争者”；既提出“中国机遇论”，又提出“中国威胁论”。将中国定为“处于战略十字路口”国家，对我国采取“对冲”战略，遏制加拉拢、防范与借重并举。但应该认识到，中国与美国、西方国家的利益汇合点远远大于分歧和矛盾，双方有着诸多共同利益与关切，在重大的国际、地区及双边关系上的共同利益不断增多。美国、西方在防范中国的同时，更需要中国的合作与配合。在世界经济和政治格局变化进程中，中国与美国、欧盟、日本之间虽然存在这样那样的矛盾和分歧，但过去促进中美、中欧、中日关系大发展的基本要素和动力始终处于主流和主导地位。“总之，在21世纪第二个10年，超越意识形态和社会制度差异，超越狭隘眼界，而以大局观念、务实精神和政治智慧来共同致力于扩大和深化双边和多边的、不同层次和不同领域的‘利益汇合点’，构建‘利益共同体’，不仅是必要的，也是可行的。利益汇合点积累越多，共同利益基础就越深厚，构建利益共同体就越具备条件，其空间无比巨大，其成效不可限量。”[①] 基辛格也认为：“毕竟过去2000年里有1800年中国人都是主导者，而我们只不过主导了过去50年。”“另外，美国正进入一个新的世界，我们既不能主导，又无法抽身退缩，但我们仍是最强大的国家。所以，在这样的世界中如何行事，是对我们的一大考验。中国是实力最接近我们的国家，又有着如此复杂的历史。中国是一个巨大挑战。”他还指出，新冷战行不通，因为这会“造成旷日持久的对抗，不仅会消耗两国，也会

① 郑必坚：“全方位构建国际‘利益汇合点’与‘利益共同体’的几点思考”，新华网，2011年6月30日。

消耗不得不跟两国交往的其他国家”。[①]

21世纪初，中国相继同欧盟、美国、日本、加拿大、澳大利亚等主要西方国家和组织建立了战略伙伴关系或战略对话机制，进一步推动中国与西方国家的政治互信和战略协调不断加深。1998年中美两国确定了“致力于建设性战略合作伙伴关系”的合作框架。2005年8月，中美首次战略对话在北京举行，“中美战略对话”机制正式启动。这是中美建交以来双方首次举行此类高层定期对话。此后，作为定期对话机制，“中美战略对话”定期在中美间轮流举行。中美双方利用这一机制对事关两国关系的深层次、战略性重大问题进行了富有成效的沟通与交流，增进了彼此了解和信任，促进了双方在各领域的合作。2006年在中美两国首脑的支持下，双方发表了《中美关于启动两国战略经济对话机制的共同声明》，启动了“中美战略经济对话”，12月中美两国在北京进行了首次“战略经济对话”。2009年两国领导人决定进一步整合两个对话机制，成立“中美战略与经济对话”机制。2009年7月27日，首轮“中美战略与经济对话”在美国首都华盛顿举行。2012年5月在北京召开的第四轮对话中，胡锦涛主席提出：“无论国际风云如何变幻，无论中美两国国内情况如何发展，双方都应该坚定推进合作伙伴关系建设，努力发展让两国人民放心、让各国人民安心的中美新型大国关系。”[②] 本轮对话取得了重大突破，对构建新型中美关系提供了重要推力，也对探索建设世界新型大国关系提供了有益的借鉴和启示。中美战略对话机制的建立顺应了“战略外交”的需要，积极推动双方理性、客观地对待两国关系中存在的问题，增进互信，促进美国对华政策向积极面发展。美国前国家安全顾问布热津斯基指出：“美国应该尊重中国在维持远东大陆稳定方面特殊的历史和地缘政治作用。与中国接触、进行地区稳定对话不仅有助于减少美中冲突的可能性，

---

① 基辛格接受CNN电视台记者的采访，美国有限电视新闻网，2011年6月12日。

② http://news.xinhuanet.com/world/2012-05/03/c_111882964_2.htm.

还会减少中国与日本或中国与印度之间错误估算的可能性，甚至在某些时候减少中国和俄罗斯就资源和中亚国家独立地位进行错误估算。因此，美国在亚洲的平衡努力最终也符合中国的利益。同时，美国也必须意识到，亚洲的稳定不能再被非亚洲强国强加，尤其不能被美国运用军事力量强加。美国在亚洲的外交政策的指导原则应该是维持美国对日本和韩国的承诺，同时不要被拉进亚洲强国的战争中。”[①] 美国商务部前副部长富兰克林·拉文指出：“中国和美国的外交政策都注重国家利益，两国都不奉行危及对方的思想理念。用中国人的话来说就是两国都不想给对方的饭碗里掺沙子。因此，我认为美中两国关系是相当积极向上的。从美国的角度来看，自尼克松访华以来，两国交往了大约40年，经历了来自两党的8位总统、形形色色的思想、各种各样的挑战和形势各异的时局。但美中关系具有高度的连续性，我认为这得益于两个支柱。一是交往支柱，不管有什么样的问题和挑战，我们都不曾打算断交或淡化两国关系，而总是设法改善关系。第二个支柱是尊重中国的“一个中国”政策。”[②] 中美战略与经济对话机制已成为中美两国最重要的战略对话机制，有助于双方扩大共识、减少分歧、加深互信、促进合作、符合双方的共同利益，有利于推动中美关系朝着积极合作全面的方向发展，对世界的和平、稳定、发展与繁荣也具有重要意义。在中欧战略关系方面，自1998年中欧领导人会晤机制建立起，双边关系从“面向21世纪长期稳定的建设性伙伴关系”，到“全面伙伴关系”，再到“全面战略伙伴关系”，中欧关系的定位在合作中逐渐升华，并最终确定了其特有的战略意义。中欧峰会作为中欧间最高级别的定期沟通机制，历届中欧领导人会晤所涉及的议题几乎涵

① 兹比格纽·布热津斯基：“随着中国崛起，美国制定新战略”，美国《华尔街日报》网站，2011年12月14日。

② 富兰克林·拉文：“举足轻重的中国：处于转型期的美中关系”，美国传统基金会网站，2011年6月28日。

盖了政治、经济、文化、社会等各个领域，为双方的可持续发展提供了强大动力。

中国与发达国家建立起的“战略外交”为“后时代”中国与西方国家关系发展提供了宝贵经验，指明了方向。概括起来说：一是双方始终从战略高度和长远观点审视和把握中美、中欧、中日等双边战略合作关系的主流方向。“战略外交”凸显战略内涵，目标是巩固并提升现有关系，重视并注意照顾对方的核心利益，这是推动战略关系发展的重要基础。二是切实加强务实合作，全面深化拓展经济、政治、科技、文化甚至包括军事在内的各领域合作，不断增加共同利益的交汇点，为战略关系奠定坚实的利益基础。三是不断完善战略对话等双边机制，使战略对话的方式更有弹性，内涵更加丰富，为“战略外交”提供了更加有力的制度保障。双方应有更加坦诚、深入的交流，这是“战略外交”发展的深层要求。欧洲理事会主席范龙佩在第十四次中欧领导人会晤后对中外记者表示：欧中双方领导人在会晤中进行了丰富、建设性的交流，双方有共同的决心要进一步推进欧中伙伴关系。欧中伙伴关系是世界架构中的核心，双方的目的是要将这一全面战略伙伴关系转化为新的机遇。① 四是坚持求同存异、互谅互让的原则，妥善处理台湾、人权等敏感问题和分歧，确保战略关系的大局不受干扰。五是在现阶段中国综合实力远落后于美国、西方国家的情况下，中国应继续执行“韬光养晦，有所作为”的政策。中国与西方国家关系中的意识形态斗争长期而艰巨，西方对华政策的两面性、情绪化、片面化、表面化会不时因事因时表现出来，对此中国应心中有数。双方的合作应保持全局性、长期性和稳定性，超越意识形态和社会制度的差异，强调不同制度间的共性与共同利益，不受一时一事的干扰和破坏，越是在复杂、敏感和困难的时期，中国与美国、西方的战略关系越是要

① 人民网，2012年2月14日。

牢牢把握大局，从双方的根本利益出发，冷静、客观、理性地处理好各种敏感问题。务实的经贸合作是中国与西方关系的基石，双方经贸依存度高，互补性强。美国、欧盟、日本、澳大利亚等发达国家均是中国最重要的贸易伙伴、出口市场和主要外资来源地，西方的市场、技术、资金和管理经验对中国发展不可或缺。尽管受到日本大地震等自然灾害冲击，2011年中日双边贸易额突破3000亿美元，再创历史新高，中国已连续三年成为日本第一大贸易伙伴。日方购入相当于100亿美元规模、以人民币计价的中国国债。中日两国推进双方间本币结算，将进一步激发中日经贸、投资和金融市场的活力。因此，灵活、智慧地运用经贸合作，适时打出"债务牌"、"汇率牌"、"能源价格牌"、"稀土牌"，能对中国与西方的"战略外交"起到保驾护航作用，以换取美国、西方对中国核心利益的尊重和谨慎从事。尤其是在金融和经济危机冲击下西方国家普遍面临经济困难、一些国家对中国寄予较高期待之际，更是中国打出"经济牌"的重要时机。总理温家宝表示，对欧债问题，中国对欧元和欧洲经济抱有信心。中方希望欧方向外界继续传递明确、有力的积极信息，中方已经做好了加大参与解决欧债问题力度的准备，愿与欧方密切沟通与协作。①

第二，新兴国家和发展中国家是中国可靠的战略同盟。新兴国家、发展中国家群体中，既有中国的周边国家，又遍及非洲、拉美地区，是中国战略利益的重要依托和支撑。它们在"后时代"的国际事务中发挥着越来越重要的影响，可在"后时代"与发达国家共同营造一个完整的世界。对中国来说，进一步巩固和发展南南合作是中国发挥国际责任、维护健康稳定的外部环境、经营和巩固我国战略机遇期的战略支撑和重点。同时，中国在国际上高举和平、合作、和谐的旗帜，既坚持原则、仗义执言，又广交善缘、巧于周旋，为维护世界和平、

① 国务院总理温家宝14日在人民大会堂与欧洲理事会主席范龙佩、欧盟委员会主席巴罗佐在第十四次中欧领导人会晤后共同会见中外记者，人民网，2012年2月14日。

发展与全球合作做出了重要贡献，也赢得越来越多的发展中国家的理解、尊重和友谊。包括俄罗斯、印度、巴西、南非等在内的新兴大国及广大发展中国家对中国的借重和期待进一步增强。如今，中国已与这些国家初步建立起双边、多边层次的战略合作架构：

一是中俄“战略外交”不仅成为中国与新兴国家、发展中国家合作的核心，而且更成为“后时代”维护世界和平的重要力量。俄罗斯是中国最重要的战略合作者，中俄战略关系是中国外交战略中最重要的支柱。中俄通过高层战略磋商、国家安全磋商机制，起到了促进合作、弥合分歧、增信释疑的作用。2012 年 2 月普京发表题为《俄罗斯和变化中的世界》的对外政策纲领性文章，其中将中俄关系放在比俄欧和俄美关系更突出的位置。他在文章中明确提出，俄罗斯需要一个繁荣和稳定的中国，而中国则需要一个强大和成功的俄罗斯。在谈到未来如何进一步发展俄中关系时，普京提出三点建议：一是要让俄罗斯“经济之帆”乘上快速发展的“中国之风”，将“中国潜力”用于俄西伯利亚和远东的“经济崛起”；二是俄中将继续加强在国际舞台上的相互支持，共同解决地区和全球性问题；三是在实用主义和考虑相互利益的基础上，以真正的伙伴关系开展行动。[①] 在双边关系上，中俄高层交往日趋密切。战略热线联系频繁，保证了高层对话渠道的畅通。中俄关系正从政治、战略接近走向各领域的全方位交流与合作。中俄军事交流活跃，中俄 2005 年 8 月举行的联合军演开启了两国安全合作的新阶段，2012 年 4 月，两国海军在中国黄海再次举行海上军事演习，体现出中俄日益深化的信任和战略协作精神。在多边领域，在中俄共同努力下，“上合组织”作用和影响日益扩大，印、巴、伊朗成为观察员后，使该组织成为占全球人口 40%、面积最大的安全与经贸混合型国际组织。在国际事务中，中俄在全球、地区重大问题上密切沟通、

① 普京：“俄罗斯和变化中的世界”，俄罗斯《莫斯科新闻报》，2012 年 2 月 27 日。

配合，大大加深了相互理解和信任，成为共同反对霸权主义、维护世界和平、积极推动世界多极化的两支重要的和平力量。在俄罗斯学者看来，“俄中两国未来似乎要在美国强化对俄中遏制的形势下度过。倘若事态如此发展，将推动两国领导人和精英以新内容充实‘战略伙伴关系’框架，并在随后订立新的条约”。[①]

二是以加强与东亚、上合组织的战略合作，巩固“东崛”、“东和”局面。中国是世界上邻国最多、周边情况最复杂的大国之一，周边也是中国战略利益最集中、影响最直接的地区。中国国内经济建设需要良好的国际环境，首先要有一个稳定的周边。在东亚地区，近年来区域内出现的一些新情况新问题造成区内国家间安全互信不同程度下降，冲击了亚太安全合作所需要的起码的政治互信基础。对此，中国继续大力倡导建立在新安全观基础之上的综合安全观、发展安全观、合作安全观、共同安全观，团结应对共同面临的种种传统和非传统安全威胁的挑战，通过对话协商化解分歧，以和平谈判解决争端，推动树立同舟共济、合作共赢的新理念，以实现地区国家的共同繁荣与和谐发展。同时，利用当前周边国家对中国合作意愿上升的机遇，拓展、充实地区性安全、经贸、金融、教育、文化等多方位、宽领域的合作。上合组织对中国的重要性在于：一是在战略安全上，上合组织成员国多与中国领土接壤，是中国周边环境的重要组成部分，它的安全稳定与否对中国有重要影响，通过上合组织可以使中亚成为中国稳定的战略后方，从而最大限度地维护中国的战略利益；二是在经济上，中国与其他成员国有很强的互补性，可以互通有无，取长补短，中国西部大开发需要中亚国家的参与；三是通过中亚地区和上合组织可以建筑起“新丝绸之路”。通过“新丝绸之路”打通向西外交和战略通道，使之成为连接欧亚大陆的政治、经济、科技和文化的综合交通运输走廊，

① 尤里·塔夫罗夫斯基：“俄中：今天是战略伙伴，明天呢?”，俄罗斯《独立报》，2012年3月12日。

从而推动中国经中亚地区的南南合作、到达欧洲地区的南北合作，而最终实现整个亚欧大陆的共同发展、共同繁荣。

三是力促“金砖国家”成为发展与南南合作“战略外交”关系的重要支柱。“金砖国家”发展水平相近，发展阶段相似，在人口、版图、经济基础、文化传统、模式创新、国际地位和发展潜力等方面拥有巨大优势，可以发挥沟通南南合作、南北合作的桥梁作用。“金砖国家”在经贸领域和多边贸易体制内拥有广泛的共同利益和合作基础，可以共同致力于推动贸易、投资、知识产权、贸易便利化，加强多边贸易体制，推动多哈回合谈判。中国需要利用像“金砖国家”这样的国际制度，与更多的国家一起，表达国际社会要和平发展、共同发展、持续发展、包容发展的愿望，“金砖国家”需要将这些经验凝聚为发展共识，增强自身发展道路在国际社会的感召力。但是对刚刚起步的“金砖国家”峰会对话机制而言，要实现其远大抱负还面临诸多困难和时间考验。“金砖国家”与美欧发达国家仍存在较大差距。在全球事务管理的概念和议程定义能力、思想影响和组织执行力方面，“金砖国家”相对综合能力仍有待提升。

四是推动南南合作在“后时代”与北方国家共组一个完整的世界。中国始终将自己视为发展中的南方国家的一员，将自己的理想、情感、行为与目标都放置在南方国家的行列中来把握。中国与亚非拉地区的新兴国家、发展中国家拥有共同的反帝反殖民的集体记忆和集体身份。在广大发展中国家争取民族独立以及在巩固民族独立的过程中，中国与南方国家的交往凝结为共同应对“前时代”西方的单边、强暴性控制的力量，强化成基于共同命运而产生的强烈认同。南南合作超越了北方国家单向度的主体对南方国家客体的征服、支配和占有关系，在主体和客体之间形成了双向的相互设定、相互制约的良性互动关系。中国与南方国家开始践行共同发展、互利共赢的合作理念。在博茨瓦纳总统菲斯特斯·摩格看来，中国的援助摆脱了传统援助中的恩赐与等级，形成一种平等互助的关系，“我发现中国人对待我们是平等的。西方对待我们像他们的子民”。[①] 因此，尽管中国经济实现了跨越式发展，但中国仍必须将自己定位于发展中国家的一员，中国既需要从发展中国家中“借力”，也要有取有予地“给力”，对最不发达国家以及美国、西方眼中的“失败国家”适当给予“推力”，最终形成中国与广大发展中国家的“合力”，与南方国家建构起相互平等的身份，使南方国家成为国际政治舞台上与北方国家同样平起平坐的国际关系行为体。以中国与阿拉伯国家的关系为例，虽然西亚、北非变局后中东地区形势发生很大变化，但是中国和地区国家的双边关系不仅没有受到影响，反而呈现继续发展的势头。双方高层交往密切，温家宝总理、习近平副主席访问了沙特、卡塔尔、阿联酋、土耳其等中东国家。2011 年以来，苏丹总统、毛里塔尼亚总统、伊拉克总理、土耳其总理、阿联酋阿布扎比王储以及十多位地区国家的外长、特使相继访华。在经贸合作领域，中国和阿拉伯国家保持了良好的合作势头，2011 年中国与地区国家贸易额达 2689 亿美元，创下历史新高，同比增长 36.5%。双方相互投资也呈现增长势头。在人文、教育、新闻等领域的合作也精彩纷呈。以上表明，尽管地区形势持续动荡，阿拉伯国家更加重视发展对华关系，更加看重中国的作用与影响。2012 年 5 月，中阿合作论坛第五届部长级会议在突尼斯召开，中阿双方围绕“深化战略合作，促进共同发展”这一主题，共同研究如何深化双方对话和交流，共商今后几年中阿合作大计。

五、以“和谐”思维实现国家的富国强军

“富强”由两个概念组成，既要实现富，还要做到强，才能实现真

① G. Price. India's official humanitarian aid programme, Humanitarian Policy Group background paper. London: Overseas Development Institute, 2005, p. 9.

正意义上的“富强”。这要求软实力与硬实力、强经济与强国防并重。管子是我国古代名相，曾辅佐齐桓公成为“春秋五霸”之首。作为齐国宰相，管子上任后的第一要务是提升国力，为日后称霸中原打好物质基础。《管子》主张以农为本、国富民强、重视军备。在管子看来，“富”和“强”是相互联系的两个不同概念，“富”要以农为本，“强”则要靠军队，两者相辅相成，但不能相互替代。只有国富而无兵强，则国富难保；只有兵强而无国富，则兵强难维。“主之所以为功者，富强也。故国富兵强，则诸侯服其政，邻国畏其威，虽不用宝币事诸侯，诸侯不敢犯也。”[①] 润物细无声，从 2008 年的北京奥运会，到 2010 年的上海世博会和广州亚运会，从 2011 年的中国国家形象片亮相纽约时代广场，再到 2012 年初中国为和平解决叙利亚问题展开的积极斡旋，无不向世界展示着中国的“软实力”。随着中国经济的发展，世界已经在思考“中国模式”。中国传统文化的一些特性对经济发展的支撑，使得全世界都开始对其注目。如注重教育、注重储蓄、勤劳、艰苦奋斗等，对于被福利社会深深困扰的西方来说，必然会有一个价值观上的影响。而中国更高端的价值观，比如“和而不同”、“天人合一”等等，也对世界有非常大的影响。中国的价值观过去被认为是非主流的，中国的发展模式也被认为是非常规的，而通过金融危机以及西亚北非局势的变化，中国的发展模式开始对很多新兴国家产生很大的吸引力。德国学者保尔森指出，中国共产党成功地通过推行经济自由化使中国居民的生活得到了明显的改善。对非洲、拉丁美洲和亚洲的许多国家来说，这种把市场经济自由化与专制统治结构相结合的发展模式是除西方自由民主模式之外的另一种有吸引力的选择。因此，自东欧和苏联的共产主义衰亡以来西方首次面对制度层面上的根本性挑战。“新东方”已取代“旧东方”。[②]

---

① 《管子·重令第十五》。

② 托马斯·保尔森：“对新东方采取现实政策”，瑞士《新苏黎世报》，2011 年 2 月 24 日。

中国改革开放30年来经济的快速增长，实现了国家和人民的富裕与繁荣，为“软实力”的建设提供了一个强有力的支撑，中国赢得了世界更多的注目，对自己的文化有了更多的自信，但同时也更清醒地认识到我们的“软实力”和“硬实力”之间还有很大的差别。“如果想得到和平，请准备战争”（si vis pacem para bellum）这一格言是一个经典性的说明。这是因为威慑是权力制衡过程中一个十分突出的方面，因为它对那些寻求防止其对手发动战争的国家所采取之制衡行动的目标做出了界定。[①] 国富与军强是对辩证统一、相辅相成的关系，二战以后，美国每10年推出一个以军促民的大型军事工程：第一个十年是“原子弹工程”，第二个十年是“阿波罗登月工程”，第三个十年是“航天飞机工程”，第四个十年是“星球大战工程”，第五个十年是“信息高速公路工程”，第六个十年即本世纪头十年，是“导弹防御计划”。同样，中国国防现代化的进程也促进了中国科技的发展，带动整个综合国力的上升。中国载人航天工程投入180亿人民币，现在有超过1000亿元的产业效益。因此，中国必须在复杂多变的国际环境中坚持“两手对两手”的方针，在发展经济、科技、文化等“软实力”的同时，加强中国国防、尤其是海军的现代化建设。

传统安全观认为，国家和国家之间的安全关系是一种“零和关系”，强调追求绝对安全，国家安全可以通过扩充单边军事力量或建立若干国家的军事联盟来实现。中国提倡的新安全观则认为：在高度依存的全球化时代，一个国家的安全日益具有国际乃至全球安全的特征，安全是相对的安全，也是相互依赖的、共同的安全。一国的安全要以相关国家的安全为条件，以综合安全、合作安全为手段，重视通过对话、交流、合作的途径，在维护国家安全的同时致力于人的安全、社会安全、国际安全和全球安全，追求共同安全的“优态共存”。

---

① ［美］阿诺德·沃尔弗斯著，于铁军译：《纷争与协作——国际政治论集》，世界知识出版社2006年版，第123页。

在新安全观的指导下，中国与周边国家能够避免不必要的竞争与对抗，在合作中实现双赢和多赢，这又反过来促进中国与周边国家合作与共同利益的进一步拓展与延伸，从而实现一种良性互动的循环发展态势。中国坚持走和平发展道路，实行防御性国防政策。但是，由于中国的国土面积广阔，海岸线曲折绵长，如果没有强大的经济实力，国防现代化建设将面临许多困难。而未来我国经济实力的不断增强，将为军事的发展提供有力支撑。《中国梦》一书中指出："中国是一个具有大智慧的国家。但是'中国智慧'的一个长期存在的弊端，是过于崇尚'大智慧'的作用，而鄙薄'大力量'的价值。在中国，'不战而屈人之兵'是大战略、大智慧的最高境界，但是，人们往往把'不战而屈人之兵'的奥妙主要看成是大智慧、大谋略的作用。其实，'不战而屈人之兵'既靠大智慧、大谋略的作用，也靠大力量的作用……今天国际事务中的争执，都要坚持用和平方式解决，但是在国际关系中，一切非军事力量的运用和一切非军事手段的运用、国家的军事力量都是处于后盾的地位。在国际关系中，军事力量始终是一只看不见的手。战争只是军队发挥作用的一种有形形式。和平才是军队价值的持久体现。尽快建设和始终保持一支大军，是中国必须进行的安全投资、发展投资和崛起投资，中国必须把一部分生产力转化为战斗力，把一部分财富转化为军事能力，把一些'钱袋'变成'子弹袋'。"[①] 新加坡国立大学东亚研究所所长郑永年也认为中国的军事战略应该"走出去"，他说："与经济'走出去'相比，中国的战略'走出去'似乎是困难重重。除了在联合国构架内的'维和'，以及近年来的中国军舰护航索马里海域之外，中国军事力量在国际舞台上的影响十分微弱。在很大程度上，中国表现为一个没有军事战略支撑的贸易大国。且不说复杂的国际政治问题，仅仅就从自由贸易安全的角度

① 刘明福著：《中国梦》，第268页。

来看，战略也必须随着经济力量‘走出去’。在最低限度上，任何贸易国家都要有能力保护海上航线的安全，免受海盗或者敌国力量的威胁。很多年前，中国提出和平崛起或者和平发展的战略口号，向国际社会展示了自己和平发展的决心。但很显然，‘和平崛起’只是表达了中国和平的意愿，它并不能保证现实是和平的。要实现和平，中国不仅必须有足够的国防和军事能力来保障自己的国家利益安全，包括在海外的国家利益，而且也必须有能力承担起保障国际社会和平的能力……在国际关系上，经济关系一般被视为是双赢游戏，而军事关系则更多被视为是零和游戏。在全球化的今天，这种传统（或者冷战）看法必须得到改变。任何一个大国，如果自己把军事现代化和外在的军事关系视为零和游戏，或者自己的军事现代化被其他国家视为零和游戏，那么最终必定失败。很显然，在‘和平发展’、‘国际合作’和‘国际责任’的构架内，中国的军事和战略‘走出去’会是双赢局面。这也是国际社会所期待的中国。”[①] 作为一个大国，中国在未来将不可避免地与国际社会加强军事互动，为世界的和平和稳定尽到应有的责任。由此可见，中国不能只成为一个经济大国、文化强国，中国还应成为维护国家安全和世界和平的军事大国，成为具有维护和实现国家统一的强大军事力量的军事大国。只有这样，才能够有效维护经济大国、文明大国、文化强国的安全与尊严，才有能力有条件在国际社会中起建设性作用，说话有人听，说话有底气，才能成为负责任的大国。

“后时代”是对全人类打开一个完整的世界，它与“前时代”的国际结构和体系的关系是继承和扬弃。中国的国际责任既不是完全推翻现存国际体系，但也不可能全盘接受它。2008 年全球金融和经济危机发生以来，全世界都在反思西方资本主义制度的缺陷，由西方主

① 新加坡国立大学东亚研究所所长郑永年文章，新华网，2010 年 12 月 14 日。

导和控制的“前时代”价值体系、发展模式、制度体系正在发生严重动摇。“后时代”应该是中国融入和改变国际体系的战略机遇期，更应该是中国经验、中国模式、中国故事为世界做出巨大贡献的战略机遇期。

后 记

作为一名“60后”我是幸运的：亲身经历了这个时代和中国的巨大变迁，亲眼目睹了国家经过30多年的改革开放如何从一个贫穷落后的大国变成了“世界第二”。

比别人更幸运的是自己所拥有的“双重身份”：1988年从外交学院毕业后，进入中国国际问题研究所工作，成为一名从事国际问题研究的学者。国研所是外交部所属的研究机构，这又让我有了出国当外交官的机会。迄今为止，我已有了12年在国外出任中华人民共和国一名外交官的经历，从一名三秘到政务参赞。无论是在洛美的枪林弹雨中还是在塔那那利佛高原，无论是在被海明威形容为“先有此地，后有上帝据此创造了天堂的”毛里求斯，在巴黎、马赛还是在北京的台基厂，这种“双重身份”既给了我从事理论研究的时间，又提供了实践、求证的机会；使我既可以全力以赴地进行深入思考、归纳和总结，又能在“一线”亲身感受、搜集大量一手信息和资料；既能不辱使命地肩负着国家外交官的职责与重任，又能享受学者在书斋里苦思冥想和奋笔疾书的过程。

也正因为自己具备的“双重身份”，自然比别人多了份责任，需要把自己任外交官的经历、感受总结出来，并从学者的角度去进行思考、论证并得出自己的结论。这就是创作《后时代》一书的初衷和目的。

借此机会向所有关心和帮助过我的亲朋好友致以最诚挚的谢意：

感谢中国国际问题研究所的领导和同仁多年以来给予的各种帮助和支持，以及对出版此书所提出的宝贵意见和扶持。感谢驻法国使馆的赵进军、孔泉大使以及刘志明公使、曲星公使（也是现任国研所所长）、刘海星公使及使馆同事们的热情关照。特别感谢孔泉大使及夫人王莺莺参赞对我工作和生活无微不至的关爱，孔泉大使在工作上的高标准和严谨作风对我的创作给予了很大帮助。最后要感谢我的亲人：父亲王铁男一直是我心中的空军战斗英雄，他在我小时候讲的战斗故事影响了我的一生，从此对战略和谋略怀上了浓厚的兴趣。母亲鹿欣荣在我眼里是世界上最称职、最温柔、最善良的母亲和大夫；感谢我的姐姐、哥哥：王惠和王威，他们在南京对父母尽心尽责地照顾，让我这个从10岁起就离家远游的不孝之子特别自责，同时也感到了莫大的欣慰；感谢我的孩子：可可和恰恰，他们虽远在法国勤工俭学，却是我写作的最大动力；妻子马金玲一直无怨无悔地承担着繁重的家务，并替我分担了大量资料整理工作和审稿工作。

为了他们，我将继续奋斗。

王毅

2012年立夏于柏林爱乐

图书在版编目（CIP）数据

后时代/王毅著．—北京：时事出版社，2012.7
ISBN 978-7-80232-532-6

Ⅰ．①后…　Ⅱ．①王…　Ⅲ．①地缘政治学－研究　Ⅳ．①D5

中国版本图书馆 CIP 数据核字（2012）第 139151 号

出版发行：时事出版社
地　　址：北京市海淀区巨山村 375 号
邮　　编：100093
发行热线：（010）82546061　82546062
读者服务部：（010）61157595
传　　真：（010）82546050
电子邮箱：shishichubanshe@sina.com
网　　址：www.shishishe.com
印　　刷：北京百善印刷厂

开本：787×1092　1/16　印张：27　字数：348 千字
2012 年 8 月第 1 版　2012 年 8 月第 1 次印刷
定价：68.00 元

国家出版基金项目
NATIONAL PUBLICATION FOUNDATION

20世纪中国科学口述史

鼠疫斗士

——伍连德自述（下）

PLAGUE FIGHTER:
THE AUTOBIOGRAPHY OF A MODERN CHINESE PHYSICIAN

伍连德（Wu Lien-Teh）◎著
程光胜　马学博◎译　王丽凤◎校

湖南教育出版社

《20世纪中国科学口述史》丛书编委会

作者谨以本书纪念并呈献给：

施肇基（Saoke Alfred Sze）阁下

原中国驻英国公使（伦敦）及中国驻美国大使（华盛顿哥伦比亚特区）

暨

威廉·内皮尔·肖爵士（Sir William Napier Shaw）

文学硕士、理科博士、英国皇家学会会员

原剑桥大学依曼纽学院高级导师和伦敦国家气象局局长

作者1956年最后一次访问剑桥时留影，时年77岁，身着医学博上服。

原书在扉页作者署名之下所列荣衔有：文学硕士，医学博士（英国剑桥大学），公共卫生学硕士（美国约翰·霍普金斯大学），医科进士（北京），理科博士（上海圣约翰大学），法学博士（香港大学），医学博士（东京帝国大学），中央学会发起人，苏联微生物学会外籍会员，中华民国历届总统特聘侍医，等等。

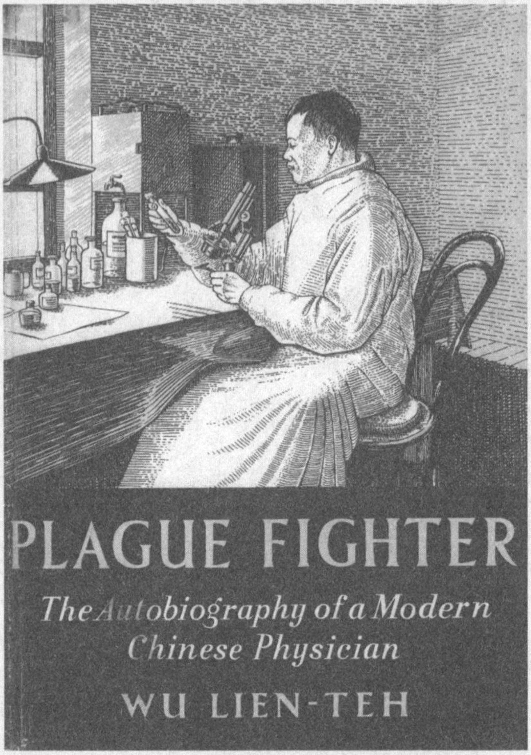
PLAGUE FIGHTER
The Autobiography of a Modern
Chinese Physician
WU LIEN-TEH

本书英文版封面

鼠疫斗士——伍连德自述

Plague Fighter: the Autobiography of a Modern Chinese Physician

总目录

CONTENTS

鼠疫斗士——伍连德自述

Plague Fighter: the Autobiography of a Modern Chinese Physician

CONTENTS 下册目录

我的妻子很满意这所住宅，我们在这里居住了5年。后来一位德国建筑师（也是位退伍军人改行的承包商）建议我把它改建成一座两户相连，并带有后花园的三层西式舒适住宅，将一半出租给他。当时我有足够的钱这样做，便同意了他的建议。我住家于此，直到1937年我妻子去世。

第10章 京华岁月[①]

紫禁城朝觐

1911 年 5 月扑灭肺鼠疫流行后那些兴高采烈的日子里，我受到的诸多奖励之一，是授予我陆军少校（协参领）军衔，这一级军衔足以享有觐见皇帝的资格。授予我这项殊荣，其目的有二：首先可容许我在正式进宫觐见时，免除那些必须履行的烦琐礼仪（宫内曾传言我是来自海外乳臭未干的小伙子，虽然是中国人，但不太会说官话，更谈不上熟悉宫中礼仪了）；其次是我穿上了现代化的陆军制服，就不必在身后拖上辫子，假辫子更用不着了。那时陆军制服是仿照德国式样：庄重的深红色镶边的黄绿色紧身上衣，双肩上有编织的金穗带。衣领坚硬笔挺，以浆过的白色亚麻布衬里，红领章上缀有三颗黄铜星以示军阶。军帽用与制服一样的面料制成，

① 作者在本书中着意向外国人介绍中国历史的叙述，多有史实错误，但译者只按原文译出，以便读者全面了解伍氏的历史视野及其著述的原貌。——译者注

帽檐稍前伸，示人以身材高大和威武之形象。［见上册第 99 页图片］

代表年幼的宣统皇帝（时年仅 5 岁）执政的摄政王醇亲王将在紫禁城皇宫接见我。我乘坐施大人的骡车行驶近 1 小时到达。在宫门前下车步行 200 余码，登上大理石台阶后被引进金碧辉煌的殿堂，支撑拱顶的多根巨大圆柱饰以书法和金龙。我将眼镜拿在右手中，因为有人告诫过我晋见长官时不得戴眼镜，因此我跪在摄政王面前行叩拜礼时未能看清摄政王的面容。亲王语气温和，我尽所能回答了他提出的几个问题，不外是我的出生地、年龄、求学的地方、在英国和德国的经历等，最后才问及我在满洲的工作。摄政王祝贺我取得的成绩，并告诉我帝国政府全力支持我推进防疫和公共卫生的措施以造福国家。接见不过十来分钟，我一直跪着，但这对我熟悉皇宫礼仪是一次绝佳的机会。最后摄政王从他那高台上站起来，由一群随从太监和朝臣簇拥着退入内室，而我则被司礼官唤起，由原路返回。

有关跪拜礼，即使像我这样对今天世界有较广泛了解的人，也依然不能理解，对中国人这个源自孔夫子时代的简单礼节，为何竟会从中生发出长时间的争执。在这个礼仪之邦，这种礼仪从未有过尊贵与卑贱或傲慢与屈从的问题。在中国，不论贵贱，在祭天和祭神仪式中或家族和朋友间，在特定场合，作为一种仪式，已经实行了许多世纪。比如在新年或双亲生日，在普通中国家庭内，儿女们和他们的后代照例会聚集在大厅里向长辈叩拜，祝愿他们长寿幸福。在好朋友中间，彼此一同跪在长辈面前祝他们好运，幸福长寿，也是一种惯常的习俗。皇帝或代表他的任何人，如摄政王或某位总督，他们被人民当做父辈和保护者，也理应享受这一礼遇。在欧洲各国，确立共和政体和共产主义扩大影响以前，所有有教养的阶层人士在任何皇室成员面前，都行屈膝礼，这和满洲人的跪拜或请安没有不同。在英国宫廷，当某位臣民被授予骑士身份时，他必须跪在放置于英王面前的一个低矮的凳子上接受这份荣誉。英王手持宝剑，放在他的一侧肩头，再按在另一肩头，同时宣布："朕今册封汝为……（某级）骑士。"在教堂做礼拜时，不论是基督徒、佛教徒、儒教徒，还是穆斯林，他们在上帝或是众神灵面前祈求幸福、庇佑、发财或生子孙时，无不跪拜如仪。因为国王或皇帝，都被认为是宗教信仰的护卫者或是天子，他们也都毫无例外地有权享受跪拜礼。

所有这些均应归结为对不同民族性格和习俗的彼此宽容与理解的问题上，应当摈弃偏见与嘲讽而加以接受。

酬酢之道

自从 1900 年发生义和团动乱之后，普通外国人，包括日本人，在北京民众中的知名度增加了，每年数以千计来自欧美的旅游者来到京城游览和品尝烤鸭。六国饭店［今北京前门东大街正义路交汇处东北之华风宾馆］实际上是那些富有的旅客唯一可下榻的现代化旅馆，但它由一位瑞士籍人士有效经营，被作为外国游客与他们的中国朋友相会的场所。因为电力和自来水都极为罕见，该旅馆原来靠自有的发电机和自流井来提供，还有一个水箱用来提供厕所用水。沿饭店西侧有一条明沟，将饭店一侧与另一侧使馆区的建筑分隔开来。饭店外面经常停着十几辆人力车，在那里等候外国顾客，于是时而出现向客人索要相当于市价 4 倍的车资的情形。在此处还总能见到为数不少身穿漂亮别致旗袍的满族女士，由他们的西方朋友们招待进餐或饮茶。我的妻子和我不由得被她们的大方举止和贵族风度所吸引。与她们那些羞涩胆怯、弱不禁风的同胞姐妹相比，差别不啻天壤。后者世世代代遭受裹脚之苦，或者放开了裹脚却留下永久性下肢肌肉残疾，因而步态蹒跚，踉踉跄跄。我那纤弱的妻子曾向我吐露过她年幼时也曾裹脚，以此表明其高贵的出身，只是在进入福州卫理公会女子学校后，才得以摆脱了这一陋习。

民国建立后，满族妇女放弃的一种相互问候的方式是作揖，即两个朋友相见时，在彼此相距两三英尺的地方站住，双手掌心合十置于胸前，腰肢向右微倾。在我看来，这种问候方式比起亲吻更为优雅和富于美感，况且亲吻后经常会在人的脸颊上留下一道不雅的唇印。

从国外归来的学生彼此间频繁地举行宴饮聚会，每个家庭都互相攀比，不断改变花样，尽自己的财力表现自己的阔绰大方。我在北京遇到的老朋友中，有一位是我在剑桥三一学院的同学李方（Lifang Ahlo，他原来的夏威夷姓名前面现在加上了一个地道的中国姓名），他获得了学位并在檀香山住了几年后，便决定来为北京政府服务，于是在刑部担任一个低级秘书。他家道殷实，租赁了一个大宅院，并不惜重金用进口挂毯和舒适的沙发将其装饰得富丽堂皇，慷慨地招待来客。在北京，像世界上多数首都一样，只要你设宴款待并向那些有所求的僚属们放手赠送小钱，就能更快在官场上升迁。就我所知，李方一直是个单身汉，但是他雇了

1913 年之六国饭店

至少 6 个穿着笔挺的白色外套的仆人来料理他的各种需要。我是他家的常客，并帮助他招待宾客。某次我在这里遇到大臣徐世昌①，他是位著名的学者，又是朝廷的宠臣。那时汽车刚问世，尚未进入北京，人们出行靠骡车和人力车。高级官吏则乘坐相当笨重的轿子，它由 4 个轿夫肩抬，两个在前，两个在后。如果要宴请某位王爷或大臣吃饭，就意味着还须招待他那一整班仪仗：专司开道与通报的大管家；4 个穿着号衣的随从，打着一对大灯笼，上面书写着大人的姓氏；其后的 4 人则各由两人扛着两面直径约 2 英尺的大锣；再往后才是抬轿子的 4 个轿夫，或许还有几个拿着随身用品的人以及两个听差。大多数高官的府邸在西城，如果设宴者的家在东城（如李方的家），这一大队人马就得步行两英里，但这支沉闷的队伍有那规律性的锣声加以纾解。两个大锣轮流敲响，先左后右地击打，发出刺耳的“哐——吭”、“哐——吭”声，而大管家则高声宣告来访贵宾的姓名、品位和官衔。主人从远处即可得知贵客临近，于是敞开院落大门和二门肃立门外，双手抱拳恭迎如仪。客人到后，即被引至主桌，并就座于面向大门的主宾席上，主人则与其相对而坐，其他 6 位客人分坐其余座位。较次要的来宾则在其他餐桌上各就各位，每桌 8 至 10 人。

此时，这位大人物的两个听差便前来伺候，一人在他面前摆好自备的筷子、银汤匙、带托的小酒杯、带盖的瓷茶杯和盛有他个人特喜好品牌的茶叶；另一位听差则恭敬地将装好烟丝的水烟筒点着，供其就餐时享用，同时频频递上热水打湿后拧干的洒有香水的专用白毛巾。宴席中的交谈于是开始并持续着，同时菜肴按现代方式端上餐桌，随时更换碗碟，亚麻餐巾取代了寻常餐厅中的吸水纸。上过三道或四道菜后，主要的客人就会请

① 生于 1866 年。1911 年，他接替锡良出任东三省总督，袁世凯死后，他被选为民国总统。——作者原注

求主人准许离席前去出席另一场宴会，或许就在隔壁有另一场晚宴正等候他光临。这是那些重要客人的惯例，一个晚上要接受不止一个宴会邀请，从一处赶赴另一处，同时带着他的全班随从。这些随从每人都能从过往的每家领到一份大约相当于1先令的赏金。让这些东道主感到幸运的是，并非所有的客人都能维持如此庞大的扈从队伍。通常一位客人有两位人力车夫相随，一拉一推，那时不是所有路面都用碎石铺就，有些小胡同的路面很软，在雨季所有的人力车都很难行走，除非两人推动。如果宴请高官，主人必须备好足够的小费分赏他的每位随从，否则主人将有失体面，以后当他前往拜访这些高官时便会在门口遇到刁难。外国人设宴时也入乡随俗赠小费，这样他在社交活动和官方接触中才会畅通无阻。我的朋友李方在清王朝覆亡前夕升任军法官，但1912年民国成立后，他便失宠而被派往几处外国港口任下级领事。

另一位我们衷心敬重的客人是溥伦亲王①，他是乾隆皇帝（1736—1796年在位）的嫡系后代。他为人友善，亲民而有新思想，曾在1875年和1908年两度被袁世凯推荐为皇位继承人，但都被慈禧太后拒绝。她更愿意选择任人摆布的傀儡，以便控制。

西方回来的留学生中，较熟识的朋友间的便宴通常只有一圆桌，10至12位男女就座。有时这样的宴席由东城或南城颇有名气的饭店提供，在豪饮黄酒（绍兴酒）的同时还要猜拳，这种手指猜谜游戏是输家要被罚酒。在东城，这家最负盛名的饭店名为东兴楼，它的特色菜是酱爆鸡丁和烤鸭。这家餐馆位于东安门大街路北，门面很小，老式纸糊的窗棂子。客人进来要先经过厨房，那里有许多未穿上衣的厨师，然后是若干个庭院，

① 溥伦是三等亲王载泽的儿子。他的兄弟是中国戏剧专家，在北京大学教书。——作者原注

每一个庭院中有许多房间，大小不一，供宴请者根据客人多少选用。假如你点了烤鸭，他们便会把早已褪毛且除去内脏的鸭子拿出来供你挑选并做上记号，半小时后烤熟，然后在你眼前切割。首先将酥脆的鸭皮连带脂肪削成小片置于小碟中，再将鸭胸肉切成薄片，然后是鸭背肉，最后是翅膀、鸭腿、鸭头、鸭脖子和臀尖，并将它们摆成花样。谁要是轮到享用最后一片，通常他就得讲个笑话。客人可以按菜谱各取所好，一道道鲜美的菜肴转眼即放在桌上，快得令人惊奇。较之西餐，中餐享用起来很是便利，不过这些美食的烹调则很费事。每道菜都是放在餐桌中央，每位在座者均能用筷子和汤匙自己取食，进食过程中不像西餐那样要更换碟子和刀叉，所以10人一桌仅需一位服务员。最后一道热菜通常是鱼，或清蒸，或油炸，或是用姜末酱油红烧，然而任何一种加工方式，制成的菜肴都美味可口，令你垂涎。在北方，经常食用的是汽蒸的馒头，而不是大米饭。餐毕，就有热气腾腾的湿毛巾递来供客人擦脸和擦手，然后是一杯清茶，于是客人告辞，主人则留下结账。这些饭店经营有方，早有准备，每桌10道菜的午餐或私人家中的正式宴席，所费相当于三四英镑，而酒水钱通常是另外结算的。

如同世界大多数首都一样，北京也因拥有风味各异、花样繁多的美食餐馆而足堪夸耀。每家餐馆都有自己的特色菜，比如粤菜馆有价格昂贵达20元的鱼翅羹，福建餐馆有各色美味鱼，四川和云南的特色菜是以采自原地的辣椒为调料的极辣的肉菜，上海餐馆以擅长蔬菜烹调而招揽顾客，天津有各种花样的馒头和饺子，东北最脍炙人口的是在冬天从松花江捕捞的白鲑鱼，以及将干蛙卵与碎鸡肉一起烹制的名菜。北京信奉伊斯兰教的穆斯林接近十万之众，那里有他们的羊肉饭馆，特别是在整个秋季，食客们站在户外的院子里，在炭火上用筷子烧烤一盘又一盘美味的羊肉片，其方式犹如马来亚的沙嗲。在内城或外城，那些较贫穷的人则前往一些较小的餐馆，花费不会超过1元即可享受一顿丰盛的美餐和一小壶黄酒。北京简直就是美食家的天堂。

卜宅东城

1911年觐见摄政王后，我所做的第一件事就是买一所住宅。非常幸运，我在哈德门［今崇文门］大街通向内城的东城墙的东堂子胡同55号找到一所合适的房屋。我任职医官的外务部也正好坐落在同一条街上。卖主是名叫艾特肯（J. Aitken）的退伍英军士兵，他在1900年随八国联军来到北京，后来受雇英国使馆做了看门人。当时在北京的外国人不允许拥有私人房地产，但有些人以他们信任的仆人总管的名义来购买，而在义和团事件后，也没有中国官员敢于过问外国人的这种交易是否合法了。在八国联军占领北京期间，艾特肯先生设法购买了大量从被炮火摧毁的废墟上拆下的砖瓦、门窗和木料，建起一栋单层住宅和适合自己需要的院墙。他在北京住了10年后，决定回故乡英格兰养老，便将这占地0.25英亩的房屋产权以6 000元（500英镑）出让给了我。我的妻子很满意这所住宅，我们在这里居住了5年。后来一位德国建筑师（也是位退伍军人改行的承包商）建议我把它改建成一座两户相连，并带有后花园的三层西式舒适住宅，将一半出租给他。当时我有足够的钱这样做，便同意了他的建议。我住家于此，直到1937年我妻子去世。1949年，共产党执政后，中华医学会的总部从上海迁至北京，我将这一所宽敞的建筑连同数千册图书捐献出来，作为学会的办公场所和藏书数千册的图书室。

1918 年，作者与他的原配妻子、两个儿子在牛庄检疫医院外边所摄照片。他们都穿着单薄的夏装

住在北京时，我们有自用黄包车并雇佣了车夫老卢，他在空闲时候便帮忙打扫院子，修整花园。有一位小脚的女仆服侍我太太，因她曾经患颈部腺体感染和肺病多年，所以还有一位小女仆料理日常家务。这些仆人在我家超过 15 年，都表现得乐意和忠实可靠，但在妻子去世后，我才知道她的收藏品以及我从世界各国买来的 80 个金币和一些家具物件都被他们席卷而去，由老卢领着女仆做妻子在城里另一地方建起了他们自己的新家。

北京有充足的硬煤和烟煤供应，前者用骆驼由西郊约 20 英里的门头沟山区驮来；后者则由铁路从东边约 100 英里远的唐山及其附近中英合营的煤矿运来。每吨大约 8 到 12 元，比起欧洲，这相当便宜。这里生活开销较低，一元钱至少可以买 50 个新鲜鸡蛋。猪肉和牛羊肉供应充足，价钱适中。牛肉是从山东通过青岛港运来，白绵羊则从蒙古赶来北京屠宰。北京的羊肠衣曾一度大量出口到美国用于制作香肠和热狗。

男女仆人每月所得仅为 2 至 4 元，伙食由东家免费提供。他们为主人家庭购物会得到回扣（甚至在商店订货时），收入可以有所增加。每逢年节，例如新年、端午节、中秋节和男女主人的生日等，也能得到赏金。1911 年民国以前，女仆多是来自农村的不讲卫生的小脚妇女，后来由于满族家庭的俸禄取消了，那些有教养有体面且是天足的妇女便出来寻求雇主，并逐渐成为管家能手。不过因为离他们自己的家很近，主人家里的一些物品，从食物到现钱和衣物常常会不翼而飞。但总的说来，北京的仆人懂得自尊和忠实，尤其是孩子们喜欢与他们为伴，向他们学到许多北京方言的正确发音。因此许多在京城长大的外国家庭的小孩，说起北京话来比他们的母语还好，当然比他们父母的洋腔调的中国话更为标准了，只有等到他们回到自己国家上学才会改变。

妻子有一次向我讲过一个发生在使馆区的真实故事。那家的女主人手拿着厨师长一周的账单将其唤来。厨师长忐忑不安地奉召前来，女主人对他说："Ni lai, ni lai."（汉语"你来！你来!"）这位厨师站住并答道："Me no lie, me no lie."女主人越来越生气，并不停地喊道："Ni lai, ni lai."厨师则往后退缩并大喊："Me no lie, me no lie."女主人显然是让厨师上前来，而厨帅或许心中有鬼，便害怕受到惩罚而不断抗议道："我没有撒谎，我没有撒谎。"中国话"lai"是说"来"，而在英语中则是"lie"（撒谎）。来自广东、福建和浙江等南方各省的中国人一般乡音难改，他们不标准的腔调会引得儿女们发

1920 年，作者原配妻子淑琼在北京家中工作。请注意桌上的汉白玉雕狮子

伍连德故居（礼露摄于 2005 年）

笑。每当他们自己和仆人们难于沟通时，就不得不经常找那些“小家伙”来帮忙。确实，南方人讲北京话发音不准的现象是如此普遍，以至于有句俗话颇为有损中国的自尊。这句话就是：“天不怕，地不怕，就怕广东蛮子说官话。”腔调古怪的广东人也许应该受到一些奚落，但就我的经验而言，福建来的读书人讲的官话比他们更糟。当我们谈及通俗谚语时，我们还可以举出当时相当流行的话：“天下福事，色在苏州，食在广州，葬在杭州”，据说苏州的姑娘才貌双全，广州有最好的厨师，杭州的棺材做得最好。

就任外务部医官

我们的外务部曾经是一座“府邸”，即大臣的住宅。它占地约有 6 英亩，由许多通过游廊彼此连通的平房组成，其中有多个植有古树的院落。墙砖为灰色，大门通常油漆成蓝色，窗户则为红色。每到冬天，门窗紧闭，内部用仿制美式的铸铁炉烧煤取暖。夏天则在主要院落中搭起天棚纳凉避暑。

最好的办公室给了总长和次长，还配备了一间大的接待室供接待公使馆（那时还没有称“大使馆”）的外国人访问。与其邻近的是参赞和秘书，连同他们的书记官和助手办公的地方。更往里便是其他各部门，如会计、法律、商务，以及欧洲、美洲和东非等部门，各部门都有自己的主管、助理、翻译、书记、文书和通讯员。在所有的官员中，看来次长的工作最辛苦，因为几乎每份文件都要经过他的手，而且最重要的加急件都得经过他上呈总长。我和外务部的联系持续了 20 多年，领导过我的总长和次长至少有一打。其中有满人那桐，留学法国的陆征祥，博学的基督教徒颜惠庆，亲切和善的福建人高尔谦，剑桥毕业的曾宗鉴和名声不佳的日本留学生曹汝霖（他曾被数千学生追索并且他的住宅被放火烧毁），还有其他较不出名的人物。这些高官各具特点，并且各有独到的工作方法，但似乎都能不顾中国政治和军事上的积弱，竭力克服重重困难，为他们的国家效力。

陆征祥先生有位比利时妻子。他是一位接近下属，谦恭有礼的部长，但是他遭遇到重重困难，以至于最终决定皈依罗马天主教，成为修道士，归隐于修道院中度过余生。曹汝霖则逃出了北京，在天津法租界当寓公，在那里寂寞地死去。

清王朝的最后 3 年里，曾经留学归来的那些官员都剪去了沉重的辫子，但在正式场合或是晋见上级的时候，他们还必须安上假辫子。为此他们准备着一条用长发编成的辫子，在需要时便安在脑后。在较非正式的场合，他们戴上连有假辫子的瓜皮帽，在上司召见时如此便不失礼仪。我们的满洲上司也明白这种把戏，但只好忍受这种惯例，也许他们自己已经预感到了即将来临的变革。另外也可能他们已经不再计较那式样古板的服饰，内心深处也在盼望着某种根本的改变。曾经担任过中国政府驻德全权代表大使的荫昌将军，与德国皇帝威廉二世私交甚好，后来铁良在 1910 年被解职，由他继任陆军部尚书时，便经常穿着无需辫子的制服。每当我遇到他时，他很愿意同我讲德语。荫昌身材瘦小，像德国皇帝那样蓄有上翘的胡子，他处事迅速果断，一派德国人说干就干的作风。或许正因如此，他在那群畏葸不前又令人敬畏的满洲同僚中不受欢迎，后来去世时，与他同族的满人竟然也表现得与革命党人同样的冷淡。

社会风情琐记

在北京居住的开始3年，我觉得普通的长丝绸服装冬夏皆宜。天冷时，将柔软的棉裤在脚踝处扎紧后，远比欧洲的紧身花呢装更保暖。羊皮镶边的长衫也比西装上衣甚至外套厚大衣更暖和。如果住在普通的北京平房中，因为有许多回廊，门扇也多不密封，匹配不良，身穿中式棉袍确实是最理想的冬装。我在剑桥时，人们建议我穿上厚重的羊毛内衣，在这里则无必要。即使在最寒冷的日子，絮上棉花或是丝绵的普通服装，在室外或无取暖设备的屋内也足以保暖，当然，有人为了体面，常常在长袍外面套上一件半身的狐皮或羊皮镶边的马褂。在室外劳作的农民和劳工整个冬天都是一身棉袄棉裤，只有听差和商店老板才仿效官员与知识阶层而身着长袍。那些大户子弟在集会时通常身穿华丽的紧身无袖的坎肩。在春天都穿着未絮棉花的薄夹衣，而到了七八月，天气最热，各色轻纱无领长衫便登场了。

此间妇女像欧美女性一样，有她们自己的时尚服饰。满族妇女以她们独特的蝶形头饰而显得与众不同，她们依据季节不同用不同的假花装饰着，还身着长及脚踝的绸缎旗袍。

我和朋友们经常去游逛城北隆福寺，这种庙会整年中每逢初八和初

九、十八和十九，以及二十八和二十九都举行。在那些日子里，可以用比商店更便宜的价格买到各种儿童玩具、作坊中制作的牙刷，以及各色日用品和各种食品。每到秋天，便有盛大的菊花展览，展示着含苞待放的各种菊花，我们可以买上十几盆带回来美化我们的庭院和厅堂。在北京，人们完全可以在一夜之间，把一片空地变成百花盛开的花园，你不必另外雇用花匠，只需把隆福寺的 3 年小树移植到私人宅院里。因而人们毫不奇怪，为何无论中国人还是外国人，只要他在这座京城住过，就总想旧地重游。

不可不提的另一种高雅的消遣是诗会。每逢星期天，至亲好友便会相约到家中聚餐，饱餐之后，便即席选定一个题目比试他们作诗的本领。中国的诗歌组字格式就像宝塔的层级，总是奇数汉字构成一句。作诗极难，特别是在饱享丰盛的菜肴又畅饮黄酒之后，要选择正确的文字安置在适当的位置上绝非易事。这种比赛并无奖品，输赢全为取乐。这种聚会通常以留下某个空缺的字而告收场，某位赴会者便会大声喊道："但愿李太白在此助我觅得佳句!"于是招来一阵哄笑。

北京天气通常是干燥的，十分清爽宜人，但是三四月间时有沙尘袭来，此时微细的沙粒尘（应该来自蒙古沙漠）将房屋里的一切盖上薄薄一层，令仆人们不胜清扫之烦。即使在这一季节，也间或会有晴朗的艳阳天，但住在人小胡同中的大多数居民并不适宜出行，不过这里的人力车很多，车资也便宜，家境尚可的人们都有自己的交通工具用于互相拜访。

大多数公共游乐场所都在内城南面的外城，出前三门（前门、哈德门和宣武门）即可到达。从我们家前往前门外的丝绸店大约有两英里，但健步如飞的人力车夫能在 20 分钟到达。由于采用了橡胶轮胎，让人力车乘坐者更舒适，拉车者也更省力了。因此这种人力车（原是直接采用了假名为“じんりきしゃ”的日本名词，即由人力驱动的车辆）被北京人称为

"胶皮"。在北京，任何人需要人力车时，只要喊一声"胶皮"，车夫即能明白，并趋前接待。

在北京外城有大银行、货币兑换店、客栈、旅馆、小饭店、商行、小工厂、古玩店、著名的餐馆、剧院和供成年人寻欢作乐的妓院。光顾妓院的不但有精力旺盛的年轻人，还有道貌岸然的官僚。这些红灯区的小巷子与东京和横滨的吉原不同，为官方默许。每处妓院入口处都有一盏明亮的灯，门前挂着一块方形的小牌子，上面写着居住人的姓名，并表明她的籍贯，如苏州、天津、杭州或是北京。每当来客进入那内设小院子的妓院时，看门人便会高声通报："来客!"如果你是个熟客，就会让你自行前往喜好的房间；如果你是生客，就会被带到公用会客厅落座，等候由十几个住在那里的姑娘排成一队前来，然后逐一通报她们的姓名。如果你中意某位，就有一位女性侍者带领你前往选中姑娘的房间。假如这位姑娘名气很大，她就会有自己的起居室和卧房。你可以进去享用一杯茶和一碟瓜子。如果你是常客，还会提供橘子和葡萄。绝大多数妓女都会唱几句北京舞台上流行的京戏，如果你需要，便会将院内弹琵琶的人唤来给姑娘伴奏，酬金为 1 元。不然你在此逗留 10 至 15 分钟也须付 1 元钱。一个晚上光顾四家以上妓院的游冶很是平常，自然要花费许多银钱。过去这里很少有人饮酒，回家后也不带酒味。客人选中他的意中人后，可以在往后随时再来，甚至请一些朋友来此便宴。这自然会比在通常的餐厅里花费得更多。

我还要回顾一次少有的经历，那还是在 1910 年清朝时期的北京。我被邀请前去出席在南城某家著名餐馆举行的一个时间颇早的晚宴。宴会主人是谭学衡将军。1896 年我在英国纽卡斯尔与他首次相见，此时他官为海军部次长。事先他告诉我要给我非同一般的招待，宴会中我们一伙共 10 人围坐在一张圆桌上，然后有两位十分标致的年轻人在每个客人面前的锡制小酒杯里斟酒。这两个人穿着极为华丽的绸缎长袍，一人腰上缠着鲜红的腰带，另一人则缠着深蓝色的。他们的双手纤细小巧胜过妇女，轻声款语，逗人喜爱，姿态温柔赛过一般女孩。他们说着一口令人销魂的童声京腔，招待客人犹如专业女艺人。人们告诉我这些人就是“相公”，可冒昧地翻译为英语的“A Boys”。他们被训练成舞台上的“花旦”，但在业余时间作为宴席中的特殊陪客而赚取一些额外收入。他们也乐意献唱，只要客人要求并多给赏钱。为照顾我，其中一位男子用花旦腔唱了两段戏曲，由两位乐师伴奏，一位用胡琴，一位用琵琶或三弦。在两次演唱间歇时，这两位年轻的招待员便被招呼坐在客人们中间，讲述他们自己的身世。尽管我将筷子和汤匙供他们用餐，但他们会有礼貌地婉谢。多年以后，我在这个大都会里的阅历丰富了，我才得知同样的相公中竟产生出著名的梅兰芳。他的演技受到中外人士，特别是日本人的一致赞赏。他还应邀到美国演出，并荣获加州波莫纳大学的荣誉法学博士学位。在北京，梅老板住在无量大人胡同一座大宅子里，在我们家的北边，只相隔一个街区。这所房子是他用自己的所得购买的。他很富有，不像他的大多数同行那样经常挥霍钱财而最后却陷于穷困。我偕家眷曾两次去那雅致的住宅里拜访他和他的妻子，对他们在取得成功后仍一如既往地在艺术上精益求精表示由衷钦佩与赞扬。梅兰芳的妻子也是北京舞台上的名角，她扮演老生，她和丈夫正好相反：她演男角，而他演女角。梅博士在舞台上受到各阶层观众的一致欢迎，无论在北京还是在上海总是高价出演，而每晚只出场1小时。他还善于将现代舞台效果引进中国戏剧，为此他曾去东京学习，以求改革极为保守的京剧。

1900年夏天义和团围攻过各国使馆，因而多年来外务部的官员和使馆人员及其家属关系紧张，随着新部长的莅临和使馆官员的替换，双方的关系开始改善。慈禧太后也认识到先前的作为颇为愚蠢，在她临死前，曾命令京师所有官员应以友好为先。第一件事是一位颇有名气的美国女画家卡尔（Katherine Carl）被请进宫为她这位至高无上的统治者画像，在绘画期间还被允许住在紫禁城里。前任驻法公使很有才气的女儿德龄郡主和她曾在欧洲受过普通教育的两个妹妹，被太后任命为御前女官。卡尔小姐和德龄郡主都曾写过畅销书，描写她们在宫中的经历。外交使团的成员定期被邀请出席在不同的宫中举行的招待会、午餐会。在这些场合，那些既懂得欧洲语言又熟悉宫廷礼仪，由国外大学或学院中归来的年轻官员，对于从未走出过国门的老一辈皇亲国戚来说是非常有用的。

关于中外交往，稍稍谈及跨国婚姻并非题外话。许多风华正茂的中国学生被一批批送出国门，至少有某些人会与所留学国家的妙龄女郎结成夫妻，这是理所当然的事。容闳（1828—1912）是第一位在美国耶鲁大学取得学位（1854）的华人，1875 年他与一位新英格兰医师的漂亮女儿结婚。就我记忆所及，他带到美国的 50 位男童，从唐绍仪开始算起，都不曾带回白人妻子，然而那些国内的反对者们仍然要责备他们剪了辫子，与外国女孩跳舞，丢弃中国的风俗而西化，等等。

以后的留学生出国时已经成年，特别是在欧洲大陆的学院里学习，易被那里优雅的、独立生活的异性吸引，有一些据说就与女房东的女儿、歌女、店员、女招待结婚了，甚至还有妓女。另一方面，还有不少留学生带回了大学同学、合格的教师、护士、艺术家，甚至是本专业的同行。在后一批人物中，有陆征祥先生（曾任国务总理），他娶了一位出身高贵的比利时女性，在社交活动中给了他很大帮助。江医师的妻子是位著名的德国化学家，她管理着他在上海的制药厂。厦门现代食品罐头公司创始人的儿子黄子方博士的妻子出生于纽约州奥尔巴尼，是他的大学同学。当黄子方出任国联卫生部门高级官员时，她为他成功地照管着北京和日内瓦两地的家。高等法院法官廖福曾的美丽且总是面带微笑的妻子，就是他在巴黎索邦大学的同学。刁作谦是剑桥的毕业生并加入了英国律师协会，他娶了一位迷人的伦敦姑娘。她不但在他任外务部帮办秘书时干练地管好了他在北京的家，而且也是他多年出任古巴公使时的贤内助。有一个时期，在北京有超过50位来自欧美大陆的女性，他们都是中国政府各部门的雇员的妻子，于是她们成立了一个欧美夫人俱乐部，事实上是为了邀请她们的丈夫和朋友来参加宴会与晚会。我一向认为，如果有更多的知识女性参与各级政府事务，世界便不会有如此严重的贪腐或骚乱、各国间的纷争以及如此频繁的战争。曾有一种严重的偏见流行，特别是在那些帝国主义列强中，他们的殖民地住有许多有色的原住民，因此他们竭力反对跨国婚姻。他们反对有色人种与白人妇女通婚，也反对白人自己的男子与当地有色人种妇女通婚，而他们的混血子女也不准担当所有负责任和有影响力的职位。他们的惯用借口是这些混血儿的血统受到玷污，他们由父母继承来的是缺陷而不是优点。这种谬论毫无科学依据。另一方面，改良动植物品种时往往是通过杂交来获得满意结果，当然这种试验必须小心选择品种或亲本。如果欧亚或欧非混血儿确实低能，其根源首先应归之于愚蠢的歧视政策，由此导致白种男子与有色女子非法结合的子女不被社会接纳，而遭弃于低贱阶层任其自生自灭。结果这些孩子产生了某种自卑感，并怨恨他们的父亲们不讲信义。在北京和香港却有着真正的佳偶，他们的孩子可以平等地展示他们的天分，绝大多数都表现良好，有些人在他们所选定的职业生涯或致富道路上达到了登峰造极的程度。以香港为例，当今最杰出和最受尊敬的家族，确实都是苏格兰人和广东人联姻家庭的后代，这些人通常采取了母系祖先的姓氏。可喜的是，两次世界大战之后，已经出现了不同民族和个人之间较为浓郁的宽容氛围，在欧洲、印度、马来亚、泰国、印尼以及其他地方的官员间和知识阶层已能见到不少幸福的欧亚联姻。

莫里循和辜鸿铭等中外名人佚事

北京有 13 个国家的公使馆，几乎都在城内，于是自然地形成了一个颇为国际化的社区。官员们可以随时相会办理公务，归国的中国留学生经常能在这里遇上许多来自他们留学国家的外国朋友。于是能讲法语的便能找到更多法国人和比利时人；讲英语的会与美国人或英国人厮混在一起；曾留学日本的中国人在拜访日本官员时便有宾至如归的感觉，大凡如此。但几乎在每个使馆都能找到较多讲英语的人，每位外交官除母语外，一般都懂一两种其他外语。尤其在北京还可以找到精通汉语这种难学语言的外国人，他们能够轻而易举地进行中英两种语言的对译。我在北京遇到的第一位这样的英国人是加特瑞勒（Gatrell）博士，他出生在中国，父母是传教士。他从小就喜欢中文，不但学会了写，还能说。虽然他是医学毕业生，但从未行医。八国联军入侵北京时，他给英国军队当中文翻译官，在 1900 年那个灾难的夏天，他为各类人士提供了服务。我第一次来京时，荣幸结识了他和他的美国妻子。她的父母也是教会人士。他讲北京话犹如本地人，只是不太会用汉字写作。加特瑞勒博士给我讲过许多义和团闹事时的故事，他认为双方都表现出格外的残忍，战胜的军队带着他们的走狗在北京大肆进行罪恶的抢劫。他家住煤渣胡同，与我在东堂子胡同的私宅不过数步之遥。我们当时初来此地，对北方一切都感到生疏。加特瑞勒夫人乐于助人，深得我妻子的好感。

我的第二位英国朋友是莫里循（George Ernest Morrison）博士，他出生于澳大利亚的吉朗，毕业于爱丁堡大学医学院，是一位富于冒险精神的旅行家。他最后定居北京，任伦敦《泰晤士报》的通讯记者。在1898年到1900年期间，他在这份重要的报刊上发表了许多出人意料的加急新闻，这些新闻通常都比英国外交部由驻北京英国使馆得到的通报提前数日，这使他成为世界知名的人物。当时各国公使馆的各种首脑人物和重要的侨民都被围困在英国公使馆的院落坚固围墙内，全世界都紧张而急切地等待着莫里循报来有关他本人和其他人的消息（他本人也在里面避难）。他的大名比任何一位大使更为人们熟知，他家所在的那条又长又宽的大街，就被外国人和观光者称之为“莫里循大街”。

乔治·沃尼斯特·莫里循（George Ernest Morrison，1862—1920）

在我尚未在北京安家前，承蒙莫里循好意邀请，曾在他家小住过两次。第一次我在他家见到过他那漂亮的女秘书罗宾小姐。她数月前从英国来此，第二次来他家时，她便成了莫里循夫人。两年后，一个取名为伊恩（Ian）的男孩降生了，我曾高兴地抱过他。莫里循为《泰晤士报》总计服务过15年（1897—1912），退休后被袁世凯聘为高级顾问，年薪4 000英镑。他的儿子在温切斯特和剑桥的二一学院接受教育。伊恩很年轻时即关注东方，第一个职务是日本北海道札幌的帝国大学英语教授，然后是驻东京英国大使克莱季（Robert Cralgie）爵士的私人秘书，再后又在上海任职英中合作代表。1941年日本侵略战云密布时，伊恩前往新加坡任副情报官，不久便进入伦敦《泰晤士报》，28岁时担任了该报的战地记者。1942年他出版了

《马来亚随笔》，这是在英国出版的第一部披露马来亚英军惨败的书籍，1943 年又接着出版了《当前的抗日战争》。伊恩还亲历了缅甸、爪哇和印度支那的战争。当共产党军队进入韩国时，伊恩是在战场进行报道的首批记者之一。1950 年 8 月 11 日，他和其他两人，《每日电讯报》的巴克利（C. Buckley）和印度的纳亚尔（Uni Nayar）上校，同乘的吉普车触雷而不幸一同身亡。但是，伊恩·莫里循的英名将以另一种方式永留史册，因为女作家韩素音，一位籍贯为四川的中国官员与欧洲妻子结合而诞生的混血儿，她用她的小说《瑰宝》（*A Many Splendoured Thing*）（后来又被改编成爱情电影《生死恋》）叙述过伊恩的故事。

乔治·莫里循博士共有 4 个孩子，都是男孩。他们后来全都被送往剑桥念书。但是除伊恩外，其他三人我从未见过。莫里循夫人死于 1922 年，比博士晚逝两年。他一直记日记，但就我所知，尽管他早在 1920 年即已去世，但至今还没有出版过任何作品来介绍他在华的伟大工作，无论是传记还是回忆录。1935 年 9 月 2 日我在澳大利亚堪培拉解剖学研究所发表过一次讲演，谈到对莫里循在人类文化学方面的贡献。这次讲演已由该国卫生部发表，在此我不揣冒昧，摘录几段。关于莫里循博士，我说：

尽管他不会说汉语，但由于他敏锐的观察力，强烈的幽默感和他对中国人民的深刻理解，以及他犀利的文风，使得他的第一本著作《一位澳大利亚人在中国》刚一出版，就立刻声名远扬。

数年以后，接连在伦敦《泰晤士报》上发表的披露 1898 年到 1900 年非常时期北京的许多秘闻也已成为历史，而莫里循先生也从那家著名的报社离职了。他在餐桌上把一位曾先生介绍给我。曾先生是著名人物曾国藩的后代，而曾国藩曾任两江总督，他成功地剿平了强大的太平军为祸 15 年的叛乱（1851—1865）。莫里循博士说：“让我将你介绍给你的这位中国同胞，他曾帮助过我。全世界总是纳闷，我为何能轻而易举地把有关这座城市的有价值的机密情报迅速传送到伦敦？靠的就是曾先生。在那关键时期，曾先生是总理衙门（前外务部）的秘书，因而所有的机密文件都要经过他的手。他是一位精通英文和中文的学者，他可以在他们签发那些紧急文件的当晚，将它们全部译成英文并转交给我。我要做的就是将它们编辑成新闻稿，加上我的评述并将它们用电报传至伦敦。”现在莫里循博士和曾先生都已过世，透露这个秘密将不至于伤害他们了。

袁世凯死后，莫里循从政府职位上退休，将他的大部分时间用于筹备那座出色的图书馆，那些馆藏是他在20余年的时间中搜集而来的。

距离王府井大街南口约200码以东有个侧门，门口蹲着两只石狮子，门上钉有一块方形门牌，上书汉字“莫公馆”，标示着这是“中国人熟知的莫里循博士的住宅”。大门油漆成朱红色。狭窄的游廊右侧是门房，往后是个小花园，花园内各色鲜花四季盛开，春天的桃李，夏天的牡丹和紫藤，秋天的菊花，冬天的水仙。再往前，右边是一间宽敞的起居室，陈设着古朴的中式红木家具，字画以及博士游历各地的纪念品。相邻的是餐厅，内部陈设的家具也很简单，墙上悬挂着古老的壁毯。其中共有4间卧室，全在底层。这庭院南翼有另外一所独立的防火建筑，那是他的图书室。如果没有来客，我们总能在图书室，或在那放有一张写字台和两把带靠垫的舒适椅子的“小窝”里找到他。图书室本身是一座石块垒成的长方形建筑，尺寸为100英尺×60英尺，有一层楼高，包括地板在内的全部建筑都用水泥黏合，地板也是水泥的。硬木书架直达天花板，两面均可取书。书架沿房屋的长向平行排列，地图和其他大开本，如图册、雕版等则放在西边角落的大书柜中。玻璃橱柜则几乎没有，为防风沙和阳光直晒（此二者在北京都很厉害），每个书橱从上到下挂有阴丹士林布帘。莫里循雇了一位中国文书为他打字和处理一些杂事，但他亲自处理全部邮寄来的书籍，因此他的图书室中的收藏，他都要先浏览过内容，并且在编目时添加一些评述。凭借这种方法，莫里循建立了一个举世无双的书库，那里收藏着大多数欧洲国家出版的有关中国和东方的书籍。他不懂中文，根本不了解中国文献，也料想他不会去钻研汉语，但是他随时随地收集地图和插图，这些或许是他图书室最有价值的一部分。凡是涉及中国或是中国人的出版物，无论是杂志还是小册子，巨细无遗，都照收不误。他存有整套的周刊《民国政府公报》（*Republican Advocate*）和季刊《海峡华人杂志》（*Straits Chinese Magazine*），后者是由新派华人作者创办的英文杂志。

莫里循乐于设宴款待那些经过北京的各国访客，尤其是那些对他的图书馆感兴趣的人。宴会在12时30分开始，通常在一点半钟结束，而交谈则延续到两点钟，此时识相的来客就会主动起身告辞。否则，他便会请客人谅解他要去图书馆工作，这真是绝妙的待客之道！

第一次世界大战爆发前两年，莫里循与一位英国姑娘结婚，她原是从英国来此担任他的私人秘书的。婚姻非常美满……在战时，即风传他将出让他的文库，但是他在北京的朋友们正忙于其他事务，竟无人想到要去收购。结果在1919年初，一次大战停战之后数月，即宣布该图书室已经以35 000英镑这样低的价格出让给了一位日本银行家。许多中国朋友都为此惋惜，因为他们都愿意以这样的价格将这批藏书买下。但是交易很快即已完成，这些书籍很快包装在数百个用马口铁衬里的容器中海运至横滨，并转运到东京。准备安放在尚未建成的一座专门的东方文库中。于是这批珍本或绝版图书在仓库内搁置了两年多。碰巧的是，在1923年悲惨的大地震中，这批无价之宝竟避免了化为灰烬的厄运，因为那时还没有打开包装放到室内书架上去。这座藏书极丰富的日本东洋文库现在坐落在东京的文京区本驹2町目28番21号。

我在京城的另一位英国朋友是格雷（Douglas Gray）博士，他是爱丁堡大学的医学博士，现在是公使馆的医师。他的前任是卜士礼（W. S. Bushell）博士，是两卷本《中国艺术》一书的著者，这部书是收藏家相当权威的参考书。格雷博士除在公使馆履行公务外，还在外城经营一家面向穷人的免费诊所，是家喻户晓的“德大夫”。格雷夫人是位颇有才华的业余演员，经常在公使馆员工组织的戏剧演出活动中充当主角。格雷夫妇热衷收集中国各历史时期制作的鼻烟壶，收藏逾千。退休后他们将这些鼻烟壶带回了苏格兰。也许这些珍贵的收藏品现在正陈列在爱丁堡的艺术博物馆里。在本书前面的章节里，我曾述及格雷博士在1911年4月奉天万国鼠疫研究会中所起的重要作用。莫里循和格雷都不蓄胡须，如同大多数现代美国人。

清末民初时期的英国公使朱尔典（John Newell Jordan）爵士是位职业外交家。在进入外交界以后，他曾在中国多个港口和朝鲜首都汉城［今首尔］工作，他在那里结识了袁世凯和唐绍仪。约翰爵士在北京外交使团中工作多年，堪称老资格，在保守的中国官员中，早已熟知他在会谈时要想压服对方便会拍桌子。但是我总觉得这位老官僚还是和蔼友善和乐于助人的，特别是在东三省防疫事务总处成立初期，每年延续的拨款，在取得中国政府认可后，需要外交使团批准时，他是支持的。之所以要如此运作，是因为根据1901年签订的《辛丑条约》的条款，为偿付巨额赔款，已将中国海关的税收抵押给列强了。约翰爵士在他的长子去剑桥学医时，曾向我征求过意见。这个男孩像我一样，毕业后专门从事细菌学方面的工作，当1931年至1937年期间我出掌全国海港检疫管理处时，他在上海公共租界担任卫生事务专员。在上海抗击频发的霍乱疫情的工作中，我们有过行政事务的联系。在以下几章中将加以叙述。

我的妻子身体虚弱，因而大部分时间静处北京家中花园，婉拒了许多中外朋友的邀约。她只接受那些不便拒绝的邀请，如外务部的招待会，英国和美国公使馆偶尔举行的宴会，以及某些亲密亲友的约会。她尝试撰写了关于中国古代美人的著作。这些书都用英文撰写，在 10 年中，她完成了中国古代四大美女中 3 位的写作，使用的笔名是淑琼。第一本书名为《杨贵妃——中国古代最著名的女性》，1924 年同时在上海、伦敦和纽约出版。第二本于 1931 年问世，书名为《西施——群芳魁首》，第三本于 1934 年出版，书名为《昭君——背井离乡的美女》，1937 年第四本尚未完成她便去世了。公众对她的作品反映良好，当时她是第一位成功地写成了这些著作的中国女性。

当时在北京还遇到过 3 位女作家。其一是格兰瑟姆（A. E. Grantham），她是位优秀的英国女士，嫁给了一度为袁世凯在天津训练新军的挪威上校门特（J. W. N. Menthe）。格兰瑟姆女士至少写了 3 本有关中国的书，最著名的是《蓝色的群山：中国历史的画卷》（*Hills of Blue, a Picture Roll of Chinese History*），还有最后的著作《杨贵妃的落寞时刻》（*Twilight Hour of Yang Kuei Fei*），是我夫人所写浪漫故事的某种补充。

美国女作家维姆赛特（Genevieve Wimsatt）小姐是《聪明的妃子和位卑的杰出人物》（*The Bright Concubine and Lesser Luminaries*）一书的作者，这本书仿效了淑琼的作品。裴丽珠（Juliet Bredon）小姐也有几本关于中国的著作为她增添了名声，可以提及其中的《北京导游》，那是一本很好的书，出版 30 年后依然畅销，另有一本是她的姑父、中国海关的组建者赫德（Robert Hart，1835—1911）爵士的小传。

在男作家里面，我们认识的有濮兰德（J. O. P. Bland）和白克好司

（Edmund Backhouse），他们合写了一本著名作品，中译本书名为《慈禧外记》（*China under the Empress Dowager*，直译为"皇太后治下的中国"）。主要依据宫廷档案和慈禧皇室总管的私人日记编撰而成。濮兰德是通商口岸中那些独断专行、傲慢无礼的英国人中的典型，而白克好司则像那饱学的牛津教师，以"学习，教书，服务下一代"为天职。我们总是觉得奇怪，为何两个反差如此突出的人，竟能合作写出两本有关中国的杰出著作。另一本书中译本名为《清室外记》（*Annals and Memoirs of the Court of Peking*，直译为"北京宫廷的编年史和回忆录"）。

我在北京遇到的另一位有才华的美国人是阿灵顿（L. C. Arlington），他与阿克顿（Harold Acton）合写了一部题为《中国著名戏剧》（*Famous Chinese Plays*）的令人兴趣盎然的著作，其中附有插图和曲谱。

像大多数有着中国和英国文化背景的夫妇一样，妻子和我经常去剧院，甘愿坐在楼下正厅前排或楼上廊前那极不舒适的硬背木椅子上两三个小时，观看和倾听名角演出。如前所述，那些男演员在革命前年轻时即被训练专演某些特定角色。如果嗓音为男高音，就被训练成扮演戴胡子的老学者（老生）；如果年轻貌美又善于假声唱法，则训练其扮演情人（小生）；腔调似女性且属高音者则根据其声域的宽阔程度分别扮演迷人的姑娘（花旦）或受冷落的妻子（青衣）；那些身强力壮豪爽英武，肌肉发达的扮演战士或是英雄（武生）；身材高大的，则让他们戴上相配的脸谱，扮演强横霸道、无恶不作的官吏，或是头脑简单、粗鄙笨拙的傻子（"大花脸"和"二花脸"）；再有那些相貌丑陋，擅长插科打诨，说俏皮话的，便在他们整个脸部和鼻子上，用白色颜料画上对称的滑稽夸张的花样，扮演流氓无赖或滑稽人物（丑）。我们的朋友阿灵顿先生经常会按事先定好的计划，前往北京城里各处剧院，并带上一位北京本地的教师，以求探究这些舞台艺术的奥秘。正因如此，他的著作中写进了翻译成英文的中国戏剧和其他引人入胜的特别内容，这就使得此本书内容丰富且可读性很强。

最后还有一位英国作家我不能不提及，这就是辛博森（B. P. Putnam Weale）。他的真实姓名是伦诺克斯·辛普森（Lenox Simpson），父亲是英国人，母亲是美国人。他只受过很有限的学校教育，但学会了一口纯正的北京话，口音犹如当地人。虽然他受雇于由著名的赫德爵士主管的海关总署，在其办公室内担任办事员，但他设法利用业余时间从事写作。在1900年义和团起事时，他是到英国公使馆寻求庇护的诸多英国人之一，6年后，即1906年，他发表了他的《来自北京的轻率信函》（*Indiscreet Letters from Peking*），这部作品令那些外交使团的首脑人物大为恼火，从此他几乎成了孤家寡人，再也难以与外交界人士来往。在他那毫不留情的著作中，他将那个血腥夏天之所见所闻一一公诸天下，甚至对他的上级官员也无所顾忌。他的其他著作主要在1901年至1910年的10年间问世，包括《满洲人和俄国人》（*Manchu and Muscovite*）、《远东的变迁》（*Reshaping of the Far East*）和《肤色的冲突》（*The Conflict of Colour*）。这些著作尽管难免言过其实，却颇引人入胜。辛亥革命后，他成为伦敦《每日电讯报》驻北京记者，在吴佩孚和张作霖两个军阀之间那场两败俱伤的战争时期，他写过一些辛辣的文章攻击他的政敌。某日清晨，他在天津英租界自己办公室里工作时，被一位身份不明的枪手射杀。辛普森是一位杰出的演说家和作家，能娴熟流利地讲中文、法文和英文。他身材高大体格健壮如运动员，留着小胡子，而且学着欧洲大陆的时髦样式向上翘起。

在马来亚华侨中，或许我是第一名在中国政府领导下服务的医务人员。但是在北京还有一位出生在槟榔屿，年龄远大于我的中国人。我来北京时，他已长期历任满清高官。他名叫辜鸿铭（Ku Hung-Ming，1856—

1927，在槟榔屿则以 Koh Hong Beng 知名），父母是厦门人。他从年少时在学校中即表现得前途无量，于是被英国人福布斯·布朗（Forbes Brown）收养。布朗家族在槟榔屿和邻近大陆拥有庞大的房地产。随后辜鸿铭被送往爱丁堡大学学习文学艺术，据说 17 岁即获得硕士学位！虽然他和槟城华人社团多年的领袖辜尚达（Koh Seang Tat）同宗，但他在那里未住满一年便决定到中国去建功立业。他任新派总督张之洞的英文秘书长达 25 年，张之洞的主要贡献是在汉口创建大型的汉阳铁厂。在空闲时间，辜先生则撰写有关中国哲学的书籍和文章，最著名的两本，一本是《张文襄幕府纪闻》（*Papers from a Viceroy's Yamen*），一本是英译儒学经典《中庸》（*Doctrine of the Mean*）。在我认识“老辜”时，他已经不用他的原有姓名，当时他担任薪水丰厚的黄浦江浚浦局督办，该机构的总部设在上海。他经常为我哼唱一些马来亚歌曲，表明他依旧不忘童年时光。他的身材作为中国南方人可算高大，长髯下垂，令他喝汤时总觉不便。1911 年至 1912 年发生辛亥革命时，大多数中国人欢迎这种变革，但老辜却不断地抨击共和人士，致使新成立的政府愤然将其上海的职务解除。他不得不到北京谋事，但那些满洲权贵已经自身难保了。1913 年，他临时为五国财团当翻译，随后在国立北京大学任英国文学教授。但是他毫不隐讳对新政权的仇视，特别是在民国建立已经 10 年后，他依然留着脑后的小辫子招摇过市，犹如一个对抗的标志，因而四面树敌，在北京找不到一个稳定的职位。结果只得去投靠已经失势的宣统皇帝溥仪及其日本主子求生。老辜于 1927 年 71 岁时死去，身后留下一个儿子和一个日本妻子。虽然他是一位才华横溢的学者，熟知歌德（Goethe）和阿诺德（Matthew Arnold），每当朋友们邀请他时，他总是引述那两位名家之言。但他不能与时俱进，并无谓地攻击那些成功人士。不过，他的某些著作现在仍值得一读。

我在北京认识并十分钦佩的另外两位老前辈是严复先生和海军上将萨镇冰。他们两位都是福建人，和我妻子是同乡。他们原来都是福州船政学堂的学生，这个学堂是由总督左宗棠命令创建的，由 50 位英国教官培训中国的海军军官。严和萨在校表现优异，1879 年被保送去英国格林尼治海军学院学习先进技术。回国后，严复专注于翻译英国一流的科学著作，比如赫胥黎的《天演论》、亚当・斯密的《国富论》和赫伯特・斯宾塞的《群学肆言》，这些书帮助正在探索的中国人开放了眼界。严复先生身材矮小，为人友善，留着时兴的浓密胡须，他经常赞美英国人民的人格力量和遵守秩序的优良品质，对此我也有同感。萨镇冰海军上将在政治舞台上迁升甚速，三度出任北洋政府的海军总长，一度出任代内阁总理。虽然他平生两次亲临海战前线，但总是为人谦逊，生活简朴，像我这样的晚辈去拜访他，他也依旧彬彬有礼，言谈从容。当我告辞时，他会送我到门口。所以所有他的朋友和下属，无不极为敬重萨将军。

随着中华民国的稳固，在后来的生活中，我多次见到胡适博士，他是中国文字白话化，即“怎样说就怎样写”运动的领袖。在这以前，书面汉语对普通学生而言非常难懂，或许比早年普通英国人读莎士比亚和弗朗西斯・培根的著作还困难。尽管开始时胡适和他的同志们遭遇到强烈的反对，但是他们坚持奋斗 20 余年后，终于设法克服了无数困难，如今绝大多数经典著作、小说、期刊和报纸已经一改旧貌，按新方式出版，令广大读者比以前更乐于接受。胡适博士的英文作品风格如同他的中文写作风格，战争时期（1941—1944）他在美国继任中国大使的职位，他出色的工作受到许多赞扬，最近则在普林斯顿大学中国档案馆当图书馆管理员。我们都庆幸他依然健在并且还很活跃。胡适博士出身于世代书香门第，为后代留下了许多珍贵的书籍。和某些学贯中西的学者不同，胡适还热心政治和哲学，在国民党政权衰落的时期，他还担任过多个职位。

邂逅陈友仁

我留到最后才来介绍的这位我认识的人，是一位非常特殊却极为杰出的人物。他是我在一个特殊的机缘中得以结识并与之有了亲密交往的。他是一位华侨，名叫尤金·陈（Eugene Chen，汉名陈友仁），为欧洲人所熟知的近代中国历史上的政治激进人物，又是文字犀利尖刻的英语政论家。我们的邂逅有一段故事：

1912 年春，我随中国代表团其他代表一起在海牙参加第一次国际鸦片会议，在和他们一起签过字后，便立即乘火车去柏林，以便搭乘卧车公司开往西伯利亚的快车前去哈尔滨、奉天、天津和北京。这个卧车公司属于法国和比利时合资企业，专门为一等和二等客车乘客配备了卧铺和餐厅，旅客享受到格外舒适与便利的服务，因而需付出颇高的费用。列车长和列车员都身着红褐色制服，至少会说三种语言，如英语、法语和德语。在头等车厢里，每个包厢中有两个铺位，由一个小卫生间与相邻包厢隔开，卫生间里的黄铜质配件安装巧妙，当某个包厢内的人使用时，通向另一包厢的门闩即会自动加栓。二等车厢的每个包厢内一般有 4 个铺位，例外的是车厢两端的包厢，因为正好在车轮上方而噪音较大，只设两个铺位。

正当我们在欧洲时，国内已因爆发革命而由民国政府代替了清政府。于是我们这些由前政府派出的中国代表既没有了上级指令，也没有了差旅费，代表团团长恰巧是当时的出使德国大臣梁镇东，他用银行的私人存款为代表们购买了二等车票，代表们才得以回北京。我的包厢是车厢的一端，正好是在车厢边上只有两个铺位的那一间。当长途列车驶出东站时，我见到另一个铺位上已有一位黝黑的陌生人。他的身高和我相仿，黑头发中分，蓄有短髭，也戴着近视眼镜。此人说话（英语）声调颇悦耳，但口齿不清且发音特别，某些单词的重音亦似无必要。显然他学习英语的地方既不是英国，也不是马来亚。交谈中他告诉我，他和我是中国同乡。我用北京官话问他贵姓，他却茫然不解。我立刻用英语再问他，他便说："啊，我叫阿陈，尤金·阿陈。"我回答道："阿陈不是中国人的姓，你会用汉字写出来吗?"他回应说："不会。恐怕我该把我自己、我的父亲和家庭告诉你了，因为我们会成为朋友。"于是在从柏林出发，途经华沙、莫斯科和西伯利亚大草原直到满洲那10天漫长的旅途中，我这位旅伴，这位海外游子，向我尽情地倾诉了他的生平和理想。阿陈说，1875年他出生在英属西印度群岛的特立尼达，父亲由广东省的一个乡村移民而来，并与在该殖民地最先遇到的一位中国姑娘结婚。也许正因为如此，阿陈有一头细软的黑色卷发。从小在当地学校学习英语，以后被送到了伦敦跟随一位律师学习，若干年后他取得了一定的资质，回到特立尼达后他便开业。此时他已经与当地一位混血女子成婚并有了两个男孩，但中国发生的急剧变化吸引着他，他决心离家去中国闯天下。因此才有了我们这趟西伯利亚快车上巧遇的机缘。阿陈讲完他的故事后，我即对他的勇气表示钦佩，同时也指出他必须弥补两点不足：一是他没有一个合适的中文名字，二是他一句基本的中国官话都不会讲。"Acham"这个名字很可能是承继了他父亲的姓名，即由"阿"、"陈"这两个汉字组合而来，这在早期海外不识字的中国移民中很常见。他们离开中国家乡，远涉重洋，到达美洲、澳大利亚、新西兰、塞舌尔群岛和南洋海峡殖民地等地。时间一长，阿陈就从"Ahchan”简化成了“Achan”，再英语化，便成了“Acham”。现在应该还原成原来的中国姓氏陈，广东话发音是“chan”，而北京官话则是“chen”。至于“Eugene”，可以直接恰当地采用“友仁”两个汉字，其含意“有宽厚仁慈之心”。于是“Eugene Acham”即刻转译成了“陈友仁”，这个名字很适合在正式场合使用，而在讲英语的朋友间和用英文写信时，他的签名仍然是 Eugene Chen，而正是这英文名字，后来逐渐闻名于全世界。

我选择了三个简单的汉字作为尤金·陈的姓名，并让他练习书写，所以在到达哈尔滨后，这位以前的 Acham 就能很熟练地写出自己的名字“陈友仁”了。不过直到 1944 年，他在中国政坛叱咤风云 30 年后，于 69 岁去世时，他始终只能勉强地用难学的汉语表达自己的意见。但是他那深邃的思想和犀利的笔锋却使这个缺陷显得无足挂齿。

列车临近华沙时，有人警告我们，要警惕那些乔装成妖冶女性或友善男性的窃贼在车厢过道或拥挤的车站上乘机作案。果然一次偷窃就发生在我们眼前。我们代表团随行的一位办事员每次在餐车上结账时，总是把他装得满满的大钱包放在桌上，里面装着票据、护照和各种有价证券。当这列快车在进入大站前，先在一个区间小站上停靠了几分钟，此时有些旅客可以下车，也有人上车，其中便有几位极风骚的女郎。列车到达大站时，我们那位涉世不深的办事员惊愕地发现他那装满证件的钱包不翼而飞了。百般无奈之中，他只得下车报警。幸好警察很快就找到了钱包，其中护照还在，但钞票则一文不剩。

旅客们在莫斯科携带行李下车，乘坐由俄国车夫驱赶的两匹马拉的马车前往东站。两小时后，我们又驰骋在俄国宽轨铁路上向东方前进了，这种列车也许较慢，但是震动较小。到达中俄边境城市满洲里后，我们又换乘中东铁路的火车，这条铁路完全由沙俄政府出资和管理。其车厢不如欧洲豪华，但同样舒适清洁，并提供丰盛的俄式饭菜。从满洲里到哈尔滨花费 30 小时，我没来得及带陈友仁去参观我们的防疫机构，但在穿越西伯利亚的漫长旅途中，经我介绍，他已经对我们那有意义的工作相当了解了。

在长春我们换乘日本人占有的南满铁路，南驱 150 英里到达奉天，直到此时，我们才踏上中国自己的京奉铁路。那里的列车段段长是位矮胖的苏格兰人埃尔德（Hugh Elder）。1910—1911 年鼠疫大流行时，他为政府作出了切实有效的贡献。

到达天津那个大城市时，陈友仁和我立即决定实行我们的一些计划。当时新的民国政府第一任总理唐绍仪先生和他的交通部长施肇基正在天津，他们都是我的友人，正在商议去北京事宜，因为袁世凯坚持留驻北京。陈友仁和我决定先去拜访施肇基，请他根据友仁的能力和经历决定对他的任用。我们两人先入住利顺德大酒店（Astor House），然后便去晋谒施先生。在与陈友仁简短交谈以后，施先生估量了这位来自特立尼达的新人的情况，决定请他担任自己的私人秘书，于是陈友仁便在这位新部长手下服务，新部长对他的英语特长和他那新颖的政治视角颇为满意。

我让陈友仁留下去适应新环境，但是政治舞台上万花筒式的变化令人沮丧。不久后唐绍仪辞职，他的内阁也随之结束。陈友仁成了刚创刊的英文《京报》（*Peking Gazette*）的编辑。他在这里找到了合适的岗位，他的那些绝妙文章立即在古老的京城成为谈资。尽管《京报》接受了中央政府的部分资助，但是陈采取了独立的方针，经常称呼掌握实权的财政总长梁士诒为“财神爷”，因为他负责为袁世凯总统背叛民国、恢复帝制的活动筹集经费。1913 年至 1915 年那段关键时期，陈友仁几乎是命悬一线。在东城船板胡同安静的编辑室里，我经常见他独坐打字机前，为撰写次日早晨要发表的那些打动人心的社论而工作到深夜，全然不顾来自紫禁城中总统府的危险与强烈反对。我多次劝他要“慢慢来”，他说他有责任实现中山先生创建并让袁世凯维护的共和，他连篇累牍地议论袁世凯的支持者们，只是因为陈友仁在公众中的声誉，才使他没有挨黑枪。如同今日在世界上其他地方屡见不鲜的那样，为了解决政见之争是不择手段的。最后陈友仁活下来了，而袁世凯却在风雨飘摇的朝廷中勉强维持了100天后，终于从失望而绝望，一命呜呼了。

然而中国的内乱延续着，陈友仁尽管高升为南方政府的外交部长，并通过与英国领事、一位爱尔兰裔人奥马利（O'Malley）的友好合作，成功地收回了汉口的英租界，但还是不得不在1927年前往欧洲“度假”。此时他有幸在巴黎与张荔英（Georgette Li-Ying Chang）小姐结为伉俪，她是终生资助孙中山的富豪张静江的三女儿。虽然张荔英小姐比陈友仁年轻31岁，但他们勇敢地走进婚姻，在国外和国内幸福地共同生活了13年，其中包括被日本占领时的艰苦岁月。我在最近几年得以认识这位女士。她是一位擅长人物与风景的卓越画家，继承了法兰西最优秀的传统。根据我的建议，陈夫人现在以艺术家的身份生活在新加坡。她出版了回忆录，很详细地回顾了我伟大的朋友陈友仁的个人生活，其中写道：

友仁于1927年从中国被流放国外，尽管他访问莫斯科时与克里姆林宫的领导人会过面，但是他从未加入共产党。他发现法国首都充满自由和艺术氛围，很适合他的知识分子情趣。那时我是索邦一个学艺术的学生，友仁和我经常会面，虽然我们俩年龄相差30多岁，但我们觉得有许多共同之处，我们用英语和法语相互倾诉，深深地相爱了。我们决定在结婚以前，先征得我父亲的同意。一开始，我父亲对他这位英语作家和正直的政治活动家十分尊重，但有些担心他是共产党员。于是我和友仁请求父亲提出一系列政治问题让我们逐一回答，这样便解除了他在至关重要的政治信仰和家庭观念方面对友仁的顾虑。在长达一年的书信往来后，父亲终于同意我们的结合。1930 年，我们在巴黎中国总领事高鲁（Kao Lu）的官邸结婚。当时我们在巴黎的朋友几乎都出席了婚礼，其中包括孙中山的夫人。

友仁和我厮守 13 年多，尽管在国内一直很艰难，我们始终是亲密伴侣。在日本占领九龙（香港）之前后（1941—1944），我们的幸福生活经受了考验。在得知风暴即将降临时，有人劝我们去香港避难，于是我们设法乘最后一班轮渡由九龙渡海。我们住在拥挤的告罗士打格酒店，只得到一间小房间，躲进这个斗室存身。日本军队很快便公然占领了这个殖民地，我们和颜惠庆博士等人在那里只好听天由命。不过占领者对我们还算礼貌。宪兵对友仁不断地进行搜查盘问，他们蔑视法律，恣意妄为。因为我的丈夫很少甚至不说中文，所以还得给他专门请来一位翻译，我则总是在他身边打气。曾经有过下面的对话：

问：你对我们伟大的征服有何看法？

答：现在是非常广大，但是你们能维持多久呢？

问：你难道怀疑我们有能力永远保持这些战利品吗？

答：因为你们没有足够多的舰船和军队。当你们的兵力分散以后，你们的对手就会逐渐地然而是持续地组织起来并壮大他们的战斗力量，这对你们的帝国可能是十分危险的……

这些日本人有时似乎对我丈夫的态度感到惶惑不解，因为他毫不畏惧，一如既往地尽兴发表他的见解，犹如他当年主编《京报》和《上海时报》（*Shanghai Gazette*）反对袁世凯、梁士诒和张作霖一样。当年根据张作霖（他写的文章中一直称其为土匪）的命令，在北京把他从床上强行带走，后来他被交给了北洋政府的警官，那是他最坏的境遇。但是不久就传来这位东北军阀被刺杀的消息，看守他的狱吏便前来看他并打开牢门请这位犯人离开……

友仁这个案子，显然有来自东京的命令，要求把他当做特殊的囚犯……友仁不久即被转移到上海。承蒙给了他有限的自由，允许他通过收音机收听广播，因而他得以知道各个战场上日本军事实力正在减弱。监视我们的日本人告诉我们上海将会更安全，于是某一天命令我们带着我们的大部分随身物品，包括无数的书籍和我的画作，乘海轮前往上海，住在法租界的一栋小屋子里。当然我们一直都处于监视之下，但是宽松多了，甚至允许我们相当公开地活动。

但是几年来紧张与焦虑的日子毁坏了友仁的健康，在盟军宣布最后胜利之前他走了。他逝世的日子是1944年5月24日，死因是结核性腹膜炎。

作为他近15年的忠实妻子，我，荔英，可以为他的正直与忠诚担保，他认为这是他做人的本分，甚至在万分危急的时刻，凶恶的日本军队就在眼前也忠贞不渝。那时许多原先的官场头面人物都穿上了穷人的衣衫，用煤灰将脸抹黑，但友仁绝不随波逐流。他也要求我保持自己的风度，我们的衣着整洁如常，泰然面对侵略者，无所畏惧也绝不乞怜。友仁生活简朴，弃绝抽烟喝酒等大多数嗜好。因为他在早年的婚姻生活曾经历过悲伤和绝望，因而他离开特立尼达后从未和原先的家庭联系。甚至在他的两个男孩（其中一个现在香港当律师）长大以后，也很少与他们见面，只是坚守着自己的新家。

我们没有生育子女，但是我对友仁的怀念总让我感到无比幸福，他确实是最伟大的中国之子中的一个，忠诚勇敢地为祖国服务，那充满激情的生动写作风格为他赢得了声誉，他是最伟大的英文散文作家之一。

第 11 章 革命及其后果

清王朝

中国历史学家告诉我们，1644 年明朝末代皇帝自缢于宫墙外煤山一棵树上的时候，他曾相信吴三桂将军会前来，将他那摇摇欲坠的王朝从满洲军队入侵中解救出来，然而吴却让敌人进占了首都北京。吴将军之所以作出这个出人意料的决定，是由于他得知在南部作乱多年的那支由李自成为首的叛军已经占领了北京，并且从他在北京的家中掠走了他的爱妾。这一不能容忍的侮辱令其怒发冲冠，于是他便和外来的满人联合起来。结果满人由于吴三桂的不抵抗而长驱直入占领了北京。李自成在洗劫北京后，面对着满人的进逼，便满载着赃物向陕西老家退去。满人定其国号为“大清国”，而吴三桂则受封平西王，管辖两个边远省份云南和贵州，事实上享有独立王国的权力。

从此中国由满洲王朝统治，自 1644 年开始直到 1911 年 10 月 10 日，那一天孙中山领导下的革命爆发，第二年年初即宣告共和国成立。

我们应当承认，就满人而言，在他们确立统治之初拥有极大的优势，那时他们是一个雄心勃勃的民族，不畏艰险，充满活力，又能勇于面对自身的弱点和困难，更可贵的是他们乐于全面接纳中原文化和中华文明之精华。清朝的两位早期皇帝康熙和乾隆分别在位60年后自愿退位，他们在思想和行为方面都非常开明。康熙曾到过他那辽阔帝国的大部分地方，为人民谋求富足幸福的生活，扶持艺术和文学，还欢迎耶稣会传教士们带来的先进科技知识。这些外国人最初是应明朝永乐皇帝邀请担任宫廷官职的。康熙对传教士宣讲的基督教义表现出很大的兴趣，若非当时教皇傲慢与固执而自以为他在世间万物中应凌驾于中国皇帝之上，也许这一宗教能在这个国家奠定基础。康熙还编撰了以他的帝号命名的大型字典，又是多达1 628卷的大型百科全书《古今图书集成》的发起人。

他的孙子乾隆也在位60年（1736—1795），然后便退位了，他出生在紫禁城之外的一座宫殿里，后来这座宫殿改作喇嘛庙，这就是北京广为人知的名胜雍和宫。乾隆从幼年起便为继承大统而接受训练，后来成长为一位才华横溢的罕见才子。他擅长书法和绘画，在这个国家的许多寺庙和经院中今天依旧保存着他那秀美的字迹。

他曾远巡南方的江苏，在那里，他从内廷侍女中看中了一个心爱的女人，而在西北又选中了一位回族公主纳入他后宫之中，于是这些故事便成了中国历史中的一笔重彩。

乾隆的爱情故事是这样的：某次西征中，这位皇帝得知有位回族公主天生丽质，且遍体生香堪比最高雅的玫瑰，便命令他的将军无论如何要将她掳回京城宫中。这位将军在战斗中费尽心机，终于杀死了她的鞑靼丈夫，以高规格的仪仗将这个稀世猎物送给了风流的君王。但出人意料的是，这位来自新疆的忧郁寡妇竟对皇妃之尊无动于衷，并威胁说任何人敢接近她，她将自刎或杀人。皇帝求爱竟遭受空前的挫折，对这位美丽公主愈娇宠，遭到她的反抗愈强烈。为了赢得她的芳心，皇帝下令在内城南面城墙上建造一座高楼，让她从此远望安福胡同那座住满回族同胞的清真寺，这些回民是为让美人欢心而从她遥远的家乡迁移而来的。但是这一切都没有让皇帝如愿，这位倔犟的女人只求速死，以便与她真正的丈夫相聚于地下。如此决绝的态度激怒了皇帝的母亲，某天皇帝前往内城之外的天坛祭天时，她命令将这位回族公主带到她跟前，对她说："年轻的女人，皇上和我对你都已经忍无可忍了。皇上为爱和对你的痴情而日渐消瘦与怠倦了。你竟然会拒绝这上天赐予的宠爱，究竟是何居心？你到底如何了结？"这位悲伤的女人答道："对不起，我决不同意成为皇上的妃子，我只求一死。"于是皇帝的母亲扔给她一段白绫，说道："好吧，如果你执意如此，捡起这条白绫回到你的住处了却你的心愿吧！"

一位在场的忠实太监迅速将所见一切报告了皇帝，待他返回宫中，发现爱妃已经死去。受到儒家伦理约束的皇帝，此时跪在母亲面前，无奈地泪流满面。皇太后说："我们伟大的帝国需要你威严的领导治理。不要再伤心了，继续担负起你的责任来。"他确实为整个国家谋求了利益。这位著名的美人香妃由于一幅精致的绘画而留存于历史，在画中是一位身着戎装的少妇，画家则是乾隆朝的宫廷画家耶稣会传教士郎世宁（Guiseppe Castiglione）。

这个由康熙、雍正和乾隆三代统治开始的王朝，在其前期的 150 年中成就卓著，不幸的是未能使中国一直维持盛世。1796 年开始，乾隆在辉煌地统治 60 年后宣告退位，将皇位交给了儿子。以此为标志，以后由于统治者及其权臣们的无知、狂妄和平庸而导致了一系列灾难。如同明朝末年，朝廷的实权逐渐沦落到那些心理变态的太监手中，这些人既未受过充分的教育，本性亦不正常，因为常伴君王，以至于成为手握大权的官吏们讨好的对象。在声名狼藉的慈禧太后于1876—1881年、1881—1889年和1898年至她去世为止（1908年）的三度摄政期间，这种现象达到了登峰造极的地步。然而，即使在"老佛爷"尚未登台之前，整个国家已日渐显露出不稳和衰退的不祥征兆，例如1850—1865年太平天国的叛乱以及1873—1878年新疆的回民叛乱。更有1862年交趾支那陷于法国人之手；1860年英法联军攻占北京，洗劫并火烧圆明园；1884年丧失属国朝鲜；1894—1895年中日战争的惨败；1900—1901年疯狂的义和团起事等，从而招致了难以承受的赔款（这些事件在前几章里已经述及）。这些事件使满洲王朝日暮途穷，并为随后成功的革命铺平了道路。

太平天国作乱理应加以特别叙述。这场动乱持续了15年，使中国主要省份的大片国土受到破坏。这场劫难由一个名叫洪秀全的广东客家人发起，他在参加科举考试失败后由一个传教士介绍受洗成了基督徒。以后他就自命为上帝的儿子，在广西开始造反，并带领他的部众进入湖南。进攻省城长沙受挫，便抢夺船只进军南京，在南京盘踞达8年整。他在那里胡作非为，连被引为中国古代艺术骄傲的玲珑宝塔也被摧毁。在这段时间内，上海郊外发生激战，太平军多次进攻均告失败，这主要由于外国人对曾国藩指挥的清军给予了决定性的援助。这些外国人先是美国兵痞华尔（F. T. Ward），后来是曾当过英国兵的戈登（Charles G. Gordon）少校。1865年终于收复了南京，自称为天王的叛乱首领洪秀全自杀。朝廷方面出现了两个名垂青史的人物，这就是曾国藩和他的主要助手李鸿章。

尽管百年中内部和外国给以大清帝国许多失败和遭受侵略的教训，这些满洲统治者却从未打算采取任何有力的措施，将这个国家建立在现代化的基础上。而相邻的日本帝国的明治则在干练的阁僚辅佐下，在相同的时期成功地将日本从封建国家转变为世界经济和军事强国。这一时期，中国并不缺少在国内外受过训练的谋划与行动的人才，但是他们的才能并未得到充分发挥，而那些无知颟顸的满人则受到宠信，身居高位，尽管他们也明白变革的时代真正需要什么，却漠不关心国家的前途。1900 年大清帝国遭受了空前的浩劫，当时愚蠢的皇太后企图报复外国人，在自认为是她的天下越来越妄自尊大，竟公开支持义和团，轻率地电令并公告各省巡抚和总督“剿灭洋人”。幸亏时任山东巡抚的袁世凯将“剿灭”二字改成了“保护”，否则被杀死的传教士和无辜教民的数量将会大为增加。袁的精明之举被那些谨慎的官员们仿效，使紧张的政治形势得以暂时缓解，而由于皇太后愚昧的罪行，她本人和她的近臣们却不得不乘坐骡车逃往遥远的陕西。

1901 年清廷和联军各国签订和约。该条约除有许多丧权辱国的条款外，首先是必须偿付令人惊愕的赔款，即在 39 年内总额达 4 亿 5 000 万两白银，年利率 4%。这样才让那个奸险的妇人得以返回京城而依旧大权在握，而她那试图维新的侄儿光绪皇帝则重新被囚禁在紫禁城内一个岛上。在此期间一些外国作家写书曲意奉承这位歹毒的妇人，而外国使馆中那些有权势的夫人们则争相吹捧她。宫廷里那些奸诈的太监依旧向那些要求晋见的官僚敲诈勒索，甚至像袁世凯和太后自己的本家荣禄（据说是她的非正式情人）等高官，要进宫求见太后也不得不向那两个臭名远扬的总管太监行贿。因此，世界各地的中国人，特别是广东人秘密制订革命计划并开始付诸行动了。1896 年数百位热血青年在广州开始的时机不成熟的革命曾导致 72 人被害。为此筹集了巨额的经费，组成了许多反满团体，目标是推翻无能的封建王朝，为祖国创建新国体。同盟会的创建者孙中山曾一度将其总部设在东京，并在留日学生中招募他的追随者。孙和他的基干成员一起，以美国为模式，谋划建立一个现代共和国，而老成的康有为和温和派则主张按英国方式建立已为几百年经验证实是成功的君主立宪制的国家。按前一主张，一切要彻底变更，包括代代传承已长达4 000年的帝制；而改良的君主立宪制度，则是主张将腐朽集团清除后，仍须拥立一个稳居皇位的人使全国团结起来。于是在国内和海外两派争论不断，甚至波及马来亚各地，共和派和君主立宪派也都各有强大的支持者。直到现在，在槟城的柑仔园路（Dato Kramat Road）402－4 号，还存有两栋废弃的建筑。40 多年前，孙中山和他的助手曾在那里居住和谋划他们的革命事业。孙中山流亡海外时曾在一座称为“晚晴园”的宽敞平房中居留过 5 年（1900—1905），这座建筑坐落在新加坡的马里士他路尽头的吉恩路，如今已被他的朋友们保护起来了。

前已述及，1898 年康有为在光绪皇帝支持下，曾为向清朝政府引进现代化的进步体制而进行过仓促的尝试，但被掌权的皇太后扼杀于起步阶段，包括著名学者谭嗣同和康有为的弟弟等6 位为首的维新派人士被处决

晚晴园今昔。左：1927 年旧照；右：1997 年重修（承新加坡孙中山南洋纪念馆惠赠）

于北京；康有为和梁启超侥幸逃脱。除了在广州地区的密谋举事外，还应该提到另一次由中国女教师秋瑾女士策动的革命。这位女士1879年出生于福州，但她的父母来自浙江产酒胜地绍兴。她嫁给了一位王姓小官吏，而且有一个安适的家庭并养育了几个孩子。她不满当时的社会状况，并曾到日本深造。在日本她为同盟会的纲领所吸引，便主动加入了同盟会。他们制订了在安庆（安徽）、杭州和绍兴（浙江）同时举行起义的计划，但地方官得知了这些计划，因而秋瑾女士在她绍兴的学校中被捕，遵照巡抚的命令，两天内即被斩首。她的墓地被安置在美丽的杭州西子湖畔一座亭式庙宇中，每年前往瞻仰者成千上万。

辛亥革命

满洲王朝的最后3年，正是我为这个帝国服务的开始3年，统治者的无能与故步自封显露无遗。首先，幼小的溥仪（醇亲王的儿子）被立为皇帝，年号宣统，他那软弱而毫无经验的父亲被封为摄政王，拥有专断朝政的大权。第二是手握重权的军机大臣和第一支现代化军队的创建人袁世凯被开缺回籍，到他河南卫辉的家乡“调养足疾”去了。

逆历史潮流而动的满洲贵族和保守的汉族逢迎者把持着王朝的要害部门，例如老迈而腐化的庆亲王控制着外务部，郡王载洵掌管海军部，郡王载涛主管军机处，铁良主管兵部，还有两位从国外归来的满人，即由德国学习回来的荫昌和从日本留学回来的良弼，则控制着北洋新军。在这个统治集团中，唯一办事认真而有才干的人物是肃亲王，他担任民政部大臣，还兼管现代化医院等其他事务。

无能与专制的领导集团一成未变，这招致弥漫在国内外民众中的怨愤情绪日益高涨。他们在 1906 年即允诺过实行责任内阁体制，然而直到 1910 年 10 月成立所谓资政院时，人们才发现成员都是满族或蒙古族亲贵，少数汉人只是点缀。资政院要求的是享有真正的立法权，并且受到担任总裁的开明亲王溥伦支持，然而摄政王却否决了这个决议，并指令国会推迟至 1913 年召开。

1910 年 4 月，即摄政王拒绝给予资政院任何立法权力后不久，他坐的车驾行经西城一条热闹的街道时，遭遇到一颗手榴弹袭击。但手榴弹没有爆炸，刺客在一条阴沟中被捕。他就是汪精卫，当时他还是位年轻的广东书生，受雇于某报馆，于是被送到民政部大臣肃亲王处接受审问。汪精卫坦承他对摄政王反对变革的态度感到绝望，便向他扔了手榴弹，想借此换来个更开明的政府。宣判时肃亲王对汪说，由他来审判算是幸运，如果落在其他高官手中，肯定要身首异处。这位亲王还说，采取这种极端的手段来寻求政治改革是极端愚蠢的，不过考虑到汪精卫的学问，并未将其处死，而是将其终身监禁以观后效。然而不久便爆发了革命，汪精卫便被释放了。在共和政府中，汪精卫身居高位，与蒋介石紧密合作。1932 年日本人建立“满洲国”后，汪精卫则与侵略者合作，建立了自己的政党。数年后他死于日本，他受到绝大多数中国人的憎恨与唾弃。

另一引起不满的原因是为修筑湖广铁路在民间募集的股金之运作，这条铁路从汉口延伸至四川省城成都。但中央政府委派的大员用这笔款项在上海橡胶市场从事投机生意亏损了 1 500 万元，投资者要求赔偿时，政府却派兵镇压，民众便组成自卫队保境安民。于是反抗的怒潮在帝国的这个偏远地区爆发了。当年游历世界考察适合中国的宪政，博学多才的满人总督端方，在镇压民军过程中被杀。

革命终于成功的事件是发生在长江南岸湖北省城的武昌起义。1911年10月8日，汉口英租界一所房屋中突然发生炸弹爆炸，导致3人被捕并立即被杀。当时的总督是摄政王仓促提拔的满人瑞澂，但是不到一昼夜他自己的军队也起义了，他不得不逃往上海，不久便被吓死。起义军队由协统黎元洪率领，他是一位平和而不事张扬的军官。他不久便占领了汉口、武昌和汉阳三个连成一体的城市，在汉阳有兵工厂和炼铁厂。于是武昌被定为新首都，黎元洪签发了文告，号召民众在伟大的目标下团结起来，驱逐可恨的满洲统治者。其他各省纷纷响应，而当时还在伦敦的孙逸仙也被电请立即归国前来领导革命。

在此期间，北京朝廷出现前所未有的混乱。走投无路的摄政王只得请3年前被他罢黜的那位可畏的袁世凯再度出山，前来解决眼前的危机。然而在整整1个月（10月14日至11月15日）的时间里，袁世凯面对燃眉的危局却按兵不动。12月6日，摄政王的位置被光绪帝的遗孀隆裕皇后取代。她几乎没有治国经验，又无魄力，因而很容易受野心勃勃的袁世凯左右。此时所有的满族王公贵族都已不再问事，资政院核准了袁世凯担任内阁总理大臣的任命。

袁世凯重新掌控了他原有的军队，并立即派遣他的心腹冯国璋将军到前线统帅官军。不久便攻克汉口和汉阳，只剩下武昌仍归民军占领。然而12月2日却丢了故都南京。此时袁世凯决定停战，主要是因为朝廷国库已经告罄，要靠借外债才能将战争继续下去。尽管有两个欧洲国家应允合作，但美国政府严守中立，致使袁世凯借款打算落空。于是他转而逼迫隆裕，要她宣布停战议和。这个主张得到了双方同意。12月9日，唐绍仪先生被任命为全权代表前往上海与南方议和，此人自1884年在朝鲜时期便成为袁世凯的亲信。

革命者一方的首席全权代表是我的广东同乡伍廷芳博士，助手有诸如王宠惠（耶鲁大学的民法学博士，法学家，后曾任海牙国际法庭大法官）、温宗尧（出生并受教育于香港，后来曾被任命为驻藏参赞大臣）、汪兆铭（即汪精卫，仅几个月前向摄政王投掷过炸弹）、王正廷（通常被称为C. T. ，毕业于耶鲁大学，任基督教青年会的书记多年，后来曾任北洋政府商务部和外务部次长）等，还有曾因从事革命活动而被囚禁过多年的湖南人胡瑛。而在唐先生手下，则唯有高尔谦（福建出生的著名中法关系专家）为公众所知。12 月 18 日，这次历史性的会谈在公共租界的市政厅内举行，会场气氛祥和。根据预先商定，双方均只有首席全权代表，即唐绍仪和伍廷芳发言，助手们则围坐在侧，窃窃私语或彼此传递消息，但不允许发表讲话干扰议题。这样既使气氛融洽又节约了时间。唐先生和伍博士并肩端坐于长方桌之一端，唐先生的助手们在右侧，伍博士的助手们居左。

会谈开始之时，人们已经知道北方代表唐先生也赞成共和，他认为这是解决当前危机的唯一途径。但是应该承认，北京政府依然有若干优势，例如它仍然为列强所承认，占有首都及其附近地域，有装备精良的现代化军队，掌控着铁路干线与通讯设施，因而可快速集中兵力。南方的人士则坚持认为满族人暴力统治了 267 年后，已经使国家混乱不堪，因此应该让位于一个由人民选举产生的政府。最为重要的一条，是一般人都担心如果保存帝制，袁世凯会成为实际的独裁者，而且根据他以往的从政经历推断，总有一天会设法复辟皇朝。人们都记得他曾经说过他的抱负是做中国的拿破仑而不是华盛顿。会谈日复一日地延续着，虽然唐绍仪劝说北京的当权者同意南方代表提出的大部分要求，但袁世凯坚持他保留帝制的决定。结果唐绍仪被召回，会谈破裂了。

1911 年 12 月 27 日，孙中山博士抵达上海，他被革命党人拥戴为统一的共和政府领袖。他立即乘火车前往南京，1912 年 1 月 1 日宣告他就任民国总统。他当年流亡马来亚时曾给他很大帮助的挚友之一、新加坡的林文庆博士陪同孙中山来到南京，参加了 1912 年 2 月 15 日在明孝陵举行的祭祀洪武〔创立明朝（1368—1644）的朱元璋〕的隆重典礼。这座陵墓位于南京城数英里之外，有一条神道通达，道旁有用整块石料雕刻的马、象、狮、骆驼、麒麟和身着那个朝代官服的人物像。

孙博士在灵前宣读了“谒明太祖陵文”。这篇祭文即使译成英文，其厚重而含义深远的词章也能体现东方式的虔诚。这篇译文于 4 月 3 日发表在伦敦的《泰晤士报》上。祭文开篇历数了早期鞑靼和蒙古等的袭扰，以及随后满洲游牧部落的入侵，接着描述了爱国者为驱逐鞑虏而前仆后继，奋斗终获成功的经过。祭文是这样结束的：

又闻在昔救时之士，尝跻斯丘，勗励军志，俯仰山川，唏嘘流涕。昔之所悲，今也则乐。郁郁金陵，龙盘虎踞，宅是旧都，海宇无吪。有旆肃肃，有旅振振，我民来斯，言告厥成。乔木高城，后先有辉，长仰先型，以式来昆。伏维尚飨。［引自《孙逸仙全集》第 2 卷第 95 页“谒明太祖陵文”，中华书局，1982 年］

应当提及的是，1913 年伦敦的《海滨杂志》（*Strand Magazine*），在这一时期以“我的回忆”为标题发表了孙中山的系列文章，文中披露道：“袁世凯已接近我相当时间，他派人向我表示他赞同我所做的一切，并愿意帮助我开展活动。”著名的外科医师康德黎（James Cantlie）爵士，是孙的终生朋友，也是《孙逸仙和中国的觉醒》（*Sun Yat-Sen and the Awakening of China*）一书的作者，在该书中他写道：“袁向孙传达的信息令人乐观，显然袁世凯并非顽固地效忠清王朝……袁世凯一定高度关注孙和他的主义，否则他不会提供帮助。孙也尊重袁某，经常谈及他的才干和统驭大局的能力。中国这两位伟人此时志趣相投，有望为共同的目标迅速联手。”

遗憾的是，随后发生的情况并未如预期那样顺利，尽管孙博士由在南京召开的临时议会选举为大总统，他却并不贪恋高位。

在北京，也发生了重大事件。1912 年 1 月 17 日，袁进宫谒见隆裕皇太后，向她奏报共和党人提出的请清帝退位建立民国的要求，同时允诺每年向皇室支付 400 万元优抚待遇。当袁乘车由皇宫回家途中，有两颗炸弹向他掷来，其中一颗爆炸了，炸死了他的卫队长，炸伤了几名卫士，幸亏车夫沉着，飞速躲进小巷而让袁平安到家。谋杀的主使者不明。

从 1 月 28 日开始，北洋新军高级将领纷纷向清廷发出通电，敦促清廷接受共和党要求，令清帝退位，终于迫使清廷让步。革命派未费一兵一卒，也未以各省独立相要挟，而是借助南北两方之合作，以及北京资政院施压而取得了胜利。其间，袁世凯的计谋起了相当重要的作用。

1912 年 2 月 12 日，隆裕太后以小皇帝的名义，颁布了三道诏书。第一道诏书包含的重要段落是：

今全国人民心理，多倾向共和，南中各省既倡议于前，北方诸将亦主张于后。人心所向，天命可知……即由袁世凯以全权组织临时共和政府，与民军协商统一办法。总期人民安堵，海宇乂安，仍合满汉蒙回藏五族完全领土为一大中华民国……

第二道诏书列举逊位条件，包括清室宗庙陵寝继续享受供奉，按原计划完成光绪陵寝，优待清皇族的条款，保留王公贵族若干封号，并允诺中华民国各民族地位平等。第三道诏书陈述了退位的理由，是希望避免进一步的冲突，恢复秩序。

这几道诏书显示了一个深谙权谋的官僚的老练手腕。诏书委任袁世凯在帝国所辖全境组建统一的五族共和政府，是一个巧妙的伎俩，这样便使袁得以不受南京革命组织的约束而随意行动。在签发诏书前，袁与南方领袖间已经就退位条款达成一致，仅需要南京的正式认可。于是 2 月 14 日，孙博士和他的内阁向南京参议院递交辞呈，参议院次日即推选袁世凯为民国临时大总统，同时任命一个委员会前去通知并陪同他到南京宣誓就职。南方党人希望民国政府摆脱北京的影响，但袁深知他的势力在北方，因而他不愿造成北方向南方投降，或受南方任命的既成事实，反而邀请南方派代表来北京。

南方代表 1912 年 2 月 26 日到达北京时受到最高规格的接待。过去只供皇帝出入的前门正门，如今敞开让代表团一行通过，并安排他们下榻在东城煤渣胡同的贵胄学堂。2 月 29 日晚，在外务部的新大厅举行了盛大宴会款待代表们。这个礼堂，正是去年 5 月以贵宾待遇，热情接待万国鼠疫研究会代表的地方。

宴会中，突然电灯熄灭，响起了枪声，随即得知是新军第三镇发生兵变。挑选来保卫南方客人的士兵匆匆赶到代表下榻的贵胄学堂，实际是去抢掠那些惶恐不知所措的代表。动乱持续了整夜，第二天竟蔓延到直隶省两个大城市——天津和保定府。这类事件相当意外，因为袁指挥的军队素以纪律严格著称。这一事件为刚刚诞生的民国前途笼罩了一层阴影。

南北双方紧张磋商数日后，实质性的结果是北京依旧作为首都。袁世凯在外务部宴会大厅宣誓就任临时大总统。南京方面的代表、袁内阁的成员、旗人与代表五族共和的人士，以及应邀出席的少数外国公使团来宾到场。袁在他的誓词中，郑重承诺严格服从宪法，遵从民意，当国会选出民国总统后即辞去职务。

这个由满洲人统治了 267 年（1644—1911）的大清王朝就这样终结了。它当初是那么雄心勃勃，充满希望，如今却是如此悲戚地黯然收场。

不过新生的民国也有它自身的问题需要解决，它号召仁人志士和充满活力的中华民族各阶层坚贞不渝团结一致，努力建设一个富强进步的国家，让每个国民都能得到发展和感到自豪。

民国肇建，内外交困。首届内阁由唐绍仪担任总理，我的老朋友施肇基任交通总长，其他内阁成员则由南北双方遴选。国会为两院制，参议院即上院代表各省，众议院即下院代表民众。选举将于 1912 年举行，1913 年春召开国会。

在此期间，急需支付巨额金钱以遣散南北双方的军队，偿还债务和维持政府的行政经费。比利时银行家和英国克利斯普公司（Birch Crisp）属下的财团愿意借款，但是普遍认为一个由列强（英、德、法、美、日本和俄国）支持的真正具有代表性的集团方可承担此事。袁世凯政府终于在 1913 年 4 月与国际银行团签订了重组借款协议，共借款 2 500 万英镑，附带条件是以盐税作抵押，由外国专家监督其支出和管理。

唐绍仪和他的首届民国内阁于 1912 年 6 月辞职，随后另一个短命的内阁则经常被理财能手广东人梁士诒操纵。

此时南京集团和新政治家派别呼吁制定宪法，以便最大限度地实现地方自治，同时仿照法国先例，由国会施行对总统权力的限制。袁的目的在于做一个像美国总统那样的真正统治者，既是国家元首又是他的政党的党魁。因此南北对立，南方六省再次发动反叛，北方则采取不光彩的手段去制止正在兴起的反对浪潮，诸如在上海火车站暗杀宋教仁。

然而此时袁世凯已做好充分准备去对付突发事件，由于他拥有通过新借款而获得的财政手段，足以镇压所有的反对派。威胁他的起义很快就被镇压，孙博士和他的两位亲近助手（黄兴和李烈钧）逃亡日本，袁成了这个时期至高无上的统治者。

两项新任命

1913 年 6 月，由时任总统府高等参议的海军将领蔡廷干[①]引荐，我第一次被袁大总统接见。我被告知可着西装便服，在西南门出示通行许可证。在乾隆年间，从这座门可以俯瞰街对面耸立的为香妃随行者兴建的清真寺。从西南门到接见大厅须步行半英里，要经过一个景色如画的湖，背景是昔日皇家宫殿的各色房屋。新建筑的大厅被漆成土粉色，是 1912 年大总统就职后仓促建造的，与旧宫殿的格局并不谐调，但是宽敞、舒适，更适合现代需要。厅内的家具和其他陈设都很时新。通报姓名后，大总统便出来与我握手，如同接待任何一位来自外域的客人。他还记得很久以前曾邀请过我，但是在这段时间内发生过很多事情，他说很高兴得知我扑灭满洲肺鼠疫，能够出色地为国家服务。其间他表示愿意委任我做他的一位顾问医师，但不必常驻北京。

接见持续了 20 分钟，已足够我了解他驾驭下属的非凡能力了。袁大总统是出生在河南的矮个子北方人，不足 5 英尺 4 英寸，比我还矮。他的头发已经全部灰白，蓄须稍长，两端平整，但不是军人样式。他留短发，目光深邃，洞察一切，他身穿素色丝袍。显然他意志坚强和果断，愿意提携那些忠实为他服务的人，对那些办不成事的人则非常严厉。

他欣赏广东人，虽然按照西方标准这些人不一定总是循规蹈矩，但他们务实，往往不辱使命。这可以解释他为何经常委派广东人去执行一些棘

① 蔡廷干生于 1861 年，卒于 1935 年。—— 作者原注

手任务的缘由。诸如唐绍仪、梁士诒、蔡廷干和程璧光等。这些人都非常忠实地为他效力，尽管他们不一定赞同他的政策。同时，康有为、梁启超和其他改良派人士则有充分理由谴责他在光绪（1876—1908）亲政期间（1898 年）背叛了支持他们举事的承诺。前文曾述及，1884 年袁在汉城与日本人伊藤的情场竞争中赢得了朝鲜美女的芳心。他的声望如日中天，被认为是拯救这个风雨飘摇帝国不可或缺的干才，满洲亲贵在绝望时刻只得恳请这位被他们轻率黜退回籍的袁世凯重新出山来收拾局面。这样，袁在此刻已经位极人臣，中国民众和外国列强在北京的代表都完全支持他。如果他忠诚地为新生的民国服务，胸怀如华盛顿般无私和伟大，一切都会看好，国家将会逐步繁荣起来。在那个重要时刻，假如袁某在闲暇时读读《华盛顿传》，假如袁某将首位美国总统所采取的施政方略加以适当修改后在中国施行，可能中国和远东的历史将会被改写。而袁实际主要是凭借他的天赋和见识短浅的幕僚，只专注于在中国推行隔靴搔痒的政策。当发现他的致命错误时，已经为时过晚，此时他肾疾已经沉重，1916 年便去世，享年 57 岁。

1913 年，在内务部朱启钤[①]总长的指导下，北京的市容得到了巨大改善，特别是交通设施方面。此举足使他与美化巴黎的拿破仑三世（1808—1873）麾下之豪斯曼（Baron Hausmann）齐名。原来的前门城楼（正阳门）高达 60 英尺，还包括两条用 18 英寸的长砖修筑于巨大且坚硬的花岗石上的新月形城门通道，但入口处因呈弯道而极不通畅。现在他每天动用成千劳力将其拆除，只保留中间三层的高城楼。并在此处沿着内城的南城

① 中国营造学社创始人之一，推动关注中国传统建筑的最主要的人士之一。他在该学会会刊上发表了许多文章，其中包括历代中国科学家和技术专家的传记。他还是一位著名的文物收藏家。——作者原注

墙修建了两条笔直的新通道，在中央城楼两侧则供电车、汽车、人力车和行人通行。拆改后留下的这个宽阔地带，仿照巴黎协和广场风格建成了一个巨大的四边形广场，其间点缀着小型庙宇、花圃和红漆警察岗亭。由前门向南的大街宽度超过200 英尺，有一英里路面由碎石铺就，以供现代交通之需，也便于观光者前往天坛与先农坛。在内城与外城之间，也新修了一条东西向宽阔大道，全部以碎石铺就，路旁种植了樱桃和柳树。一些大银行、丝绸店、金店和大公司都坐落此地。著名的长安街与内城南城墙平行，现在也拓宽校直了。安福胡同的老宅院是以前安置香妃的新疆穆斯林随从居住的地方，现已改建成更好的住宅，以供海外归来的官员们居住。我那位嫁给交通部秘书的姐姐的家就在这里。大部分遍植古柏的皇家园林被改作公园，遍布艳丽的花坛，小路通向暖房和人工湖上搭建的亭榭。游客在这些地方可以品茶、设宴。1921 年 9 月我曾在此设午宴，款待小洛克菲勒（junior Rockefeller）夫妇、韦尔奇（W. H. Welch）教授和他的美国同仁，还有 100 位参加北京协和医学院开张典礼的医师。北京另外几条宽阔马路，有东城的哈德门路［今崇文门大街］与王府井（莫里循路），西城的西大街，也是用碎石铺筑，为民众提供了廉价而快速的交通。交通工具本身也有了现代化的装备，骡车和人力车此时安装了胶皮轮胎，因而减少了对道路的磨损。

为展示前朝皇室收藏建立了中国艺术博物馆。熊希龄任国务总理期间，开始筹建中央学会，以便与美国和西方国家的文学艺术学会接轨。在最初的推选成员名单中，我名列科学家组中。

甚至在嫁给中国人的那群白人妇女中，也建立了一个欧美夫人俱乐部，她们希望能够借此学习汉语和了解当地习俗，以及研究那精深奥妙的中国的女红与烹调。当时还没有像迪奥（Dior）那样的时装，中国妇女还因袭着那些古老的平胸款式，而那些挺起突出的胸部展现全部魅力吸引敏感男性的装束，还只被她们的西方姐妹们享用。

戏剧中也引进了新的特色，受惠于那为数不多的在法国学习舞台艺术、舞台布景效果的归国留学生，使以往单调的背景变得面目一新。

那个由无边绿瓦覆盖着的多层城楼耸立在正阳门上，在帝制时代普通民众是严禁进入的，如今全部开放，令那些对考古和中国北方民俗感兴趣的游人一饱眼福。

北京确实已经现代化了，民众显然已经享有了他们的权利，甚至那些过去不可一世的满洲妇女也接纳了普通中国人的服饰，改变了她们那种古板旗袍和特有的发式。向外国借款的这部分花费尚属正当，民众对此基本上没有怨言。

此时我接受了一项额外的任命，担任以京城为始发站的四条铁路的总医官。这些铁路是：京汉、京张、京奉和津浦铁路。第一条铁路是法国和比利时财团提供资金修建的；第二条完全由中国工程师铺筑和管理；第三条是英国提供资金，主要由英国人管理；第四条最初由德国人开始修建。尽管这几条铁路全部采用标准轨距，但依据创建者的规划而使每条铁路各具特色，例如法国与比利时财团用法语和法国制式，英国人用英语，德国人用德语和他们的方法，但在通讯和普通操作规程方面则与中国语言并用。我的新职责让我得以走遍中华民国辽阔的各地——上海、汉口、长江和黄河流域各省、张家口和长城，当然还有奉天城。我经常访问这些城市，与这些地区的防疫组织频繁联系。南满铁路（日本）和中东铁路（俄国）提供我免费通用年票，使我得以向南方可至大连旅顺港，向东北和西北方向可分别抵达满洲里（西伯利亚边境）与绥芬河，这两个城市都在通向俄国军港海参崴的铁路上。这几年，我乘火车旅行几千英里，提出改善卫生的建议，考察全国各个地区与那里的居民，同时还遇见过各个阶层的日本人及俄国人。

有一次我沿着新通车的横贯大陆的干线陇海铁路旅行，直达古都洛阳（曾历经三个显赫王朝）。然后乘汽车至西安府（以前称长安），这里是陕西省省会，是元代的大都市。忽必烈曾在此接见来自伊朗、阿拉伯以及其他西方国家的使者，也接见过平民，例如来自威尼斯的三位波罗［马可·波罗与他的父亲和叔父］。带有辐射活性的温泉华清池距西安不远，唐代（618—906）唐玄宗那位声名不佳的杨贵妃曾在此沐浴，我和来自上海银行的旅伴曾光顾此地，也在此亲试温泉水滑。

还有一次我出差前往内蒙古归化［今呼和浩特］，那里有座依旧四季常绿的青塚安葬着王昭君。她是一位受宫廷画师陷害而被皇帝忽略的美女，从中国放逐来此下嫁给一个粗野的匈奴首领。

上述两位古代美女和另一位出生在古代越国的名叫西施的美女一起，已经由我已故的元配妻子淑琼用英文写成了三部独立的传记体作品，对她们作了绘声绘色的描述。

袁大总统的医务人员中，还有一位受过西方教育的医师名叫屈桂亭（W. T. Watt）。他也是广东人，但用了一个英国式的名字。我与他在总统府相遇，都在签到簿上签名，有时交换一些小道消息。作为一位资深长者，他自然能告诉我很多显赫人物如李鸿章和现任大总统的往事，例如这些大人物几乎从不锻炼身体。李鸿章是位城府很深的学者，却没有带兵才干；大总统是官僚和军事领袖，但学问不多。被下属亲切地称为“李中堂”的前者，曾干练地辅佐他的上司曾国藩镇压了1850—1865年太平天国叛乱。1894年中日甲午战争失败后，他在中日条约上签过字。1901年又和八国联军签订了《辛丑条约》，使慈禧太后得以回銮并再次专权。

袁世凯之死

1913 年时袁大总统还比较年轻（仅 54 岁）。他不知疲倦地工作，从清晨持续到深夜，只在下午二时到四时休息两小时。休息时或在办公室隔壁的卧室午睡，或是从竹筒里抽出一根小签交给贴身男仆。小签共 21 根，每根上写着一位姬妾的名字，她们准备随时被召唤去为主人服务。四点钟一到，那位男仆即来敲门，于是应召的女士即行告退回到她自己的住所，而大总统便去接见来访者，或与僚属们重新开始工作，直到深夜。

总统就是这样日复一日地生活和工作，通常是上午对外接待，除非有外国使团的重要成员求见。虽然总统府周围环境优美，遍布人工湖和假山，苍松翠柏掩映的西山距此亦不过 15 英里，但是袁世凯执掌中枢的几年间，他从不知道度假，或表示有这方面的任何需要。这样的生活方式后果堪忧，既束缚了他的政治视野，又危害了他的健康，而他那不知餍足的胃口，更是不容忽视。在我为他服务的 3 年中，大约每年见面 4 次，我已看出他日渐衰弱的趋势。总统有坚强的意志，不能容忍任何人反对，甚至那些关系密切的朋友和幕僚，如唐绍仪等也一样。常常有许多谄媚者，总是逢迎大总统。这些人中有一位是梁士诒，广东人，是袁最得力的财政总管。由特立尼达归来的陈友仁当时是《京报》主笔，每天挥动着他那如椽巨笔，尽管收效甚微，依然不停地规劝大总统和他的党羽不要滥用共和国对他们的庄严信任，而袁世凯显然已决心废除宪法，变成这个国家的独裁者。自 1913 至 1915 年，袁世凯接二连三的举动证实这种担心并非多余。当他就任大总统时，曾宣誓遵守宪法，忠诚地履行职责。此时却开始策划摧毁国家的立法机构。这年 11 月，他解散了主要的反对党（国民党），因此撤销了 132 名参议员和 306 名众议员的席位，结果国会成员不足法定人数，无法行使职能。

早在 1914 年，他就聘请了古德诺博士（Frank Goodnow，时任约翰·霍普金斯大学校长，著名的宪法专家）起草临时宪法，将一切权力统归总统掌握。规定设立立法院和参政院，前者由选举团推举的 275 名成员组成，而后者由宪法委员会任命；总统任期由 5 年改为 10 年，并有权再次参选；废除在各省依法民选都督的规定，由占据该地并掌握军队的军事长官（督军）取而代之。如此一来，整个中国的行政机构便都被袁世凯本人控制。他的真实野心此刻便已暴露无遗了，他正为建立一个新王朝并成为沿袭过几千年的皇帝而廓清道路。这是极不明智之举，因为他已经拥有无上的行政权力。袁世凯曾向一些外交官和有影响的外国人征询意见，但那都是些共和体制的反对者，他那疯狂图谋自然受到他们的鼓励。古德诺（美国顾问）和莫里循（原伦敦《泰晤士报》记者，时任高级顾问）在这一事件中更是名誉扫地。中华民族虽然讲究实际，崇敬上苍，但决不会宽恕那些把对上苍和百姓作出的庄严宣誓当做儿戏的国家首脑。

此时（1914 年），德皇威廉二世统治的强大德国入侵比利时，导致英国和法国联合对德宣战，第一次世界大战爆发。后来日本与美国参战，中国虽然困难重重，却被拉进了协约国一方。然而日本对盟国却心怀鬼胎，凭借其在远东的实力，夺取了德国在青岛的军事要塞，窃取了在山东省的中国领土，而且于 1915 年 1 月向北京政府提出了臭名昭著的“二十一条”。如果接受了这个条约，中国便将成为日本天皇帝国的庞大附庸国。日本的卑劣行为表明，虽然它也是东方国家，但其侵略性和寡廉鲜耻，远超那些毫无人性的欧洲国家，于是招致它所有的东方近邻恐惧和疑虑。它如此对待危难中的盟国，在有更严重危机发生时，后果将不堪设想！日本显然把握了时机，因为列强正在欧洲搏杀，只能劝告中国尽量让步，以待战后形势好转。

当时我们认为，日本之所以向袁提出如此苛刻的条件，是他们记起了难忘的朝鲜岁月（1884—1894），当时袁任中国驻朝鲜总督，屡屡抵制日本试图将那个“隐士王国”［朝鲜在历史上曾被称为“隐士王国”，因为外界对这个国家所知不多］纳入它的势力范围的图谋。现在袁本人图谋在中国建立他自己的王朝，除非他准备为此付出高昂的代价，即至少要接受“二十一条”，否则日本将不会答应支持他。因此袁虽在表面上反对日本的图谋，内心却决定接受经过修改的条款草案，在 1915 年 5 月 25 日终于签订了这个丧权辱国的条约，中国接受了五项条款中的四项。于是美国强硬照会日本指出，考虑到有些条款已经事实上侵害了中国和其他列强的主权，完全违反日本对其“门户开放”的承诺，因而决定保留适当时机采取任何必要行动的权利。

对日本侵略的默许，激起遍及全国的抗议风暴。尽管袁的追随者和私人军队一直密切注意内部政敌，但在北京受到监视的青年将领蔡锷，还是在一个夜晚越墙逃到了日本，然后乘船到中国南方某港口，并终于到达远在西南的云南省。他自己的军队正在那里待命。蔡锷居地利之便举兵反袁，并号召其他各省参加护国行动。而袁世凯在经过各省党羽通电劝进和几番虚伪推辞皇帝年号的表面文章之后，在 1915 年最后一天正式称帝，年号洪宪。

在这里，我想谈及与袁氏登基有关的三个插曲。

我在天津时已与袁的长子袁克定相识，他是一位有教养、谦虚的由新学校培养的有为学者。筹备登基大典期间，他却模仿德国皇储的式样，在他的封闭四轮马车的顶棚上装上了皇冠。我还听说，他那霸道的母亲竟置全国的反对于不顾，坚持一意孤行，甚至定制了有洪宪标志的成套瓷器。

第二个插曲，是袁世凯那帮寡廉鲜耻的走狗伪造了日本人经营的《顺天时报》（在天津出版），其版式、设计和字体与真报一模一样，但只专门印刷供袁寓目，并不对外发行，以便使他确信甚至他的日本敌人也决定支持他的称帝主张。

第三个插曲则是梁启超的抵制。梁是民国时期的著名学者，1898 年时他是改良派康有为的主要助手。此时他担任司法部总长，却拒绝继续履职，除非取消袁世凯的荒唐计划。当梁发现他的忠告被置之不理后，便离开北京前往天津了。在那里他发表了一篇著名文章，宣告反对这个新帝制。这篇文章受到广泛的赞誉，鼓舞了各地共和派人士，振奋了他们反对总统倒行逆施的勇气。

当谈判“二十一条”时，日本曾假称支持袁世凯，但最终转而警告妄想称帝的人放弃其蓄谋。这最后一击令袁发现自己已经陷入严重的困境，然而在片刻犹豫之后，他仍然决定接受皇位。此时蔡锷由西南发出最后通牒，要求立刻摒弃帝制，而且要求立刻处决袁周围那些居心险恶的顾问。这位曾经不可一世的首脑此时已认识到犯了错误，但他已深陷内外压力之中而难以自拔。蔡锷的爱国行动得到了南北各省将军的响应，他们一致反对袁的窃国行为。袁调派去镇压反对者的军队，旋即倒向了革命者一边。1916 年 3 月 22 日，袁发布了一道无可奈何的命令，宣布取消他的百日帝制，而且许诺召开国会，建立一个对国会负责的政府。但此举已经为时太迟，在广州已组建了临时政府，黎元洪被选为总统以取代袁某。

就在此时，我被急召进京，因为数月来的忧虑和失眠，已令大总统病入膏肓。我夹在另一些多为中医的侍从医官中，受命拿出最好的办法来挽救这位大人物的生命。在这种情况下，通常是“太多的厨师做不出一锅美味羹汤”。每个侍医，不论资质或科学立场，都有自己的见解和建议。某人说病人“内热”太盛，另一位则断言是极度“阴阳失调”，又有人说病人“元气衰竭”。于是第一位开出去火凉药，第二位要调理阴阳，第三位则大补元气。我们两位受过西方教育的医师则注意到病人面部、下肢已经浮肿，高血压，心力衰弱，混浊的尿液中呈现红细胞、管型，并含有白蛋白，这些症状都表明病人患有慢性肾炎、尿毒症，很快就会昏迷。我们只受命检查病人和作出诊断，无须我们治疗。决定则听候府中第一夫人和数位如夫人作出，但她们每人都推荐自己相信的医生；甚至平时只负责照管主人马匹的马夫，对总统的命运都有发言权，因为他在这里忠于职守20年了。形形色色的草药（热性、凉性和平和的）都轮番试用过，但没有效果。最后一位“高手”开出了对症的极凉性的中药，即石膏（硫酸钙）。幸好这剂药是煎服，就是把石膏粉末加水煮沸半小时，只服用液体，否则，如果吞食生粉末，胃里就会结成一个大硬块，死得更快。果不其然，致命的昏迷开始了，随后是肺充血，最后是心力衰竭而死亡，时为1916年6月6日。

袁大总统重病只有三星期，但是他的疾病，由于繁剧的公务和因野心勃勃的计划破产而带来的无穷忧虑与懊恼所致，几个月前就开始累积成疾了。愿他的灵魂安息！

北洋政府时期

袁死后10年（1916—1926）的中国历史简直不忍着笔。副总统黎元洪自动接任了大总统。我作为新任总统侍医的地位被确认，于是我及时前往晋谒。黎元洪的言谈颇为坦率，他说被推上这个高位，本非所愿。尽管他将尽力为民国服务，但唯恐不能令所有的党派都满意。实际上黎大总统健康状况极为良好，政声清白。不过他缺乏经验，又因不了解世界大势而在任职期间作出过某些错误的承诺。总理段祺瑞曾是袁世凯的干将，他和拥护他的将军们主张对德宣战，以便收复失去的中国领土，但新任总统赞同国民党的主张，采取了中立政策。结果段被解职而前去天津，在那里靠他的军队支持而宣布北方各省独立，并威胁将进攻首都。于是黎只得听从下台总理的要求解散国会，然后他便借助于愚蠢的辫帅张勋，而此人乘机进入紫禁城，并于 1917 年 7 月 1 日宣布让年轻的溥仪皇帝复辟。然而这个夏天的闹剧如过眼烟云，段祺瑞带领他的北方军队在 7 月 12 日便控制了北京，张勋则逃进荷兰使馆寻求庇护。袁晚年的第二员大将冯国璋做了大总统。在段祺瑞和梁启超的支持下，正式公布对德宣战。

1918 年，在北京又组建了一个新国会，并选举原东三省总督、年迈的学者徐世昌为大总统。但是他并未掌握多少政治权力。

此时又有另一位声名狼藉的军阀张作霖登上了政治舞台。他曾经是东北的土匪头目。自 1911—1912 年革命开始，这位将军便是这片辽阔土地上的实际统治者。他得到一位名为萨顿（Sutton）的退休独臂英国军官帮助，在奉天建立了一个大型军需和武器工厂，日本人虽已注意到但无法阻止。我曾频繁地访问过那个城市，并曾应他那聪明英俊的儿子张学良之邀，前去与他们父子讨论医道。有一次他们还要我为东三省建设一所制药厂，以满足他们对药品和化学产品的需要。还有一次，我被邀请去规划建设一座附设有一切医治士兵设施的大型现代化军队医院。后一个规划最后实现了，医院得以开办，此事将在后面的章节谈到。

老张的残暴是闻名全中国的，但我看来他像个学者，言谈温和，身材瘦小，50来岁，没有特色的面貌，蓄着稀疏的胡须。他在办公室几乎从不穿军服，一般来访者决不会相信他指挥着一支训练有素、装备精良的50万大军。他的儿子张学良粗通英语和日语，一贯显示着诚恳的绅士风度。他经常拜访苏格兰长老会医学传教士首领司督阁夫妇，他们在奉天郊外建立了一所医学校和一个现代化的医院，培养当地学生，并使用中国官话教学。当老张决定移师北京时，他犯下了平生第一大错，使他的虎狼之师堕入京城腐败氛围中。虽然他在这里尽享权力与荣誉，但国民革命军节节胜利，迫使他退守关外。当他通过奉天附近一座铁路桥时，一枚强力定时炸弹炸毁了他的火车，他被炸死了。这很可能是日本黑龙会所为。

他的儿子张学良按预定接掌了他的权力，但是他们在北京受到无谓的干扰而使那支曾经强大的军队元气大伤。1931年他被日本军队轻易地赶出了东北全境。后来在1936年，同是这位年轻的战士释放了被诱至古都西安府（共产党经常出没的地区）的蒋介石委员长，蒋在此处曾遭受了两星期软禁，其间他曾命悬一线。

第一次世界大战（1914—1918）结束，在巴黎和会上，中国发现自己面对一个既成事实，即日本已经宣布享有德国在山东的全部权益，以此作为日本参加协约国的报酬，而且已得到英国和法国同意。于是即刻在会议上引起了激烈的争论，更激起了上海和中国各地的反日浪潮。抵制日货运动甚至向南影响到香港和南洋，而亲日派的中国官吏，例如陆宗舆和曹汝霖则像老鼠一样被群众追打。这次事件由数千名学生发动。由列宁和托洛茨基领导的苏俄共产主义新政府在1919年向中国作出了友好姿态，声明废除外国人所享有的损害中国主权的治外法权，取消俄国所分得的那部分庚子赔款，并要将俄国托管的中东铁路交还中国。

1921—1922 年 9 个国家在华盛顿举行会议签订的条约，规定尊重中国的主权、独立、领土和行政的完整，并提供最充分的机会使中国发展和维持有效而稳定的政府；施加他们的影响以确保全中国境内各民族有平等兴办商业和实业的机会；避免利用有利条件谋取可能侵犯友好国家公民权利的私利和特权，撤销在中国的外国邮局，限制外国的无线电台；中国的关税率应增加，以使中国能提高国家财政收入；一旦中国的法律和行政手段被确认符合现代要求，则许可让渡治外法权。日本也同意将 1915 年夺占的中国青岛以及其他德国权益返还中国，并废除“二十一条”中大部分条款。所有这些行动，可以看出美国伸出了友谊之手，要帮助中国站起来。

然而麻烦并没有完全解决。对那些被视作外国人“走狗”的中国基督徒发起的攻击，引发了上海的罢工及随之而来的动乱，造成 1925 年 5 月 30 日上海公共租界警察枪杀了几名学生。一个月后广州再起冲突，结果引起大规模抵制英货运动，并扩展到香港，发生了男女工人联合罢工数周，为英国居民和家庭主妇生活带来极大不便。抵制浪潮波及总督府地区，据说连港督金文泰（Cecil Clementi）爵士也只好亲自打扫卫生，他的夫人则亲自洗衣服。中国历史上这整月的抗议活动向世界表明，来自民众的严重的消极抵抗，将会扰乱日常生活秩序，即使高官也难幸免。毫无疑问，第二次世界大战后的印度也再次领受过这种教训。

在这一时期，大批学生涌向日本和西方国家去寻求新知识。在国内，书香门第出身的胡适成为 1917 年白话文运动的领袖，从此高深难懂的语言被大大简化了，可以用简便的文字正确表达所说的话。1919—1920 年，还有一些新学派的激进领袖曾邀请英国的罗素（Bertrand Russell）和美国的杜威（John Dewey）访华并在北京大学讲学。

军阀们还在不断混战。1922 年吴佩孚将军打败了张作霖，而吴的部属冯玉祥（因为每天清晨他带领他的部队高唱赞美诗而被称为基督将军）倒戈，大总统黎元洪再一次下台。另一位军阀曹锟（袁世凯的前部属）靠重金贿选登上总统宝座，但为时不长，冯玉祥和张作霖便联合起来将其赶下台，由段祺瑞（袁世凯以前的亲信）当上了临时执政而不称大总统。

北方军阀争斗之际，南方国民党恢复了元气，1921 年再次推选孙中山就任大总统。客家人将军陈炯明 1922 年发动叛乱使他们暂遭挫折。孙返回广州，此刻他寻得苏俄共产党人鲍罗廷（Borodin）的援助，再也没理会那些经常让他受挫的西方列强。孙博士在他的党内独揽实权，并提出了三民主义来指导他的追随者。然而，他为民国奋斗多年而使他的健康每况愈下，他住进了新落成的北京协和医院治疗肝癌。疾病最初是因为一种名为中华支睾吸虫（*Clonorchis sinensis*）的寄生虫诱发的。一切努力均告失败，孙大总统于 1925 年 3 月 12 日辞世，享年尚未及花甲。装殓遗体的灵柩曾暂厝北京附近的西山碧云寺，若干年后才奉安南京紫金山宏伟的陵墓。

孙博士指定的继承者是 1887 年出生于浙江的蒋介石，蒋忠诚于革命并功勋卓著，除在他的上司领导下竭诚工作外，还掌管设于广州附近为国民革命军培养军官的黄埔军校。和他抗衡的力量是共产党，以前的领导人是陈独秀和李大钊，后来是毛泽东和周恩来。

蒋介石领导的军事北伐开始非常成功。北方人民厌恶愚昧的军阀、土匪和他们的走狗，因而欣然接受国民党的口号，诸如改善劳动条件、提高工资和反对帝国主义等。

国民革命军节节胜利，收回了汉口和九江的英国租界。最终蒋总司令在南京和上海重建了秩序，并将鲍罗廷遣送出了中国。1927 年 8 月，蒋介石发表了一个强硬的宣言，号召所有国民党员断绝与共产党的关系，于是开始了长期自相残杀的战争，经过反复较量后，结果蒋介石自己被逐出中国大陆而退守台湾岛。

然而，国民政府在崩溃前的 1927 年至 1949 年 20 多年间从未太平过。1928 年 6 月，在冯玉祥和阎锡山的军队帮助下，蒋介石的军队进占了南京。领袖们真心打算合作共事，建立起真正代表人民的民主政府。从中心火车站和长江码头直达老城区长达数英里的宽阔大道修建起来了，狭窄的街道拓宽了，一栋接一栋钢筋混凝土的现代建筑和独具中国风格的大屋顶楼房，政府各部门，如国会大楼、外交部、交通部、司法部、国防部、实业部和农业部等陆续入驻，另外还为发展国内和国际的友好关系而建成了励志社与国际俱乐部等。

婉拒国防部军医署署长之任命

在这民国政府大兴土木之际，我收到一件蒋总司令以国家元首的名义发来的公文，委任我为地位显赫的国防部军医署署长。我的职责是组建全军的医务部门，并致力于进行我认为有必要的改革。这样的任务困难而不寻常，因为大多数军队医官只是雇佣来的未经正规教育的人和没有资质的医院助理，他们通过熬年头而不是靠技术和能力升迁到了高位。其中相当多的人还是墨守成规的中医，他们缺少或根本没有现代科学知识。这些人必然会强烈反对任何改革措施。

我第一次谒见了蒋总司令和他那貌美动人、受过现代教育的夫人。她毕业于美国威斯里安女子学院，是宋家三姊妹中最年轻的。总司令沉默寡言，然而是严格厉行纪律的人。他身材瘦长，目光锐利。他与人交谈时不断说“好！好”。这两位都劝我接受这个新职位，说他们了解我过去在满洲的履历，我能够胜任。我感谢他们对我的信任并提出在最终决定前，想先去拜访冯玉祥将军。

我所见到的冯将军，是一位身材高大健壮的人。他穿着粗糙而欠整洁的灰棉布军服，这和他简朴、谦逊、虔诚基督徒的名声相称。他非常和蔼，谈到他出生在北方，早年作为一个普通士兵的奋斗经历，又谈到他后来皈依了基督教。他也要求我脱离满洲的防疫工作，帮助军队组建新的医务部门，他将保证充足的经费。

我甚感为难。虽然我准备尽自己最大努力，但我发现，尽管当时表面风平浪静，国家正在稳步复原，而蒋和冯在性格与气质上彼此是那么不同：一位强悍而高深莫测，另一位则稳健而深谋远虑。政局根本没有稳定，难以开展有效的工作。面对颇不相同的领导人以及我预料的那些下属人员，我好像被围困在好几堆大火中间。于是我决定乘火车去北京和我的妻子商量，我发现她是我最聪明的顾问。

我由南京渡江到浦口，乘火车直达天津，然后再换乘北方铁路前往故都，这时已改称北平。

向妻子讲述了我在南京的经历并讲明了我的困难后，她力主我拒绝这个新任命并立刻返回哈尔滨，在那里向南京作出答复。我听从了这个忠告，向两位将军表示我的歉意，因为某些原因我无法离开现在在满洲的工作，而且对南方的事务也不熟悉。等候了两周，便得到了正式接受我辞却的文书。

我所担心的那些即将发生的内乱不久就确实发生了。1930 年，冯玉祥和阎锡山（两位前盟友）联合进攻蒋介石被击败，国民党暂时统一并控制了全中国。新政府赢得了国内外的声誉。外国人进一步归还了主权，日本也终于同意中国实行关税自主。然而国民党与共产党（此时确立了毛泽东、朱德和周恩来三人的领导地位）之间的对抗持续着。中国内部纷争期间，日本再次表现出它的武力威胁，加紧准备向它的大国邻居发动战争。

第一次被日本人囚禁

1931 年 11 月，我开始定期巡视安东（日踞朝鲜边境的满洲城镇）［今丹东］的旅行。火车到达长春时，宪兵命令我下车，并将我押送到军部，严加盘问我此行的目的。几乎 20 年来我一直持有南满铁路（日本）的免票旅行，我认识这一带每一个日本高级官员。我十分惊讶，向询问的人告知我的职务是东三省防疫处处长，在过去两次鼠疫大流行期间曾与日本医师一道工作；如果他们不相信我，可以去问长春、沈阳或大连的医院负责人。日本人指控我从事了间谍活动，一个中国大烟鬼担任翻译，他劝我承认。这种指控是那样蛮横无理，所以我坚持无罪抗辩。有三个穿制服的军官，其中两个显然是上尉，连续不断地用日语审问我，由那个穿长衫的中国人译成中国官话。第三个军阶较低，可能是个中尉，他详细作了笔录。这个残暴的审问过程一直没完没了，我要求上厕所，便由一个佩手枪挎长刀的彪形大兵押着我往返。审问的内容从我的中小学和大学时期到我在中国的服务，从家庭事务到文学写作及我向英国杂志的投稿，还有其他活动。如此纠缠了数小时，黄昏来临，我被囚禁在一个无从取暖的小屋，里面没有床也没有常用设施。所幸我有旱獭皮大衣伴我在木地板上度过长夜，还不觉得很冷。第二天清晨，由一个未见过的宪兵押送，命令我乘早车从长春去沈阳（向南 150 英里）。大约在中午 1 点钟到达那个满洲首府，此时我已饥肠辘辘、形容憔悴。驱车到达宪兵队办公室后，他们给了我一杯茶和一碗热荞麦面条。然后我被带进一个办公室，面对三个军官和一个中国翻译，他们所问的一大堆问题实际上和在长春所问的一样，只是更加横蛮粗鲁。我作了同样的回答，并建议他们说，我们现在沈阳，附近的南满医学院院长和许多教授都与我相识，军官们可以查明我所言不虚。但是他们执拗地声称，他们有自己的办法。这一天快过完了，他们命令我在一份他们写下的日文陈述书上签字。然后我被带往地下的一个贮藏室，那是以前用于保存当地银行档案的地方。伴我度过第二个囚徒之夜的，还是那件从哈尔滨动身时穿的旱獭皮大衣，那厚实的毛皮为我御寒。

天亮了，从地牢小窗外传来绳索摩擦和水桶碰撞的声音，好像有工人在从井中打水倒进运水车中。我连忙朝外探望，发现果真如此。一个主意顿时冒出来，可以请此人向英国领事馆（虽然我已受聘于中国，我仍然是出生于英国属地的国民）传送一个消息，告知他们我的困境。于是我在名片上写了几个字，连带掏出两元日币（相当于 30 先令），轻声唤来那个打水的中国人，请他收下钱并尽快把名片送到英国领事馆，告知他们我被日本人囚禁。这位工人痛恨“小日本鬼子”，立刻答应了。时间过得真慢，10 点钟前领事馆不会上班，我恨不得把时钟拨快。直到 11 点钟，我听见楼上办公室里一阵骚动，中午时分专门看守我的卫兵打开门要我上楼。前一天粗暴地反复盘问我的那个高级军官，此刻声言我的事是一场误会，我可以走了，但前往大连再去上海之前，日本领事想见我。

我那 7 件行李都还了给我，但显然已被翻检搜查过了。于是我去拜访英国领事馆，总领事伊斯特斯（A. A. Eastes）先生曾是剑桥莫德林学院（Magdalen College）学生，那时我也在那里就读（1896—1899）。我感谢他为我所做的努力，并对由此给他带来麻烦表示歉意。伊斯特斯的回答带有对双重国籍拥有者的轻蔑口吻，似乎认为这是一种罪过。伊斯特斯的态度令我颇感惊讶，这使我想起在紧张的防疫期间（1910—1911）从另一位英国领事斯莱处遇到的相同情况。伊斯特斯 1933 年在他的英国领事任上退休，1948 年辞世。

日本领事森下（Morishita）先生的接待则大不一样。我拜访时，他请我坐下喝茶，然后为我在宪兵队的遭遇道歉，说那些粗野的宪兵显然没听说过我的履历和我对人类的重大贡献。他送我到门口并再三致歉，重申再不会犯这样的错误。

那时我并不了解日本军方所奉行的策略在很大程度上独立于本国政府，他们已经决定在满洲实行军管，作为发动战争和谋求控制满洲全境的第一步。事实已经证明，我选择了一个错误时间前去巡视，他们扣留我是为了表明他们的意图。伦敦一家报纸的通讯记者汉特（Edward Hunter）正好听到一位在日本铁路上工作的澳大利亚人金尼（Kinney）先生谈及此事，当我被带走时他和我在同一节车厢里。于是他用电报向伦敦发出了消息，这一消息发表后曾引起轰动，但是在中国的许多朋友在我到达上海之前都不曾与闻此事。

日本军队按照蓄谋已久的策划，快速出击，一座座城市被侵占，少帅（张学良，广为人知的张作霖之子）不得不带着他的部队狼狈退往北京。日内瓦国际联盟谴责日本的侵略行为，派遣了以李顿勋爵为首的调查团前来实地考查此次纷争。调查团不顾威胁和暗杀图谋，发表了一个报告，维护了中国主权，拒绝承认日本的傀儡满洲国，并要求日本停止在中国的军事行动。此时日本驻日内瓦的首席代表松冈洋右当即退出了会场。1933 年 3 月日本正式退出国联。从此日本便开始公然实行其征服中国的目标。继满洲之后，日本又侵占了热河、内蒙古、华北的直隶和山东。1934 年日本警告全世界，不得援助中国，停止向中国出售飞机和出于政治目的借款。日本竟企图霸占整个远东。

在日本国内，许多有影响的政治家和思想家一致谴责这些沙文主义者已经把他们的帝国拖入了泥潭。这些人因此被赶出家园，一位名叫原敬（Hara）的首相还被杀死在自己的别墅中，为人爱戴的斋藤（Saito，曾荣任总督）海军上将则化装成仆人侥幸逃过一劫。

抗战前后

1937 年 7 月日本人在北京近郊古老的卢沟桥又一次寻衅，进而占领了中国北平，然后又将战线推进到山区山西省。1937 年末他们占领了上海，焚毁了许多古朴的城市，接着又攻占了南京。蒋介石和其他政府大员不得不乘船穿过长江三峡迁往偏远的内陆城市重庆，他们在那里一直到 1945 年第二次世界大战结束。野心勃勃的日本军队在遭受无数失败后，本土的广岛和长崎两座城市又被美国 B29 飞机投掷的原子弹彻底摧毁，只得向盟军投降。

日本在中国的侵略延续了近 14 年，1941 年 12 月它不宣而战偷袭了珍珠港美国海军。日本覆灭的日子到来了，复仇女神终于降临日本。

1945 年 9 月 2 日，在停泊于东京湾的美国军舰“密苏里号”甲板上签署了日本无条件投降书，投降书规定整个满洲及其财富全部归还中国，一切日本军队撤回本国，台湾在被日本盘踞 50 年后也归还中国，同时承认朝鲜独立。历史再一次证明，无论敌人一时如何凶狠，中国是不可完全征服的，无论灾难如何深重，她将永远保持其生命力。

第二次世界大战结束后，中国国民政府的威望确实大为提高。但是随后出现的情况表明，尽管它在赢得战争方面有所贡献，但它未能赢得和平。他们的失败源自两个因素，首先，蒋介石和他的国民党军队连年作战，已经精疲力竭，而共产党在斗争中保存并壮大了力量。其次，在中国国内，从乡间农民到收入微薄的书生，以及因通货膨胀而苦不堪言的本分商人都渴望改变现状，共产党则以土地公有、平分财富和一切人机会均等相号召，于是民众把他们视为救星，转而拥护反对旧政府的运动。国民党就这样丧失了大部分支持者，而共产党则从 1945 年的 12 万人增加到 150 万，它的军队数量和实力也一起增长起来。

这真是命运的嘲弄，国家军队与欧美盟友一道正式赢得了战争，而共产党却接管了国家并赢得了大部分民心。因此当两党之间重启恶战时，国军被迫放弃一个个城市，从满洲退到了广东，在彻底战胜日本后四年，那位曾经因同样获胜而在开罗与罗斯福、丘吉尔和斯大林平起平坐的中国领袖，却不得不带着他那曾经不可一世的军队残部逃到了台湾。

这正好应验了古人的话："天命难违。"

第12章 在动乱时局中推动医学发展

传教士带来了西医

1805年，皮尔森（Alexander Pearson）来到华南，引进詹纳的接种牛痘预防天花的方法。大约在同一时期，最早来华的新教传教医生开始行医及传播福音。

皮尔森的继任者是利文斯敦（J. Livingstone）和英国皇家学会会员、医学博士郭雷枢（Thomas R. College，1797—1879）。后者在伦敦的盖伊医院（Guy Hospital）事业有成后，于1827年抵达中国。开始是在澳门开办公共诊所，治疗过各种类型的门诊病人，但特别关注许多被忽视的眼科病例。

郭雷枢第一个提出了派遣传教士医生前往中国的建议。在一本1836年发行的小册子[①]中，他说："那些派遣传教士的社团现在也应该派医生

① 书名为《任用医生在华传教商榷书》（*Suggestions with Regard to Employing Medical Practitioners as Missionaries to China*）。——译者注

到那些愚昧落后的种族中去。当他们来到这片土地后，应该熟悉当地语言，与其去一本正经照本宣科传经布道，不如治好他们的疾病，满足他们的要求，把行医治病和宗教、哲学、医药、化学等糅合在一起，让每个人从思想上逐步接受。”

他还特别向美国发出呼吁，耶鲁大学神学和医学毕业生伯驾医师（Peter Parker）是首先响应号召的医生。有人说：“当西方的大炮无能为力的时候，伯驾的手术刀却划开了中国的大门。”他以一位眼科专家的身份长住广东，为数以千计的人保住了视力。我应该提及我的同宗伍敦元（外国朋友则称他郝华，Howqua），这位最富有的行商为伯驾提供了充足的经费。现代医学，同革命运动一样是在广州开始的，1838 年建立了广州教会医院并创建了中国医药传道会（Medical Missionary Society of China）①，从此播下了医学教育的第一颗种子。伯驾的工作开展顺利，因而不久后雒魏林（William Lockhart，威廉·洛克哈特）、合信（Benjamin Hobson，本杰明·霍布森）和另一些人在不同时期从英国与美国被派来，为在这场运动中向中国和中国人提供所需要的医疗帮助。

与来华西医的密切交往

我于 1907 年第一次到达上海（1911 年鼠疫之后我才访问广州），有幸与传教士医疗活动的领导人接触，而且加入医药传道会成为第一个准会员。当时因为我不是基督徒，不能享有全部会员资格，在他们撤销了必须

① 应为中国博医会（China Medical Missionary Association，1886），中国医药传道会已更名为广东医药传道会。——译者注

信教的条件之后，我又成为普通会员，并且定期参加在不同城市举行的两年一次的会议。这些传教士医生中我有许多朋友，一一列举他们的姓名并非易事，然而与他们的密切合作中，我曾经向他们中的某些人做过咨询和互通情况，半个世纪后想来依旧令人快慰。在广州我会见过托德博士（P. J. Todd，著名外科医师）、霍夫曼（J. A. Hofmann）、柯克（John Kirk）、凯德伯里（W. W. Cadbury）、麦克拉肯（J. C. McCracken）和富尔顿（Mary Fulton）。上海在1886年开始成立博医会，文恒理（H. W. Boone）任会长。我在此结识了王吉民医师，他是与我合作过包括1932出版的《中国医史》在内的多部著述的亲密同仁。还有在山东铁路医院工作的达文波特（J. C. Davenport），帮助在民众中推进公共卫生的彼得（W. W. Peter），前圣玛丽医院工作人员和上海公共租界卫生处处长阿瑟·斯坦利（Arthur Stanley），原香港大学第一位生理学教授并在后来担任雷士德医学研究院院长的厄尔（H. G. Earle），以及几位在国外毕业的中国人，如刁信德、颜福庆、肖智吉（T. K. M. Siao）、唐乃安、牛惠霖（剑桥医学博士）、牛惠生（哈佛医学博士）、康成（Ida Kahn）、石美玉（Mary Stone）、俞凤宾等。在杭州，我认识了笑口常开、为人练达的梅腾更（Duncan Main），以及他的继任人、来自依曼纽学院的斯特顿（Sturton）。斯特顿在中华人民共和国成立后，负责完成了梅腾更在不同时期规划的工厂建设。在汕头，我认识库斯兰德（Cousland，毕业于爱丁堡），他曾将医学书籍译成标准的中文出版，其翻译之准确远优于其他任何人。在天津，我与金韵梅、屈桂亭（北洋医学堂总办）相熟。在长沙，有胡美（Edward Hume，约翰·霍普金斯医学博士）博士，他出生在印度，父母都是传教士，我们曾一同在利物浦的罗斯（Ronald Ross）指导下从事过热带病学研究。在汉口有纪立生（T. Gillison）、麦克威利（John MacWillie）和舒厚仁（V. P. Suvoong）。在济南府有外科医师和行政管理者巴慕德（Harold Balme），他是齐鲁大学的主要创建人。在该校尽管大部分教师是欧洲和美国人，但用中国官话教学。还有他的主要合作者聂会东（J. B. Neale），以及蒋彼得（Peter Chiang）等。在北京则有协和医学院首任院长考迈克（J. G. Cormack）、吉陛、温汉姆（H. V. Wenham）、惠勒（E. R. Wheeler）和斯滕豪斯，后四位都是英国皇家外科学会会员，他们的专业技能在任何地方均位居前列。在奉天，我与后来荣获圣迈克尔和圣乔治勋章（C. M. G.）的司督阁医师和他的许多助手密切合作过 20 余年。

1910—1911 年，满洲暴发肺鼠疫大流行，一共夺去近 6 万人生命，经济损失超过 1 亿元（1 000 万英镑）。它受到中华帝国政府和举国上下高度关注，无论士大夫还是平民百姓都已经认识到，全国甚至全世界的医疗组织形式都迫切需要根本改变。尽管过去中国在哲学、艺术、科学和医疗实践方面作出过巨大贡献，但她拥有的这些知识已经陈旧。而自 1800 年以来欧美已经大为进步，中国却处于闭关自守的状态，她在艺术、贸易和科学思想方面的领先地位已经让位于更年轻而更富于进取性的国家，这些国家决不能容忍宗教和迷信窒息自由思想和科学进步。通过采用现代化的手段，新一代中国医师在较短的时间内，首次成功地控制并最终扑灭了可怕的“黑死病”，在西方医学界造成了良好影响。皇帝属下的那些当权者从前只相信旧秩序，现在则坦率地承认现代医学和预防措施的优越性，诸如强制性的入户访查，在营地或车厢隔离接触者，在专门医院中隔离患者，对病人住过的房间进行消毒，以及集中火化数千具冻土地上无法用正常方法埋葬的感染者尸体，等等。事实证明，即使是那陈腐的帝国政府，一旦警觉到为拯救无数生命，急需快速处理数千具危险的尸体后，来自北京朝廷的一道敕令，即足以令官吏和民众俯首帖耳，毫不犹豫采纳了一项惊世骇俗、有违祖宗成法的措施，这就是火化尸体。在我上奏其必要性的陈情电报三天后，便破天荒地获得了批准。而现代的民主政府，要批准这样的申请，所须经过的程序即使不要数月也要几周，即便有如此激进的法案，也要经过由遴选出的成员组成的机构审议后才有可能通过。

推进医学教育改革

1911 年行将结束时，我被指派出席海牙国际鸦片会议，与梁镇东爵士（梁诚，驻德公使）和唐介臣（唐国安，北京清华学堂监督）共同签署了控制与禁止麻醉品贸易的第一个鸦片公约。1913 年 8 月至 9 月，我参加了在伦敦宏大的阿尔伯特音乐厅举行的国际医学会议，该会议有 8 000 代表出席，然后便前往美国布法罗（水牛城），在国际学校卫生会议上发表了讲演。

回国后，我向北京的中央政府（此时已是民国）呈递了一份《中国的医学教育》的长篇备忘录［即《上教育部拟改组全国医学教育意见书》］，建议根本改变医科学生的培养方式，包括采用人体解剖，在医院进行有系统的临床教学，建立中央医学统辖处以监督医学教育，以及医学生除中文外还要学习英文。

1913 年 11 月，发布了总统令，使解剖尸体合法化和得到管理。1913 年 11 月 22 日，内务部发布了第 51 号指令，其内容是：

1. 因病死亡时，医师为查明病因，可解剖死者尸体，但必须事先得到死者亲属的同意，并通报地方官。

2. 死因不明的案例，警察和检察员可指定医师解剖该尸体。

3. 因服刑死亡或在狱中病死的尸体，如无亲属认领，地方官员可交予医师解剖及进行医学科学实验，但埋葬前必须将尸体整体缝合。

4. 任何人自愿死后捐献遗体用作解剖，可在生前留下遗嘱。

1914 年 4 月又公布了补充规则（第 85 号），新增了 3 项附加条款：

1. 允许被认可的医学院和教学医院施行尸检和解剖。

2. 允许这些机构保存人体各部分用于教学演示。

3. 需要解剖的或解剖后的尸体，在无亲属认领时，可以火化后埋葬。

上述政府命令发布后，北京协和医学院于 1913 年开始在医学教学中实行人体解剖。随后，1915 年在湖南长沙，1917 年在济南、广州和全中国其他医学院也先后施行。

成立中华医学会

1914 年的 5 月，正值我定期访问上海期间，我向当地医界领袖和执业医师咨询过有关成立全国性医学会事宜。翌年 2 月 5 日，中国传统新年将临，当时博医会在上海举行两年一次的会议。21 位中国医师聚餐，决定立即成立我们自己的学会，定名为“中华医学会”。

应当指出，早在 1910 年（我被派往满洲扑灭鼠疫之前），我已经拟定了一个建立中华医学会的计划纲要，但同行们认为时机尚不成熟。1913 年，实际上在京城已出现过一个中华医学会，它的成员积极参加了博医会在当地的活动。

1915 年新成立的中华医学会，推选出了首届领导集体：

会　　长：颜福庆，医学博士（耶鲁大学）

荣誉书记：伍连德，文学硕士、医学博士（剑桥大学）

荣誉司库：刁信德，医学博士（宾州大学）

庶　　务：俞凤宾，医学博士（宾州大学）

委　　员：肖智吉

曹丽云小姐

黄琼仙小姐（A. M. Wong）

康成小姐

唐乃安

这些领导者被授权起草学会的章程和规则，准备提交给下一年（1916）举行的全体会员大会。与此同时，我负责编辑的《中华医学杂志》，将每半年出版一期，刊载所有有关信息。该杂志的第一期用中文和英文出版于1915年10月，最重要的文章由刁信德博士执笔，题为《当代医学对从业者，医学院和政府的要求》。第2期于1916年3月发行，此后改为季刊。自1924年到1934年为双月刊，从那时起直到1950年，每月均分别以中文和英文出版。

《中华医学杂志》创刊号

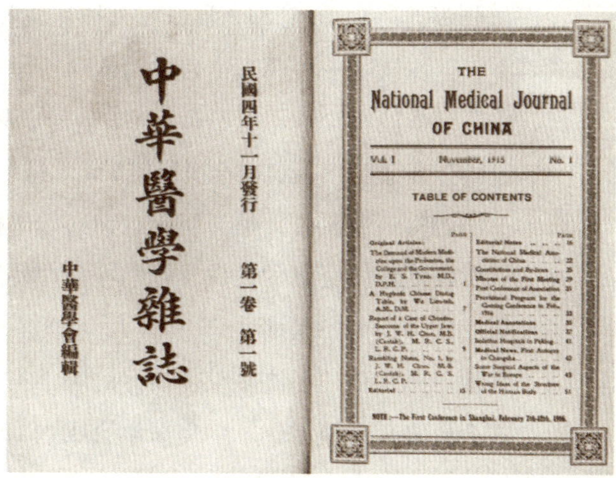

最初6年一直由我任编辑，以后这件工作交给了牛惠生。再后来则是北京协和医学院细菌免疫科主任林宗扬，他后来是北京大学卫生系教授。编辑的工作完全是尽义务的，被选为医学会会长可说是对此的一种奖励。

我们的医学杂志从创刊起就很受欢迎，来自化工企业、制药公司、医学书籍出版商等工商界的广告收入相当可观。虽然后来的编辑在国内不同地方（如哈尔滨、上海及北京），但是总部的办事人员固守在上海作为商务活动的中心。

由于收入颇丰，中华医学会不久便有能力在池浜路（今慈溪路）一个离开主要大街（后来雷士德医学研究院设于此处）的相宜路段买了一所房屋，并将其改造成了现代办公室和藏有可观数量医学书籍与期刊的阅览室，免费向会员、来往的医师及感兴趣的访客开放。这个中华医学会的首座图书馆维持到了 1955 年，那时学会总部已经迁到人民政府的首都北京。

在此期间，在杂志第一期（1915 年 10 月）刊登了《中华医学会章程草案》，供会员们传阅。1916 年 2 月 7 日至 12 日，在上海基督教青年会大厅举行的中华医学会第一次会议上，对这个章程进行了讨论。这次会议由会长颜福庆博士主持，到会者对章程草案进行了认真的讨论，特别是关于会员资格的严格要求议论颇多，最后还是一致通过了学会章程。这个学会的宗旨是：（1）巩固医家交谊；（2）尊重医德医权；（3）普及医学卫生；（4）联络华洋医界。［此 4 条直接引自中华医学会章程中文文本］会员分两类：（1）正式会员，在外国医学院校及学会承认的中国医学院毕业，至少通晓一种西方语言的阅读和写作知识；（2）准会员，学会承认的中国医学院校毕业，但不具备西方语言知识。会员会费为：终身会员 100 元，正式会员每年 12 元，准会员每年 6 元。每一名会员每月免费获得一本会刊。

当时一致认为，学会初创时期必须严格掌握在办事机构中有选举和被选举权的正式会员的条件，他们应是在外国接受过教育并具有丰富阅历的男女医师，而不是那些只有本国经历的人。然而随着时间的推移，政府和传教士团体创建了许多设备良好的医学机构，于是这个规定有所放松，正式会员人数迅速增加。中华医学会成立 10 年时，正式会员与准会员实际

上图：1915 年博医会在上海召开年会（第 2 排右 2 为伍连德）；下图：1916 年中华医学会第一次大会代表合影（两图均承中华医学会栾伟伟提供）

上已经没有区别。几乎所有人都一视同仁地出席两年一度的会议，而不问其是毕业于欧洲、美国、日本还是中国。

1916 年第一次大会解决了会员资格的难题后，举办了各种科学会议和研讨会，特别关注的是预防医学（由伍连德博士牵头）、医学教育、中文的医学教科书和出版物、执业医师标准及专利药物等。此外，每个周末还邀请某些著名同业领袖公开讲演，例如颜福庆博士的“医疗行业的职责”，伍连德博士的“如何健康地生活”，斯坦利博士（上海公共租界卫生专员）的“论庸医”，顾临先生（洛克菲勒基金会的中华医学基金会常务理事）的“一位外行对现代医学的印象”以及彼得（W. W. Peter）博士的“健康是国家强盛的一个因素”。公开演讲或许是会议最突出的特色，它吸引了众多的男女民众，包括医师、教师、学生、商人及其他阶层人士，可容纳1 000多人的基督教青年会大厅座无虚席。

大会还通过了 5 项重要决议，即执业医师和诊疗所的注册；建立一个适当的公共卫生机构；每年为医学生提供 10 个庚子赔款奖学金名额；授予为医学作出突出贡献的 10 位人士荣誉会员称号，他们是：周学熙阁下（财政总长，他大力支持建立北京中央医院［即现在的北京人民医院］）、朱启钤阁下（内务总长，民国成立后他对北京城进行了现代化改造，使之更为美化）、斯坦利博士（上海）、道格拉斯·格雷（Douglas Gray，驻北京英国公使馆医师）、胡美博士（湖南湘雅医院院长）、莫里循博士（伦敦《泰晤士报》前驻京著名记者）、胡恒德博士（H. S. Houghton，上海哈佛医学院院长）、司督阁医师（圣迈克尔和圣乔治勋章 C. M. G. 获得者，奉天资深传教士医师）、梅腾更（杭州英国传教士领导者）和彼得博士（上海基督教青年会）。

学会成立的第一年（1915—1916）是我作为学会荣誉书记和杂志编辑

的最困难的岁月。在上海举行的第二次会议上，我当选为中华医学会会长，并连任两届（1916—1920）。其间我曾尽最大努力（编辑杂志亦复如此）发展更多的会员和推动全中国医学事业的发展。

获香港大学荣誉法学博士学位

1916 年 12 月，我获得中央政府批准，前往香港接受香港大学授予我的荣誉法学博士学位（LL. D. ）。副校长伊理溢（Charles Eliot）爵士在致辞中说，授予我这一荣誉，是“表扬伍氏在中国医学行政管理和医学研究中发挥了重要作用”。同时被授予荣誉学位的是著名法国考古学家伯希和（Paul Pelliot）教授，以及杰出的中国铁路工程师詹天佑。詹天佑在经费不足的条件下，成功地建成了优质的京张铁路，这条铁路从北京出发通过崎岖的山峦直达内蒙古。在我的答谢词中，我大胆建议道：现代的大学不仅要为学生上课和授予学位，还应有其他功能，香港就是一个可供其邻近国家借鉴的范例，因为她还鼓励从事科学、艺术、贸易、工程以及医学的研究。

在香港我受到当地商界巨魁何东爵士的接待，曾在他那称为“野庐”（Idle wild）的豪华宅邸客居一周。我曾有幸结识许多人，如何启爵士（律师和医师）、罗旭龢（Kotewall）、何启福（Ho Fook）、何甘棠（Ho Kum-Tong）等，他们都是欧亚混血儿的后代，他们在教育界和商界卓有成就。

何启爵士在伦敦求学时娶了一位英国女士，虽然他有律师资格，但他更愿意行医。香港著名的雅丽氏纪念医院［今雅丽氏何妙龄那打素医院前身之一］是以何启夫人的名字命名的，一届又一届的学生在这所医院学习了初级临床课程。香港和邻近的九龙景色壮丽，给我留下了深刻印象。与广东省会广州相连接的城际铁路不久将通车，然后可达内陆大港汉口，并最终到达北方的北京。

全国医学界大团结的会议和现代医院普及之始

1917 年 1 月 24 日至 30 日，正值中国旧历新年之际，中国博医会与中华医学会两大医学团体联合会议在广州举行。有前者 82 位，后者 88 位会员出席。这次会议，或许是中外医务人员的空前大集会，每个分组会都座无虚席。我与维纳布尔（W. H. Venable）博士分别发表了会长致辞。我的题目是“中国医界执业之先决课题”，我首先阐述了一切从业者自觉遵守医学伦理准则的必要性，然后谈到在中国的医学院应制定适当和统一的标准，第三点是强烈呼吁在北京成立一个中央医学委员会，它的职责至少应包括以下内容：

1. 决定认可某种或某几种语言作为中国医学生教学语言。
2. 制定普通医学教育的最低标准。
3. 确定最低要求的医学课程。
4. 监督医学考试，包括在必要时监督中央医学委员会的职权行使。
5. 认可医科学生的教学医院。
6. 认可新的医科学校，教育部已承认的除外。
7. 草拟有关医业与药业的法律法规和颁布。
8. 编订全国合格西医名录。
9. 编订中文通用医学名词。

1917年1月30日中华医学会第二次大会到会会员于广州基督教青年会会址合影(承中华医学会栾伟伟提供)

1917 年 1 月同时举行的博医会大会与中华医会第二次大会之与会者于广州基督教青年会会址合影（承中华医学会栾伟伟提供）

我应该在此提及广东省省长朱庆澜阁下给予这次联合会议的大力支持。我在哈尔滨已经与他相识，那时他在北满任中东铁路护路军总司令。经我推荐，朱省长曾出资2 000 元收购了塞尔登（Charles Selden）博士收藏的中国草药和各种药品，这些标本每份都带有中文和拉丁名称标签，此后把它们交给了广东公医学堂用于教学。

民国初年各地在建立了医院或医学院校培养医学生和护士方面取得了相当大的进步。有必要将其主要机构列举如下：

城市	机构	建立年代	主办者
上海	圣路加医院	1907	美国
上海	哈佛医院	1916	美国
上海	西门妇孺医院 （玛格丽特·韦廉逊医院）	1885	美国
上海	德国医院	1913	德国
上海	雷斯特医院 （原为山东路医院）	1930	英国
广州	三苑（Tsanyuk）妇产医院	1911	中美
广州	公医专门学校	1911	中美
广州	光华（男女同校）	1911	中国
广州	公立（Kungli）医院	1914	中国
广州	广州教会医院	1848	英国
香港	香港协和	1913	英国
济南	山东基督教联合会	1912	联合布道团

续表

城市	机构	建立年代	主办者
北京	协和医学院Ⅰ	1912	联合
北京	协和医学院Ⅱ	1921	联合 （主要为洛克菲勒基金会）
北京	医学专门学校	1912	中国
青岛	德国医院	1913	德国
奉天	医学专门学校（教会）	1912	英国为主
奉天	南满医学堂	1910	日本
长沙	湘雅医学院	1913	中美
成都	华西医学院	1910	联合
北京	法国医院	1901	法国
北京	同仁会医院（Dojin）	1914	日本
北京	德国医院	1909	德国
北京	中央（模范）医院	1917	中国

北京协和医学院之创建

此时中国医学事业的发展已受到普遍关注，特别是在美国，他们认为有必要在中国建立更多的新式医院和医学中心以应对人民的需求。1913年，哈佛大学名誉校长、著名的查尔斯·艾略特（Charles Eliot，1834—

1926）在女儿和秘书（后为其女婿）陪同下，代表卡内基和平基金会访问中国。我受外务部委派担任陪同，并且回答他们可能提出的任何问题。年过七旬的艾略特先生的确是一位德高望重的学者，我们乘火车经过许多省市作长途旅行时，所见景况与紧张忙碌和欣欣向荣的美国相对比，使我们强烈地希望探求我们落后的原因。次年发表了他的访华报告，陈述他所见到的卫生状况，简直一无是处，当然这种看法并不完全正确。

1914 年 1 月，洛克菲勒基金会派遣一个委员会前来考察中国的医学和公共卫生状况并写出了报告。该委员会的成员有贾德森（H. Pratt Judson，法学博士、芝加哥大学校长）、顾临（美国驻汉口总领事）、皮博迪（F. W. Peabody，哈佛大学和波士顿布里格姆医院）博士。他们考察了 17 所医学院和 97 所医院，1915 年发表了报告全文，这份报告堪称中华民国医学和卫生状况的信息库。随后便设立了中华医学基金会（China Medical Board）[又称“罗氏驻华医社”]，成员有洛克菲勒二世（John D. Rockefeller Ⅱ，主席）、巴特利克（W. Buttrick，美方理事）、顾临（辞去领事后任常驻中国理事）以及赛李（B. C. Sage，秘书）。

采取的第一个步骤是接收北京协和医学堂（原属教会团体），将其改成协和医学院董事会。董事会成员共 13 名，6 名代表教会，7 名代表中华医学基金会。雇请了一位美国建筑师制定新医学院和医院的建设方案，地址位于北京东城原属于豫王的地面。

1917 年 9 月 24 日，教育总长范源廉为该建筑奠基，举行了盛大的仪式。富兰克林·麦克林（Franklin C. McLean）博士被任命为首任校长和内科学主任。三年后，上海的哈佛医学院原院长胡恒德博士成为继任校长，当时学校尚未完全建成。

新北京协和医学院及医院正式开幕典礼于 1921 年 9 月 19 日举行，出

出席 1921 年 9 月 19 日协和医学院新校址落成典礼之中外来宾，伍连德（右 2）任中国代表

席者有国家的高级官员，包括外交、内务和教育总长，约翰·洛克菲勒二世夫妇，以及来自美国、英国、菲律宾、日本、中国、香港和爪哇的著名医师。来自美国的有韦尔奇、施瓦尼兹（D. C. de Schweinitz，美国医学会会长）、萨宾（Florence Sabin）和皮博迪（Francis Peabody）等教授；来自日本的有秦佐八郎（与埃尔利希共同发明胂凡钠明）、志贺洁（Shiga）、长吉（Nagayo）和鹤见；来自英国的有斯迈利（William Smyly）爵士、雷珀（R. T. Leiper）和科克伦（T. Cochrane，原北京协和医学堂创始人）；来自法国的有图费埃（T. Tuffier，外科）教授；来自菲律宾的西松（Antonio Sison）和豪格乌特（F. G. Haughwout）；来自香港的布伦尼特（William Brunyate，香港大学副校长）和迪格比（Kenelm Digby，外科）教授；中国医师有伍连德博士、胡美、吴宣明、吴宪、王企纯等。

这座新建筑的确令人一见难忘。它由多栋独立的灰砖楼房组成。每隔两层以钢筋混凝土梁柱支撑，房顶仿照中国皇宫风格，覆盖着特制的绿色琉璃瓦。宽敞的露天平台遍布各处，整座建筑典雅庄重。可以毫不夸张地说，这座宏伟的医学院和医院建筑之美观与高雅，在全世界也难有可与其媲美者，堪称救死扶伤之圣地，远非一般意义的医院。

协和医学院自备有深达一千英尺的自流井提供净水，有自备的发电机和煤气发生装置，以及供暖系统，这些设施全部集中在大院的一个角落，从侧面的一条小巷可直接进入该处。

在那难忘的一周庆典活动期间，医师们发表了下列公开讲演，他们报告的题目写在括号内：

上午：施瓦尼兹（“脑下垂体腺疾病导致的眼部症状的演化”）；伍连德（“鼠疫在东方，特别是在东三省之暴发”）；雷珀（R. T. Leiper，“东方的寄生虫学问题”）；图费埃（T. Tuffier，“骨髓炎”）和秦佐八郎（“化学疗法的现状和未来”）。

晚间：胡美（“中国的医学教育”）；洛克菲勒基金会主席文森特（G. E. Vincent，“公共卫生的探险事业”）；麦克基尔大学的玛卡拉姆（A. B. Macallum，“生物化学：回顾与展望”）；纽约的格德瓦特（S. S. Goldwater，“医院组织优化的探讨”）；维克多·海泽（Victor Heiser，“钩虫的控制”）和威廉·韦尔奇（“医学之进步及对人类福祉之贡献”）。

在我那篇关于鼠疫的论文中，记载了我与同仁们一起进行的有关旱獭经呼吸道发生感染风险的一系列新实验（1912—1920），我呼吁更多的医学工作者参与这个研究领域。

9 月末，北京初秋的气候令人神清气爽，我以中华医学会资深会员的名义，邀请出席庆典的 120 位各国医师，在公园荷花池上一个新建成的美丽楼阁里举行了一场中国式午宴招待会，帝制时代这里是紫禁城的一部分。晚间，我邀请了留学日本的同事在我东堂子胡同的家中晚餐，同时邀请了来自日本帝国的嘉宾秦佐八郎、长吉、志贺洁和鹤见等。餐后我向客人展示了我的中国古董收藏，而且按客人国家的惯例，向每位客人赠送了按北京工艺品样式制作的一件小纪念品。

我曾花费三年中的大部分时间为建设北京中央医院忙碌，要征募建筑经费，要审查规划设计，等等。这座医院终于 1917 年落成。有关它的详细介绍，记叙在后面“在中国建立医院”一章中。

新北京协和医学院建立起来并顺利运行着，教学和教务都使用英语，有力地带动了全国各地现代医学教育和西医事业。还规定有培养前途的医师要定期派往国外，特别是到美国从事专业进修，许可他们回国后到别的单位去担任负责职位。这些人中，有已在上文中提及的刁信德（后为上海圣约翰大学病理学教授）、牛惠生（被任命为北京协和医学院整形外科副教授）、刘瑞恒（哈佛医学博士，曾给我写信希望在东三省防疫处谋职，但我建议他坚守外科专业，随后他在协和医学院升任外科主任和院长，后来成为南京政府卫生部长）、吴宣明（约翰·霍普金斯大学医学博士，南京和广州公共卫生的领导者，最后当选南京国大代表）、吴宪（一位非医学专业的生物化学家，后来成为北京协和医学院生物化学教授）、王宠益（爱丁堡大学医学博士，英国皇家内科医师学会会员，香港大学首席病理学教授，病理学教科书作者）、林宗扬（C. E. Lim，香港大学医学博士，约翰·霍普金斯大学公共卫生学博士，中华医学杂志坚韧的主编，北京协和医学院细菌学部主任）。还有妇女领袖康成、石美玉和胡金恩等人。

1923 年 2 月 14 日至 20 日，于上海举行的中国博医会会议上，我呼吁

伍连德代表中华医学会宴请洛克菲勒及出席协和医学院开学典礼的来宾

人们注意在一个现代国家中，在大规模的公共卫生活动里需要采取某些能够直接应用的实际措施，并建议特别要考虑中国专家的见解，必须选取某些易于付诸实施的方案，并为将来在民众中同时开展工作制定建设性的预案。

1925 年 1 月 20 日至 28 日，英国医学会中国分会和博医会在香港举行了一次联合会议，有来自各地的 200 多位医师参加，会议由广州的柯克博士主持。在这次会议上，决定将中国博医会并入中华医学会，从此以后，凡是毕业于外国医学院和医学会承认的远东院校的品德良好的医师都将一视同仁地拥有会员资格。

此次访问香港期间，我应邀在国际扶轮社举办的午宴上讲话，与会者有英国高级官员，商业和专业社团的领袖。我在讲话中，建议开辟一条穿山隧道，把拥挤的北岸和充满活力、景色如画的广阔南岸及邻近诸岛连接起来。这条隧道并不很长，假如宽度足够，则可供汽车和行人通行，以缓解北部已经出现的普遍性交通拥堵。1925年时香港和九龙的人口不到100万，而1955年已经超过300万了。

1926年，北京协和医学院的外科副教授刘瑞恒博士被提升为医院高层的医务监督，颜福庆博士被任命为学院副院长，并有一个强力的中国教授团队协助他们。这个教授团队中有林可胜（爱丁堡大学医学博士，英国皇家学会会员，生理学系主任）、刘瑞华（喉科学）、林宗扬（细菌学）以及其他有为人士。到1928年，便开始着手将北京协和医学院逐步转变成一个由中国人管理的机构。洛克菲勒基金会放弃了它在董事会中所享有的占多数的权利。于是重新组建了一个中华医学基金会，它独立于洛克菲勒基金会，并接受1 200万美元捐款用于维持北京协和医学院的运营。附加条件是，未来继续目前这种安排时，一旦被认为经费使用不妥，则可将这些基金用于中国或美国的其他教育机构。

洛克菲勒基金会拥有的土地、建筑和设备全都移交给了新的基金会，它再将这些财产租借给医学院。周诒春（北京近郊清华学堂前校长）被选为新基金会主席。这些改变最终使医学院在1930年在教育部注册。

除了正常维持北京协和医学院外，中华医学基金会还拨付了可观的经费赞助长沙的湘雅医学院、国立中央大学医学院、北京国立医学院、沈阳的南满医学堂（日本）、上海圣约翰大学医学院（美国）、香港大学（英国）、中国各地12个预科学校，7个医院，还以数量颇多的奖学金资助优秀男女前往欧美进修。由洛克菲勒基金会和中华医学基金会拨出的各种资助基金相当可观，其中还资助过非医学机构，如中国的民众教育运动、南开大学、燕京大学，也直接资助过中央卫生实验处（南京）、南京的畜牧兽医研究，甚至毗邻北京西山的周口店的古生物学研究。在步达生（Davidson Black）教授领导下，在周口店发现了“北京人”（北京猿人）保存良好的头盖骨以及其他遗存。

赴美进修

1924 年，我得到洛克菲勒基金会国际卫生部奖学金，前往美国巴尔的摩的约翰·霍普金斯大学卫生学与公共卫生学院进修高级课程。当年 8 月，我乘“总统”号豪华客轮离开上海，第一次在旧金山登陆，在一个摩天大楼旅馆住了几个晚上。这个旅馆有一些节省时间的方便设施，如由中间的水龙头可取用饮用冰水，中空的卧室门（可在室内投进换洗衣物而从外面取走并在 24 小时内洗好送回）。还有其他一些有趣的小设施，免得不断摇铃唤人，也不必付小费。

在美国铁路旅行，名义上只有一种待遇，但实际上还是分座位车厢和卧铺车厢，卧铺车厢是对号的，更为舒适，夜间可将座位改换成卧床。这些床位沿着长长车厢的中央走廊排列，用一对厚的天鹅绒帘子以维护私密性。下铺比上铺要多花两美元，一些讲礼貌的男旅客常常会把他们的下铺让给买上铺票的女士。富有阶层的人士可享用单间，每间内配备有自用脸盆和厕所，因而一家人，即丈夫、妻子和孩子在长途旅行中也相当舒适。那时火车上未安装空调，当沿圣达菲（Santa-Fe line）穿过下加州和西部一些多沙漠地带的州旅行时，我感到酷热难耐，汗流不止，特别是那规整地围着脖子的亚麻布硬领和系在脖子上的丝质领带更令人感到压抑。幸好公共走廊里安有水龙头，随时可从一个自动装置中取出消毒纸杯饮用冰水。

我的第一个目的地是佐治亚州的利斯堡（Leesburg），国际卫生部（International Health Board）洛克菲勒基金会所属的达林（S. T. Darling）博士在那里主持一个疟疾研究站，站内装置了研究在沼泽中繁殖蚊子的全套设备。他与来自巴西、阿根廷、巴拿马以及其他美洲国家的医师一道工作。我那时已45岁了，还得经常去黑人家庭居住的简陋房屋地板下寻找疟蚊的隐身之处，把蚊子标本带回实验室进行检验和鉴定。我们还经常必须身着薄咔叽布外衣和普通的鞋子，在肮脏没膝的沼泽中爬行一个小时左右，以便获得数据。许多南美医师，他们在自己政府中身居高位，此时则抱怨不已，然而我们中那些在全世界经历丰富的人士，则把这部分实习当做说笑的谈资。当我们聚在一起共进午餐或晚餐时，便会由达林博士主持，让每个人讲述他的努力和欢乐，或任由他的性格和心情发泄他的不满。佐治亚州的食物质优而味美，特别是有种所谓“马里兰鸡”，它包括半只仔鸡、一根香肠、一片火腿、足量的甘薯、豆类和炸香蕉。我发现美国人选择食物，比绝大多数欧洲人的想法更随便。如营养和美味的番薯，在中国华南是贫困家庭的主食，美国人却普遍爱在家中享用。晚餐后，达林博士就不再和我们在一起，把剩下的时间去陪伴楼上那台粗糙的无线电收音机，这台机器竟可以收听到遥远的纽约以及东部其他州的电台。这在当时确是件了不起的成就，当时收音机还刚问世不久。

许多人每天下午都会去喝一种冷得恰到好处的大众化的非酒精饮料，只花5美分（一个镍币）。不过别人告诉我，它的制作成本不过一分钱，只是在用焦糖或糖蜜配成的糖浆中加进了微量的咖啡因。饮用时，在玻璃杯中加入4盎司的冰水。这种饮料只不过是许多发明中的一个例子，在那里某人一个简单的发明就能获利几百万。

在南方佐治亚和亚拉巴马州，我见到黑人的一些生活状况和“迪克西线”（Dixie Line）① 在日常生活中的体现，在火车和有轨电车中有色人种只允许坐在后排座位。这令我想起在马来联邦的各种规矩。那时我还是个学童，在官办铁路上划分了肤色界线，一些头等车厢挂着小牌子，写明“只供欧洲人”，其他车厢则写上“供本地人”。但是那种愚蠢的时代现已远去了，经历两次世界大战的苦难后，无论美国还是马来亚实际上都不存在种族歧视了，白人、黑人，黄色和棕色皮肤的士兵曾经为了人权和正义并肩战斗，在抗击邪恶和暴政中勇敢牺牲。

最后离开南方前，我曾访问过亚拉巴马州的塔斯基吉学院（Tuskegee Institute）。它是美国黑人领袖布克·华盛顿（Booker Washington）于1888年为有色居民提供高等教育而创建的，他执掌该校直到1915年辞世。该校由国会资助，拥有25 000英亩土地。黑人在此接受培训的项目，包括农业和各种商业贸易，以及护理、教学、家政和企业管理等。我在该校结识了一位有才华的黑人化学教授卡佛（Carver），他在这方面有许多发现，为他的种族提高了科学声誉。

我在美国南方各州一个月的停留很快结束了，便和其他外国同仁一起乘火车前去马里兰州的巴尔的摩。那里有一个创建时间不太长，但很有名的约翰·霍普金斯大学。该校创建于1876年，主要由洛克菲勒基金会资助，不久前卫生学和公共卫生学院加入到该校的医学院，那里的医学毕业生在接受追加的专门训练后即可成为卫生事务专家。为此，全世界在公共

---

① 由Mason-Dixon line简化而来，原是美国在18世纪人为划分的一条南北分界线，后被看做是蓄奴和禁奴各州的分界线。美国直到20世纪上半叶在南部各州依旧残留着许多种族歧视的法规。——译者注

卫生领域有潜力的领导者和管理人员都可得到洛克菲勒基金会给予的奖学金进入这个新学校。他们一方面接受新的卫生学培训，一方面又在班级中传授他们本专业的专门知识。我作为一生从事防疫的工作者，获得了访问美国各机构的机会，会见世界各地的同行，并把我在满洲工作的个人经验总结为通用的知识与他们共享。

基金会提供我往返美国的旅行费用，此外还发给我每月 120 美元津贴用于在该国停留期间的食宿。这笔津贴加上我在中国所领得的薪水，足够各方面的开销。

当时卫生学院未建新楼，便将沃尔夫大街和纪念碑大街交汇处的旧楼装修成了办公室、教室、实验室和阅览室。那个尚在建设中的专业图书馆，不久后便成为著名的韦尔奇医学图书馆及医学史研究所。这座图书馆隶属于卫生学与公共卫生学院，为纪念对美国现代医学进步作出过巨大贡献的名人韦尔奇而建立。顺便提及，1921 年 9 月我在公园内设午宴招待参加北京协和医学院开幕典礼的客人中，韦尔奇就是其中之一。

伍连德与韦尔奇（右）在协和医学院

韦尔奇教授是卫生学院首任院长，不久由豪厄尔（Howell，约翰·霍普金斯大学前生理学教授）博士继任，当我入校时他任副院长。其他部门领导人有格雷戈里（R. Gregory，卫生工程学）教授和他的助手洛里德（Lowell Lead，后

升任院长）、福特（Ford，细菌学）、麦克柯尔（McColl，生物化学）、佩尔（Raymond Pearl，卫生统计学）和弗里曼（Freeman，职业卫生学）博士。韦尔奇教授每周亲自讲授不同的课程，我们都很乐意听他那涉猎广泛的即席讲演，这是来自他那异乎寻常的阅历。或许唯一的例外是格雷戈里教授，这样的教师水平欠佳，似乎在他们所从事的专业上只是一知半解。他们给学生布置大量的家庭作业，让学生们几乎每个晚上都要大量地阅读和写作。后来发现这些让我们太多地熬“灯油”的作业被堆在住房登记档一起，从未有人看过，自然更没有改过。我们许多同学开始使用奇妙的伯勒斯手摇计算器和电动检索机，采用这些工具可以便捷地收集和分类复杂的统计资料，我们这些人中，即使是最机灵的人也要多花费一倍时间。

有位学生管理员名叫韦尔斯（J. Wells），也是医务人员，他经常突然造访同学住所嘘寒问暖。他总是那样友善和谦恭，并且经常参加我们的联谊会。我们还组织了一个命名为“四海皆友”（The Ubiquiteers）的私人俱乐部，每周邀请我们当中的健谈者在这里作一次讲演，主题可以是非医学方面的。这个俱乐部后来越来越兴旺。后来有一位曾旅居巴尔的摩的俱乐部成员回到中国后告诉我，他们见到过我赠送的一幅淡蓝色中国织锦，上面绣有“UB”两个大写字母，那是我一位有艺术天赋的侄女的杰作。

第二年（1925年）7月，除了一位来自南美某国的人外，都毕业了，每人得到一份公共卫生学资格证书。这个资格后来（1939年）变成了约翰·霍普金斯大学公共卫生学硕士学位。

为留下这一年来愉快相处的记忆，我在巴尔的摩中国餐馆内宴请了10位教师和40位各国同学，看来他们很欣赏中国菜肴（并非那些他们熟悉的美式中国菜拼盘）。菜单中有红烧鸭、莴苣鸽肉、芙蓉鱼翅、素八珍、溜鸡片、五香比目鱼和八宝饭。客人中有一位加拿大女统计学家，在我还不会使用手摇计算器时她经常帮助我，还有一位孔姓山东同胞。另一位名叫贺普利（R. Hoeppli）的反纳粹德国人是研究寄生虫学的，住在殡仪馆楼上。贺普利与我成了好朋友，我们都喜欢广东菜，经常在中国餐馆相遇，用德语交谈。中华医学基金会接收北京协和医学院后，贺普利担任寄生虫学教授，他为这门学科的当代知识在东方的推进贡献很大。纳粹荼毒欧洲时期，贺普利加入了瑞士国籍，他认真学习了中国语言，能讲流利的官话。1950年共产党接管北京协和医学院时，贺普利任瑞士领事，为保护医学院及一些英国机构的利益出过大力气，为此，他后来曾得到英国政府的奖章和感谢。从1953年起，贺普利被洛克菲勒基金会借调到新加坡的马来亚大学医学院担任寄生虫学客座教授。

虽然我第一次在美国只生活了一年（1924—1925），但我对这个国家已多有认识，我赞赏它的人民真诚坦率和对外国人的友善，他们与陌生人结识无须经人介绍。我四处旅行，访问过多个研究机构，其中有芝加哥的麦克科密克学院（McCormick Institute），那里的迪克夫妇（George Dick 和 Galdys Dick）在抗猩红热预防接种研究上作出过杰出的贡献。我说他们的方法有可能在中国华北应用，他们非常高兴。这种传染病是最近才传入华北，毒性强烈。回到哈尔滨，我和我的技术助理便开始从事这项工作，获得了显著的成功，其结果及时在医学杂志上发表了。我还访问过华盛顿特区的美国卫生学研究所，与所长麦克科依（G. W. MacCoy）博士进行过长时间的交谈。他曾经对我们有关防疫方面的知识提供过很多帮助。我还和研究野兔热（tularemia）的专家爱德华·弗朗西斯（Edward Francis）博士交流过，他最先肯定了这种疾病在野兔与人类之间的密切关系。弗兰西斯博士是一位幽默和健谈的讲演者，说话很快又很诙谐。另外我还会见过美国公共卫生署的杰出成员和一些有为学者，如斯宾塞（Spencer），他后来用磨碎带菌蜱的方法成功地发明了抗洛基山热的疫苗。在美国首都，我还拜访了菲尔丁·加里森（Fielding Garrison）博士，他是标准版《医学史》的作者，他还拥有美军上校军衔。加里森博士亲自领我参观了他负责的军医署图书馆，并将馆藏的图书复本赠送给我们哈尔滨防疫图书馆。他还送给我描绘古代欧洲腺鼠疫的珍稀插图的静电复印件。确实，我发现美国同仁与同道作者像我的英国朋友一样极为慷慨大方，在与他们交换出版物时更是如此。

从第一次世界大战（1914—1918）结束开始，整个美洲大陆在科学领域进步迅速，因而他们不再派遣优秀学生和科学工作者前往欧洲深造，而是由实力雄厚的基金会提供丰裕的奖学金，用来邀请欧洲和亚洲的科学与医学团体中有发展前途的先进人物来美国，在那些设备一流的学院和实验室从事研究工作。这样，像微耳和、科赫、埃尔利希、贝林、巴斯德和梅奇尼科夫等欧洲大师当年所作出的贡献，现在到了在新大陆作出回报的时候了。

我还得知，来自广东的华人先辈李树芳医师，是爱丁堡大学的医学士和英国皇家内科医师学会会员，为了广东公医学堂与医院的发展，放弃了经营多年且业务繁忙的私人诊所。受该校委托，呼吁美国各大城市里的台山宗亲积极认捐，共筹集到近50万美元。

卫生部和各类医学机构的建立

1932年，中国博医会与更大的中华医学会合并，会员总数超过2 000人。1928—1936年这段时间，可以说是在政府主持下使医疗卫生工作得到落实的时期，这由于南京国民政府的成立而得到保障。医学进步的空前大事是1928年11月1日卫生部的设立，首任部长是薛笃弼先生。他虽然不是医务人员，却是现代公共卫生的热心倡导者。两年后，原在上海和协和医学院任外科医师的刘瑞恒就任部长，而他的领导班子中都是有能力的中国、美国、英国和日本等国的毕业生。1929年在南京召开的中华医学会会议上，刘博士概述了卫生部的4项基本政策：（1）组建中央卫生委员会和国际顾问委员会〔成员包括国联的赖赫曼（Ludwig Rajchman）博士，洛克菲勒基金会的海泽博士，以及后来在伦敦就任卫生部大臣的纽斯霍姆爵士（Sir Arthur Newsholme）〕；（2）卫生部下设5个职能部门，即医政、保健、防疫、统计、医务5个司；（3）任命专业理事会或委员会；（4）创设专门的组织机构，省设卫生处，市县设卫生局，设立中央卫生实验处、中央防疫处、农村卫生站以及助产学理事会等。1928年8月发布了卫生法规，随后在12月开始实行执业医师注册制度。1930年开始采用国家药典，其英文或拉丁文名称按照字母表顺序排列，同义的中文名称列于条目之首，普遍采用公制度量衡。《中华药典》于1931年出版，全文共763页，并附有长达200页的详尽索引和附表。

曾寻求过国际联盟的合作，因而怀特（Norman White）博士于1922—1923年在中国进行了长时间的考察。在他的推动下，1925年3月1日在新加坡成立远东流行病局，洛克菲勒基金会连续5年给予每年125 000美元的津贴。5年期满后，新加坡流行病局的继续运营需要资金，当时我正担任理事会主席，我设法从陈嘉庚先生处募集到了3 000美元。陈先生是著名的橡胶大王，也是厦门大学的创建者和赞助人。

国际联盟卫生处主任赖赫曼博士曾于1925—1926年访问中国和日本，他建议中国应与国联在卫生方面维持紧密的合作。1929年，他由助手布德洛（Frank Boudreau）博士陪同再次访华。这一次由中国卫生部门的领导成员如伍连德、黄子方、金宝善、严智钟和蔡鸿等陪同和解答问题。随后，1930—1931 年由日内瓦来华的代表还有斯陶曼（K. Stouman，统计学家）博士、高迪埃（R. Gautier）博士、帕克（C. L. Park）博士和博尔基兹（B. Borcic）博士。帕克博士曾任澳大利亚联邦海港检疫机构领导，我们 1930 年创建总部设于上海的中国海港检疫管理处时，他的经验为我们提供了帮助。详情将在后面的章节叙述。

1930 年刘瑞恒博士当选国际联盟卫生部顾问委员会副主席。由于他在南京的工作繁忙，指定我代表他参加 1931 年 5 月在日内瓦的会议。出席者有吉泽（Yoshizawa，日本）、艾登（Antony Eden，英国）、豪尔赫（R. Jorge）以及其他主要国家的代表。我郑重通报了中国卫生部制订的三年计划，包括在南京建立一个中央卫生实验院（Central Field Health Station），在北平设立中央防疫处，还创建总部设在上海的海港检疫管理处，在南京、广州和汉口等城市建立助产学校，以及继续扩充东三省防疫处。

经费也在逐年增加，1931 年的预算为 514 000 美元，到 1936—1937 年度即增加 300 万美元。在南京新建的引人关注的设施中，有一所戒毒医院，这座医院内设 120 张免费床位。要求在那里系统地研究麻醉品成瘾的问题，并引进现代方法来治疗如此众多中国人的恶癖。在后面有关麻醉剂问题的一章中，将作进一步讨论。

乐善好施的马来亚华裔商人胡文虎理应受到赞誉。他靠虎标万金油赚了数百万元，但他平生一贯主张要将大部分的利润回报民众，其方式是向慈善机构和佛教团体捐赠。新建南京中央医院的费用高昂，刘瑞恒博士和我曾得到胡先生的捐助高达 30 万元，从医院落成起，在走廊前端便安放着他的大理石雕像。

1931 年起，乔丹（J. H. Jordan）博士担任上海公共租界的卫生专员。他与中国当局合作，在他管理的区域和华界城区开展了执业医师注册的工作。

在大城市推行市政卫生工作，保存人口出生和死亡的规范记录，邀请乡村的行政官员参观现代卫生机构，以便卫生改革得以深入到他们管辖的地区。

1928 年，担任了 3 年国际联盟联络工作的黄子方博士由日内瓦回国，他被派到北平，把新建立的卫生管理部门设置在一个适当独立的基础上。但它短短两年就被撤销了，依旧按旧体制运行。

第一个国立中央助产学校校长杨崇瑞博士，是一位毕业于美国的北京女士，陆续培养出一批合格的助产士，摒弃了清朝时期陈腐而不卫生的接生方法。防治肺结核的运动也在积极推进，已建立的疗养院，特别是那些建在北平西山的疗养院获得了相当数目的政府基金资助。

我在上海发起组织了全国防痨协会，在进步的上海市长吴铁城的大力支持下，成立了由 55 位社会名流组成的理事会。我还付出了很大的精力从事麻风病的工作，1932 年 10 月我主持召开了第一届国际麻风病会议。与会外国代表来自英国、加拿大、美国（H. W. Wade，韦德博士）、菲律宾和日本，当然也有中国代表。

吴铁城任上海市长期间，大上海新区扩展到了滨海地区。1936 年，我从他那里得到了一块 7 英亩的土地，计划建设一个现代化的公共火葬场，并与中华火葬协会一道提倡一种卫生、经济和庄重的丧葬方式。已经从赞助人中募集到 4 万元捐款，建立了一个基金会。但是 1937 年日本的入侵使一切归于流产。

尽管这个国家遭受到以 1931—1932 年和 1937—1945 年两次连续侵略为主因造成的长期动乱，然而，在医学领域仍然在稳步前进。

出访印度

我曾以政府首席代表的身份出席过在新加坡（1923）、东京（1925）及加尔各答（1927）召开的远东热带医学协会两年一次的会议，并发表过关于鼠疫、霍乱和麻醉品问题的重要讲演。

在加尔各答会议上，我应东道主（主要是印度卫生署中的英国人）之邀，代表各国来宾致辞。我向英国医师，如罗杰斯（Leonard Rogers）爵士、克里斯多夫斯（Christophers）、麦凯（Mackie）、拉塞尔（Russell）、布拉德利（Bradley）、詹姆斯（James）等致以崇高的敬意，因为他们为辽阔的印度次大陆医学进步作出了卓越的贡献，我也对印度学者在医学、科学、地质学和文化等各领域取得的成就表示钦佩。我希望他们继续增强实力和影响，从而把向来以造福印度本国和全世界为宗旨的仁爱事业发扬光大。

我和宴会大厅中近千名散坐于各处的听众那时都未能想到，这个伟大的国家不久便取得了完全独立，成为英联邦内的一个共和国，这是有远见的英国工党政府在不到20年内作出的英明决断！

加尔各答会议后，我和中国同仁以及与会的其他国家40位代表作为政府与国际联盟的客人应邀在印度观光。我们的旅程北至克什米尔，南至马德拉斯，由西部的孟买直到东部的西隆（阿萨姆邦）。我们考察了多所医学院校、医院、实验室，以及卫生中心与研究机构。我们还访问了高山上的工作站，那里有犹如仙境般的实验室，其研究范围主要是长期以来困扰着当地居民的热带病，如疟疾、痢疾、鼠疫、霍乱、黑热病和麻风病等。此次行程遍及两万英里，历时两个月，我们都在这个大国的游历中大长见识。

那时还没有空中交通，我们乘夜车旅行，在车厢铺位上用 chota haiti（早茶），在安排给我们的旅馆里则是地道的英式早餐。实际上整日都在参观形形色色的机构，只有午餐时才得以稍息。

1927 年由英国和印度医师们主办的，足迹遍及印度四面八方的绝妙观光，确实令人难忘。

远东热带医学协会第九届年会在南京举行

1934 年中国主办了远东热带医学协会（FEATM）第九届年会，会议于 10 月 2 日至 8 日在首都南京举行。百余位客人入住励志社的艺术总部，为来宾供应中餐或西餐。学术会议在超现代的中央卫生实验院举行，其对面便是新落成的中央医院。

会员提交或宣读了属于 21 个专题的总计 200 篇论文。这次第九届年会是在近代中国举行的第二次国际科学会议（第一次是 1911 年在奉天举行的万国鼠疫研究会，由时年 32 岁的我担任主席）。刘瑞恒博士作为主管全国医务的最高官员担任南京会议的主席，我和舍侄伍长耀医师（一个才华横溢的香港大学毕业生）共同编辑会议报告集。会议结束后仅用了 5 个月，我们便得以编纂了两巨卷共 800 页的会议报告集，这是令以前参加过其他同类会议的人觉得不可思议的成就。为奖励我们成功编辑该报告集的贡献，我与舍侄获赠两枚为此次会议特制的金质奖章。

远东热带医学协会第九届年会全体到会者合影(承中华医学会栾伟提供)

首途大西南

1937 年初，我被指令和褚民谊博士（巴黎大学医学博士）一同以督导团的身份视察建成不久的长达 1 000 英里的漫长公路，这条公路从南京至成都（内地西部省份四川省会），穿越中原地区。这一次出差，让我们两位医界大佬，还有那些教育工作者、工程师、新闻记者和其他各界人士，深刻体会到自己广阔而古老的国家，只要有和平环境和稳步发展的昂扬民族精神，便具有无穷的潜力。

我们首先穿越了湖南一望无际的肥沃稻田，那里世代出产丰足的稻米，养育了中部各省的居民。然后我们登上贵州省的高山，乘坐着各种汽车，有用汽油、煤油作能源的，也有用木炭和柴油的，我们遇到过从未见

远东热带医学协会第九届年会中国代表合影。
前排右 5 为伍连德（承中华医学会栾伟伟提供）

远东热带医学协会全体到会者宴会后合影。前排右9席地而坐者为伍连德(承中华医学会栾伟伟提供)

过的倮倮［为彝族之一支，分布在云南］人，在历史变迁过程中他们本与海南、广西和高棉（柬埔寨）的苗族人属同一种族。他们的妇女们很像那些生活在尼泊尔和印度阿萨姆邦多山地区的人。随后我们进入美丽而富饶的云南省，那里有高达 7 000 英尺的高原，最后便到达了边远的西部四川省，那里的人民数千年来依赖地下盐矿维持生活，并用地下的天然气照明。我们认为，那里有着无限的机遇，只要我们拥有一个有秩序的进步政府，就可以系统研究地质学、古生物学、考古学和现代农业，致力于增进人民的幸福，并得以有条件采取循序渐进的步骤，排除野心勃勃的外国人的干扰，直到取得最后的成功。

然而，这样的愿望显然难以实现。我们回到南京总部不久，便得知我们的邻国日本以再次入侵相威胁，即使在那一时刻他们还在竭力鼓吹从未打算实行的“共存共荣”的谎言。

我本人为出席国际联盟卫生处组织的农村卫生工作会议，于 8 月前往会议地点爪哇岛——万隆风景如画的山区度假地。在那次会议上报告过一些值得关注的论文，特别是东道主国家荷兰的医师的报告。但是我们却都牵挂着北平，因为日本军队于 1937 年 7 月向北平附近的马可 · 波罗桥（卢沟桥）的中国守军挑起了事端。日本军方为即将到来的战争早已做好准备，他们估计列强全部注意力在欧洲战场，而希特勒已取得某些胜利，因此不仅要征服中国，而且还将统治包括荷属东印度、菲律宾、夏威夷及

远东热带医学协会第九届年会授予伍连德和伍长耀之金质奖章

其他太平洋岛屿、新加坡、马来亚、缅甸、锡兰甚至印度等的整个东南亚地区。

日本军队初期攻城略地，势如破竹，但却终于战败的故事早已载入当代历史。当 1945 年来临时，曾经不可一世的日本人方才痛切体念到他们所面临的深重灾难，穷途末路的政府只好在 9 月向节节胜利的盟军无条件投降而结束战争。

和平也降临给中国，为了保卫亲爱的国土，自 1931 年以来她与日本人顽强战斗了近 14 年。各个阶层的中国人厌倦战争，由于通货膨胀及被迫中止生产，他们丧失了全部或几乎全部辛苦得到的积蓄。

那些国民政府的要员沉溺于大规模的贪污腐败，更为穷苦大众、农民和工人雪上加霜。因此，当共产党向国军公开宣战时，人民都站在共产党一边。国民党勉强抵挡一阵后，不得不由北向南撤退，最后退到了台湾岛。他们的前途如何，也许只有天知道。

若干年来，上海的霍乱问题很严重，随着人口和贸易的增长而更加紧张和复杂。此地有三个各自独立的卫生机构，分别隶属公共租界、法租界和上海市。他们各行其是，行动互不配合，对于随时可能出现的霍乱暴发流行并没有相互协调。

幸运的是1928年南京成立了卫生部，后来刘瑞恒博士出任部长，1930年开始采取新的开明政策。建立了海港检疫管理处并将总部设在上海，以便中央政府能够与公共租界和法租界的卫生负责当局紧密接触。

第13章 东三省防疫事务总处

创建北满防疫事务管理处

1910年至1911年恐怖的肺鼠疫大流行，侵袭了满洲和中国北方，造成6万人丧生，经济损失达1亿元，然而灾难也警醒世人，为中国的公共卫生事业体系奠定了基石。从皇帝起直至各级当权者，以前都过分依赖落伍的中医，如今方知其在应对这般严重疫病暴发时是如此无能为力。这就迫使他们将组织工作托付给受过现代教育的医师，并同意他们采取一些激进的措施，如逐户的访查，将接触者强制隔离在隔离营或车厢中，并在哈尔滨等地火葬了寒冬中积累的几千具尸体。

在本书开始的两章里，已述及1911年4月于满洲首府奉天召开过的万国鼠疫研究会议（这是在中国举行的第一次国际科学会议）。这次会议由我作为主席主持，会期近一个月。会议的研讨使鲜为人知的肺鼠疫问题渐露端倪。与会者均为当时一流的鼠疫专家，如北里柴三郎、柴山五郎和藤浪鉴（日本），斯特朗和蒂格（美国），扎博洛特内、兹拉塔格罗夫、哈夫金、帕得列夫斯基和库列查（俄国），法勒 、斯坦利、司督阁、格雷和皮特里（英国），还有德国的马丁尼、意大利的加莱奥蒂，以及法国的布罗凯和沙巴内、墨西哥的法贝拉·冈萨雷斯等，多位中国医务工作者也参加了会议。

会议中研讨的成果，收录在内容充实的《1911 年奉天万国鼠疫研究会报告》中，该会议录长达 500 页，由马尼拉的政府印刷局承印。这次会议作出的主要决议涉及建立北满防疫事务管理处一事的内容如下：

13. 急需设立永久性的隔离医院以供隔离肺鼠疫病人。此种医院应可隔离单个病人，并具有防鼠设备且易于消毒。

42. 应筹设永久性卫生中心机构，该机构在鼠疫流行时迅速地扩充，并将可在鼠疫暴发时立即派赴疫区之医官名单拟定备用。

44. 为使这些建议得以付诸实施，应力争组建中央公共卫生部，以便专门处理并应对未来各种传染病症之发生。

先是在哈尔滨，由我与海关专员沃森先生进行了商讨，后是在北京与外务部次长颜惠庆博士探讨，根据鼠疫研究会的建议，筹建北满防疫事务管理处的计划书经过多次审议后得以敲定。

该计划主要目标是为北满兴办一个医务机构，以便有能力应对并控制该区域内各地出现的疫情暴发。在哈尔滨（总部）、瑷珲（大黑河）、三姓［今依兰］、拉哈苏苏［今同江］、满洲里等地，以及本地区可能有必要设立的其他城镇建立医院。此外，医疗服务应面向穷苦大众，当无疫情需要时，病房可安排用于普通内科、外科以及传染病的就诊和治疗。防疫处的医官还要协助地方官员和学校教师举办卫生训练班，培训儿童和公众。我们希望这种服务将能发展成为惠及全省的公共卫生服务，并为全国做出示范。

这些医院的基本建设费用由东三省的税收财政支付，常年维持经费由海关税项下拨付。为达到这个目的，1911年五六月间，我曾拜访过东三省总督赵尔巽（汉军正蓝旗人。鼠疫会议结束后，他接任满人锡良的职务）、吉林和黑龙江的巡抚、安格联爵士（Sir Francis Aglen，北京海关税务司总监），以及驻京各国使团的领导人，因为中国政府批准后支取海关税还要取得他们的认可。

在奉天的总督官邸，赵尔巽总督十分热情地接见了我。他的身材矮小，胡须灰白稀疏。我向他陈述了在全省各交通要津建立医院，以预防鼠疫再次造访的要求及其必要性，而这是根据不久前的4月在本城举行的万国鼠疫研究会提出的重要建议，然后总督说他完全同意我的主张，而且用实际行动表明了他的态度，从该省库银中拨出了大笔经费。

一笔14万两白银（相当于21万元或21 000英镑）的巨款作为急需之经费迅速而顺利地拨付，用于医院建设。其中5万两用于哈尔滨，4万两用于满洲里，3万两用于齐齐哈尔，2万两用于拉哈苏苏。吉林巡抚划拨了位于哈尔滨高岗上的俄国新城和俄国租界的埠头商业区之间面积为120亩（相当于20英亩）的一大片土地，供建设防疫医院即滨江医院的各个部门。滨江医院于1911年9月动工建设，翌年夏竣工。按原定规划

建成于1912年的哈尔滨（滨江）医院鼠疫隔离区

耗资7万元并于1912年12月开始运营这座医院①，由东西两个独立院落组成。西院的建筑供行政办公和治疗普通病人之用，还有可容纳400人的检疫营房；东院包括为30个疑似病例和40个鼠疫病例准备的隔离病房，每人一个单独的房间。1919年一个现代化的办公楼建成，还临时安置了实验室和手术室。1922年增建了另一座新楼，用于普通病人门诊及住院治疗，随后于1924年建成了一座最新式的大楼，其中设置了实验室、图书馆和博物馆。1926年在东院兴建了一座规范的肺鼠疫病房，从而得以更准确地诊察和治疗病人，并最大限度地保障医务人员的安全。

万国鼠疫研究会结束后不久，决定在西部边境城镇满洲里建立一个防疫与检疫医院，这里是1910—1911年鼠疫大流行进入的门户。所需经费约4万两白银（约6 000英镑）是现成的，那是鼠疫暴发期间防疫拨款的结余。这所医院将收容20个鼠疫病例、20个疑似病例及150个接触者。它将由一位拥有欧洲学位的高级驻院医官负责，并由一个称职的团队协助。这些计划获批准，在当地衙门附近的一块空地上，开挖了地基，这里距俄国的城市不过半英里。由于满洲里地处偏僻，所以需用的砖块应在当地烧制。1911年10月，石材木料都已运到工地，还挖了一口水井。冬季到来，必须暂停施工。不久后中国爆发革命，紧接着1912年1月，蒙古发生骚乱，蒙古人毁坏了满洲里的学校、衙门以及我们为新医院备好的所有建筑材料。

多年以后，直到1921年东三省第二次鼠疫大流行，我们才从俄国市政当局租借了几所房屋开展防疫工作。1923年我们花费9 000元买下一座现成的石结构建筑改作研究用实验室和我们医官的宿舍，同时又向市政当

① 实际位于俄国新城与傅家甸之间。——译者注

局租借一幢大型木结构建筑作为医院。在这个医疗站里我们还安装了处理旱獭皮的大型福尔马林气体消毒设备。

哈尔滨医院于1912年建成后不久，位于松花江和黑龙江交汇处景色秀丽的拉哈苏苏（同江），开始建造一座新的隔离医院。这是一座二层红色建筑，楼下是门诊部和药房，楼上是为医官准备的宿舍，附近有4座隔离病房以备急需。

1913年，在面积不大但处于重要战略地位，位居吉林省松花江边哈尔滨和拉哈苏苏中途的三姓购置了一所有浓郁中国风格的宅邸，并将其改建成了医院。

1914年，这一系列医院中的最后一所在大黑河开办。大黑河位于宽阔的黑龙江南岸，是一个谷物和木材中心，面对北岸的俄国小镇布拉戈维申斯克［海兰泡］。这个景色如画的俄国小城也是一个重要的军事基地，它位于黑龙江河道急转弯处的突出部，是连接西部莫斯科和东部海参崴的西伯利亚大铁路干线上黑龙江段的铁路维护站。俄国人多年来企图修筑一条连接北部的大黑河和南部的齐齐哈尔的铁路干线，并借摆渡跨江与布拉戈维申斯克相连，但是中国方面一贯坚决反对这一危及中国主权的图谋。

北满视察

东三省防疫事务总处于1912年建立后，我作为总办的职责之一，就是定期前去视察边远的下属机构。为此，我要从哈尔滨乘坐一条浅水轮船前往。船长通常是一位俄籍犹太人，船员则是一些健壮的山东人，他们都略通简单的日常俄语。这些人工作很辛苦，小轮船中途要停靠几个港口，途中有旅客上下，还要装卸货物。虽然松花江很宽阔，但有些地方水很浅，船只搁浅并不罕见。凡遇到搁浅时，要使船只开动，通常便使用已准备好的滑轮和杠杆，后者是一根放在船头随时可取的15英尺长的木杆。通常要一整天才能到达我的第一站三姓，由此再用一天的时间到达拉哈苏苏，江水到此便进入下游。从拉哈苏苏开始，我们的轮船便沿黑龙江的深水中向西北逆流上行，不再因搁浅而延误。浩荡江水流经的沿岸风光壮丽。北岸是俄国，南岸是中国，两岸都覆盖着冷杉、柏树和其他大树构成的森林。就此地而言，中国事实上是一个森林之国。不禁使人想起黑龙江两岸一直远至南面的不冻港海参崴这片广袤而富饶的土地，本来毫无疑义是中华帝国的领土，却由于1858年《瑷珲条约》，被狡诈的俄国使臣穆拉维耶夫（Muraviev）欺骗而签字放弃了，当时他谎称所要的土地面积（在地图上）的大小只不过像一块牛皮。

我们与黑龙江对岸的俄国医务人员关系非常密切，在第一次世界大战（1914—1918）以前，我和我的高级医官曾在布拉戈维申斯克的总督官邸受到过远东滨海州总督的款待。那里每种东西都很大，宽阔的街道装饰着数不清的斑斓花彩。我们曾享用过一席奢华大餐，餐桌上有极多美味小吃，例如鲟鱼和黑鱼子酱等。

不过我在北满早年经历的那些日子并非总是如此愉快的。我第一次乘轮船顺松花江而下的旅行是在1912年秋季。那时已近9月末，离开哈尔滨一天后到达三姓，天气晴朗温暖。然而第二天早晨便狂风大作、

1914年由黑龙江前往大黑河时留影

气温骤降，一切都预示着一场暴风雪的来临。我们应该返回哈尔滨，但是船上装载着运往大黑河的大量物资，船长决定继续前进。雪花和冰雹纷纷洒落，不久江面便出现了冰凌，小轮船与冰块撞击着行进。船员们穿上了老羊皮袄，但大多数乘客都未带冬装。仅仅过了一夜，宽阔的江面上就几乎被成堆的冰块封冻了，轮船艰难冲冰而行，直到第四天，我们才望见松花江和黑龙江交汇处形成的那片广阔水域之滨的拉哈苏苏。轮船刚驶进中国海关检查站，我们便立即下锚泊定——比原计划晚到两天，幸好我们安全抵达。乘客们各自入住那些简陋的客栈，让店主喜出望外。拉哈苏苏只是一个村庄，平日居民不足千人。我比别人幸运，负责海关的年轻助理是位名叫坎贝尔（Campbell）的英国人，曾在故乡公立学校读过书。他邀请我住在他那较为舒适的住所的一个房间里。那里有个小图书室，藏有一些通俗文学读物和海关报告，这样我便能在那漫长的时间中过得比较充实。木柴供应充足，主人热忱好客，当时那里还没有冰箱，但屋下有一个冰窖，保藏着肉类和其他保鲜食物。

我得知要等待两个月后两条河才能冻成坚冰，那样我就可以过河进入俄国领土，再从那里乘雪橇顺河而下到达哈巴罗夫斯克（两天行程 150 英里），然后搭乘沿乌苏里江而行的火车向南 400 英里抵达尼科利斯克（Nikolsk），最后搭乘西伯利亚大铁路干线的火车向西 300 英里回到哈尔滨。如果一切顺利，从启程之日计算，有可能在一周内完成这近 1 000 英里的旅程。虽然我不得不滞留在拉哈苏苏，但也是愉悦和有收获的，我有机会在此研究鱼皮鞑靼人［赫哲族旧称］的人种学和风土人情。他们被认为是该地区的原住民，属于蒙古人种，容貌与爱斯基摩人和北欧拉普兰人相似。他们和蒙古人一样信佛教，但并未忠实执行佛教戒律。妇女可以一妻多夫，与一个以上的男人同居并不认为犯戒。事实上，我在他们中走访时，有人便会告诉我，有时候一个妻子会整天在她的卧室里接待她一个又一个来客，而显示里面有人的记号，则是留在门外的那双男人的鞋子。下一个恋人必须排队等候到这双鞋子被人穿走，再放上他自己的鞋子。之所以称他们为“鱼皮鞑靼人”，是因为他们通常用大鱼皮做衣服和被子。他们捕鱼的技能相当娴熟，只要可能，他们还猎捕水獭、紫貂等其他兽类以获得贵重毛皮。鱼皮鞑靼人住在用木梁支撑的简陋的泥草房中，他们的卧处高出地面约两英尺，用厚木板搭建，冬天在室内用木柴生火取暖，有些类似中国的炕，不过炕通常是在室外烧火。较开化的鞑靼人会把他们的子女送去免费的中国学校学习汉语，期待孩子有更好的前程。通常汉人和鞑靼人都互相按自己的方式生活，相处颇为友善，在各自的神坛前焚香拜祷。

冬夜漫长，我们却每天早睡晚起，少用脑筋少走动，毕竟我感到日子过得并不怎么乏味，幸运的是海关的外勤职员有几位俄国人、丹麦人和挪威人。他们都在自己国家受过高等教育，曾在驻留过的中国多处口岸对中国人进行过文化观察，有些人甚至认真学习汉语。他们打算在退休后撰写他们的经历，这些势必有用。就像他们的某些先辈那样，撰写出有关中国哲学、音乐和戏剧的著作，以及翻译中国古代诗歌。冬日里他们不得不停止工作时，倾听他们的志趣和可佩的探求，是一件相当愉快的事情。

6个星期终于过去，有报告称，由4匹或6匹矮种马拉的载重大车已可横越冰冻的江面，冬季惯常的交通已开始。我已带了俄式蓝色冬季制服，所以只需要一顶带护耳的旱獭皮帽、一双长筒毡靴、一副黑色羊皮手套以及一条厚毛毯，所有这些都在村庄里买到。那些日子里，我发现自己的处境有些特别，我得不到带有俄国签证的正式护照，只给了我用俄文书写，由英国海关助理签署并盖官方印章的表明我的职务、我的使命以及我的目的地即哈尔滨的信函。有位海关的外勤雇员是会讲英语和俄语的丹麦人，他要将一份重要公文从拉哈苏苏送到哈尔滨总部，于是他与我同行。在这跨越陌生土地的长途旅行中我们甚觉轻松愉快。那是一个晴朗的早晨，我们两人带着简单的行李乘坐由俄国人驾驭的雪橇出发，越过宽阔冰封的黑龙江到达河对岸的驿站，在凛冽寒风中度过三小时后，我们愉快地享用了热罗宋汤和大块的牛肉、面包和黄油，又继续前行。俄国的雪橇邮政由政府经营，服务效率高，每站总调换新马，按规定时间快速运行。通常我们每隔两三个小时便到达一个驿站，享受一杯滚烫的不加牛奶的甜柠檬茶。距离按俄里计程，1 俄里相当于 3 500 英尺即三分之二英里。沿黑龙江北岸穿越西伯利亚冰雪荒原的整整三天旅程中，我们只在床上睡过一夜，那是在到达哈巴罗夫斯克之前最后一个驿站。旅行期间气候始终极冷，但空气清新，令人神清气爽，多亏厚实的毡靴保暖着双脚。离开拉哈苏苏三天后的下午终于抵达繁忙的哈巴罗夫斯克火车站。这里是一个谷物和木材中心，位于乌苏里江和黑龙江交汇处。我们在火车站附近一个舒适的旅馆里痛快洗了一个热水澡便进入梦乡。次日清晨，我们乘火车沿乌苏里江左岸南下 400 英里，穿越茂密的松柏大森林到达尼科利斯克镇，这时称作伏罗希洛夫［现称乌苏里斯克］，直通军港海参崴。我们在尼科利斯克刚好有时间换乘来自海参崴横贯西伯利亚大陆的快车，向西直达哈尔滨。我在尼科利斯克打电报通知我的同事到达时间，当火车进入哈尔滨火车总站时，受到了非常热烈的欢迎，好像他们的头儿在荒原上曾经走丢了 60 天，而不止这 10 天的旅行。然而，“吉人天相”，平安无事。和那位被中国雇用的丹麦同伴愉快分手后，我穿过马路，前往格兰德旅馆，那里为我开了房间。

在旅馆中稍事休整后，我即再次去拜访哈尔滨海关税务司沃森先生，他曾最先与我一起筹划组建北满防疫事务管理处，他的友情十分宝贵。沃森听我一五一十谈起滞留在拉哈苏苏长达两个月期间，他的助手坎贝尔给我的极大帮助，以及与其他同仁度过的难忘时光。我还谈及海关与我们防疫处在卫生和防疫方面密切合作问题，他由衷地赞同我的建议。他是一个快乐的好伙伴，嗜好威士忌，而我则滴酒不沾，但我们是亲密的朋友，直到一年后他因脑溢血逝世。

筹措经费，延揽人才

此时我已得知，沃森和我本人筹划的北满防疫事务管理处预算经费每年6万两，已为北京的外交部认可，但却被那里的外国使团否决，其理由不明。这件事大大出乎意料，满洲地方政府已经采纳前一年召开的万国鼠疫研究会提出的重要建议，拨出大笔款项在哈尔滨、齐齐哈尔、满洲里、三姓、拉哈苏苏和大黑河建设防疫医院。

当然，1911 年辛亥革命，宣告成立了中华民国，但是防疫机构根本是非政治性的，而且由驻北京的外交使团代表的许多国家的专家曾强烈敦促中国政府推行其事。看来必定有某些误会，于是我立即乘火车前去京城，并首先拜访了外交部次长颜惠庆博士。他说他自己也不了解外交使团这样对待的理由，建议我去见安格联先生（后被封为爵士）。他是赫德爵士的外甥，已经接手了中国海关总税务司。我借机初次会见了安格联先生，发现他相当热情但不无做作，体格高大魁梧。安格联先生与沃森先生也是老朋友，几年前沃森曾在他的婚礼上做傧相。安格联先生劝我不要着急，说这显然是把一个重大问题和一些枝节的政治事态纠结在一起了。并说他将去找公使团的那些负责官员和使臣，改变他们轻率的看法。

我也去拜访公使团首席使臣、英国公使朱尔典爵士，还有德国、法国和美国的公使，说明年度预算需要他们的认可，因为鼠疫会议建议设立的医院已经兴建成，马上就需要维持费用。他们都同意帮助我。

不出安格联先生所料，外交部不久便收到由海关税项下划拨 6 万两的正式认可，不过这仅限于本年度，今后的申请是否批准，取决于防疫处的工作成效。这种有条件的许可，意味着我必须每年来北京与那些走马灯似的不断更换的公使团使臣们打交道。直到 5 年后的 1917 年，我们的年度拨款才固定为长久性的，用我们中国的货币而不再是俄国卢布。由于爆发布尔什维克革命，卢布曾贬值到原币值的 14%。

防疫处之阵容

令我欣慰的是我们机构的工作此时终于得以不再受干扰而继续进行，我最初的高级医务助手是新加坡出生、在剑桥获得了医学学位的华人陈祀邦医师，以及爱丁堡大学毕业、专攻细菌学的青年雷诺兹（F. E. Reynolds）博士。前一位曾在 1912 年夏天随我前往蒙古调查旱獭间存在的天然鼠疫；后一位则曾帮助我在哈尔滨装备新的实验室，并开展最初的实验工作。他们在防疫处服务到第三年才离开。前一位到北京主持由内务部新建立的传染病隔离医院，后一位回英国，在第一次世界大战（1914—1918 年）期间，加入了皇家陆军医疗队为战争服务。

1915 年 6 月，剑桥毕业的医学士、外科学士陈永汉医师由民国首任内阁总理唐绍仪推荐给我，他出身于上海富裕家庭。这位前途无量的年轻

防疫事务处同仁合影

人在英国时曾经与一位英国姑娘形影不离，这遭到他父亲的坚决反对，赔付了大笔金钱去解除婚约。唐先生目睹这位年轻的医师在家中饱受痛苦煎熬，便亲自把陈医师带来我处，看来他也愿意并且气度不凡，我乐意接受了他。从此开始了我们 20 余年的亲密合作。首先是 1915 年到 1931 年（那年我们被日本人赶出来了）在满洲，后来是 1931 年到 1937 年在上海，他是海港检疫管理处的高级医官。我平生再未遇到过像他这样受中国书香门第调教出来的优秀人物。他最初在英国公立学校上学，后来毕业于剑桥三一学院医学系和伦敦圣托马斯医院。陈医师对他的病人总是和蔼可亲，对上司忠诚，又是一位高明的外科医师。当日本军队占领上海摧毁了我们的工作的日子里，我不得不伤心地与他分手。通过纽约基督教青年会的慷慨相助，我们幸运地请到埃伯松（Frederick Eberson）博士与我们一同工作，他是哥伦比亚大学文学硕士、哲学博士和一位经验丰富的细菌学家，不过那时他还没有获得医学学位。还有一位毕业于堪萨斯城市兽医学院的弗兰克·赫什伯格博士。他们二人都在我们的防疫处工作过一年多，我们共同进行过有价值的研究工作。

1921年，奥地利医师伯力士（Dr. Robert Pollitzer）前来我们在哈尔滨的医院求职。他毕业于著名的维也纳大学医科，1914—1918年第一次世界大战中他被俄国人俘虏，后来又被日本人囚禁。他十分穷困且无友人相助。我们需要有能力而且忠诚的同事，因而欣然安排他负责我们的实验室。伯力士医师原是位非常能干的人，他不仅是一位经验丰富的病理学家和语言学家，能讲英、德、俄和法文并用这几种文字写作，而且工作非常负责，勇于承担分配给他的任何任务。因此陈医师和我都十分关心他的工作与生活，甚至有一天深度忧郁症发作而无法摆脱使他正要自杀时，我们挽救了他。后来我们在一个波兰难民家庭中为他物色了一位妻子，增加他的薪水，还给他介绍了许多朋友。结果他的心情和习惯都发生了很大的改善，他变得仪容整洁，服饰考究，与人交往时满面春风，而且增强了处理困难工作的能力。在满洲及后来在上海建立的海港检疫管理处，都充分证明，伯力士是我们医务人员中最堪重用的成员，为我们作出了难以估量的贡献。当日本军队入侵上海，我们许多人撤离的时候，伯力士医师加入了美国红十字会，1945年德国和日本向盟军投降时，新组建的世界卫生组织流行病学部给他提供一个重要职位。世界卫生组织支持他出版了长达700页的著作《鼠疫》（1954），每册售价70先令。伯力士医师是幸运的，他一贯勤奋工作，又善于把握机遇。

1922年，朱桐医师（爱丁堡大学毕业的医学士）来防疫处工作，被派往牛庄［今营口］负责新建的医院。1924年，另一位奥地利医师叶墨（H. Jettmar）偕他相同国籍并同样学医的妻子来我们的鼠疫实验室担任助理医官。这对夫妇曾被俄国人和日本人囚禁。叶墨医师是技术人员，但更

伍连德（右）与伯力士（1920 年摄于哈尔滨）

是一位学者，还是个出色的艺术家。在我们的许多报告书中，他帮助绘制插画，有些还是彩色的。

1929 年，陈永汉医师获准离职 6 个月，前往欧洲访问临床与其他研究机构。回国后，他在于 1930 年在《中华医学杂志》上发表了一篇叙述他的经历的精彩文章。翌年叶墨医师获得一个全额资助的机会，前去参加在巴黎召开的微生物学会议。他取道西伯利亚大铁路，访问了莫斯科、华沙、柏林、汉堡及其家乡维也纳、巴黎和伦敦。他遇到许多名人，如戴黑来勒（D'Herelle）、兹拉托戈罗夫（Zlatogoroff）、卡尔梅特（Calmette）、博尔代（Bordet）、帕金森（Parkinson），还有英国特灵（Tring）罗思柴尔德博物馆的乔丹（Jordan）和科赫研究所的霍赫施泰特（Hochstetter）与恩德莱因（Enderlein）。叶墨医师回哈尔滨后，工作热情倍增，打算取得更大成就。最后到我们防疫处工作的奥地利医师是 1930 年来的昆奇科（R. Kuntschick），但他只工作了几个月。我们中国职员中最杰出的有：陆存煊（北洋军医学堂）、朱玉芬（来自波尔多的眼科专家）、邓松年（北洋军医学堂和约翰·霍普金斯大学）、杨廷珖（底特律大学）、林家瑞（北洋军医学堂）、关任民（广东医专）、李元白（东京大学）、周树彬（长崎医专）、温锦昌（爱丁堡和洛桑）、史纬华（北京医专），他们都以不同方式为防疫处赢得了声誉。

从 1912 年创办起，我们防疫处的账目就受到担任防疫处会办和司库的海关特派员严格监督。防疫处存在的 19 年间，有 6 位特派员担当此任。他们是沃森（Haines Watson，英国人）、卢卡（R. de Luca，意大利人）、格勒弗东（Pierre Grevedon，法国人）、覃书（R. C. L. d'Anjou，法国人）、马尔科尼（U. Marconi，意大利人）和巴伦支（P. Barentzen，丹麦人），而覃书曾连任一次。直到 1929 年才由我们自己管理。1931 年，日本人占领哈尔滨，这个防疫处作为中国的机构便终止运行了。

1918 年防疫处的工作范围有了扩展，当时有一笔专门拨款用于在南满的港口牛庄［今营口］建立一所检疫医院。于是防疫处的名称便删去了“北”字而更改为东三省防疫事务总处［Manchurian Plague Prevention Service，原称“北满防疫事务管理处”（North Manchurian Plague Prevention Service)］。那所新建的医院会在以后的章节中叙述。

1914—1917 年：《报告大全书》第二册

直至 1919 年，北满未发生重大的疫病流行，防疫处建立后开始数年主要致力于普通医疗、预防和教育措施，特别是调查研究满洲和外贝加尔的鼠疫。这些结果发表在分别用中文和英文出版的《东三省防疫事务总处报告大全书》中，总共有 7 册。第一册于 1912 年问世（剑桥大学出版社出版），第二册至第七册分别于 1917 年、1922 年、1924 年、1926 年、1928 年和 1931 年出版。每一卷报告书印刷 1 000 册，分别寄给全世界各大学、科学图书馆、医学院和研究所，也呈送北京的各个部、政府医疗机构、海关、公使团成员以及重要的驻华领事官员。

北满防疫事务管理处报告书第二册收揽了1914—1917年的工作报告，在北京出版。我提及了协约国与德意志帝国之间的第一次世界大战（1914—1918），这次大战引发了俄国的布尔什维克革命，以及俄国通货膨胀，1917年卢布由原来的正常汇值1.3元（中国货币）贬值为0.95分，这令我们的职员苦不堪言，辛苦赚来的储蓄荡然无存。很快市面上大量出现了面额高得离谱的俄国纸币（5 000～10 000卢布），于是引起疯狂的投机和随之而来的亏损。后来发现这些印有沙皇和皇后画像的纸币是在德国而不是在俄国印刷的。必需的药品价格也暴涨，使我们难以开展工作，但我们仍然坚持着，最终渡过了难关。

除了报告鼠疫研究的各个方面的科学文章之外，1914—1917年的报告书中还包含了三年的年度报告的结论，其中述及我前往松花江和黑龙江沿岸各地医院一年一度的例行视察；亲临大黑河新医院（1914）的开张；牛马间频繁暴发的牛瘟和炭疽（雇用了一位美国军队兽医应对威胁）；在大黑河我们委派的第一位女医师前去管理该地区从事性交易的200名妓女；1915年2月在上海举行的两年一次的博医会会议上我们提供各种鼠疫有关的展品（后来借给博医会作为流动博物馆在中国各地巡展）；在北方居民中确诊的流行性斑疹伤寒；一个规模可观，或许是世界上收藏肺鼠疫标本以及野生啮齿动物标本最全的鼠疫博物馆的建立；在哈尔滨的中国城（目前称为滨江）引进人口统计；在民众中间深化普及卫生学和社会医学知识。在哈尔滨实行俄国和中国城区的市政卫生合作，在滨江已建成的新城取得显著的进步，可以说，以前遭受鼠疫重创的傅家甸废墟有了自来水厂、宽阔的街道、市政中心和现代砖瓦房屋，以及其他的改善，等等。

在同一册报告中，还发表了我于1916年11月呈送给防疫处的上级北京外交部的信件副本，建议应将北满防疫事务管理处设置为有稳定经费支持的机构：

防疫处于1912年10月的建立，我们记忆犹新，它是参加1911年4月在奉天举行的万国鼠疫研究会的11国医学专家建议的产物。

经公使团允准，由海关税项下每年划拨78 000卢布作为防疫处常年经费，并规定此款项必须每年申请。

防疫处建立至今已逾五载。我们定期向政府呈递季报和其他报告，不仅有条不紊和有效地开展工作，而且在中国、欧洲和美国的科学期刊上发表了论述鼠疫及相关疾病各方面研究的重要结果。一年半之前，洛克菲勒基金会曾派遣一个医学委员会来到中国，提及北满防疫事务管理处，他们认为要想在这个国家把公共卫生服务作为政府的一个部门，这个机构是唯一适当的组织形式。

为使我们的工作能更有成效，让医务人员的服务令人满意就必须具有安全感，要使主政者做到未雨绸缪，不至于因为那些短期行为而造成浪费。

因此，如果你们请求公使团派遣一些医务人员前来视察我们各个中心的工作，并且其工作效率令他们满意，我将非常感激。如果他们的视察报告印证了我们的请求，则一年一度的经费申请手续将期盼得以免除，我们防疫处将有幸获准自动地获得它的经费……

伍连德（签字）

1917年9月17日，我不得不再次向外交部呈送急件，请求将划拨的防疫处经费用中国货币而不再用俄国卢布支付。从1914年第一次世界大战开始，卢布已经惊人地贬值，这份紧急呈文内容如下：

1. 我郑重地提请你们注意由于卢布空前贬值，防疫处各类职员已陷入严重困境。

2. 你们可能记得，1912年防疫处初创之时，海关主管与我方核准划拨常年预算经费共计60 000两，由于银价波动，议定拨款为78 000卢布（1两折合1.3卢布）。过去五年依此兑换率所得之经费使我们得以开展工作。

3. 然而，1914年爆发战争以来，卢布持续贬值。尽管我们所有职员已经遭受程度不同的损失，他们仍然静待形势好转。近来，卢布币值已经跌至墨西哥鹰洋（Mex）14分（战前为1.3元），因而引起普遍恐慌。我已收到很多职员来信，声称如不立即采取措施应对此局面，他们将辞职。

4. 因此，我别无选择，只得呼吁你们请求公使团同意用白银取代卢布拨付给我们常年经费，否则过去五年我们的苦心经营将毁于一旦。

伍连德（签字）

哈尔滨

1917年9月17日

在此关键时刻，我亲赴北京向外交部、海关总税务司以及外交公使团首席使节提出了请求。结果终于收到了公文急件：

哈尔滨　北满防疫事务管理处总办：

1. 荣幸地收到你的呼吁书，吁请将防疫事务管理处常年经费作为永久性的拨款，并因为卢布空前贬值，1卢布币值由1.3元鹰洋跌至14分。而要求将78 000卢布拨款改以60 000两白银拨付。

2. 本官现将所收到之外交公使团领衔使节急件文书加以表述作为答复。他们已回复称同意将从哈尔滨海关税项下提留的78 000卢布作为永久性拨款，但须明确此种承诺不可损害公使团权益，否则在认为必要时可终止。

3. 关于将78 000卢布改换为60 000两白银之事，公使团理解局势之严峻，同意本年度加以改换，以后如何则视情况变化再行决定。

汪大燮（外交总长）（签字）
外交部，北京
1917 年 10 月 20 日

由上面引述的公文可见，1901 年签订《辛丑条约》后，列强对全国财政收入的扼控是何等严厉，维持防疫处五所医院运转的区区 6 万两白银也难通融，而建立防疫医院，本来就是那些前来出席万国鼠疫研究会的他们自己国家的专家竭力推荐的，为的是预防可怖的鼠疫不再危害中国和全世界。毫无疑问，卢布大幅度贬值，主要是因为俄国经济形势濒临崩溃，不久后俄国即由布尔什维克统治了。

1918—1922 年：《报告大全书》第三册

我们的 1918—1922 年报告书——属于系列多卷本中的第三册，全书达 400 页。附有整页的铜版插图，包括肺鼠疫的肺脏彩图、地图、图表、插画等，涉及东三省和西伯利亚第二次肺鼠疫大流行各个方面。此次大流行之前，我们已预做充分准备，流行期间还进行了大量研究，我在报告书序言写道：

与其他相似的公共卫生机构比较，东三省防疫事务总处的年度预算的确较少。俄国人经营的中东铁路医务部门的预算，每年 120 万元（中国货币），而日本南满铁路当局医疗服务的经费，每年接近 200 万日元。事实上，在大连那座 450 个床位的新医院，委托一个美国建筑公司承建，将花费 300 万日元以上。似乎不可能然而却是真实的，十年来有效的工作，包括成功地处理了两次鼠疫和霍乱大流行，东三省防疫事务总处的常年经费仍然不确定，取决于外交部、财政部、驻北京外交使团的依次批准，在其中任何一个部门出现任何不幸的意外或不利的决定，都将严重危及这个防疫机构的生存和效率。哈尔滨医院是在1911年鼠疫大流行期间，东三省总督拨出奉天库银兴建的，花费65 000元，以后几年已显现出衰落的迹象。

没有特别的款项可资利用，必须在年度经费限额78 000卢布（90 000元）中节省每一分钱。结果在1920年9月，也就是第二次东三省鼠疫暴发之前几个月，我们投入17 000元建成一个新的实验室。1922年9月中旬，我们又花费30 000元建成了装备先进的、可接纳40位普通病人的住院处大楼。由于卢布的彻底崩溃，1912和1918年间的存款全部消失，我们重新开设了中国货币银行账户。

当世界指责中国的政客追逐私利，军阀贪得无厌之际，也可以满意地了解到，至少可以在医学科学领域发现二十或更多男女，甘冒极大的人身风险，听从使命的召唤，而报酬却如此微薄……

第三册内，除了详尽阐述1920—1921年鼠疫大流行（180页）之外，还收录1919年遍及中国的霍乱暴发、流行性感冒及其对猪的感染研究、《上教育部拟改组全国医学教育意见书》、《中国共和以来医学的进步》〔1920年首次发表在伦敦的《柳叶刀》（*The Lancet*）上〕和有关吗啡成瘾、鼠疫、霍乱的三篇文章，还有北满其他流行病（为海关十周年报告撰稿），介绍北京药王庙、中国皇宫的太监的文章以及各附属医院的报告。

报告书中也有1918、1919、1920及1921年四年的总结，我选择某些引人注目的主题记录在此。

1918年冬，山西发生肺鼠疫局部暴发，侵袭长江流域，但死亡率不高。显然，猩红热和流行性感冒是由外部传入的。在中国大黑河，黑龙江

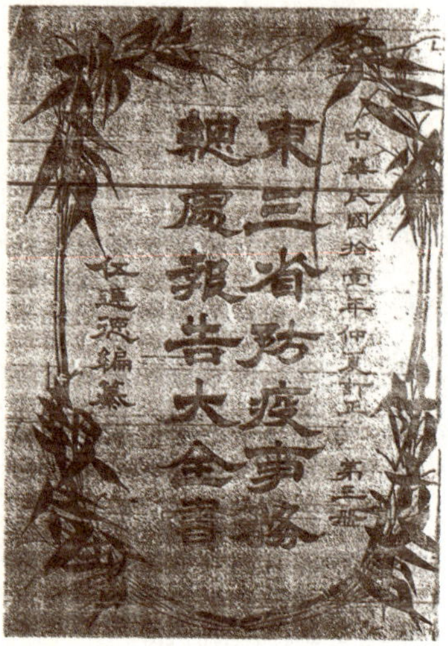

1922 年出版之《防疫处报告大全书》第三册

对岸的布拉戈维申斯克发生了严重的动乱，俄国国内革命余波未平，抢掠之风又起。9 月 22 日至 23 日，我出席在大连举行的南满日本医学会会议，代表中华医学会和中华药学会发表了受欢迎的讲演。自我初到哈尔滨，这里的俄国人口增至自身的两倍，而中国居民则达到自己人数的三倍；随之，这里的木材、小麦和大豆的出口贸易都有相当大的增长。在第七期年报中，我提及流行性感冒呈现世界性大流行的局面，卫生水准相差悬殊的美国与印度同样遭遇侵袭。同年夏季中国、西伯利亚、日本和朝鲜等广阔地域霍乱流行，直到 11 月末最后病例在日本消失。霍乱造访的区域，斑疹伤寒也广泛流行，所以认为 1919 年是流行病格外严重的年份。1919 年 2 月，我与陈遗范先生（外交部驻上海专员，前中国驻伦敦公使馆一等秘书）共同被委派为专员，监督焚毁在中国最大的港口扣押的 1 207 箱印度鸦片。

为表彰禁鸦片和其他工作业绩，民国大总统授予我宝光嘉禾勋章（灿烂的宝石与谷穗）。我们在哈尔滨的新细菌学实验室于 1920 年 9 月 15 日落成，是我们用接受中国货币代替无用的卢布后的历年节余款，支付了这笔建设费。

俄国共产党和高尔察克的各种武装组织，轮番来到我们的大黑河与拉哈苏苏医院寻求保护，我们给予了人道主义帮助，直到将他们遣送到省首府吉林。由于俄国流亡者不断涌入，哈尔滨和滨江的人口 1921 年达到 30 万以上。关于 1920—1921 年鼠疫大流行的完整描述已在第四章分别记述。

在第九期年报，我相当详细地描述了华丽的新协和医学院和医院盛大的开幕典礼，随后的国际医学会议（1921 年 9 月 15 日至 22 日），与会的代表来自中国、美国、日本、英国、法国、爪哇、香港、菲律宾以及其他地区。这座医院建筑和设备无与伦比，中国的建筑风格与西方科学的完善和效率完美的结合，的确令大多数来访者出乎意料。或许没有人能比洛克菲勒（John D. Rockefeller）先生本人更加印象深刻，他专门从美国来到北京，现场观摩他赠送给中国这个价值 1 000 万美元礼物的落成，医院每年的经费总计 100 万美元也由洛克菲勒基金会承担。

在汉城的朝鲜医学堂总办志贺洁教授的专门邀请下，我在 9 月的最后一周前往朝鲜，此前递送日本医学会议一篇“鼠疫肺炎的一些新问题”讲演稿，提出如何预防接种和免疫性问题的建议，这有可能处理这种极端致命的感染。

我从事的专业现在也被政府的其他部门所重视，特别是涉及鼠疫预防和检疫程序，这影响到由疫区海参崴到芝罘（今烟台），或其他各地无防护的、迄今为中国海关当局控制的港口之间轮船的航行，不久后即由国家的海港检疫机构专门管理，这样，就给我提供了一个研究全中国海港检疫问题的机会。

1923—1924 年：《报告大全书》第四册

我们的报告书第四册（1923—1924），有幸获得著名学者梁启超先生手书的序文。梁先生是伟大的改良主义者康有为的助手（康有为于 1898 年试图说服光绪皇帝在毫无准备的中国推行激进的改革，几乎送命），时任和平时期的民国财政部总长。

这一册共 320 页，我在自序中冒昧地提及以往我们的机构 16 年间取得的实质性进步，强调需要信念、执著和创造力。一则如无信念，遇到困难挫折即放弃，将功败垂成。二则若无执著，不注重实际和细节，难以获得伟大的科学和医学之成就。三则我国 4 000 年来茹古不化，我辈最重要之责任在于另辟新途。无论上古文化如何错谬，近世之君如何声色犬马、贪得无厌，人民心智仍然是健康的。虽然现今略有纷扰，社会依然稳固，只需有人力挽狂澜，国家将坚如磐石，或需内外益友出而扶持，或朝野志士勉其子弟发奋图强，复兴国家。第四册大部分文章都具有历史的特征。

在第十期年报，提及我新获之褒奖，即民国大总统授予的二等嘉禾勋章及上海圣约翰大学的荣誉科学博士学位。

在第十一期年报，我叙述了 1923 年 9 月 1 日至 14 日，我出席在新加坡举行的远东热带医学协会（FEATM）第五次会议。海峡殖民地、马来联邦、菲律宾、香港、法属印度支那、澳大利亚、印度、中国、日本、暹罗、台湾［日占］、沙捞越、英属北婆罗洲和澳门等地与会者 80 余人。

我向会议提交了两篇论文，题目分别为“鼠疫之发源地”和“野生啮齿动物之鼠疫”。不久后我作为访问学者乘船去日本，目睹了大地震伴随着大火在东京和横滨造成大破坏的难忘场景。尽管日本遭受到可怕的破坏，我的日本东道主最大可能地执行原定一个月的全部日程，包括讲演、访问医学机构、出席学术团体的接待会、入住最好的酒店、出席艺伎聚会。如果这套程式不周到，便被认为怠慢了客人。我的第一次接待会在鹿儿岛，出席日本医学会年会的 800 名日本医师聆听我以“西伯利亚旱獭之研究”为题的讲演，随后我依次访问了福冈大学（我的老朋友久保教授于 1913 年在伦敦的医学会首次与我相识，现为耳鼻喉科学首席教授）、京都、大阪和东京大学，我发表了关于远东卫生学、肺鼠疫、日本和中国医学相互依存等讲演，通常讲英语，有两个场合使用中国官话。我的每次讲演都翻译成日语，大部分日本医师尽管精于医学但仅懂本国语言。所到之处，我受到政府官员、科学家和男女医务人员的最高礼遇。尽管地震造成重大损失，仍然给予我最大可能的殷勤招待。我作为第一位中国的交换教授应邀访问日本，双方抓住这个机会培养更友好的关系。只要可能，我敦促日本同仁在医学和卫生学研究领域开创新的方向，可以证明带给东方国家的利益将比抽象的学术问题更大。

许多招待会上，要求我使用中国毛笔签名题字，许多日本人擅于此道，而且还要我援引一些古代儒家言论来书写。这种请求令人尴尬，因为多年来我并不用毛笔写字，也只记得三句常被引用的圣人之言，慷慨地一挥而就。在日本停留一个多月后，于1923年11月5日，我乘快速邮轮回到上海。

返回哈尔滨后，我参加了一个重要会议，由原广东新军司令、现任中东铁路护路军总司令朱庆澜将军召集（不久前，中国政府开始陆续收回中东铁路附属地主权）。会议委托我草拟一项旱獭毛皮贸易的管理章程，同时保护猎人在处理毛皮时防止鼠疫感染。我极力推荐每年接种我们实验室制备的适用疫苗，在我们的监督下，施行有规则的毛皮灭蚤，由防疫处签发捕猎许可证，发行供猎人阅读的防疫小册子。我们的建议得到公认和执行，有关各方受益匪浅，可能出现的疫情销声匿迹。

7月29日，我应邀出席在赤塔（俄国外贝加尔地区首府）举办的医学会议，探讨拟定法规，保护彼此在猎捕旱獭中防止可能的鼠疫侵害。俄国同仁对我的建议似乎相当满意。赤塔会议后不久，我收到莫斯科的微生物学会一封行文礼貌的信件，通知我由于我在鼠疫及其预防学识的宝贵贡献，已经被该会推选为外国会员。我对苏联人给予这一罕见的荣誉非常感激。

1923 年，国际联盟在东方国家开展检疫工作和消灭流行病方面的彼此合作之际，我们接待了诺尔曼·怀特博士和宫岛（Miyajima）博士率领的卫生委员会。我们高兴地得知，将修订多年前在巴黎公布的不令人满意的法律。怀特博士担任印度卫生专员，对东方的瘟疫和卫生状况非常了解。

1925—1926 年：《报告大全书》第五册

报告书第五册（1925—1926）共 360 页，东三省大元帅张作霖为本卷题序。该报告书相当大篇幅专门报道了旱獭和黄鼠（suslik）肺鼠疫病理学的系统实验研究，这两种野生啮齿动物在满洲分布很广。

为便于我们的工作，设计了一种特殊形式的喷雾器，得以适应适度喷射在灭菌盐溶液中稀释的鼠疫杆菌悬浮液。又分别制作了一种新型木箱置放肥大的旱獭和非常小的黄鼠（suslik），以便喷雾直接进入动物咽喉，或是散布在木箱内，这种传染性成分将被动物间接吸入。这篇论文充分地叙述了我们的结果，彩色插画由叶墨绘制。

其他文章包括：《经由旱獭体外寄生虫传播鼠疫》、《野生啮齿动物鼠疫实际状况》、《结核与鼠疫共存评论》、《1926 年霍乱流行的实验室报告》、《哈尔滨滨江地区公共卫生概况初期报告》、《中国的性病问题》、《关于远东猩红热问题的四篇论述》、《麻醉剂问题之公共卫生观》、《现代中国医师》、《奥斯勒（William Osler）爵士回忆录》、《中国医学俗语和谚语》（王吉民）等。1924、1925、1926 年，12、13、14 期年报也收录在内。

1924—1925年，洛克菲勒基金会提供给我一笔奖学金赴美国进修，在约翰·霍普金斯大学获得一个额外的公共卫生学学位。

另外，我应邀讲演关于中国的鼠疫和卫生学。我还用一个月的时间专门工作在华盛顿的中央卫生学实验室、军医署图书馆（华盛顿）、斯塔滕和埃利斯岛海港检疫所（纽约）、纽约州卫生处（奥尔巴尼，Albany），以及耶鲁、费城、底特律和芝加哥的医务处。这些中心都有它自己的特殊问题需要解决，我极为荣幸亲自会见了这些杰出的美国公共卫生工作者，他们有能力仅用20年时间，改变了他们幅员广大的国家的卫生状况，或许已成为世界最现代化的卫生中心。

远东的国际卫生工作实质性合作，像欧洲当年一样迅速发展。远东疫况情报局刚刚在新加坡建立，布鲁克（Gilbert Brooke）博士担任首任局长。1925年2月4日至13日，举行第一次会议，英属印度、北婆罗洲、锡兰、中国、新加坡、马来联邦、法属印度支那、香港、日本、荷属东印度、菲律宾、暹罗各政府以及国际联盟代表出席。我也与会，并于1929年被推选为当年会议主席。

国际联盟卫生处的4位重要成员于1925年视察我们的满洲里和哈尔滨医院。他们是巴雷金（Barykin）和卡萨努埃瓦（Casaneuve）先生（10月9日至12日），赖赫曼（L. Rajchman，日内瓦国联卫生处医务主任）博士和草间（Kusama）博士（日本人，11月2日）。

远东热带医学协会第六届年会于1925年10月11日至21日在东京举行。所有80名外国代表中，有25名中国代表（包括我本人和林家瑞）。论文总数达267篇，我们防疫处递送的论文计有《远东猩红热的研究》、《由政府的立场控制脚气病》、《野生啮齿动物鼠疫实际状况》和《麻醉剂问题的公共卫生方面》。

这次会议通过了关于脚气病和海港检疫的两个重要决议。第一个敦促各国政府将脚气病列入可预防疾病，更加注意稻米生产的检查。第二个决议强调远东需要一个比巴黎更简单也更适当的会议。此次会议还修订了现行鼠疫防治章程，以便依此为基础，明确鼠疫流行中，除肺炎型外，传播方式为由鼠到蚤，不仅仅发生在人际间。

会议代表及其家属应邀参观游览，除东京外，还去了日光、箱根、奈良、大阪和神户。我们的东道主，包括皇室成员、首相加藤，以及商会及私人代表。从各个角度来看，在日本这三周显然非常充实。

我们的第十四期年报，包括 1926 年在远东四处蔓延的严重霍乱流行的简短报告，以及我们哈尔滨医院取得优异的治疗效果。还有哈尔滨滨江地区卫生状况调查——中国北方第一次由卫生部门开展此项工作。我的《肺鼠疫论述》（*Treatise on Pneumonic Plague*），长达 466 页，附有许多插图，也在本年由国际联盟出版，随后于 6 月 14 日，我荣获东京帝国大学医学博士学位，此学位首次授予一位非日本人。建立在最新理念之上的肺鼠疫病房于 1926 年末落成。

1927—1928 年：《报告大全书》第六册

报告书第六册（1927—1928）共 350 页，大部分篇幅为我们的医务人员调查南满和毗邻的内蒙古出现的腺鼠疫暴发，我们很高兴有机会研究这种恐怖疾病新的疫源地。调查研究中，我们经常发现留在旷野的无人认领的尸体。由于远离任何实验室，因此在现场实施死后检验，我们亲自埋葬遗骸。《中华医学杂志》（1929 年 6 月）专门刊发一期关于通辽鼠疫暴发的特刊，国际联盟医学报告频繁提及我们的研究。在一篇题为“肺鼠疫疾病组织学研究”的论文中，我们有幸获得卡伦德（George R. Callender，华盛顿军队医学博物馆馆长、前菲律宾大学病理学教授）少校的合作，我们很高兴有机会发表他的有关病毒进入人体系统的侵入模式的成熟观点，尽管这与我们的并不一致，而与我们的俄国同事所坚持的相同。

1927 年，第十五期年报中，我提及国际联盟卫生处提供旅费，能够使我考察欧洲 12 个国家的卫生机构。3 月 1 日我离开哈尔滨，出访波兰和南斯拉夫的装备精巧的新实验室及卫生机构，它们利用了接受战败的德国以科学设备和显微镜的形式支付的战争赔偿。我在南斯拉夫四处游历，什坦帕尔（Stampar）主任及其主要助手博尔契奇（B. Borcic）提供各种方便，博尔契奇后来还在中国与我们的医师一起工作。我访问了至少 200 所新建立的现代化医院、实验室和卫生中心，都是在 5 年间建成的。这次我出访的城市有华沙、维也纳、伯尔尼、日内瓦、萨格勒布、贝尔格莱德、巴黎、勒阿弗尔、伦敦、剑桥、汉堡、柏林和莫斯科。我作为中国的正式代表，在巴黎出席了国际狂犬病会议。在华沙、日内瓦、巴黎和伦敦，我也应邀讲演。在莫斯科和其他俄国大城市，我惊奇地见到许多美国技术专家，帮助建设钢铁、汽车以及其他制造业高大的现代化厂房，俄国的需求规模巨大。6 月 28 日我返回哈尔滨，离开中国近 4 个月。

中国的现代化卫生工作也取得了一些进步，尽管没有我所希望的那样快。大城市中，北京、广州、上海、汉口、南京、哈尔滨、青岛和牛庄，有合格的医师在负责。有些城市坚持居民卫生统计，但是仍然缺乏地方当局特别是警察的配合与支持。奉天是一个值得赞赏的例外，当地的警察局局长邀请我们防疫处帮助他组建一个有效的卫生机构，为全东三省树立了榜样。

9月3日，我遗憾地获悉赵尔巽阁下在83岁高龄去世。如前所述，他是一位汉军旗人，前清高官，历任四川及东三省总督。1907年到1909年间，他在四川禁止种植鸦片做出了榜样，调任东三省后，他拨出奉天库银12万两，建设我们的防疫医院，晚年他主编《清史稿》，是一位真正的伟大学者和政治家！

1928年第十六期年报，我叙述了我作为政府的三位代表之一，1927年12月5日至22日出席在印度加尔各答举行的远东热带医学协会第七届年会。杰克逊（Stanley Jackson 孟加拉总督）爵士在开幕式致欢迎词，印度军医署长西蒙斯（T. H. Symons 印度医务署总干事）任会议主席。12月10日，在前总督的官邸举行了盛大的宴会，包括代表的家属，1 100人出席。我代表外国来宾致辞，谈及印度以往的文化和科学，希望未来的工作者为促进人类知识和幸福方面发挥更大作用。英国管理下的印度大陆，现代医学方面已经取得了巨大的进步，皇家外科医师学会会员中，印度医师人数超过任何其他亚洲国家。

此次旅途中，我有幸会见一些印度知名人士，其中有泰戈尔（R. Tagore，诗人），乔普拉（R. M. Chopra，印度著名药学家），马拉维亚（Malawiya，印度大学校长，贝纳勒斯城），拉杰帕特（Lajpat Ray，北方政治领袖）等。对于大部分访问者而言，与巨大的物质进步形成鲜明对比的另一面，是广大民众中的极端贫困和愚昧迷信，着实无法解释。

12月11日至22日，安排外国代表游览，有些人去印度北方，另一些人到印度南部，所有人在孟买会合，然后解散。

会后我顺便赴德里（印度新首都），国际联盟东方卫生局的咨询理事会12月26日至29日在那里召开年会，我代表中国政府出席。我在印度的第三个使命是与金子直博士一道代表政府参与国际联盟组织的卫生交流。这一工作于1928年1月1日自德里开始，我们的足迹遍及印度各地，北达拉瓦尔品第和大吉岭（通往西藏的门户），南至曼达潘（Mandapan，面对锡兰的检疫站），向东远至默里亚尼（Mariani，阿萨姆邦茶园，致命的黑热病流行多年），向西直抵孟买（存在严重的鼠疫）。

我们一行共18位医师，代表中国、日本、暹罗、朝鲜、菲律宾、美国、荷属东印度、澳大利亚、新西兰、埃及、新加坡、马来联邦、锡兰、法属印度支那、国际联盟卫生处和印度医务署。著名的丹麦医学院院长马德森（T. Madson）教授也为此行成员之一。2月17日在孟买旅程终止后，代表们告别。考察的机构为：医院（27）、自来水厂（11）、医学院（11）、污水处理厂（6）、疫苗研究所（7）、麻风病定居点（5）和精神病院（3），此外还有传染病院、流民安置站、煤矿、城镇市场和宗教集市等。我们的全部行程达12 000英里，乘坐火车（有时乘汽车）旅行，通常夜间乘车，白天考察。对于那些没有来过这个辽阔的古老帝国的人而言，这次旅行展示了极端的富裕与贫穷，辉煌的艺术与粗糙的产业，设施完善的教育机构与文盲民众，高度的文明与原始的习俗，确实是一次难以忘怀的经历。我途经佛教的两个重要中心仰光（缅甸）和曼谷（暹罗）[泰国]，于4月7日回到了哈尔滨。

1928年6月间，国民革命军占领北京，以南京为首都，意味着今后我们的所有信件和公文都要寄往南京。7月，我乘火车取道北平前往南京晋见新任外交部部长王正廷先生以及内政部部长薛笃弼先生，我顺便与他们讨论医药卫生和检疫工作在更有效管理体制下的新前景。

前面的章节已经提及，张作霖大帅和他的同僚吴俊升将军在南满铁路（日本人管理）一个涵洞桥被埋设的电控地雷暗杀。张大帅的职位由他的儿子张学良继承。他是一个年轻、活跃、正直和接受过现代教育的人，他少年时代就与我相识。

1929—1930 年：《报告大全书》第七册

《东三省防疫事务总处报告大全书》（1929—1930）第七册，也是最后一册。我有幸编辑了长达 330 页的这一卷，其中有关鼠疫的文章附有彩色插图，以及我们机构的 21 位主要成员的肖像。我在序言中（注明日期为 1931 年 5 月）对于一些令人沮丧的预言表示关注，因为过去出现的两次肺鼠疫暴发周期，一次在 1910—1911 年，另一次在 1920—1921 年，可能第三次流行出现在 1930—1931 年。这种恐慌并没有理由证明，全年都没有任何再发生的表现。虽然我们已经对鼠疫卷土重来做好充分准备，但是在旱獭出没之地并没有一个病例报告。理论上似乎是可能的，如同世界上其他地区的类似事件所证明的那样，西伯利亚旱獭间动物流行病周期性恶化，可能是恢复自然生态平衡的重要手段。然而事实上，人为因素已经介入到大规模猎捕这种动物的局面，总是令人不安，尽管我们不能低估猎人接受我们的指令采取了预防措施。我们相信，鼠疫不出现，可以认为主要是近年来这种毛皮贵重的啮齿动物遭到广泛的猎杀。

《东北防疫处报告大全书》第七册

我的第十七期年报（1929）提及通辽地区新的鼠疫疫源地，这种感染仍然是淋巴腺型，没有

显示出传播的迹象。1930 年的年报中，我再次提及肺炎型感染 10 年间未造访，尽管在南满几个孤立地区报告共计 268 人死于淋巴腺型鼠疫。

夏季期间我们的医务人员工作在上海，与南京卫生署的官员紧密合作，开展防止霍乱的活动。

1929 年冬，中俄两国军队在黑龙江地区发生短暂冲突，我们满洲里医院的驻院医官李恩昶于 11 月 17 日遭遇飞机投弹，被炸身亡。恰好两年后，日本军队滥施他们的威力，当我定期巡回视察位于朝鲜边境的城市安东检疫所，在长春强行把我带下他们的火车，在以上章节我已叙述过这一不愉快的事件。

日本驻沈阳领事告诉我，日本宪兵的行动独立于政府之外。然而他们的军方代表专横武断地对待一位杰出的中国官员，并且是 20 多年来在他们国家高度知名和信赖的人，这令我别开眼界。只要有机会，他们完全可能动辄就给予其他人以类似的惩罚。1941—1945 年，日本军队入侵香港、马来亚、菲律宾、缅甸和荷属东印度，这样的机会来临了。他们穷凶极恶地残酷折磨英国人、美国人、澳大利亚人、中国人、菲律宾人、缅甸人，以及其他不幸被日本宪兵纠缠的那些国家的居民。

在结束本章之前，我希望那个曾经不可一世的帝国在盟军占领下，能够吸取严重教训，这样，或许这段历史不会被轻易忘记，让他们政府接受新宪法，建成一个真正的民主国家。

政务院于 1931 年 4 月 4 日颁布训令，将我们自 1912 年创立以来隶属外交部的东三省防疫事务总处，归属内政部卫生署管辖。另外，赖赫曼（L. Rajchman 国际联盟卫生处主任）博士被任命为中央政府的卫生事务名誉顾问，从而加强了国联和中国卫生机构的联系。

也是在这一年，东三省防疫事务总处停止了运行。

附　东三省防疫事务总处主要出版物目录：

《北满防疫事务管理处报告书》第一册（Rep. I，1911—1913）. 剑桥，1914.

《东三省防疫事务总处报告大全书》（下同）第二册（Rep. II，1914—1917）. 北京，1917.

第三册（Rep. III，1918—1922）. 天津，1922.

第四册（Rep. IV，1923—1924）. 天津，1924.

第五册（Rep. V，1925—1926）. 天津，1926.

第六册（Rep. VI，1927—1928）. 天津，1928.

第七册（Rep. VII，1929—1930）. 天津，1930.

F. E. A. T. M. 远东热带医学会会刊

Ch. M. J.　*China Medical Journal*　中华医学杂志英文版［1915 创刊为 *N. M. J.*，1932 年合并博医会后改为 *Ch. M. J.*］

N. M. J.　*National Medical Journal of China*　中华医学杂志中文版

A. 鼠疫

伍连德. 奉天万国鼠疫会议开幕式演说词（1911）. 收入《奉天国际鼠疫会议报告书》. 马尼拉，1912：18～25.

伍连德. 旱獭（蒙古旱獭）与鼠疫关系之调查. 收入 Rep. I. 1914：9～47；柳叶刀（*The Lancet*）. 1913，185：529；英国卫生学杂志（*J. Hyg.*）. 1913，13：237；热带医学与卫生学杂志（*J. Trop. Med. & Hyg.*）. 1913，16：275.

伍连德，伍德海. 某些肺鼠疫病灶组织学检查之笔记. 收入 Rep. I. 1914：63～97；英国病理学与细菌学杂志（*J. Path. Bact.*），1914.

雷诺兹，海拉尔．满洲里和奉天调查报告．收入 Rep. I. 1914：107 ~ 112.

伍连德，艾伯松．肺鼠疫及败血性鼠疫在旱獭间的传播．收入 Rep. I. 1917：7 ~ 17；美国传染病学杂志（*Am. J. Infi. Dis.*）．1917，20：170；英国卫生学杂志（*J. Hyg.*）．1917，16：1.

艾伯松（Frederick Eberson）．鼠疫的毒素和毒性．收入 Rep. II. 1917：18 ~ 22；美国传染病学杂志（*Am. J. Inf. Dis.*）．1917，20：180.

艾伯松．论鼠疫蛋白质毒素之本质．收入 Rep. II. 1917：23 ~ 28；中华医学杂志（*N. M. J.*）．1917，3：10；美国传染病杂志（*Am. J. Inf. Dis.*）．1917，21：56.

艾伯松．系统鼠疫感染的主动免疫．收入 Rep. II. 1917：29 ~ 44，中华医学杂志（*N. M. J.*）．1917，3：125；美国传染病学杂志（*Am. J. Inf. Dis.*）．1918，22：62.

伍连德．鼠疫在东方特别是在东三省之暴发（协和医学院开幕式演说词，1921. 9，北京）．英国卫生学杂志（*J. Hyg.*）．1922，21：62.

伍连德．肺鼠疫．见拜厄姆，阿奇博尔德主编．实用热带医学第 46 章．1922：1038 ~ 1046.

伍连德．第二次满洲肺鼠疫大流行（1920—1921）．收入 Rep. III. 1922：1 ~ 54；英国卫生学杂志（*J. Hyg.*）．1923，21：262.

伍连德，陈永汉，伯力士．第二次满洲肺鼠疫大流行（1920—1921）期间及之后的观察．收入 Rep. III. 1922：55 ~ 82；英国卫生学杂志（*J. Hyg.*）．1923，21：307.

伍连德，陈永汉，伯力士．鼠疫流行病学中旱獭的作用．收入 Rep. III. 1922：83 ~ 98；英国卫生学杂志（*J. Hyg.*）．1923，21：329.

伍连德，陈永汉，伯力士．第二次满洲肺鼠疫大流行（1920—1921）的临床观察．收入 Rep. III. 1922：120 ~ 141；英国卫生学杂志（*J. Hyg.*）．1923，21：289.

伍连德，陈永汉，伯力士．第二次满洲鼠疫大流行（1920—1921）：鼠疫肺炎的病理学发现．收入 Rep. III. 1922：142 ~ 165.

陈永汉．1921 哈尔滨肺鼠疫的显著特征．收入 Rep. III. 1922：166 ~ 180，中华医学杂志（*N. M. J.*）. 1922，8：71.

伍连德，陈永汉，伯力士. 全世界有史以来肺鼠疫暴发记录 . 收入 Rep. IV. 1924：1～110.

伍连德. 野生啮齿类动物鼠疫及最近研究旱獭与鼠疫之关系 . 收入 Rep. IV. 1924：111～153；第五届远东热带医学会 FEATM 年会会议录. 1923：305；英国卫生学杂志（*J. Hyg.*）. 1924，22：329.

藤浪鉴，伍连德. 1921 满洲鼠疫大流行之病理组织学研究 . 收入 Rep. IV. 1924：154～171，博医会报（*Ch. M. J.*）. 1923，38：617.

伍连德，林家瑞. 天然传染疫獭脏器组织学变化之所见 . 收入 Rep. IV. 1924：172～177.

伍连德. 鼠疫之发源地. 收入 Rep. IV. 1924：178～198；第五届远东热带医学会 FEATM 年会会议录. 1923：286；日本世界医学（*Jap. Med. World*）. 1924，4：1.

叶墨. 旱獭虱与鼠疫关系的实验 . 收入 Rep. IV. 1924：231～234；卫生学杂志（*Zschr. f. Hyg.*）. 1925，104：551.

伍连德，叶墨. 旱獭及斯士儿鼠肺疫病理的系统研究 . 收入 Rep. V. 1926：1～25.

伍连德，陈永汉，伯力士 . 经由旱獭体外寄生虫传播鼠疫 . 收入 Rep. V. 1926：26～30；美国卫生学杂志（*Am. J. Hyg.*）. 1925，5：196.

伍连德. 野生啮齿动物鼠疫实际状况 . 收入 Rep. V. 1926：31～53；国联卫生部. C. H. 360 手册. 1925；第六届远东热带医学会 FEATM 年会会议录. 1925，2：815.

叶墨. 结核与鼠疫共存评论，豚鼠混合感染研究 . 收入 Rep. V. 1926：54～71；中华医学杂志（*N. M. J.*）. 1925，11：257.

叶墨. 染色涂片之鼠疫杆菌活性笔记 . 收入 Rep. V. 1926：72～78；中华医学杂志（*N. M. J.*）. 1926，12：1.

叶墨. 肺鼠疫的流行病学和组织学的若干评论 . 收入 Rep. V. 1926：79～95；航海与热带医学杂志（*Arch. f. Schiffs & Tropenhyg.*）. 1925，29：650.

关任民．哈尔滨新肺鼠疫病室落成记．收入 Rep. V．1926：104～105.

李元白．旱獭中发现的一种新型蛔虫．收入 Rep. V．1926：106～107.

伍连德．肺鼠疫论述．国联，日内瓦，1926.

伍连德．野生啮齿动物保存鼠疫．收入 Rep. VI．1928：1～21；远东热带医学会 FEATM 年会会议录．1927，2：44；美国卫生学杂志（*Am. J. Hyg.*）．1928，8：649.

伍连德，伯力士．啮齿动物保存鼠疫并特向西伯利亚旱獭注意之研究（二次通讯）．收入 Rep. VI．1928：22～40.

伍连德．肺鼠疫问题．收入 Rep. VI．1928：41～54；第七届远东热带医学会 FEATM 年会会议录．1927，2：22；国际公共卫生通讯（*Bull. Off. Internat d'Hyg. Publ.*）．1928，20：573.

伍连德．肺鼠疫之新学识．收入 Rep. VI．1928：55～92.

伍连德，伯力士．野生啮齿动物鼠疫的进一步观察．收入 Rep. VI．1928：93～132.

卡伦德（*G. R. Callender*）．肺鼠疫病理组织学研究．收入 Rep. VI．1928：133～151.

伍连德．谨拟国际联盟卫生部应组织野生啮齿动物之鼠疫专门研究会计划书．收入 Rep. VI．1928：152～170.

李元白．旱獭寄生虫之研究．收入 Rep. VI．1928：181～182.

李元白．旱獭内变形虫（Entamoeba bobaci N. Sp.）．收入 Rep. VI．1928：183～186；寄生虫学年鉴（*Anna. de Parasit.*）．1928.

叶墨．寄生虫与鼠疫关系补录摄要．收入 Rep. VI．1928：187～197；卫生学与传染病学杂志（*Zschr. f. Hyg. & Inf. －Kr.*）．107，498.

叶墨．外贝加尔地区哺乳动物巢穴概述．收入 Rep. VI．1928：198～207；哺乳动物学杂志（*Zschr. f. Sauegetierk.*）．1，No. 1.

伍连德，陈永汉．1928 通辽鼠疫调查．收入 Rep. VI．1928：208～216.

伍连德，伯力士，林家瑞，叶墨．华北鼠疫状况之研究．中华医学杂志（*N. M. J.*）．1929，15：273～402.

伍连德. 满洲与蒙古的啮齿动物及其疾病意义. 收入 Rep. VII. 1930: 1~8; 北京自然史学会通讯. 1929—1930, 4: 95.

伍连德. 腺鼠疫的外科治疗. 收入 Rep. VII. 1930: 9~14; 第一次泛太平洋外科学会会议录. 檀香山, 1929: 31.

叶墨. 1929年8月通辽地区鼠疫暴发期间调查报告. 收入 Rep. VII. 1930: 15~22.

齐茨瑟姆 (Zitzthum). 鼠疫携带者螨虫. 收入 Rep. VII. 1930: 23; 动物学年鉴 (Zool. Jahrb.). 1930, 60: 381.

伍连德, 叶墨. 东亚野生啮齿动物的巴尔通体和格莱汉姆体 (于国际细菌学会议宣读, 巴黎, 1930). 收入 Rep. VII. 1930: 24~26.

陈永汉. 1929年通辽地区腺鼠疫流行报告. 收入 Rep. VII. 1930: 156~165.

林家瑞. 1929年通辽地区防鼠疫工作报告. 收入 Rep. VII. 1930: 166~171.

陈永汉. 1930年南满腺鼠疫暴发报告. 收入 Rep. VII. 1930: 172~176.

B. 霍乱

伍连德, 陈永汉. 霍乱症最近流行于中国详记. 收入 Rep. III. 1922: 181~196; 中华医学杂志 (*N. M. J.*). 1919, 5: 182.

伍连德, 陈永汉. 1919年哈尔滨流行霍乱之防治法 (医学联合会会议宣读, 北京, 1920. 2), Rep. III. 1922: 197~205.

伍连德, 民国十五年流行霍乱初次报告. 收入 Rep. V. 1926: 110~112; 中华医学杂志 (*N. M. J.*). 1926, 12: 413.

伍连德, 陈永汉, 伯力士. 1926年哈尔滨霍乱之流行病学研究. 收入 Rep. V. 1926: 113~125; 中华医学杂志 (*N. M. J.*). 1926, 12: 417.

陈永汉. 滨江医院霍乱记事 1926. 收入 Rep. V. 1926: 126~131; 中华医学杂志 (*N. M. J.*). 1926, 12: 432.

伯力士. 1926年霍乱流行的实验室报告. 收入 Rep. V. 1926: 132~141; 中华医

学杂志（*N. M. J.*）. 1926，12：439.

叶墨. 中国纸币的霍乱弧菌活性探讨. 收入 Rep. V. 1926：142～147.

杨廷珖. 中日霍乱的问题. 收入 Rep. VI. 1928：240～245.

C. 其他传染性疾病

伍连德. 唐山热病复发之观察. 收入 Rep. I. 1914：98～106.

陈永汉. 虻与炭疽. 收入 Rep. II. 1917：54～56；博医会报（*Ch. M. J.*）. 1916，30：89.

伍连德. 北满炭疽记事. 收入 Rep. II. 1917：91～95.

陈永汉. 流行性感冒及其传染猪之研究. 收入 Rep. III. 1922：206～214；中华医学杂志（*N. M. J.*）. 1919，5：34.

杨廷珖，史纬华. 中国的猩红热论. 收入 Rep. IV. 1924：207～223.

林家瑞，叶墨. 远东猩红热的研究. 收入 Rep. V. 1926：148～158；中华医学杂志（*N. M. J.*）. 1925，11：399.

陈永汉，叶墨. 猩红热链球菌抗毒素评述. 收入 Rep. V. 1926：159～174；中华医学杂志（*N. M. J.*）. 1926，12：125.

周树彬. 哈尔滨狄氏猩红热皮肤反应效力研究. 收入 Rep. V. 1926：175～179.

林家瑞，杨廷珖. 溶血性猩红热链球菌在爬行和两栖类动物体内的状态. 收入 Rep. V. 1926：180～182.

叶墨. 猩红热之连锁球菌生活之研究. 收入 Rep. VI. 1928：252～275；卫生学与传染病学杂志（*Zschr. f. Hyg.* + *Inf－Kr.*）. 1927.

伍连德. 中国传染病的预防. 收入 Rep. VII. 1930：137～142，博医会报（*Ch. M. J.*）. 1929，43：343.

陈永汉. 流行病之原因. 收入 Rep. VII. 1930：143～147.

D. 公共卫生学

伍连德. 中国的卫生学实践. 上海国家评论杂志（*National Review*）. 1913.

伍连德. 唤醒中国的卫生意识. 博医会报（*Ch. M. J.*）. 1915，29：222.

伍连德. 一个卫生的中国餐桌. 收入 Rep. II. 1917：51～53；中华医学杂志（*N. M. J.*）. 1915，1：7.

伍连德. 中国共和后公共卫生发达观. 收入 Rep. IV. 1924：261～265；中华医学杂志（*N. M. J.*）. 1923，9：1.

林家瑞，伍连德. 哈尔滨滨江地区公共卫生概况初期报告（英文版）. 收入 Rep. V. 1926：183～231.（试办哈尔滨公共卫生第一上半年报告　中文版）

伍连德. 中国的性病问题. 收入 Rep. V. 1926：232～251；博医会报（*Ch. M. J.*）. 1927，41：28.

陈永汉，伍连德. 由政府的立场控制脚气病. 收入 Rep. V. 1926：252～261；第六届远东热带医学会 FEATM 年会会议录. 1925；中华医学杂志（*N. M. J.*）. 1926，12：9.

伍连德. 远东的海港检疫问题（泛太平洋食品保存会议宣读，檀香山，1924. 8）. 收入 Rep. V. 1926：272～276.

E. 麻醉剂

伍连德. 吗啡之危险（医学联合会会议宣读，广州，1917）. 收入 Rep. III. 1922：243～246.

伍连德. 关于麻醉剂最近之状况. 收入 Rep. III. 1922：247～252；中华医学杂志（*N. M. J.*）. 1920，6：65.

伍连德. 麻醉剂问题的公共卫生方面. 收入 Rep. V. 1926：262～271；第六届远东热带医学会 FEATM 年会会议录. 1925.（麻醉毒药之公众卫生观　中文版）

伍连德. 鸦片问题达到严重阶段. 收入 Rep. VII. 1930：89～92；中国民族周刊（*Chinese Nation*）. 1931，1，No. 33.

F. 医学教育

伍连德. 中国医学教育备忘录（英文版）. 收入 Rep. III. 1922：220 ~ 236；博医会报（*Ch. M. J.*）. 1914，28：105.（上教育部拟改组全国医学教育意见书　中文版）

伍连德. 中国医业先前的某些问题．收入 Rep. III. 1922：268 ~ 272；博医会报（*Ch. M. J.*）. 1917，31：122.

伍连德. 中国医学教育状况 1922. 收入 Rep. IV. 1924：266 ~ 270；中国年鉴. 1923.

G. 医学史

伍连德. 古代中国人对中毒的认识．收入 Rep. II. 1917：57 ~ 60；博医会报（*Ch. M. J.*）. 1916，30：175.

伍连德. 中国共和后医学之进步．收入 Rep. IV. 1924：237 ~ 242；柳叶刀（*The Lancet*）. 1920.

伍连德. 北京东岳庙记．收入 Rep. III. 1922：260 ~ 261；中华医学杂志（*N. M. J.*）. 1919，5：168.

伍连德. 吾国医术发达观．收入 Rep. V. 1926：294 ~ 299；中国传教士年鉴. 1926.

伍连德. 古代中国人在外科学领域的贡献（第一届泛太平洋外科学会议宣读，檀香山，1929）. 收入 Rep. VII. 1930：93 ~ 100.

伍连德. 西方医学在中国的早期岁月．收入 Rep. VII. 1930：101 ~ 126；皇家亚洲文会中国分会杂志（*J. N. China Br. Royal Asiat. Soc.*）. 1931：42.

王吉民，伍连德. 中国医史. 天津，1932.

H. 医院记述

伍连德. 华北铁路的隔离营．收入 Rep. I. 1914：113 ~ 115.

陈祀邦. 哈尔滨医院记述. 收入 Rep. I. 1914：125 ~ 130.

伍连德，陆存煊．拉哈苏苏及其医院．收入 Rep. I. 1914：136～140.

伍连德．北京中央医院．收入 Rep. I. 1914：87～90；当代医院（*Modern Hospital*）．1917.

杨廷珧．新建立的牛庄海港检疫医院．收入 Rep. III. 1922：266～267；中华医学杂志（*N. M. J.*）．1920，6：211.

伍连德．我在中国建设医院．收入 Rep. IV. 1928：235～246；中华医学杂志（*N. M. J.*）．1924，10：265.（在吾国建设医院　中文版）

I. 杂录

伍连德．鱼皮鞑靼人．收入 Rep. I. 1914：141～144.

陈永汉．中国人的白细胞分类计数．收入 Rep. II. 1917：61～62.

陈永汉．脚气病人的白细胞分类计数．收入 Rep. II. 1917：63～65.

陈永汉．植皮术之经验．收入 Rep. III. 1922：215～219；中华医学杂志（*N. M. J.*）．1918，4：10.

陈永汉．中国人与欧洲人的某些疾病发病率评述．收入 Rep. IV. 1924：199～206；中华医学杂志（*N. M. J.*）．1924，10：145.

陈永汉．中国人日常饮食对疾病的影响．收入 Rep. V. 1926：283～285；博医会报（*Ch. M. J.*）．1925，39：1046.

叶墨．东省土著及蛮族生物学上之研究．收入 Rep. VI. 1928：222～239.

叶墨，林家瑞．哈尔滨溥家甸人民血属之研究．收入 Rep. VI. 1928：276～279；中华医学杂志（*N. M. J.*）．1928，14：239.

叶墨．蒙古民族生物学血属系率之研究．收入 Rep. VI. 1928：280；中华医学杂志（*N. M. J.*）．1928，14：20.

陈永汉．华北非肺型结核相对发病率．收入 Rep. VI. 1928：281～286；中华医学杂志（*N. M. J.*）．1928，14：245.

伍连德，叶墨．满洲豢养动物的血型调查（国际细菌学会议宣读，巴黎，1930）．收入 Rep. VII. 1930：27 ~ 31.

叶墨．蒙古东北部和满洲北部的血型调查．收入 Rep. VII．1930：32 ~ 44；人类学协会报告，维也纳（*Mitt. d. Anthrop. Ges. in Wien*）．60，39.

叶墨．牦牛和牛的血清学分布．收入 Rep. VII．1930：45 ~ 46；药物研究（*Zschr. f. Imm-Forsch.*）．1930，65.

第14章 海港检疫管理处

1930 年前中国海港检疫状况

中国近代海港检疫事务的历史可追溯至 1873 年，那时为了防止霍乱由暹罗和马来半岛侵入，上海和厦门都采取了措施。

中国海关总税务司梅乐和（Frederick W. Maze，后英王授以爵位）先生，于 1931 年出版了一份关于海关机构检疫活动的很有价值的文件资料汇编，以下数段均由其中摘引：

1. 1873 年，赖特（F. E. Wright）先生负责上海海关检疫站。

2. 检疫（英文原意为海上检疫）在海关监督下进行。尽管该处有中国地方行政当局，但外国领事享有的治外法权也适用在各该国家的轮船上。

3. 海关的医官由当地道台（地区行政长官）任命，并兼任港务卫生官员。

4. 该医官有权收取服务费用。

5. 1874 年为上海港制定了明确的卫生章程，以中、英、法三种文字颁布，并经各国驻港领事同意。

6. 根据这些规章，由海关监督和外国领事决定某港口为受感染港口。船舶须在前桅杆悬一面黄色旗帜以宣示该船受到感染，方可继续由河道驶向上海。

7. 强制检疫由医官负责，但应告知理船厅［海关下属部门］，然后由其逐级上报，并取得相关领事的同意。

8. 应接受检疫的疾病种类无规定名录。

我们可以从上述章程中看出上海所采用的这种程序很不严格，在今日看来则近乎儿戏。

在南方的港口厦门（与美国统治的菲律宾交往频繁），休斯（George Hughes）于 1873 年出掌海关税务司。经该通商口岸领事同意后，他拟定了 3 条卫生条例：

1. 所有来自新加坡、曼谷或其他霍乱流行地区的船舶，必须停靠在指定地点等待海关医官检查。

2. 严禁此类船舶移动其泊位，在获得海关许可前，任何旅客、行李或其他物品禁止登岸。

3. 任何违反以上条例的行为应受之处罚由有关领事馆依法施行。

当时厦门海关医官曼森（Patrick Manson，后来受封为爵士）博士和他的兄弟戴维（David Manson）两位医师（同时也在这个繁荣港口开业行医）发布了一个截止时间为 1873 年 9 月 30 日的厦门卫生半年报告，该报告用以下一段文字结束：

由于印度和海峡殖民地霍乱流行，确定在一段时间内对来自染疫口岸的船只实行检疫。进入内港之前船上所有人员均接受了检查，遗憾的是，出现霍乱必须进行隔离并无先例。

1875年10月，上海再次出现霍乱，采用的预防措施仍旧是过时的和非专业的。当时厦门的海关税务司的布朗（J. McLeavy Brown）先生提出了以下议题，主要是为坚持开放港口领事的“贸易保护”原则，此人退休后被委任为驻伦敦的中国公使馆顾问。

1. 宣布港口染疫的权利授予何人？

2. 港务卫生官员的地位和薪酬？

3. 何时才有必要实行普遍适用的长久性海港检疫条例？

布朗先生强调：“躲避瘟疫本是一种自我保护行为，并没有在任何条约中申明放弃行使此项权利，这是为了疫情最先到达的港口管理当局能采取必要步骤，并且为了使领事和其他人有权拒绝那些反对者的辩护。”布朗先生还进一步指出：“事实上，当有必要实行海港检疫时，港口当局与领事之间少有不经事先商洽并达成协议的。同时还应考虑到这样的可能情况，即港口当局觉得自己不得不对来自特定地区的船舶实行强制检疫，甚至会违背所属国家领事的意愿，并让该领事来承担拒绝协助对他们本国船舶强制施行条例的责任。”

这位海关税务司的理念当然超越了他的时代，他竟无顾忌地说出了他反对领事总是进行干涉的想法，这些领事简直就是滥用他们的治外法权，在传染病严重流行期间，竟以生命为代价来保护贸易。中国只能一直等到排除了那些令人厌恶的障碍后，1930年卫生部才颁布了中国海港检疫管理处条例。如果这位港务医官（通常是欧洲人）直接由中国当局雇用，他自然会更自觉地将他的报告呈递给中国当局，然后由中国当局将报告的副本正式送交各领事。忽略了这个基本原则，将会使许多人误解海关医官，因为他由海关聘任，事实上兼办海港检疫事务，而又是利用海关来施行检疫，这正是造成外界误以为海关担负海港检疫之全责的原因。那时，还没有拟订通用的海港检疫章程，或许由于以下原因：（1）最高当局在应由谁来宣布染疫口岸的问题上，没有达成一致意见；（2）由谁来任命港务卫生官员和提供海港检疫费用意见分歧；（3）缺乏诸如蒸熏和消毒器械等海港检疫设备；（4）在没有发生鼠疫、霍乱、天花、猩红热或其他流行病时普遍对海港检疫漠不关心；（5）内地的航运管理问题。1930 年海港检疫管理处成立后，切实解决了这些问题。另外，当年的港务医官是一个特别有利可图的职位，尤其是厦门和汕头这两个移民出境港口，前往菲律宾、荷属东印度、法属印度支那和海峡殖民地的移民都需要接种疫苗证书。任何人（男人、女人和儿童）购买船票之前，须持有港务医官（个别情况下可以是英国医师）签字的接种疫苗证书。随后，要颁发轮船无疫入港许可证，代表船籍国家的领事与医师事先须一起登船检查所有乘客。由于每个月各艘轮船可能有数千移民离境，此类检查和接种的收入，即使按每人一元钱计亦相当可观。所有这些收费均被视为医师合法报酬的一部分。所以在这个职位上的医师的总收入，包括与银行、商贸公司签订合同及通常的薪金，肯定是相当高。在《英国医学杂志》和《柳叶刀》（*The Lancet*）的广告栏中，经常可见有人出售厦门和汕头港的“肥差”，其转手费用总计高达 5 000 到 6 000 英镑，采用一次结清或分期付款的方式成交。

除上海和厦门两个主要海港外，较小的港口也有它们自己的问题需要解决。宁波于 1894 年宣布设立海港检疫所，以应对香港和广州的鼠疫流行；汕头于 1883 年发布了它的第一个卫生条例；牛庄［今营口］在 1899 年建立了一个卫生机构预防鼠疫；同年，经直隶总督批准，天津在大沽创建了海港检疫所；1902—1904 年汉口发布卫生条例，此条例沿用至 1931

年长江大水灾时。

东三省防疫事务总处于1912年建立后，立即承担了该地区控制流行性传染病（特别是鼠疫和霍乱）的全部责任，并建立了必需的防疫医院。附带说明，1919年海关拨款60 000元，在牛庄建设一所检疫医院，并提供每年24 000元运行经费。1923年安东港得到45 000元，在汕头至龙口航线上建造了一处现代化的检疫所，常年经费20 000元。这两所检疫所当时由东三省防疫事务总处兼管，防疫处也负责海港检疫工作。

哈尔滨新建成的鼠疫实验室，1920年动工，1925年竣工。前立者为总办兼总医官伍连德博士

出任海港检疫管理处处长

从上述海港检疫事务传入中国的早期变迁过程中，便可以理解1930年7月1日任命我为中国的海港检疫管理处处长，为何会受到普遍欢迎，这尤其是因为我在东三省卓有成效的工作成绩。到此时为止，在预防医学

领域之所以仍未取得稳步进展，乃因缺少一位专业的领导者，缺乏适当的经费，兼之中国官员、外国领事和航运公司的经理们对海港检疫程序所涉内容之广泛程度了解不多，因而使其举步维艰。

此前有两次场合，先是在檀香山举行的泛太平洋食品保藏会议（1924年），后是在香港举办的博医会与中华医学会的联合会议（1927）上，我曾建议重新组织国际预防医学这一重要部门，也屡次向北京中央政府谏言与时俱进之重要性。

1928年南京国民政府设置卫生部，这个问题被认真地提上了日程。洛克菲勒基金会的国际卫生董事会远东部主任海泽博士和国际联盟卫生处主任赖赫曼（Ludwig Rajchman）博士都被聘为卫生部高级顾问。1929年12月，国际联盟派来由赖赫曼和布德罗（Frank Boudreau）组成的代表团，第二年又派来澳大利亚卫生署海港检疫处处长帕克（C. L. Park）博士。帕克当时兼任国联的流行病学专家，调查过那些1923年怀特博士不曾调查的中国港口。代表政府陪同来访者的是伍连德博士、金宝善博士和蔡鸿博士。

代表团与有关各方人士进行了商讨和咨询，其中有宋子文（财政部长）、刘瑞恒（卫生部长）、张福运（关务署长）、梅乐和先生（现为爵士，海关总税务司）、各港口海关税务司，有时还会见各国公使、条约港的领事以及邮船公司经理等，结果国民政府决定：

1. 成立海港检疫管理处，总部设在上海。
2. 从1930年7月1日起接收我国最大也是最主要的上海检疫站。
3. 公布最新的适用于中国各口岸的海港检疫条例。
4. 做好在合适时机接收其他港口的准备。

海港检疫管理处总部于1930年6月30日正式开始办公，地点设在面对外滩（江边）的海关大楼第三层的一个大厅。这个新机构隶属卫生署（内政部的全国卫生管理行政机构）。该管理处由总务科、检疫科、蒸熏科和医务科 4 个部门组成，每个部门各有人负责，但全部工作都归处长管理。我是处长兼总务科科长，伍长耀医师（香港大学医学士）是我的主要助手，他是船务和检疫科科长。陈永汉医师管理医务科，金乃逸博士负责蒸熏科。

海港检疫处上海站工作人员合影。前排居中者为伍连德

上海这个商业大都会，自然需要首先关注。这个城市驻有 19 个国家的领事，有庞大的航运产业，与内地有广阔的贸易关系，实际上全国海关税收的一半集中在这个港口。显然该地区海关税务司的意见是举足轻重的。海关总税务司的办公地点如今是在上海而不是像以往那样设在北京，这为我们执行公务带来很大方便。

在我们接管前，上海有个称作卫生处的机构，由中国政府及各国驻沪领事团授权上海税务司管理，一切有关海港检疫事宜均须事先征得各国驻沪领事团成员之全体同意方能实施。高级港务医官驻在吴淞（15 英里外），他受雇于海关和领事团双方，由理船厅向其发布指令，他同时又是海关税务司的下属。因此出现任何突发事件而要迅速作出决策时并无专家指导，然而每个有关人士都希望它能够高效率地平稳运行，所以用现代科学路线改组这个卫生处显然会受到欢迎。

前上海卫生处的港务医官是一位退休的英国医师，住在吴淞由海关当局提供的房舍中。他的基本职责是，凡遇进港船只在航程中有死亡病例报告者，以及船舶来自有疫情口岸者，他须登船检查。他还负责一所建于 1919 年的陈旧的检疫医院，该医院可收容 30 个病人，位于往返不便的江南岸。但是它的病床少有病人利用，因为外国病人都送往公共租界工部局的城市隔离医院。这所医院隔壁是由中国红十字总会大约建于相同年代的一所医院，中国病人或是检疫查出的病人如有必要即送往该处。

上海卫生处的运行费用通常来自：

上海公共租界	每年 9 000 元
法国租界	每年 3 150 元
由私有的消毒公司蒸熏收费中提取 10%	每年 30 000 元
每年收入	约 42 150 元
支出	约 49 200 元

卫生处的支出包括港务医官的薪金（12 000 元），海关外国警察的租金（4 950元），医院 13 位雇员及检疫艇上 17 位水手的工资。多年来每年

亏损约7 000元。接收时，我们登记的未偿还外债达21 700元。

与卫生处密切合作的是休斯（H. Hughes）先生的私人消毒公司，此人曾经是英国商船上的机师。休斯曾向海关获得贷款40 000元，作为未来5年（自1925年起）的费用，用他已取得专利的碳气熏船机（CO－CO_2），蒸熏所有需要消毒的轮船。熏船总收入的10%交给海关，并于1930年6月30日将所有驳船和汽艇无偿交给海关。休斯先生是威尔士人，他在得到补偿金后，定居在圣巴巴拉（加利福尼亚）安度晚年。

然而还有一笔债务未清，那是海关为卫生处先行垫付的用于购置一艘新汽艇的款项150 000元，幸亏财政部明令海关全部放弃这笔债务，使海港检疫管理处得以摆脱产权负担开始它的事业，并且自身拥有了新的带有发电机的碳气熏船机和一艘隔离检疫艇。

因此，新组建的上海海港检疫所在1930年7月1日摆脱了一切债务而轻松地开始运行。第一次执行公务是检查来自那些被"公开宣布"为染疫港口，如宿务岛、怡朗（菲律宾）、西贡、加尔各答及曼谷等霍乱流行地区的船舶。协助所长的第一个助手是胡筠和医师（吴淞登轮外勤，香港大学医科毕业生）、白施恩医师（负责蒸熏）和金乃逸医师（登轮外勤）。第一位毕业于香港大学，第二位是北京协和医学院的医学博士，第三位是上海圣约翰大学医学博士。他们都精通英文，对我们和大量进港船舶与商务机构建立良好关系大为有利。

新的海港检疫条例，是以1926年在巴黎签订的《万国卫生公约》为蓝本稍加修改后制定，以适应更新近的海港检疫事务。这部用英文出版的50页黄色便携式小册子，与其中文文本一起在全世界各地的政府卫生部门流传，同样也在中国的海事机构和商贸系统广泛使用。不久我们便发现海关慷慨腾出的海关楼大厅不敷使用，于是在当年9月迁到了九江路2A

号国民城市银行第5层有4个房间的套间内，3年后我们又迁移到了北京路二号格林邮船大楼。

上海海港检疫所成立之初职员并不多，不久即增加了人手，除办事员外，有12名医师、6名检疫员、4名医院助手、2名专门技师、还有66名水手、机匠、装配工和勤杂工。除蒸熏驳船“木兰号”和汽艇“伍员号”之外，检疫处的船队又增加一艘新式加地诺型（Gardner type）摩托快艇“岳飞号”供上海港使用，在吴淞则有一艘摩托艇“赵云号”，专门建造的蒸熏驳船“蔡锷号”上装备了碳气熏船机，另外一艘摩托艇“张飞号”则供执行突击任务时使用。①

国民政府在检疫处成立之初曾批准每年向总部拨款3万元，另拨给上海海港检疫所6万元。但是因为政局紧张，这笔最重要的经费从未支付过。

然而，上海得自熏船收费的固定收入，以及厦门和汕头的接种天花疫苗收费（有自己的独立账户）有时可达每月20 000元。可以认为这个新组建的海港检疫管理处还是欣欣向荣的，他有能力根据职员的工作效率支付公平的薪金，还能用赚来的钱购置新设备和为船队增加4条新船。

当时已计划在吴淞建设一所新检疫医院，且已向上海浚浦总局租得位于黄浦江和长江口交汇处的一片空地，实际已开始建筑施工，但不久日本即开始飞机轰炸和炮击，公然为再次进攻大上海港做准备。

---

① 海港检疫管理处的船只以中国历史名人命名，它们是：（1）木兰，代替病弱的父亲出征的女英雄，女扮男装，像一个普通士兵战斗多年，光荣还乡后与一位军中知己成婚。这位知己虽同属一支队伍却长久不知道木兰是女郎。（2）赵云，伟大的战士，三国时代刘备最年轻的结义兄弟。（3）伍员，著名的爱国者，吴国的相国（约公元前10世纪），死于美女西施的反间计。（4）蔡锷，近代英雄。1915年首先举起反对袁世凯背叛民国的大旗。（5）岳飞，宋代英雄，1179年被追谥为圣。（6）张飞，满面胡须的猛将，桃园三结义中的三弟，两位兄长是刘备和关羽（三国时代）。——作者原注

海港检疫管理处从一开始便取得了显著成功，主要应归功于海关总税务司梅乐和爵士的热心帮助，他在任职海关税务司的青年时代，即期待合格的中国医师能为自己的国家经营一个有效率的检疫机构。类似的情况还有赫德爵士创建的邮政总局，初期是由法国和其他外国雇员管理，在1911年便移交给了中国交通部。

吴淞检疫医院

赖国联之助，我们的5位医官杨廷珖、戴芳渊、伍长耀、林家瑞和金乃逸，于1929年至1931年间得以遍访欧洲、美国、巴拿马运河、香港、新加坡和日本，研讨最近时期的检疫问题。归国后，他们使管理处沿着最新方向组织开展工作，证明这次出访大有裨益。

厦门海港检疫所

上海海港检疫所之后，下一个成立的海港检疫管理处下属机构在厦门，因为这里是移民出境前往菲律宾、荷属东印度（今印尼）和海峡殖民地的必经之地，值得我们特别关注。我们在1931年1月1日正式接管厦门海港检疫机构，驻厦门的负责官员林国赓将军慷慨地将厦门大学附近一块6.2英亩的海滩划归我们，用于建设检疫医院。依靠积攒为移民检疫和接种疫苗的收入

（以往这笔收入尽入私人囊中），一座漂亮的传染病医院很快就在一座古要塞的基础上矗立起来了。厦门检疫所自有检疫艇一艘，还有宽敞的办公室和候诊室，以及设备完善的实验室都在海滨。1931 年天花严重流行时，这所医院以出色的服务回报了海运界和市政当局。当年年初，我们的检疫医官在泗码［Chiobe，今石码，漳州地区］及邻近地区以极好的工作扑灭了腺鼠疫，并以我们哈尔滨的防疫机构提供的疫苗为数千居民进行了预防接种。

［我们还相继接管或建立了以下海港检疫机构。］

汕头海港检疫所，于 1931 年 4 月 1 日被我们完全接管，汕头是大批移民前往法属印度支那、暹罗和马来亚的重要港口。

牛庄海港检疫所，是一所完善和最新系列的医院，自 1917 年开始，东三省防疫事务总处主持建成。1931 年 10 月 15 日，连同所有职员均移交给海港检疫管理处。

汉口检疫所，1931 年 8 月至 9 月长江水灾，管理处奉命在这个重要的内陆港建立一个检疫所。驻所医官为戴芳渊博士。

安东检疫所，位于朝鲜边境，是一所拥有充足设备的医院。于 1931 年 10 月 15 日接管。

天津、大沽和秦皇岛，这三个北方港口的检疫业务原定于 1932 年 1 月 1 日移交给我们管理，但由于爆发中日战争，接收工作延迟了两年。

广州所，这个面对香港的重要海港，早在 1926 年 9 月 16 日即由广州市卫生处筹建，有两所检疫医院，位于南石头和黄埔军官学校附近。1932 年我们准备接管时，他们立即自愿归入海港检疫管理处。

从历史观点考虑，仅次于上海最令人关注的港口，或许就是厦门。成千上万的早期福建省移民，都从这里乘坐简陋的小船前往马来亚、菲律宾、暹罗、荷属东印度或东南亚其他地区寻求致富的机遇。其中大多数人开始都困难重重，但也有不少人经商致富，并在那些地区定居。整个马来亚的人们都知道厦门移民和他们后代中的一些名人，例如陈笃生（新加坡）、辜尚达、辜承福（槟榔屿）和陈祯禄（马六甲，现为爵士）等。

厦门是一个可爱的岛屿，周长 40 英里，被据称是中国最美丽的港湾环绕着。对面的小岛鼓浪屿，1903 年便被开放为公共租界。热带医学的奠基人曼森（Patrick Manson，1844—1922）博士曾在这里生活过。他除了靠繁忙行医赚钱外，还花费了大量时间，致力于研究和追索蚊子在人群中传播疟疾与丝虫病过程中的作用。我与王吉民合著的《中国医史》（1936）中，详细地叙述了曼森博士 1871—1880 年在厦门从事的伟大工作。曼森的继承者里格（B. S. Ringer）博士也由于发现并殖吸虫（*Paragonimus*）[肺吸虫] 偶尔也可进入人的肺中而在热带医学中出了名。还应提及英国领事许立德（Meyrick Hewlett，后封爵士）先生的善举，他创办了“移民所”收容老弱或无家可归的移民，将这些移民收留在厦门，以便找到合适的交通工具将他们送回国内自己的乡村老家。1931 年建立海港检疫管理处时，我们也接管了这个移民所。

还要补充的是，在这段时间内，即 1932 年 9 月 29 日至 10 月 6 日，中华医学会（博医会与中华医学会合并组成）在上海雷士德医学研究院宏伟的新楼内召开了第一次全体大会。会议安排了一整天（10 月 1 日）给海港检疫管理处，让我们的职员宣读论文和举办展览，并与到会者进行切磋。那次会议的主席是大上海卫生局长胡鸿基博士，他毕业于约翰·霍普金斯大学，获公共卫生学博士学位，不幸于两周后死于车祸。海港检疫管理处邀请了与会的 150 位代表参观环境优美的吴淞海港检疫所，在那河流入海口处有一片桃园，田园景色宜人。为这次游览，动用了检疫所的两艘检疫汽艇，当天还特地向太平洋 - 东方航运公司租来一艘“郭士立号”

（Gutzlaff）游艇，大家尽情享受了这往返各一小时的旅途，船上提供了自助午餐和下午茶。

五次招待会

在海港检疫管理处处长任上，我最乐意开展的工作之一，是与以领事身份出面的现任高层领导人、专员、银行家、海关官员、航运公司首脑和商船业的头领等建立亲近的关系。为此目的，我每年在大旅馆或大饭店举办一场中西合璧的晚宴，招待中外来宾。第一次举办这种年宴是在 1930 年 12 月 9 日，有 120 人出席。在这一次年宴的致词中，我历数了航运与商船界给予我和我的同仁的竭诚支持，并请来宾提出批评和建议，以便改进管理处工作，更有效率，使港口的卫生工作得以更多地造福社会。我还简要介绍了检查和燕熏轮船取得的成效，报告了我们杀死或捕捉到的老鼠有多少，结果招来一阵笑声。

我也赞扬了帕克博士为我们作出的贡献。帕克是澳大利亚海港检疫处处长，还曾兼任国联卫生处流行病学部主任，他协助拟订的现行海港检疫章程可能是世界最先进的。我回顾了 20 年前我们在满洲的防疫工作，那时面对的问题比现在更困难。我向热忱支持我们的许多朋友们表示，希望海港检疫管理处不断取得成功，如同我们曾经解决当年在满洲所遇到的问题一样。

中国最大的航运企业太古轮船公司经理芬顿（S. C. Fenton）先生代表客人致答谢词，祝愿海港检疫管理处繁荣和成功。

14 个月后，1932 年 1 月 21 日，我们再次在宴会上相聚。这次来宾人数两倍于前，而且他们更为诚挚和亲切。在我的讲话中，我拿出了一些图表来说明我们工作的进展。例如从 1930 年 10 月到 1931 年 12 月，我们在上海检疫过的船舶有 2 234 艘，总吨位 15 142 733 吨；在吴淞则为 697 艘和 2 924 844 吨。在上海受检疫的旅客：有 50 414 名中国人，88 620 名外国人；在吴淞为 52 748 名中国人 和 3 514 名外国人。同一时期在上海受检疫的船员人数，有 52 690 名中国人，85 309 名欧洲人，72 346 名日本人和 9 705 名印度人；在吴淞则是 39 669 名中国人和 22 150 名外国人。这些数字未包括内河与沿岸中的船舶，在正常时期，这两类船舶可免除海港检疫处的检疫，其总量约 1 800 万吨。1930 年伦敦港的相应数据是：外国船只（包括航运和捕鱼）16 085 艘，总计 22 582 014 吨，沿岸船舶 11 952 艘，总计 6 650 900 吨。

蒸熏报告表明，1931 年蒸熏过的船舶为 975 艘，甲板下吨位为2 030 675 吨；在吴淞检验帆船 1 077 艘，南市检验 1 828 艘，杨树浦 401 艘，苏州河上游 276 艘，下游 1 554 艘。总计全年检验和消毒帆船 5 136 艘。当年霍乱严重暴发，对这些帆船和其他本地船只采取了特别的预防措施。上海是海港检疫管理处总部所在地，有无线电和海底电报与在新加坡的国联卫生处远东卫生事务局保持紧密联系，我们定期将流行病学信息上报此中心。此次年宴，有两位客人致答谢词，他们是太古轮船公司总经理卡里尔（J. D. Carriere）先生和爪哇—中国—日本—荷兰航线经理费舍尔（P. J. Fisher）先生，二位都对海港检疫管理处所取得的成绩表示高度赞赏。

1932 年带给中国政府及各阶层民众空前的焦虑。过去一年对上海的轰炸给生命财产造成了损失，这一年将更加严重。早在 1931 年 11 月 16 日，即日本开始侵入满洲（1931 年 9 月 18 日）不到两个月，如前所述，我经受了日本军方对我施加的残酷迫害，那时我在哈尔滨与奉天之间的出差旅途中，在长春站被日本宪兵强行带下他们的南满铁路列车，借口我是国际联盟赖赫曼博士的间谍。①

既然当初已有那样惨痛的经历，日本侵略者从陆地、海洋和天空入侵上海时，这个城市的闸北、吴淞和江湾的全部地区都遭到轰炸而成为一片火海，无论男女老幼的无数平民被杀害或负伤，也就不足为怪了。我们的吴淞检疫医院在这场无人幸免的战乱中化作废墟，使工作停顿了将近一年。然而，我们在上海的职工却未放过任何机会参与了大量救护伤兵和难民的工作。在当年夏季，中国还经历了有史以来最严重的霍乱流行，这方面的内容将在下一章叙述。

日本人侵占了东三省（满洲），肆无忌惮地强占了中央政府当时直辖的所有公共机构，我们的东三省防疫事务总处实际上已不复存在。然而，在北方 20 年取得了骄人成绩的事业，仍将在关内毫不懈怠地继续推进，因此本应以单行本出版的防疫报告书，就并入到了海港检疫报告书各卷中。我们在中国首次组织了各重要口岸的鼠蚤系统调查。这些工作人员利用他们可支配的有限资源，对与口岸卫生有关的其他许多问题进行过研究。至于检疫和蒸熏等各种例行工作，他们更在方法上力求改进，更加有条不紊，并保存好精确的记录。在这些工作中，我得到全体职员的全力支持以及海关、航运界及商船业界的竭诚合作。

第三次年宴于 1932 年 12 月 15 日在上海繁华的南京路东方饭店举行，邀请客人的范围又扩大了，除航运公司代表外，邀请了外国领事团成员、各行业商会的主席，公共租界、法租界、华界三个区域的卫生长官，以及海关、市公安局护照检验处、引水总会、医学研究院、美国驻华公共卫生

---

① 由于李顿伯爵受国联委派而提出了关于入侵满洲的特别报告，驻日内瓦日本首席代表松冈洋右恰于此时被召回。——作者原注

部及其他公共团体的代表。事实上受邀者全都出席了。这次我们提供了一桌纯中式的大餐，尽管菜肴品种不算太多，但每位客人都有自用的碗碟。这些菜肴是：燕窝炖鸽蛋、清蒸鳜鱼、炸大虾、烤鸭薄饼、辣子鸡丁、雉鸡笋片、奶油白菜、伊府面条、八宝布丁和杏仁茶等。全体人员首先为国民政府干杯后，我便再次谈到海港检疫管理处所得到的来自各有关方面的愉快的鼓励与合作。尽管年初在淞沪爆发了中日战争，但管理处始终努力执行工作计划，并取得了可观的成绩。虽然吴淞检疫医院被毁，但是我们的职员仍忠于职守，在战场上英勇地参加救护伤员的工作。对进港船只都改在海港泊位上进行例行检疫，这一新的安排对双方都更为有利。尽管由于战争而导致交通运输的严重混乱，还有厦门和汕头的出港移民运输中的业务，我们仍然检验了 2 205 艘船舶，总吨位 14 188 067 吨，与上一年的 2 234 艘和 15 142 733 吨相比相差不大。蒸熏科熏船 733 艘，甲板下总吨位 1 615 431 吨，而 1931 年为 975 艘，总吨位 2 030 675 吨。

所有被认可的蒸熏消毒剂全部成功应用了，其中包括一种商品名为柴可隆 – B（Zyclon – B）的使用便捷的氢氰酸气体，这是一种饱和吸收了这种毒剂的纸张。

我还谈到开始不久的鼠蚤调查，共计捕获活鼠 691 只，搜获鼠蚤 3 455只。在捕获的活鼠和蒸熏后船内搜集的 2 867 只死鼠中均未发现鼠疫菌。广州、厦门和汉口也开展同样的工作，结果均已提交给日内瓦。除了积极开展预防霍乱的运动外，我们的职员还前往收容了大约 22 000 人的 56 个难民营协助进行战时救护工作。我们还负责救治了梅白格路［今新昌路］医院的 100 多位伤兵。在讲话结束前，我对中国的市政府卫生局局长胡鸿基博士因车祸身亡表示了沉痛的悼念，指出这是我们这个群体遭受的巨大损失。为答谢我的祝酒，三位著名来宾讲了话，他们是坎宁安

（E. S. Cunningham，美国驻沪总领事和上海领事团的资深前辈）先生、威尔金森（H. V. Wilkinson，麦肯兹和麦克基侬公司合作伙伴，太平洋－东方航运公司英国—印度以及其他英国航线的代理商）和厄尔教授（上海雷士德医学研究院院长和香港大学生理学系前主任）。

坎宁安先生赞扬了伍博士和他的同仁以前在满洲和最近在上海所进行的划时代的工作，在结束他那诙谐的讲话前，他又透露了伍博士个人捐资30 000元（约3 000英镑），赞助在上海的英国皇家亚洲文会作为建筑经费，用以促进艺术和文化的发展。厄尔教授反复强调了中国需要海港检疫和研究工作，他说这两方面都由伍博士和他那训练有素的同仁在进行着，他回忆起17年前他们在香港大学首次会面，那时他正巧参加了那个盛会。在那个愉快的时刻，授予了伍博士荣誉法学博士学位。厄尔教授为见到他旧日的学生伍长耀现在担任其叔叔伍处长的主要助手这个高级职位，为海港检疫处新增了如此能干的人才而感到高兴，他毫不怀疑这个机构会有辉煌的前途。

1930年以来，尽管海港检疫处的发展曾受到过挫折，但我们仍然努力进行了一些改革，特别是实行了登船检疫和向国联驻新加坡的流行病学部寄送周报。在上海始于1931年的鼠蚤调查，1933年推广到其他口岸，如厦门、广州、武汉和塘沽等地；开始在上海系统地检验本地水体霍乱及有关弧菌的出现和存活情况。部分实验是在管理处租用的雷士德医学研究院的房间进行的；最后出版了一部《霍乱概论》，这是有关中国常见传染性疾病系列专著的第一部，这部专著以中英文两种文字发行，200页，附有一幅彩图，23幅铜版插图，以5元（10先令）平价出售。本书具有一些新颖的特色，诸如霍乱症状的描述采用了类同于中国古代对这种传染病症状的描述方法，采用了我们在学校和农村所应用的更新颖的宣传方法，都包含在这本书里，这样使本国的读者更愿意阅读。

由高级检疫医官伍长耀署名发表的《鼠蚤调查报告》颇为重要。该报告参考了安德鲁（C. T. Andrew）在唐山从事的早期研究〔他仅发现过褐家鼠（*R. norvegicum*）与印鼠客蚤（*X. cheopis*）〕及希克斯（Hicks）1923年在上海的研究〔他报道在该地蚤类的数量比率为盲蚤（*L. musculi*）50%，具带病蚤（*C. fasciatus*）36%，印鼠客蚤（X. cheopis）11.4%〕。伍长耀医师还论述了地理和气象条件：在上海，鼠类主要有两个种，黑鼠（*R. rattus*，占82.5%）和褐家鼠（*R. norvegicus*，占8%）；而蚤类为盲蚤（*L. musculi*，占72%）、单蚤（*C. anisus*，占16%）和印鼠客蚤（*X. cheopis*，占11%）。在上海，一年中大多数时间没有印鼠客蚤（最重要的鼠蚤），而在厦门和广州（南方）、塘沽（北方）和汉口（内地）同样的鼠蚤在夏季则大量繁殖。似乎在中国其他地区，是单蚤（*C. anisus*）取代了具带病蚤（*C. fasciatus*）。那种携带可恶的鼠疫细菌的印鼠客蚤（*X. cheopis*）在上海较少见（0.75%），这可以解释为何这个商业大都会尽管有繁忙的海运联系，却罕见鼠疫的原因。同样幸运的是新加坡，那里也是一个没有鼠疫的港口。

1933年11月10日，管理处在地处公共租界灯火辉煌区域的东方餐厅内，举办了第四次年宴。这场招待会由国家卫生署署长刘瑞恒博士主持，有来自官方贸易机构及航运界领导者中之显赫人士共150位来宾出席。这些来宾中有赖赫曼博士（国际联盟卫生处主任）、大上海市长吴铁城和太古洋行的布朗（N. S. Brown）先生。刘博士首先致辞后，我以海港检疫管理处处长的名义欢迎各位来宾，特别对赖赫曼博士表示了欢迎，通过他坚持不懈的努力，协助我国政府建立了海港检疫管理处，现在他又被任命为国联理事会驻国民政府经济委员会的技术代表。我在讲话中指出国联卫生组织与海港检疫管理处如此珍贵的合作关系，通过我们与帕克博士领导的驻新加坡国联东方卫生事务局的紧密联系，得到了进一步加强。并衷心感谢帕克博士出席当晚的宴会。我还强调了对梅乐和先生领导下的海关当局、领事团、上海市政委员会卫生局、法租界和大上海市、雷士德医学研究院以及航运公司经理等诸单位和人士的竭诚合作表示了诚挚的感谢。

1933 年海港检疫管理处在上海举行之招待会

会上我扼要评述了我们一个部门从事的鼠蚤调查工作。这就是总部设在管理处办公楼的中央防止霍乱临时事务所的专门工作，尽管贸易不景气，船舶的医学检疫还是检验了（10 个月）1 854 艘船舶，总吨位 12 552 579 吨，而在前一年同时期的数量为 1 969 艘，总吨位 12 576 414 吨。

我们的蒸熏科报告了在远洋客轮、货轮、沿岸商船、内河船和驳船上大量灭鼠作业。我们的医官义务地宣传防鼠的措施并指出那些会招致老鼠的做法非常危险。在上海的泊位上我们蒸熏消毒的远洋班轮多达 105 艘。

时任海港检疫管理处处长之作者留影（1934）

1934 年出版之《海港检疫管理处报告书》第四册

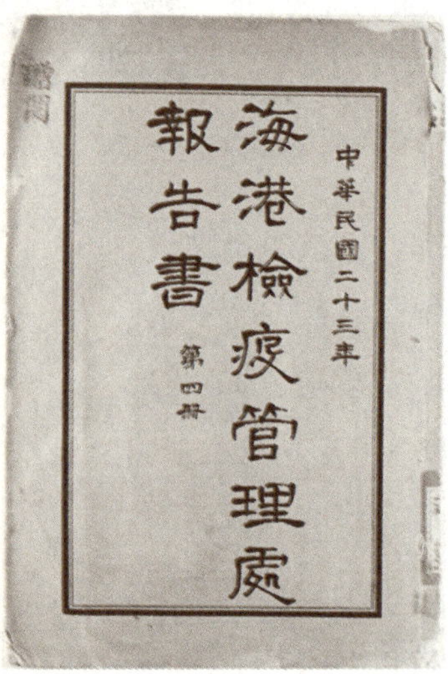

当天的重要来宾吴铁城市长，向工作成绩卓著的海港检疫管理处表示了敬意，他说明了管理处历年来取得的进步，指出这个机构对一度威胁到整个上海国际社区的霍乱流行的防治运动取得成功，作出了重要贡献。

布朗先生代表航运同业公会讲话，他对海港检疫管理处无懈可击的工作效率深表认可，他坦白地说，当初提议成立一个由中国人领导的海港检疫管理处时，外国航运界确实有些担忧，但是现在这些疑虑消除了，他为取得了优异成绩而向伍博士和他的团队致以崇高敬意。

赖赫曼博士说他来晚了，因为他是刚从内地江西省南昌乘飞机赶来的。听了前两位精彩讲话后，他想换一个新角度来探讨海港检疫问题。他说早期欧洲国家常常把海港检疫置于政治考量的基础上。在马赛，检疫医师手持长长的铁钳去检查船上的乘客。现在时代真是改变了，一定程度上借助于专家的协助，中国已经有能力建成一个高效的海港检疫机构，这个机构在训练有素的细菌学家和研究工作者，又兼备管理才能和经验的伍连德博士领导下，取得了如此殊荣。他高兴地见到伍博士进行鼠蚤调查，研究鼠疫、霍乱及其他远东常见疾病的决策，以及站在兼顾国内和国际的立场上处理海港检疫问题，已经获得了惠及全世界的杰出成果。

由蒸熏科科长（金乃逸博士）每年精心准备的蒸熏作业报告，此处应特别提及：

年份	船舶总数/艘	总吨位/吨	蒸熏后回收的死鼠/只
1931 年	975	2 030 675	2 086
1932 年	855	1 904 886	2 288
1933 年	763	1 868 093	2 608

通常在上海港蒸熏的船舶分类如下：

1. 本地船舶（拖船、汽轮和驳船）；
2. 沿岸商船（运载煤炭、木材和缆索的货船）；
3. 内河船舶；
4. 远洋轮船（货船、油船和定期客轮）。

以上所述内河船只，客舱与统舱运载旅客达装载大量货物，或许是最难处理的。一些船的船龄超过 60 年，不具备气密性。船员舱有渗漏，船首安放船锚处的两个孔异常扩大，所以很难密封。通常回收的死鼠很多。远洋轮船来自世界各地，由于上海不是卸货终点港，所以只能在载有货物的条件下蒸熏。油轮，特别是来自美国、英国和北欧国家的船只，清洁而且防鼠。荷兰航运公司的爪哇—中国—日本航线的轮船运载旅客与货物，总是严格维护清洁。英国太平洋 - 东方航运公司时常是巨大的定期班轮，船舱达数百间；从一层甲板登上另一层之距离有 40 多英尺，实际需要的蒸熏时间为普通轮船的两倍。美国“总统号”定期班轮很少在上海熏船，在附近的马尼拉有他们自己的相关设备。

总结 1933 年蒸熏的 763 艘船舶，其中 614 艘在卸货后、149 艘在卸货前处理。证书类型为：

灭鼠方式	二氧化硫气体熏船	633 艘
	一氧化碳、二氧化碳混合气体熏船	131 艘
	柴可隆 – B（Zyclon B）熏船	2 艘
免除熏船		10 艘
总计		776 艘

在各种船只上回收的死鼠几乎都是黑鼠（*Rattus rattus*），其数量如下：本埠与内河船 498 只、北方港口 727 只、南方港口 971 只、南洋 3 只、欧洲和美国 70 只及日本 10 只。

1934 年 10 月，远东热带医学会于南京举行的第九次会议是件大事。当时天气宜人，会议的经过情形已在本书其他章节提及。

我们管理处 1934 年的年度招待会采取了花园鸡尾酒会的形式，在法租界的莫里斯（Harry E. Morriss）先生［上海人俗称马立师］的豪华宅邸举办。业主是上海的英文报纸《字林西报》（*North China Daily News*）的领导人。莫里斯先生将他的整个住宅和训练有素的仆人全部交由我们支配，还请来精明的《纽约时报》的代表阿本德（Hallett Abend）先生协助。400 多位绅士淑女（后者身着最美丽的春装）出席这个盛大的聚会。莫里斯和阿本德两位先生准备了他们最上等的饮料，在精选的法式餐前点心中，我们准备了炸虾片（从爪哇进口的虾片）和切成条的肉馅饼（以酱油调味）。来宾们欣赏莫里斯先生住宅的优美环境，他虽然是英国殖民地的一位长官，是一位在埃普索姆的跑马场上骑着他的骏马“吗哪”获得过德比赛马优胜奖的人，在中国也家喻户晓。他非常赞赏中国的艺术和文化。

依历年惯例，我在招待会上简要介绍了前一年的工作，并且报告了我们检验船只数据中，日本船只超过了英国的，数量分别为 678 艘与 528 艘，记忆所及，这是首次。不过英国船只总吨位略高，为 4 545 276 吨，日本船总吨位 3 571 484 吨。而飘扬着星条旗的船只数位列第三，共 225 艘，总吨位为 2 571 230 吨。总共检验了 1 943 艘船，总吨位 14 000 000 吨。我们共熏船 654 艘，甲板下总吨位接近 1 600 000 吨。根据每艘船的特殊需求，我们使用了硫黄、一氧化碳与二氧化碳混合气体以及氰化物气体。吴淞新检疫医院已于上年建成，准备接纳病人，新建筑的造型像一艘大军舰，上有高耸的观望塔。鼠蚤调查延伸到中国其他海港，我们实验室的研究重点转向长江下游霍乱流行的病因，以免这种危险的疾病由流行中心传入上海。

当时我们还不知道，为朋友和支持者举办的第五次年宴竟会是最后一次了。两年后，动荡不安的局面遍及全国，终于在 1937 年日本占领了上海，不久后国民政府迁往重庆。

《鼠疫手册》问世

1935 年 6 月出版了我们的《鼠疫手册》（*Manual of Plague*），以满足中国和其他地区医学与公共卫生工作者的需要。这部长达 547 页的著作附有许多插画、地图和图表。4 位作者旨在为鼠疫的预防和治疗提供一个操作指南，但也包含有高年级学生感兴趣的许多高度专业性的主题。全书共

12 章，依据主题适当划分成 7 个主要部分，各章遵从逻辑顺序排列。首先是鼠疫病史的概述，然后是鼠疫菌的研究、疫源、媒介和感染致死者等的研究。倒数第二部分专门介绍对上述因素的流行病学分析，最后一章论述了有关预防的各种问题。4 位作者分别撰写以下各章：

伍连德：病史，宿主和媒介及流行病学因素；

伯力士：细菌学、免疫学、病理学、临床实验诊断；

陈永汉：临症与治疗以及个人预防；

伍长耀：昆虫媒介、一般预防和包括海港检疫在内的流行病学处理。

书中还有两个附录，一个阐述一些特别值得注意的鼠疫病例，另一个为世界各地发现的鼠类和蚤类名录。我们还另行出版了 200 册中文版，每册 3 元，英文版发行 5 000 册，价格合理，为 20 先令或 5 美元，几年内便全部售完。显然这本手册满足了欧洲、美洲、印度等一些国家久待未得的需求，特别是在印度。

应该在此强调指出，当与国联磋商有关中国要建立一个现代海港检疫机构的问题时，我们始终念念不忘上海这个世界性港口在贸易上的利益。1929 年，当国际航运协会通过国际联盟交通与通讯组织委派的专家表示他们对这一计划乐观其成时，航运界的支持便得到了保证。

我在此援引对国际贸易特别关注的突出事例。早在 1932 年我们已经意识到根据黄浦江潮汐涨落情况适时进港，则轮船不必在黄浦江外等待检疫，便意味着节约了大量宝贵时间。我们对这个问题的方方面面作了研判，最后决定允许符合一定的有关卫生条件的船只在它们的泊位接受检疫。采取这一步骤被认为是果断的措施，是一定程度上的革新。过去几年的历史证明我们这样做是合理的。最近，纽约海港检疫当局采取了类似的措施以维护航运利益。倘若履行了一定的手续，按规定时间表航行的定期大型客轮，可通过无线电授予无疫进港许可，并允许其进入纽约港，不必在斯塔滕岛落锚检疫。可以预料其他港口也会像上海和纽约那样大胆仿效。在某种意义上说，这是我们对传染病的源头和传播有了更多了解后合乎逻辑的结果，毕竟我们已不再生活在古代，当时隐匿了有害疾病的航船会被连同货物一同沉入海底，而染有瘟疫的旅客则会任凭那些装束怪异、手持长柄尖叉的人处置。

1935 至 1936 年，由上海、厦门、汕头、汉口、天津、大沽、秦皇岛和塘沽等地连接成链状的海港检疫所，在有规律地运行着，还准备接管广州、青岛和芝罘（烟台）的检疫所。为此我访问了这最后 3 个有待接管的港口，如果不是日本人入侵，接管谈判定会完成。广州港已于 1936 年 9 月初接管收，正式任命司徒朝（T. C. Chung）医官为海港检疫管理处属下的负责的高级检疫官员。广州港这个古老港口有着可歌可泣的历史。民国十五年（1926）前，广州的检疫机构还由一个外国医师执掌，他是由海关和本地领事团联合任命的。每一艘进港船只的检疫收费和税收都尽归这位主管医师。由于缺少一个独立的机构，其工作效率很难令人满意。进港船只经常长时间等候这位还要兼顾其私人诊所的医师。这样的延误招来了航运界的严厉批评，尤其是在省港大罢工期间，当时有 30 多艘船停靠在这个海港等待检疫，有的等候数小时，有时甚至等候几天。船主向市长（伍朝枢先生，著名的伦敦律师伍廷芳之子）请愿，市长决定接管检疫事务，并任命司徒朝医官负责。那时孙科（伟大的孙逸仙之子）恰好任市政委员长，他们联合公布了新的海港检疫章程，为船舶划定适当的锚泊地。海关和领事团先是反对这种改变，质问中国检疫医官有何权力检验任何外国船只，但当他们了解到新的机构能够更迅速地完成检疫事宜后，便撤回了他们的抗议，那位外国医师则让他去经营自己的诊所了。当海港检疫管理处在 1936 年接管广州海港检疫所并重新任命司徒朝为负责的高级检疫官员，真是皆大欢喜。

日军入侵，故乡避难

不幸的是，由于 1937 年 7 月在北平近郊发生了“卢沟桥事变”，中日两国军队战火重燃，导致淞沪地区更大规模的军事行动。吴淞口新建的检疫医院与我自己的在大上海模范中心区的别墅，均遭到无端炮击。很快，上海的中国城区，包括南市均被日本占领，不久后他们又占了南京。日本军队在这个城市对无辜的中国平民所犯下的暴虐罪行，已被田伯烈（H. J. Timperley，《曼彻斯特卫报》驻华通讯记者）在 1938 年出版的《战

1937 年伍连德（最右者）离开中国回南洋

争意味着什么——日军在中国的暴行》一书中作了淋漓尽致的描述。我们的海港检疫管理处，连同它的几个检疫所、汽艇和设备也都被他们所强夺。当国民政府迁都重庆，我和我的家庭面临抉择，是留下来侍奉新主人，还是离开这个我一生中作出过多年奉献的大港口。我最后决定南还故里，暂时去我的出生地槟榔屿避难。没有人会料到，日军竟能那样迅速地继续进占南洋。在他们占据马来亚的三年半时间里，依旧推行恐怖主义手段，令当地居民同样亲身体验了中国人在自己国家遭受暴政统治的苦难。

1947年伍连德重访上海留影。上图：在吴淞检疫医院（右3为伍连德）；下图：伍连德夫妇（右5、右6）与老同事合影，右1林家瑞，右3陈永汉

但这是另一个故事，将在单独的章节讲述。

附　海港检疫管理处报告书目录（直接采用中文版目录）：

第一卷重要目录（1931）

伍连德　民国十九年夏季调查霍乱初期报告

C. L. 帕克　上海港之检疫需求

金乃逸　蒸熏消毒报告（1930. 6—1930. 12）

王拱辰　厦门港检疫章程增补（1931）

第二卷（1932）

伍连德　海港检疫管理处略史

伍连德　民国十九年前吾国海港检疫状况

王拱辰　厦门海港检疫沿革

林家瑞　牛庄海港检疫所沿革

裴世恩　汕头海港检疫所初步报告

关任民　广州市医药卫生状况

伍连德　民国廿年上海霍乱流行报告

伍长耀　考察欧美各国海港检疫报告

林家瑞　考察欧洲及远东海港检疫报告

金乃逸　蒸熏消毒灭鼠之研究

金乃逸　海港检疫管理处熏船规则

伍连德　伍处长宴请各轮船公司演说词（1930. 12. 9）

伍连德　伍处长宴中外各轮船公司演说词（1932. 1. 21）

第三卷（1933）

伍连德　民国二十一年中国霍乱流行概况

王拱辰　厦门霍乱流行概况

宋志爱　牛庄霍乱流行概况

伍长耀　上海鼠蚤之研究

伍连德，伯力士　野生啮齿动物鼠疫最新研究

伍连德，伯力士　世界各地肺鼠疫最新研究

王拱辰　厦门天花流行状况（1931—1932）

伍连德　中国今日之麻风问题

伍长耀　最近海港检疫概论

陈永汉　考察新加坡等三埠海港检疫概况报告书

陈永汉等　沪战时之救护工作

伍连德　海港检疫管理处年宴志盛（1932. 12. 15）

伍连德　天津、塘大［塘沽，大沽］及秦皇岛海港检疫所报告

第四卷（1934）

伍连德，宋志爱　霍乱小言

伍长耀　中国港口鼠蚤之研究

伯力士　上海水中霍乱弧菌及类似霍乱弧菌之研究

陈永汉　气象与霍乱之关系

陈永汉　上海之最近公共卫生运动

伍连德编　中央防止霍乱临时事务所（1933）

伍连德编　讲演词合辑（伍连德博士、上海吴铁城市长、国联卫生部主任赖赫曼博士和布朗先生）

海港检疫管理处各部门及各海港检疫所报告

第五卷（1935）

伍连德　中国的鼠疫与瘟疫

伍长耀　中国鼠蚤的发生、分布和季节性流行

陈永汉　中国霍乱问题分析并特别注意上海

伯力士　霍乱弧菌及类似霍乱弧菌在血液和牛奶等基质中的状态

王拱辰，伍长耀　移民船包括中国移民船的医学检验

陈永汉　37 例中暑病例分析

L. S. 会宗格　中国麻风病史

伍连德　私人执业医与公共卫生的关系

伍连德　海港检疫管理处各部门及各检疫所报告

纪乃文　福建省龙岩地区防鼠疫考察

纪乃文　海港检疫管理处年宴酒会志盛（1935. 3. 30）

第六卷（1936）

伍连德　中国医学的复兴

伍连德　中国的公众医院

伍连德　中国需要实行火葬

伍长耀　上海的鼠及鼠蚤

陈永汉　气象与天花及霍乱之关系

R. 伯力士　霍乱弧菌的抗原结构

纪乃文　福建省龙岩地区鼠疫考察报告（1935）

伍连德编　中央防止霍乱临时事务所报告（1935）

伍连德编　上海医师之霍乱手册

伍连德编　海港检疫管理处各部门及各海港检疫所报告

第七卷（1937）

伍连德　新医学以及对旧医之冲击

伍连德　海南岛——中国的伊甸园

王拱辰　人群（特别是中国移民）之流动

陈永汉　温度、湿度和健康卫生

伍长耀　鼠疫防治的现代趋势

伍长耀　上海：检疫科

金乃逸　上海：蒸船科

陈永汉　上海：医务科

王拱辰　厦门海港检疫所报告

冯运发　天津、塘沽和秦皇岛海港检疫所报告

戴芳渊　武昌－汉口海港检疫所报告

司徒朝　广州海港检疫所报告

王拱辰　汕头海港检疫所报告

主　编　国家卫生署

主　编　国联卫生合作报告

第 15 章

防治霍乱与其他卫生运动

某些西方作者经常宣称中国和印度这两个古老国家是大部分流行性疾病的“源头”，而这些传染病过去曾经给世界造成可怕的灾难，其凶焰至今依然。这种牵强附会的责难无疑是因为这两个国家的历史悠久。就中国而言，她的杰出学者在古书中的记载超过了 5 000 年；而印度，则主要以精美的石雕和大理石制品记述历史，在印度河谷地摩亨佐·达罗遗址大面积发掘显示，早在公元前 3000 年那里即存在着某种文明。

对于腺鼠疫，我曾经用证据说明这种传染病是如何广泛传播的，也说明了病原菌是如何设法以慢性传染病的形式生存在易感的野生冬眠啮齿动物体内的，这些动物栖息在西伯利亚、蒙古、喜马拉雅山脉甚至在西方大陆加利福尼亚的山区荒原。这种慢性病现在称作“森林鼠疫”。其他传染病，如梅毒、白喉、猩红热，也许还有脊髓灰质炎的起源都相当晚，不会早于公元 15 世纪。有一种曾经令人心生畏惧的传染病，被命名为亚洲霍乱。1926 年至 1936 年间我曾为控制它而在中国各地肩负着重大责任。这种可怕的疾病有着令人感兴趣的历史，我将以本章的大部分篇幅来叙述它。

亚洲霍乱

霍乱（我更愿意采用这个术语，因为它简短且更准确）是一种由科赫氏弧菌（科赫在1883年发现）而引起的特殊的急性胃肠道疾病。这种病是印度和东方热带国家的地方病，但有时通过海陆交通传播至欧洲及其他国家。这种疾病的临床症状为大量呕吐和下泻，从而导致虚脱、痉挛及尿闭。患者死亡率高，多因虚脱期内血液循环衰竭，或因发热反应期之伴随肾机能衰竭发生酸中毒而死亡。近代霍乱的病史可追溯到1817年，这一年在孟加拉南部的发生是首次记录，然而有理由相信此病先前已在印度流行，并不时传播到广大地域。某些梵文、中文、阿拉伯文和希腊文的医学典籍中或曾论及此病，但这些描述并不很清楚。就中国而论，我曾研读古典医籍，发现“霍乱”（意指突发性的肠胃紊乱）通常表现出湿与燥两种形式的临床症状。

似乎是那些紧随相继入侵的葡萄牙、荷兰和英国等国家的军队而来的医师，发现这种疾病早在15世纪已在印度及其属地流行，因此1817年的暴发被认为是这种常见瘟疫的一次严重表现。由印度向东、西两个方向传播，西侵途径有三条：（1）经过阿富汗、波斯和中亚到达俄国东部；（2）通过波斯湾的土耳其、阿拉伯和波斯，再由土耳其传入伊斯坦布尔与多瑙河流域；（3）由印度洋传至亚丁与麦加，再至埃及与地中海沿岸各国。显然，这种传染病靠陆路传播，而非海上交通。

余云岫（他和我同时在上海）专门研究过中国鼠疫与霍乱的历史。他认为1817年霍乱由印度经陆路大规模入侵之前，在中国从未出现过病症典型的真性霍乱。1837 年第二次流行波及中国，1838 年，王梦英在他撰写的两卷专著《霍乱论》中对这种疾病作了详细描述。欧洲传教士米尔恩（W. C. Milne），留下了他在 1843 年经历“霍乱吐泻”（突然的呕吐和水泻）的文字记载，事实上他采用了“英国虎疫”这个术语，这说明他肯定这种疾病是由来自印度的英国轮船传入的。有两名医师，黄宽（毕业于爱丁堡的中国人）于 1871 年，曼森（David Manson）博士于 1877 年，各自在广东和厦门精确地记录了他们所见到的霍乱。温州的玛高温（John Macgowan）在 1881 年海关报告中认为霍乱是一种新的疾病。早期的病例几乎都是在来自印度和南洋的轮船上发现的。大部分中国人保持一生的三种生活习惯对限制早期输入霍乱病例最初的传播起了作用，这些习惯是：（1）尽可能只喝沸水和热茶；（2）没有印度人奉行的愚昧的宗教习俗，如饮用病人沐浴后或投进了尸体而污染的恒河水；（3）注意收集粪便作为肥料。这些习惯或多或少延缓了传染病的传播。由 1820 年起开始收藏的记录看，可确定共计发生过 46 次严重程度或大或小的霍乱侵袭。其中有 10 次特别严重，蔓延甚广，被染区域北至东三省，南至广东，西至湖南、湖北与四川，其发生年代为 1822—1824 年，1826—1827 年，1840 年，1862 年，1883 年，1902 年，1909 年，1919 年，1926 年和 1932 年。

上海：上海港在霍乱病史中占有重要地位，应在此作特别阐述。前述危险的 10 次流行期间（1822、1826、1840 年等）上海曾遭受重创，著名英国传教士医师雒魏林（William Lockhart）在他的年报中经常引述霍乱的侵袭。1864 年，除上海外，还在厦门、福州和宜昌等港口城市传染病再次蔓延，英国军舰“美洲豹（Leopard）”号的海员中即有染疫患者。上海卫生官员亨德森（Henderson）医师曾提及“霍乱性感染”，宣布 18 个外国居民病例中有 11 人死亡，另外还有许多中国患者。1877 年有 22 个外国人病例，其中 16 人死亡，随后年年都有病例报告。

由于知识的增进和严格遵守卫生规则，在欧洲，影响社会各阶层的第七次霍乱大流行（1908—1910）可能是最后一次暴发。即使在东方，也由于各国政府已经能够实行洁净水供应，并执行严格公共卫生条例，如在日本、荷属东印度、新加坡、英属马来亚，这种灾祸已渐行消失。只是在诸如暹罗、印度、中国、菲律宾、印度支那等国家，那里的大部分居民饮水仍取自江河、浅水井、贮水池、池塘及河湾，霍乱的威胁并未消除。

1934 年，我们海港检疫管理处同仁出版了《霍乱概论》一书，我归纳了一个从 1817 年至 1933 年中国遭受 61 次霍乱侵袭的《中国霍乱流行纪年录》，流行的可能是真性霍乱，也可能是“霍乱性腹泻”。自从 1846 年雒魏林在上海报告两例霍乱以来，在这个大商业中心已屡屡提及这种传染病，这可能出于下列原因：

1. 古代记录者论及霍乱时只涉及杭州、宁波等城市，没有提到上海。

2. 在 19 世纪，只是 1843 年上海成为通商口岸之后，才开始发布霍乱年报。

3. 自那时起屡屡提及上海，无疑是因为这个城市拥有现代专门设备用于监测。

为了澄清这个问题，我们的海港检疫管理处从 1930 年开始在上海居民中开展系列的调查，致力于发现霍乱弧菌健康带菌者和典型的霍乱病例。为此目的，我们定期从公共厕所及患各种腹泻的医院病人处采集粪便进行检验，从公共厕所采集的 1 208 个样本与医院的 551 个样本都没有肯定的结果。

1933 年，我们的实验人员与雷士德研究院的罗伯森（Robertson）博士合作从事进一步研究，专注于医院中非典型霍乱病人而不是健康带菌者的检测。但在所有检验样本中均未能发现不能凝集的弧菌属细菌。海港检疫管理处也曾试图确定上海众多的小溪和池塘，以及某段河道等水体中是否含有弧菌，得到的是负结果。由这些观察结果我们得出的结论是，没有确切的证据把上海视为地方性疫源地，然而这个城市很可能承担着一个散布中心的罪名。在上海出现霍乱之前，已知在杭州、嘉兴、宁波和浙江省其他某些城镇确实经常出现霍乱病例（指那些未经细菌学证实的严重腹泻与呕吐的患者）。我们还收集到与此有关的事实：

1. 1931 年长江水灾后，同年秋天出现的零星霍乱病例持续到冬季（1931—1932）。

2. 1932 年的大流行，几乎波及中国每个省，罹难者共计 10 万人。上海早在 4 月 26 日已有报告，然而更早的病例在此一周前已在武汉（长江上游 600 英里）入医院治疗。

3. 1933 年，中国大部地区，包括上海在内已不存在霍乱踪迹，但武汉仍记录了几例。

东三省的霍乱无疑是从牛庄，偶尔也有从大连输入的。哈尔滨于 1919 和 1932 年受到继发性的传染，关于这次传染将在别处详述。在中国，我们可以推断过去霍乱的暴发常常是由于某种奇特的综合原因，一方面民众饮用开水和茶水，但是他们用河沟池塘的污水淘米、洗水果蔬菜和餐具。不过从 1926 年开始，已经取得了伟大进步，大面积的抗霍乱疫苗接种及公共卫生意识的增进，从而使霍乱及相关疾病的发病率持续下降。

1928 年 5 月 15 日，在旅顺口举行的满洲医学会第 16 届年会上，我们的医务人员杨廷珖医师宣读了一篇论文，题为“中国和日本的霍乱问题”。论文一开始即指出东方霍乱问题的重要性无论怎样估计都不为高。杨医师引证道，1926 年是一个相对糟糕的年头，在那一年印度至少有 72 859 人死于霍乱这种疾病（可能实际病例超过 15 万），暹罗是 10 655 例，印度支那是 19 029 例（其中 13 925 人丧生），菲律宾 690 例（1925 年为1 059 例）。日本由于拥有高效的检疫体系，只报告了 26 例，朝鲜（当时是日本的殖民地）252 例中有 159 例死亡。1926 年中国华南和华中被祸及，几乎长江流域每座城市都有严重暴发的报告，如南京、苏州、无锡、湖州、安庆、汉口、武昌等等，除这些城市外，向南远及福州、厦门、汕头、广东和海南岛等地。在上海地区至少有 20 000 例，在 8 月 1 日至 8 日一周内，两所中国时疫医院即收治 2 481 名病人。在满洲，由于中日两国的卫生机构紧密合作，只有 1 500 病例，而上次中日间尚无此合作的 1919 年霍乱流行期间，病例达到 10 000 人。1926 年在巴黎签订的《万国卫生公约》，赋予港口当局在船只感染霍乱的情况下以莫大的权力，但这种权力只能对那些疑似霍乱感染的船只行使，而不能施加给那些符合卫生条件的船只。实际上，按照公约第 33 条款规定，对于后者应立即颁发无疫入港许可；第 34 条则强调接种霍乱疫苗是特别可靠的预防措施。在该公约签字时，日本代表有所保留，宣布该国政府“卫生当局对于霍乱弧菌携带者有权采取一切认为必要的措施”。显然，日本当局的意图在于继续实行严格的措施以监测乘船旅客中的病菌携带者。他们采用的程序如下：

1. 到达日的早晨，强制所有船员和乘客大便，将样本收集在小培养皿中。

2. 用无菌牙签取少量样本放入内置蛋白胨水的试管中。

3. 4 ~6 小时后，将全部装有蛋白胨培养物的试管每 30 支一架移交给海港检疫当局。

4. 取培养液涂片，每片载玻片上涂 5 个样本，在酒精灯上烘干，用石碳酸复红染色剂染色半分钟，夹在滤纸中吸干而不经水洗，然后在显微镜下检查。

有一天，我在日本某港口由矢野博士负责的日本海港检疫所，亲眼观看了总数 280 份样本的检验和作出的报告，从蛋白胨培养物到达，直到他电话通知航运当局，整个过程只用了 40 分钟。1927 年在加尔各答远东热带医学协会的会议上，我曾指出这样检查粪便存在许多漏洞，而印度卫生专员格雷厄姆（Graham）上校尽管认为它很全面，但却对这种检验程序嘲讽有加。在中国，中日两国的海港卫生当局达成了谅解，结果令人满意。

在中国控制霍乱的第一次经历

我有关霍乱的第一篇论文为《霍乱症最近流行于中国详记》，发表在 1919 年的《中华医学杂志》上。文中提到“霍乱”症状，这个术语被中医用于表述为“乱于胃肠，则为霍乱”，西方名词“cholera”（虎列拉）显然源于希腊语 spout，意为“喷射”，引申为剧烈的泄泻，像水从壶嘴喷涌而出。在哈尔滨，我和我的同仁对这种疾病所有的临床表现有过不寻常的经验，采用罗杰斯的高渗生理盐水静脉注射法获得了非常满意的治疗效果。因为我们的防疫医院拥有实验室和训练有素的医务人员，设施完备，我们能够仔细研究入侵的霍乱。这一传染病仅在哈尔滨一地病例即达 13 000人，其中有我们病房收治的 1 822 名男性和 149 名女性病人。我们观察到的临床特征与普通教科书描述的有些不同，现不揣冒昧随记如下：

病人年龄 20 岁到 40 岁不等。男性死亡数高于女性。体质强壮似乎并不能抵抗感染，事实上身体发育良好者抵抗毒素作用的能力比起瘦弱者似乎更低。体重 180 磅或更重的重症患者常突然死于心力衰竭或尿毒症。传染病殃及各阶层人士，有些非常富有的商人也死了。我们的防治霍乱委员会的两位委员没有参加第二次会议，后来得知他们已死于霍乱。哈尔滨道尹（张寿增，由大黑河升迁）因疾病严重发作而进入我们的病房，幸被治愈。三个妓女吃了沪菜风味的生虾后得病，有一人死亡。开始下雨后，传染病即显著下降；那年夏天异乎寻常的炎热和干燥。发病最严重的时期正好苍蝇最多，而雨后苍蝇也会减少。尽管对霍乱患者粪便的经典描述是白色如米汤，我们却发现这种粪便是清澈透明的，盛于玻璃器皿中，并非像米汤那样不透明和浑浊。因此，对霍乱患者粪便的恰当描述为：近乎完全透明，无嗅或几乎无臭味，稍具肉味，含白色黏性絮状物，显微镜下显示脱落的上皮细胞碎片和大量的霍乱弧菌。病人 24 小时内可能如厕 10 次到 50 次，或更多，以至于瘫卧并且全身几乎干瘪。呕吐是霍乱最令人痛苦的特点，未进食时仍频频吐出大量水状液体，是其最显著的症状。腹部，特别是上腹部疼痛，伴有肌肉抽搐，这种状况持续至死亡或得到生理盐水输液而被救治。恼人的呃逆未必是凶兆。血压下降随之尿潴留，最终导致尿毒症。霍乱毒素显然严重地损害肾脏，这种肾损伤由于吐泻不止及随后而至的血液变黏稠而更行恶化。至少有一半受检验的尿样中含有白蛋白。许多病人在输液后 12 ~ 24 小时要求回家，使我们难于精确观察他们的虚脱期和反应。但是留在医院的病人则能清楚地观察到，虚脱期持续越长，出现并发症特别是尿毒症的危险越大。为此，我们在虚脱期再次输液，还尽可能施行直肠滴注（由直肠注入生理盐水）。

治疗霍乱，除口服高锰酸钾溶液氧化胃内容物，并使用稀碘酊缓解呕吐外，我们还坚持采用改进的罗杰斯高渗生理盐水大量输液。这种溶液成分如下：

氯化钠	120 英厘（8 克）
氯化钙	4 英厘（0.25 克）
氯化钾	6 英厘（0.40 克）
蒸馏水	1 品脱（568 毫升）

将适当灭菌后的上述溶液 2～3 升，用 606 专用［皮下］注射针头进行臂静脉输液。输液可借虹吸方法（用两根玻璃管穿过橡胶塞插入 5 磅的烧瓶中）或用大管径的注射针连接到玻璃灌肠器的橡胶管上进行。这种输液要根据需要随时反复进行，使输液量达到 1～2 品脱［568～1136 毫升］。有些病例在最后病愈前反复输液 4 次。我们也保存了以下记录：

1. 暴发期间的气象学记录。
2. 表示每日气温和死亡人数的图表。
3. 住院及死亡病人的年龄与性别。
4. 尿样中白蛋白发生率。
5. 各医院住院人数和死亡率。
6. 全体居民中死亡人数所占比例。

1919 年染疫者，哈尔滨有俄国人 35 000 个，中国人 95 000 个，日本人3 000个和其他国家 2 000 个，共计 135 000 人。死于霍乱者共计 4 503 人，其中俄国人 705 个（几乎都在铁路附属地），日本人 60 个（中、俄两个区域）和中国人 3 738 个（全地区）。

1919 年的防治霍乱运动

这次该传染病由南部侵入东三省的门户是牛庄，该地在 7 月 22 日即报告了首例霍乱。一星期内，南满各城镇已出现若干病例。8 月 3 日哈尔滨发现首例霍乱患者。幸好我们已对疫情暴发做了充分准备。我们的防疫医院地方宽敞，有病床 300 张，还有细菌学诊断必需的实验室。

1919 年在哈尔滨防治霍乱时之伍连德

当地的道尹（地方官）是一位接受过现代教育的人，这位行政长官在先前鼠疫流行时曾与我共事过。商人们也没有忘记 1910—1911 年我们之间的交往，愿意捐款或提供场所援助这场运动。然而还存在着两个主要障碍。一是过去 5 年间城区扩展过速，当局面临卫生方面的需求压力。许多地方堆满马粪和垃圾，致使苍蝇大量滋生。二则当年夏季干旱酷热，导致饮水紧张，西瓜和其他鲜果空前畅销。过去 10 年从未经历过如此酷热和无数的苍蝇。

8 月 3 日，我们的医务人员应求前去由我们医院负责的街区诊治一名疑似霍乱感染的病人。该患者数日前从上海返哈，腹部绞痛和腹泻。我们建议他住院治疗，但他拒绝了。因此他没有接受输液，出现症状后 20 小时内死亡。8 月 5 日，附近家禽公司一名呈现典型的霍乱症状的绘图员入住我们医院。粪便培养证实为阳性，立即输液两品脱盐溶液，第二天又输液两次。尽管病人状况有相当改善，疼痛和吐泻减轻，但不能进食。随后病情恶化，入院 8 天后死亡。

此时疫情广泛传播，我们要处置的不是几个单独的病例，而是每天上百人。因此我们加强了防治活动，定期广泛地散发传单和公告，报告疾病的发展、住院和死亡人数，敦促染病者不要延误入院治疗。我们还把传单发给治愈者和他们的亲友，用亲身实例表明现代治疗方法胜过古老的方法。火车和江轮都要接受检查，中国的官员与俄国铁路及市政当局联合组成了防疫局。还在坟地进行检查和监控，以保证棺材埋入适当的深度。

美国红十字会成员与伍连德在哈尔滨合影

那时恰巧美国红十字会的一些成员从高尔察克控制的西伯利亚探险回国途经哈尔滨，他们用了几天时间察看我们的防治霍乱工作。其中的一位医师，美国堪萨斯州渥太华县（Ottawa）的戴维斯（George Davis），直到 1955 年 89 岁高龄时仍与我通信。[①]

因为日本人没有自己的医院，他们的总领事佐藤先生，一位 30 岁的年轻人，请求允许将他们的侨民病人送入我们的医院，我们乐意相助，布置了一栋病房任其使用而由我们负责治疗。这位领事后来升任日本驻法国大使和东京的外相（15 年后我有幸应邀前往日本驻法国大使馆赴宴，我的老友日本医师鹤见也在场）。美国红十字会向我们医院捐赠了 1 000 元，日本人向我们提供了 225 磅石碳酸。

① 1957 年去世，享年 91 岁。——作者原注

在哈尔滨，霍乱流行大约在8月中旬达到高峰，正好此时是夏季最干旱时期而苍蝇数量激增。8月15日中国城区死于霍乱人数最多，达207人。我们医院总共收治了1 962人，死亡275人，死亡率为14.02%。这是个非常令人满意的记录，应归功于我们系统地采用了高渗生理盐水。我们收集了1919年霍乱流行期间非常令人关注的统计数据，可以比较说明各个医院治愈率：

医院名	入院人数/人	死亡人数/人	死亡率
俄国中央医院（哈尔滨）	400	135	33.75%
俄国市政医院（哈尔滨）	180	104	57.78%
日本传染病院（大连）	1 256	707	56.29%
中国防疫医院（哈尔滨）	1 962	275	14.02%
中国新霍乱医院（哈尔滨）	185	33	17.84%
俄国公立医院（海参崴）	200	133	66.50%

罗杰斯爵士（Leonard Rogers，与我一样，以前是伦敦圣玛丽医院的学生）于1950年出版《快乐的苦力》（*Happy Toil*）一书，援引了各个时期他本人在印度加尔各答治疗霍乱的经验：

时期	治疗方法	病例/人	死亡人数/人	治愈率	死亡率
1895—1905	直肠及皮下输入盐水	1 243	783	37.0%	63.0%
1906	生理盐水静脉输液	112	57	49.1%	50.9%
1907	直肠及皮下输入生理盐水	158	94	40.5%	59.5%
1908—1909	高渗生理盐水静脉注射	294	96	67.3%	32.7%
1910—1914	高渗生理盐水加高锰酸盐	858	222	74.1%	25.9%
1915—1919	高渗生理盐水、高锰酸盐及碱性液	1 429	298	79.1%	20.9%

从上表可以看出，采用罗杰斯的方法，在哈尔滨取得的疗效甚至比在加尔各答还要好。我们自霍乱流行开始即治疗我们医院收容的每一个霍乱病例，然而哈尔滨的俄国人直到 8 月 16 日，才开始采用这一现代治疗方法，而此时已达流行高峰。我们认为，高渗生理盐水进入血流将产生下列效果：

1. 补充了持续吐泻而丢失的大量水分。
2. 增强了心肌弹性。
3. 稀释了体内霍乱弧菌产生的毒素。
4. 有助于消化道排除霍乱菌。

霍乱病人处于病危阶段缺失必需的液体，况且还有毒素，心脏将由于完全衰竭而立刻停止跳动。否则我们的统计数据与按常规采用不同治疗体系的其他医院相比不会如此悬殊。这不同于肺鼠疫，我们更强调针对真正的患者而不是接触者，我们完全明白，对霍乱患者足够的诊疗，他们就会有更多的机会痊愈。我们的医护人员尽管一直与病人相处，但感染的风险并不大。在这种情况下接触者应自己注意，只喝开水，不吃生瓜果与可疑食物以避免感染。

在 1926 年和 1932 年另外两次霍乱大流行中，我们获得了更多经验，详叙如下。

传播广泛的 1926 年霍乱大流行

1926 年是一个大灾年，霍乱波及全远东。春季在印度支那蔓延，印度的病例成千上万。暹罗一地有记录的死亡人数是 2 000 人。中国第一个病例大约在5月中旬出现于上海闸北地区，而公共租界卫生官员到6月8日才正式宣布首个病例，患者是4天前到医院看病的。从那天起，住院的受感染者开始增加，至8月1日至8日那个星期达到顶点，有2 481名病人在两所中国时疫医院接受治疗。仅上海地区记录的病例不少于20 000例。长江流域几乎每一个城市都有严重暴发的报告，再进一步向南部中心城市，如福州、厦门、汕头、广州和海南岛等地蔓延，还流行到日本和朝鲜。

在上海，从市政自来水以及肮脏的河沟池塘的水样中发现了霍乱弧菌，于是引起了激烈的争吵。上海当时有三个各自为政的市政机构（英国、法国和中国）。这几个机构都有自己的供水系统，各自雇用了专业人员。我一向认为，要想把事情办得最好，这三个机构的卫生部门须全力在以下几方面充分合作：

1. 深入研究该疾病在中国的流行病学，特别是有关水源、病菌携带者、苍蝇以及食品；

2. 在春天即须及早着手预防，包括对民众进行免疫接种；

3. 及时向非流行地区通报，以求控制其向这些地区传播；

4. 对在港口和铁路枢纽检验群众粪便的效果进行调研。

研究不同城市首例霍乱病例的报告日期后，我注意到大多数地方检疫措施实施得太迟。尽管存在这种延搁，第一批病例也会是相隔相当长时间后才出现；即使确实出现了暴发，其发生的时间通常也是短暂的，天气变冷时又消失了。

1926年整个流行期间，全东三省死于霍乱的有记录者仅为1 500人，而1919年至少为10 000人。在哈尔滨我们保存着精确的统计数据：1926年仅280例死亡，而1919年是4 500人。

这种令人满意的状况可以归因于：

1. 医务当局及早采取了防疫措施。

2. 民间与医务机构之间良好的相互理解。

3. 中日双方工作人员之间的真诚合作。

4. 对民众、病人及其亲属有效的宣传教育。

5. 可能还有那个夏天的后期天气潮湿。

在哈尔滨三个医院获得的结果也很有意思：滨江医院（中国管理）168 例中 29 例死亡（17.3%），铁路医院（俄国管理）55 例中 19 例死亡（34.5%），市政医院（俄国管理）66 例中 36 例死亡（54.5%）。这表明滨江医院采取措施挽救的生命按比例计，是俄国铁路医院的 2 倍，是俄国市政医院的 3 倍。

我们的防疫组织站在防治流行第一线，我们的人员和设备均已准备就绪，接到通知后立刻可投入工作。而俄国医院中并不存在这样的组织，连传染病房也住满了普通病人，看来很难为大批送来的霍乱病人腾出病房，况且要由新手来负责组织。我们中国病人是自愿入院的，而且立刻接受了治疗，无需烦琐的手续。如有必要可进入注射室，如果不必要，可以先不洗澡、换衣和进行详细的身体检查。我们的医务人员日夜为病人输液，有时对一个病人多次输液。年轻护士也能娴熟地寻找出那些并不明显的臂静脉血管，熟练地输进两品脱生理盐水，令人称绝。《美国医学会杂志》和罗杰斯爵士都曾发表评论，他们将我们的优良成绩与印度人和俄国人相比，认为中国人有较强的耐力，更能抵抗霍乱毒素，但是不容忽视早期治疗这个问题。中国人又把霍乱称为“虎疫”，因为它突然袭击，迅速致命，所以必须具备快速应对的安全设施。

1926 年我和我们防疫机构的同事们发表了以下有关霍乱的论文：《民国十五年流行霍乱初次报告》、《1926 年哈尔滨霍乱之流行病学研究》、

《滨江医院霍乱记事（1926）》、《1926 年霍乱流行的实验室报告》、《中国纸币的霍乱弧菌活性探讨》。5 项研究工作是在哈尔滨霍乱暴发期间抽空进行的。这次流行自 8 月 6 日持续至 9 月 26 日，我们医院共收治 168 个病例，29 例死亡。

我们的实验尽可能力图保持自然条件。不用纯培养的细菌，而是用病人的新鲜排泄物用细菌学方法进行充分诊断。用这些采集的排泄物主动污染在流通的五分面值的小纸币上，然后置于漫射的日光下，或用小片报纸稍加覆盖放在我们的工作间里。根据这些实验得出了如下结论：

1. 被病人粪便污染、手指触摸的纸币干燥后，霍乱弧菌能够在上面存活 4 小时。

2. 这种在纸币上存在过 4 小时的霍乱弧菌，在培养后显示与原始菌株完全一样的培养特征和血清学特性。

3. 霍乱流行期间接触纸币不能完全免除危险。

1932 年的上海防治霍乱运动

若干年来，上海的霍乱问题很严重，随着人口和贸易的增长而更加紧张与复杂。此地有三个各自独立的卫生机构，分别隶属公共租界、法租界和上海市。他们各行其是，行动互不配合，对于随时可能出现的霍乱暴发流行并没有相互协调。

幸运的是 1928 年南京成立了卫生部，后来刘瑞恒博士出任部长，1930 年开始采取新的开明政策。建立了海港检疫管理处并将总部设在上海，以便中央政府能够与公共租界和法租界的卫生负责当局紧密接触。经

上海防治霍乱时之某医院

刘博士倡议在上海召集三方举行了会议，三个市政机构的医学专家与官员均出席了。在第三次会议上宣布，为共同调查研究霍乱问题，由公共租界拨款 7 500 元，法租界 1 200 元，大上海市政府 10 000元，卫生部 20 000 元，以启动多种预防措施，包括居民集体接种疫苗，以及防止任何可能发生的传染病流行的其他方法。会议还作出了下列决定：

1. 三方的卫生管理机构将在此项工作中真诚合作，并向卫生部所属设在上海的中央防止霍乱临时事务所提交全部信息。

2. 霍乱事务所设在由伍连德博士任处长的海港检疫管理处总部。

3. 尽量采用预防霍乱疫苗接种通行制度。使用符合标准的疫苗，其中每毫升含 20 亿个死菌，注射两次。5 月 15 日开始接种，这一天被定为“霍乱日”。

4. 所有医院和卫生部门使用标准的报表。

5. 预防霍乱办公室的工作人员对吴淞和城区实行垃圾监控。

6. 在几个实验室加强对本地霍乱的流行病学研究，包括对携带者和水源污染的检查。

自 1931 年 11 月我与日本宪兵队发生不幸遭遇后，我便完全定居在上海了。作为海港检疫管理处处长和防止霍乱委员会执行主席，我可以投入更多时间来研究这个大城市中有关霍乱的各方面复杂问题。

1932 年夏季出现了一个最坏的局面。24 个省中有 23 个受到霍乱侵袭，366 个大城市中，312 个出现感染。记录的病例接近 95 000 例，其中 31 000人因这一感染丧生。死亡率的数据相差悬殊。在北平，报告说 493 例中死亡 391 例（79. 32%）；河南省西部一个小城嵩县，报告 1 627 例，死亡 303 例；山西、陕西和河南交界处遥远的军事重镇潼关，有居民 30 000人，记录有 600 余人感染，300 人死亡。显然，第一个病例发生在法国巡洋舰里昂号的海员中，此舰于 5 月初停泊在上海港 3 英里外。开始在上海暴发疫情时，我们注意到苍蝇相当少，大部分病人来自沿苏州河的贫民区。那里的居民使用肮脏的河沟水和井水淘米做饭，天气炎热时也直接饮用。估计当时 150 万居民中，至少有 30 万人没有合乎卫生的自来水。应我的紧急要求，上海自来水厂免费安装了 26 个给水栓，出借了 5 辆运水车用以供应穷人和缺乏干净水的人。对 1932 年中国各大城市霍乱病例的研究得到如下数据：

城市	人口/人	病例/人	死亡人数/人	死亡率
上海	3 125 000	4 296	318	7. 40%
南京	620 000	1 516	257	16. 95%
杭州	530 000	659	64	9. 71%
厦门	165 000	1 648	758	46. 00%
广州	812 000	1 111	393	35. 37%
汕头	162 000	590	80	13. 56%
汉口	778 000	783	128	16. 35%
青岛	368 000	166	31	18. 67%
芝罘（烟台）	131 000	503	216	42. 94%
天津	1 400 000	100	16	16. 00%

数据显示上海死亡率之低惊人，为7.4%；其次为杭州和汕头，分别为9.71%和13.56%；厦门和芝罘分别达到可怕的程度，达46.00%和42.94%。当然也有可能像腺鼠疫流行时那样，较轻的霍乱病例没有归入重症感染中而被忽略，未算入重症病人统计数据。

另一个因素是上海三个卫生管理机构实行的大规模预防接种，免疫人数上海（中国管理）为786 407人，公共租界（英国管理）200 210人和法租界75 992人，共计接种1 062 609人。然而，外国人中霍乱死亡率百分比相对高于这三个区域人数众多的中国居民，如：

	外国人		中国人	
	病例/人	死亡人数/人	病例/人	死亡人数/人
法租界	23	7	744	45
公共租界	47	16	1 544	149
合计	70	23	2 288	194

甚至在外国租界内的中国人死亡率亦仅为7.5%，而外国人的死亡率为30%。一切都在同等条件下进行的预防接种，是否主要凭借中国人对霍乱（如同对伤寒和斑疹伤寒一样）具有更强的抵抗力呢？及早到医院治疗或许也起到重要作用，因为上海有很好的设施以处置任何意外事件。

为了鼓励人口总数高达350万的广大上海市民与卫生部门合作，让他们在出现霍乱的典型症状时立即来医院，我们散发了上百万份传单和海报，张贴了大幅宣传画，宣扬前往治疗中心就诊的好处。此外，防止霍乱委员会每周在所有的中外文报纸上发布公报，向广大读者报告霍乱流行动态。从1932年5月30日开始暴发到9月28日流行终结，以我的名义发布了18期这样的公报，可能非常有利于缓解民众的紧张情绪。现将几期公报样本抄录于此：

第一期公报（1932年5月30日）

1. 霍乱再度来袭，此次较通常更早。细菌学检验确诊的第一个病例发生在4月26日，患者为普通劳工，姓名胡明才，年龄40岁，居住在闸北。他被送入西藏路时疫医院，立刻接受生理盐水输液。他痊愈后已平安回家……

2. 此后，陆续送进医院一连串症状非常轻微的患者，至5月28日人数达98人，仅3人丧命……

3. 以上病人所属地区分布如下：

大上海	39人
公共租界	47人
法租界	12人
合计	98人

4. 我们在汉口的检疫机构也报告了暴发初期的5例，2例死亡……

5. 上海的一处住宅发现一例值得关注的携带者病例（健康人粪便中出现霍乱菌），那里以前发生过真病例。

……

8. 上海各卫生当局已经开始了大规模的预防接种。最初10天，接种76 000人。此时可见白色巡回诊疗车（至少6辆）在各个街道邀请民众前去免费接种，以获得对感染的保护。希望给予充分响应……

第四期公报（1932 年 6 月 20 日）

1. 6 月 18 日星期六为止的一周，突然剧增至 240 例（3 例死亡）。这样，总数达到 520 例（30 例丧命）。

2. 病例分布：

	病例/人	死亡人数/人
大上海	159	7
公共租界	65	0
法租界	16	1
本期	240	8
前期累计	280	22
合计	520	30

7 所医院共收容 240 例（8 例死亡）。

3. 不过，从较低的死亡率（5.8%）来看，可能这一年的暴发虽然严重且传播广泛，但并没有太多人丧生。这种幸运的情况可能归因于：

（1）广泛的预防霍乱接种。

（2）发病早期即到医院治疗。

（3）霍乱弧菌毒力可能衰减。

……

6. 现就民众中霍乱的可能传播方式加以简单说明。因为自来水厂有过滤设施并经氯消毒，因此不可能从那里出现感染。污水只能是来自水井、河沟和池塘。但是霍乱菌很脆弱，容易被污秽的河沟和池塘中存在的生命力更强的微生物杀死。最大的危险似乎在于浅水井，这些水井经常被马桶污染。系统的勘查这些水井并用高锰酸钾或漂白粉消毒或许有助于降低发病率。也要管理好公共厕所，在初夏即应预先采取措施以防止孵化出苍蝇。各住宅的户主也可以为公共福利出力……

第九期公报（1932年7月27日）

上海的霍乱显然已达到它的高峰。至7月23日这一周病例数为411人，其中36人死亡。统计数字如下：

	病例/人	死亡人数/人
大上海	82	9（女1）
公共租界	266（女8）	24（女2）
法租界	31（女3）	2（女0）
不明	32	1
本期	411（女11）	36（女3）
前期累计	1 655（女24）	98（女18）
合计	2 066（女35）	134（女21）

5. 无论什么原因，现在中国这种传播广泛的疫情暴发，侵袭了许多城市，南自广州，北至长春。然而这种可怕的传染病在这一年却避开了那些名声不好的感染中心，如暹罗和法属印度支那，这些地区直到上一年（1931）还每年受这种传染病的光顾。印度的城市中，加尔各答（人口150万）平均每周报告霍乱150例，40%～50%死亡。

6. 在任何地区要成功处理霍乱流行，在我看来取决于我们的三个主要因素：

（1）卫生管理机构

①有安全供水；

②对市场、餐厅、冷饮厅及此类场所完善的监督；

③严格管理食品摊贩和其他食品经营者；

④大规模预防接种；

⑤实验室的安排；

⑥通过检疫、隔离及其他方法限制传播。

（2）社会团体

① 协助当局推行防疫和治疗措施；

②督促当局顺应需要进行改革；

③建立福利中心，在贫穷和富裕的居民中普及有益的知识；

④在平时相互联合，学习预防方法以应对类似灾情重现。

（3）个人

①利用各种已知的方法保护住宅和家庭；

②患病后应利用保健站或医院设施进行适当的治疗；

③给不能自理的患者以照顾。

……

8. 现在已对离开厦门和汕头前往马来亚、荷属东印度、暹罗与菲律宾的轮船统舱乘客，实行普遍预防霍乱接种。在上海严格执行这个措施，对前往青岛、爪哇和马尼拉的乘客实行强制接种。

第十四期公报（1932 年 8 月 31 日）

1. 至 8 月 27 日这一周，霍乱流行的严重性已明显降低，仅记录 258 例，而前一周为 347 例。病例总计 3 972（女 70 例），290 例死亡（女 10

例）。

2. 以上 3 972 例中，中国人 3 902 例，死亡率 7.3%；外国人 70 例，死亡率 27.1%。

3. 毫无疑问，今年上海的霍乱暴发正在减退中，这已由访问各个时疫医院得到确证，这些医院里已有一半以上病床空置。

4. 其他港口的消息也表明普遍的流行也有类似的减退。

5. 由于凉爽的秋天已经到来，这令所有防治霍乱的工作者松了一口气，无论在实验室、医院或现场，他们不仅要遇到无所不在的危险，而且是在异常艰难的条件下费力地工作。幸运的是，尽管城市规模巨大，人口密集，城市终于经受住了考验，这体现了卫生管理机构巨大功绩。350 万人口中感染者的死亡率仅为 7%，成绩当然相当显著，这必定会激励大家进一步努力和开展研究工作。

第十八期公报（1932 年 9 月 28 日）

1. 这是本年最后一期公报。1932 年霍乱流行实际已经终息，至 9 月 24 日这一周，仅有 21 例，死亡 1 例。总计 4 281 例（女 75），死亡 318 例（女 20）。

2. 随后不太可能会超过 10 例，所以，可以宣布今年的流行中有 4 291 例患者，包括 75 例外国人。死亡率在中国人中为 7.4% ，外国人中为 26.6%。

3. 外国人中较高的死亡率（为中国人的 4 倍），可能是由于他们去医院治疗太迟。我们一直建议公众患病后立刻去医院，那里的全部治疗设施日夜准备着。患者越早接受生理盐水输液，越有可能挽救生命。私人医师不能像医疗机构那样快速地挽救霍乱病例的生命。

4. 用表格列出了中国 11 个主要城市治疗情况，表明北平 93.4 万人口中 391 人死于霍乱（患者死亡率 79.31%），而 350 万人口的上海死亡者为 318 人（7.4%）。这在大都市确实是创纪录的成就！

随后几年中央防止霍乱委员会继续履行它的职能直到 1936 年，其活动有每月召开会议，接受来自各地分会的流行病学、血清学、粪便检验、临床调查、供水以及气象学的报告。最后一次会议是在 1936 年 9 月 22 日举行的。1937 年，日本军队侵入上海，全部工作被迫停止。

在中国防治霍乱工作的总结

1. 在我的一篇关于霍乱的论文（《海港检疫管理处报告书Ⅲ》，1932）中，列出了一个自 1820 年起中国 46 次受这种疾病侵袭的表格，首次保存了一个完整的记录。这 46 次中，有 10 次发生在 1822—1924 年、1826—1927 年、1840 年、1862 年、1883 年、1902 年、1909 年、1919 年、1926 年和 1932 年，传播广泛，北至东三省，南至广东省。

2. 1932 年的霍乱流行侵袭了 23 省，312 个大城市，100 000 人染疫，34 000 人死亡。

3. 遭受侵袭的大城市中，上海病人数量最大（4 296 例），但死亡率最低（死亡 318 例即 7.4%）。

4. 在上海开始暴发的时间相当早（4 月 26 日），9 月 28 日终结。

5. 较之外国人，中国人中的霍乱死亡率较低——精确的数据是：中国人 7.4%，外国人 26.6%。

6. 在上海充分证明了预防霍乱疫苗接种的功效，那里全部人口中有超过100万人（三分之一）接受了疫苗注射。清洁的供水以及有效的住院治疗，无疑可以解释为何保持7.4%的低死亡率纪录。

7. 上海在那个夏季开办了20所医院（17所由私人赞助）治疗霍乱病例。

8. 经细菌学确诊的3 051例中，983例年龄在21岁到30岁之间（占32.22%），868例年龄在30岁到40岁之间（占28.45%），即霍乱主要是攻击青壮年人群。

9. 以性别论，男性2 042例，女性1 009例。比例为66∶34，男性患者为女性患者的2倍。

猩红热和其他传染病

早在1925年6月，我的洛克菲勒奖学金（1924—1925）结束，回国途中曾在芝加哥停留，探访过迪克夫妇医师，他们共同发明了一种检测儿童猩红热易感性的试验方法。这两位有抱负的医师在他们的实验室非常友善地接待了我，向我展示他们的显微镜封片和培养物。迪克实验达到非常可靠的地步后，他们夫妇又继续探索为儿童免疫预防这种疾病的方法，并要求帕克·达维斯（Parke Davis）公司规模化制备他们的疫苗。其最后步骤是用马血制备出适合治疗病人的免疫血清。迪克夫妇相当成功地完成了所有这些制备程序。所谓迪克实验（用于检测猩红热易感性）是用一个短的针头在前臂皮内（非皮下）注射0.1毫升猩红热链球菌毒素。如果血液内没有抗毒素，或者其量甚微而不足以起保护作用，则在24到48小时内，将呈阳性反应，局部出现一个直径1～2厘米的红斑和浸润圈，几天后便逐渐褪色而变成褐色。未受猩红热感染的人则不会出现。为使易感者获得免疫力，应使用抗毒素（血清）或用毒素进行免疫。我说在中国猩红热尽管非常厉害，但却是一种比较新的疾病，所以他们的新免疫方法无疑将有益于儿童，迪克夫妇对此表示十分惊喜。他们乐意送我一些美国链球菌原始菌株，还有几瓶他们的标准毒素和抗毒素，让我带回国后开展研究。

按这种思路，我和我的同仁在哈尔滨的实验室中开展了中国最早的有关猩红热的实验，并因此成为远东开展这方面研究的开拓者，甚至在日本人之先，而他们在医学及细菌学任何领域的研究通常是最早的。1925 至 1926 年间，我们的医务人员发表了四篇论文：《远东的猩红热问题》、《猩红热链球菌抗毒素评述》、《哈尔滨迪氏猩红热皮肤反应效力研究》和《溶血性猩红热链球菌在爬行和两栖类动物体内的状态》。在更早的题为“中国的猩红热论”的简报中，我写道：“众所周知，猩红热是一种温带病，热带几乎未闻其名，亚热带也很少见。由于中国人生活在北纬 20°（南至海南）和北纬 54°（北至瑷珲）之间，所以此种疾病在各地的情况不同。”为了获取准确的信息，我给分散在全国各地的医师寄发了一个问卷调查表，询问他们那里有关这种疾病流行的详细数据。

由获得的回复中，我得出以下结论：

1. 华南事实上不存在猩红热，在上海和中部各省不甚严重，在北方则非常严重。至于香港，1911—1922 年记录的传染病共 14 493 例，只有 41 例属于猩红热，其中 10 例患者为白种人。同时期的这 12 年间，共记录了超过 7 000 例腺鼠疫和 3 000 例天花。

2. 猩红热似乎更青睐侨居中国的西方人。在北方，例如天津每年都报告他们中间有几例死亡，与类似他们那个阶层的中国人中相比，其传染性似乎更严重。

3. 这种传染病在中国患者中表现出特别的毒性，经常广泛流行，这可以用此症最近才传入中国而尚未形成天然免疫力来解释。而最近10年在欧美这种传染病的症状已显得轻微了。

斯坦利（Arthur Stanley）博士曾考证过，得知古罗马的医学家盖仑（Galen，131—201）和早在17世纪的西德纳姆（Thomas Sydenham）都曾描述过猩红热。在中国，直到1873年都未提及过猩红热，那年有第一个可信的病例纪录——可能是输入性的。日本在1897年记录了第一个病例。到1902年，上海的猩红热病例已增至1 500例。这种疾病在天津、北京、奉天和哈尔滨等地到处流行。1915至1923年间，北京的政府隔离医院收治了638名病人（男352，女286），死亡率为20.8%。在天津，这种疾病伤及整个家庭，不论贫富。在哈尔滨我所负责的中国医院里，1925—1930年的5年间，猩红热以高毒力形态出现，儿童死亡率很高。我们的卫生机构发表了令人关注的记录：

1. 在中国居民中进行了1 275例迪克实验，受试者年龄为1至30岁，47.7%显阳性。

2. 在6所不同的学校，检查了542名儿童，大部分显阳性者是在幼儿园阶段者（86%）。

由于芝加哥菌株太温和，不适合在当地使用。我们的鼠疫实验室不得不由一例住院的重症病例分离和培养我们自己的溶血性链球菌（*Streptococcus haemolyticus*）菌株，制备疫苗和后续的马血清。如同治疗霍乱一样，我们发现染上猩红热的患者及时住院比居家治疗效果好。

我们的临床报告表明，18例患者的咽拭子上，都发现有溶血性链球菌。这18例中，有15例这些细菌是以近乎纯培养的状态出现。在华北，猩红热的发病率也很高。与同一纬度的欧美国家比较，发病率和死亡率都显示更高的百分比。由于这种传染病是相当晚才输入中国，对中国人和外国人都呈现强毒形式。上海隔离医院 1902—1922 年的 20 年记录显示，在 1 071例中国患者中死亡率为 25.4%，761 例外国患者中为 15.2%。而在英国和美国死亡率仅为 1%～3%。哈尔滨市政医院 1918—1925 年报告的俄国人死亡率为 11.4%，而中国人的死亡率则更高。

1926 年，我们用两条大蛇进行了实验，用最高剂量的猩红热链球菌皮下或肌肉注射后，未见对这些爬行类动物有何损害。4 天后，从注射的地方可分离到纯培养状态的链球菌，或许毒力有所减弱。还用青蛙进行过类似的实验，未显示致病效应，事实上在注射的第 5 天后，病菌本身即趋于死亡和消失。这样的结果让我们想起鸭子和禽鸟所具有的抗鼠疫杆菌天然免疫力，而小小一接种环的相同培养物却能致人死命。

东三省防疫事务总处存在的 20 年间，我们一直悉心关注其他传染病，如斑疹伤寒、伤寒、流感、回归热、炭疽（马和牛群）以及各种性病。我们的研究结果已发表在《博医会报》和《中华医学杂志》中，收录在这本回忆录中不会令人感兴趣。

第16章

在中国建立医院

1905年中国社会各阶层经历了一场顺应世界进步的伟大运动。北京的朝廷决定接受宪政，于是派遣以满人总督端方和汉人军机大臣戴鸿慈为首的50余人的使团，前往世界各国考察宪政。在天津，总督袁世凯得到以唐绍仪为首的一群受过西方教育富有经验的留美归国学子的热心协助，在军事、教育、实业等改革上取得了出色的成果。天津陆军军医学堂开始为袁的现代化军队培养医官。那时我还在海峡殖民地，由欧洲归来已经3年，考察使团在槟城停留了几个小时，我曾参与接待委员会的活动，款待宪政考察的使节们，使团中的一位年轻随员施肇基成了我的终生朋友。两年后，当我最需要帮助时，我剑桥时代的老朋友、时为将军的程璧光（辛亥革命后他成为广东省长，1917年在广州被军阀政敌暗杀）写信召我北上协助管理新成立的陆军军医学堂。不过我决定还是先赴英国和德国，考察伦敦和柏林皇家军医制度。我在欧洲逗留了6个月，然后于1908年10月前往中国，不料慈禧太后和光绪皇帝两天之内先后驾崩，袁总督被解除所有职务。这样，我的主顾将不是袁世凯了，而是在北京时任陆军部大臣、手握大权的满人铁良将军（卒于1920年）。幸运的是，铁良的得力助手谭学衡将军，曾是我舅舅林国祥管带的下属，1896—1899 年他们一同在英国埃尔斯维克（Elswick shipyards）船厂监造中国军舰。通过谭学衡的举荐，我受到铁良将军的接见，并委任我第一个职位——到当时设在天津的陆军军医学堂任帮办［副校长］。人们都说满洲贵族办事拖沓且无能，但不得不承认在中国没有比他们更有礼貌的绅士了，他们便是铁良、荫昌、醇亲王（1908—1911 年任摄政王）、锡良（1908—1911 年任东三省总督），他们对待客人和下属的礼貌和谦恭世所罕见。

我于 1908 年 11 月就任陆军军医学堂帮办，直接上级是广东同乡徐华清医师，他毕业于马根济（Mackenzie）博士创建的北洋医学堂。如前所述，这所学校的教师大部分是日本人，授课直接用日语或经过口译。影响教学效果的最大障碍是没有可用于向学生讲授临床实践的合格医院，唯一可利用的机构是位于市中心的一所小医院，仅有病床数张，设施陈旧，管理不善。因此在天津的三年中，我经常前往北京，面见陆军正、副大臣，请求建立一所新式的设备优良的医院。这样不仅可以使学生受到有效的训练，士兵也得到适当治疗，而且毕业的医官可在此开设更新的课程，以便应对各种急救医疗。

我的话似乎根本没有起作用。那时尽管有大笔钱花在军服和军火上，却没有拨出一些来建设医院。无奈之下，我只得请求为驻扎在京城的两万余帝国军队建立一座模范医院，但这个请求也没有被批准，尽管大部分士兵是满人。被拒绝的一个通常的借口便是中国士兵像其他中国人一样并不理会西医。但是这班当权者却忘记了一个现实，就是在战时那些陈旧的外科方法毫无用处，即使军队中有受过西医教育的医师，如果不能熟练进行手术，也无法实施战场急救。在战时及战后，不中不西的医疗只能引起混乱，导致不幸。尽管革命运动和各省之间的冲突连绵不断，在京城却从未建设过名副其实的军队医院，1912 年至 1920 年军阀频繁的混战中出现的许多伤员，大部分被送往由传教士开办的或其他民间医院，例如协和医学院等。

直到 1910—1911 年东三省鼠疫大流行及随后 1911 年 4 月在奉天举行的由我主持的万国鼠疫会议之后，实现我的理想才有了机会。这次 11 国会议通过的决议中，有关条款如下：

42. 应建立一个永久性的卫生中心机构，并且此机构能在鼠疫流行时迅速地扩充……

44. 为实施各项建议起见，应设法组建中央公共卫生部门……

后来我在中国负责建设的医院，包括以下几类，现分述如下：

1. 由我创办的，如哈尔滨及其他防疫医院。

2. 由地方当局创办的，如东北（奉天）陆军医院和齐齐哈尔官医院。

3. 非政府团体和机构发起，由我主持建设的，如北京中央医院。

4. 海港检疫管理处建设的各地医院。

东三省各防疫医院

第 13 章已简略叙述过这些医院，现将某些有意义的细节加以详述。中国政府郑重采纳了奉天万国鼠疫研究会的建议，建立了东三省防疫事务总处，将其总部设在哈尔滨。防疫处的开办由于 1911 年 10 月 10 日辛亥革命爆发而延期，幸赖东三省总督赵尔巽、海关总税务司安格联爵士、外交次长颜惠庆博士和原哈尔滨海关税务司沃森先生等人热心赞助，竭力促进。例如开始时总督便从东三省税收中拨款 75 000 元用于建设哈尔滨医院，60 000 元用于满洲里，45 000 元用于齐齐哈尔，30 000 元用于拉哈苏苏。虽然最初驻北京外国公使团置他们自己国家的专家的推荐而不顾，否决了这一计划，而通过安格联爵士之斡旋，终于改变了他们的想法，同意从中国海关税项下每年拨款 78 000 卢布（哈尔滨货币，相当于中国白银 6 万两）作为防疫处常年经费。颜惠庆博士（毕业于美国弗吉尼亚大学，曾在伍廷芳任大使的驻华盛顿使馆任二等参赞）帮助修改章程，将东三省防疫事务总处的编制确定由外交部直辖，从而避免了其他政府部门不必要的政治干扰。沃森先生在哈尔滨经历了 1910—1911 年鼠疫大流行，因此充分理解迫切需要这些医院。他在早期筹建阶段提出过宝贵的建议，而且指示他的各地海关职员给予我们充分的支持。

由于西方人一向认为中国的主管官员尽管有能力和经验，但在公款上却不能信赖，因而规定除总办兼总医官（我本人）之外，还委任了哈尔滨海关税务司的人担任会办兼司库。“他们负责保管防疫处专项常年经费，保管账簿，发放薪金，提供总办兼总医官认可的各种开支所需要的钱款。”另一方面，为了保证防疫处的工作效率免受外行人的无理干扰，“总办兼总医官全面管理防疫处，包括委任、分派和辞退技术人员，他还有权根据他的谋划，批准拨款用于任何与防疫与医学工作和研究有关的专门目的，但以不超出年度六万两白银的额度为限”。开始的 12 年，这样的分工基本上是令人满意的，尽管偶尔也有误会，特别是 1917 年布尔什维克革命后，俄国卢布迅速贬值，我的外行同事〔那时是法国人格雷夫当（Grevedon）〕却不同意我利用我们多年积累的资金建造一座特别需要的实验室的建议。第二年，那些曾经版面壮观、印刷精良的俄国卢布，在购买力和纸币尺寸上都缩水了。不久以后，我们精打细算节余下来储蓄在俄国银行的存款便全部付诸东流了，所以当东三省到处通行中国货币时，我们不得不重新开始使用这种货币。现对每所医院作一简单介绍。

哈尔滨（滨江）　这所医院占地广达4英亩，对这块土地曾与俄国铁路局有争议。但是当我1911年拜访过铁路局总办霍尔瓦特将军，向他说明了我们防疫处的目的后，他便甘愿放弃了，并把地契转给了我们。我们防疫处办公场所最初设在新城邻近火车总站的海关大楼的一个房间内，但是这样的安排对海关和我们自己都不方便。于是我们迁到那个地区一栋租来的房子中，两年后便入驻了我们自己那宽敞医院的新地方。从1920年我们的办公楼建成后，总部即设于此。

哈尔滨医院拥有两个独立的院落，西院包含办公楼和容纳400人的检疫营房，东院的隔离病房可以收容疑似者30人和染疫者40人。这两处建筑原始造价75 000元，那时是瘟疫之后，建筑材料和劳动力的价格都最低。但是，由于各个建筑物的基础是在1911年底天气已经变冷时仓促施工的，不久冬天来临，即发现砖墙开裂，木地板翘起，经常要修缮。第一次世界大战开始后几个月，我宣布打算开始建设新的蒸汽供暖的两层楼房。但是如前所述，我的管财务的同事即表示反对，因为政治局势不明朗。结果贻误时机，在银行的俄国卢布存款最终化为乌有。我便前往北京，当面向中央政府机关请求从今以后用中国货币支付我们防疫处的经费，获得准许。1917年10月起，以后拨付给防疫处的经费，和海关税款一样，均用中国政府发行的货币支付。但是此时我们职员的个人积蓄和我们的公款却损失惨重。1919年新任税务司覃书（R. C. d'Anjou）到来，我们决定建造一座新的大楼，用做鼠疫研究实验室、博物馆、图书馆和办公室。鉴于资金有限，又未得到政府的专门拨款，因此必须尽量节约。我们在冬天自己去购买建筑原材料，精打细算。依靠本地一位俄国建筑师帮助设计，终于建成了一座颇为高大的建筑，其宽阔牢固的地基达7英尺深，蒸汽供暖系统和现代化的管道遍及全楼，花费仅18 000元。我们发现这种建筑结构很实用，当1921年1月第二次鼠疫大流行出现在哈尔滨时，不仅从1月至5月收容了3 125例鼠疫病人（最终全部丧生），还可以从事广泛而有益的研究工作。这些已在1918—1922年的报告书第Ⅲ卷中加以详述。

有件事此刻必须加以记录。这就是1921年2月19日，负责逐户检疫的医官苑德懋出现了鼠疫感染的症状。当时我远在绥芬河（哈尔滨以东360英里），2月20日晚上便赶回了医院。因为住房不足，我和苑医师住在新楼一层紧挨着鼠疫实验室的两个相邻房间中。他的突然染病迫使我搬到检疫营房中一个供暖不良的房间。2月21日（苑医师逝世的日子），陈永汉、伯力士和扬格（Young，来访的传教士同事）等3名医师和我同住此处。对苑医师曾经住过和逝世的那个新楼进行逐间消毒时，在我们的卧室里还放着数百支试管培养物，我们度过了几个焦虑的夜晚。这一惨痛事件说明我们的同事们都暴露在危险中。由于经费不足，难以妥善安置新到来的医师住宿，在瘟疫流行期间，他们只得日夜在防疫医院内度过。16个月之前（1919）霍乱在东三省到处肆虐时，我们曾收治过1 962例重症患者，仅275人死亡（14.02%）。

1922年扩建后的哈尔滨医院

1922年滨江医院又增建一座造价3万元的大楼，供收容普通病人住院治疗。这栋建筑包括2间一等病房，2间二等病房和4间三等病

房，共计45张病床。还有一间设备完善的精致手术室，以及X射线室和摄影室。又于1924年5月动工开掘地基，建筑一个最现代化的研究室，专用于从事鼠疫、血清和诊断研究，建筑费25 000元。这个实验室在1925年竣工，从此我们的哈尔滨总医院拥有各自独立的建筑：办公楼和医官宿舍楼、外科综合医院，以及实验室、图书馆和博物馆。这样就再也不必为应急而作临时安排了。

1913年建成之三姓卫生医院

三姓（依兰） 这是松花江边一个约15 000居民的小镇，在距哈尔滨东北150英里处。它的周围被高山环绕，有着非常繁荣的木材和毛皮出口贸易。因为这里是航行于松花江的江轮之停靠港，所以要在这里建立一个我们的医院。于是1913年我们买下了一些现有的建筑，它们共有6栋房舍，由围墙圈成一个近1英亩的大院，我们准备将它用做可收容60名病人的小型医院，花费近10 000元。

拉哈苏苏（同江） 这是一个只有1 000人的小村庄，位于松花江和黑龙江的交汇处，因而占据着战略位置。虽然此地从未发生过鼠疫，鉴于它作为一个港口的重要性，有必要在其周边建设一所现代化的检疫医院。我们以象征性的价格购买了共计1.5英亩属于政府的土地，以3万元造价建成了一座新建筑。这是座两层楼房，楼上为医官住所，楼下为门诊部以及隔离室和观察室，可以收容 42 名病人。1917 年俄国革命后的骚乱期间，白党首领卡米诺夫（Kaminoff）和他的追随者在此向中国军队投降，随后被解送到省城吉林。因为他们企图从监禁地逃跑并且取得了当地俄国领事馆的庇护，这一事件导致中国关闭了所有俄国领事馆，而且终止了驻北京俄国公使库达切夫亲王（Prince Koudacheff）的外交官身份。

1913 年建成之拉哈苏苏医院

大黑河（海兰泡） 这是一个位于黑龙江南岸日渐发达的城市，面对北岸的俄国城市布拉戈维申斯克。从哈尔滨到这里乘江轮需要六天。我们的防疫处在这里工作之前，俄国当局惯于到这里来追踪俄国领土上人和兽类各种传染病（如鼠疫、牛瘟、炭疽、猪流感等）的源头，为他们的政治干涉和侵略寻找借口，然而这里却一直是最健康的地区。

这座现代的砖墙医院，于 1913 年落成，1914 年正式开办，平日或疫病流行时均照常运行。当时还邀请过对岸的沙俄高官过河来访。这座两层楼的新建筑，平日作为诊所和医官家居。此外还有四间隔离和传染病室，可容纳病人 70 名。建筑费用总计 28 000 元。在这所医院中多次出现“白党”和布尔什维克遭遇的场面，双方都同时或不同时间请求过我们的庇护和治疗。我们还曾友善地接待过日本红十字会，1920—1921 年，日本军队与布尔什维克发生冲突时，许多日本伤兵在我们的医院中接受治疗。

满洲里医院 满洲里（胪滨）是东三省的一座边境城镇，西部毗邻西伯利亚。它独特的干爽气候几乎胜过瑞士的阿尔卑斯山。这里通常是外贝加尔疫源地传入肺鼠疫的门户。因此这里绝对需要设立一座装备充分的医院，以从事监测和研究。东三省总督于1911 年拨款60 000 元在满洲里建设一座完善的医院。1912 年春天即开始挖地基，并购买了大量建筑材料贮存在现场。然而，随后发生革命期间，蒙古人被俄国扩张主义者煽动，烧毁了我们的场地，只留下一片焦土。几年过去，直到1921 年第二次鼠疫大流行来临，我们从市政当局借了几间房子开展我们的防疫工作。从此我们派遣卫生人员常驻满洲里，并随时准备应俄国同行的要求，前往西伯利亚进行考察，与对方亲密合作。1923 年，我们花费9 000元购买了一座现成的石砌房屋，供实验研究之用和作为医官住宿。同时保留了从俄方租来的一幢大木屋，作为综合医院。在该处配置了大型设备，用于对出口前的旱獭皮进行福尔马林蒸汽消毒。黑龙江地方长官

1914 年建成之大黑河医院

1923 年建成之满洲里医院

对我们采取的预防措施感到满意，准许在皮张上加盖我们的检疫标记，从而地方财政每年增加了数百万元的收益。值得注意的是，自从我们防疫处对皮张进行消毒起，过去30年来，从未发生过由出口的皮张和捕猎者引起的鼠疫病例。

牛庄（营口） 牛庄防疫医院是我为东三省防疫事务总处监督建设的诸多医疗机构中的最后一个。若干年来，由于霍乱经常从上海、朝鲜和日本来袭，各界民众已觉察到需要有这样一个机构，但是直到1918年，必需的拨款才最终批准。1919年开始建筑施工，1920年7月10日完工并正式开办。

新建筑由普通病房、消毒室和传染病房组成。普通病房是一幢壮观的红砖水泥建筑，东西162英尺，两侧配楼进深各80英尺，前面有两个门，东边供私人和急症患者，西边供一般求诊者出入正门，两侧为普通病房，附设看护室、厕所、浴室和实验室。每个普通病房至少可设10张病床。东翼楼设总手术室，室内白色瓷砖墙裙，麻醉室和消毒室各一间，男女优等病房带有专用浴室和厕所。西配楼为门诊部、候诊室、医师诊察室、伤员包扎室、药房和药库，以及细菌学实验室。中间的楼梯通向医官住所，那里有他们自用的起居室、备餐室、厨房和卧室，所有家具都是医院提供的。

出了后门，来访者可沿碎石小径前往大厨房和看护的住所，那里有卧室、食堂和淋浴室。另一条路通往消毒室，那里装备着英国制造的大型高压蒸汽消毒器，可为寝具、床垫及普通衣物消毒。毗邻处是按卫生要求装备的洗衣房。

第三处建筑包括水泥地面的隔离室，收容确诊的传染病患者。室外朝南有宽敞开放式长廊，紧急情况下可安置病床。这些病房有专门的看护室、浴室和厕所。整个院落占地3.5英亩，以装饰了木栅栏的红砖围墙与外部相隔。

这组建筑的造价为60 000元，内设病床45张，所有的设备都非常现代化。1923年，医院增建了6间砖墙水泥地面的隔离室。每个病房都有一盘卫生睡炕，有防虫防尘设置，专为那些留院观察者居住。每一间病房可容纳60人，因此一次至少可以容留400人。第二组建筑物花费了30 000元。

张作霖大元帅曾捐赠6 000元购买土地。牛庄海关税务司韦克菲尔德（C. E. S. Wakefield）先生在他的四年任期内多方奔走，游说他的北京上司和地方当局，力陈这所检疫医院的需求。

1920年建成之牛庄检疫医院

哈尔滨模范肺鼠疫病房

1911年奉天万国鼠疫研究会通过的决议之一是：

肺鼠疫患者重在隔离，必须设立隔离医院，此种隔离医院应能实行个体隔离，并须有防鼠设备，并容易消毒。这种隔离医院应该有足够的空间以备加建急需之病房，为实现此目的，应事先做好选址和基础工作。提供空气流通、光线充足的宽敞空间是可取的。

在此应提及肺鼠疫病房建设方法上的极少几点细节。1912年夏季，新的鼠疫防治医院的建筑施工仓促开始。在五间鼠疫病房中设计了三间为个体隔离病房，但是当时缺乏足够的水泥，地板全部用木材。每一个单元有一条4英尺宽的长走廊，一字排开十二扇门，通向各个个体病室。每一个个体病室都有向外开关的窗户。每扇通走廊的门上都镶嵌着一块 1 英尺见方的玻璃窗，使护士或差役能够从外面观察病人。医师或护士诊治病人必须进入病室，这要冒极大的风险和不便。在设计新肺鼠疫病房时，我进一步吸取了 1920—1921 年第二次鼠疫大流行中的经验，于 1926 年落成的病房已克服了上述缺陷，并做了几处改进，以便于调查和研究工作而又不危及医务人员的安全。这座新建筑可能因此被视作尽可能适合了肺鼠疫患者的模范病院。现对其描述如下：

新鼠疫病房呈长方形，内部分成两部分。红砖墙，水泥地面上铺了一层平整的厚油毡。地基 7 英尺深。整座建筑长 78.5 英尺，宽处为 55 英尺，窄处 46 英尺。中央长走廊贯穿整个建筑的两个部分。一端为 7 英尺宽的医师入口，另一端则是离地面很高的玻璃窗。第二个入口（10 英尺宽），足够病人担架进入，它直通前厅，在这里通过中央走廊连通两边的独立部分。

左侧建筑有差役室和两间处于一边的消毒室，对面是临床检验室，由此通往一间向外突出的尸体解剖室，那里有开向院子的单独出口，检验后的尸体可由此直接移出。紧邻临床检验室的是两间供研究用的研究病房，两间病房靠一扇小推拉窗相互联络，每间病房有一个与外墙相连的观察龛，在其上部装有离地很高的窗户，以便最大限度地采光。

右侧建筑有走廊，其一端有四间个体病室，这些病房收容经研究病室检查和治疗后的病人；对面还有两间研究病室，中间是浴室和厕所。与其他同类病室一样，这些研究病室也借助安装着高大玻璃的可最大限度采光的观察龛互通信息。在临床检验室和解剖室之间是一扇滑动大玻璃门，如同常见于现代手术室者，两边的工作人员可方便地交流。地面全部用碎石垫底、水泥覆盖。所有窗户都很高大，4 扇为 7 英尺 ×4 英尺 8 英寸，3 扇为7英尺×5英尺8英寸，还有13扇为7英尺×4英尺。窗户总共为20扇（当时还无法得到钢窗，否则我们也会采用）。

为鼠疫患者准备的四间大单间病房，每间7英尺宽、17英尺长、11英尺高。这座新建的肺鼠疫医院最显著的特点是：

1. 临床检验室与解剖室相连。因为这种疾病病程发展急遽，抢救病人必须分秒必争。临床检验室与病室相通，医务人员可以在此尽快准备诊断器具。病人死亡后，用于检查的相关设备也触手可及。

2. 观察龛宽5英尺，与单间病房之间有上达天花板的玻璃大隔扇分开，其优点在于：

（1）医师可以随时观察和检查病人，而不至于同处一室呼吸同处空气。

（2）离地面3英尺处有一小玻璃窗，病人手臂可伸至观察龛内以便于验血、注射血清等，而对医师没有风险，甚至可以不戴防护面具，因为视野无遮挡而可以充分保证安全。

（3）所有隔断的单间病房的隔断在必要时可以除去，这样在夏季治疗霍乱时即可将其连通成大房间而便于注射生理盐水。

这座建筑造价为17 000元（中国货币），在新建的鼠疫病房附加了两个安全出口，一个通往实验室，另一个通往浴室。如果出现下一次疫病流行，这无疑将进一步便利我们对肺鼠疫病人进行各方面的探讨。（十分幸运，鼠疫病房落成后，30年来并未出现大规模暴发。）

1926年在哈尔滨医院内新建之模范肺鼠疫病房

地方当局创建的医院

沈阳（奉天）东北陆军医院 1922 年直奉战争中张作霖将军与吴佩孚将军之间相互残杀的结果之一，是提醒那些军事将领们，要有合格的外科医师去救治被现代武器击中的成百上千的伤兵。当时双方均主要依靠外国医师（大部分是传教士）及其机构为他们疗伤。所以，除了雇用年轻力壮的中国人取代那些抽鸦片的老迈军官外，张大帅和他的儿子张学良决定在省城奉天建设一座模范陆军医院，一边治疗士兵，一边训练医官。为此目的，他们委托我进行规划和组织。曾留学美国、才华横溢的中国建筑师关（S. S. Kwan）先生负责画出设计草图，其要求是该医院可在和平时期满足民众和军队的需求。该医院的走廊系统采用柏林古老的夏里特（Charité）风格。中央为两层楼，底层办公，楼上为一组医官起居室。从中央办公区向外呈辐射状安置着成单元的大病房，每一单元有 40 张病床，安装完整的供暖与自来水管道系统，还有护士长室、临床诊断室、办公室、重症室及厕所。当我办移交时，计划中的 35 个单元已有 26 个落成。除了大病房，还有三间配备有附属设备的手术室，全部装备都是最新式的。还有专门

东北军奉天陆军医院原貌

的性病、皮肤病、眼、耳鼻喉科疾病和急诊部门。掘了一口深水井，用电力将水抽到水塔，可满足所有需要。这里还有铁路专运线和站台，以及在特定时间接运大量伤兵上下火车的设施。医院可以收容400~500名病人，紧急情况下还能接收更多。建筑和设备费用超过了600 000元。在当时，东北陆军医院无疑是中国最大、设备最好的军队医院，然而根据现代标准，还没有达到模范水准。1924年春天开办时曾举行过盛大的庆典。

齐齐哈尔（卜奎）官医院 这个城市是黑龙江省省城，1911年鼠疫大流行后，东三省总督拨款45 000元建设一所防疫医院。当地的道尹宋小廉（后晋升黑龙江巡抚），请我帮助筹建这所医院，并于1912年开业。全部建筑均由本地工匠施工，由一位曾留学日本的当地医师监督。全院可收容60名病人，另设有门诊部。该院的医务人员不由我直接任命，但当瘟疫流行时，他们经常寻求我的帮助和建议。齐齐哈尔与哈尔滨有定期的铁路交通，也是俄国海参崴至莫斯科之间的西伯利亚铁路快车的一个重要车站。

非政府团体创建的医院

北京中央医院 这是我为其付出了最大精力，苦心持续奋斗4年的医院，因为我意欲在中国将其建成一座模范的平民医院。这个构想缘起于1915年，当时我曾对袁世凯总统时代的财政总长周学熙进行过私人拜访。那时周总长想在他经常去度周末的12英里外的西山修建一所造价100 000元的疗养院。我当即指出，更迫切的需要是在京城本地建设一座现代化的综合医院，作为既为官员又为民众的模范医院，并借此促进医学之科学化。而疗养院则宜修建较小规模的附属建筑，供愈后恢复者静养之用。于是1915年春天在北京中央公园［今中山公园］会议室举行了一次有影响人士参加的会议，出席者有财政总长周学熙、内务总长朱启钤、外交总长曹汝霖、司法总长章宗祥、国务院秘书长林长民（他起草了呼吁公众为建设医院捐赠的文告）、交通部顾问王景春、陇海铁路督办施肇曾、京师警监吴清连、我本人以及十几位其他人士。在这次会上即获认捐款总计110 000元，还有周先生原来允诺的100 000元。又得到赠送的西城历代帝王庙旁边一块位置适当的高地，其后边另一块约1 英亩的地皮则以21 000 元购置，于是划出了一块长方形的场地。一家美国建筑公司负责规划设计，与一家德国公司签订建筑合同。我则被任命为名誉医务总办，除财政外之一切事务皆由我主管。1916 年6 月开始挖地基，曾发现过一些铜钱和瓷器碎片等古代文物。

北京中央医院原貌

由于日本的“二十一条”和袁世凯图谋称帝使全国政局动荡，严重地妨碍了我们募集捐款的活动。这意味着组织者须更加努力，更需要在各方面极力节约。我每天乘坐我的私人黄包车，从东城东堂子胡同家中穿过紫禁城，通过两座皇家湖泊上的石桥，拐过乾隆登基前接受早期教育的黄瓦宫殿，途经1644 年满洲军队［应为李自成的农民起义军］逼近北京城下使明朝末代皇帝崇祯自缢之地的煤山。25 分钟后，飞快的黄包车便到达了未来的中央医院所在地。我在一棵老树下休息，或走进某间依旧留存在附近的某栋老宅中，享用一顿简单面条午餐，同时在那里监督着建筑工程的进展。打好地基，砖墙日见增高时，我方有机会去香港和海峡殖民地拜访我那些富有的朋友，请求他们赞助。这次出行为中央医院设法筹集到30 000元，其中包括戴喜云捐赠的高达10 000元的中国储蓄债券。他是当地的百万富翁，当时担任中国驻槟榔屿的荣誉领事。回到北京，我以更大的热情投入工作，请求海关当局、铁路部门、北京税务处、启新水泥公司（大部分股份为周学熙先生家族所有），甚至还有英国公司如特福德（Twyford，卫生设备进口商）给予折扣和减少我们所需货物的运输费。例如铁路运送我们的所有货物只收半价；海关和北京税务处准许我们购入的货物免税；汉阳铁厂供应给我们的钢筋减价20%；名誉司库施肇曾先生安排他陇海铁路的会计师前来协助，由我随意使唤。不论是施先生还是作为名誉医务总办的我，在四年的辛勤工作期间，我们没有接受任何薪水或报酬，甚至施先生还捐献了5 000元，我也捐助了2 500元。后来我的老朋友梁启超先生接替周先生出任财政总长，在张勋企图让逊位小皇帝复辟失败后（1917），我曾游说他从中央国库中追加拨款30 000元，此外再增加年度津贴1 000元作为管理费。另外，萨镇冰将军也赠送给我们德州兵工厂的一些外科器械。感谢各界诚挚的合作，我们得以建成了这座钢筋混凝土结构的现代化大医院，内设一等病床10张、二等病床20张和三等病床120张，而总投资不超过50万元中国货币。

1917年4月在美国芝加哥出版的《现代医院》（*Modern Hospital*）月刊曾这样描述了北京中央医院：

概述：在新建立的中华民国引起广泛关注的一个现代化机构是北京中央医院，它完全由中国人投资和管理。这个古老国家的人民以极端保守著称，特别是在医学和公共卫生方面，这一模范医院的建成提醒美国，它的兄弟共和国已经正在阔步向前。医院的筹建者雇用了芝加哥的建筑师沙特克（Shatuck）和赫西（Hussey）两位先生负责设计和监督建筑施工。这座医院现已经封顶，预计今年秋天开办。

医院位于西城平则门［今阜成门］大街，土地是内务部赠送的，附近几处零散的地块以及位于该地块的旧房屋，共出价21 000元收购。此处地势较高，高出街面近3英尺。整体地块呈不规则四边形，南比北宽。建筑物位于前部，后面和北面还有许多坚固的老宅第，被保留下来供以后使用。医院紧邻著名的历代帝王庙，那里有许多古树，是无价的财富。

建筑风格显然是美国式的，带地下室，窗户高出地面至少6英尺，地面以上三层。正面有向前突出的正门门厅；两边为侧翼配楼，由中央走廊贯通，其中包含主要的三等病房及配套的日光浴室。侧翼配楼顶部用做屋顶花园。建筑的形状最终确定要最大限度地采光，而最低限度地承受冬天的北风，还迎合了中国病人忌讳房间朝向正东或正西的心理。整座建筑宽262英尺，平均进深90英尺，高65英尺。

整座建筑的平面图表示它是一个直的较宽的矩形，南北朝向，中央走廊贯通东西，正面朝南的突出部为门厅和接待室；后面向北居中的三间向外突出的房间是锅炉房（它的上面是手术室），有一个单元的三等普通病房在两边，东西两端的翼楼主要是三等病房，而在分叉处的空地则安排为日光浴室。走廊宽8英尺，实际上所有房间都直接与其相通。除电梯外，中央和两侧有楼梯通向各个楼层，通过东西两端的日光浴室有安全通道连接各楼层。

地下室：门诊病人入口位于东配楼，由此处中央走廊直达西配楼。走廊南面的房间为设有厕所的男女病人候诊室（总共可容纳200人）、内科、生殖泌尿科、妇科、牙科、消毒室（毗邻浴室和衣帽间）、按摩室、电工室、被服室、专门厨房、普通厨房（烹调中餐）。走廊北面分别为药房、药库、外科及包扎室、眼科、急诊实验室、锅炉房和储煤间、杂物间、X射线和摄影室、领班差役室和其他差役室（可容纳35人）、厕所和淋浴室。厨房和差役室之间的一段走廊是供低级职员就餐的餐厅。

一层：由前门台阶进入廊柱门厅和总接待室，右边是问讯处，毗邻主管办公室。向后是中部楼梯，两侧各有电梯一部。穿过走廊进入董事会室（供董事开会等）以及事务员室，门外是一个不大的阳台，位于储煤间的上方。去往东配楼，是一排朝南的二等病房，每间可住两名病人。而走廊北面占据整个配楼分叉处的是三等普通大病房，有25张病床。其余部分是一个标准普通病房单元，由浴室、厕所、工作间、被服室、实验室、隔离病房、特种饮食厨房和护士室等组成。在西边，普通病房单元和私人病房亦如此安排。

二层：二楼的设置除中间部分外和一层相同。正好在一楼接待室的上边设置了一等病房，每间一人，拥有单独的浴室和厕所。中央走廊的另一面是总手术室单元，包括护士室、前厅、准备（麻醉）室、灭菌和洗涤室、手术室（留有安置可移动的观众座位的空间）和康复室。两边配楼的安排与一楼相同，也是二等私人病房和三等普通病房及单元病房。这一层的病房供外科男女病人入住。

三层：三楼的中央部分预留做带独用阳台的一等病房。东面是主管及助理医官住室，而西配楼派做大量的化验和细菌学实验室，但日常的化验和研究工作也都在这里进行。而交叉处的顶端有可放置60张病床的空间，用做屋顶花园，供需要阳光治疗的病人使用。

这是一座灰墙红瓦的建筑，共有150张床位。整座医院为防火结构，是京城的第一座此类建筑。水泥和钢筋都由中国制造。所有病房都铺有沃尔顿牌厚油毡，并且各处都有供应热水的设备。

包括在中央医院这个机构中的，还有更拥挤的北京南城地区的诊所。每天都可以看到付费或免费的病人，如有必要就送往中央医院。因此预备了一辆救护车。

这所新医院于1918年1月正式开办。三天里，全北京前往参观者络绎不绝。然而不幸的是，不久施肇曾先生与我之间便发生了抵牾。在医院建造期间我们和睦共事3年，对建成这座医院的期盼与热忱无人可与我们相比，不料医院即将落成时，施先生受多事者之鼓动，任命自己为“院董”即“医院之主”，拥有辖制医务总办活动之权力，从而取代了此前我们在工作中的平等伙伴关系。将近4年的辛勤工作，付出了如此大量时间和金钱后，我不可能接受如此单方面的安排。许多朋友居间调停，力图弥补裂痕。但是我早已获悉，有位年轻的医师、名誉司库的长子菲利普·施(Philip Sze)，正等着取我而代之。这个年轻人从华盛顿一所不知名的大学毕业后刚回国，要管理一个如此复杂的现代化医院，尤其在开创之初，根本没有经验。这个意外的变故让我伤心至极。我多年来将医院视为宠儿却从未企图营私，而施先生本来可以从容等待两年，等到他的儿子跟随更有经验的人学到本领后，再来接手全盘管理这从未从事过的职位。结果是中央医院开办不久，我不得不辞去医务总办的职务，息隐于西山八大处4个月，疗养我那时感觉绞痛的受伤的心。幸运的是，我亲密无间忠诚的妻子，多年以来，在我游历世界各地讲学和出席会议的时候，她安于那几乎独自的生活，当人性的弱点令我濒临绝望的时刻，她给了我无微不至的抚慰。在她的照料下，在密布翠柏的西山那清新空气中，我逐渐恢复了健康。这里原来只有那些满洲皇亲贵戚和依附权贵的僧人能够光顾。那时我刚到40岁，虽然受到挫折，却没有完全失去信心。而今已是1957年，年岁几乎是当年的两倍，虽然我的爱妻已远去多年，但我仍然健在，心智和体能未见减弱。我在这里还要讲述那个艰难岁月留下的一段逸闻。中央医院那单调乏味的差事并不能留住年轻的菲利普·施医师，而他的父亲相当富有，于是他便到上海黄金市场去碰运气。遗憾的是，由于他没有经验，不久便难以承受巨大的损失，绝望之下开枪自杀，过早地离开了这个世界。

伍连德夫妇与林宗扬。左起分别是黄淑琼、伍连德、林宗扬

我相识的另一位年轻人是林宗扬博士，他和我一样出生在槟榔屿，在大英义塾受过教育，毕业于香港大学。他离开舒适的家庭，冒着收入前景不稳定的风险，前来中央医院做我的助手，而我却离去了。于是他申请并获得了洛克菲勒基金会的奖学金前往美国，两年后在约翰·霍普金斯大学获得了公共卫生学博士学位。后来他进入新建的北京协和医学院，最初任细菌学讲师，接着被提升为教授，最后担任了该医学院教务长。他一直在北京，现为人民政府所属的北京大学公共卫生学教授。

为海港检疫管理处建设的各地医院

此处须对专门兴建或只是接收来的几个医院作一简单叙述。那是1930

年海港检疫管理处成立，我被任命为处长时的事情。我为管理处服务的七年中（1930—1937），我管理的检疫所有：上海（包括吴淞）、厦门、天津、塘沽（包括大沽）、牛庄（包括营口）、青岛、安东［今丹东］、武汉（包括汉口、武昌和汉阳三个港口）、广州、汕头和惠州（包括琼州）。这些检疫所大部分在过去已经建设了隔离营、隔离病房或卫生检查站等不同形式的设施，特别是在1911年肺鼠疫大流行的时候。但是几乎没有一处合乎要求，也并不受重视，因为更多的注意力投向了东三省防疫事务总处的建设。

要求特别注意的港口是上海（包括吴淞）、厦门、天津—塘沽—大沽—秦皇岛航途、汕头、武汉和广州，那里驻有我们直接管理的受过专门训练的港口卫生医官。幸亏上海和厦门这两个主要港口有可观的收益——前者是入港船只熏船的收费，如果检疫证书已经过期，则要求熏船；后者是每月数千支疫苗的接种收费，前往菲律宾和南洋的移民需要接种。上海港经费自给有余，对天津、塘沽和秦皇岛检疫所都有所支援。实际上，所有隶属上海和吴淞的现代化医院、检查站、多艘汽艇、消毒驳船的开支都是由上海检疫所的收入中支付的。我们的检疫机构为处理频繁的霍乱流行一贯出手大方，这正是我们检疫管理处在这个商贸大都会所发挥的重要作用；日本入侵期间，我们还出资为难民建造过避难所。在厦门，我们幸运地拥有王拱辰医师这样能够独当一面的人，他性格坚强、忠诚廉正，在厦门和汕头两地忠于职守，使之高效运转，此外还筹措资金建设了一个新的检疫所。这个检疫所完全采用了现代化的设备，于1936年12月在海滨建成了一座6层混凝土建筑，将其用做检疫所的办公室、职员宿舍、实验室和检验室，不幸的是不久便被日本侵略军占据。

在《海港检疫管理处报告书》第六卷（1935—1936）的序言中，我曾写道："因为国家各项活动受到世界政局动荡的影响以及灾难性的事件临近本土，我们的工作进度有些缓慢，但毕竟取得了进展。在每个检疫所配备医院、实验室和职员宿舍的规划已接近完成。上海检疫所已在吴淞建立两所医院，一所现代医院伫立在上海黄浦江畔，往来于城区和港口都很方便。它位于吴淞信号站附近，占地 8 亩（1.5 英亩）。它视野开阔，黄浦江入海口和船舶检疫锚舶地可一览无遗。这些建筑物中，有最新式的隔离病房和接触者病房、消毒间、博物馆、图书馆、实验室和职员宿舍。一座耸立的观测塔，高耸于附近其他建筑物之上，可以远望通往港口的长江数英里。"

厦门也对任何紧急情况做了充分准备。除了旧的三等病房、实验室和职员宿舍外，1934 年建成了一座独立建筑作为被拒绝出境移民的住所和一等病房。关于此事，我应向英国领事许立德（Meyrick Hewlett，后被封为爵士）先生表达谢意，他首先为建设一个收容不幸被拒绝移民的中国农民的"移民所"铺平了道路。对于如此遭遇的人，许立德先生的善举为他们开启了未来希望之门。当他们滞留厦门时，都得到了照顾并享用免费膳食。许立德领事曾应我之约撰写了一篇短文，题为"创设厦门移民所的经过"，发表在《海港检疫管理处报告书》第三卷（1932）上，从中可真正了解他那善良的心。许立德爵士从英国领事职位上退休后，1944 年撰写了回忆录《在华四十年》，记述了他在中国的长期生活，以及对中国各阶层人民的同情与理解。不久后他便与世长辞。

其他活动

除上述永久性医院外，1911 年我还成功地游说中央政府在重要的铁路枢纽如奉天、沟帮子、山海关和牛庄建造了一系列的隔离棚屋作为预防鼠疫的设施，它们都是在冬季用瓦楞铁皮仓促建造而成的，未设木地板。根据容量大小每个造价为 20 000 元到 40 000 元。最小的可容纳 1 000 人，最大的 3 000人。10 年后，除了牛庄和山海关的，其他地方的棚屋都倒塌了。

1915 年，洛克菲勒医学委员会访问中国，委员韦尔奇教授、弗来克纳（Flexner）教授、皮博迪（Peabody）教授和顾临先生等，请我就是否可在北京建设一所医学院和医院的可行性，以及用哪一种语言教授医学课程发表意见，我主张以英语为开端，很高兴他们采纳了这个意见。这座无与伦比的北京协和医学院及医院在 1921 年开办，现在已经融入京城的景观之中。1917 年，我呈文外交部和财政部，请求在北京建立卫生实验中心，我们的东三省防疫事务总处可以隶属于它。我的请求迅即获得批准，事实上外交部已由财政部收到必要的经费，然而第二天又被撤回。恰巧此时适逢山西肺鼠疫暴发之后（1917—1918），利用国际银行团借款结余的 100 万美元，在古老的名胜天坛地面建立并装备成了卫生实验室。建立之初，这个机构即隶属国家卫生部门，年度由海关得到 110 000 万元经费，结果在此生产出了用处很大的疫苗和马血清，供全中国普遍应用。

南京中央医院旧址

伍连德博士为政府和公众创建的医院及医学机构一览表

<table>
<tr><th>序号</th><th colspan="2">名称（地区）</th><th>建立时间/年</th><th>造价（以中国货币计）/元</th><th>病床数/张</th><th>备注</th></tr>
<tr><td rowspan="5">1</td><td rowspan="5">哈尔滨</td><td>(1)初期防疫医院</td><td>1912</td><td>75 000</td><td>500</td><td>东三省防疫处</td></tr>
<tr><td>(2)博物馆、实验室、办公室</td><td>1920</td><td>18 000</td><td>—</td><td>东三省防疫处</td></tr>
<tr><td>(3)综合医院</td><td>1922</td><td>30 000</td><td>45</td><td>东三省防疫处</td></tr>
<tr><td>(4)血清研究室</td><td>1925</td><td>25 000</td><td>—</td><td>东三省防疫处</td></tr>
<tr><td>(5)模范肺鼠疫病房</td><td>1926</td><td>17 000</td><td>15</td><td>东三省防疫处</td></tr>
<tr><td>2</td><td colspan="2">满洲里</td><td>1923</td><td>60 000</td><td>120</td><td>东三省防疫处</td></tr>
<tr><td>3</td><td colspan="2">拉哈苏苏</td><td>1913</td><td>30 000</td><td>42</td><td>东三省防疫处</td></tr>
<tr><td>4</td><td colspan="2">三姓</td><td>1913</td><td>10 000</td><td>60</td><td>东三省防疫处</td></tr>
<tr><td>5</td><td colspan="2">大黑河</td><td>1914</td><td>28 000</td><td>70</td><td>东三省防疫处</td></tr>
<tr><td>6</td><td colspan="2">牛庄</td><td>1920</td><td>60 000</td><td>400</td><td>东三省防疫处</td></tr>
<tr><td>7</td><td colspan="2">齐齐哈尔</td><td>1912</td><td>45 000</td><td>60</td><td>黑龙江省</td></tr>
<tr><td>8</td><td colspan="2">东北陆军医院奉天府</td><td>1922</td><td>600 000</td><td>400～500</td><td>东北军</td></tr>
<tr><td>9</td><td colspan="2">北京中央医院</td><td>1918</td><td>500 000</td><td>150</td><td>公众捐助</td></tr>
<tr><td rowspan="2">10</td><td rowspan="2">上海</td><td>(1)吴淞第一医院</td><td>1934</td><td>40 000</td><td>60</td><td>海港检疫管理处</td></tr>
<tr><td>(2)吴淞第二医院</td><td>1935</td><td>60 000</td><td>60</td><td>海港检疫管理处</td></tr>
<tr><td rowspan="2">11</td><td rowspan="2">厦门</td><td>(1)检疫医院</td><td>1934</td><td>40 000</td><td>120</td><td>海港检疫管理处</td></tr>
<tr><td>(2)办公室、检查室、实验室</td><td>1936</td><td>70 000</td><td>—</td><td>海港检疫管理处</td></tr>
<tr><td>12</td><td colspan="2">塘沽</td><td>1934</td><td>20 000</td><td>80</td><td>海港检疫管理处</td></tr>
<tr><td>13</td><td colspan="2">武汉（汉口）</td><td>1935</td><td>25 000</td><td>60</td><td>海港检疫管理处</td></tr>
<tr><td>14</td><td colspan="2">秦皇岛</td><td>1935</td><td>30 000</td><td>45</td><td>海关出资</td></tr>
<tr><td>15</td><td colspan="2">南京中央医院①</td><td>1933</td><td>500 000</td><td>500</td><td>胡文虎捐助</td></tr>
</table>

① 据新加坡电视纪录片《伍连德博士传》（王丽凤导演），上世纪30年代初，由伍连德和卫生署署长刘瑞恒从新加坡慈善家胡文虎处筹得30万元资金，在原南京陆军模范医院旧址上于1933年建成南京中央医院，由著名建筑师杨廷宝设计。这是第一所由中国人自己建造的国立现代化医院，现为南京军区总医院。见本书第588页。——译者注

第17章 毒品问题

鸦片贸易之由来

对中国人来说，毒品问题（通常指鸦片问题），曾经是他们与欧洲和欧洲人交往中难以忘怀之痛。因为这使他们想起这种称作“洋土”的毒品带来的厄运，使其古老的帝国濒临崩溃，使其勤劳而有教养的人民受到屈辱，在与大英帝国进行的两次灾难性的鸦片战争时，他们那满族统治下的国家为此付出了巨额赔款。

然而必须承认，世界上所有伟大民族之中，可以说中国实际上是唯一一个沦为鸦片瘾之奴隶的民族。印度人，特别是北方省的人，他们常吞服少量鸦片解除疼痛，缓解霍乱引起的腹部绞痛，甚至用它安抚孩子的哭闹，但是他们并没有嗜烟成癖。我在多次出国旅途中，曾经见到缅甸人、暹罗人、安南人甚至一些法国人经常光顾他们自己国家的鸦片烟馆，但这绝不能说这是一个民族的嗜好，而在中国本土居民和海外华人却是一种嗜好。在当今的马来亚，尽管有严厉的禁烟法律和高额罚款，却仍然可在大城市如新加坡、槟榔屿、吉隆坡和其他城镇看到无数中国人，从百万富翁到黄包车夫和卖面条的小贩，暗中沉迷于那难以摆脱的烟枪，以每磅1 000元的昂贵价格去购买走私鸦片以满足他们的欲望。的确，当今新加坡最赚钱的买卖是鸦片走私，涉及的资金数以百万计。来自印度、波斯、土耳其、暹罗、印尼，也许还有日本的轮船，他们通常在船上携带一定数量的鸦片，或是留在沿途某段偏僻海滩上等待快艇取走，或者偷偷通过海关进入这个殖民地。

这种长久以来对中国本土居民和海外华人具有如此令人神魂颠倒威力的毒品到底是什么？它只是一种来自罂粟（*Papaver somniferum*）带有特殊气味的棕褐色黏稠物。罂粟原产于波斯，这种植物平均4～5英尺高，叶尖多毛，开白色花朵，结卵圆形蒴果。切开未成熟期的蒴果，收得乳汁，然后干燥和压缩成生鸦片输出。它的花朵颜色多样，由白色到粉红、红色或紫色，远处看去，色彩艳丽，不易看错。辛亥革命后我在中国各地视察期间（1912—1930），在满洲、山西、陕西、热河、福建、云南、四川等地，经常见到色彩斑斓的罂粟覆盖着一望无际的土地。各地军阀希望靠它获得收益以维持他们的军队。适于罂粟生长的其他国家或地区还有土耳其、印度、小亚细亚、南斯拉夫、波斯和马其顿。罂粟适宜生长在热带和亚热带的肥沃土壤，不需要太多雨水。

埃及人、希腊人和中国人久已知晓鸦片的镇痛和催眠的药用特性。中国三国时代（220—280）著名的外科医生华佗在做大手术之前即让病人服用鸦片和印度大麻的汤剂。但总的说来，这两种贵重药物在医界之外用途很少。

阿拉伯人在公元9世纪即已懂得种植罂粟，并有时将其煎煮后作为药物，有时则作为提神的饮料。17 世纪荷兰人将烟草从爪哇带进中国。中国人将烟草和鸦片混合起来享用更觉惬意。后来他们不加烟草，发明了一种相当复杂的方法制作鸦片烟，很快便流行开来。这种程序在新加坡经过了改进，可以如此加以描述：为便于吸食，中国人使用一种鸦片提取物，称为熟鸦片（熟土），其中含有 8％的吗啡（鸦片所含主要生物碱）。制作熟土，有一道很长的将进口的生鸦片加以分解的工艺过程（我在早年学生时代见到过）。首先适当煮沸、蒸发，在专用的大锅加热和烘烤。随后再用水煮沸，压滤、蒸发，最后获得一种有特殊香气的糖浆状黑色物质。为便于出售，将其分成一盎司、半盎司及八分之一盎司的小块，早年用竹叶包裹，后来（政府垄断专卖权后）改用密封金属软管。抽鸦片时，吸烟者侧卧，用一种大小和形状与女士的头簪别无二致的针状金属棒挑取少许烟土，在小油灯的火焰上面不停地转动，直到鸦片烤到适当程度，再将其处理成圆筒形小片。然后将此小片置于约两英尺长烟枪的陶制小碗的细孔上。吸烟者的嘴含住贯通的烟枪末端，手握烟枪使陶碗对准灯，当鸦片烟泡小球被烧而卷曲时，便徐徐吸入所产生的烟雾。这个过程可能持续整整一分钟，直到这一小块鸦片完全烧光。可以反复吸食三四次。如果吸烟者是富人就有专人服侍，有时是他的太太或一个美人为他准备烟具，而帮手可得到免费吸进少许烟的酬劳。吸鸦片的场所或为整个房间，或为独辟之小室，弥漫着这种毒品的烟雾，朋友或意气相投者便在如此自由和酣畅的氛围中交谈或进行不可告人的交易。当吸烟者沉沉睡倒，就是散场的时间了。

1733 年之前，鸦片贸易主要由葡萄牙人掌握。开始时他们从印度的果阿向属于他们的中国澳门港输入 200 箱（每箱 40 个球形炮弹状鸦片）。以后英国商人到来，最初散乱经营，但后来形成固定方式，直到 1781 年，强大的东印度公司控制了鸦片的销售。其后这种贸易极其兴旺，如下表所示：

年份	箱数/箱	每箱平均价格/英镑	总计/英镑
1821 年	4 628	1 323	6 122 100
1825 年	9 621	723	6 955 983
1830 年	18 760	587	11 012 120
1832 年	23 670	648	15 338 160

由此可见，在 11 年内进口量即增长 5 倍。查考中国历史表明，古代中国人并不知道罂粟，因为“本草”，即中药学（已有 2 500 年的历史）中没有任何与它有关的记载，只是公元 973 年的一部传世医书提及外科医生华佗，以及 12 世纪一些医书作者推荐鸦片适用于肠道病痛。至明朝（14—17 世纪），鸦片被广泛应用于医药。如上所述，首先是葡萄牙人，然后是荷兰人把吸鸦片的嗜好传到了中国，很快便在各个阶层的中国人当中风行开来。1729 年，雍正皇帝颁布了禁烟令，禁止为吸食目的贩卖鸦片和开办鸦片烟馆。当美国商人进口鸦片时，英国人则更愿意用印度的品种来进行交易，以便增加印度的税收。关于这个问题，地方报刊上发表过无数文章。其中一篇如下：

看来鸦片几乎完全从海外输入，卑微的小官吏与不法商人首先带进了这种恶习。良家子弟和富裕绅商继而沾染，最终则蔓延到平民大众之中。学者和官吏，平民和军人均成了瘾君子，政府官员中几乎没有洁身自好者。在广州和其他海港城镇，酒楼旅店全部均开设鸦片烟馆。在北京，深宅大院内的贵妇人和她们的太监也照样吞云吐雾……

鸦片战争

尽管北京不断颁布法令，在广州的总督衙门也发布严厉的地方文告，鸦片贸易却持续兴旺，于是广州大港和澳门成了走私活动的中心。形势变得如此严峻，以至于北京政府于 1839 年派遣公正清廉的高官、福建人林则徐为钦差大臣前往广东，他是一位处事果断的著名学者。为了杜绝这种罪恶的贸易，林被授予巨大的权力，他可以采取一切可能的措施将鸦片从这个帝国中根除。他会见了英国方面的义律（R. N. Elliot）上尉，这是位得到广泛认可的人，自 1836 年起被任命为英国驻华商务监督。但是英国商人往往是一些寡廉鲜耻的人，他们为所欲为，决心不择手段维持这暴利的贸易，但是受道光皇帝亲派的林大人同样决心执行皇帝的命令。结果双方都犯了错误。义律上尉亲自来到广州以便于谈判，用他自己的话说，“为忠实实现皇帝的旨意，解决现存的困难和担忧的状态”。他恭敬地提出请求：“释放其他外国人员，以便他能够冷静地考虑，并建议采取适当的办法来补救皇帝陛下所严正谴责的罪恶。”

可惜，钦差林大人对这个友好表态的回应，却是下命令将义律软禁在他的临时住所 7 个星期，“武装人员日夜把守大门，以控制供食供水甚至剥夺生命相威胁”。义律抗议道：“我一直在和平且无可非难地履行着职责，所有事务都在尽力满足你们地方政府，难道你们竟这样对待一个被皇帝承认的友好邻邦的官员？”最终义律上尉被迫下达命令，“英国商人以国王的名义将他们手中拥有的全部鸦片呈缴帝国钦差”。花费数星期共收缴鸦片 20 283 箱。得到来自北京的皇帝旨意后，林钦差就在其临时住所附近的场地中以每天300箱的速度开始销毁这可憎的鸦片。这销烟场地是三个大坑，每个大小为75英尺×150英尺，有带闸门的水沟与河流相通。将每箱鸦片称重后，在高官面前打开，抛至坑中一个平台上，逐个将鸦片球打碎，然后用脚踢进下面存有石灰和盐水的坑中。这个过程完成后，便打开水沟闸门，这些犹如污泥的化合物便全部流进河里。一名现场目击者曾写道："官员们似乎采取了万全之策，以确保完全销毁这些毒品，现场被严密守卫，工人们都凭证入场。"林钦差最后向朝廷报告说，他此次共销毁了2 376 254斤鸦片，相当于320万磅或1 430吨。

义律上尉本人表示服从，尽管他对自己和他的同胞遭受到广州官员的侮辱和伤害表示遗憾，因为这些行为有损他的君主和他的国家的尊严。

此后鸦片贸易表面上被禁止了，然而外国商人仍在澳门为采取进一步行动而密谋，走私鸦片继续通过快速帆船运到广州。1839年9月扣押并没收了一艘悬挂西班牙国旗的英国船。于是一个英国海军将领带领着一支强大的舰队从印度派到香港。双方之间很快便爆发了战争，鸦片战争就此开始。

英国舰队首先占领了宁波珠山，然后进至通向帝国首都北京的北方港口天津。清廷惶恐不安，很快任命了一位满族官员琦善取代林则徐，而林则一度被流放到遥远的新疆伊犁。琦善本人不久也失宠，被流放到西藏，后来他就住在拉萨［琦善，1843—1847年任驻藏办事大臣，1854年逝世］。最后璞鼎查（Henry Pottinger）爵士被任命为女王陛下的全权代表与北京朝廷交涉，而郭富（Hugh Gough）将军指挥的增援部队连续占领了镇海、宁波和与南京隔江相望的镇江。朝廷派遣三名高官：伊里布（蒙古人）、耆英（满人）和牛鉴（汉人，时任两江总督）于1842年签订了《南京条约》，根据这个条约，中国将香港岛割让给英国，赔款2 100万银元，开放广州、厦门、福州、上海和宁波等 5 个通商口岸开展国际贸易。然而引发大规模战争的鸦片问题并没有解决，璞鼎查在受到他的国民们指责时曾说道："鸦片贸易是非法的，而且被中国的法律和诏令所禁止。"这场无休止的争论要等到另一场不愉快的战争来决定了。

与早期臭名昭著的鸦片贸易和 1840—1842 年间达到高潮而载入史册的鸦片战争有关事件的全部历史，是中英两个大国之间政治和商务关系中的一大污点，总而言之是一段可悲的历史。一个妄自尊大的民族，刚愎自用，其官员对外部世界又毫不知情，一怒之下便铸成了大错。中国尽管战败蒙受屈辱，却仍然坚持禁止鸦片，但是各国继续向大清帝国走私鸦片，掠夺这个国家的白银，而更多的中国人染上了鸦片瘾。大英帝国在巴特那、贝拿勒斯和阿格拉等地的工厂生产加工鸦片，采取各种方法改进其外观和品质，以便与土耳其、波斯和其他地方的同类产品竞争。1927 年我作为国际联盟的代表在印度旅行时曾参观过鸦片工厂。但参观时工厂已全部空置，因为 1916 年签署的十年贸易协议已经结束，中印两国间之贸易已经终止。

鉴于中国法律禁止鸦片进口，英国政府不会公然支持其公民违法，但是又以为自己没有服从这个法律的义务：那是中国的事！1843 年《南京条约》被批准后，璞鼎查爵士就警告英国公民不能带进鸦片，然而当一名英国海军军官试图阻止满载着罪恶鸦片的英国船只明目张胆地进行走私贩运后，他却被召回并派往印度，当时的英国首相帕默斯顿（Palmerston）勋爵竟说："他不能干涉英国公民的事业。"

这些情况被敏锐的英国作家科利斯（Maurice Collis）记载下来了。他创作了一本超然而幽默的书，谈及中英之间早期关系中的那个激动人心的时期，那是一个人类欲望如潮水般汹涌，良知沦丧，唯利是图的时期。科利斯创作的书是《外国泥土》（*Foreign Mud*），可直译为汉语两个字“洋土”。毫无疑问，此书是在第二次世界大战那些令人忧虑的日子里构思的，在那个时期有可能理智地思考和客观地评价事物，作者能够平心静气，以真正做学问的方式去钻研故纸堆与报告书。科利斯著作的价值在于其中附有许多描绘鸦片战争时期的珂罗版插图，可供不带偏见的人阅读。

1844 年初，《南京条约》被中英两国政府批准（1843）后不久，美国派遣顾圣（Caleb Cushing）来到澳门。他在这个葡萄牙人的港口附近的望厦村与中国签订了《望厦条约》。法国人继而效尤，在广州附近的黄埔签订了贸易条约（《黄埔条约》）。这些条约中最重要的条款，是当外国人与中国人发生争执，或在中国境内犯下任何罪行时，均由他们的外国领事法庭审理。换句话说，所有外国人都不受中国司法的约束，这样便使祸害无穷的“治外法权”制度得以确立。强迫中国放弃司法管辖权有三个理由：（1）中国的刑法典过于严厉，有些惩罚太残酷，这在当时是确实存在的，但是只要读过狄更斯的作品就会知道，倒退几年，英国的方法也并非无可指责的。（2）中国法庭腐败。在辛亥革命前，不允许地方法官在原籍任职，他们经常受当地雇用的那些事实上受到贿赂的下属所左右。（3）中国的监狱污秽，不卫生。对这种谴责，不禁使人想起第二次世界大战期间希特勒的集中营。当时被囚禁者所遭受的折磨远甚于不卫生。对中国人而言，放弃司法权是奇耻大辱，因为不容中国置喙，这个条约完全是强加于人的。然而与美国签订的条约较之与英国签订的稍有改善。后者没有提及鸦片，而《望厦条约》则规定：美国公民参与走私贸易或任何其他非法贸易，则不受美国政府保护。1858 年签订的《天津条约》中，鸦片从违禁品清单中取消了，承认其为合法进口商品，每担（133 磅）缴付关税 30 两白银（45 元）。

禁烟运动之兴起

在鸦片进口合法化以后，种植罂粟、制造与吸食鸦片之举在中国蔓延得异常迅速。中国人种植这种可憎的植物，主要是为了经济利益。既然外国人不肯放弃这种贸易，而本国民众又已沉溺于这种不良嗜好，他们必须自己种植罂粟，这样才能防止国家财富进一步流失。当然这种论点并不合常理，因为这样只会使其进一步泛滥和出现更多的瘾君子。云南、四川、山西、湖北、奉天和其他各省都将肥沃的土地留作栽种罂粟，为民众制备的粗制鸦片含有 8%的吗啡（更精制和更强烈的印度鸦片含 11%的吗啡），这样可以为家庭，乃至这个日见衰弱和委靡不振的国家节约一些钱财。官吏和富裕阶层可以吸食更芳香的印度鸦片，并维持正常的健康和充足的营养，而贫苦农民和工匠则不得不勒紧腰带，节衣缩食以满足鸦片瘾。烟瘾越来越大，体力劳动的能力便越来越弱，很快这些劳工便沦为懒汉和不可靠的人。为了找到更多的钱，他们纷纷出卖自己的财产，将土地抵押给高利贷者，继而这些财产便被抵债了，最悲惨的结局莫过于卖掉他们自己的妻子儿女。接踵而至的便是饥饿、慢性疾病和一座座乞丐的坟墓。在辛亥革命之前，这样的故事相当普通，友善的传教士的报告中屡有记载。

后来情况有所好转，仿佛这个世界的良知终于被唤醒。中国内地传教会和所有教派，特别是英国和美国的宗教团体，出版了他们在中国各地传教士的报告，描述了鸦片成瘾造成的骇人听闻的后果，并呼吁他们的政府和立法者制止这种贸易。在英国成立了抵制鸦片贸易协会，得到了国会议员和其他有影响力人士的支持，其中包括贵格会［基督教新教的一个派别]。于是普遍唤醒了那些明智男女的同情和义愤。中国的传教士们和其他朋友进行着反对鸦片恶习、谴责鸦片贸易的宣传。而中国自己，无论政府还是慈善机构都纷纷建立医院和戒烟所，治疗那些希望戒烟的成瘾者，然而似乎戒除者还是少于新染恶习者。此外，还有一些人被误导，转而陷入更有害的注射吗啡的癖好，不断增加的生物碱走私进了这个国家。

负责官员和高层政要早已深知鸦片瘾的多种危害。早在1783年，印度总督黑斯廷斯（Warren Hastings）就已经宣布鸦片"是一种不应该被允许的有害奢侈品，只有对外贸易除外"。几年后，东印度公司的经理写道："如果有可能除严格限制于医药应用外，对禁绝鸦片，凭我人类怜悯之心，我们将欣然接受。"这是多么崇高的表白啊！（如果不是公然的伪善）然而他们每年竟向中国出口成千上万箱毒品！

1843年，香港刚被割让不久，阿什利（Ashley）勋爵在议会提出一项议案，大意是继续鸦片的垄断与"基督教王国的荣誉和责任绝不相称"。多亏英国朋友所领导的不懈的风潮，还有坎贝尔－班纳曼（Henry Campbell-Bannerman）爵士领导的开明政府执政，莫利（John Morley，著名的编辑、作家和格拉德斯通的传记作者）以国务大臣的身份在议会发表演讲，公开宣布印度的鸦片贸易有违道德，如果对方当事人（即中国）也准备采取同样主张，英国政府愿意终止这种贸易。结果，1908年中英两国签订了十年协定，根据这个协定，"在中国着手停止栽种罂粟和禁止消费鸦片的条件下，印度输入中国的鸦片应以相同比例削减，并在十年之内完全终止"。据估计，在1906年有54 475担或700万磅以上外国鸦片输入，相当于中国本地生产的三分之一。根据1908年签订的协定，每年减少从印度输入51 000担的十分之一，逐年减少直到这种贸易被禁绝。而中国发现在自己一方执行严厉的法律以全面禁止种植罂粟更为可行，所以到1911

年英国即同意停止向已经表现无不良记录的省份出口鸦片。

尽管中国幅员广大又内战不断，却出色而忠实地分担了自己承诺的责任，因而1917年（比约定期限提前两年）乔丹（John Jordan，英国驻日内瓦鸦片咨询委员会代表）爵士宣布，中国几乎根绝了自己的罂粟种植。这个消息令世界惊奇而满意，表明在古老而保守的中国，一旦其人民开始行动，便会不惜巨大的财政损失，实现一次国民道德的普遍提升。1909年，经西奥多·罗斯福（Theodore Roosevelt）总统倡议，国际鸦片委员会会议在上海召开，共有13个国家的代表出席。在他们的建议基础上，形成了1911—1912年在海牙举行的国际鸦片会议上签署的第一个禁止鸦片公约（1912）。我曾作为中国官方代表之一参与签署这个历史性的公约。这个荣誉令我激动不已，此前我在槟榔屿五年行医生涯中，曾经致力于禁止这种罪恶贸易，却遭受了巨大的痛苦和磨难。于我而言，我此时似乎已见到最初的梦想成真了。

在此期间，马来亚的禁毒活动也达到一个高潮。当时这个地方有两个名称：海峡殖民地和马来联邦。前者由新加坡，槟榔屿和马六甲组成，由伦敦的殖民地部直接控制，总督驻新加坡、槟榔屿及马六甲分别委任驻守官员。而马来联邦的各邦名义上是由自己的苏丹管理，受新加坡的总督，同时也是马来联邦的高级专员的保护。当时鸦片贸易已被转包给由海峡殖民地富有的金融家组成的一个华人财团，后被政府自己接管，由在英国上过大学的人员负责。马来联邦采用成箱推销的方式，将印度生鸦片（每箱40个球形鸦片）出售给矿主或房地产业主。所纳关税，最初每箱750元，随后升至每箱3 000元。与海峡殖民地的烟酒饷码公司不同，马来联邦设有收税的公司，这些公司授权财团垄断赌场和烧酒专卖。肯定会令来访的外国游客震惊的是，矿工和建筑工人是那样毫无节制，把辛苦赚来的工资耗费在鸦片、赌博、酒精和妓女上，最后只得在那些向政府注册过的肮脏妓院栖身。所谓的华人保民官是一位很有权势的人，其总部设在新加坡或吉隆坡，还有许多助手分布在槟榔屿、马六甲、怡保、太平、柔佛和其他重要城镇，当涉及华人事务的重要决定需要说明或支持时，政府和华人领袖便会向他咨询。

在它们全盛时期，烟酒饷码公司通常提供了海峡殖民地和马来联邦税收的一半，而且经常还有更多的盈余被政府用于各个方面，如为宗主国进行第一次世界大战捐献了一艘军舰（皇家海军马来亚号），延长马来亚铁路线，以及其他改善工程。第二次世界大战刚开始时，政府在银行的存款已超过 7 000 万元。

在我早年充满狂热的日子里（1904—1907），经常在《海峡时报》、《海峡之声》和《马来邮报》等报刊上频繁地发表文章，提醒人们注意鸦片贸易和聚众赌博的罪孽，指出这些活动尽管给政府带来巨大收益，却损害了民众身心健康。我之所为，招致官员和资本家的不满。而这些人为这种政策寻找的借口总是说："你希望我们去做什么呢？鸦片能保持民众安定和守法，赌博满足了他们千百年来根深蒂固的癖好，嫖娼解除了他们被压抑的激情。而且这种公司最利于征税。"他们根本不考虑社会福利，如免费的初等教育、露天音乐会、儿童游乐场、廉价的海滨疗养地、免费医疗服务以及现在被认为对国家福利所必要的其他事业。后来我到满洲工作时曾定期访问马来亚，我受到俱乐部、公共协会以及许多头面人物的欢迎，这些人中有如马来联邦布政司马克斯韦尔（George Maxwell）爵士、克利福德（Hugh Clifford）爵士、古德曼（Goodman）、米德尔顿（Middleton）、考恩（Cowan）和里奇斯等。我得出这样的判断：以前反对我针对当时的陋习发起的运动的那些人，是由于他们的职责，而不是任何个人对我为社会服务的敌视。无论如何，那个时期已经一去不复返了。更年轻的新一代已经出现，他们甚至是更激进的行动者，较之我们那个时代，他们能够更自由地表述和行动，更可望在不远的将来实现自治。

英国的工党政府决定终止印度和中国之间的鸦片贸易，英国众议院也一致通过决定："众议院重申它确信印中之间的鸦片贸易有悖道义，要求女王陛下政府采取必要的步骤迅速结束。"此后，从前主张继续进行贸易的各个殖民地决定改变政策。1906 年，两名英国国会议员（泰勒先生、莱德劳爵士）访问马来亚。霹雳州禁鸦片协会赠送给他们一幅绣有汉字的锦旗，上面是一首诗：

我们这些华人子孙，
空虚的心中竟被幻渺的快感填满。
鸦片流毒正在泛滥，毁灭就在眼前。
往昔灾难的阴影让我们委靡不振，
我们活着，但显然这不是人的生活
——何处是明天？
我们为你们高唱赞歌，
你们自远方带来光明。
从那被忧伤绝望的茫茫黑夜，
将我们的灵魂从罪恶的陶醉中拯救。
醒来吧，醒来吧，
新的开端在向你招手！

在新加坡，1907 年 7 月 19 日英国女王授权，任命一个委员会调查海峡殖民地烟毒泛滥的程度，并向政府提出应采取哪些步骤的建议，"使之最小化并最终根除由此产生的不幸"。这个委员会的成员有安德森（John

Anderson，主席）先生、加洛韦（D. J. Galloway）博士、陈烈金（Tan jiak－kim）先生、奥尔德姆（W. F. Oldham，美国卫理公会主教）牧师、米德尔顿（W. P. C. Middleton）博士和埃德林（E. F. H. Edlin）先生。他们传唤了各方面的证人，其中包括我的一位叔父。我的叔父从事开采锡矿而致富，可享受最舒适的生活。他说他鸦片成瘾已经20多年，消耗的烟土数量相当可观，虽然体瘦，但始终很健康。因此在他看来，吸鸦片并不像改革者指出的那样糟糕。他和加洛韦博士都没有提及劳工当中可怕的后果，那些人力车夫和其他贫穷的劳动者不得不花费他们大部分工资去满足鸦片烟瘾；那些主张吸鸦片的提倡者置这些无奈的成瘾者于不顾，而这些人中有许多最终由于缺失营养的食物而早死，因为他们所有的钱都换成了邪恶的大烟。尽管有这些提倡这种恶习的人，委员会最终仍决定顺应时代的要求，建议彻底改变这种毒品的销售与分配办法，以便与宗主国政府的政策保持一致，今后不反对禁鸦片团体的活动。

一旦鸦片在中国变得稀缺，那些贩毒者便开始进口毒性更大的生物碱吗啡，最初公开地，后来则暗中从各个毒品制造地区带进这个国家。1902年和1903年，英国、美国和日本与中国签订商业协定，同意禁止向中国出口吗啡（医药用途除外），但是外国侨民享有治外法权，即使被抓获，中国政府也不能惩罚。这关乎慈禧太后的声誉的难题，一直困扰着这个帝国。除了与英国缔结十年鸦片协定，她命令立刻关闭全中国各地的所有鸦片烟馆，同时鼓励建立收容所，治疗烟瘾受害者。遗憾的是，当中国城市的烟馆被坚决关闭，新的更大的烟馆却在殖民地和外国人控制的租界开办起来。葡萄牙人管辖下的澳门成了人间罪恶的渊薮，那里卖鸦片、开妓院，赌博盛行。特别是上海的公共租界和法租界，他们蔑视中国法律，鸦片成瘾者聚集烟馆尽情享乐，同时也给这个区域带来了收益。

出席国际禁毒会议

尽管1912年1月23日12个参加国签署了《海牙禁止鸦片公约》，同意颁布有效的法律法规禁止滥用鸦片和其他成瘾药物，但不是所有的国家都批准了这个公约。1913年7月，在海牙又举行了一次会议，邀请了46个国家出席，有42国签署了协定。但土耳其和塞尔维亚两国拒绝签字，因为它们是主要的罂粟种植国。我第二次作为中国政府代表出席，颜惠庆（外交部次长）为首席代表。这次会议决定邀请所有没有参加签署1912年的公约的国家到会，但是我从发言者的语意和会场外的交谈中能够看出，许多国家曾经深深涉入鸦片贸易，或是渴望保住这笔来自他们殖民地的非法利益，因而只不过在道德修养方面做些表面文章而已。会后不久，我于8月前往伦敦，出席盛大的国际医学会议，共有8 000名医师到会。会后我越过大西洋首次访问美国，参加在布法罗举行的学校卫生会议。

1914年6月，第三次毒品会议（范围扩大，除鸦片外包括其他成瘾药物）在海牙召开，履行前次会议的决定。这一次，46个国家中有44个签署了1913年的第二个公约。截至1914年年底，只有4个国家（美国、中国、荷兰和危地马拉）明确地批准了第三个公约。之后第一次世界大战（1914—1918）爆发，停止了进一步的磋商。

在根绝鸦片危害方面，中华民国比大英帝国在初期表现出更大的热情。他们采取了激进的法规，在一些省份，将违反新法律的吸鸦片者处死。遗憾的是，1917年内战爆发。军阀依靠种植罂粟筹款以供养其私人军队，而且肆无忌惮地进行贸易。特别是日本人，他们毫无顾忌地开始向这个国家大量走私吗啡，因为他们享有治外法权，中国政府束手无策。

就在这个时候，我找到一位坚定的支持者，英国新闻记者伍德海（H. G. W. Woodhead，后在第一次世界大战中服务，获英帝国大十字勋章）。人们可能记得，这位绅士最初是到上海加入了《字林西报》的报道团队，但是不知为何与经理意见不合，后被施肇基先生雇用，在1911年4月奉天万国鼠疫研究会上担任秘书和速记员。伍德海是一个敏捷和细心的工作者，他的每日报告和会议记录得到代表们很高的评价。会议结束后，施肇基先生推荐他去《京津时报》，这是英国财团在天津出版的一份日报。在这里，伍德海表现出色，很快升任主编，他同时还把自己的积蓄投资于公司的股票以获利。

伍德海写作风格如行云流水，当地英国人非常欣赏。他起草每日头条时事新闻很少超过半个小时。尽管他对大多数中国人怀有友好感情，但他的政治态度却表现出反华偏见，因而为领导人所不容，然而他们仍钦佩他的才华。不过在一个问题上他完全站在中国人一边，那就是他毫不让步地反对他的同胞和他们的盟友日本人进行的鸦片和吗啡贸易。在中国北方，人们会遇上那些阴险而傲慢的“小鬼子”，他们为非作歹，公然在药店柜台上出售毒粉，不经消毒便把吗啡溶液直接注射到那些衰弱的人力车夫和半饥半饱的劳工体内，而且从他们的银行无限制地贷款进行罪恶的毒品贸易。不过这位通情达理的英国人与我的另外一位朋友陈友仁总是唇枪舌剑，陈友仁是特立尼达的殖民地华侨，他当时在《京报》（*Peking Gazette*），后来在《上海新报》（*Shanghai Gazette*）主编政治栏目。尽管他们在各自的报纸上措辞尖刻，但我觉得他们却是互相尊重的。

我作为中国政府的官员，经常与伍德海交换意见，他是禁毒事业的一位强有力的英国支持者，他愿意在他的日报上发表这类照片，其中包括海关收缴的封包毒品、可怜的吸毒者和揭露这个行业的其他违法行为等。依靠他的合作，我得以为我的各类讲演和文章收集许多宝贵资料。他每年编辑出版的《中国年鉴》上，我也经常为他提供有关中国的卫生和传染病的文章。

1917 年在广州举行的联合医学会议上，我宣读了一篇题为“吗啡的威胁”的论文，指出尽管在中国种植罂粟和吸食鸦片已经被禁止，但一种新的威胁已经取代旧的恶习，这就是注射吗啡。在当时，供应这种生物碱的是两个臭名昭著的公司，分别在爱丁堡和伦敦。英国官方统计数字表明，自 1911 年开始输出吗啡，当年为 108 546 盎司（5.5 吨），1914 年即增至 504 202 盎司（14 吨），而 1916 年估计不会低于 16 吨。这些毒品大部分被日本买走。日本进口吗啡的数量，从 1911 年的 1.5 吨增加到 1914 年的 12 吨，通常是经由西伯利亚以邮寄挂号包裹的方式输入。当它们抵达日本后，这些吗啡立即被分装成小包或小瓶，贴上不同的标签，诸如纯吗啡、白粉、忘忧药、梦幻长生药等等，经由大连、安东和台湾公开出口或走私进入中国。在满洲，几乎每个日本贩毒者和零售商，都会以这样或那样的方式贩卖白粉而不受惩罚，因为中国警察在未事先通知领事馆并得到批准的情况下，不能逮捕日本人。这些代理商再将毒品倒卖给那些不法中国人。而这些中国人则经常出入于苦力聚集的场所，为苦力们注射他们的吗啡液。注射过程通常非常肮脏，用玻璃、金属，甚至空心竹管进行皮下注射。任何中国人从事这种交易若被发现，将严判两年监禁，但主犯日本人却能逃脱。这种吗啡嗜好最初是由新加坡回归汕头的移民带进中国的，立即迅速在附近一带传播，然后传入福建。广东人则值得称赞，虽然他们钟爱烟枪，却从不低三下四去屈从肮脏的针筒。我在满洲多年，亲眼目睹这种罪恶的毒品在人群中造成的可怕的灾难，一半以上的囚犯身上可见针眼，在哈尔滨、吉林、长春和齐齐哈尔等城市的大街上的职业乞丐受害最多，冬季里收集的数以千计的尸体上，身上都留有注射吗啡的针孔。这种情况当然比以前吸鸦片更糟，注射一针仅花 5 分钱（一个便士）便暂时过了瘾。经销商获得了暴利，在伦敦盐酸吗啡的批发价格是每盎司 10 先令 5 便士，日本经销商销售到中国则多达每盎司 6 英镑 8 先令。如出售 6.25 吨，经销商可获净利润 840 000 英镑！

要了解事态的这种异常发展，我们应该重提分别于 1910—1911 年、1913 年和 1914 年在海牙召开的三次国际鸦片会议。在第一次会议上，拟订了一个公约，所有与会国（德国、美国、中国、法国、英国、意大利、日本、荷兰、波斯、葡萄牙、俄国和暹罗）同意彼此合作限制鸦片、吗啡、可卡因以及其他类似毒品的荼毒；在第二次会议上，全世界 46 个国家中有 42 个同意签署公约；而在第三次会议上，仅美国、荷兰、危地马拉和中国批准执行公约条款生效。这些条款中有两项专门涉及吗啡及其他生物碱，即：

第 9 条　缔约国将颁布药品法律法规，以便限制吗啡、可卡因及其各自的盐类之生产、销售和使用，使其仅限于医药与合法应用，除非已经存在这种法律。他们将彼此合作以防止这类药物用于任何其他目的。

第 14 条　缔约国将应用法律法规监管吗啡、可卡因及其各自的盐类之生产、进口、销售和出口：(a) 医用鸦片；(b) 含有 0.2%以上吗啡和 0.1%以上可卡因的所有制剂（正式的或非正式的，包括所谓戒鸦片药物）；(c) 含量在 0.1%以上的海洛因、它的盐类及制剂；(d) 吗啡、可卡因或它们各自盐类的每一种新衍生物，或任何一种经科学研究认定将引起类似药物滥用或产生同样的有害效应的鸦片生物碱。

如果这些条款连同公约提供的其余机制得以付诸实行，则对控制成瘾性药物的生产和分配将大为有利。但是 1914 年爆发的第一次世界大战中止了进一步的行动，直到 1919 年 6 月 28 日协约国取得胜利并在凡尔赛签订和约。

在上海监督销毁鸦片

如前所述，中国忠实承担了 1908 年鸦片协议规定的份额，至 1913 年民国全境实际上已经停止了罂粟种植。因此印度政府同意立即终止向中国市场出售鸦片。另外，10 月 15 日内务部发布了药品商人管理法规，同时规定鸦片和吗啡仅限用于纯医药目的。随后于 1916 年 11 月 16 日颁布新的总统命令，劝勉民众再接再厉坚持到底。

犹太商人集团始终是毒品贸易的主要推动者，他们开始加紧向中国出口鸦片，在上海大量囤积。他们照例被治外法权保护，不受逮捕。经过多次信件和公文往还，达成了一笔交易，即以中央政府名义按每箱 9 000 元的价格收购大约 1 500 箱印度鸦片。中国为此总计花费 2 400 万元。此举遭到强烈抗议，总统徐世昌于 1918 年 12 月 4 日颁布命令，将所有鸦片残余物（已用于制药后的）全部烧毁，以证明中国不惜代价禁止罪恶鸦片之决心。

陈遗范先生（外交部驻上海专员，前中国驻伦敦公使馆一等秘书）和我一同被任命为特派员，会同司法总长张一平监督销毁了 1 207 箱鸦片（每箱 133.5 磅），连同销毁的还有海关此时已查获的其他毒品，以及口岸的海关与其他政府机构收缴的一批烟具。由于这些违禁品都存储在怡和公司（Jardine Godown）巨大的仓库中，距离黄浦江和海关大楼都很近，就在公司院内专门用砖砌了一个炉子来焚烧这些昂贵却害人的商品。芳香（对某些人而言）而状如炮弹的鸦片球先被切成小块，然后投入炉中炭火上，同时投入的还有各种质地的烟枪，从镶银的象牙和瓷质工艺品到粗制滥造的小孔竹管。人类的天才头脑竟用在醉生梦死上，真令人遗憾。邀请前来观摩这次行动的客人有领事和商业公司的代表，这是个漫长的过程，观摩者享受着饮料和点心的招待。此次行动从1919年1月8日持续到27日。或许将这些价值不菲的药物（包括数百磅吗啡）移交医院用于减轻病痛似乎更适当也更合算，但是其数量太大。而且政府急于向世界表示，为禁止这种危害它的人民的邪恶贸易甘愿不惜任何代价。

我在《中华医学杂志》（第6卷第2期，1920年）发表的题为“毒品问题的最新阶段”的第二篇文章中，说明了1911—1919年间毒品进口的急剧增长，绝大多数是吗啡走私。我提供的数字表明，1911年进口208 540盎司(5.75吨)，1919年则不断增加到超过100万盎司（28吨）。换言之，8年之内，几乎增长5倍！显而易见，某些国家的政府通过生产和分派毒品，实际上是在鼓励这种非法贸易，而法国、日本和瑞士应承担主要责任，尽管事实上1914年6月，46个国家中有44个签署了1912年鸦片公约。在海牙还提出了一项特别协议，即愿意推行公约的签字国可以开始执行而不必等待其他签字国的批准。签署这个特别协议的国家是中国、美国、荷兰、危地马拉、挪威和洪都拉斯。

中華醫學雜誌

本會消息

民國八年之職員

本會諸職員乃由廣州大會所推定蓋因本年大會未開各職員祗得暫為繼續此乃仿照博醫會暨西洋各學會之成例有不能引退之勢一俟明年舉行大會時重行推舉此職員等所欲報告於諸會員者惟會務日多一日辦事者乏善可陳殊為耿耿耳

會長伍連德蒞滬焚土

上海海關存土一千二百箱奉徐大總統之命令頒一律查驗焚燬乃禁煙政策之一要著也自英國運土入華害華民之受煙毒者何可勝計近年來禁煙政策雖曾陽奉陰違以致優秀國民日稀而萎靡不振者漸衆此次大批焚燬不僅對於友邦表示真摯之心抑且喚醒吾民於優游之夢本會會長伍連德博士代表外交部於一月初旬到上海驗查存土並監視焚燬

本會消息　民國八年之職員　會長伍連德蒞滬焚土　一

1918年《中华医学杂志》关于伍连德参加销毁鸦片的报道

1919年缔结的和平条约，附加了以下与毒品贸易有关的重要条款

（第10部分第2节第295条）：

那些尚未在1912年1月23日海牙鸦片公约上签字，或已经签字但未获批准的缔约国，同意使上述公约生效，为此目的应不再延迟颁布必要的法律，务必在本条约开始生效的12个月之内实施。

此外，他们同意，尚未批准本条约的国家在各个方面被视为与已批准该公约国家等同，在海牙签署的特别协议，与为促使鸦片公约生效的1914年海牙第三届鸦片会议的决议是一致的。

为此目的，法兰西共和国政府将向荷兰政府提呈一份经核证的存档认可本公约协定的副本，并接受和备案该经核证的副本，等同于已备案认可该鸦片公约以及1914附加协定的让渡。

换言之，以上文雅的措辞意味着，和约的第295条在1920年1月10日经德国批准后开始生效，而英国、法国、日本和意大利将有可能立即采取措施，以控制和管理鸦片及类似毒品的生产与制造。尽管有了海牙鸦片公约和特别协议，但对于贫弱如当时的中国等国家来说，依然是多么困难，中国被某些人当做半殖民地，面对的是为富不仁并以强权政府为其后盾的毒品制造商们合伙对抗。在这种情况下，并非所有严峻的法律及禁毒组织的努力，就能战胜那些无法无天的走私者，他们享有治外法权，并且能够肆无忌惮地利用由他们国家控制的、遍及中国四面八方的邮局。

我于1920年收集的有关毒品的信息有必要加以复述：

1. 即使一些国家也许已批准该公约，在全世界46个国家均批准1912年的海牙鸦片公约之前，它不能付诸实施。

2. 由于被法律禁止，毒品（鸦片、吗啡、可卡因、海洛因等）不能直接输入中国，但是英国政府允许每年向日本出口大量吗啡。统计数字表明，日本1918年收到了600 228 盎司吗啡。

3. 日本贸易收入显示，1918 年公开从美国进口了 113 000 盎司吗啡。

4. 1919 年，美国进口了 564 000 磅生鸦片，估计是用来制造吗啡。

5. 毒品走私者主要利用日本、台湾、青岛、大连、安东、香港、澳门、新加坡、西贡等港口从事违法贸易。

6. 仅青岛港（当时日本管辖）一地，每年至少有 2 500 箱鸦片走私进入山东省。每箱课税 4 000 两白银，支付给日本占领当局。

7. 1913 年，走私 6.25 吨吗啡估计获利 800 万元；1918 年，进口 22.5 吨，获利可达 3 000 万元。

8. 每一个日本药商、典当行掮客、小商贩、妓院老鸨以及小店主都是潜在的吗啡销售者，极少例外。

9. 直到 1915 年，只有两个国家（英国和德国）拥有制造吗啡的复杂机器。但后者在 1919 年后被销毁，不列颠群岛的贸易迅速增长。日本为了制造毒品，在台湾、大阪和大连设立了工厂。有一次在来自日本的轮船上查获 3 500 盎司海洛因。

10. 在天津一家以从事广泛的这种贸易而闻名的日本药房，每盎司吗啡定价 700 元。

11. 尽管那时已有法律，但成吨的吗啡可以从英国取道纽约，通过旧金山保税，转运至神户并且在该港口转到其他船上，并无须进入通常的货物贸易报关手续，即由此地运至大连和青岛，再分送到中国各地。

12. 1920 年开始，朝鲜由政府主持种植罂粟。

揭露毒品荼毒的宣言书

1925 年 10 月在东京举行远东热带医学协会第六次会议，除了两篇关于鼠疫的论文之外，我理直气壮地宣读了一篇《毒品与公共卫生问题》的论文。这是一篇揭露毒品荼毒的宣言书，指出毒品对那些吸毒成瘾的劳工、工匠和某些知识分子荼毒之甚，既导致受害国经济崩溃倾覆，又使相当部分工薪阶层道德沦丧。“是什么更能使人堕落？”我说道，“尝闻人言‘吸鸦片不比酗酒更糟’，或者说‘酒精利于西方，鸦片益于东方’，或者危言耸听地说‘如果剥夺劳工最喜爱的毒品，将导致英属马来亚和荷属东印度劳动力短缺’。”这种论调受到英国医务官员发表的报告痛斥，他们负责管理在法国的95 000名中国劳工（1916—1918），这些人“没有人吸鸦片，心满意足并且在需要时再来”。实际上为鸦片贸易商辩护的真正原因，是某些地区相当部分的国家财政收入来自毒品贸易，诸如印度（2.8%）、英属马来亚（28.6%）、香港（22.4%）、澳门（40%）和海峡殖民地（42.9%）。主张鸦片贸易的人经常举出一些应用鸦片有作用的疾病，如疟疾、鼠疫、霍乱及其他热带感染性疾病作为例子来为他们的勾当辩护。某些英国官员竟时常声称鸦片成瘾对西方人可能有害，但对中国人有益，因为毒品减轻疲劳和防止吵架。我在鼠疫和霍乱方面的经验自然使我有资格发表意见而不担心反驳。我指出，以任何方式滥用毒品都对病人不利，正相反，参加防疫的当地草药医生，常常就是鸦片成癖者，他们可能会因某种虚假的安全感而麻痹大意，而且他们不懂流行病学，自己会不必要地暴露于感染中而造成死亡，首先是他自己，其次便是他的家属。结核病，特别是肺痨的病例，其症状之一为经常咳嗽，病人往往求助于鸦片烟枪缓解病痛，但是，如果他长期生活在没有阳光和新鲜空气的黑暗的房间中，即使咳嗽和吐痰可暂时缓解，也可能无法治愈。另一些令人痛苦的疾病，如伴有消化性溃疡或不伴有该疾病的消化不良，通常在心脏附近频繁出现的心脏烧灼感疼痛，朋友便会建议用鸦片烟枪来缓解。此时用鸦片或许可以暂时缓解疼痛，但是除非对这个病人丝毫不放松地关心，病人很快就会上瘾，从而成为家庭的累赘。无论如何，未受过培训的家庭或外行的建议，对于病人来说是很难代替科学的医疗与护理的。鸦片还对其他病痛有作用，例如患过神经痛、偏头痛、支气管炎、糖尿病、肾脏疾病、肠和直肠病、妇科病、梅毒和其他疼痛的病人，都曾轻率地被迫拿起过鸦片烟枪。

在1920—1930年间，有一种常见的毒品海洛因（乙酰氯处理过的吗啡），会导致严重的成瘾性，最易使人道德败坏。因为它的毒性是吗啡的3倍，所以更小的剂量就能满足瘾癖。开始以鼻烟的形式使用海洛因，也可用普通烟斗将它掺在烟丝中或掺在纸烟里吸入。它无须皮下注射，尽管它的催眠作用不如鸦片和吗啡，但有很大的提神作用，会使人的个性膨胀，增强个人自信，结果做事不顾后果，胆大妄为，毫无歉疚感和责任感。因此海洛因是罪犯最爱使用的超级毒品。它在美国扩散并造成了广泛而严重的破坏作用，因此1924年6月7日美国国会通过法案，彻底禁止制造海洛因，甚至连医用也禁止。不幸的是，这种危险的毒品却大量进入华北和满洲。中国人将其称为白粉（白色粉末），把它加进纸烟，在一段时间内对民众造成了巨大伤害。不过这种狂热终于过去了，但是常见的吗啡又卷土重来。

在东京人山人海的会场中，我向同行们发问道："医疗行业，特别是那些肩负公共卫生职责的人应取何种态度？我认为对待毒品问题，应该采取更有力的公共卫生措施（如今我们把它作为社会医学的一个分支），如同预防黄热病和疟疾一样，我们要像抽干池塘以消除引发疟疾和黄热病的蚊子滋生地那样。作为专业工作者，应向有关政府部门呼吁，应根据1912年海牙鸦片公约的规定，严惩毒品犯罪。"

最后我向会议提交了一项书面决议草案，提出"鉴于鸦片和类似毒品在东亚广泛滥用，1925 年在东京举行的远东热带医学协会第六次会议将这种犯罪事实记录在案，以证明迫切需要限制它们的生产、销售和分配，严格控制其在医学和科学研究中的应用”。

我在某次医学会议上，尤其是在日本举办的会议上大胆提出这样一个问题，令相当多的日本同仁非常惊讶，但是对这个会议决议的措辞，较之我先前对待毒品的激烈态度，实际上是相当温和的。当提交表决时，日本代表团弃权，但其他代表都支持我，尽管它带有政治色彩，但决议获得通过。

政府与禁毒

我在中国发表的关于鸦片问题的最后一篇重要文章，刊载在 1931 年 1 月 18 日上海出版的《民族周刊》上。在文中我再次提醒人们注意自 1917 年起重新种植罂粟的现实，在此之前，兄弟总督赵尔丰和赵尔巽曾取得非凡的成功，他们在清王朝末年，三年任期内彻底根除了他们管辖地区的罂粟种植。但是由于军阀之间连年战争，需要为他们的军队筹措军饷，于是再次生产鸦片。估计 1930 年前收购量已达约 200 000 担之巨。戒烟局现在已经名实不符，宁可看做当地政府的鸦片税征收处，税收的需要完全取代了所有人道的动机。尽管学校还在警告学生拒沾鸦片恶习，政府要员却不以征收麻醉品税为耻。税金总计每年超过 100 万元，都消耗在军阀之间无尽的战争中，根本无益于国家。

在欧洲当地，由于连续经历两次世界大战，人性渐趋恶化。早年，毒品制造集中在不到 10 个工厂，但现在超过 140 个。鸦片和其他毒品的最大生产者之一是土耳其，根据国际联盟提供的最新报告，其生产了 5 200 千克吗啡和 8 650 千克海洛因。由于对时髦、形式方便的烈性毒品不断增长的需求，以及松弛的商业准则和职业道德，毒品走私者形成了销售网，在全世界经销配送和供应这种毒品。国际联盟的工作人员也经常感到困惑，不知如何应对这日益增长的毒品威胁。在旧金山、纽约、新加坡、仰光、上海、天津、香港、马赛等海港，事实上几乎所有大海港的海关当局都大批查获毒品，表明这种非法贸易已经是多么兴旺和有利可图。著名的女演员、电影明星、貌似高尚的商人、高深莫测的百万富翁、忙碌的牙医和其他医师都与毒品受害者为伍，甚至还有毒品经销商。这种可悲的局面，那些主要的欧洲国家要谴责的首先是他们自己的国家，因为过去他们曾经设想吸毒瘾癖只应在“属民”或落后种族中流行，而这些人自甘堕落于他们无关；此外，他们还辩解道，“土著”因恶习而课税，便会对自己的国民少征合法税收。1912 年海牙会议后，这些政府并不打算将他们签过字的公约付诸行动，而是年复一年渐渐背离了当初的理念，而这些公约并非强制性的义务，于是他们刻意回避。这正是为何中国和美国代表拒绝在 1925 年的条约上签字，并退出日内瓦会议室的原因。如果国际联盟领导人有诚意，毒品问题可能早已解决。我与我们另一位正式代表吴开城先生联名，请求建立一个在国际联盟管辖下的麻醉品中央工厂，全权负责制造生物碱供应全世界合法与医药需要，然后关闭其他工厂。制造的数量可按国联专家确认的每个国家每个居民 450 毫克为基数计算。然后这个国联的工厂作为现有的中央控制委员会的正式代理者，担负起这些毒品的分配和销售任务。最后，建立一个研究部门，着眼于改善当前这种不佳状态，开展成瘾性药物的生物化学研究。反对集中化的人提出两项异议，即在各独立国家中已有的既得利益者需要提供补偿，再则是担心在战时会出现

“麻醉品奇缺”的情况，而国联工厂可能无法提供全部必需的麻醉品。然而，如果国际联盟为了保卫和平和人类幸福，当仁不让充当起各国的“超级政府”，如此善举，较之引入一支国际警察部队维持国家秩序，定将更加易行。不料此事尚毫无进展之际，纳粹在德国夺得政权并侵占了部分欧洲地区，成为1939年开始的第二次世界大战的序幕。

在中国，国家卫生部在南京成立，准备进一步尝试通过专门的医疗团体对吸毒者进行有系统的治疗。为达到此目的，建立了两所医院，一所在南京，另一所在北平，这两所医院都有医学专家妥善指导和专业护士护理。使用的药物中有由蛋黄制备的卵磷脂，据认为将其逐渐输入给成瘾者，会使他们厌恶鸦片。1933年2月，南京戒烟医院开办，共有150张病床，其中120张免费；北平的医院拥有80张病床，全部免费。可是试办3年后，没有找到有效的解毒剂，医院改作其他用途。

附带在此提及一件往事。清朝末年，我碰见过一个美国人，名叫汤斯（Towns），在他的国家取得一些禁烟成绩后，志愿到北平来有选择地治疗一些鸦片成瘾者。后来我才得知，汤斯先生只不过用了一种大剂量的马钱子碱和莨宕混合物，尽管他对其效果深信不疑，事实上对成瘾者的效果并不持久。

从第二次世界大战开始，吸鸦片恶习已经侵入到某些国家，如伊朗，缅甸、暹罗和印度尼西亚。特别是伊朗，在其首都德黑兰建立了25个治疗中心，收容了8 000名成瘾者。尽管在这个国家吸鸦片被视为违法，但可以想象这种恶习很普遍，每四个家庭至少有一个人是毒品成瘾者。该国生产的800吨鸦片中至少有一半被居民消费。华盛顿美国财政部麻醉品局的安斯林格（Harry Anslinger）局长报告称，有两个共产党国家走私毒品到美国，以便获得美元和战略物资。他指名某些公司和代理商雇用中国、日本和朝鲜国民将海洛因偷运进日本，再由此处出口到其他地方，包括美国。一个国家每年应可获利 2 500 万英镑。

马来亚的鸦片状况

现在让我们转向马来亚的状况，毋庸置疑，这里是大英帝国最富裕、最繁荣的殖民地。如前所言，直到第二次世界大战结束，海峡殖民地通常包括新加坡、槟榔屿和马六甲，这个半岛组成马来联邦，名义上苏丹统治，但实际被英国顾问控制。他们接受高级专员指令。战后新加坡仍然是英国殖民地，首脑是总督，而马来联邦改变为马来亚联合邦，加入了前殖民地槟榔屿和马六甲。这些地方都被一个与他们专职的总驻扎官管辖，他的总部设在位于新加坡和槟榔屿之间的吉隆坡。按当前的人口组成，新加坡殖民地华人更多（150 万总人口中，华人近 100 万），超过其他民族总和；而在马来亚联邦，马来人数目超过其他种族，比例为 6∶4。华人尽管是少数族群却占有优势。他们的祖国久受鸦片荼毒，看来已随着华人进入了这繁华之地。虽然在富裕的马来人和暹罗人家庭中也有少数堕落分子，但 90％的吸鸦片者是华人。尽管英国一贯承认其签署过的国际协定和海牙公约，而且有善良华人组织的禁鸦片协会也在不懈地奋斗和努力，但是吸毒，特别是吸鸦片这种生活方式，在许多过去来自汕头和厦门的移民中，看来已根深蒂固。在有声望的广东移民中，如今在成瘾者中所占比例很低。尽管严禁鸦片，罚款甚巨，而且战后推广的社会改革提高了生活标准，但依然可以见到那些迷恋于肮脏有害的鸦片烟枪的人，实在很难理解马来亚华人为何热衷此道。当然，与 1903—1907 年的人数比较，现在成瘾者相对较少，当时为了禁止这种恶习我和我的朋友是那样艰难地开展过工作，但是仅新加坡一地，可能仍然有上万名鸦片受害者。现在让我们来回顾槟榔屿50年前的状况。

当时存在一个政府垄断部门，名叫槟榔屿烟酒饷码公司（Penang Opium and Liquor Farms）。1906年在女王大街华人市政厅对面花费5万元筑起了一座三层大楼。政府那时已接管了熟鸦片的制造和销售，只是名义上限制在当地民众中销售。鸦片及烟酒饷码公司由17名杰出的华人商人组成的财团经营。他们同意每月支付135 000元（每年1 620 000元）买断1907—1909三年间鸦片和烧酒的销售权。合同约定，财团每月还支付租金900元，使用女王大街的楼房以及1906年政府在双溪槟榔建成的工厂。财团将它的产品卖给遍布槟榔屿和韦尔斯利省的145家特许子公司。该财团雇用了1 000名员工，而子公司自有700人推销产品。该系统出现过许多丑闻，所以自1910年开始，政府将吸毒者登记在册，并雇用自己的推销员。不幸的是，所谓的限制并没有产生预期的效果，申请登记的人比以前更多了，销售的熟鸦片也更多了，不过由此而来的更多税收流入了国库。事实上，吸烟者比官方公布的数字更多，由于可向已登记的吸烟者敞开供应，于是他们经常成为其他人的代理商。妓院（依法关闭前）成了使更多的新人沾染恶习的训练营，因为他们指望烟枪能刺激性兴奋和延长其快感。那时，每一个商务办公室、咖啡店或淫窟都有常备的鸦片托盘，并备好烟灯、烟枪等一应器具，还备有成包的烟土，随时满足任何人的需要。有时甚至运动场和社交俱乐部也备有这些用具。实际上，大多数复杂的商业交易常常是在烟枪和烟灯相伴随下办成的。没有人因为是瘾君子而感到羞耻。有时候，家中（不论多么大）的鸦片室才是主人唯一的栖身之所。

1910 年以来，已进行过两次世界大战，许多君主失去了他们的宝座。胜利者与被征服者都变得一贫如洗，而中国变成了共和国。但是中国人对鸦片的嗜好似乎未见减弱，虽然国内和海外都仅限于较小的群体内。当然，从槟榔屿、新加坡及马来亚其他地方的海关当局或禁毒小分队频繁缴获的走私鸦片判断，这种被禁止的贸易，似乎是由那些生产国和进口国精心组织的，而经销商显然是有钱又有社会地位的人。且看一些收缴记录即可。印尼独立后不久，便形成了强大的行当，从爪哇港用飞机大量走私鸦片到新加坡。来自波斯、印度、缅甸、暹罗、中国内地和香港的毒品也通过陆路和海上运来。顶级品（孟买鸦片）的价格高达每磅 750 元。

1948 年 8 月，在远离新加坡领海的一个岛屿发现一架澳大利亚注册的卡特琳娜式水上飞机，驾驶员是前英军少校，助手是两名澳大利亚人。他们准备将价值 100 万美元的鸦片转载到两艘摩托快艇上并运往新加坡。料想这桩交易与印尼政府高官有关。1952 年 11 月，在科伦坡与槟城之间的一艘日本轮船的 20 个沥青桶中发现两批伊朗鸦片，重量超过 950 磅，价值将近 100 万美元。1954 年 7 月，在槟城的一架飞机上发现藏匿在机翼内的 100 磅鸦片，价值 4 万美元。几乎每个星期都有男女因为带有违禁毒品被逮捕，他们把毒品藏匿在他们身体内、汽车内或塞在轮船各处的缝隙中。这样的走私显然获利巨大，已知最高等级的鸦片售价达每磅 1 000 元。而且价格随着查获频率而变动—— 毒品越稀罕，价格便越高。

1955 年 5 月，新加坡发表了一篇对新加坡海关高级官员的采访记。文中说，鸦片贩卖环节被一些老练的商人操纵，他们既做合法生意，也贩卖非法的鸦片赚钱。有些人其实是众所周知的百万富翁，不少人在定罪后，被遣返回他们自己的国家。这些商人拥有摩托快艇，随时准备在远离海岛处接收轮船抛下的用防水材料包裹的货物。这些鸦片口岸，如曼谷、孟买、加尔各答、阿巴丹以及波斯湾的其他港口均驻有委托代理商。1954年前，这些商人都抱着“要么通吃要么赔光”的心理，携带着巨量毒品。但是当海关严厉地稽查时，他们就采取化整为零的策略，用船员中的自己人收货，他们看中了有亚洲水手的英国船。通常是在同一条船上工作的两个团伙合作，一伙在轮机舱，一伙在甲板上，彼此并不相识。在新加坡收缴的鸦片一半来自伊朗，五分之一来自印度，其余则来自缅甸等处。截至1955 年 3 月末，共收缴 21 批，有 1 733 磅鸦片。而 1955 年 5 月下旬，在一艘船的舵槽中即发现 450 磅鸦片，而先前的搜索却徒劳无功。甚至还在换气扇的轴上找到挂在上面的成包毒品。

支持鸦片贸易的人，包括长期吸毒者，均请求政府恢复到登记时代，似乎并不知道大英帝国向联合国的其他会员国承诺，禁止非医药鸦片消费，并因此在 1952 年颁布了《危险药物条例》，包括鸦片、吗啡、可卡因、海洛因和其他有害药物。幸好中国人和其他许多东方人中，大麻（*Cannabis indica*）、可卡因和海洛因的问题不严重，而这些毒品危害着地中海沿岸国家、欧洲和美国许多居民。古代中国外科医生华佗曾使用过印度大麻给病人做麻醉剂，白人青年则吸食它而自戕。就此而论，我谨向在禁毒事业中完成过伟大工作的一位英国人士表示敬意，全世界都知道他是帕沙（Russell Pasha），他在 1954 年以 74 岁高龄辞世。罗素是贝德福德（Bedford）公爵之孙，在剑桥获得学位后，加入埃及警察部队，成为一名警官，后任中央麻醉品情报局首脑 25 年。过去他与我经常在日内瓦见面，我们交换各自国家有关毒品贸易的信息。在埃及，民众用大麻、吗啡和海洛因缓解血吸虫病（*Schisto somiasis*）引起的疼痛。这种血吸虫病是在膀胱发现的一种吸虫类寄生幼虫造成的，发作时会引起剧痛。两种有害的毒品——吗啡和海洛因，常常用金属容器封装，然后藏在骆驼的食管和胃内，但可用便携式 X 光机检测到。埃及人将世代铭记罗素先生的忠诚和清廉。

新加坡一位著名的华人医师陈树南曾正确地指出，如果一座医院的职工是有经验的医师和护士，则任何鸦片成瘾者都有可能在两星期内被成功地治疗。由于成瘾者不愿治疗，所以他主张大规模建立封闭式的医院，在那里按对待囚犯的规则办事，严格执行纪律，结合采取适当的饮食和运动来戒毒。

拖延数年后，新加坡政府于 1955 年 5 月开办了第一个治疗中心，耗资 50 万美元。这座治疗中心位于圣约翰岛上，邻近检疫站。此处可容纳 200 人住院，如果实践证明它受欢迎和取得成功，人数将增至 800。卫生部门称殖民地有 70 000 名鸦片吸食者，但并非所有人都希望治疗。

可能有人会问："是否有希望彻底根除吸毒恶习？"我的回答是"大有希望"，条件是负责处理此问题者时，能结合医学、社会学和教育等一起考虑。

1948 年，联合国大会即将召开时，在日内瓦有人提议起草一个新的国际法规以应对世界毒品贸易，例如日本军国主义集团此前即企图向中华民族大规模推行毒品以实现种族灭绝或种族谋杀。一旦这样的法规为所有善良的国家所接受，毒品贸易将被视为危险的瘟疫，为了人类的普世利益，就必须予以防止并最终根除它。不过果真如此，有关各方一定要准备蒙受经济损失并放弃损人利己的想法。

到目前为止，管理者仍过分强调成瘾者的治疗，据说马来亚有 100 000人（新加坡 70 000，联邦 30 000）。各种解毒剂如盐酸美沙酮（physeptone），非那多松（heptalgin）和可乐静（largactil）等，长期以来受到欢迎，但是所有这些药物都有缺点，而且效果不持久。出院后的成瘾者会经常遇见旧日伙伴，于是又再次用烟枪来过瘾了。为了证实我的经验，我于 1954 年写信给与《英国医学杂志》有关系的专家，他们答复道："在医院持续的监督下进行治疗，是医治鸦片成瘾者唯一有效的方法。尽管注射 N－丙烯基去甲吗啡（N-allynormorphine）可使成瘾者立即出现戒断症状，但没有一种药物的效果可以超过戒酒硫（antabuse，安塔布斯；tetraethylthiuram disulphide，二硫化四乙秋兰姆）加酒精。这被用于确诊那些疑似成瘾者。"

圣约翰岛上设立有区区 200 张床位的唯一鸦片治疗中心，已经广为宣扬。但是一年究竟能治疗多少成瘾者呢？当然更值得采取进行长期教育的方针。在这样的活动中，初级学校和高等教育机构应该履行自己的育人责任，以便新一代了解真相，即使开始时他们对禁鸦片怀有某种偏见。在共产党领导下的中国，他们通过严格执法，包括对屡犯不改者处以极刑，成功地将这一恶习降至低点。如果年轻人能够轻易接收深奥的共产主义学说，自然也不难理解毒品恶习对他们世世代代造成的痛苦和不幸。

因此我建议，在学校现有的课程之外，应经常讲解鸦片瘾癖对人身心的戕害，同时还会造成经济损害，并终将给家庭带来灾难。还应该警告人们，不要滥用毒品去治疗小病，如消化不良、便秘、暴食等等。健康在于运动，延年益寿不能依赖那些诸如吸鸦片等危险而有害的嗜癖。

依我看来，此类补充的日常生活教育，对广大小学生将产生更持久的好处，远胜于那种和尚念经式的说教，而他们总是强迫未成年的男孩和女孩前往由某些教会建立的机构参加这样的活动。我相信，通过争取医学、社会学和教育部门，以及（如有需要）跨教派的基督教机构，如基督教青年会、基督教女青年会等部门的共同努力，特别是在联合国经济社会理事会的援助下，我们反对毒品犯罪的活动，将在未来取得更快进步。

为了进一步强调我在马来亚的提案，1955 年 8 月我给马绍尔（David Marshall）先生领导的新加坡第一个民选内阁教育部长周瑞麒先生写信，向他提议，除采取其他预防措施外，应进行上述改革以有效地处理当地的鸦片问题。

第18章 传教士在中国的活动

历史上外国人在中国的宗教活动

人们都以为传教主要是白皮肤欧洲人的活动，这些欧洲人自命是上帝赋予了他们高贵的信仰和高等文明，决心为世上芸芸众生带来光明和幸福。很少人会想到，如同世界上所有其他伟大的宗教一样，基督教也是在亚洲的土壤中创立和孕育的，它早期的导师和信徒都出生在与东地中海接壤的那片亚洲大陆上。

中国现有的宗教中，只有道教（创始人老子，公元前4世纪）和儒教（创始人孔子，前551—前479）是本土产生的宗教。道教虽然在唐朝成为国教，但信奉者主要是妇女和不识字的群众，在与儒教并存的2 500年间，它从未有过像知识分子和官僚阶层信奉儒教那样的影响。

另一方面，佛教（公元前563—前483年由释迦牟尼创立，属婆罗门教的一个分支）从古印度传入后，经过了2 000年的磨炼才适应了大部分中国人的习惯、信仰和愿望。它的感召力是如此之大，以至于东汉明帝曾派遣使者去印度研习佛经，公元65年使者回国时，带来两位印度僧人和一批佛经。来访者在中国受到了极大的尊重和关怀，被安置在首都洛阳附近白马寺一座专门建造的佛寺中。他们在那里翻译佛经，直到圆寂。这种宗教对中华文明的影响极大。中国修建的宝塔、寺庙和宫殿等，都或多或少带有印度建筑的佛教色彩。中国的算术、天文学、占星术、文学、音乐、雕塑、绘画，事实上几乎所有艺术和科学的分支都受到其教义的影响。许多古希腊文化也在一定程度上通过佛教进入中国，甚至于包含四声和36个字母表体系的中文音节拼音也借用了梵文模式，而没有采用其他一些外国字母体系。

伊斯兰教的先知穆罕默德，约于公元570年出生于阿拉伯半岛的麦加，这差不多是在孔子、佛陀和老子之后1 000年。他的继承者哈里发率领军队征服了西亚和中亚以及非洲和欧洲的一些地区。他们的战斗口号是“唯一的真主和他的穆罕默德先知”。他们的人队人马曾经到过布哈拉（Bokhara）和外奥科萨那（Transoxiana），一直到与中国交界的雅尔甘德（Yorktend）。但是在那里突然停下了，不过在甘肃、陕西和直隶等省份现在还能找到一些他们的皈依者。在广州，阿拉伯商人最为勤劳和富裕，显然他们是最早乘帆船来到此地的“西方人”，他们在那里建造了清真寺。在广州及城郊，至今仍能辨认出那些他们与中国母亲繁衍的混血后裔，但是现在很少见有皈依穆斯林的。

总的来说，在宋（960—1279）元（1280—1368）两朝，外国人在中国是受欢迎的。1165年曾经来过一行70人的犹太人。在开封府（当时的首都）发现过一块碑，记述了他们来自印度，带来了进贡的布匹，并被允许在该地定居和进行宗教活动。他们建造过一座犹太教会礼堂，这座建筑到16世纪时还依然保留着。民国初年我访问开封时，那里仍然有一群穿着他们古代服装的犹太人。但是他们很贫穷，而且似乎已经放弃了他们的宗教信仰，习惯于入乡随俗地和中国人邻居生活在一起。

当伊斯兰的武力在西方逐渐强大时，波斯和中亚的所谓异教徒不得不寻找一块能够自由做礼拜的地方。他们在中国找到了。因此三个主要教派——祆教、景教和摩尼教徒们经由天山南北的两条路，艰苦跋涉进入受到欢迎的中国领土。唐太宗和随后的宋代皇帝都给了他们土地与庇护。1625年，在西安府（古代长安）发现一块著名的大理石纪念碑。我曾亲眼见过这块顶部呈不规则拱形的石碑。由碑文得悉，聂斯托里教派的基督徒在叙利亚僧侣阿罗本带领下，于公元7世纪来过中国，公元634年唐太宗统治期间，准许他建立教堂及传教。公元745年前，这个教堂被称做波斯寺，后来改为大秦寺或罗马寺。这块景教纪念碑现收藏在考古博物馆中，与之相伴的还有著名的宋代四匹阿拉伯骏马的大理石雕刻及许多佛经，那都是历代中国僧人从印度带回的。

太宗皇帝于公元638年颁布过一道支持在大唐疆域内确立景教的诏书，其中道出了一个重要主张，理应照录如下："道无常名，圣无常体。"倘若国家和每个人都有如此宽阔的襟怀，诉诸武力的机会将会更少，世界将享受和平并变得更加繁荣。

13世纪末，伟大的成吉思汗和他的大军曾经到达了里海沿岸。尽管他们对所有基督徒和穆斯林表现了极大的宽容，但蒙古军队的出现仍在宗教领袖中引起普遍的恐慌。为了拯救基督教世界于水火，罗马教皇于1245年在里昂召开了会议，决定派遣一位名叫卡尔皮尼（Carpini）的方济各会修士与蒙古统帅谈判，并争取会见大汗本人。但卡尔皮尼如同当时许多基督教领袖一样，自高自大，自认为只要向那些异教徒阐明不言而喻的真理，即可让他们成为自己的信徒。但是卡尔皮尼失败了，于是另派方济各会修士威廉（William）前往。1253 年，蒙古皇帝礼貌地接见了他。但是当他试图游说基督教优越的恩惠时，得到的回答却是："所有的宗教犹如手的五指，通往天堂的路有许多条。"

随后派往东方传播基督教的，是一位经验丰富的外交家科尔维诺（Monte Corvino），他试图在波斯的穆斯林中传教。他没有成功，便回到罗马，请求教皇委派他出使大汗国。他在印度停留一年后，于 1294 年忽必烈死后不久到达汗八里（北京）。有一段时期他过得很不如意，因为蒙古朝廷一直信奉景教，也无意于竞争。然而科尔维诺设法建成了一座教堂，购买了 40 个奴隶并对他们进行教育，然后让他们受洗，再派他们外出传教。凭借他向教皇呈递的那些自我表功的报告，他被教皇授予北京教区大主教之职。但是科尔维诺寿命不长，1328 年便去世了。

天主教耶稣会来华传教的努力与挫折

东来最负盛名的罗马天主教传教士或许是方济各·沙勿略（Francois Xavier，1506—1552）。在他较短促的 46 岁生命中，他的传道事业多有成就。在果阿、马拉巴、马六甲和日本，他每到一地，对病人、穷人和卑贱者永远是那样慈爱。他在果阿为耶稣会的信徒办了一所学校，他的许多学生都想以他为楷模。他在日本传教时听说在中国大有可为，可惜死在前往广州的途中，那是一个偏僻的上川岛（圣约翰岛），去世时身边只有一名忠实的中国仆人安东尼奥。

到目前为止，葡萄牙人都宣称自己是东方的基督教传播者，他们凭借

1557 年占领的澳门（位于香港以西 40 英里的一个海岬），企图武装进攻中国这个异教徒堡垒。然而，这只能是痴心妄想，他们只不过能强迫一些非基督徒接受布道而已。

于是天主教领袖采取了新的策略，他们首先学习当地的语言、风俗和礼仪，尊重当地的习俗和礼仪，并向地方官府示好以赢得官方支持。1644 年清王朝建立后，他们甚至蓄起辫子后才去传教。

正当此时（1578 年），数学家和天文学家利玛窦（Matteo Ricci，1552—1610），到达果阿（当时公认的东方天主教大主教教区），在那里接受了包括学习汉语在内的神学培训。3 年后，利玛窦来到潮州（汕头附近）[1583 年抵肇庆，1589 年抵韶州]，他在那里靠科学知识引起了当地学者的注意。1595 年他动身去北京，历经 6 年方抵达京城 [1601 年到达北京]。他带来的不是宗教书籍，而是钟表和科学仪器，他希望那些和他交往的官员们会感兴趣。他向有关部门献上了他带来的奇异礼品，并叩拜皇帝宝座。须知，那时为取悦皇帝，佛教徒和儒生之间不断出现摩擦，利玛窦认同儒学，甚至引用儒家经典来证实他的基督教义。于是他成功地赢得了读书人的认可，为宣扬他的信仰铺平了道路。

利玛窦死后，另一位耶稣会士汤若望（Johann Adam Schall von Bell，出生于德国）继承了他的钦天监职务 [利玛窦未担任过钦天监职务]，在通过科学和星象学改变中国的政策方面继续取得了一时的成功。在明朝行将结束的 1634 年，汤若望和他的助手曾受命制造大炮保卫京城，而满人皇帝顺治登基后，他获准在北京内城建造一座教堂。下一个统治者便是伟大的康熙，他对所有的科学知识都感兴趣，并指定汤若望作为他的一位教师。这对一位传教士来说确实是无上的荣誉。遗憾的是汤若望被指控利用他的宫廷职位推动传教活动，还含蓄地宣称中国的智慧比之辉煌的基督教只不过是一道微光，全人类都是亚当的后裔。1664 年，汤若望和他的耶稣会同道受到一个遵旨成立的专门机构的审判，宣布他除有上述言论外，还妄称皇帝已经成为基督徒，于是被囚禁起来。次年，汤若望因瘫痪而获释，后于 1666 年死去。

另外一位博学的耶稣会士南怀仁（Ferdinand Verbiest，鲁汶大学毕业）接替了汤若望，并被准许进行科学研究。康熙皇帝生性好奇和从事探究，因而对他眷宠有加并任命他为钦天监和工部右侍郎，官居六品。皇帝又于 1671 年发布谕旨，在帝国全境制止迫害基督徒。传教士布道得到了许可，但是中国人受皇权束缚，不能信奉外国教义。南怀仁尽享皇室宠信，在工部右侍郎任上为军队制造出新的火炮。他身着中国官服，施洗时为基督徒洒圣水。南怀仁向他的罗马上级报告称，皇帝虽然对科学表现出热情和智慧，但是对基督教似乎了无兴趣，而且禁止他的臣民改变宗教信仰。南怀仁临终前，曾呼吁法国参与到中国传教事业中来，以罗马教信徒的身份继续葡萄牙人开始的事业。于是有六位法国传教士前来，其中张诚（Jean Francois Gerbillon）和白晋（Joachim Bouvet）被派往北京。中俄两国谈判并最终签订《尼布楚条约》期间（1689 年），张诚任译员，对中国政府助益良多。1692 年皇帝施恩降诏［容教令］道：

查得西洋人，仰慕圣化，由万里航海而来。现今治理历法，用兵之际，力造军器、火炮，差往俄罗斯，诚心效力，克成其事，劳绩甚多。各省居住西洋人，并无为恶乱行之处，又并非左道惑众，异端生事。喇嘛、僧等寺庙，尚容人烧香行走。西洋人并无违法之事，反行禁止，似属不宜。相应将各处天主堂俱照旧存留，凡进香供奉之人，仍许照常行走，不必禁止。俟命下之日，通行直隶各省可也。［录自《清圣祖实录》卷 27，康熙七年十二月庚寅。］

于是他的地位得以稳固。关于耶稣会士带进中国的那些西方发现的有效药物，如治疗疟疾的金鸡纳树皮曾治愈过皇帝的故事，已在本书中述及。

清帝国对耶稣会的眷顾，引起多明我会［Dominicans，天主教托钵修会的主要派别之一］的嫉妒，引发罗马天主教会各派别间激烈的争斗。而祸根在于教皇，因为他竟自认为对中国所有的教会信徒，无论在世俗上还是在灵魂中，他的法力都是无边的。1705 年，教皇特使铎罗（de Tournon）来到广州，然后前往北京，并受到皇帝接见。然而，傲慢成性的铎罗竟敢挑战建立在尊敬祖先的儒家礼法之上的皇权，于是激怒了康熙，责令将铎罗押往澳门交葡萄牙当局看管。尽管不久后铎罗被教皇提升为红衣主教，但一直囚禁在葡萄牙人的监狱中，直到 1710 年死去。从此以后，罗马天主教失去了让这个国家皈依它的最好机会。

康熙在英明统治 60 年后去世，他的儿子雍正即位，并在 1724 年重申了前辈的诏令，指出基督教不利于中国，禁止其进行各种活动。不过雍正和他的继承者著名的乾隆，继续雇用一些博学的耶稣会士作为宫廷机械师、建筑师和画师。在以后的耶稣会士中，最著名的是意大利画家郎世宁（Giuseppe Castiglione），他凭借他的技艺和忠诚而成为乾隆皇帝的亲密朋友，并和天才的法国耶稣会士蒋友仁（Benoist）一起，设计和建造了奇妙的圆明园，这简直就是西方巴洛克和洛可可宫殿在中国的重现。圆明园是极具才华和敬业者的最高成就，尽管这些人作为传教士在试图改变中国人的信仰方面失败而深感失望，但仍然全心全意地用大理石和石灰并配以这个伟大帝国拥有的精品物产，构建出了令人难忘的建筑物。这是一座中西风格合璧的美丽园林。无数楼阁构成的宫殿群坐落在一个美丽的花园中，形成了名副其实的人间天堂。乾隆皇帝曾经在此接见过马戛尔尼勋爵和他的使团，他们带来了最机巧可爱的英国礼品，用以向皇帝表示善意和友谊。

可叹的是，另一位著名的英国官员额尔金（Elgin）勋爵，1860 年伙同他的法国盟友葛罗（Gros，拿破仑三世派遣）男爵，下令焚毁了圆明园全部 200 余座建筑，纵火之前还纵容他们的士兵抢劫园中珍宝，包括价值连城的艺术品。

在巴黎、伦敦或英、法的其他城市博物馆中，今天可以看到许多抢夺而来的珍宝。曾经派遣传教士来中国传布福音的两个基督教国家破坏文化遗产而留下的遗址和废墟，后来受到世世代代的学生和满怀愤怒的中国领导人凭吊。而美国用退还的庚子赔款为青年深造而建立的清华学堂（后来称大学），正坐落在遗址旁边。清华学堂的学生将被送往美国和欧洲大学学习。将校址定于此地，更能让他们想起从前外国侵略者的野蛮行径。

除中国康熙皇帝的直接干预外，1722 年后罗马天主教在中国黯然失色还有其他因素，诸如教皇本人压制耶稣会，偏袒多明我会和方济各会，澳门的葡萄牙商人的专横，广州的英国东印度公司的傲慢，等等，而最后是 1809 年拿破仑将教皇领地并入法国。然而耶稣会传教士之所以享有盛誉，应该说是由于西方世界从他们的著作中受惠不浅，因为他们当时对中国的了解几乎全部得自这些著作。特别是杜赫德（du Halde）的两大卷著作，后来翻译成好几种语言，成为西方人全面了解中国的知识宝库。

耶稣会教团于 1822 年重建，但是他们已经失去了在中国传教的最佳时机。

新教在中国的传播

1722 年，教皇通过罗马天主教的改变宗教信仰运动，企图篡夺帝国权力，康熙皇帝对此表示过不满。康熙的继承者雍正坚持着这个原则，他即位的第二年，即1724年便正式禁止基督教。除了那些被宫廷雇用的人之外，外国传教士均被驱逐到广州。但是少数狂热分子罔顾法令，在华南一些有外国商人从事贸易的港口潜伏下来。在这些近代最早的新教传教士当中，有英国人马礼逊（Robert Morrison，1782—1834），他未能搭上东印度公司的帆船，便取道美国纽约，搭乘一艘美国船于1807年到达广州。马礼逊苦学中文，不久即脱颖而出，被英国东印度公司雇用为译员长达25年。在此期间，他和助手米怜（William Milne）一起，努力将《圣经》翻译成了中文，还出版了第一部英汉字典。此外，1816年当阿美士德（Amherst）勋爵奉命前去北京时，马礼逊曾任正式译员。虽然马礼逊最初是由伦敦传教团体派遣而来的，但人们都认为他是一名完全靠东印度公司的薪水工作的自立工作者。在与米怜合作前，马礼逊基本上只有两名中国助手协助他工作，并且只在1824年休假过一次，可以认为他是基督教新教在中国传教的先驱。著名的爱尔兰画家钱纳利（J. Chinnery）的一幅精美的油画肖像留下了他一生的善举。这幅画上，马礼逊身着学者长袍端坐在椅子上，正在为他的两名中国助手传授教义。

总的说来，马礼逊的名字是与他的著作和学术成就相连的，而不是他那改宗布道的能力。他居留中国25年间，仅使20人改变了信仰。

如上所述，马礼逊将《圣经》译成中文，得到过米怜很大帮助，但是后者不寿，1822年即去世了。随后，三名美国传教士，即裨治文（Elijah C. Bridgeman）和雅裨理（David Abeel）于1830年，卫三畏（Samuel Wells - Williams）于1833年先后抵达澳门。裨治文创办了《中国丛报》（*Chinese Repository*），这是一份以中国哲学、文化和时事为主题的实用杂志；而卫三畏后来成为《中国总论》（*The Middle Kingdom*）的作者，这部名著共两卷，每卷 800 余页，是一部内容严谨的著作。卫三畏后来被委任为北京美国公使馆秘书，撰著了另一本著作《中国历史》［应是《英华分韵撮要》］。值得一提的是，1924—1925 年我在美国巴尔的摩的约翰·霍普金斯大学攻读公共卫生学硕士学位课程时，在卫三畏宅子里居住了近一年。他的住宅位于大教堂街 8 号。我在此结识了这位传教士多才多艺的儿子的遗孀，还认识了她的儿子威廉姆斯。年轻的威廉姆斯在约翰·霍普金斯大学卫生学院与我是同学，他后来在巴尔的摩市卫生局担任专员要职，一直与我通信。海思波（Marshall Broomhall）[①] 是中国内地会的编辑，1907 年撰写过一部《中华帝国传教调查》（*Chinese Empire, A General & Missionary Survey*）的著作。他认为，新教在中国的传教活动可以适当划分为四个阶段：（1）准备时期，1807—1842 年；（2）口岸时期，1842—1860 年；（3）深入内地时期，1860—1877 年；（4）发展、受迫害和繁荣时期，1878—1907 年。现在让我们也根据这样的思路来叙述。

1. 准备时期（1807—1842）

在此时期，伦敦布道会首先开始工作。马礼逊是先驱（1807），随后是米怜和麦都思（Medhurst，1835），以及随后来的戴德生（Hudson Taylor）博士——他是一位合格的医师，却宁愿作为福音传道者。尼德兰传教会（德国）于 1831 年派遣郭士立（Karl Gutzlaff）到来，此后五年他在中国沿海和暹罗考察，撰写过许多书籍和文章，影响了许多欧美商人，导致鸦片贸易的复杂化，终于爆发中英鸦片战争。1834 年，第一位到来的传教士是医师伯驾（Peter Parker，美国人），随后来到的是英国雒魏林

---

① 海班明（Byron Bramwell）之子，内地会办事机构刊物《百万中国人》（*China's Millions*）的编辑。1907 年我在伦敦短期休假时，从他那里获得过许多忠告以及有关鸦片贸易的信息。——作者原注

(Lockhart）与合信（Hobson）两位医师，后两人的医术和文学造诣都可在留存的宝贵资料中获悉。1842 年中国战败后把香港割让给了英国，便有分属 8 个教团的 57 名欧美传教士在华南定居，并着手开展改变居民宗教信仰的活动。

2. 口岸时期（1842—1860）

在第二个阶段，由于签订了《南京条约》，香港开始发达起来，广州、厦门、福州、宁波和上海五个口岸也对外国贸易开放，于是传教士教团的东方总部由澳门转移到英国的新殖民地香港。

传教士教团中的伦敦布道会所属英华书院迁至香港新址，由神学博士理雅各（James Legge）领导，他自 1839 年起即在马六甲充当传教士，正是理雅各将著名的儒学经典译成了英文几大卷。他曾任牛津大学第一位汉语教授，任职长达 34 年。早年他住在马六甲时，培养了三个年轻的华人基督徒，并将他们送到苏格兰他的同事处深造，其中一个是宋旺相的父亲宋佛谦。宋旺相是早期英女王奖学金获得者，新加坡的大律师，也是第一位被授以爵位的马来亚华人。宋旺相撰著的《新加坡华人百年史》于 1923 年出版，他还与林文庆和我一起编辑过《海峡华人杂志》。我知道宋旺相是家中长子，下有弟妹 8 人，生母是宋佛谦的第二任妻子冯芳莲。她是出生在槟榔屿的广东女基督徒，1870 年与宋先生结婚。可顺便提及的是，理雅各主要是在香港学的中文，他的两位同仁湛约翰（Chalmers）和合信都是著名的医学传教士，他们将各种英文教科书翻译成了广东方言。

在这一时期，其他著名的传教士有以下几位：在中国生活了 50 余年的美国浸礼会的纪好弼（R. H. Graves）、文恒理（H. W. Boone，主教）博士、玛高温（D. J. MacGowan，《中华帝国史》作者）博士、麦卡蒂（D. B. McCartee，他收养了中国第一位美国医学院毕业的女医师金韵梅），以及曾任京师大学堂总教习的丁韪良〔W. A. P. Martin，他著有《花甲忆记》（*A Cycle of Cathay*）、《汉学菁华》（*The Lore of Cathay*，1901 年出版）和《中国的觉醒》（*The Awakening of China*，1907 年出版）等三部名著〕。以艾迪绥（Aldersey）小姐为代表的女士们也参与了传教活动，她早在 1837 年即离开英国，最初在爪哇工作，之后来到中国，定居宁波。从签订《南京条约》（1842）到签订《北京条约》（1860，洗劫圆明园后）的 18 年间，共有 17 个教团近 170 名传教士在中国传教，还不包括他们的妻子。

以上章节已述及 1855 年爆发的太平天国运动，现稍加展开。洪秀全于 1814 年出生在广东，20 岁时，他得到一本由传教士的助手散发的小册子，这本书他搁置数年并未读过。在数次乡试不中后，他罹患了阵发性僵住症，并受幻觉困扰。于是他想到去阅读那本小册子，读后便发起了一场反对偶像崇拜和王朝统治的圣战。当衙役以谋反罪逮捕他时，他成功脱逃并拉起了一支狂热分子的小队伍，自称“天王”。他们起初表现尚可，传布《圣经》，谴责吸鸦片。但是随着军事上的成功，开始养成极坏的习性，他们连下许多城市，杀害上百万同胞。洪秀全的军队占领南京 12 年（1853—1864），这让他有充裕的时间来推行他那自我吹嘘的基督教教义，把这个新王国称做太平天国，而领袖是“三位一体”的第三人。洪秀全宣称他这位天王实为天弟，耶稣基督是他的天兄，上帝是天父。他们还杜撰了专用的适合他的意志的赞美诗。最初有许多外国传教士集合在这个冒牌者的旗下，并向他们国家的上级发送言过其实的报告，但不久他们便因这群反叛者极度荒淫而感到失望。当时美国驻华公使接到华盛顿的指示，指出如果对美国有利，可以承认新政府。幸运的是，洪秀全和他的追随者真面目暴露后，特别是曾为天王宗教导师的罗孝全（Issacher W. Roberts）拒绝了洪天王的召见之后，外国人最初的热情消失了。清帝国的军队在戈登将军的援助下占领南京后，太平天国的叛乱最终被平息，天王于1864年自杀。

北京帝国政府处境艰难，以《天津条约》为先，于1858年到1860年之间被迫签订了九个条约，所有条款都有利于外国列强。根据这些条约，北京不限制派驻中国的外国使节居留，开放了更多的通商口岸〔汕头、芝罘、天津、牛庄、镇江、九江、汉口、琼州（海南岛）和淡水（台湾）〕。与英国签订的条约使鸦片进口合法化，中国每担（133磅）课以关税30两白银（45元）—— 就如此高价的鸦片而言，税率确实很低。除了上述条款，还允许外国人持护照到各省旅行，承诺保护外国人和中国人传播和接受基督教。

与英国签订条约后之次日，即与法国签署了条约，规定中国人要为“所没收的曾经属于基督徒的一切建筑物和土地”赔款，这竟为上溯150年期间的索赔铺平了道路！这种不公正和使人愤怒的决定，必然令多少代以来认为已解决的土地所有权问题变得更为复杂。更为严重的是，耶稣会士译员艾美（Pore Delamarre）在与法国签订的条约中文文本暗中插入两个新条款。一条是确认基督徒在中国各地自由从事宗教活动的权利，另一条是给予法国传教士在各地租用土地和购买或建造房屋的权利。这个牧师的诡计被发现后，法国公使竟原谅了他，结果其他传教士团体，包括新教团体，也都从“最惠国”的条款中肆无忌惮地自肥。

3. 深入内地时期（1860—1877）

《天津条约》，特别是与法国签订的条约中文文本中被暗中插入的条款，使无论什么教派的传教团体能够前往中国的任何地方，从事他们所想进行的布道活动。新教团体中的包尔滕（J. S. Burdon，后升任主教）被允许以牧师的身份留在北京英国公使馆，雒魏林博士则在那里任医学顾问。1864 年，德贞（Dudgeon）博士接替了他。某些博学的传教士领袖应特加表扬，如慕稼谷（G. E. Moule）、丁韪良等人，他们除本职工作外，还努力留下了一些有关中国文明和文化的典范性著作惠及后人。这些善良的人开办学校和高等学院培养中国男女青少年，为他们今后的生活提供了更好的机会，并激发了他们对现代知识，包括可以提供给东方的医学和科学等的兴趣。医学界的先驱，如合信、雒魏林、嘉约翰（Kerr）、施维善（Porter Smith）、文恒理、梅滕更（Duncan Main）等人，他们依随教会，无论何时有机会便亲自布道。但是一般中国学者和他们的白人基督教导师之间在思想上有着很大差异，中国人相信上天和神灵（或诸神），他们为健康、子孙和成功祈祷，而白人则只忠于上帝和他那圣灵感孕为救世而生的耶稣基督。任何忠实的信徒都必须宣布放弃其他信仰，否则就得去地狱经受无尽头的惩罚。千百年来中国人所接受的教育，是所有善男信女不管信仰什么，死后都会到一个较好的世界，未必是为至圣先贤而保留的天堂，但肯定不会下地狱被火烧。然而，大多数基督教导师坚称，上天堂只有一条路，那就是皈依耶稣。一般中国人似乎都认为，较之失去自己人民的尊重，去相信那种不可靠的死后救赎说，是得不偿失的。因为如果取外国人道德和精神之长，就必将背弃祖先的智慧和美德，而那些外国商人带来的是鸦片，外国兵横暴地侵略了他们的国家，抢劫与毁灭了他们国家的艺术瑰宝。因此，改变信仰的主要是那些愚昧和挨饿的人。这种人在饥荒时期很多，结果有些教民被人们称为“吃教的”。《天津条约》签订后，罗马天主教祭司声称他们可以和地方官平起平坐，主教即相当于巡抚和总督。一些为非作歹的中国人加入了教会，希望在犯法时能得到外国主子的庇护，而传教士只需一个手势或一张名片，就足以让他的教徒得到有利的判决。有时候传教士竟亲临法庭，他也许会领来他们的领事，而领事到场会让他立刻胜诉。正是通过这种不诚实的手段，使大片土地从乡民手中转归于那些幸运的教民。在基督教入侵中国时期，难道学者和商界人士感到异常愤慨会令人意外吗？

镇压了太平天国运动的曾国藩，是中国最伟大的政治家之一，他曾经对慈禧太后说："近来传教士到处制造麻烦，本地教民欺压那些不信教的民众，传教士总是庇护这些教民，而领事则保护传教士。明年修改与法国签订的条约时，我们必须不厌其烦，谨慎地重新全面考虑传教问题。"

1866 年，伦敦中国布道会派遣的第一人戴德生医师，创建了中国内地会，总部设在杭州。他在中国内地各省奠定了跨教派性质的基督教工作。从一开始，这种需要真正自我牺牲品质的开创性工作，吸引了基督教世界一些最优秀的人才，他们在这个国家留下了不可磨灭的烙印。至 1877 年末，新教男女传教士多达 473 人，228 人属于 15 个英国教团，212 人属于 12 个美国教团，26 人属于 2 个欧洲大陆的宣教团体，还有 7 人不属于任何团体。经过 7 年持续的努力后，全中国官方在册的教民人数为 13 035 人。

4. 发展、受迫害和繁荣时期（1878—1907）

1876 年，在英国公使威妥玛（Thomas Wade）爵士的胁迫下，李鸿章签署了《烟台条约》，传教士获得了在内地游历和为他们的工作购置房产的额外特权，进一步助长了他们将中国基督教化的野心。更多传教士，特别是女性前来中国，而由于"剑桥七杰"戏剧性的参与，中国内地会得到加强。"剑桥七杰"的领导人盖士力（W. W. Cassels）牧师，后来升任华西主教。不幸的是，某些欧洲政府操纵着各种传教活动，特别是普鲁士皇帝威廉二世。他因为两位天主教传教士在山东被杀而强占了青岛港，并要求中国作出重大让步。其他欧洲列强紧随其后，争相仿效，他们为争夺新领土而置基督教义于不顾。1898 年，光绪皇帝试图进行改革而被慈禧太后挫败，全国弥漫着不满情绪，结果导致 1900 年可怕的报复，135 个外国传教士和他们的 53 个孩子遇害，还连同数百中国教民丧生。义和团运动主要是受慈禧太后和她那一班愚蠢随从鼓励，随后遭到联军强烈的报复，北京被占领，广大无辜民众遭受无尽的屈辱，还要支付 40 年辛苦劳作才能清偿的巨额赔款。

难怪愤恨情绪持续了一个多世纪，而身陷困境的大众，不分青红皂白一致谴责传教士，认为他们负有很大责任。传教士当然并非完全清白，因为他们中的死硬分子曾经宣扬并且著书论述入侵中国是为了基督教世界，而忘记了当地民众已从痛苦的经历中认识到，这种入侵的过程是“传教士在前，领事随后，背后是炮舰”。

《中国宣教年鉴》1911 卷，提供了当时传教工作的详细资料如下：外国宣教团有美国 35 个、英国 17 个、殖民地和欧洲大陆 19 个、教育团体 5 个和其他 9 个，共 85 个。外国传教士（男、女及妻子）4 628 人，中国传教人员 13 679 人，传教场所 4 228 处。学校招收男女学童合计 56 732 名，开办中学和高等学院 1 171 所，学生 45 801 名。中华基督教会入会会员 180 000 名。医药方面有医院 170 所，药房 151 所，住院病人 312 480 名，门诊病人 1 021 002 名。当时中国的人口为 4 亿 2 000 万。

由于孙逸仙博士的不懈努力，1911 年辛亥革命终于成功，他本人信奉基督教，而且一直是宗教事业的忠实朋友。他还和一位能干的基督徒的二女儿结为伉俪。这位基督徒宋嘉树牧师原籍海南，部分接受过美国教育，并秘密支持那位为革命做准备的领袖。1912 年诞生的中华民国历经许多变迁，1925 年孙博士逝世后，主要由蒋介石总司令控制。他与宋牧师的三女儿结婚后，也皈依了基督教。但是信奉宗教并没有能充分约束他们的家族，他们无力坚定地抵御贪污腐化那条多头毒蛇的诱惑，以致腐蚀了以固执的大姐为首的整个宋家“王朝”。大姐的丈夫自称是孔圣人的直系后裔。国民党何以失败，我以为那是因为有一个贪婪的家族强权，他们不顾民众，无限制地聚敛财富。

中国传教活动评述

在中国工作近 30 年间（1908—1937），我得以观察到基督教传教士工作的每个方面，不论罗马天主教或新教，职业传教士或医学传教士，欧洲人或美国人，以及一些皈依新信仰的中国领导人。在那些领导人中，少数人已是两三代基督徒，他们的祖上是农民或无知的乡下人，但是有幸在教会学校受益，而且获得英国、美国的资助，在教育、科学和医学领域作出突出贡献，当代甚至还有人荣任主教。但他们中的大多数仍满足于做个乡下人，在外国传教士或本地助手带领下开展些简单的教堂活动。最初几年我在北京、天津时，遇见过金（Howard King）夫妇，金夫人是医师，与显赫的李鸿章总督家庭关系密切。伦敦布道会的马根济（J. Kenneth Mackenzie）博士是北洋医学堂的创建者，而经费主要由李鸿章支持。马根济博士于 1888 年去世，他的两个优秀学生屈桂亭（永秋）和徐华清都是早期的基督徒，曾分别被任命为北洋医学堂和陆军医学堂的校长。在北京我曾有幸结识丁韪良博士，他虽然本是美国传教士，可确实是一位学贯中西的真正学者。他专注于文科教学，以至于帝国政府曾任命他为京师大学堂的首任外国人总教习。这个学堂的某些班级设在一群盖着黄瓦的宫殿中。我还记得丁韪良博士是一位身材矮小、稍胖、蓄须、慈眉善目的人，尽管已经年迈，精力却依然充沛。另一位传教士李提摩太（Timothy Richard）博士，以其渊博的学识受到政府格外青睐。从 1891 年开始，李提摩太博士在广学会（Christian Literature Society）担任要职，他将几部欧洲重要著作翻译成了优美的中文。他还创办了以官员和学者为发行对象的高级中文杂志《万国公报》。后来李提摩太翻译出版了《泰西新史揽要》（*History of the Nineteenth Century*），以此向中国人民介绍现代知识。

作为一名训练有素的科学家，我自然愿意结识怀恩光（John S. Whitewright）牧师，这位英国浸礼会传教士在山东省青州建立了第一所科学博物馆“博古堂”，后迁到省城济南并扩大了。在这里我们可以看到一个壮观的民俗博物馆，用以教化从儿童直至各阶层的民众，诱发他们对其他国家和他们自己国家的物产和习俗的兴趣。那些圣保罗大教堂、华盛顿国会大厦以及其他外国的历史建筑模型，与孔庙、北京故宫的模型陈列在一起。那里还展出了各国的动物和鸟类标本，不同行业的机械和发动机器具，将它们与中国仍在使用的原始工具相对比，让观众了解西方各种省时省力的发明。怀恩光牧师理应受到赞扬，这个博物馆的整体构思出自他的深思熟虑，因而使传教工作进入了吸引人的阶段，不再只是散发小册子和枯燥的布道。每当路过济南，我总要参观怀恩光的博物馆，很高兴看到经常在增加展品和技术人员，并与时俱进地进行修订。

传教士中最受人关注的是著作等身的美国公理会的明恩溥（Arthur H. Smith），他的第一部著作《中国人的特征》（*Chinese Characteristics*）于 1890 年出版，此时他已从事传教 22 年。该书主要内容早已作为系列文章在上海的《北华捷报》发表过，受到外国居民的普遍欢迎，很快便以单行本发行。该书出版伊始就成为畅销书，因为它出自一位在中国人中间生活过20年的传教士之手，期望他提供真实的场景，反映居住在中国这块神奇土地上成千上万人的生活、思想和性格。但是正如作者自己在该书序言中所说，尽管他和其他传教士曾在那里生活过若干年，书中提供的画面仍是“单色调”的，因为它展现的只是作者所知道的普通乡村中国人家庭生活的一个方面。这世界上，特别是说英语的人虽然都很欣赏中国人民的智慧，但是他们经常以某种生动诙谐的方式不怀好意地揶揄中国人，如同某些人在动物园中轻率地嘲弄那些不会说话的动物一样，结果引起了有教养的中国人，甚至那些已经加入基督教的人的强烈抗议。因为作者所描绘的那些特征只是对民众特别是农夫和乡下人的漫画式讽刺，不应由此以偏概全，轻率地将其混同整个民族的特征。诸如爱面子、不诚实、蔑视外国人、缺乏同情心、迷信等等，这些在其他先进国家的国民中也是同样能观察到的。

显然，明恩溥欣赏这种公正的争论，在他那畅销的再版（1894）著作中，删去了原先述及的那些特征中的至少三分之一，主动增加了新的令人满意的一章。他后来的著作同样受欢迎，其中包括两大卷《动乱中的中国》（1901）、《中国乡村生活》和《中国的进步》（1912）。在他的著作中，最后这部书或许是最为公允和富有同情心的。书中述及身处贪婪的欧洲列强之间的中国人，常被列强的代表人物视之为“非洲黑人”一般任人宰割和剥削，但中国人为求生存而进行着不屈不挠的斗争。

以上数页，我已述及那些重要传教士的工作，中国历史已经或多或少留下了他们的印记。但是我为中国服务的30年中，也曾遇到传教事业中一些不敢恭维的成员，他们在自己国家本是粗俗的农民、蚀本的商人、年迈被解聘的教师以及一门心思只想发财的人，他们的主要目的，看来是要在中国和他们本国之间的商品交换中获利。究竟这些人为什么到中国来布讲福音，我感到疑惑，因为他们连有关自己宗教的简单问题也不能回答，更遑论这个国家和人民的有关事务了。在北京和天津贸易急剧增长时期，对中国地毯的需求量很大，不少传教士便辞职去帮助他们的信徒兴建或扩充原有的地毯制造工厂。这些地毯以结实耐久而闻名遐迩，而且款式新颖时髦，因而使北方省份出口收入迅速增加。有一位非常著名的学者在1900年义和团运动中得以幸存，成了中国艺术品专家，最后经劝说出售了部分高价收购的珍藏。另一些传教士给他们的年轻学生传授现代木工手艺或精美图书的西式排版和装帧，有的甚至每月采购成千上万的羊肠衣，出口去美国制作“热狗”。这样，那些会钻营的传教士以各种方式通过在技术和商业领域的实干，来调剂自己单调的生活，并提高了他们那些贫穷信众的生活标准。

我们决不应该忘记，整体来说，中国是一个宽容的民族，从一开始即表现出对所有宗教的宽容公正的态度。公元635年，早期景教信徒从西方进入中国，便受到唐朝皇帝非常友善的接待，当时中国是公认的世界最文明的国家。如果不是1625年在古都西安意外发掘出刻有1 700个汉字并夹杂着叙利亚文字的黑色大理石碑，我们或许不会知道早在公元7世纪基督教已经进入中国。其次，当早期罗马天主教传教士在元朝（13世纪）来到这个国家时，正如马可·波罗所提及的，他们曾受到景教徒的排挤，尽管中国人对耶稣会士同景教徒一样宽容。同样是这些耶稣会士又转而迫害新教先驱马礼逊和他的继承者。在世人的眼中，如明恩溥牧师所言，不论他们可能有或本来就有他们的理由，但基督教的分裂是莫大的耻辱。而造成更糟糕也更混乱局面的是，新教自身又分裂成35个以上的教派或信仰。因此人们可以想象，为何尽管有基督徒朋友不断施加影响，而有教养的中国人对外来的宗教还是缺乏信任。

由于传教事业的日益壮大，欧美等国在中国的传教会已经允许中国本地的基督教领袖管理他们自己的事务。中华民国建立后，一个独立的中国教会已经在全国各地形成。在这里禁止分裂成各种教派，在新教徒中只允许有共同的信仰和统一的教会。当然，这种宽大的待遇并未影响到罗马天主教会，直到中华人民共和国于 1949 年建立，天主教的领袖依然主要是外国人。甚至在罗马教皇为首的专制教会中，还曾比照英国圣公会和卫理公会任命过几名中国主教。

我愿用王吉民与我合著的《中国医史》最后一页我写的一段话来结束本章：

虽然这个国家迭遭动乱与天灾，但可以肯定的是，正是这些百年不遇的大变动，让守旧的中国人得以在行动中接受现代的思维和行动方式。犹如在商业活动中那样，日常生活习惯和待人处世亦无不如此，一个新的中国已经崛起，她已经觉醒，为了享受现代生活标准之福祉，必须摒弃那陈腐的迷信。

新生活如同新医学，必将战胜一切困难和消极悲观，满怀信心，以无穷的勇气迎接未来。

10月11日会议召开时，中国代表团的人数比任何其他国家都要多。我作为资深的正式代表，更受到特别关注。参加会议的400多名成员中，外国代表约80名。著名的北里柴三郎教授当选为会议主席，而由盛气凌人的宫川担任秘书长。

第 19 章 出席国际会议

在为中国政府服务的 29 年期间（1908—1937），履行的职责之一是出席一些国际性医学会议。上述各章已部分涉及，现将其整理成如下几部分。

奉天万国鼠疫研究会（1911）

这是在历史悠久的中国举行的第一次科学集会。在北京派驻有代表的 11 个国家的专家出席了会议，这些国家是英国、美国、日本、法国、德国、奥匈帝国、意大利、俄国、荷兰、墨西哥和中国。会议地址在东三省即西方人所称之满洲的首府奉天。因为要妥善安排 50 余位外国客人起居，地方官员在城中心 3 英里外的一座古老宅邸的宽敞院落中，准备了一处现代化临时性宾馆。来访者住宿、就餐及举行他们的医学会议，看来都感到舒适。分别毕业于康奈尔大学和剑桥大学的钦差大臣施肇基阁下和我，受帝国政府委以全权，要求会议务必成功，不吝开支，以维护东道国声誉。这次大型会议持续近一月，自始至终未遇到任何麻烦。这次会议，终于让外部世界较好地认识到中国面临的巨大医学和社会问题，并决心着手解决。关于这次会议以及它的决议，已经在第2章作过全面叙述。在此要补充说明的是，中国政府更愿意在奉天古城举行会议，而不在南满铁路地区，即使那里设施现代，但是在日本统治下，而日本人的侵略行径早为中国民众所深恶痛绝。在中国的城市举行会议是明智的选择，尽管增加了开支和人力，如此一来，代表们，特别是英美代表，能够与中国学者共同开展一些鼠疫实验，从而与这个领域的中国学者建立密切的联系，更便于以后更好地理解彼此的困难。完整的科学报告在菲律宾科学署的支持下于马尼拉出版，这是美国、英国和中国三个主要国家合作的一次成功。

第一次鸦片会议（海牙，1911—1912）

1910—1911年满洲鼠疫大流行后，中国政府为表示对我为国家服务（尽管革命导致清廷退位和民国肇建）的赞赏，选派我为三名正式代表之一，出席于1911年12月在海牙（荷兰首都）举行的第一次鸦片会议。梁镇东（梁诚）爵士（时任中国驻柏林公使）为首席代表，唐国安（早期归国留美学生之一，时为留美预备学校清华学校校长）为第三代表。唐先生和我乘坐同一列火车取道西伯利亚大铁路旅行，这对于我们都是第一次。他比我年长近20岁，原籍香山唐家镇鸡山村（毗邻澳门），是我的广东同乡。与我一样，他的英语比母语还熟练，他在耶鲁大学获得学位，读过许多欧洲文学作品，因此我们相处甚欢。开始穿越满洲西部时，我们一起观赏原始森林的景色，然后是西伯利亚的阿尔卑斯山区，并且津津有味地享用列车上简单却充足的俄式菜肴。在莫斯科，我们由东站到西站换乘，途中路过著名的克里姆林宫，其周遭围绕着许多高大且颇为奇特的希腊式美丽教堂。当时还是帝俄时代，官兵身着精制的制服，可是大多数工人、农民却以粗糙无衬里的羊皮或熊皮外套过冬为幸。然而，如果我记得没错的话，就整体而言，那时普通男女的穿着比革命后更好。在寒冷中驱车很长路程后，唐君和我顺利走进巨大而热气腾腾的西站。我们乘坐的新车厢看来比过去 10 天坐过的干净些，设施也较完善。上路不久很快便到达华沙，这里似乎更有秩序，人民似乎更欢快与满足。从华沙到柏林正好 24 小时，中国公使馆参赞和他的德国助手在东站迎接，这位德国人在中国公使馆服务已 20 多年。我们乘马车来到了位于选帝侯大街（Kurfurst-tendamm）的中国公使馆，并在那里见到了公使，他在我们当中以梁镇东知名，外界则称他梁诚爵士。梁先生也是广东人，容闳带领的首批留美幼童之一（时年仅十几岁）。他比其他人幸运，得到了李鸿章总督的赏识，曾随同李氏去英国出席维多利亚女王登基 50 周年庆典，被英国皇室授予高级圣迈克尔和圣乔治勋爵士头衔，这增加了他在官方和社会各界的声望。梁先生身材高大健壮，蓄着庄重的长须。由于革命突然爆发，公使馆的财政来源受到严重影响。幸好中国政府在德国银行的信誉良好，梁先生能从那里支取款项偿付在海牙以及公使馆的用度。我们为即将到来的会议做好了自己的安排。梁先生作为资深代表致开幕词，唐先生（他是一位训练有素的演说家）需要准备即席回应任何涉及中国的事项，而我则负责鸦片贸易的医学和技术方面的有关事项。唐先生与我在离公使馆不远的舒适旅馆找了一个房间，当然也就无缘消受梁先生专门从香港带到公使馆的广东厨师的手艺了。我们在遍布德国首都各个角落的露天啤酒厅或花园中流连，我再一次找到练习德语的机会。唐先生和我注意到，尽管德国人受过严格训练，以陆军、海军和工业强国而自豪，对陌生人却相当礼貌而且坦率。他们得知我们是中国公使馆的人，更表示出格外的尊重。我还向唐先生介绍了我特别喜欢的德国菜 Ganzebraten mit Sauerkraut（烤鹅酸菜），他谦逊地表示说那道菜的味道可以和自己广东老家的 siukai（红烧鸡）相比，那是在香港任何一家像样的餐馆中都能吃得到的。

我们在柏林逗留的时日有限，因为代表团要赶在 12 月中旬海牙召开会议时到达。我国驻荷兰公使章祖申也加入了中国代表团，成为第四位成员，并已为我们在荷兰首都一家豪华旅馆预订了房间。他精通法语，专管会议文集的法文部分。在这次鸦片会议上，我第一次遇见圣迈克尔和圣乔治大十字勋章获得者史密斯（Cecil Clementi Smith）爵士。他已从海峡殖民地总督任上退休，是英女皇奖学金创建人，得以每年从海峡殖民地选拔两名优秀学生赴英深造。本人有幸作为选送学子之一（1896），自然想设法拜会这位老人。史密斯爵士那次是英国代表团的团长，团员有退休的印度行政参事会官员迈耶（Frederick Meyer）爵士和医学博士、皇家内科医师学会会员柯林斯（William Collins，伦敦的顾问医师，而且是一位魅力无穷的人）爵士。身着正式双排扣长礼服，蓄着维多利亚时代胡须的史密斯爵士，初看似乎难以接近，但当他得知我是海峡殖民地幸运的男童之一，并曾获得他任职新加坡总督创立的奖学金时，他那严肃的面孔便温和了许多。荷兰代表团有两位来自东印度群岛能干的退休官员德芬特（Deventer）和克雷默（Cremer）。他们除荷兰语外，还能讲英语和法语。日本首席代表是佐藤男爵，他的侄子是位年轻的官员，曾任驻哈尔滨日本总领事，1919 年哈尔滨霍乱大流行，许多日本侨民曾来我们中国医院治疗。美国代表团由布伦特（Brent，前驻菲律宾）主教率领，成员有赖特（Hamilton Wright，加拿大麦基尔大学医学博士，马来亚吉隆坡的英国医学研究所首任所长，后为美国财政部麻醉品管理局高级官员）博士和芬格（Finger，麻醉品管理局的著名化学家）先生。经过反复审议和字斟句酌后，1912 年 1 月 23 日签署了鸦片公约。12 个与会国同意颁布有效的法律法规，禁止滥用鸦片和其他成瘾性药物。

这次会议，如同以后所有关于控制毒品会议一样，看来只有中国和美国代表团渴望采取最严格的法律禁止这种可憎的贸易。其他大部分国家，因为住有相当多华人或已垄断了罂粟种植之利益，并拥有制备麻醉剂产品以及由生鸦片提取生物碱的大量机械设备，所以更愿意采取“等等看”和“慢慢拖”的政策。尽管最终与会 12 国代表签署了海牙公约，但许多国家并未得到本国政府批准，会议还决定要在 1913 年在海牙再次举行第二次毒品会议（扩展了原议的工作范围）。梁镇东爵士返回了柏林，唐国安先生乘轮船回到香港，而我再次乘火车取道西伯利亚回国，为的是腾出时间从容地注视中国发生的大革命。

在这次铁路旅途中，我结识了来自特立尼达的阿陈律师。他虽是华裔，却根本不会讲汉语，哪怕任何中国方言的一个词。他原是一位笔锋犀利的英语作家，又是孙中山的坚定支持者，以后官升至南方政府的外交部长。我建议他选择陈友仁（Eugene Ghen，尤金 · 陈）这个名字，更多关于友仁的回忆已经在以前章节提及。

第二次鸦片（毒品）会议（海牙，1913）

1913 年 7 月举行的会议并无过多内容。这次会议主要是为了将最初的 12 个国家之外的其他国家召集起来让他们确认 18 个月前签署的第一个鸦片公约的决议。人们发现，中华帝国政府晚期采取严厉的措施禁种罂粟，而其他国家却开始种植这种有利可图的植物，他们蔑视人道法则也不顾及国际道德。一些先进的国家甚至安装了最新式的机械设备，制造昂贵的毒品如吗啡和海洛因，以满足被强制放弃鸦片烟者的迫切需要。除了吗啡，还发现有大量更危险的海洛因（也由鸦片提取）进入了中国和美国。在这两个国度，瘾君子们对含有这类生物碱的香烟趋之若鹜。事实上，美国人当中海洛因瘾癖是如此严重，以至于该国政府彻底禁止在其国土上制造。1950 年后，其又通过世界卫生组织（WHO），说服英国和其他制造国禁止它的生产。1953 年，全美国各州海洛因成瘾者估计不少于 6 万人，而且这个数字不断增长。在英国，大多数执业医师反对禁止生产海洛因，因为这种药物确实有好处，对不治的癌症患者有减轻疼痛的作用。但海洛因对治疗咽喉和肺部患者的顽固性咳嗽，根本不能奏效。

在第二次海牙会议上，我再次被任命为医务代表，中国代表团由外交部次长颜惠庆博士担任团长。我觉得 1913 年 7 月的海牙比 1912 年 1 月时更令人愉快。这里大多数荷兰人讲礼貌和民主，绝不像在他们的殖民地爪哇和苏门答腊的地盘上那样不可一世，街道和娱乐场所维护得很清洁。美丽的日内瓦只是在将国际联盟总部设立在那里以后才声名远扬，而海牙作为国际法庭的所在地，是举办国际会议最理想的中心，荷兰政府和人民都尽量满足来访者的需求。荷兰人通常都能像使用母语一样流利地讲英语、法语和德语，他们都是出色的外交官，又是主人和服务员，不过他们不愿从事卑微的工作，因为他们控制了东印度的贸易，生活相当舒适。

伦敦医学会议（1913）

从荷兰角（Hook of Holland，紧邻海牙的港口）到哈里奇（Harwich）

相距 106 英里，定时的轮渡昼夜将旅客从大陆送往英国。不久我便发现双足又踏上了 1903 年秋天离开的英国土地。尽管 8 月的伦敦依然炎热，而我乐意在那里度过每一时刻。英国当局和医学界所有部门为举办这次盛大的第十七届国际医学会议，已经做了多方面的准备，会议安排 8 月 6 日至 12 日在巨大的圆形阿尔伯特音乐厅举行，会场可容纳 7 000 ~ 8 000 名代表和他们的家属。英国人有能力在他们的首都款待如此大型会议的众多来宾。

应伦敦筹备委员会的要求，我的论文《旱獭（蒙古旱獭）与鼠疫关系之调查》数月前已经寄送，我到达伦敦新霍尔本饭店预订的房间后，长篇印刷校样已经在等待我校订，可能有 500 多页，这需要投入很大的精力，然而一切必要事宜似乎均已准备停当。

8 月 6 日这个重要日子终于到来，那天艳阳高照，数千与会者各自凭入场券被引导通过不同的门进入那座非凡的隔音建筑。平时都在这里举办音乐会、政治性或其他集会。阿尔伯特音乐厅从底层到楼上人满为患。当时男士的流行服装是内衬背心的长礼服，头戴礼帽，由于天气炎热，男士们（大多数是医师）的窘况可以想象。那些为会议生色的女士们则身着轻柔的服装，不过那时衣袖和裙子都相当长。年轻的亚瑟亲王（康诺特公爵，Prince Arthur of Connaught）向与会代表致简短欢迎词，宣布会议正式开幕，然后自由党政府外交大臣、著名的格雷（Edward Grey）爵士讲话。格雷爵士身材高大，不蓄须，高鼻而面容严肃，他讲演了一刻钟。然后会议主席巴洛（Thomas Barlow，英王的侍从医师）爵士走上讲台。当时还没有扩音器，尽管他声音洪亮而清晰，也只有离得最近的人才能听清他的全部发言。巴洛爵士讲述了 32 年前（1881）在伦敦召开的上一次国际医学会议，许多学界领袖人物，如赫胥黎、李斯特、微耳和与科赫等都曾出席。现在所有这些医学巨人都已辞世，但有德国的埃尔利希和日本的北里柴三郎莅临而使这次会议生辉，他们对医学的巨大贡献已广为人知。巴洛爵士代表东道国的几位成员，向来自四面八方的数千到会同行表示最衷心的欢迎。

随后的时刻相当乏味，因为不得不在拥挤的会场安排那些官方代表讲话，一个接一个竟有26个之多。他们每个人都准备了一篇夸夸其谈的讲稿，并不理会时间长短和听众的反应。会议显然没有按照字母顺序安排与会国代表发言，主席唤到哪位发言者的名字，他就从座位走过会场登上讲台，在闷热和嘈杂声中努力用本国语言交差。有些医师英语很差，几乎大多数人不知其所云。不一会便从大厅的各个角落传出了不耐烦的低声抱怨和咳嗽声，而大多数讲演者似乎毫不在乎这种噪声，也不想割舍他们辛苦准备的讲演词中的任何部分。我记得日本的北里教授是第九位讲演者。他登上台，用德语发表了长篇宣言。尽管他在科学领域地位崇高，听众中却传出更多的噪声。第十位轮到我，我已成竹在胸。我把两页讲演稿装进口袋，一叫到我的名字，就走上台阶来到讲台中央，向主席鞠躬，然后面向期待的听众，只以缓慢洪亮的声音说了六个词："Ladies and gentlemen, China thanks you!"（女士们、先生们，中国感谢你们！）

我再次鞠躬，然后走回正厅前排我的座位。那一回我受到了来自数千个喉咙的欢呼，这也许是我生平所经历的最热烈欢迎。欢呼声实际持续的时间是我演讲时间的四倍。其他发言者心领神会纷纷仿效，结果只花半个多小时就结束了上午的程序，人们由若干个门退场。此时突然有两位名人出现在我面前。一位是牛津大学钦定医学教授奥斯勒（William Osler）爵士，他说："让我握你的手，德，你是一位真正的心理学家，你为我们指出了紧急情况下如何讲演的正确方式。"另一位绅士是约翰·霍普金斯大学医学教授赛耶（William Thayer）博士，他说："衷心祝贺你，在你访问美国时，一定到霍普金斯给我们的学生讲演。"

随后的社交活动非常精彩，它的规模和规格只有富裕的大英帝国有能力达到。英国政府在塞西尔酒店为最重要的代表及其夫人举办了盛大宴会，由莫利（Morley，枢密院议长）勋爵主持。会议主席巴洛爵士在伦敦索威饭店主持另一场宴会。8 月 6 日会议开幕当晚，奥斯勒爵士以个人名义在皇家赛车俱乐部款待我们 196 名代表。他是位殷勤周到的主人，几乎与每位客人都交谈过，他还专门邀请我到他在牛津诺顿花园大街 13 号的宅邸做客。8 月 11 日，大部分代表出席了加拿大百万富翁斯特拉思科纳（Strathcona）勋爵夫妇在摄政公园内的皇家植物园举办的晚会，那用东方彩灯装饰的会场宛如仙境。代表们前往温莎城堡、剑桥、牛津等地作短途观光，并由圣保罗大教堂和威斯敏斯特教堂提供专项服务。为便于与会者参加大会的所有专业会议，划分了若干个学科和单元。我的论文归在热带医学和卫生学学科。有兴趣的人提出了一些问题，我做了适当的回答。后来这篇论文发表在 1913 年 8 月 23 日出版的《柳叶刀》（伦敦）上，同时刊载在多卷本的《伦敦医学会议会报》上。这次伟大的会议，尽管有些不便，毕竟是所有各方团体的成功，应十分感谢赫林安姆（Wilmot Herringham，大会荣誉秘书长）博士和他众多的志愿者。

在伦敦会议上我有幸结识了一些同行，其中有加拿大麦克基尔大学代表团的女博士阿博特（Maude Abbott）。虽然她身材高大丰满，却是我遇见过的最机敏的人之一。她作为国际医学博物馆协会的秘书，要我赠送她一些肺鼠疫器官加工标本。在第二次肺鼠疫大流行（1920—1921）后，我送给了她。1927 年国际医学博物馆协会出版《威廉·奥斯勒爵士纪念文集》时，她向我约稿，我撰写了《怀念奥斯勒爵士》，为铭记这位伟大的临床医师、作家和绅士（1849—1919），我也尽了微薄力量。

学校卫生会议（布法罗，1913）

伦敦会议后不久，我即准备横渡大西洋出席另一个医学会议，这一次是在纽约州的布法罗。中国政府已签发一份公务护照，我进入美国的签证便毫不费事了。我拜访了美国大使馆并承蒙大使佩奇（Walter Haines Page）先生接待 。他是一位又高又瘦，和蔼可亲的人。读过《第一次世界大战1914—1918》一书的人还仍会记得在那个艰难的岁月，佩奇先生如何帮助了英国，而他本人正是这本记录那个多事之秋作品的作者。

我乘坐冠达邮轮公司一艘豪华轮船（船名已忘）从利物浦前去纽约，在船上遇见许多风趣的美国乘客。其中之一是阿尔比（Fred H. Albee）博士，他或许是当时最著名的整形外科医师，发明了几种器械，可以用来取出体内长骨的病变部分并换上健康骨骼。除了他是名医，阿尔比夫人也是一位非常端庄的女人，这对夫妇无论在哪里都会引人注意。1927 年我们再次相逢，那是在檀香山举行的首次也是唯一一次的泛太平洋外科学会议上。这一次阿尔比夫妇带来了他们的独生子，我和当地的朋友们在威基基海滩教他冲浪。这个男孩后来也是整形外科专家，成了阿尔比博士二世，现在佛罗里达州执业行医。老阿尔比博士享尽世间荣誉和财富后于 1945 年辞世。1951 年他的遗孀出版了一本书名为《医师与我》的精彩作品，回顾了已故外科医师遍及世界的活动。

前往布法罗参加学校卫生会议之前，我住在宾夕法尼亚旅馆，这是斯塔特勒集团首屈一指的旅馆。它共有 1 200 个客房并带有 1 200 个独立浴室，鲜明体现了美国最现代化旅馆的特点。我应邀在宏大的纽约城市学院发表了题为“中国的进步”的讲演，院长斯托里（Thomas Storey）先生是一位非常友善的人。我感触最深的是美国人民不论男女老幼，对新建立的中华民国都表现出强烈的兴趣，他们真诚希望中国繁荣幸福。

此次在布法罗召开的学校卫生会议是艾略特倡议举办的，他是首屈一指的教育家，哈佛大学 1869 年到 1909 年的校长。这所由意曼纽学院校友创建的学校发展成美国最高学府，艾略特功不可没。1913 年时艾略特博士已年近 80，然而他站在讲台上的仪态和语言仍然神清气爽。我曾应邀在台上就座并发表演讲。那是一次男女医师和中等、高等学校领导者的大型集会，讲演者众口一词强调学生从小学到大学生活都需要更多的关心和管理。在这次学术聚会上，与我交谈过的每个人都充满活力，再次给我留下深刻印象。他们欣见美国的变化，也希望更多地了解兄弟的中华民国取得的进步。有人将我介绍给一个有影响的商业家族，名为古根海默（Milton Guggenheimer）。他们对基督教青年会和基督教女青年会运动很有兴趣。他们邀请我到他们府上做客，还邀我与他们的朋友们一起去野餐，饮料只有冰水和加牛奶的热咖啡。多年后我仍保持与这些善良的人们的通信联系。在布法罗，我住在另一座斯塔特勒旅馆，那里有 800 个房间和 800 个浴室。每个房间都装有宽大的洗脸盆，两边是冷热水龙头，中间是流动的冰水，不限量，不必摇铃召唤侍者和每次付小费。

我的朋友还陪我去尼亚加拉大瀑布，有条宽阔笔直的高速公路直达，距离仅约 15 英里。我们从美国这边，怀着敬畏的心情观看水花飞溅的巨大马蹄形瀑布落在加拿大边境那边，赞赏这些使人类得以驾驭大自然的力量发电和照明的工程。

底特律市区距此不远，我极想参观著名的福特汽车工厂，于是买了一张一日游的票，舒适地坐在游览车上欣赏美妙的风景。不巧的是，车站售给我的是北线游览票，这就意味着我要先进加拿大领土。加拿大有类似美国可憎的排华法案，禁止中国人进入这个国家。那身穿短袖衫，五大三粗的移民局官员只有一顶帽子能表明他的职业身份，在他面前，我只好用最纯正的英语向他解释，我本无意进入加拿大，是布法罗的售票员为我选的路线。终于允许我通行了，但是他们警示我在温莎镇伊利湖的另一端，还有一名官员在等着我，能否入境取决于更高级官员。到达加拿大境内第一个城镇时，另一个穿短袖衫戴帽子的人命令我下车，并陪我前往高级移民官办公室。恰巧此人很有教养，听了我的解释，即对于给我带来的麻烦表示歉意，很快便把我送到一辆正在等待客人的火车上，火车跨过狭窄的水面，又回到了美国境内。在这里我的肤色又一次引起了一名身穿制服的官员注意，但是他接受了我那张从布法罗到底特律（北线）的直达车票，因为这足以证明我的旅行出于善意。这次不愉快的经历后，我便高高兴兴地叫上一辆出租车，前去当地一家斯塔特勒旅馆，这是三周内我第三次在属于此集团的旅馆入住。旅馆经理为我向福特工厂预约了参观时间。这是第一家大规模批量生产标准化汽车的工厂。当时每天只生产 2 000 辆，每台汽车开始先安装四个车轮，在轨道上运行到下一工序停下，用只供该工序使用的专门机械加上其他部件，如此一步步往下走，直到完整的汽车走下轨道，然后再去验车。若干年后我再次访问美国，福特汽车工厂的汽车产量已是前次参观时的 3 倍多，因为那里立了一块巨大的广告牌，上面写道："福特汽车公司每天生产 7 000 辆汽车。"

然后，我乘坐"总统号"客轮取道西雅图从美国回到了上海。

远东热带医学协会第五次会议（新加坡，1923）

远东热带医学协会第五次会议于1923年9月1日到14日在新加坡举行。这个协会主要是由从印度到日本等东亚和东南亚一些国家政府发起成立的。与会代表来自［日本］、菲律宾、香港、法属印度支那（包括当时的从属国北越、南越、柬埔寨和老挝）、荷属东印度（今印尼）、海峡殖民地、马来联邦、澳大利亚、印度、中国、暹罗、台湾［日占］、沙捞越、英属北婆罗洲和澳门。共有80余名会员出席，其中日本12名，中国2名。会议主席是新加坡和马来亚的医务署署长霍普斯（A. L. Hoops）博士，我任副主席和中国政府的正式代表。霍普斯博士曾任吉打属邦总医

1923年远东热带医学会议。前排左4为伍连德（承中华医学会栾伟伟提供）

官。他用引进自来水供应当地居民的简单措施，便控制了一年一度的霍乱暴发。会议在维多利亚纪念堂举行，会场外矗立着新加坡创建者莱佛士爵士的雕像。我宣读了已经提及的两篇论文：《鼠疫之发源地》和《野生啮齿类动物鼠疫及最近研究旱獭与鼠疫之关系》。此外有几篇关于疟疾的论文（马来亚的历任医官都在这方面做出过出色成绩），而更多的注意力集中在脚气病研究上。关于这一疾病，美国代表提议制定法律强制销售糙米，但是该决议遭否决。在此顺便提及一点，第二次世界大战日军突然侵入东南亚时，他们曾私自违法加工和出售过精米。会上也有人试图修改远东检疫程序，因为实际执行中发现巴黎国际公约在东方国家颇不适用。会议期间，得知一个惊人新闻，日本发生大地震，连同伴随而来的火灾毁坏了东京和横滨相当大一部分。尽管出现了这次灾难，日本代表团仍坚持在他们的首都举行下一次会议，而且邀请我访问他们的国家，去他们的几所大学发表关于鼠疫和公共卫生的系列讲演。我愉快地接受了邀请，先乘轮船到上海，再从那里乘定期邮船长崎丸于10月初抵达长崎港。

1923年伍连德（左）与北里柴三郎在日本合影

新加坡举办的远东热带医学会议有许多著名医师出席，霍普斯博士趁此机会，得以说服当地政府投入大笔款项（总计数百万元）在槟榔屿和新加坡建起了现代化医院，从而为改善已有的国王爱德华七世医学校和后来建立马来亚大学奠定了坚实的基础。霍普斯博士不但在社交上善取中

庸之道，他还是位能干的管理者。他像后期身居最高专员（英国驻东南亚）要职的麦克唐纳（Malcolm Macdonald）阁下那样，与殖民地所有种族和各阶层的人建立了友情，从而提高了联邦的声誉和知名度。

远东热带医学协会第六次会议（东京，1925）

尽管 1923 年发生毁灭性地震，但日本政府和人民接受了美国、中国、英国及其他同情国家的巨大捐助，力争在短短两年时间内恢复。1925 年 10 月初出席远东热带医学协会第六次会议的代表到达东京时，他们惊喜地注意到灾后两年来东道主已大有进步。我们可以看到帝国大学和长吉领导的国立传染病研究所都有相当部分被损坏。但另一方面，民间集资建立的私立北里研究所却几乎完整无损。

为确保中国有尽可能多的代表到来，长吉教授和他的一些著名同行曾访问过北京和上海，他们当面邀请中国医学机构的领导人出访他们的国家。由于过去多年来针对中国的穷兵黩武，中国人对日本人的这种“友善”，开始自然表现出冷淡。幸好我们的医界领袖们终于按交往常规，决定至少派 25 名代表前往，以表明我们的善意。

所以，10 月 11 日会议召开时，中国代表团的人数比任何其他国家都要多。我作为资深的正式代表，更受到特别关注。参加会议的 400 多名成员中，外国代表约 80 名。著名的北里柴三郎教授当选为会议主席，而由盛气凌人的宫川①担任秘书长。此前两年我以客座教授的身份访问该国时，

① 宫川于 1946 年被盟军作为战犯投入监狱，是其中为数不多的日本医务人员之一，他是领导细菌战的一个主要人物。——作者原注

1925 年出席东京远东热带医学协会第六次会议(左 2 为伍连德)

曾在帝国大学就鼠疫和公共卫生学作过两次讲演，正是这位宫川担任翻译，将英语译为日语。

为会议准备的论文总计达 267 篇，分作如下几类：内科学（56 篇）、病理学（49 篇）、寄生虫学（34 篇）、公共卫生学与卫生学（32 篇）、细菌学（30 篇）、生理学（31 篇）、外科学（18 篇）和药理学（17 篇）。其中有 30 余篇是中国代表报送的。我的助手林家瑞医师与我共同宣读了 4 篇论文，即《远东猩红热的研究》、《由政府的立场控制脚气病》、《野生啮齿类动物鼠疫及最近研究旱獭与鼠疫之关系》和《麻醉毒药之公众卫生观》。

日本人不愧为交际艺术的能手。他们除举办游览东京多处风景的活动外，还安排代表及家属去日光、箱根、京都、大阪和神户观光，从皇室（请我们在通常不对公众开放的华丽的皇宫花园饮茶）和首相加藤（在美国建筑师莱特设计的宽敞的帝国饭店招待我们，这个酒店地震时幸免破坏）、各种商会以至于普通公民，都是我们的东道主。像 1923 年地震非常期间一样，我这次也下榻在帝国饭店，享用着欧洲和日本的饮食。大多数代表感到在日本的 3 周确实很圆满。

泛太平洋外科学会议（檀香山，1927）

1927 年夏，中央政府指派我赴檀香山出席泛太平洋外科学会议，这次会议是泛太平洋联盟主席、不知疲倦的福特（Ford）先生建议，由该地区权威医师参加的会议。我的论文为《腺鼠疫的外科治疗》。福特先生是一位比较贫穷的人，是位虔诚的基督徒。他善于组织工作，并坚信太平洋地区将发展成为一个集和平与友善于一身的“天堂”，必将有利于来访者的健康和居民的经济发展，使这个地区的欧洲人、美国人、中国人、日本人、菲律宾人和美拉尼西亚人都将享有幸福和富足。为此目的，美髯飘逸的老福特，说服从事制糖业和凤梨产业的富商朋友向他任主席的泛太平洋联盟大方地捐款，提供一座配得上款待贵宾的住所，如此则可让这个太平洋中央地区以温暖且每日伴有凉爽阵雨的气候、草裙舞和绕梁不绝的音乐而闻名于全世界。在福特先生帮助下组织的许多会议中，泛太平洋外科学会议吸引了数以百计的男女医务人员，其中大多数是美国人，这些美国人在那里毫无节制地大把花钱。此前我曾两次路过檀香山，1924—1925 年，我曾以洛克菲勒基金资助的学者往返于旧金山，后来又于 1928 年陪同太太去看望我们的长子长庚，当时他在约翰·霍普金斯大学获得了学士学位。每一次我都受到福特先生和定居在这个已成为美国领土的岛屿上的华人朋友非常亲切的招待。

我又一次高兴地见到了著名的整形外科医师阿尔比博士和他的家人，并与颜福庆博士及其他中国代表一同出席了一次聚会，那是由夏威夷大学教师叶孟意举办的，有60位客人参加。我们还结识了一个于姓家庭，他们从祖上定居于此已历数代。于家长子于明毕业于康奈尔大学，回到中国担任立法院院长孙科（故总统孙中山之子）的秘书。在欢迎来访医师而举行的许多社交活动中，有一次是在傍晚，我们都坐在（确切地说是蹲在）沙滩上，享用夏威夷风格烤全猪豪华晚宴。其过程是首先取出全部猪内脏，然后用香蕉叶包裹猪胴体，埋进热沙中，在周围燃烧一圈木柴，几个小时后，pig便熟透了。我们每人分得一块柔软多汁的肉，直接用手拿着，佐以盛于碗中的发酵过的芋泥（夏威夷人称poi），用食指一点一点送入口中。

还有一天，我们驱车前去某位富有美国实业家的一座海滨大住宅，那里正在举办一次医务人员的联欢会。午宴后，请每一位客人展示自己内科、外科专业技能之外的艺术才能，于是有人唱歌，有人背诵有趣的散文，还有人跳爵士舞。轮到我时，我表演了草裙舞，我摆动身体和臀部几乎像一流的专业舞蹈家。那年我只有48岁，兴起而舞，乃情之所至也。

外科学会议就此结束，这是第一次也是最后一次在“太平洋上的天堂”举行的这种会议。

远东热带医学协会第七次会议（加尔各答，1927）

1927年冬季12月及1928年1月至2月对印度的访问，已见于前面的章节。12 月 5 日至 12 日举行的这次远东热带医学协会第七次会议，主办国是当时大英帝国庞大的属国，后来这个会议则由国际联盟卫生交流官员主持。我再次率领了中国官方代表团，同行者为内政部金子直博士和北京协和医学院病理学助理教授胡正祥博士。当时印度医务署高级官员几乎都是英国人，大部分是将校军官。在有近 1 200 名男女宾客的盛大宴会上，秘书长克里斯托弗斯（Christophers）上校要求来宾代表致辞，现在想来，我仍怀着敬畏的心情回想起那些人的姓名，其中有博斯（Bose）、拉曼（Raman）、罗（Row）、乔普拉（Chopra）和泰戈尔（Tagore）等印度人，他们和同辈英国人一起，为医学、物理学、化学、文学和艺术作出过巨大贡献。在加尔各答，我住在药理学系主任乔普拉教授的家中。他和他的太太对我只从北京带来一条薄丝棉被——那是我在游历北满寒冷地区期间足以御寒的物品——而感到惊奇。在孟买，我又住在一个有教养的印度家庭中，那是巴蒂亚（Bhatia）上尉夫妇的家，男主人是格兰特医学院院长。在这个辽阔国家的愉快经历前已述及，此处不赘。

国际狂犬病会议（巴黎，1927）

1927 年我出席的第三次医学会议是 5 月在巴黎举行的狂犬病会议，时值国际联盟卫生处提供旅行奖学金委派我考察欧洲十二国卫生机构期间。自我 1913 年访问欧洲大陆以来，这里到处都有相当大的进步，特别是新独立的国家波兰和南斯拉夫，它们以相当额度的年度预算致力于卫生事务。例如南斯拉夫，人口 1 200 万，预算 6 000 万第纳尔，至少有十分之一用在卫生事业上。它有一位卓越的总医官斯坦帕（Stampar）博士，此人身材魁梧，胡须浓密，原来只是一位乡村医生。第一次世界大战后几年间，在国际联盟赖赫曼博士的帮助下，斯坦帕得以建设、装备和组建了200多所现代化医院、实验室和卫生中心。他成功的主要秘诀在于努力赢得农民的信任，这首先是通过适当接种疫苗和血清保护了他们的家禽、牛和马，然后又告诉他们如何保护他们自己的家人。

有关狂犬病的会议大都在巴斯德研究所举行。这里是我曾经师从梅奇尼科夫，并与莱瓦迪蒂、玛丽、魏因贝格及马莫雷克等人共同工作过的地方。那座牧童与疯狗搏斗的著名雕像依然立在大门口，而老朋友都离开了。专为纪念巴斯德建造的主楼地下精雕细刻的墓穴依然是公众瞻仰的中心。

我在这次会上遇到的代表几乎都是陌生人，他们都有自己的相应经历。各种不同的机构报道了许多新方法，但显然巴斯德最初采用的方法依然是主流。不过，森普尔的方法（用1%～2%的强石碳酸灭活病毒）在印度各地为更多的人用于免疫人群和犬，一般不再采用巴斯德原始的，乃至于后来的改进方法，因为费时和手续繁杂。幸运的是，最近几年，由于利用鸡胚生产减毒疫苗（Flury株）而取得了真正重大的进步。我曾亲见其非凡效果，那是在采取隔离检疫4年（1950—1954）毫无作用并使无辜的动物被毁灭后，马来亚从美国空运进口数万人份的Flury疫苗，只要注射一次这种新疫苗，人与犬类中广泛流行的狂犬病便被根除。

远东热带医学协会第九次会议（南京，1934）

此次会议详情已在第12章述及，此处仅需寥寥数语。国民政府通过刘瑞恒为署长的中央卫生署，召集了能找到的医学专家，使会议尽可能取得了最大成功。

该次会议的组织者创造了多项新纪录，其中之一是会议结束后以短至5个月的时间便出版了两大卷布面精装的会议录（每卷800页）。我和我那能干的侄子、香港大学毕业生伍长耀医师二人是编辑。为表彰我们取得的成绩，每人获赠一枚金质奖章。

远东国家政府间农村卫生会议（万隆，1937）

这是我作为中国政府正式代表出席的12次国际会议中最后一次。会议于1937年8月3日至13日在巴达维亚（1945年印尼获得独立后称雅加达）附近的万隆山中避暑地举行。这次会议由赖赫曼博士领导的国际联盟卫生处和爪哇的荷兰当局共同组织，商讨将农村卫生事业置于稳固且长远基础上所需采取的步骤。一如以往，荷兰人为证明他们本身是出色的东道主以及热心的卫生工作者，他们自豪地向来访代表展示了在农村卫生工作中取得的进步。我宣读了一篇题为“中国农村地区的鼠疫”的论文，强调了福建、南满和内蒙古出现的新疫源地，诸如在通辽和龙岩等地，我们的专业人员多年来在那里调查淋巴腺型鼠疫，而且与印度一样，采取了预防措施，已考虑到野生和家养的啮齿动物及它们的寄生虫。在我一个小时的讲演中，引述了荷兰医务署奥滕（Otten）博士的杰出工作，他们使用以鼠疫杆菌（*B. pestis*）强毒株制备的疫苗获得了预期的成果。我讲演的结论是：“全面考察鼠疫形势，我们将会注意到，在中国，如同世界上其他受其侵袭的国家一样，这种鼠疫的危害正显示减退的可喜征候。这种传染病最后的堡垒似乎以农村或森林鼠疫为特征，与之战斗非常困难，正像在加利福尼亚和马达加斯加所看到的那种情况。然而，我们欣慰地注意到，可应用的对抗这种隐蔽敌人的武器在不断地改良。通过国际联盟机构组织的当前的科学集会，身负重任的医务工作者得以彼此交换意见，对人类未来的幸福当是一个吉兆。”

不幸的是，中国各种政治事件引发了危机，1937 年 7 月 7 日日本军队又在北京附近轻而易举地发动了卢沟桥事变，随后他们又在 1941 年 12 月偷袭了珍珠港的美国海军，使欧洲战火蔓延到太平洋。世界厌烦战争，战争对胜败双方都没有好处，只有人类遭殃，而广大民众被剥夺了他们应有的权利。那些今天的当权者们，难道从来也不能理解并贯彻 2 500 年前孔夫子的“中庸之道”中所宣扬的哲理吗？

第20章 对若干国家的印象

英国

我这样一个槟榔屿普通中产阶层华侨家庭子弟，并无更优越的背景，竟能通过政府设置的英女皇奖学金，进入大英帝国两所最古老和最著名的大学之一的剑桥大学，最后获得文学硕士和医学博士两个学位。总共花费了政府1 000英镑，和当今标准相比，是一笔非常微薄的开支。

除了学术荣誉，我有幸与各种类型的大学生交往，其中有寒酸的公费生或神气十足的奖学金获得者，埋头苦干的人或易于冲动的人，虔诚的教徒或虚无主义者。我受到过商店主人的殷勤招待，如海弗（Heffers）书店、惠布利（Whibley）杂货店的主人。我愿意尽可能多地与教师及其他学术渊博的大学学会成员聚在一起，这些人中有麦卡利斯特（Macalisters）、弗拉瑟（Flathers）、肖斯（Shaws）、奥尔茨（Horts）、凯恩斯（Keynes）和乔纳（Chawner）等。所有人都善待我这个“海外孤客”。不论在同学中，还是在居民家里，所到之处都有宾至如归的感觉。他们根本没有任何种族优越感，不像我以后所遇到的那些理应知道该如何做的人。剑桥和牛津这样的寄宿制大学的优越性之一，是人们可以自由交往，后来随着格顿（Girton）和纽纳姆（Newnham）女子学院的扩大，男女学生之间的交流也更多了。

在伦敦，或许除了那些热衷体育运动的人之外，社交联系较少，那种耳鬓厮磨的相处以及导师的严密监护都是不存在的，下课后大家各自散去。然而，医学生因为年龄较大，经历较多而比较老成，更倾向于从更为严肃的角度看待生活和谋求更远大目标。

1900 年的一天，我正在病房陪同利斯（David Lees）博士作记录时，医院的门房给我引见了一个眉目清秀的年轻人，他自我介绍说是伦敦《每日邮报》（1896 年创刊）的记者，那是一种新创刊的、每份半便士的报纸。此人想与我商谈剪报资料上的一条新闻。他边说边给我看，报上说将给我总计 1 万元（相当于 1 200 英镑）的经费用于麻风病研究。那是一种会损伤容貌的慢性疾病，主要局限在热带国家的居民中发生。据说这个凭空而来的礼物是谢自友先生提供的，谢先生是槟榔屿的绅士，财富来自鸦片和烧酒专卖，而这些买卖是新加坡的海峡殖民地政府认可的。我告诉记者，我无法回答这条消息的真实性，因为我没有直接从谢先生那里听到，尽管在新加坡曾偶尔见过他。因为当年我曾定期前往新加坡参加年度英女皇奖学金考试。第二天，《每日邮报》便发表了耸人听闻的文章，称帕丁顿的圣玛丽医院一个华人学生得到新加坡百万富翁提供的万元巨款，去发现一种疗法治疗叫做麻风病的可怕疾病，等等。那时我才刚开始临床学习第二年，即使这个消息是真的，我也不可能取得任何成就。这样一来，在好几个月里，我自然成了出诊医师、同学和护士等众人瞩目的焦点。但是像伦敦所有轰动事件一样，这些小新闻很快便被人遗忘了。最终证明只是报纸的噱头。以后在年底前，同一家报纸又发表了驻北京通讯记者更为轰动的报道，声称由于中国爆发拳乱，几名遭捕获的外国传教士已被投入沸腾的油锅。为此当时还有一些街头顽童向我投石子。不过总的来说，我在伦敦的 3 年临床学习非常愉快，尽管我获得了大部分历年提供给学生的奖学金，从未被视为只图奖学金的人，而是受到教职人员和学生的尊重与关心。我在布卢姆菲尔德台［伦敦切尔西区］的女房东闲暇时常给人看手相，1900 年她看过我的手后说，我的手掌表明我有善于交友的本领和不寻常的成功生活，然而在某些阶段将伴随有家庭不幸和钱财损失。我真不知她对那几十名在她屋檐下寄宿过的医学生的未来命运，作过多少次同样的断言！

我在伦敦的 3 年（1899—1902），发生过 3 件大事，即大英帝国与布尔共和国［现属南非共和国］的战争，亨利·坎贝尔－班纳曼及其内阁给予战败的敌人宽容的和平条件，以及维多利亚女王以 82 岁高龄于 1901 年 1 月去世。我目睹了送葬队伍通过狭窄的伦敦街道，其中女王近亲之一的德国皇帝威廉二世高调出现在送葬者中。

当年我曾参与反对鸦片贸易运动。1907 年与泰勒和莱德劳有过接触。他们是富商、制造商和国会议员。蒙泰勒先生好意，我曾获准到议会旁听，聆听首相阿斯奎斯（Herbert Asquith）和外交大臣格雷（Edward Grey）爵士的演讲。我见他们在辩论时心平气和、言辞简单和毫不做作，根本没有我所想象的激烈争吵和攘臂相向。我还受到格雷爵士在他的办公室接见 10 分钟，也承蒙下议院塞缪尔（Herbert Samuel）先生接见。格雷爵士（剑桥人）不蓄须，表情严肃；而塞缪尔胡须浓密，性格爽朗，他同情我们的反鸦片事业。

我和莱德劳先生曾在议会的阳台上共进过一次午餐，并在那里观赏繁忙的泰晤士河与西敏寺桥诱人的景致。我离开那著名的议会发源地后，它的尊贵和简朴给我留下深刻的印象。显然，无论他们在里面说了什么，一旦走出门外，这些议员们之间很少有政见不同之外的任何不满与忌恨。例如丘吉尔、史密斯（Fred Smith，后称伯肯黑德勋爵 Lord Birkenhead）和乔治（Lloyd George）之间长期保持着诚挚的友谊，尽管他们的政治信仰有着巨大的分歧。丘吉尔先后是保守党员、自由党员和保守派，史密斯始终是坚定的保守党。乔治则是激进的自由党，为保守党核心十分痛恨，因为他是实行高额收入所得税和遗产税的罪魁祸首，令那些古老贵族家庭丧失了许多代以来拥有的大部分土地和财产。

1926 年到 1956 年之间，我多次访问英国。有时是作为中国政府官员，有时是作为国际联盟卫生处的成员之一的鼠疫与卫生专家。我从未忘记拜访圣玛丽医院和意曼纽学院，大学时代我曾在那里受到过太多的抚慰与鼓励。每次我都会受到院长亲切的接待，他们是乔纳（William Chawner）、贾尔斯（Peter Giles）、希尔（T. S. Hele）和韦尔伯恩（E. Welbourne）。只要可能，他们就会安排我入住前院研究员套间。贾尔斯、希尔和韦尔伯恩在任时的那三次到访期间，我都被安排为院长别墅的住客。今天我想到除韦尔伯恩外，这些慈祥的老院长都相继谢世时，不禁黯然神伤。

第二次世界大战期间，我和我的英国朋友的通信全部中断，多年阅读的期刊，如《时代周刊》、《观众》、《英国卫报》和《英国医学杂志》也都得不到了。和平实现后，我在最早的时刻，于 1949 年乘太平洋 - 东方航运公司新建造的“广州号”客轮由槟榔屿前往伦敦。在那里，我目睹战争给伦敦这座自豪的城市带来的浩劫，那是戈林的飞机轰炸在先、希特勒用穿越狭窄海峡的远程火箭轰击随后造成的恶果。曾经喧闹的长街，如霍尔本、牛津街、法灵顿街大部分都不复存在了，街道上只见长长的临时围栏，到处是碎石和瓦砾。有座著名的城市教堂是我常去做礼拜并聆听深意讲道的地方，如今已化为乌有。牛津街上的大商店赛尔弗里奇（Selfridge）也有很大部分受损，幸赖修复迅速，在我来访时，这家美国商人经营的大商场，已开始按英国传统照常营业了。在市中心原有一座多层街角建筑，被称为雪山（Snowhill），也已经消逝。房主是著名的宝威（Burroughes，Wellcome）药店，它的业务迁到了尤斯顿路。公司两位创始人之一维尔康（Henry Wellcome）多年前在那里建立了一所医学史博物馆。

圣保罗大教堂，这座雄伟壮观的圆顶建筑是雷恩（Christopher Wren）爵士设计的，这里安放着惠灵顿（Wellington）和纳尔逊（Nelson）的灵柩。尽管周围的高大建筑都已荡然无存，但这座教堂躲过了劫难。当我站在教堂中心的石阶上时，我察看了它复杂的内部，那里也附带有像开罗大清真寺一样的耳语廊。我不得不像许多英国人那样相信，是上帝之手护佑了这个人类的绝妙艺术作品，使其免遭纳粹的疯狂破坏，世世代代的英国人和其他观光者才依旧能够欣赏它从内到外的瑰丽和典雅，并一如往昔地在它的屋顶下祈祷。

英国其他大城市在1940—1941年闪击战期间也遭受猛烈轰炸，但我只有时间访问布里斯托尔和考文垂。心中不由得想起那起类似的毁灭行为，1860年在英国和法国公使授意下，火烧了北京附近的圆明园。幸好牛津和剑桥两所古老大学得以幸免。

令我格外感动的是英国各阶层人士，从王室成员到最贫穷的家庭主妇，在那残酷的战争年代所表现出的勇气和坚韧，他们没有怨言，甚至幽默地接受严格的食物定量配给。1949年我访问那里时，这种食物定量配给仍在实行，然而那些曾被征服的国家，如法国、比利时、意大利等国则损失较少，那时几乎已经恢复正常了。

1949 年我在伦敦暂住于“海外之家”（Overseas House），它坐落在皮卡迪利大街圣詹姆斯公园海外联盟（Overseas League）的住宅区。这个联盟是 1910 年伦奇（Evelyn Wrench）爵士创建的，他是一位为英国人谋福利而不知疲倦的工人兼作家。从这个联盟成立起，我就是“海外之家”的终身会员，并与伦奇爵士会面和通信。伦奇出生于 1882 年，1955 年依然健在，长寿如我。在海外之家，客人住宿、沐浴和早餐每天只花一个基尼，也为来访会员备有午餐和晚餐，海外之家分散在世界各地的会员超过 5 万名，它最实际的目的在于为各民族的英联邦公民提供一个共用的会见场所。在短暂的停留期间，我会见过来自英联邦 10 多个地区的青年和老人，委员会组织他们参加过许多盛大的公共集会。

我还访问过英国医学会大楼，这是位于伦敦西区塔维斯托克广场的一座历史性建筑，多年前由英国医学会（1832 年创建）购做总部，在这里为它的会员每周出版《英国医学杂志》60 000 份。我在此遇见克莱格（H. A. Clegg）博士，他是皇家内科医师协会会员，剑桥毕业的同学，并且和我一样，曾任治疗肺结核及胸科疾病的布朗普顿医院内科住院医师。由于在这个大都市始终有成千位来自世界各地的会员，英国医学会每月在它漂亮的接待大厅举行聚会，以便应邀的会员能够彼此结识，交换想法。1949 年我出席过两次这种集会，在那里遇到感兴趣的同行会员，令我惊喜。

我有一次曾乘火车去沃辛（Worthing）拜访过马克斯韦尔（George Maxwell）爵士。他是退休的马来联邦布政司［行政首脑］，曾经在马来亚担任过除新加坡总督之外的大多数高级职务。他比我年长 5 岁，但他仍亲自到火车站迎接，并驾车载我到离沃辛约 6 英里之外的海萨尔文顿（High Salvington）的家中。午餐时我见到了马克斯韦尔夫人，她年长于丈夫，温柔礼貌一如往昔。

槟榔屿大英义塾的前任校长哈格里夫斯先生在世时，我经常去他在南肯辛顿的朗里奇路 62 号的寓所，看望他和他的画家妻子。他们唯一的儿子托尼·哈格里夫斯（Tony Hargreaves）远在印度，因而在伦敦确实感到寂寞。每次我都会在他们简朴的住所度过数小时，或带他们去附近餐馆换换口味，或者去干草市场（Haymarket）观看表演。我希望向老夫妇表达我的感激之情，因为在我学生时代他们的慈爱令我难忘，我的访问也会缓解他们晚年的孤独感。这对夫妇在第二次世界大战后不久去世。1949 年访问伦敦期间，我高兴地见到托尼与他的妻儿，他们定居在紧邻阿尔伯特纪念碑的女王之门花园［南肯辛顿］。他们送给我一些他的母亲创作的非常好的水彩画，还有有关父亲在马来亚工作的一本剪报集，托尼现在证券交易所从事赢利的工作。

在伦敦时另一个我特别应该拜访的是肖宅。威廉·内皮尔·肖爵士夫妇住在摩顿花园 10 号一幢舒适的花园洋房中，紧邻格洛斯特路车站。自离开剑桥后，威廉爵士就任气象局局长（以气象专家的身份），而夫人仍然保持着她的彩色摄影爱好。他们也在战争期间逝世，丈夫故于 1945 年，享年 91 岁，没有留下子嗣。

1953 年 4 月，我偕夫人与许多朋友一道从马来亚搭乘新建造的“舟山号”（24 000 吨）——这是太平洋－东方航运公司（P&O）远东船队的骄傲—— 去亲历 6 月 2 日与女王伊丽莎白二世的加冕礼相关的庆典。当时伦敦海内外游客人满为患，很难找到住处。幸好我的女儿贝蒂（伍玉玲）从马来亚大学文科毕业，然后获得了美国的史密斯－蒙特奖学金，和结婚一年的丈夫台镇华恰巧住在汉普斯蒂德（伦敦北部）的公寓中，当时他们都被伦敦大学东方语言学院聘为中文讲师，他们的公寓可供我们住宿。我逗留的三周期间，天气很恶劣，我从未经历英国首都这样的连阴天。无数海外来客和数千外地人，都来观看这个盛大的活动，直到加冕典礼的时刻，不停的滂沱大雨竟部分损坏了专门布置的装饰物和看台。然而许多本国的观众带来了毯子、靠垫、热水壶、橡胶雨布和雨伞，坚守在一个用绳索圈起的场地中，预备 24 小时守候，以便见证这历史性游行。聪明的人则留在家中或去他们的俱乐部，在电视机前观看加冕典礼的全过程，既省钱又更舒服。

1956 年 6 月，我决定飞往英国，出席剑桥的大学颁授荣誉日（Degree Day），我的长子即将获得法学士学位。在住宿方面他比我幸运，自 1953 年他成为一年级新生后，院长便把依曼纽住宅楼中威廉·肖爵士原来居住的那套舒适的房间提供给他，有蒸汽供暖，窗外毗邻景色怡人的帕克绿地（Parker's Piece）与研究员花园。我从前的学院，古老的依曼纽，现在属于我的儿子了。从我那时到现在，它的规模已经倍增，依曼纽街的另一边增添了新的楼群，这条街曾是我们的院界。这时蒸汽供暖取代了煤火，整个冬天，年轻人可以在一个温暖舒适的房间享受彻夜安眠，即使打开窗户也不必担心感冒。此外，沐浴时随意使用冷热水，不必把铁皮罐里那一点儿水倒进那平浅的澡盆中。新图书馆和阅览室也由蒸汽供暖，逗留儿小时也不会冻得发抖。的确，这一代大学生有很多需要感恩的。由于已经取消食物定量配给，现在餐厅可以为临时来客提供午餐。旧秩序改变了，而新的民主精神已经巩固。

法国

大多数初到法国的外国人，会有很多令他们感兴趣的事物，这不是那个 1789 年饥饿群众攻破臭名昭著的巴士底狱，成为大革命前奏的国家吗？

这不是鲁日·德·李尔（Rouget de Lisle）创作后被政府作为国歌的那首所有国歌中最激动人心的《马赛曲》吗？这不是首先升起自由、平等、博爱大旗，随后被其他国家仿效的自由国家吗？

除了这些自豪的回忆外，还有在历代法国国王（特别是路易十四）以及两位拿破仑治下极度美化了的首都，为女士们创造令人倾倒的服饰和发型的天赋，烹饪美味菜肴的手艺，都让法国人民设法吸引了川流不息的游客来此观光。

成千的中国学生纷纷涌向法国各种学术机构，学习艺术、绘画、科学、外交、法律和其他专业，但少有人学习医学和军事学科。新成立的中华民国乐于重用法国留学生，到今天，他们的努力在法典、戏剧艺术和现代餐饮建设等方面已见成效。

人们不能不赞许在欧洲和美洲有口皆碑的法国菜，它实际上是中国式烹饪的演绎，因为中国式菜肴采用各种原材料和调料刺激顾客胃口。几个世纪来法国菜备受重视，主要是因为它更适合整个欧洲大陆，而中国菜尽管起源更古老，却只是近来通过东西方的紧密联系才使其无穷美味受到欣赏。中国烹饪与法国烹饪一样，现在这种技艺实际上已无须亲临餐馆厨房见习，看看中国女作者编写的谈烹调经验的书籍，就能品尝到更丰富美味。

像早年来法国的访问者一样，我被巴黎自由随意的生活所吸引，在这里约定俗成的习惯并不像英国那样严格。除了国家的某些机构，如卢浮宫、杜乐丽花园、德克吕尼博物馆、凡尔赛宫、拿破仑陵墓、枫丹白露宫和其他名胜古迹外，那里还有拉丁区、圣米歇尔林荫大道及坐落在周围的大学和医学院。在大学区，学生们本着自己的爱好生活和学习。与德国不同，这里没有决斗社团，只有安宁或散漫的天性让他们自得其乐。我在巴斯德研究院时的大多数同仁现在已经过世了，现任所长特雷福（Jacques

Trefouel）教授，还是亲切地送给我鲁、梅奇尼科夫、马莫雷克和莱瓦迪蒂的大幅照片作纪念。法国首都那罕见的诱人魅力总会让人流连忘返，尽管这个国家现在的领导人有推卸政治责任的倾向，而这种倾向在统一的英国和不断进步的美国面前那样切实表现出来了。这个国家产生了巴斯德、拉埃内克（Lannaec，1781—1826）[听诊器发明者]、波拿巴（Bonaparte）、卢米埃尔（Lumiere）[电影发明者]、布莱里奥（Bleriot）[早期飞行家]、莫里哀、莫泊桑等人，如今似乎正在过早地衰老，在政治、科学及其他重要领域的首创能力似乎已经枯竭。在这里长住的居民已注意到年轻一代倾向于只受传统支配，这一点，部分取决于历史，部分是由政治集团未能明智而公正地管理所致。显然，人民既玩世不恭，又心灰意冷。由于人们恣意挥霍他们心爱的法郎，法兰西民族的节俭品格已不再被作为美德而发扬。有思想和雄心的年轻人很少有机会赢得主动。在咖啡馆和教育机构，大众似乎满足于对肤浅哲学和表面政治的夸夸其谈，而非严肃地追求进步。在反复的内阁危机后，他们找到了一位不同凡响、远见卓识的总理孟戴斯-弗朗斯（Mendes-France），他有魄力解决印度支那长达十年的纷争，建议准予突尼斯自治，还亲自带头喝安全卫生的牛奶，而拒喝有毒的苦艾酒。我相信这种酒是思想混乱与倒行逆施的原因之一。然而，这位勇敢的政治家执政不满两年便被赶出了政坛。法国要想保持以前作为世界五大强国之一的自豪地位，就应该更积极地发扬天才的思想，丢弃放任与冷漠，各个阶层中那种追求享乐的积习应当复归于正常人类活动的适当位置。

德国

我们当中那些经历过维多利亚女王后期统治的人，曾经亲眼看到过德国威廉二世皇帝不断犯下的愚蠢错误，其顶点便是 1914 年秋以入侵比利时为始的第一次世界大战。最终他从他的帝国逃到荷兰的多伦（Doorn）寻求庇护，1941 年死在那里，无人感到一丝惋惜。变幻无常的若干年后，1935 年希特勒领导的纳粹党人上台。他的军事路线一度取得惊人的进展，把德意志的领土从西部扩张到英吉利海峡港口，东方接近了莫斯科。

德国人为何能取得这些成功，尽管已证明那是短暂的？为何希特勒能从一个木匠的儿子、奥地利海关的小职员，高升到占据大半个欧洲的国家元首（独裁者）？德国陆军和海军中那些拥有高贵头衔的自负将领，为何这么轻易且甘愿听从一个粗野的外籍下士的命令？曾经有个拿破仑，他设法打败了德国、奥地利和意大利，然而他不过是一个外来的胆大包天的科西嘉人。起初他在战场上势如破竹，节节胜利，最后却在滑铁卢被英国和普鲁士联军击败，流放到圣海伦娜岛直至死去。是否他们都是天才，出生和成长于乱世，有点像开创中华帝国长期而辉煌朝代的唐代和明代的开国皇帝一样？我们难道真的能说拿破仑是为法兰西谋利益？能说希特勒提高了德意志的威望并给德国带来了某种荣耀？曾经不可一世的德意志帝国，现在被人为地分成与北大西洋公约组织结盟的西德和被纳入共产主义轨道的东德，这个国家能不能出现俾斯麦那样能力非凡的人再度统一呢？我们只有静观。

意大利

我对意大利的最初印象得自 1896 年秋季。那年我乘坐的太平洋 - 东方航运公司客轮“巴尔拉特号”（Ballarrat）在布林迪西停靠，来自东方的乘客可以乘大陆特别快车前去伦敦，比继续海上航行要早到一个星期。我很欣赏那些船员单纯随和的作风，他们一边划船一边唱歌，还弹着曼陀林，途中兜售葡萄，和旅客讨价还价。经过后来数年间多次出访，当我了解了中国，也对世界了解得更多后，我为中国和意大利的相似性感到惊讶。这两个国家都拥有悠久而灿烂的历史，诸如波提切利（Botticelli）、米开朗琪罗（Michelangelo）和丁托列托（Tintoretto）等艺术家，他们所处的年代与作品可与中国唐宋时代的画家相媲美，两国的艺术家对艺术和文化都作出了巨大贡献。在建筑上，他们的拜占庭风格看上去像是东方和古典元素的混合，而耶稣会传教士为乾隆皇帝设计圆明园的大量成分，都采用了巴洛克式的装饰。我对意大利了解愈多，便愈加欣赏他们的艺术和音乐天才。我开始越来越多地见到这两个民族特性的相似点，例如他们对待陌生人友善，宽待他人的不同见解，而且丝毫没有种族偏见。也许他们自己早已意识到，他们是如何与居住在地中海两边的不同民族相融合的。在罗马这个世界罗马天主教的首府，那宏伟的圣彼得大教堂饷我以视觉的盛宴，与其毗连的宽阔广场上，虔诚的信徒川流不息，如同今天全球各个角落的穆斯林前往麦加朝拜穆罕默德一样。我曾专门去帕多瓦（Padua）的古代医学中心参观，昔日欧洲大多数医学巨擘，包括哈维（William Harvey）等都曾在此进修用拉丁文传授的高级课程。我还访问过犹如苏州一样的威尼斯，它曾一度是独立国家的首府，一个建在木桩上的大城市。那里的“街道”便是运河，而贡多拉［威尼斯特有船型］是主要交通工具。这里的总督府、圣马可大教堂及高大的钟楼等建筑无不体现了东方建筑的辉煌。这就是那位著名的马可·波罗（约 1254—1324）返回来的城市，他在古代北京城忽必烈汗的朝廷完成他近乎难以置信的业绩后回国，在威尼斯与热那亚发生战争时被囚禁在热那亚监狱中。在牢狱中，马可·波罗写作了不朽的《马可·波罗游记》，教育并惠及以后许多代人。

我在不同的时期访问的其他意大利城市还有的里雅斯特（Trieste，在这里可以俯瞰美丽的海港，长期以来意大利和南斯拉夫为这个城市发生争端）、热那亚、佛罗伦萨和那波利。那波利是观看维苏威火山的最佳场所。令我极感兴趣的是，那里集中了被维苏威火山以前喷发的熔岩保存的持各种姿态的人类遗骸，更钦佩政府以严谨的方式发掘并展示了那个死城庞贝。

国土像一只皮靴的意大利，因其在陆地和海洋的战略地位，注定要在欧洲的历史上扮演一个重要角色。

1953年，我最后一次访问米兰、热那亚和那波利，战争灾难之后这三个城市的大规模重建令我感动，到处都是摩天大楼，大多数现代技术都应用在他们的建设上，包括不受限制地使用平板玻璃隔断，门上装饰着闪亮的铝配件。人们告知我大部分的资金都来自美国。

俄罗斯（苏联）

俄罗斯，或1917年革命后建立的苏联（苏维埃社会主义共和国联盟），是现在世界上最大的国家，它占有地球陆地面积的六分之一，超过850万平方英里，人口近两亿。北邻北冰洋，西接芬兰和波罗的海，东边濒临白令海峡（对岸为美国阿拉斯加）、鄂霍次克海和太平洋，南面的邻国依次为土耳其、波斯、阿富汗、中国、蒙古和朝鲜。

俄罗斯与中国不同，它的历史较短。最早的记录只能追溯到9到10世纪维京人控制的斯拉夫人部落。在13世纪，蒙古人占领了南部草原，强迫俄罗斯王公纳贡。莫斯科大公伊凡三世（1462—1505）成为第一位沙皇，他的继承者伊凡四世（1547—1584）推翻了蒙古人的统治。1603 年推举出罗曼诺夫王朝的第一位沙皇。彼得一世（1682—1725）使其行政体制现代化，建立了陆军和海军，引进了西方的教育制度，而一个世纪后凯瑟琳大帝进一步扩张了帝国的领土。从那时起，俄国相继与拿破仑（1798—1817）、土耳其（1827—1878）、英国、法国和奥地利进行了多次战争〔包括 1853—1856 年克里米亚战争，著名战役有阿尔马河（Alma）战役、巴拉克拉瓦（Balaklava）战役和因克曼（Inkerman）战役等，还有弗洛伦斯·南丁格尔（Florence Nightingale）的贡献〕。1904—1905 年，强大的俄罗斯被微不足道的日本击败，俄罗斯舰队在对马海峡被歼灭，旅顺港要塞驻军全体投降，这为 1917 年革命铺平了道路。当罗曼诺夫王朝终结时，布尔什维克建立苏联，为其他地方的共产主义者指出了方向，在他们的影响下接受了苏维埃国家形式。

因此，尽管以美国、英国、苏联和中国为主结成的同盟国，在第二次世界大战中抵抗强大的纳粹德国和日本帝国主义取得了辉煌胜利，战后的形势却极度紧张，这是由于以英国和美国为首的资本主义国家为一方，以及以苏联、中国（1949 年后）为首的社会主义国家为另一方在意识形态上的分歧造成的。

我曾有幸对沙皇俄国和后来的苏维埃共和国有所了解。在 1910—1911 年第一次满洲肺鼠疫大流行期间，我曾频繁地与霍尔瓦特和阿法纳谢夫将军接触，他们是掌控北满战略性铁路的俄国铁路局高官，还兼管铁路区域的防疫组织工作。霍尔瓦特夫人正好曾经是沙皇皇后的侍女，因此将军一家在哈尔滨的政治和社交生活中都显示着相当的权威，而我们的防疫处总部也设于此地。我们在聚会和宴会上几次相遇，我亲见那些大多身着耀眼制服的俄国官员，在这位地方行政第一夫人面前表现得是多么谦恭。她是一位美丽而迷人的女士，操着完美的巴黎腔法语而不讲英语。她那高大的丈夫讲俄语和法语，不说英语。事实上，在俄国有教养的阶层，总是以法语作为他们的第二语言。后来我访问阿穆尔（Amur）检疫站时，曾受到另一位宫廷宠臣、总督古达特（Gondatti）将军的款待，他身材矮小，爽朗，口若悬河，身着华丽的制服。他是一位模范东道主，我婉拒饮酒，他并不逼迫我饮俄罗斯伏特加。1917 年革命前，我四次沿西伯利亚大铁路横越西伯利亚，看到一般军官对待普通士兵甚至平民相当粗暴。在夜总会或晚会表演时，商人们将大笔的钱花在食物和饮料上，但军官却受到店主最谦卑的关照。如果军官对账单或舞台上的演员不满意，或者认为观众中某人对他不够尊敬，他就会将苏打水瓶子掷向那个不幸遭他不满的人，有时还会上来给他一个耳光。当某个军官随意责罚无助平民时，没有人胆敢质疑军官的权力。事实上少数享有特权者的这种暴行，多年来不断在各地愈演愈烈，这对丁促进人革命起了不小作用。而当长期忍受苦难的群众一旦翻过身来，就该由他们来显示粗暴手段了。其中之一便是将囚禁在西伯利亚的沙皇全家，包括他的皇后、儿子和四个女儿一起枪杀在叶卡捷琳堡。

1917 年俄罗斯帝国被布尔什维克推翻后，我又曾四度乘火车经过那个国家，发现情况明显变好。现在为了让那些曾经被人看不起的乡下人、农夫和工匠们获益，将以前归王公贵族和其他富有阶级所有的大片土地分配给他们享有，没有了大垄断企业，一切权力归国家，政府成为劳工唯一的雇主。那些以前被践踏的民众现在自认为与他们先前的主人地位平等。走在街上的普通士兵现在身着整洁的大衣，外表上与上级军官没有区别。现在劳动者只工作几天，随意出入剧场和娱乐场所。不再有资本家主人抢夺他们的劳动果实，国家本该维护他们的利益！

第一个五年计划期间，我惊奇地见到大量的美国专家和技术人员，他们忠实于帮助民主国家树立独立自主的信念，为苏联最新的重工业、汽车制造业以及其他高速运行的工厂的建设奠定了坚实的基础。各级共产党组织主要通过以身作则和执行严格纪律，让从前懒散而悠游自在的劳动者在一定程度上吸取了现代美国精神。美国与苏联这两个伟大的共和国，现在终于因不同的政治意识形态，彼此正为争夺对世界的权力而针锋相对。美国以教育、资金和经验见长，而苏联拥有辽阔的领土、低廉的劳动力和控制整个世界的狂热野心。这两个国家现在都拥有令人恐惧的原子弹武器库，一旦施放，整个地球表面将被烧成废墟，居民也将被屠杀。不过，过去两年中更明智的决策显然已经占优势。最近于 1955 年在日内瓦举行的西方四国领导人高层会谈中，美国总统艾森豪威尔亲自出席，似乎终于为明智决定和平共存铺平了道路。现在看来，有望驾驭原子的无限能量以取代原来从煤、石油等获得的能源为人类造福，而不是用来毁灭人类。如果当今那些执政者从头脑中摒弃世界强国的幻想，我们的未来将会更加繁荣幸福。在这方面确实值得欢迎的是，最高苏维埃决定在当选的委员会成员中分散政府的权力，以代替集中于一人之手，不再像过去那样一直被斯大林享有。这可以解释在日内瓦、莫斯科、伦敦、柏林和其他地方举行的各种会议上，为何苏联领导人的态度发生了变化，这就为改善各国关系铺平了道路。让我们期待这种状况继续下去，1957 年可能被公认为预示真正永久和平来临的一年。

日本

在以前的章节中，我已提及主要由骄横的武士阶层组成的军部贪得无厌的野心，他们首先要统治东方，然后再成为世界的主人。这些人受教育和世界观之局限，深信武力是达到目的的唯一手段，多年来力图打倒一切妨碍他们的对手。1867 年的明治维新，原是打算恢复皇权，收回以前被大名［日本封建时代的诸侯］或其他军事首领夺取的权力，后来却变成了制定一部新宪法的手段，这部宪法颠倒了历史，把国家元首当做了天国的神圣后裔，皇室就是神的直系子孙，而整个民族作为神的一支族系，他们被赋予了征服和统治世界的天职。原本讲求慈善的佛教和儒家伦理都被某种神道信条所篡改，这里的人民自幼便开始接受这种信条教育，让人民为军国主义理想服务，并且绝对服从天皇颁布的（或者受命颁布的）任何诏令。如此一来，整个国家的教育、生活方式和经济都要与服务于军国主义的目的相适应，为了天皇牺牲自己是最有价值的人生目标。在第二次世界大战中，军方头领为推进他们的疯狂计划和确保服从，天皇的名义无所不在。当马来亚被日军暂时占领时，当地居民被强迫在特定的时间肃立在固定地点，一声号令，便要向北面东京方向弯腰鞠躬以示对天皇的服从。当经过岗楼或单兵武装哨位时，行人必须在这个穿制服的武装代表跟前停步，面向他深鞠躬，然后才能继续走路，否则，他们将被叫住，挨一记沉重的耳光或枪托的打击。这是自命的主人所施行的惩罚，那些普通士兵总会因为任何失职而受到上级军官的殴打，对他来说，用相似的手段处罚在他的淫威下无助的平民，自然顺理成章。

麦克阿瑟将军，这位太平洋地区盟军最高指挥官，在日本投降后担任了 5 年驻日盟军最高司令，不久前（1955）曾披露，战时委员会中的苏联代表曾一度主张逮捕日本天皇裕仁，并作为战犯承担他的战争责任。人尽皆知，一度强大的日本的这个瘦弱温顺的统治者，曾在军阀的命令下被迫签署过无数的法令和宣言，可是他自己却宁愿在实验室中与显微镜一起度过时光，而不是陷入这绝望和不公平的战争之中，但是直到最后他仍受军国主义者驱使。因此麦克阿瑟赦免天皇的责任是正确的。如果接受苏联代表的主张，天皇会被绞死，而他的臣民将会一无例外地起来进行永无宁日的游击战，绝不会是温顺地服从。战后已向世人证明，当指明了正确道路后，日本人的纪律性确实极佳和值得赞许。

尽管日本人对中国人民犯下的罪行罄竹难书，他们祸害中国长达60余年，但是处于巅峰的蒋介石将军，除要求日本军队全部撤出大陆并将台湾归还中国外，没有提出严苛的条件。中国没有向战败方索取战争赔款，这和日本人之所为是那样大相径庭。当年日本赢得了1894—1895年和1904—1905年（与俄罗斯的战争，令中国被迫放弃旅顺和大连港）的两场战争，1915年又向袁世凯提出“二十一条”，尽管日本人好战，一贯以欧洲式的粗鄙态度相待，中国却一直视这个岛国邻居为小兄弟。当年它需要帮助和精神支撑时，中国派去高僧、儒学教师和高超的建筑师，先在奈良，后在京都为他建起了模范都城。当1945年美国轰炸时，日本的大城市如东京、大阪、神户、长崎和广岛都被无情地摧毁，而奈良和京都这两个文化和宗教的中心却由于中国的宽恕得以保全。

历史已经证明，明治维新后，日本统治者犯了一个致命的错误，他们采取了针对中华帝国的侵略性政策。他们与寡廉鲜耻的欧洲国家相勾结，有时甚至超过了这些国家。如果他们改而采取长期友好的政策，诚心向这个在漫长岁月中对日本的文化、教育、宗教及实业作出过巨大贡献的老大帝国靠拢，那就不会爆发义和团事件，不会有“二十一条”，也不会有袁世凯企图复辟帝制，第二次世界大战当然也不会蔓延到东方。那样也就不会有因珍珠港的阴谋而迫使强大的美国卷入战争，从而决定了同盟国取得胜利的命运。现在美国和日本两国都意识到他们的命运，为了自由与和平而结成了盟友。如果日本由一些明智的政治家领导，如币原、海军大将斋滕（曾任朝鲜总督）、重光葵[①]等，科学家像长吉那样，而不是伊藤博文、田中义一、东条英机和山下奉文及其追随者，这两个根本目标当会更快更早地达到。1955 年万隆会议是只有亚洲和非洲有色人种国家代表参加的会议，这次会议取得成功，给了那些傲慢的西方世界一个教训，让他们懂得要通过和平方式实现彼此的充分理解，而不是依赖武力解决争端。近代世界性的战争不止一次地证明，胜利者与被征服者，最终都是战争的失败者，战争总会毁灭生命和财产，而战后长期保持敌对情绪，在冷战的阴影下，永无宁日。

美国

在我有幸访问的所有国家中，美利坚合众国无疑是最先进的。1620 年，“五月花号”帆船从英格兰西南部普利茅斯起航，船上搭载着 102 名清教徒前辈，其中有男人、女人和儿童。他们前往新世界寻求自由和新的机遇，最后在马萨诸塞州创建了新普利茅斯城，这些移民和他们的后代迫于环境压力，保持着向前看和永不放弃的精神。后来又增加了来自法国、德国、意大利、希腊、斯堪的纳维亚以及其他欧洲地区强健的种族，特别是通过 1775—1783 年独立战争，他们从大英帝国分离出来以后，对这个

① 1932 年我任海港检疫管理处处长期间，曾作为主要来宾出席过重光葵在上海北四川路举办的一次艺伎晚宴。当时重光葵与某一日本将军一道，正担负政府的某项重要使命。两天后，日本侨民举行一次政治集会，重光葵几乎被朝鲜革命者放置的一枚定时炸弹炸死，失去了右腿，而那名日本高级将领身亡。战后重光葵再次出任鸠山内阁外务大臣（1955），翌年与苏联发表联合宣言后死去。—— 作者原注

最初只有 13 个殖民州的国家的命运进一步产生了深刻的影响。

欧洲不同种族的白人在美国经过近两个世纪的成功融合，充分证明由各自原住地的民族组建的国家完全可以和谐生活，只要他们在解决彼此之间的分歧时决心用政治上的团结代替分裂，合作代替竞争，和平代替战争。

我于 1913 年第一次访问美国，那是乘一艘快速冠达邮轮从伦敦前往纽约的。第二次是在 1924 年，乘一艘豪华的“总统号”班轮由上海去旧金山，我被选定为洛克菲勒基金会研究员，去巴尔的摩市和南方诸州学习美国的卫生学方法。第三次是 1928 年，再次乘一艘“总统号”班轮，我和妻子一起横渡太平洋去看望我们的儿子长庚，参加他在约翰·霍普金斯大学获得学士学位的庆典。1929 年中国政府派我带领卫生和检疫代表团赴美国，乘坐的是加拿大太平洋铁路公司的“亚洲皇后号”。我在美丽的班夫镇停留了几天，饱览了加拿大落基山脉的美景后，回到温哥华，由那里前往美国的各个卫生中心。在这几次旅行中，我获得了许多关于美国人民及其制度的知识，和他们思想界、科学界和文化界的领袖人物建立了联系。

我的这些经历来自几乎每个州的重要城市，包括西雅图，奥克利，萨克拉门托，加利福尼亚州的旧金山，伊利诺伊州的芝加哥，密歇根州的底特律，俄亥俄州的哥伦布市，田纳西州的孟菲斯和纳什维尔，南方诸州的利斯堡、亚特兰大和新奥尔良，马里兰州的巴尔的摩，宾夕法尼亚州的费城、匹兹堡，纽约州的纽约市、奥尔巴尼和布法罗，最后是首都华盛顿。它那辽阔无垠的国土和高度发达的工业、农业、大学和学院、图书馆、博物馆、技术学院和其他事业，让任何人都会不由得留下深刻印象。人们通常对他在纽约见到的每件事物感到惊讶。这个庞大城市有一条水深而繁忙的哈德逊河，有长长的悬索桥，宽阔的海底隧道。巨大的中央火车站与宾夕法尼亚大酒店相邻，还有那乘客日夜川流不息的拉瓜迪亚机场。

有人告诉我，这个非凡的城市（当时称新阿姆斯特丹）是荷兰人创建的，它归犹太人所有而由爱尔兰人管理！我不知道是否真的如此，但某些望族，包括三位总统在内，他们的姓名确实有荷兰人的痕迹，犹太金融家们无疑强力地控制着这个国家的经济，而许多警察都带有浓重的爱尔兰口音。

每一次访问纽约，我都见到正在施工的新建筑，即使大楼建成只有几年也会被拆除。结果使那些摩天大楼的风格、高度和布局杂乱无章。伍尔沃斯大厦曾经是最高的，后来被大都会人寿保险公司超过，可是现在帝国大厦是 102 层，高达 1 248 英尺，稳居最高纪录。纽约与伦敦曾经在各自可容纳的居民人数上激烈竞争。可以毫不夸张地说，如果这种竞争持续下去，不久这两个城市都会有 1 000 万人以上。纽约的优势在于现代化，事实上所有住宅都拥有供冬季保暖的蒸汽供暖系统，燃煤壁炉只在第五大街那些富豪家族的高级住宅中才能见到，安置此物并非使用，仅为装饰而已。

1914—1918 年 和 1939—1945 年两次世界大战中美国加入同盟国一方，可能是一战打败威廉二世及其容克贵族地主集团，二战战胜纳粹德国和日本的决定性因素。美国位于大西洋的彼岸，它那巨大的最新式工厂能够生产出无数枪炮和弹药，船运至战区，只有少数沉没。二战中，美国、英国、波兰和苏联飞行员驾驶着美国新式大型轰炸机，给纳粹目标造成相当大的损失，如此严重的打击终于迫使德国人投降。

在太平洋，主要战斗都落在众多的美国陆军和海军肩上，尽管日本人初期取得惊人的成功，最后却不得不投降，特别是因为 1945 年 8 月向长崎和广岛两个人口稠密的城市投下了原子弹。

实现和平之后，欧洲的战胜国发现他们自己几乎一无所有了，只是采纳了1948年的经济复苏计划（马歇尔计划）后，才帮助他们寻求到多种方式来重新启动他们的工业，因而得以生存下去。这笔援助经费每年达数十亿美元，持续了数年，既提供给盟友，也提供给从前的敌人，为这些国家今天的繁荣作出了很大的贡献。富兰克林·罗斯福、杜鲁门及艾森豪威尔历届政府，的确“干了件好事”，通过他们富有远见的政策确实使世界再一次“正常化”。但莫斯科“大能的手”［圣经用语］成功地赢得了古老的中国，看来它还在许多国家游荡。1955年在日内瓦四大国（美国、英国、法国和苏联）政府首脑达成了决议，要找到结束“冷战”的办法，虽然并不完全自主，但可以体面地解决和平问题。

印度和巴基斯坦

像中国一样，三角形的次大陆（包括现在信仰印度教的印度和信仰伊斯兰教的巴基斯坦）饱含着许多过去的历史故事。对印度河流域的发掘揭示，远在公元前3000年，印度文明已经达到了很高的水平。英国考古学家马歇尔（Marshall）在曾经富饶繁荣和文明的华氏城，即现在的帕特那，发现过规模宏大的那烂陀大学［寺］，华氏城那时是孔雀王朝的都城。这个教育中心可以收容一万名学生，其中有一位便是生活在公元5世纪的游方僧法显。他在离开印度前夕，他的师父鸠摩罗什告诉他，不要把自己的全部时间都专注于宗教知识，要深入研究印度人民的生活和习俗，以便中国能够全面地理解他们以及他们的国家。

印度伟大的佛教徒君王阿育王（前268—前232在位），曾一度占领过华氏城，而且为表示他的仁慈，在他的疆域内建立了成体系的驿站供各种族疲惫的旅行者休整使用。还有一位中国僧人学者玄奘（602—664），他穿越戈壁沙漠，途经吐鲁番、库车、塔什干、撒马尔罕、巴尔赫、柯塔（Khota）和莎车进入喜马拉雅山区，饱经艰苦和危险于 629 年到达印度，受到当地各阶层印度人极高的礼遇和尊敬。他也曾在那烂陀大学学习，并得到法学硕士学位，还当选为该大学的副校长。玄奘撰写了著名的《大唐西域记》一书，在这本书中他描述了那个古老学校教授的五个分支学科，即语法、工艺学、医学、逻辑和哲学。印度人民热爱学习的品德令他特别感动，他赞扬他们的诚实和正直，并声言他们决无诡诈和背信弃义，总是表现得温顺与和蔼。那里很少罪犯和反叛者，因为行政管理以仁慈为本，从不采用强迫劳动。于是那里的人民都知足常乐，相当幸福。

早自立国之初，印度便历尽沧桑。1206 年穆斯林建立过一个王朝，定都德里。随后莫卧儿王朝于 1526 年创建，阿克巴（Akbar，1556—1605）使之巩固。1707 年后开始衰落，举国处于无秩序状态，欧洲人，主要是葡萄牙人、荷兰人、法国人和英国人先后在各地区定居下来，直到英国东印度公司最终向他们的这些竞争者发难。1857 年发生印度反英暴动，于是维多利亚女王宣布自己为印度女王，并许诺在适当时机实行自治。将近 100 年较大或较小的持续动荡和不安之后，甘地开始宣传他的非暴力不合作主义。他曾被判罪而遭长期监禁。暴动偶有发生，然而并不存在明显的征候表明会发生严重的全局性动乱。1885 年国大党建立，从 1906 年起，特别是 1914—1918 年和 1939—1945 年两次世界大战期间有成千上万的印度军队被派往国外战斗之后，直到 1947 年，1945 年开始执政的英国工党政府才逐渐在政治上作出让步，允许印度拥有主权，由蒙巴顿子爵任总督，尼赫鲁（生于 1889 年）出任总理。不久后，在英联邦内宣布成立印度共和国，直至今天。印度终于重新获得独立国家的地位。

不幸的是，实现独立后未过一年，“圣雄”甘地（1869—1948）在1948年初被印度教狂热分子枪杀，使印度过早失去了可信赖且经验丰富的领袖。博学的尼赫鲁曾与“圣雄”共同度过许多痛苦的日子，他成了领袖，在国内外，特别是在美国普遍受到尊敬和礼遇。然而，这位新领袖尽管拥有哈罗公学和剑桥的背景，却表现出某种专制的倾向，听不进明智的忠告。他在美国公务旅行时，别人认为值得他仔细研究和关注的事物，尼赫鲁却几乎没有兴趣，反而批评美国人的思想和进步，而且不止一次公开表示反对和质疑美国对邻国巴基斯坦的物资援助。他在政治上不稳固且落后的东亚国家倡导中立主义，这表明他漠视历史。历史屡屡教训我们，弱国与强国签订的文件，一旦时机有利于强国，便被他们视作废纸，强国吞并弱国总是易如反掌的。此外，鉴于某些东方国家文化和文明中含有的许多突出缺点，特别是印度，在那里，朝圣者成群结队涌向神圣的恒河沐浴，又要喝同一条河的水，而河水中却浸泡着霍乱病人的尸体。那里的寺庙中有着大群处女祭司，她们在黑暗之中会被那些所谓的“神”夺去贞操。因此，多听一点过来人的忠告，比毫无保留的指责会更管事。在大量文盲之中迷信处处可见，他们成天生活在托钵僧、苦行者以及诸如此类众所周知的人群的胡言乱语之中。印度领导人最好更密切关注国内，而不要急于去充当唯一的仲裁者和东方圣哲。

然而，博学的印度现任总理尼赫鲁，为思想活跃的人如何利用宝贵时间树立了榜样。在多年的监狱生活中，他著有两部有价值的书：一部是《世界历史一瞥》(1935)，两卷，1 569 页；另一部是《印度的发现》(1945)。据《曼彻斯特卫报》的评论家所说，在这些书中，尼赫鲁表达了对英国种族主义和帝国主义的强烈憎恨，这种憎恨它不仅存在于印度，而是存在于任何地方，他还无情地谴责了产生这些行径的制度。人们当记得，尽管甘地和尼赫鲁长期地挑衅和不断地煽动，在被长年监禁中，被他们猛烈攻击的大英帝国从未打算剥夺他们的生命。

如果这两位印度领导人生活在纳粹德国或苏俄，对他们频繁的审讯和判决的结果，最终可能会让他们消失并被人遗忘，如同那两个国家中不计其数的爱国者和名人的命运一样。倘若发生如此残忍的事情，他们失去了宝贵生命，这个世界的确会更不幸。伟大甘地的事业没有被个别同教派的宗教狂热分子认同，竟以子弹射穿了他的胸膛。我们希望尼赫鲁总理更长寿，得以完成他以天下为己任的夙愿，实现世界和平与自由，这正是日夜被纷争撕裂的世界所期待的。

巴基斯坦的创建者真纳（A. Jinnah，1876—1948），在实现他的建国目的后辞世，他的继任者们采取了更现实的合作与让步政策。

其他国家

在我历次旅行中访问和考察的其他国家，无须多费笔墨。我曾经作为国际联盟卫生处成员，先后考察过波兰和南斯拉夫新建立的卫生机构，在这些设施中配备了德国制造的最新科学仪器，作为德国对他们的战争赔偿。除了科学方面的内容外，我还对南斯拉夫男女的衣着甚感兴趣。他们都在长袍外面穿一件中国式的坎肩或短上衣，我想起在印度北方也曾见到过类似的服装。这令我想起，蒙古人当年是经过那里到达南斯拉夫的，这显然是他们留下的侵略遗迹。而印度的“莫卧儿（Mogul）”一词确实是“蒙古”一词音译的缩写。这些种族长期生活于此，已被伊斯兰教充分同化。

自从 1898 年西班牙人撤离后，菲律宾群岛充分享受到了自治政府的好处。1935 年建立了一个半独立的自治邦，1942—1945 年被日军暂时侵占，1946 年成为独立的共和国。目前这个区域的居民是土著马来人、西班牙人和中国人和谐的组合，虽然他们讲其他语言而不是英语，但他们为固有的传统和按美国道路取得的进步而非常自豪。

我还有机会访问过泰国、柬埔寨、缅甸和爪哇。那里的宗教和文化留下了古印度教的痕迹，在吴哥城吴哥窟和爪哇的婆罗浮屠，那些不朽的石头宫殿和寺庙即是证据。仅就吴哥窟来说，是中国建筑师完成了印度人开始的工作，这从那整块石料上雕刻着的人物面部特征的不同可以辨识出来。那时中国使节团的一名随员（周达观[①]）留下了一部当时吴哥社会生活的记录。泰国和缅甸仍然保持着佛陀释迦牟尼行善的教义，遍布在这两个国家的巨大寺庙即是例证。

① 周达观（约 1266—1346），浙江永嘉人，《真腊风土记》作者。——译者注

第21章 中西医的对立

中医略述

第12章中，我曾预先提及古代中国医学典籍《内经》（*Canon of Internal Medicine*），1949年韦特（Elza Veith）博士在约翰·霍普金斯医学史研究所的西格里斯特（Henry Sigerist）教授指导下，将这部经典全部译成了英文。此后，1954年剑桥大学的皇家学会会员李约瑟博士主编的系列巨著《中国科学技术史》第一卷出版。李约瑟先生是著名的生物学家、生物化学家，他克服困难，学习了很难学的汉语，以便探究古今中国人的深奥与玄虚的思想。这位英国科学家预期在未来的几年内完成这部系列著作的其他六卷，分别为：《科学思想史》、《数学、天文学和地学》、《物理学及相关技术》、《化学及相关技术》、《生物学及相关技术》、《社会背景》。在人类交往的过程中，这或许是第一次借助使用最广的英语交流科学知识，此前西方世界曾不知不觉地将基础科学的进步过多地归功于自己。李约瑟和他的中国同事们从事的这项重大工作，是希望表明在历史进程中古代中国为人类的进步、安适和幸福作出的宝贵贡献。

《内经》是由古至今中医医术教学所依据的内容，此处拟对该著作做一些说明。这部古医书由两部分组成——《素问》（朴实的问题）和《灵枢》（探索奥秘之门），前者更为重要。最流行的版本包含 36 卷，《素问》24 卷，《灵枢》12 卷，各 81 篇。《素问》的编辑颇为新颖，采用了答问形式——君臣之间一系列的对话。其内容涵盖了形形色色的专题，诸如疾病之理论、星宿对人体组织的影响、运气、津液、脉诊、解剖学之推测、养生、治则、针灸等。

我们在《素问》各章中可以看到，阴阳原理的临床表现、四诊、血气形志、脉则、治则、针灸（3 卷）、占星术与医学、五脏疾病及一篇关于梦的研讨。也提及解剖学和生理学，前者可能基于解剖之观察结果，解剖是为了测量和称量骨骼和特定器官，但精确度或高或低。当然，按现代标准，用这些内容教学生，他们肯定通不过今天的学术考试。人体有五脏（心、肝、脾、肺和肾）六腑（胆、胃、大肠、小肠、膀胱和三焦），这两套器官的功能不同：脏是实心的，充满而不能空虚；腑是中空的，空虚而不能充满。看看刊载在《内经》的某些虚拟的图形，人们便会同意早期的英国医学传教士雒魏林医帅的评论："这些都只不过是某些人曾经见过的不完善的体内解剖结果，而且是凭记忆画出的器官草图，并掺杂了按想象填补的那些没有看到的部分，只凭主观想象画出而并不考虑实际如何。"

根据黄帝的教义，天是"阳"创造的，而地是"阴"创造的。太阳代表阳，月亮代表阴。阳光是一切事物的基础，它渗入万物，因此可认为阳在阴内。

整部《内经》除针灸外很少提及治疗措施，针灸是公认的治疗方法。

《内经》第二部分《灵枢》确实或多或少论述了这门技术。其他治疗形式涉及静脉切开术、烙法、煎剂和按摩。

在中国，脉诊术总是蒙上一层神秘的色彩，中医断言医疗实践的整个上层建筑都建立在脉诊理论上——每一种疾病的性质、部位、病程及治疗唯独取决于它。最早的专著传说是扁鹊（前255年）撰写的，后经王叔和（280年）增补和修订，称为《脉经》。这部专著曾有多达156种版本同时存世。

中国的脉诊学问极为复杂，其实际操作之烦琐几乎不亚于一次庄严的仪式。诊查在左、右两手腕上进行，医生用左手触摸病人右腕脉搏，而右手则触摸左腕。首先将中指按于桡骨下部，然后用食指和无名指按下，而拇指则抵住腕骨背部。清晨日出时是最佳诊脉时辰，这就是为何黎明时分那些名医门前便排满长队就医者。脉分浮、沉、迟、数四种，每种表示不同的疾病。浮脉属阳，指明的病状是通过风、寒、湿、热、燥和火六种外感影响产生。如果脉浮而有力，表明外感风和热；如果浮而微弱则说明血虚。如果脉迟，意味着外感寒气；如果脉数，则外感风和热。如果脉急，意味着风与寒；如果缓，则为风湿。

认为脉沉属阴，表明外感疾病归因于喜、怒、忧、思、悲、惧和惊七情。如果脉沉而迟，是虚寒；如果脉沉而数，说明有内热。如果脉急，意味着由于受寒而引起的绞痛；如果脉缓，则为积液。脉沉而滑表明消化不良，脉沉而伏表征呕吐和腹泻。

一般的旧医根据脉诊即可预后。例如中风，脉象应为迟而浮；如果坚、数而充盈，预后便危险。再如伤寒，如果脉浮而充盈，则不必担忧；如果细、小而软，预后便严重。

最后，还有一种特殊的脉，称为“太素”，可以揭示一个人的命运和财运。这据说是由于肾脏控制生命，当“肾脉”沉而有规律，则指明某人地位高贵；如果弱而细，则意味其老年将贫困。脉沉、有规律而且滑，便会长寿。在脉搏记录仪和心电图问世之前，上述那些脉搏的复杂临床表现显然已经有人描述过！

在结束这些古代知识的论述前，还应对中国那些用草药治病的医生非常热衷使用的某些著名药物略加评述。首先是人参，因其根状如人形而得名。许多世纪以来，中国人表现了对它的疗效和强壮功能之绝对迷信，因而不惜重金。吉林省长白山出产的野生人参最为昂贵，然而这种植物如今在美国和朝鲜遍地栽培着以供应中国市场。它的有效成分似乎是人参宁，这是一种糖苷，具有一定的滋补和壮阳的作用，还有利尿的效果。其实这些功效以更少的花费同样能达到。中国人还早已知道其他一些有效药物，诸如治疗麻风病的大风子、麻黄（萃取而来的一种生物碱——麻黄碱，用于治疗哮喘）；汉中防己和木防己（都是由可利用的块根萃取而来的青藤碱，用于治疗水肿、风湿热及类似疾病）。还有各种药用的藻类、蟾蜍、斑蝥、鹿茸，某些动物的脏器如肝、胰、胃、胎盘、卵巢、猪肺、脑等等。当归（*Cryptotaenia eanadensis*）则广泛用于治疗月经失调，再有更常见且广为人知的，如甘草、甘汞、水银等。

早期相对而言那样先进的中国医学科学，为何自中世纪开始即远远落后于欧洲国家，现对其原因略加评述。

周代（前1046—前256），中国医学已达到很高的发展程度，特别是在医事组织、卫生学和公共卫生方面。《周礼》（公元前10世纪）[①] 中将医生分为四类，即内科医生、外科医生、营养师和兽医。在孔子、刘安、庄子、周公及其他人的著作中，已包含有许多健康生活行为的记述，如：

---

①《周礼·天官》记载医师、食医、疾医、疡医、兽医等五种。——译者注

病从口入。

吹喣呼吸，吐故纳新，益长寿。

养性之道，常欲小劳，但莫大疲。

邪气袭内，正色乃衰。

其他的建议还有：为盲、聋、哑、跛、残疾和疯人设立医院。

现对古代医学教育的通用方式作一简述。《周礼》中描述了如何教授医学生，以及如何根据其表现进行考绩和录用。这些医生被选派到各个医疗机构，并且必须编制统计报表，如果百分之百治愈，被判为“优”；如果 10 个患者 1 人死亡，则被判为“良”；如果 2 人死亡，为“可”；如果 3 人死亡为“差”；4 人死亡，则为“劣”。

这样的分级方法一直沿用至唐代（7—10 世纪）。宋代（960—1279）同样立足于科举考试制度设立了正规的医学校。1076 年设立了太医局，在此教授内科、外科和针灸三科。选用的教材为《素问》、《难经》、《脉经》、《千金方》，以及既有的外科和针灸经典。

考试的命题有六道，下列每个科目中各选一道：内科与外科纲要、生理学和解剖学、脉学鉴别诊断［脉证大义］、处方和治疗、内科与外科临床、“气”和天象影响［运气大义］。考试之后，毕业生就被指派为各州县的医官、医学教师或其他医务人员。最优秀的则派去担任太医院的教师，次等派去管理医政的翰林医官院任职，第三等的则去供皇室驱使。宋代以后不曾有改进。

废除中医之尝试

人们已经看到，1910—1911 年鼠疫大流行时，受过西方教育的医师取得了值得称赞的业绩，因而开始是清政府，后来是民国政府都郑重地尝试改革上千年的旧医体制，正式承认新体系最有利于国家的需要。然而，旧医群体人数众多，控制着无限的资源，他们还竭力固守他们所掌控的群众。这些旧式医者在1914年首先作出反应，派代表向曾任驻英公使、时任北洋政府教育总长的汪大燮先生请愿，要求为他们的团体注册。汪先生明确回答："余决意今后废去中医，不用中药。"1915年9月30日总统颁发的训令最终确定了近代医学的地位，规定医学、药学、兽医学的从业者应按其他西方先进国家的相同标准要求。1922年颁布了限制中医的正式规定，结果导致成立了一个"全国医药团体总联合会"来维护旧式医生的权利。1929年新组建的南京卫生部按支持现代化原则，给予了新式医学额外的信任，18位医界领导人（我是其中之一）组成的一个阵容强大的委员会［第一届中央卫生委员会］，于2月23日至26日举行了会议。会议决定在全国废除中医，这次会议作出的决定有必要记录如下：［以下照录余云岫《废止旧医以扫除医事卫生之障碍》，载《医界春秋》，1929，(34) 9］

1. 今旧医所用者，阴阳五行六气藏府经脉，皆凭空结撰，全非事实。

2. 其临证独持桡动脉，妄分一部分之血管，为寸关尺三部，以支配藏府，穿凿附会，自欺欺人，其源出于纬侯之学，与天文分野，同属无稽。

3. 根本不明，诊断无法，举凡调查死因，勘定病类，预防疫疠，无一能胜其任，强种优生之道，更无闻焉；是其对于民族民生之根本大计，完全不能为行政上之利用。

4. 人类文化之演进，以绝地天通为最大关键；考之历史，彰彰可按；所谓绝地天通者，抗天德而崇人事，黜虚玄而尚实际也；政府方以破除迷信，废毁偶像，以谋民众思想之科学化，而旧医仍日持其巫祝谶纬之道以惑民众，政府方以清洁消毒训导社会，是人知微虫细菌为疾病之源，而旧医仍日持其冬伤于寒，春必病温，夏伤于暑，秋必疴疟等说，以教病家，提倡地天通，阻碍科学化。为帮助旧式中医度过困难时期，制订了一些计划，如：

（1）由卫生部实施旧医登记，给予执照，许其继续经营。

（2）政府设立医事卫生训练处。凡登记之旧医，必须训练之补充教育，授以卫生行政上必要之智识。

（3）旧医满五十岁以上，得免受补充教育。

（4）旧医研究会等，任其自由集会，但其会员不得借此为业。

（5）禁止旧医学校之开设。

（6）禁止登报介绍旧医，禁止非科学医学之宣传。

但是旧式中医势力强大，盘根错节。政府软弱无力并接连垮台，而这些中医却奋力图存，不久后开办了高调宣扬勃勃雄心的国医馆，以博取民心。因此直到今天，尽管有政府的法律和限制法规，旧式中医继续大行其道，以至于分娩、婴儿疾病及各种传染病的死亡率居高不下。

虽然古老的中医文献存在着某些带有进步性质的理念，而且某些治疗药物也总是能在现代医师的标准药典中占一席之地，但诸多因素已促成其功效与创新性日渐式微，因为这些药物常被发现者及其贴身弟子所密传。结果旧式中医愈加衰朽。犹如中世纪的欧洲，对古代信仰和传统的过度尊崇，成了继续进步的绊脚石。那些学者的才干耗费在不厌其烦地评注古籍上，不能直接面向基础性的研究，而引进的某些根本性改革竟被视为异端。在欧洲，医疗界逐渐设法摆脱了低俗迷信，使医学获得了可与其他先进科学学科比肩的尊严。在中国正相反，这个行业尚不能从这种传说的泥淖中解脱出来。不久之后，中医的地位势将跌落到可悲的境地。虽然少数古代卓越的医学家受人尊崇，他们在寺庙被敬若神明，但一般的郎中却被视为可供任意驱使的匠人。通常他为病人诊视和开药方只是一次性的，因而没有机会观察疾病的演变，也无缘深入地观察他所用药物对施药病人的疗效。他的药方经常会被病人亲友评判，或许还会被修改。病人会毫无顾忌地请来庸医、占卜者与正式的医师平起平坐发表意见。我在前文中已经写过，1915 年袁世凯总统病重的最后几天，我作为主诊医师的那些经历就是证明。

患者地位越高，那些不可靠的顾问就越多，结果其病愈的机会就越少。

几百年来，医师这个职业已不再能吸引那些受过良好教育和诚实的人了，这出人意料吗？但一些尝试值得赞许，如适当的教育，对从业人员进行国家考试和注册，并记录在案。不过，朝此方向作出的努力通常只是断断续续的。要想取得从业资格者必须得到初步的培训，但培训方式杂乱无章，或则以学徒的身份去侍奉那些并不合格的人。显然，在这种体制下，即使传授了一些有用的知识，也无法为那些没有基础的学生奠定适当的技术基础。古语云：“医不三世，不服其药。”说明医术声望很高的人，除了他们自己的医术外，还需要出身于著名的医学世家。

每当看来必须求助于外科手术时，病人通常都会向西医求诊，但多数中国人仍然偏爱老式的治疗方法，即所谓内治。中西医两派的第一次严重冲突缘于历史上著名的肺鼠疫大流行，那次 1910—1911 年席卷满洲和华北的流行病，致 6 万人丧生，经济损失达 1 亿元。旧式医生在那次大灾难中表现得束手无策，在满洲的 200 名著名旧式医生中，至少有 80 人死于感染，受过现代教育的中国医师在短短 4 个月时间内所表现出的效率和勇敢，对全国免除鼠疫危害起了关键性作用。当旧式经验医学再次被拿来和原子时代不断进步的医学体系相比较时，我们应当记住那次教训！

旧医弊病之我见

如第13章所述，自1912年民国肇建，全国大部分地区，在医学教育之组织、新式科学机构、医院和卫生中心等设施之建设方面，都取得了显著进步。最初设在南京，后来移至北京的卫生部，它的存在是将医学和卫生的管理置于现代化的基础上，以满足人民多方面需要的认真尝试。

由于中国较晚进入现代化国家大家庭，现在全国5亿人口中只有2万名合格的医师，即这个国家每2.5万人中才有1名医师，而英国和日本两国，每500～600人中即有1名。为满足对受过现代教育培训之男女医师的需求，中国的新政府已经实施了一项计划，准备在短短4年内使学生们取得从医资格。然而西方设置的培训课程至少需6年才能完成，这是为了限制想学医的学生大量涌入。中国为了获得更多毕业生以应需求，降低了这个一般标准。换句话说，在效果和数量之间，选择何者更明智呢？

谈及医学进步和医疗事业，不应忽视那些庸医或那些无资质者治病的难题。这个问题在先进与落后国家都屡见不鲜。甚至在英国、英联邦各个地区、美国、法国、日本以及其他声称教育和科学知识高水平的国家，都有庸医和类似的社会寄生虫，他们在别人因疾病或濒临死亡而忧伤悲痛的时刻借机掠财。

他们总是以其如簧巧舌，吹嘘其神效，一步步骗取受害者（有时是病人自己，有时是他们的亲属）使之将信将疑，而那些严肃而不懂人情世故的合格医师是不屑为之的。如果病情简单或并无大碍，这些庸医就会夸大病情，并将其严重性讲得头头是道。最后通常是以一剂泻药或解热药便使病人好转，而他则以救命之恩自诩。假如某个病人是阑尾炎，被庸医延误导致穿孔、腹膜炎而死亡，他就会逃之夭夭，家属只得报警，让正规医师来出具死亡证明。总之，那些庸医都会照拿酬金，却对无知妄为的后果不负责任。

冒牌“专家”乐于处置颈部淋巴腺炎和痔疮这两种常见疾病。前者常常是由于结核菌侵入颈部淋巴腺体；后者经常因为不合理的饮食，久坐的习惯和慢性便秘。病人都需要医师照护（除外科手术外），而庸医却信誓旦旦说手到病除，只要先把钞票付足。他的治疗办法是在皮肤或局部组织涂抹会使组织损伤和引起剧痛的腐蚀剂。而随后发生病情的任何延误，那些庸医总会找到借口，并不在乎病人辞退，因为他钱已到手。

寺庙道观的僧道们有时也参与治病，特别是慢性病的治疗。通常他们对治病一窍不通。不过极少数疾病，例如功能性的麻痹，有可能得到暂时缓解，于是那座寺庙的神效便不胫而走。还有一类野蛮的江湖郎中，自命为“跌打”或正骨专家，按他的方法，治疗常见的脚踝扭伤而引起的肿胀也要花很多钱，因为“内部骨头已受严重损伤”，然而一次真正的股骨头骨折却被诊断成简单的扭伤，只“需要按摩按摩，并每天在他这名专家监护下活动活动即可”。我认识一位尊贵的中国朋友，时年 62 岁，因跌倒而折断了股骨。某位经验丰富的医师诊断为股骨头骨折，用一副长夹板将断骨固定，令病人长期卧床休息。但是病人没有耐心久卧，便请来一名名声不佳的正骨大夫。此人认为根本无须卧床休息，也不必采用那碍事的长夹板，而是采取了一种收费很高的处置方法。他用各种野草来治疗，并按他的方法按摩。结果当然断骨不会愈合，病情越来越糟，出现坏疽，不久病人便死了。恰巧在此时，他那能干的儿子在英国完成了医学学业。这个男孩后来获得罕见的荣誉，成为当地英国皇家外科学会最早的两位会员之一，并于 1955 年被任命为马来亚大学外科学教授。

1929 年我访问美国西雅图，曾拜访过一名年轻的华侨草药医生。他在愚昧无知的贫民中生意非常兴旺。他的店铺很小，和中国各地许多简陋的药铺并无不同。他的药物存货有限，放在几个架子和抽屉里，大部分装在瓶中。他的诊察室光线黯淡，然而家具奢华，一张典型的广式有螺钿装饰的乌木方桌，两边是式样相似的硬木椅子。他自己则独享一张新式带垫沙发，旁边还放有一张带软垫的椅子。我们是广东同乡，因而得以畅所欲言。他父亲移民来此，30 多年前开始经商，尽管他已学会中、英两种语言，能够开中国餐馆，但他更愿意继承草药生意。我问他有多少美国人来看病时，他告诉我那么庞大的数量真令我惊讶，特别是那些由于形形色色的病痛或常见的不适而来此求诊者。我这位新结交的朋友说，为了给美国顾客留下好印象，他仿效虚构的中国侦探陈查理，蓄了下垂的海象式胡须，却穿着西服。不过讲话还是东方口音。看来他的病人对中国的学问满怀敬意，会领朋友们前来看病。来此求诊的大部分是喉咙痛或有点发烧，而普通的连翘（leongcha）或解热汤剂通常都可退烧。1918 年流行性感冒大流行时，他和他的父亲赚了很多钱。他们居留美国，甚觉满足。

在此还可顺便提及另一位不同类型的医界友人。他是英女皇奖学金获得者，在剑桥取得学士学位，从伦敦的有关“协会”取得了行医资格。毕业后，他定居新加坡开业行医，业务兴盛，并当选为国会议员。他还通过慎重的投资来增加收入。他经营得非常成功，以致 20 年后他转让了自己的诊所而在伦敦西区定居。1949 年我曾在那里遇见他并畅叙往事。他告诉我，他在第一次世界大战末期流感大流行期间是如何大发其财的。他按中国方式让病人趁热服下全剂量的解热合剂，而不是按西方教师所教的那样只服用小剂量，每天治疗数百病人。他的投机事业也很顺利，他本人、妻子和女儿现在都在伦敦快乐地享受生活。这种人是西医还是中医呢？

不管古代医学教师的目的是怎样的，我们今天只有流传下来的那些先哲的著作和语录，其中似乎并没有人去提倡维护严格的医德，像在美国那样，要求执业的男、女医学毕业生一开始就要遵循希波克拉底誓言。

过去中医的弱点在于缺乏在正规学校进行的系统教学，因为只有那样才能使学生们学习专业课程，并在课程结束后取得毕业证书，然后再去行医。当时与现在一样，行医被视为一门手艺，如同木匠、瓦匠一样通过师徒传授的方式来培训，除了本人的天资和爱好外，没有其他激励机制。一般中医多半都会保守自己的知识秘密。如果他治好了病人，他便认为理应独占他的知识，而不能透露给他那些潜在的竞争对手或仿效者。这就是为何从张仲景和华佗时代起，很少有可用来指导后代医生的，记录他们发明或新疗法的著作流传下来。留传给我们的那数千卷与医学有关的书籍，大部分为注疏前人著作的，而不是根据个人观察和研究写出的独创性著述。这种限制科学进步的东方观念，与自由和极为活跃的西方态度相比较，显得多么不同。像巴斯德与科赫在细菌学上、李斯特在外科消毒法方面、微耳和在病理学上、弗莱明和霍德（Horder）在现代药物上等等，诸如此类具有历史意义的发现都是来自西方。为了人类利益，当今科学家的任何发现都会公之于世。甚至一向严加保密的原子能，现在也成了公众财富。为了所有国家的利益，1955 年在日内瓦举办过一次非同小可的展览会，在那里介绍了这种新发现的能量在工业、能源、照明和医疗等许多方面应用的多种途径。如今大家都理解到，自由交流科学和医学知识将会使人们有更大的信心，并使各国间相互更加信任，这将促进实现全面和平、公正、自由和幸福。

马来亚医疗卫生之现状

1937 年我自中国政府的职位上退休后回到马来亚，开办了一间小型私人诊所。我对那些庸医和草药医生肆无忌惮地坑骗民众感到惊讶。这些人中有华人、马来人、淡米尔人、印度人、巴基斯坦人、欧亚混血人和其他种族的人。英国殖民制度的一个不坏的传统是不干涉当地宗教和医疗，只要他们不反对这个国家的好政府。遗憾的是，随着人口的增长和经济的繁荣，庸医愈加胆大妄为，而那些无照药商亦紧随其后。那些以前只卖草药、成药和专卖药品的商店，现在竟无节制地出售阿司匹林、碘化钾、磺胺（693）、麦角、石碳酸、来苏儿、碘酒及其他有毒药物，随之而来的是出现不少急性中毒病例。虽然禁售有毒药物有法可依，但非法交易屡禁不止。那些庸医们还大肆利用报刊宣传所谓正骨妙术、心肺病高手，以及专治儿科和妇科疾病、痔疮及喉炎（甚至能治白喉）的专家，等等。他们知道登广告所费不菲，但显然此举可吸引病人，而病人通常为“保证治愈”不得不预付一大笔费用，其支出比一般注册医师的正常收费要高得多。如果病人死亡而没有合格医师在场，病亡报告就要由离得最近的警察局来开具。于是某位警长来到那个家庭，稍加询问便出具一个允许埋葬的证明，还要加上他（非医师）认定的死亡原因。像这样的报告每年达数千份，致使政府公布的人口动态统计数据与实际不符。

1948 年 3 月 27 日在吉隆坡举行英国医学会马来亚分会会议之前，我在提交的讲演稿中除谈到其他方面外，还指出：“现存的死因分类方法，是乡村警察和非医务人员所为，他们凭非专业的设想为据，不足为信，可能会造成50%的误差……此外，在农村某些流产和婴儿死亡后可能会立即埋葬，其提出的报告也可能增加误差。然而，除非雇用更多的正规医师和建立更多的卫生所，这种情况必然会继续存在，我们收到的统计信息就是不准确的……"

在同一次演讲中，我提到当时流行的疟疾和肺结核这两种主要疾病，强调前者需要准确诊断，除药物治疗外还取决于其他因素，诸如营养、社会地位、环境、家庭经济状况及医院床位等。我还补充道："在这个国家（马来亚），劳工组织还处于起步阶段。当某个工人离家住院治疗数周，有时甚至数月时，无人照顾他的家庭。最困难的是如何发现早期患者，当某人被发现生病时（通常都发现较晚），除了治疗及病床外，还要补贴他的家庭。在培养医学生时，社会医学的重要性正在于此，应该在临床课程之初便提请他们注意这个问题。不曾料想，1948 年英国工党卫生部长贝文（Aneurin Bevan），竟会将遭到反对的《国家卫生服务法令（2）》先在马来亚这片远未发展起来的地方试行五年，然后再在那个老大帝国推行。在马来亚，既得利益者仍然少之又少，没有人反对基本工资，也没有人拒绝被称为公务员，而大多数本地区的 B. M. A.（英国医学协会）似乎都是政府雇员。"

事实证明，贝文原先对推行英国国民保健制度的估计远远低于目前的现状，结果使内科和牙医，还有药剂师从这种受欢迎的改变中大获其利。

然而，英国并不那么需要某种理想化的规划，它的医疗行业组织完善，有讲求效率的实验室，有慈善医院，有可靠的法律，有其顾计周全的工会。而在相对落后的殖民地，几乎没有合格的医师，医院和休养所为数有限，卫生中心和公立诊所很不够。当今医疗理念正在不断变化，我们可以料想，那些原用于收容性病患者的医院已被废弃，因为青霉素的发现，现在可以在几天之内治愈这些病人而无须经年累月。也许不久以后同样的发现会出现在诸如肺结核与麻风病等难以治疗的传染病上。因而需要将大量经费用于建设低收费的医院和休养所，这些设施只要求维持 25 年左右，而不是要那种能保持 100 年的精心构建的豪华建筑。我认为，除那些例行工作和研究设施需要有高效装备的实验室外，向普通医院和休养所投入巨款是错误的，特别是在常年气候温暖、鲜花盛开的热带地区。那里土地丰饶，物价低廉，民众不尚奢华，因此在那里应该为肺病患者建立简易的带长廊式的病房，而不是那些需要耗费大量经费去维护的豪华建筑。像吉隆坡那座以某前高级专员命名的医院和新加坡防痨协会诊所，每座都花费了高达数百万元（当地货币），它们看起来很漂亮，但只有很少数的病人受益。适于瑞士、英国和美国等国的模范机构，在马来亚这样的国家不应效法，它们在这里是无法长期维持的，因为那里生活水平和气候条件完全不同。

在中国从事近 30 年防疫专业和医院管理工作后，1937 年我回到马来亚。从此我得以与这个各阶层杂处的社会有了更密切的接触。这些阶层的人各有其禀性、好恶、信仰和敬畏对象。我主要在同胞中行医，令我惊讶的是，尽管教育和物质生活有了改善，但他们对待科学和医学的态度却一如既往。得益于村庄和橡胶园排水系统的建立，以及雇用了专业的卫生官员和助手，疟疾之危害已大为减少。由于更明确地认识到了脚气病的原因，其死亡率在过去半个世纪里已从 4.5%降至 2.1%。麻风病的发病率从表面看维持原状；如果说有所不同的话，那就是肺结核增加了。由于广泛使用青霉素，梅毒和淋病这两种主要性病已大幅度减少，医师如今很少见到三期梅毒患者那可憎的面孔了。由于现代人群中开放式的混乱性生活，致使更频繁地依靠堕胎而造成更多的年轻女性死亡。有时还会将某些注册医师送上刑事法庭，而无数的庸医却能设法逃脱法网并继续其骗人勾当。

国家富裕了，庸医也随之滋生，当某个城镇这类从业者达到一定数量时，便会成立一个“中医协会”，而且在政府办理了注册手续。我曾经在公共场合见过很多此类人，并访问过他们的家庭和办公室。他们医学知识是那样有限，而他们的业务却如此兴旺，实在令人不解。在那接诊病人的单间房屋里，竟有许多孩子跑来跑去，他们的一个或两个妻子也经常来参加会诊。那里根本没有供病人躺卧检查的床榻，总认为切脉诊断即已足够，不管是头痛还是胆结石，一成不变！他们总是表现得博学，夸夸其谈于寒证热证、元气虚弱等，并据此开出处方。然后他们便会将通常用红纸包着的脉礼装进口袋，同时还等着那订有协议的药店送来佣金。

在马来亚，草药医生对那些因患疟疾发热而前来求诊的患者，很少用奎宁或其他最近发现的抗疟药剂，这令我百思不得其解。在1941—1945年日本占领期间，大多数灭蚊行动都已停止，恶性疟疾必然流行。可是只会诊脉的中医和马来巫医却似乎都没有用奎宁这种简便方法去控制这种广泛的感染。他们一直只相信那难以割舍的古老的解热药，而这些草药只可用来治好轻微的感冒或流感。假如那些庸医能懂得使用这类有效的治疗方法，即使规模不大，也会显著减少病人痛苦和降低过早死亡的人数，甚至还有可能为他们自己的行医职业赢得一个可靠的基础。

但他们在其他方面似乎早已遥遥领先。例如用阿司匹林减轻头痛或身体其他部位的疼痛，看来只有他们在这种情况下会使用过量的药物。我们发现他们的处方或出售的成包药物每一剂的重量达到20～30英厘的极限剂量，而且没有任何填充物。不少较年老的人发生心力衰竭有可能源于此端。那些无资质的行医者偏好使用的另一种药物是693（磺胺）。这种药物在日本占领时期变得大受欢迎，因为货源短缺而治疗当时两种非常流行的淋病和热带溃疡有效，致使其价格攀升到空前水平。这种药物一直非常受民众的欢迎，既可外用又可内服。不过它已经被列入毒药目录中，因此除非特许或有注册医师的处方，是禁止出售的。在中国，医学教育和医疗职业都已经不同程度地置于现代化基础上了，在 1928—1940 年间，大城市的旧式中医不得不去学习简单的解剖学与生理学、基础卫生学，以及学习使用西方平民熟知的有效药物。但是新式教学在辽阔的中国的影响只是暂时的，或者由于内战或抗日战争而不时中断。中华人民共和国成立以来，显然已经采取了国民医疗保健制度，并不鼓励私人行医，治病必须去政府的免费诊所。要想让它发生符合现代科学要求的改变，将需要若干年。

与日本和菲律宾相比，可认为新加坡、马来亚和印度尼西亚的医学观念和业务相对落后，这是由于几个世纪以来这些国家与进步的西方隔离，固守着他们的本土信仰造成的，然而这一看法并非完全正确。当英国的东印度公司在东方国家站稳以后，他们采取了开展贸易和武力征服的殖民地政策，他们小规模吸取了现代卫生的优越性，特别是接种预防天花的疫苗。自 1805 年以来，由于皮尔逊（Alexander Pearson）医师的努力，在广州和邻近的华南城市出现了令人瞩目的进步。通过简单的清洁饮水供应措施，在槟城、新加坡和马来联邦，可怕的霍乱很快绝迹。在马来亚，这种进步并不均衡。医学和卫生教学并未携手并进，产前门诊健康检查未受到足够重视，而身兼预防和治病双重功能的政府诊所，本应从一开始即行组建。甚至香港和新加坡的医学院升格为综合性大学的“高等”医学院后，此地仍顽固地保持旧的观念，认为“医学课程目的不是培养专家，而是普通医师”。应该坚持的是首先培养学术领导人，然后才是普通医师，让他们在各自领域中相得益彰。在这里培养的是大批只会看病的目光短浅的医师，除想发财和追求安适生活外，并没有更高的目标。即便是机遇出现，也显然不会增进那些作为研究中心的机构的声誉，也不能提高学术水平。

我在1948年的《马来亚医学杂志》上发表过一篇题为“马来亚社会医学展望”的文章，在文中我大胆预言道：

在未来的马来亚，我预期（不过我有生之年不一定能看到）那些较落后和贫困的阶层将会与富有和受过教育阶层享受到同样的照护。卫生中心和医院中的主治医师将会满足需要（例如，1 000万人口中，每2 000人中有1名医师）。他们都热心承担讲演、治疗病人、管理实验室、施行必要的手术等职责，没有人过度劳累或暴富，他们为团队精神自豪，快乐地度假，并且每五年有一次去欧洲或美国进修研究生课程的机会，回国后能更有工作效率从而更多为社区造福。官方的医师与受政府补贴的医师将共同推进先进的医疗卫生运动，他们用各种语言发表公开讲演，而没有好管闲事的医务机构来干预他们的行动。所有人都能得到医疗服务，而不再被极少数人垄断，各民族的医师将会更体贴特定类型的人，这样那些人便能学会如何维护他们自己和家庭的健康，采用更适当的食物，并由他们的同行专家定期进行健康检查。对存在的病变，诸如扁桃体肿大、视力减退和疝气等，在恶化前便能得到治疗。巡视的或流动的诊所和配备有显微镜的实验室将前往边远村庄，执行预防、诊断和治疗常见疾病的任务，并且是完全免费的。果然如此，若干年后，将能取得极大的进步，而那些惯于在尚未动手治疗前便漫天要价的庸医，便会越来越感到难以生存了…… 男性助手和女性护士中不乏宣传能手，已经证明他们更能吸引乡村民众。政府的卫生人员应该更经常地视察学校。我总不理解为何马来亚至今仍未在学校儿童中推行强制健康检查制度。中国的学校在这方面比起生活水平高得多的马来亚还更先进。所有的学校和学院均应有自己的保健医师。不能罔顾每个学生的身体特点，强制所有的学生参加可能对其不合适的运动……

我对 1948 年马绍尔领导的劳工阵线如此短时间便能在新加坡执政，事先毫无思想准备。也许我的愿望现在可能更快实现。马来人领袖东姑阿都拉曼（东古·拉赫曼，Tengku Abdul Rahman）领导下的马来亚联邦也应该步其后尘。

反思

步入阅历更为丰富的年纪后，我曾进行过一些深入的思考，可否用这些思考后的见解来结束这一章呢？在两次世界大战取得胜利后，英国财政大臣巴特勒（Richard Butler）曾经说过，英国已经从头号债权国地位降为头号债务国了。1945 年工党政府继承了丘吉尔的政策，引进了国民医疗保健制度，以进一步推进福利国家。这个想法是合理的，但负责这项措施的部长，并不像曾经负责通过全民健康保险法案的那位威尔士人前任部长那样，他不是经济学家，并没有预见到组建如此庞大的体系牵涉面是如此复杂，像英国这样的先进国家，需要为每个公民从“摇篮到坟墓”都美满幸福做好准备。

在马来亚（此处包括新加坡）极少或根本没有那种家庭医师，而在英国已有了好几代。中国人通常是讲求实际的，如果病人不立刻出现好转的迹象，便会毫不犹豫地换医生。而请来的医生们彼此并不通信息，只是照老规矩看病，新请来的医生并不会去询问前一名医生，只当是什么也没发生过。因此他们既不顾传统，也毫无怜悯之心。而那些医生总想每天在他的诊所为 50 名病人诊治，因为这样一来，他很快就会比那每天只看 15 名病人的同行更有名气，至于是否称职，是不会顾及的。

通盘进行考虑并牢记现实状况之后，我相信引入一种经过修改的健康服务制度，较之经贝文在英国努力而通过的那个制度更简单易行和花钱更少，这一制度将使医师责任感更强，并能在他们的职业中更好地领会医疗的理念，医疗毕竟不应该被看做是一个普通的行业。那些执业医师将不再为收入担心，因为收入是固定且足够的；他们作息有度，并且有把握享受独自的或带家属的研究假期和国外旅行。目前一个繁忙的执业医师，只靠单干，没有闲暇，成年累月被束缚在他的诊所和药房中，既没有可能增进知识，也享受不到合理的休假。结果这些医师变得孤陋寡闻又愤世嫉俗。在马来亚那些不多的欧洲医师是幸运儿，因为他们通常在一家公司工作，并依据和那些多年老企业、锡矿主和橡胶园签订的合同获得大笔收入，此外他们还能通过私人开业行医赚钱。

更重要的是，在国民医疗保健组织中，公众会更好地了解现代卫生学和社会医学的实际情况，因而不再抱住那用过多少年的药瓶不放。医师对病人也将会更加坦率地直言，因为这与费用多少没有关系。另外，更年轻更热情的毕业生在课堂上已经被教导要对团队工作忠诚不渝，因而能够胜任卫生站、设备精良的诊所及实验室的重任，或负责视察学校、讲课等，这便有助于得到准确的发病率和死亡率统计数据。由于在医疗方面花费较少，公众便可以在食品和使日常起居更舒适的方面投入更多。我真心希望未来的几年，将会见到在社会医学进步方面有巨大的改善。

中国古代医学谚语

我愿在此以摘录古代中国医书中的一些充满智慧的谚语作为结论。其中有不少同样适用于古今中外的医疗理念。

1. 古之人不在朝廷之上，必居医卜之中。[宋代朱肱《类证活人书》引汉代贾谊言]

2. 不为良相，便为良医。[北宋范仲淹语，见宋代吴曾著《能改斋漫录·卷十三》]

3. 良医知病人之死生。[《史记·范雎蔡泽列传》]

4. 医者，父母之心。

5. 上医医国，中医医人，下医医病。[孙思邈《千金要方·候诊》]

6. 医明其理，药效如神。博览多知病，广治积经验，多试知药性。

7. 医不自医。[明·李梦阳《梅山先生墓志铭》]

8. 妻患麻风，不避丈夫。

9. 上工治未病。[《素问·四气调神大论》和《灵枢·逆顺》]

10. 不治已病治未病。

11. 饱痢疾，饿伤寒。

12. 好药不在价格而在其功效，药方不在其中种类多少而在其药性之所长。

13. 无药可保长寿，无钱可买孝子。

14. 一日三餐夜安眠，长寿佛在跟前。

15. 求健康未必食肉。

16. 鱼生火，肉生痰，青菜豆腐保平安。

17. 十分饱，命不长；八分饱，喜洋洋。

18. 吐故纳新，益智延年。

19. 丑妻益长寿。

20. 人之寿夭，在于撙节。

21. 动则不衰。

22. 病从口入。

23. 养性之道，常欲小劳，但莫大疲。

24. 邪气袭内，正色乃衰。

在我看来，仅仅长寿并不足以自慰，除非有健康的身体，并能有机会在某种程度上与他人同享相互理解的生活乐趣。当然，这是相对而言的。如果一个人不能发挥他的智慧，或无缘回报友谊和情感，而仅仅是活着，那么，不论别人如何宽容，也并非乐事。

第22章 马来亚和马来亚人民

近年来报章和世界文学中屡屡提及位于东南亚而称做马来群岛的这片地域有关的某些名称和名词，如马来、马来亚、马来西亚、马来人、马来亚化等，这些名词以前很少使用，现在却成了常用词，不过用得并非总是正确。

大致说来，马来群岛由幅员广阔的一群热带岛屿组成，它从孟加拉湾的尼科巴群岛起，直到太平洋上的所罗门群岛，绵延 4 800 英里。它包括苏门答腊、爪哇、婆罗洲、西里伯斯、菲律宾、新几内亚和俾斯麦群岛，现在主要被分为菲律宾、印度尼西亚等国家和中太平洋少数散处的岛屿群。印度尼西亚保持着其自身特定疆域，涵盖着称之为荷属东印度群岛的前荷兰领地。

马来半岛大小为70 000 平方英里，现在分成英国殖民地新加坡和马来亚联邦两部分。新加坡位于半岛最南端，是一个 300 平方英里的重要岛屿；马来亚联邦幅员 50 700 平方英里，最北方其余的岛屿为泰国拥有。马来亚实际上不属于马来群岛，现代称为马来半岛，是大陆的一部分，这里的居民因种族和语言的关系紧密地联系在一起。

马来亚联邦现包括 9 个州，由北到南依次为玻璃、吉打、霹雳、吉兰丹、丁加奴、彭亨、雪兰莪、森美兰和柔佛，每个州有各自的苏丹［伊斯兰教国家政教合一统治者］，此外还有两个昔日的殖民地槟城和马六甲，州长都是当地出生的人。

要了解这一地区现在的发展态势，也许有必要简略谈谈其历史。

原住民

马来亚的原住民形成若干个复杂而最原始的族群，可认为他们是北方流入移民留居于此而形成的。这些属于尼格利陀地域人种的原始游牧者，在人类学上与安达曼、菲律宾、新几内亚和印尼等地的人种相类似，现在总数不足 2 万。他们散布在北方各州，人们称他们为舍麦人（Semai）、特米亚人（Temiar）、车皇人（Chewong）等。在南方，那些原住民通常被视为马来的原住民，具有蒙古人种血缘，有时也称为雅贡或海人（Jakuns），受各自的酋长统治。

自从主要来自西里伯斯岛和北苏门答腊岛的穆斯林进入此地后，邻近的印尼各个岛屿上有大量移民来到马来亚，他们成了现在众所周知的马来人中的绝大部分。

印度时期

早在公元 1 世纪印度文明晚期，来自科罗曼德尔（Coromandel）海岸的商人已开始定居在东印度群岛和马来亚，他们带来了铁器、布料、珠子、樟脑和其他一些有用的日用品。已知他们主要定居处是狼牙修(Langkasuka)①，那里可能是现在北部各州及毗邻泰国南部的地区。因此古印度早在8世纪已通过三佛齐（Sri-vijaya）帝国向该地区引进了印度的艺术、文化，并曾一度引进了它的宗教。当时这个帝国包括马来亚、苏门答腊、锡兰、爪哇的一部分、婆罗洲、西里伯斯、菲律宾、柬埔寨、占城（安南）以及台湾岛的一部分。后来在13世纪末，满者伯夷帝国兴起，发动了对三佛齐帝国的战争并最终将其征服。他们通过阿拉伯和穆斯林化改造，接管了苏门答腊岛和马六甲并改而信奉这种新的宗教。再后来葡萄牙人来到此地，他们凭借先进的武器，征服了这片一度被穆斯林统治的疆土。

中国的影响和马六甲王国

在第二个时期，中华帝国对马来这片土地的发展、进步和幸福所起之作用不应忘记。这一时期提供了非常引人入胜的文字记录，让我们得窥一个强大文明国家给予一个不发达小国非同寻常的恩惠。在这方面，明代(1368—1644）的史志为我们提供的丰富资料足堪品味。由其中我们得知：

远在15世纪初中古代马六甲王国建立之前很久，中国人已经经常出没于马来半岛的海岸。在唐代（618—907）他们与波斯和阿拉伯的海上贸易已经达到全盛时期，而马来半岛正位于前往印度和西方的必经之地，他们必然早已知道这个地方。671年义净和尚去印度取经的航海途中，曾在马来亚逗留过两个月。

① 古代东南亚的印度化国家之一，其领土包括今马来半岛北大年以东马来西亚的吉打州。——译者注

另外，意大利旅行家马可·波罗，在为元朝皇帝忽必烈忠实服务20年后，1293年被委派陪同蒙古公主从温州港前往波斯，下嫁该国当朝君主，他们的使节团曾在苏门答腊和马来亚停留数月。

1403年，明朝第三代皇帝永乐派遣太监尹庆前往马六甲和亚齐（苏门答腊北部），以全权使节身份向苏丹拜里迷苏剌赠送礼品，苏丹也曾指派专使去南京答谢，向皇帝赠送了该国特产锡、黑檀木、香料等。第一个使团于1405年到达首都，皇帝亲自颁发诏书，封苏丹为“马六甲国王”，赐给丝绸朝服和一柄黄伞，从此建立了马六甲王国并得到中国强有力保护。在马六甲山冈上矗立着一块花岗岩纪念碑，永久纪念着这一事件。

1408年，著名的钦差总兵太监郑和被任命为出使南洋各地的帝国使节，率领强大的船队从中国出发。他于1409年到达马六甲，送给苏丹和他的大臣们许多礼物，以表示帝国的善意，同时也警告泰国（当时也是中国的藩属国）不得骚扰这个新王国。

郑和回国时，用他的船队装载着拜里迷苏剌偕夫人和儿子们，以及随行官员和亲随共540人到达南京，受到了隆重接待。逗留几个月后，苏丹和他的使团由另一名太监特使甘泉护送回马六甲。1414年拜里迷苏剌苏丹之子访问南京，通报其父的死讯，中国皇帝正式任命他为马六甲王位继承者。

1459年，曼苏尔苏丹派遣他的使臣巴拉普提到南京，要求将一位中国公主许配给他。于是选中了一位名叫汉丽宝的美人，她前往南洋时，有500名中国贵族少女作为婢女，这些婢女中有人后来与马来贵族的儿子结婚，从而使这两个民族的关系更为密切。这些中国女子后来都接受了穆斯林信仰，直到今天，那些皇室和贵族家庭的后代中，还可以见到具有马来人和中国人相结合的特征，如同在泰国所见。

中国和马来亚在108年（1403—1511）的外交往来中，马六甲总共有

5 位苏丹偕眷属和大臣访问过中国朝廷。派往南京的使团至少有 29 个，7 位马来新统治者继位受到中国皇帝的确认。马六甲在抵抗泰国和安南骚扰与威胁时，中国曾 4 次给予有效保护。如今，年轻的政客们常以轻蔑的口吻谈论中国，他们应该记住，这两个国家之间有着长达贯穿整个 15 世纪的真诚而愉快的关系，两个东方民族之间还有着密切的血缘联系。

西方的侵略

马来人的马六甲王国在 1511 年即告终结。经过激烈战斗后，阿尔布开克（Alfonso d'Albuquerque）率领的葡萄牙舰队占领了城市。苏丹马穆（Mahmud）逃往柔佛，在那里建立了一个包括柔佛、彭亨和廖内群岛的王国，后来被称为廖内柔佛。

至于新加坡，一般都认为它是 13 世纪时的小国淡马锡（后来的新加坡），这个小国是三佛齐王国的组成部分，后来并入了马六甲王国。在早期，为抵御泰国人频繁的袭扰，淡马锡不得不进行自卫，但最后在 1376 年仍被满者伯夷（Majapahit）征服，以后 400 年的历史之中，这个地名竟消失得无影无踪。

葡萄牙入侵者都是十字军，而不是商人，似乎更想迫使当地居民改信罗马天主教。为了让他们的军队获得足够的兵源，他们鼓励本国士兵与当地妇女通婚，以便生下的男子参军。后来由于得不到葡萄牙的增援，他们抵挡不住荷兰军队的入侵，在持续占领 130 年后终于在 1641 年败北。

荷兰征服者建筑了坚固的要塞，马六甲山顶上那座尤其壮观。他们的主要目的只是进行贸易，以使他们本国致富。但后来在 1795 年拿破仑战争中他们又被英国人赶走。虽然1814年拿破仑惨败滑铁卢后它又暂时回到荷兰人手中，但根据1824年签订的《英荷条约》，马六甲领土和马来半岛落入了英国人之手。

在本书第5章曾述及1786年槟榔屿之被占领，而新加坡的易手则充满人性和政治智慧，特别是莱佛士在其早期历史中扮演了重要角色。现对此稍作铺陈。1819年，从莱佛士和他的白人同伴带领一个印度卫兵乘坐一艘小船在此登岸起，到今日此地已发生了惊人的变化。当年全部人口为140人，至1824年增加到1万人。在1822—1823年间，贸易额从850万元增至1 325万元。1887年新加坡引进了炼锡技术，并于同年开始引种橡胶树。1891年，里德利（H. N. Ridley）即提供出了新加坡生产的橡胶样品。1918年，即莱佛士登陆100年后，此地人口上升到30.5万人，1935年为56万人。尽管移民受到限制，至1954年人口数字已达到125万，其中76%为华人。国际贸易也相应扩大，新加坡作为自由港的战略位置及世界贸易中心是它不断富裕的主要源泉。1954年它的海外进出口总值为45亿600万美元（5亿2 600万英镑）。它与马来亚联邦的贸易又增加了11亿美元。马来亚确实是英联邦内非常珍贵的宝石，锡和橡胶是赚取黄金与美元的最大资源，并借此为大英帝国的经济发展作出了巨大的贡献。

回顾马来地区的某些过去的历史，可以这样说，由于多年来当地统治者之间常发生争执和局部战争，它需要有一个强大的势力居间调停。1873年，大英帝国任命了一位强硬的总督克拉克（Andrew Clarke）爵士。在他的指导下当地各头领之间签订了一系列为大家一致同意的条约：

1. 马来联邦接受英国保护，与其他各国交往时必须经过大英帝国。

2. 大英帝国确保防止任何外敌之攻击。

3. 每个州任命一个英国官员，除有关马来宗教和马来风俗的事务外，这位官员的建议必须服从和采纳。

随着这个半岛全面恢复和平与稳定，不断取得了实质性的进步。中国和印度的劳工迅速涌入，矿山和橡胶种植园得到了发展，使这个国家日见富庶。

1941—1945 年日本人的入侵和随后的占领，社会进步被完全中断了三年半，随着日军无条件投降而获得解放后，英国实行了 7 个月军事管制，然后于 1946 年 6 月建立了马来亚联盟的民事政府。这个联盟包含槟榔屿和马六甲两处殖民地，以及前联邦和未联合的马来属邦共计 9 个州。这个行政单位从 1946 年持续到 1947 年。联邦的行政权力全归总督爱德华·亨特（Edward Gent）爵士掌有，有一个咨询委员会供其磋商，但委员会成员均由总督任命。

然而，这些改变并未让各州的首领们满意，为此他们及其人民一起帽缠白带表达抗议。1948 年 2 月，马来亚联邦接替了马来亚联盟，确立了更加自由的条件，7 年后（1955 年）新加坡和马来亚被允许实行自治。从 1955 年初起，政治和社会发生的变革确实是迅速的，尽管过去 8 年大约 5 000名心怀不满的恐怖分子造成了紧急状态，为大多数守法公民的心头蒙上了一层阴影。

新加坡和联邦两处繁荣面貌依旧，尽管在新加坡持续和频繁地发生罢工，但可望在未来的几年里恢复和平。

20 世纪早期的马来亚

在第 5 章中述及我的童年时代时，曾提到过主要的三部分人（华人、马来人和印度人）主导的不同生活理念。那时，在出版物里华人被描述为“中国佬”，带有几分嘲弄，也许那是因为他们额头剃得精光，脑后拖着一条辫子的缘故。印度人，特别是淡米尔人，则俗称为吉宁人。只有马来人的称呼比较得体，但他们只操持几种简单的职业，如办事员、渔夫、警察、农夫、马夫（司机），以及跟班或信差。我当时尚未访问过马来联邦，所以无缘与贵族相遇。

华人分成了不同的群体，如广东人、客家人、潮州（广东省汕头和潮州府）人、闽南（福建省南部）人、福州（包括福建北部福清）人以及海南人等。每个小群落都牢牢地依附于自己的宗族，尽可能拥有自己的宗祠，以供举行会议和安放家族牌位。闽南人人数众多，他们拥有大部分地产和商铺，所有这些群体中的孩子除了说自己的方言外，还要会说厦门话。在学校，也因为职员和老师大多是闽南人，男孩女孩都懂厦门话。所以，尽管马来语在槟城是公认的社交语言，但到现在说闽南话的还是比说马来语的人更多。同样，我后来还得知，在霹雳州矿区，客家话和广东话是通用的方言，因为那里的大多数的华人都使用它们。在学校，我们开始用马来语教授英语，所以在我们求学之初，即至少能熟练应用三种语言，即英语、马来语和闽南语。我还记得在学生时代，福建同胞把广东人称为“澳门人”，这很大程度上是因为早期移民（包括在海港被临时关在木栅栏里的契约华工）是从珠江口这座葡萄牙人占领的城市登船出洋的。

我在槟城、马六甲和新加坡的朋友中，有不少人在马来亚的祖先可以往上追溯五六代。所以当今大英帝国二等勋爵辜承福，竟能把在莱特时代已在岛上定居的某位辜姓人士作为他的祖先。而许如财则把在泰国当过大官的某位许姓人士作为祖先，那些同姓的官宦或平民便直接继承下来了。厦门附近有个以许姓命名的古老村庄，那里的宗庙、学校和其他设施的建设和维护，几百年来一直都靠定居南洋的家族成员定期汇来的资金。在马六甲，大英帝国（二等）高级爵士陈祯禄仍旧住在位于麒麟大厦街（Heeren Street）的那栋住宅中，那是二百多年前他的某位祖先用自己的帆船从福建运来木材、琉璃瓦、中国漆等材料建造的。事实上，在筹划海峡轮船公司之前，已经有一个经营华南与马来亚之间运输的陈氏航运公司。在新加坡，伍氏族人很久以前即建立了自己的宗祠，安放在那里的一些木质牌位见证了他们的拓荒时代。

这些先辈们在一些机构受到永久性的纪念。例如，槟城大英义塾仍然颁授由辜尚达创立的百年金质奖章与奖金；在雪兰莪，陆佑因慷慨助学的善举而名留青史；在新加坡，马来亚大学仍保留着以黄仲涵命名的大厅和陆佑奖学金；而陈笃生医院已经作为马来亚学生临床医学教学中心经历了好几代人，现在已由政府拨款扩建。

在英国殖民政府明智和务实的制度下，前海峡殖民地和马来联邦（现已改变成新加坡殖民地和马来亚联邦）都在物质繁荣方面取得了巨大进步，主要是凭借锡矿工业和橡胶种植。这种进步是欧洲人和华人投资的共同努力而可能获得的回报，它一方面得益于英国的技术与政府的经验，另一方面是中国和印度劳工的贡献。技术、经验和劳动力如此和谐的组合，有必要持续多年，直到更年轻的一代出现，他们将接受更好的教育和受到更先进机构的培训，如在本地大学、专科学校和其他现代化机构中，他们将能找到普遍受惠的场所。

遗憾的是，相当多曾经富裕的家庭丧失了他们辛苦赚来的财富，这主要由于他们的后代，多半是第二代的漫不经心。这些后代受过相当的教育，少数甚至留学海外，但因没有毅力或商业才干，很快便挥霍了他们的遗产。从前在那里有许多冠冕堂皇的社交俱乐部，许多朋友或相识者聚集在那里豪赌。赢家通常是那些职业赌徒，而在赌桌上或在那些可疑企业中如果遇到更狡诈的人，他们就会血本无归。他们的欧洲熟人会推荐赛马，赌注巨大，如果他头脑不清醒不知何时该收手，便常常在赛马会上失手。还有人经常在著名妓院（hoiting）顶层音乐厅举行晚会，每人还要带上一个或几个歌女，从晚上9点到凌晨，喝掉大量的白兰地和威士忌，还备有极丰盛的食品。他们还几乎无例外地在那乐队与歌唱喧闹中赌博。这种聚会每夜将花费几百甚至几千元，并且可能连续数周不停。

在第8章已谈过，在我执业初期，曾经试图在华人的大多数阶层，从贫苦的人力车夫到时尚青年和商界普通店员中，戒除吸鸦片恶习。主要的困难在于政府当时已经深深地卷入了鸦片贸易，他们或是直接从富有的罂粟种植者那里得到好处，或是间接通过加工烟土出售和配送给瘾君子而获得暴利。海峡殖民地（新加坡、槟城和马六甲）遍布着那些鸦片及烟酒饷码[①]名下的强大的辛迪加垄断行业，他们要做的就是留住尽可能多的烟客和酒鬼，从而大发横财。

马来各邦是正式受海峡殖民地政府保护的，那里的纳税烟酒饷码（也是垄断性的）中有数不尽的设施，以供他们开赌场和向民众销售烟酒。在这些州里，把装在矩形厚木箱中的印度生鸦片售给出价最高的竞购者，供他们私自加工成烟土出售和配送给矿工及其他成瘾者。这种收入让政府和资本家都得利，只有劳工攒不住钱。

除了在鸦片和赌博上挥霍外，华人还因那些愚蠢的风俗而虚掷大笔钱财。为了唤起公众关注这些陋习，我常常在《海峡之声》（槟城）和《海峡时报》（新加坡）等报刊上以公开信的形式发表文章。其中发表于1905

① 饷码（Farm），是英国、荷兰等国在东南亚殖民地实施的一种税收承包制度。——译者注

年 10 月 5 日的那篇，论述了这些浪费金钱的旧习俗，我在此处摘录几段：

农历七月十九日是槟城海滩街（Beach Street）的鬼节。沿着整条大街和大桥街的两边，几乎彼此相连地排列着精心布置的供桌，上面摆满了各种日用品，供那些看不见的鬼享用。这两条繁忙的街道可以看成是无所不有的大卖场，它们被分成了若干个小区，每个小区属于一个或几个商号。在鬼节那天，映入人们眼帘却是清一色的景象，无非是白色的桌布和供果，无数香烛带来的烟雾，拥挤的人群中不时传来的喧闹声，同时还伴有僧人们反复吟诵那不知所云之经文时发出的枯燥的念经声。

离开海滩街来到新街（Campbell Street），这里是槟城的红灯区。这里的费用都由这些妓院的妓女开销，付费多少，全凭自愿。他们的庆祝活动历时四天四夜（25 日至 28 日），活动包括用彩灯装饰自己的房子，以及在居林巷（Kulim Lane）老剧场的大厅举行公开亮相。在这个岛上再也找不到比这里更龌龊和肮脏的地方了。这个地方也像别处一样，堆满了乏味的水果、点心、图画和各种装饰品，还有望不到边的成排纸糊魔鬼，居首的便是面目狰狞、令人触目惊心的“阎王”。我们怀着沉重的心情离开，痛惜人们在这整整一个月中为那毫无新意一再重复的仪式而招来那么多麻烦和花费那么多金钱。我觉得即使这些活动必不可少，也应该在一天内解决。

海峡殖民地的华人通常被认为是最自由和最进步的中国人，果真如此，那他们就不仅应该保持这种美誉，还应该增进他们的声誉，那就要摒弃或改革他们那些陈腐而毫无意义的风俗……

1906 年 1 月 10 日发表的另一篇公开信中，我这样谈到马来联邦大多数城镇可见的赌桌：

在某个常住人口为 4 000 人的小镇，沿着通长不足 200 码的街道，可见四栋与众不同的房屋，它们宏大且漆成古朴的白色，夜晚则灯火辉煌。楼外街道中，无数的小食档足以迎合五花八门的口味；楼内则极尽声色之刺激。赌桌通常是长方形的，四周都围满了人。有些人在用纸牌“翻摊”，有些人在“掷骰子”，还有人在赌“十二支”。

每张“翻摊”赌桌由一名显得无精打采的漂亮女孩做庄，由她分发筹码，还有二到三人陪伴在侧代表银行掌管输赢。在“掷骰子”和“十二支”的赌桌上则无须女孩服务，因为这些游戏需要眼疾手快。来赌博的主要是赤膊的人力车夫、穿黑衣的矿工、低级店员和不修边幅的先生（教师）、演员，还有那些头戴西方宽边毡帽或草帽的海南厨师，而诚实的头家或老板以及规矩的商人显然是不会光顾这些地方的。似乎赌桌边大堆人发出的喧闹声还嫌不够，那些赌徒们还要享受中国管弦乐队演奏的音调更高的中国的丑角戏，赌场老板还会雇来一些广东女孩在那里唱歌……

日复一日，周复一周，每天从中午到晚上 10 点，赌场照开不误，连星期天和公共假日也绝不中断。10 点钟敲响，便会按政府之规定关门大吉……

政府的最大部分收入来源正在此处，所以在马来联邦这个行业被称做“收税烟酒饷码”，这包括赌博、典当业及烟酒饷码，而后两种比起第一种来只不过是个零头。目前（1906 年），霹雳州每月从这些烟酒饷码净得 170 000 元，一年即为 2 040 000 元；在雪兰莪州一年为 1 584 000 元，森美兰州和彭亨州则略少些。

在每个采矿点（在大州为数上百个），赌场以及与它相随的典当行近在咫尺。没有人会提倡节俭或根绝恶习，无处不在的口号是“花钱、花钱、花钱”。大多数人不得不困守在田里耕作，许多人死于贫困，有些人沦为盗贼，而只有少数幸运儿鼓起了口袋。这不是一个产生像郑亚贵、陆佑和叶亚来那些领袖人物的时代，这些人从一无所有成为超级百万富翁……出现像胡珠春、陆佑那样高素质的人的确是值得庆幸的，他们发财以后，还愿意投身我们的改革者的行列，吁请政府取缔那邪恶的赌博烟酒饷码……

这些赌场连同与它们相随的鸦片烟酒饷码今天终于被废除了，这对后代矿工和产业劳工是极为有益的。

现状

1956 年我在写本文的提纲时，不禁回想起 50 年前早期殖民主义时代直到今天所发生的巨变。那时只要某人哪怕是私下谴责几句鸦片贸易或赌博烟酒饷码的罪孽，就会被定为反英分子，他的行动和以后的言论都会受到监视并记录在案。在那些与华民护卫司署有关联的高官中有我一些朋友，如古德曼（R. C. Goodman）、里奇斯、考恩（Cowan）、米德尔顿（Middleton）和乔丹（Jordan）等，他们似乎都愿意与我交往。尽管我的一些激进观点让他们担心，但我们相互尊重不同意见。后来我去了中国，在中国的 30 年间，在对鼠疫、霍乱、猩红热和其他传染病的认识上作了很多贡献，还为促进这个幅员广阔的国家的科学和医学进步而建立了多座医院和研究中心。

在 1908—1956 年这段时间里，爆发过两次世界大战，主要靠那些信奉基督教的强国，暂时消灭了那些战争狂人。两次大战都是同盟国获胜，这一方面主要归功于英国人民的决心和英雄主义，一方面也是得益于美国的自然资源和雄厚的工业技术能力。然而除了美国与苏联这两个国家外，这些严重的冲突只是导致了世界的贫困和民众中旷日持久的动荡不安。

确实，民主意识已在深度和广度上普及开来，许多新独立的国家诞生了。在西部，有埃及、苏丹、伊拉克、伊朗、以色列、叙利亚、黎巴嫩、约旦，一些北非国家和更多的阿拉伯地区已获得独立。

英联邦中的印度、巴基斯坦和缅甸已成为共和国，而锡兰实行自治且最忠于英皇。在东亚，朝鲜已经被分为高举共产主义旗帜的北方和由李承晚为总统领导的南方共和国。台湾仍然是蒋介石的根据地和曾经统治全中国的国民政府的避难所，而大陆则是中华人民共和国。前荷属东印度成了印度尼西亚共和国，而前法属印度支那则分为北越、南越、柬埔寨和老挝四个小国。日本虽然战败，但保留了天皇制，不断取得实质性的繁荣，全国人口已超过 8 000 万，尽管现在只局限于四个主要岛屿上。这个国家给别国造成过严重的灾难和伤害，却有幸受到盟国如此宽大的对待。

联合国现有 82 个成员，最后加入的是马来亚联邦。日本加入联合国的申请被苏联几次否决后，于 1957 年得以通过［1956 年 12 月 18 日通过］。

马来亚的近期发展

为清晰认识马来亚近期之发展，有必要先作些说明。自 1945 年第二次世界大战结束后，战胜国都倾向于对它们以前的殖民地采取更宽松的政策。首先，艾德礼（Clement Attlee）领导的工党政府允许印度、巴基斯坦、缅甸和锡兰于 1947 年独立。这一明智之举被丘吉尔爵士的保守党政府延续，他甚至将重要无比的苏伊士运河的主权也还给了埃及。其他殖民地，如马来亚、尼日利亚和黄金海岸也受到鼓舞而要求自治，并一个接一个得到殖民地管理部门满意的答复，而各地的总督和高级专员正是该管理部门的下属。拥有东南亚高级专员身份的麦克唐纳（Malcolm Macdonald）阁下是英国首任工党内阁首相之子，他是一位有非凡远见卓识的政治家。他也被指派来团结起各民族，并尽可能化解过去因历任专制官员的专横和偏见对人民造成的伤害。麦克唐纳所采取的方法是正确的，这已由历届保守党政府对他的充分信任所证明，当他8年后于1955年离开此地前往印度另有高就时，满载着新加坡社会各阶层人民对他的良好祝愿。

立法委员之普选开始时，首先在新加坡进行，数月后在马来亚联邦展开。结果分别任命了当地出生的犹太裔律师马绍尔（David Marshall）为新加坡的首席部长；吉打苏丹的兄弟、联盟党领袖东姑阿都拉曼为联邦的首席部长，常驻吉隆坡。

世界有关这一地区的某些名词，西方作者用得似乎有些混乱。例如，“马来人”一词，以前专指马来半岛的原住民，但在过去几十年来，由于鼓励穆斯林向这个半岛移民，结果印度尼西亚，特别是爪哇和苏门答腊的当地人大量涌入，此处人口有一定程度的增长，而且他们都声称自己是当地公民，这些人现在一般也算马来人。此外，马来亚人可能比马来人更多，因为其中还包括，或者说应该包括那些出生在这里的所有民族的后代，如果按英国人“出生地原则”的法律，他们同样有资格获得马来亚人公民身份。

根据当今惯例，任何一个马来人或本地出生的穆斯林都是马来亚人，但不是每一个马来亚人都是马来人。当地居民是由各种人组成的，他们可能宣称根系中国、印度各邦、巴基斯坦、锡兰（今斯里兰卡）、泰国、英国、荷兰、葡萄牙、西班牙、菲律宾、日本、澳大利亚、新西兰、阿拉伯国家、朝鲜等等。其实，任何一个民族都可能在某一时期在这里留下他们的子孙。因而有人断言，如果夏威夷群岛可以声称它是57个民族的混合群体，那么马来亚则可以声称它的人口是更大的混合群体，因为许多世纪以来，这里就是远东和中东以及西方（通过陆路，后来绕行好望角）之间的主要海上交通线。

随着各民族间种族偏见之日渐消除，东西方民族将会更充分融合，如果家世良好，这种快乐的融汇将有助于改善国际间的相互理解，如今这是非常需要的。

由于整个马来亚地区（包括新加坡）现代体育运动日益普及，在这些聪明伶俐的东方人团结的群体中，现在和未来的年轻人，理应在国际项目中有突出表现。马来亚在羽毛球方面已遥遥领先，自黄彭顺和他的球队于1949年在英国赢得汤姆斯金杯后，又于1952年成功地卫冕，1955年击败了美国、印度和丹麦的强手而再次夺冠。在板球、足球、网球、曲棍球以及其他球类的竞赛中，马来亚人显示了越来越强的技能和适应性。当局给了他们坚定的支持，如将新加坡市中心已废弃的加冷机场广阔的地区划拨给了他们，而在吉隆坡、槟城也建设了宏大的体育场等，这些措施无疑会促进体育运动的开展，并必将在今后进一步取得令人振奋的成绩。

另一个名词，即“马来亚化”，近来频繁使用。刚上任的马绍尔内阁确实已经任命了一个马来亚化委员会，由一位印度裔的本地医学毕业生担任主席，对委任官员的普遍状况开展调研，并提出需要改进的建议。

这个委员会已成立了数星期，他们收集了许多非常有价值的证据，这使得那些位高权重的人明显地醒悟起来。严格说来，“马来亚化”意味着逐渐淘汰掉那些享受高薪的欧洲雇员。他们当中有很多人曾经为这个国家作出过显著贡献，但他们的岗位完全能够由当地人来填补，而且工作效率并不会降低。

就在不久前，还有不少资质不足的欧洲官员被委以重任，享受高薪、大宅，以及每三年一次的全薪长假，这是因为考虑到当时马来亚是疟疾泛滥的国家，而且卫生状况一直甚少改进。日本占领时期，负责的欧洲人都被囚禁，结果让那些过去担任欧洲人助手或职员的亚洲人来负责，他们完全可以胜任，并圆满地完成了所分配的许多任务。因此，当重返岗位或新任命的欧洲人来取代他们时，这些忠于职守的亚洲人自然会对欧洲人的特殊待遇表示不满，而且提出了抗议。这使事情变得更好办了，那些有潜力的亚洲助理被派到英国去进修，归来可得到升迁。然而，随着民主政府的出现，建立新秩序的呼声一直不断，认为欧洲人和亚洲人之间的任职和薪酬应一视同仁，而实际上，是要求条件相等的情况下，高级官员和其他高级职位优先提供给当地出生的人。于是产生了一个相当伤害人的称号，即用“外籍官员”取代了“欧洲官员”的称呼。这个称呼本来是用来指那些非同一般的人，他们在服饰、做派、嗜好、才能和奢华等诸如此类各方面都表现得高人一等。

在这方面，早年的情景仍历历在目。那时我们把那些欧洲人叫做“红毛”，他们总是令当地人敬而远之。某个白人趾高气扬走在大路当中，路上的行人，不管男人、女人、小孩甚至鸡犬都避之犹恐不及，火车头等车厢中也有“专供欧洲人”和“供本地人”的标志，尽管他们的车票价格相同。而在荷属巴达维亚［今雅加达］，非欧洲人乘坐的马车或汽车，是不得超过前面白人车辆的。在行将实现自治和独立的今天，风水轮流转，那些曾经不可一世的欧洲人已成为谦恭的外国佬……真是天翻地覆了！

当然这些失势的欧洲人并非茕茕孑立、形影相吊，他们在亚洲人中还有不少老朋友。这些亚洲人难忘旧时属地年代那些“好日子”，那时他们总是依白人主子的眼色行事，如今关注的则是英国在培训和教育当地人民方面扮演何种角色，并希冀再来一个将近百年，还能继续充当英国女王忠诚而驯顺的臣民。针对这一部分亚洲人，新加坡一位著名的政治评论家，曾发表过一篇耐人寻味的回应文章。我在此全文照录如下："英国在马来亚的统治（1858 年前开始是通过东印度公司，1867 年前通过印度事务部，至今则通过殖民地部），槟榔屿始于 1786 年，新加坡始于 1818 年，马六甲始于 1824 年（未计算 1759—1814 年的暂时占领时期）。在这 141 ~ 169 年间，他们在教育和培训当地人民使其自强和管理自身事务方面，究竟做过些什么呢？即使从 1887 年殖民地部负责管理时算起，88 年了，又如何呢？这可是山姆大叔为菲律宾独立而谋划的两倍时间……"

"1924 年荷兰人在巴达维亚创办了一所法学院。拿督[①]布拉德尔（Roland Braddell）爵士曾主张在马来亚大学增设法学院，但响应者至今依旧寥寥。香港是一个更年轻的同样的殖民地，然而，在 40 年前我们（在新加坡）着手建立大学时，那里的大学已经培养出第一批工程学毕业生。据我们的历史教授所言，斯坦福·莱佛士爵士规划莱佛士学院时，除英语外，还准备设立马来语、印地语和汉语科目。可是他的接班人又是怎样来执行这一高瞻远瞩的政策的呢？"

种族优劣说早已证明其荒谬。天赋与生俱来，因人而异，并不取决于肤色。任何种族的人都能接受学术培训和享有荣誉，只要他有机会和智力。当地的男人和女子，只要受过充分的教育，由于他们的语言和对当地民情的了解而占有优势，也许会以更大的信心和热情为自己的人民工作。由于得到民选的明智政府有力的支持，在造福民众的许多方面将会取得更

① 拿督是马来西亚一省或一个州的最高行政长官的称呼。——译者注

快更大的进步。学校、工学院和大学将更快速发展，每年培养出的是数以百计，而不是三三两两的工程师和医师，得以满足那时的迫切需求。

总而言之，一个真正民主自立的国家将会为人类幸福作出应有的贡献。随着新秩序的建立，我也热切期待着，我的两个特别主张会有更多有同情心的人听到，有更多的官方人士回应。这些主张，一是预防通过吸鸦片而染上毒瘾，二是更广泛地实行火葬。我总以为在处理这两个问题上应有更多的官方宣传，让广大家长、教师和医师，从教育、社会和卫生的角度，大张旗鼓地揭露抽大烟的恶习。为寻求火葬运动更多的支持者，我曾试图从经济、审美以及多方有益的观点来强调其优越性。为农业、建筑和开展体育运动而珍惜宝贵的土地，死者亲属和公众同样都有义务。

在晚年，我曾不止一次经历卷入政治舞台的诱惑。亨特（Edward Gent）爵士（第二次世界大战后的首任高级专员）曾派机要秘书前来试探我是否愿意参加吉隆坡的联邦委员会，我谢绝了这种荣誉。槟榔屿杰出的王宗镜医师在一次慈善活动中，被诱骗而陷入匪巢并被残酷杀害一事，更坚定了我的决心。东姑阿都拉曼和陈祯禄两位政治领导人 1954 年访问怡保期间，我曾有幸主持过为他们举行的欢迎宴会，但当前的政治活动，对一个只想休憩和安宁的人而言太劳神了。

然而，1955 年新加坡和联邦在争取自治和独立方面已取得了巨大进展。1956 年 2 月初，东姑阿都拉曼宣布他完成了去伦敦商讨“默迪卡”（独立）的使命，得到英国政府书面文件形式的明确承诺，同意在 1957 年 8 月 31 日独立。在过渡期间，他的马来亚内阁将有权掌控国内防务和安全，实现财政和公共事务的马来亚化。同时，将任命由英联邦或共和联邦中其他成员国的代表组成的宪法委员会，立即着手组建即将独立的这个国家的政府。

因此，就英国本国政府而言，在英联邦内建立一个马来亚自治政府的完整蓝图已经就绪了。

只有新加坡殖民地与马来亚联邦合并一事，尚有待双方满意。新加坡和联邦二者均有幸遇到两位有活力的领导人。大卫·马绍尔①（著名的刑事律师）与东姑阿都拉曼（马来贵族，曾在槟城大英义塾和剑桥大学学习）可以指引它们的未来。大卫·马绍尔是雄辩的演说家和不知疲倦的实干家，要想名垂青史，他只需要行政经验和追随者坚定的支持。如果说他有缺点，那便是难以控制他那急于求成的渴望，这有时令他和朋友们都陷入困境，还有他后来因发表考虑欠周的演说而受到驳斥与整肃。众所周知，即使像丘吉尔那样的经验丰富的演说家，也曾在第二次世界大战初期出言不慎。他一时兴起，竟将伟大的甘地称为“半裸的苦行僧”，后来他自然要为失言而懊悔。

另外那位东姑阿都拉曼，他不是演说家，但出言谨慎，因而得到朋友们的大力支持，这些朋友包括马来人、华人、印度人及欧洲人。这两位领袖的目标相同，都要在未来几年内实现自治和独立。马绍尔热衷于使新加坡与联邦立即在平等的基础上实现联合；而东姑阿都拉曼则宁愿等待，总有一天，他自己的马来民族可以宣称，他们已经领先于新加坡以及联邦中的其他民族。

从政之路总是布满了荆棘和陷阱，新加坡和联邦选择的领导人都应该修炼出最大的耐心和最充分的理解力，因为这两个地方是相互依存的，唇亡则齿寒。

1955—1957 年的两年间，整个马来亚（联邦和新加坡）曾经发生过

① 大卫·马绍尔由于未取得殖民地部同意而独自掌控了当地警察和国防军，于 1956 年 5 月辞去了首席部长职务。继任者为华人林有福先生。——作者原注

多起重大事件。

联盟党于1955年赢得第一次国民选举后不久，东姑阿都拉曼被任命为首席部长，由华人矿业巨子李孝式上校（后来被加封为亨利爵士）出任财政部长。他们于1956年末首次访问伦敦的殖民地部，签署了准许联邦实行有限自治的协议。1957年初，英国殖民地事务大臣博伊德（Lennox Boyd）先生和东姑阿都拉曼签署了第二份协议，确定自1957年8月31日开始，在英联邦内实现完全独立，条件是将警察机构和内部防务以及外交事务移交给新建立的行政机构，但对外之防御，将由驻扎在马来亚联邦内的英联邦军队负责。

这个喜讯一经宣布，人们欢欣鼓舞。在随后几个月中，马来联邦9个州及槟榔屿和马六甲2个殖民地，都精心准备了在1957年8月31日庆祝默迪卡（独立）日的活动。马来各地的首领们自己推选了森美兰州62岁的苏丹为最高元首（Yang di Pertuan Agong），任期5年，然后再推选新的最高元首，任期相同。为新的国王修建了新的国家宫，其建筑按照最现代风格设计，并配齐了各种最新设施，耗资100万元。新国王和他的家庭在8月27日乔迁新居。

正式的独立庆典于8月31日开始，普天同庆，盛况空前，英联邦或共和联邦中其他国家以及友好国家的官方代表都参加了在首都吉隆坡举行的庆典。

女王伊丽莎白二世派遣她的叔父格洛斯特（Gloucester）公爵偕夫人及16岁的儿子前来出席庆典，并正式转交了英女王准许马来亚联邦独立的文告。

8月31日后，东姑阿都拉曼被任命为马来亚联邦总理，由12位内阁部长协助辅助，其中有8位马来人、3位华人和1位印度人。马来亚华人公会会长（陈祯禄爵士）的儿子陈修信担任工商部长。

槟榔屿和马六甲的两位州长分别是穆罕默德（Uda bin Raja Mohammed，后为吉隆坡立法会议长）爵士和梁宇皋先生（前英女皇奖学金获得者及卫生和社会福利部部长）。

在东姑阿都拉曼总理强有力的领导下，新独立的马来亚联邦全体居民都期待着和平、繁荣和幸福时代的来临。让我们同声高呼，默迪卡！默迪卡！

1957 年 9 月 17 日联合国大会正式承认马来亚，成为她的 82 个会员国之一。

在老练而头脑清醒的林有福先生领导下的新加坡，尽管享有部分自治，却仍有一位英国总督暂时辅助着这个岛国政府。至今尚未见马来亚联邦有平等合并的愿望，因此新加坡必须自寻出路，整顿内部秩序，进一步改善它的经济地位，并在不久的将来，与它北方那庞大却颇为羞涩的兄弟进行更认真而有效的对话。

第23章 家庭生活

淑琼与三个儿子

第 8 章已经谈过，我从欧洲学成归来不久，曾经暂住在新加坡林文庆博士家中，在 1903 年与博士夫人的妹妹黄淑琼（露芙）小姐互定终身，两年后在新加坡完婚。黄小姐出生于福州，通晓中、英两种语言，早在我 1903 年去新加坡前，其百里挑一的娴雅美丽，在富家未婚男子中已广为人知。不少人前来求婚，或拜托媒人，或亲自登门拜访那好客的林家。然而，黄小姐和她的姐姐文庆夫人，根本不想寻求豪门望族或大财主，在我来访前，他们对求婚者都没有作出过任何承诺。露芙与我也并非一见钟情，我们相互的情感是渐渐培养的。在那个时代，中国人的爱情发展过程，比当今电影里所描写的要缓慢。我正面对着两名强劲的竞争对手，这就是著名的律师宋旺相（年长我 10 岁的英女皇奖学金获得者）和众人皆知的大地主陈武烈。陈君的祖先是慈善医院的创始人陈笃生，这家医院的名称上一直冠有他的名字。宋君的优势在于他是虔诚的基督徒，还是一家业务兴旺的律师事务所的资深合伙人，而陈君拥有几座大宅和雄厚的房地产，足以永远保证黄小姐生活舒适和世上的一切需要。但是这位女士决定与我缔结连理，我除取得了更高的学历外别无长处，而且前途未卜。

我们在林文庆博士家中正式互定了终身。然后露芙由她的美国教师和养母博纳菲尔德（Julia Bonafield）小姐陪同，动身返回福州家乡。露芙还在读书时母亲便去世了，一直由这位小姐照料。而我，1903—1904 年间则在吉隆坡医学研究所继续从事研究工作。

我的未婚妻在福州时很少来信，因为她不幸罹患双侧肺炎，需要住在省城附近牯岭［今鼓岭］山区疗养地康复。1905 年 7 月我们终于在新加坡的美国卫理公会教堂举行了隆重的婚礼。令我欣慰的是，在卫理公会教堂举行婚礼不必改变我的信仰，如果新娘是天主教徒我将不得不改变。参加婚礼的，有来自仰光和槟城的亲友，还有在新加坡的许多华人、欧洲及美国朋友。在本书前面，我已经讲述过早期婚姻生活，此处只需补充一点，那就是我们的第一个孩子，一个男孩，1906 年 4 月早产在槟城情人巷我们的家中。助产医师是洛克（Percy V. Locke）博士，他也是前英女皇奖学金获得者，专业是妇产科。这个男孩 7 个月便出生了，出现新生儿黄疸，用小剂量药物汞制剂（Hygrag，cum

初婚后的伍连德和黄淑琼

creta）治疗两周后痊愈。我为他取名达文波特（Davenport）这是我在剑桥的挚友莱德沃德博士的名字，中文名长庚。虽然第一年用炼乳哺养，健康状况一般，但仍然成长为一个健康尚可的男孩，后来随我们去了上海、天津和北京。后来他进了北京附近的清华学堂，准备让他去上美国大学。他如何在霍普金斯文科毕业，然后在耶鲁取得哲学博士，最终在罗切斯特获得医学博士，在前文已有交代。后来他在伦敦的热带医学与公共卫生学院获得热带医学与卫生（D. T. M.）专业的文凭。回到中国后他成了北京的现代市民，供职于北平市第一卫生区卫生事务所人口统计科，不久升任负责人。不幸的是，他尽管年轻，健康状况从来不如我年轻时。工作五年后，在某次亲自指导北京的霍乱免疫活动时感染了肺结核，几个月后的1942 年 11 月，他病故于我在东堂子胡同 55 号旧居。长庚留下孀妇和三个孩子，其中一个不久后夭折。

我们的次子长福（英文名 Tommy，他是我在剑桥的另一位老朋友、皇家学会会员埃利奥特博士的教子）于 1910 年我们到天津一年后出生，在三个男孩中他最出色，也最健康。不幸的是，长福在著名教育家张伯苓先生任校长的南开学校读书时，踢足球后感冒，由于身边没有合格的校医，只得送往 80 英里外的北京协和医学院，尽管他在这个新式医院里得到医师和护士最专业的照料，还是死于肺炎并发症。那是 1925 年，他年仅 16 岁。长福的死对我们夫妻是一个极大的打击，因为他是一个非常有前途的少年，我们曾寄予厚望。第三个孩子生于 1911 年，取名长明〔英文名 Willy，是我在圣玛丽医院的同学莫里什（William Morrish）医师的名字〕，不幸的是我们又没有把他养大，死时才 6 个月，当时我正在西伯利亚调查鼠疫。像其他两个孩子一样，这个孩子也用炼乳哺养，因感染细菌性痢疾，一周后死于天津东门的金韵梅医院。虽然我妻子生了三胎，且都是儿

早年全家福

子，但只有达文一人长大成人并完成了他的全部学业。

林文庆博士与我妻子的姐姐第一次婚姻比我幸运，他们的四个孩子，都是男孩，且都已结婚，很有出息。长子林可胜教授，最初是爱丁堡大学皇家学会会员谢弗（Edward Schafer）爵士的得力助手，并任该大学的组织学讲师，后来担任北京协和医学院生理学系主任。次子林可明是机械工程师。三子林可能成长为成功的新加坡银行家，其子林国安博士是第 74 位英女皇奖学金获得者，现任马来亚大学细菌学讲师，又是世界著名的国际象棋冠军。四子林可卿成年即早逝。

怀念淑琼

行文至此，我可以用少许篇幅来怀念我的结发妻子了。1884 年她出生于福州，1905 年与我结婚，1937 年辞世，享年 53 岁。露芙终其一生都是我最忠诚的伴侣，尽管一直体弱多病，但她竭力照管家庭，是一位可敬的贤妻良母，又是我在北京官场生涯中的贤内助。

显然她在福州上学时已患有肺结核，但直到我们结婚几年后我才知道其严重性。她在一个保守的学者家庭的深闺中长大，耳濡目染的是儒家传统的孝道、严格的家教与闺训，她坐着无靠背的凳子，伏在桌子上连续学习几个小时，还要随时照料严厉的父亲，为他端茶送水或找出他想要的书，形如婢女。因此，根据现代标准，可以认为她求学和青少年时期的生活都是有损健康的。

我了解到，露芙还是个不满六岁的孩子时，便遵从当时上流家庭的要求缠足，以便使她有朝一日出脱成那个时代的时髦姑娘，即走起路来必须像“婀娜多姿的百合花”。缠足手术通常由某个妇女“专家”来完成，她用布将脚缠紧，只留出大脚趾前伸，其他四个脚趾被向下向内弯曲，迫使远端趾骨，包括指甲的位置都转移到变形的脚弓之下并成为新脚底。完成这个过程也许要经过几年不懈的缠裹、按摩和不断更换裹脚布。随着女孩身体其余部分的发育长大，脚却越来越萎缩，到青春期时脚长不会超过3英寸。更有甚者，女孩的胸部也被紧束，竟是为了表明温顺和童贞！在全中国，广州和福州的女子以她们的小脚著称，而天津那些最大的“小脚”，都在双足后跟配了一个合适的垫子。所以她们的行走，更确切地说是蹒跚移步。她们这样的步态令旁观者不禁想起当代妇女，她们为了步态扭摆而穿上后跟最高的鞋。人们或许会问：“公元7世纪中国‘三寸金莲’的造型设计师与西方原子时代的高跟鞋发明者，是否都是怀着同样目的而作出的根本违背天性的判决?”

幸运垂顾了露芙的未来。她的父亲后来信奉基督，而新教徒是不理会那些陋俗的。他的一个实际行动，便是年轻的女孩上学时，要解放她们那被紧裹的双脚，以便其重新自然地生长。但是经过多年残酷的缠裹，脚已畸形，即使松开，也无法恢复其本来的形状，这可能影响了露芙的步态而难以轻松自如，也许对她的体弱多病也有不小的影响。她的母亲终生缠足，因为她认为双脚已永久定型，不会有任何改善了。也许她像许多中年女子一样，当一切都凋谢之后，还固守着那不寻常的小脚来作为往日艳丽的一抹遗韵。

这种在中国人中曾经流行的女性缠足的落后习俗，当然是出身上流家庭的标志，难以想象缠足妇女能在家中或田野从事体力劳作。因此只有劳工阶层的妇女和村姑才会有一双天足。某个不学无术的文人说，妇女缠足是为了防止这些妇女走失，简直是无稽之谈。

我们年轻时妻子经常谈到，她在传教士监护下学校生活中的一些小故事。有的同学偶尔会搞些出格的动作，她们在夜间重新缠上已经松开的脚，这样做既是想故意气恼某些教师，又因为她们幻想着仍旧裹着脚长大，或许能在教师和职员中勾引出如意郎君。缠足已成为中国人根深蒂固上千年的习俗，某些年轻男子似乎对小脚有癖好，陶醉于那独特的步态中。我确实在槟城认识一位非常富有的当地出生的中年华人，他绝不接受本地美人不雅的大脚，于是特地回福州去寻觅因小脚而更有魅力的配偶。他找到了，并带回家中。他们后来生活得很幸福。

在中国北方的舞台上，我曾经见过一个扮演旦角的男演员，他每晚演出时，都将他的一双脚裹成“三寸金莲”，灵活地行走在绷紧的绳索上，边歌边舞，招来拥挤的观众热烈的掌声。

我在前面已经谈过早年在北京的生活。满洲防疫运动后，在1912—1930年间，为预防和调查传染病，我不得不常驻北方，建立和装备了一系列医院和研究机构。我的家安在北京，但我的主要工作在东北。尽管我也偶尔会去拜访那些中国高官、外交公使团以及安格联爵士为首的海关当局，并和他们建立联系，而我那才华横溢的妻子却是做了大量的社交工作，建立了许多必要的关系，以便消除公务活动中偶尔遇到的困难。露芙之美高雅动人，令有教养的中外人士为之倾倒。她的穿着有着雅致的色调和样式，大部分时光在家中度过。我们的新宅位于东堂子胡同，房高三层，内设客厅和朝南的主卧室，漂亮的花园装点着盆景和随季节变化的鲜花。我们还买来不同时期的旧式神灵和美人的白色大理石雕像，安置在适当的角落中，并安放了一个巨大的大理石屏风，上面镌刻着与中国三国历史有关的各种场景和人物。还有一些精致的大理石雕刻品，是一张方茶桌连带四个圆凳，一个报时的古代日晷。这些古董是古董商人从圆明园搜集来的 1860 年劫后余存。我妻子在我们迷人的露天花园中度过炎热的天气，因为在北京通常每年可以享受八个月（夏天和冬天）明媚的阳光，她充分利用这个有利条件，因为她太需要经常的日光和舒适的环境。她的颈部淋巴结常因在显著部位肿大而显得很突出，需要用相当高的衣领来遮蔽。她那肿大的淋巴结经在北京和天津多次手术后仍会复发，最后，她决定单独依赖太阳光来维护，得以保持良好状态，这种简单的家庭疗法比任何外科治疗的效果更持久稳定。上午 11 时至 12:30 之间是她接待访客的固定时间，下午她便待在那私人花园中休息和进行日光治疗。还应该提到我那与一楼客厅相连的装上了玻璃窗的长廊，这样便可以封闭起来，抵挡冬季和三四月春季期间从北方戈壁沙漠吹来的风，以及由风裹挟而来的无孔不入的大量细小沙尘。我们的住宅是北京最好的住房之一，它位于使馆区外围，安装了水暖设备，锅炉安装在宽敞的地下室。有三名男仆，他们是男管家、厨子和人力车夫。还有两名女仆，一人经管日常家务，其卧室在阁楼上；另一人年轻侍女，住在女主人主卧室隔壁。

我不在家而露芙要答谢客人时，她不去城里那些欠整洁的餐馆用餐，而是前去点上一两桌精美的半成品食物带回家中，在地下室的厨房中加工烹饪。在餐厅招待客人用我们自备的筷子、玻璃杯、盘碟和其他餐具，餐馆收取每桌宴席的费用与在餐馆用餐时相同，但付给派来家中的厨师和专用侍者的小费是通常的两倍，餐后还要我们自己的仆人收拾干净。

家中宴客是北京人一种惯常的特别生活方式，因为当时私家雇用的厨师很少有足够的经验，难以烹调出像餐馆那样标准的诱人菜肴，同时从餐馆订宴席来家中，又可免去女主人的谋划和张罗之劳。当然，我在家而且宴请的都是男性客人时，通常都是在附近的位于东门的东兴楼。那里没有什么清规戒律，朋友们可以畅饮黄酒，高谈阔论，并随意地猜拳干杯。

我的结发妻子露芙·黄淑琼(1884—1937)身着唐装，摄于1915年。她的健康一直欠佳，闲暇时间专注于音乐、艺术和写作三位中国古代美人的传奇故事，享年53岁

年复一年，我妻子的肺病虽然并未痊愈，但多少保持在稳定状态，罕有发烧、咳嗽或夜间盗汗的症状。实际上连她的许多亲近朋友都不知道她长期患有这种折磨人的疾病，只是注意到她面色苍白，不好活动，特别是在下午。

因为我的缘故，她要参加外交部的官方招待会。在这种场合她受到众人的欢迎，这不只是她那非凡的美貌和出色

的服饰，还因为她可以用流利的英语谈论中国艺术和文化，并且和人们讨论当前的时事。在外国公使团，特别是英国和美国人中，她也特别受欢迎。英国公使朱尔典爵士夫妇、美国公使芮恩施（Paul Reinsch）夫妇和商务参赞安立德（Julian Arnold）夫妇时常邀请她去他们家中做客。

另一位美国女士嘉乐恒（Calhoun）夫人，她是前美国公使的遗孀，家道殷实，乐于结交中国人的家庭，因而把家安在北京，并且在家中慷慨大方地款待外国与中国朋友。嘉乐恒夫人的星期日聚会，每次都会请我夫人来帮助招待各位客人。在这种聚会时，享用女主人准备的美国饭菜前，都备有鸡尾酒。在中餐里则不必准备酒精饮料，因为菜肴本身的鲜美已足够了，小酒盅里盛点带甜味的烧酒或黄酒足以助兴。

向西方介绍中国古代美人的英文著作

露芙很快便感到，社交生活尽管高雅和快乐，却不足以让她那活跃的头脑在闲暇中感到充实，特别是在那漫长的冬夜。北京的阳光总是那样灿烂，露芙的卧室朝南，光照充足，遗憾的是冬天要关门闭户。她一直阅读着中文和英文书籍，觉得自己应当写书。她征求我的意见，我当然鼓励她，我自己那时已经发表了很多有关鼠疫和其他医学方面的书籍和文章。于是她专门以中国古代四大美人为对象开始写书。虽然大部分中国男女都知道这四大美人，但在西方却无人知晓。

她便这样开始了写作。楼下我藏书室里的一张桌子搬进了她的卧室，白天她就伏在这张桌子上写，黄昏以后则坐在床上倚着弹簧靠垫再写作几小时。露芙找到了新的生活寄托，或许正是这项新的工作，让她多活了许多年。

如前所述，在福州时，露芙和她的姐姐（林文庆夫人）由父亲管教，接受了严格的传统正规教育，或许她们为此付出了个人健康作为代价。后来在卫理公会女子学校又由博纳菲尔德小姐亲自监护，露芙接受了进一步的教育，婚后数年手不释卷，为她成为一个作家铺平了道路。

要描述中国古代美人，她是位理想的人选，正像她许多朋友所说，“伍夫人自己不就是中国美人光彩照人的活例子吗?”在各方面鼓励下，露芙随后的两年都用在写作杨贵妃上了。这位中国最著名的美人，是多少个世纪来男孩和女孩熟知的舞台要角。露芙用淑琼为笔名，她在序言（1923）中写道：“四大美人的故事自古流传至今。她们是最美丽的西施、最高尚的昭君、最爱国的貂蝉和最后一位最狐媚的杨贵妃。”人们有些奇怪，淑琼为何选定这四大美人中最狐媚的杨贵妃开始写作。杨贵妃无疑是最有名的，她作为年迈的唐明皇的宠妃，度过了她那充满阴谋和奢靡的20年。淑琼在她的书中是这样描写这位贵妃的：“她的皮肤洁白如玉，抚之软如绸缎，闻之有天然芳香。她那梦幻般多情的双眸，连同勾魂的笑靥，即使铁石心肠也不禁心旌摇荡。她那双杏眼上方弯曲的柳叶眉，小口匀称，牙齿整洁，面色如含苞欲放的茉莉花。据说无论喜怒，贵妃总是面带微笑……她的胸部曲线精美，双乳自然而无可挑剔，‘明皇迷恋贵妃的乳房’的传说长盛不衰……”

露芙在世时，喜好设计唐代宫廷女眷穿的长袍，佩戴着按那时式样制作的假发，我保存着她身着唐装展现风姿的全本影集。其中最有魅力的一张照片收进了这本自传中。剑桥大学第一位中文教授，已故的翟理思（Herbert A. Giles）曾为淑琼的书作序，称这是一部“引人入胜的作品”。

著名的美国汉学家福开森（John Ferguson）博士在淑琼的美国版《杨贵妃》中写道，她的作品有一种令人陶醉的平淡风格，它将为那些寻找新故事的剧作家提供丰富的素材……这本书在欧洲和美国很快便受到欢迎，附有彩图的三个版本分别在上海、伦敦和纽约出版，迅即售罄。这是第一部中国女作家的英文作品。

开始的成功给了她鼓励，随后四年间，露芙的闲暇时间都消磨在她第二部浪漫的习作中，这就是《西施，超凡脱俗的美女》。此刻场景转换到古代南方两个诸侯国，纪元前的吴国和越国，即现在分别为江苏（省城苏州）和浙江（省城杭州）两地。这两个邻近的诸侯国为权力而频繁攻伐，时而此方时而彼方称雄。斗争策略之一便是利用绝代美人（一个浣纱女）：先强化训练她的音乐、舞蹈技能和恋爱技巧，以便赢得吴王的欢心，而最后使其毁灭。西施成功完成了这个艰巨的任务，她强抑了对上大夫范蠡的真情，用虚情假意迷惑了吴王，在取得胜利的时刻，她最后投海自尽了，而没有投入她那博学情人的怀抱，这是因为她意识到她的计谋给幻灭的国君夫差带来了致命的结果，良心受到自谴。

露芙的第二部著作在她亲自监督下，由英国凯利和沃尔什（Kelly and Walsh）公司在上海出版，而且证明比上一部更富于艺术性。1931 年出版时同样畅销。

淑琼的第三部，也是最后一部作品，书名为《昭君，放逐的美人》。书中描写了汉朝（公元初年）元帝时期的王昭君。她是湖北一位地方官精心养育的女儿，被选入宫廷。昭君为人诚实，拒绝贿赂有势力的宫廷画师毛延寿，此人奉皇帝之命为应选者如实画像。毛画师存心报复，在绘好的昭君画像眼睛下加了一颗黑痣，而且警告他的主子说，如果召幸这个女人将招致不祥。因此她被打入冷宫。直到一位匈奴单于寻求皇帝许配某位公主时，便选中了这位被皇帝信以为面带灾相的昭君远嫁。这位“令南归大雁落地不飞”的绝色女子启程时，皇帝才见到她正是梦寐以求的理想美人，然而已经为时太晚了。皇帝必须信守他的允诺，昭君不幸被嫁往遥远的荒漠。皇帝当即命令将不忠的毛延寿带来，可是他已经逃走了。请读者听一听淑琼在她的序言中是这样陈述女主人公的：“假如她（昭君）更为乖巧，苟同于卑劣的画师毛延寿，她应该会成为元帝的宠妃……然而，她尽管有着一切美德，但她首先是一个女人。她拥有她那个时代一位高尚妇女的质朴和品德，但她决不让她的私人感情背离她始终不渝为之奉献的、她所出生的祖国……由于她的美丽、高尚和智慧，昭君终生保持了她那质朴、谦逊和自我牺牲精神，这是她那个时代杰出女性的标志。”这部书于1934年出版，和其他两部一样，在中国、香港和海峡殖民地热销。

由于昭君舍己为人的精神和为君主作出的牺牲，据说2 000年来昭君的坟墓依然绿草如茵。我曾亲自前去那位于绥远（归化厅）［今内蒙古自治区呼和浩特市南］凭吊，那时我在这个地区调查鼠疫（1919）。

露芙没有来得及完成四大美人故事的最后一部《貂蝉》。貂蝉生活在三国乱世，一度负起了从篡位者董卓手中拯救垂死王朝命运的重任。美人貂蝉原来是执掌朝政的司徒王允家中的奴婢，贤淑有加而被王允收为义女，并靠她摧毁了董卓和他的义子吕布的强大军人联盟。她先和那个义子订婚，然后又嫁给了昏庸的董卓。于是董吕联盟开始瓦解，最后董卓被他的义子吕布刺杀。露芙将她的第四位女主人公作为爱国妇女的象征，一旦需要她去拯救国家时，她便挺身而出。我曾经殷切期待着这部关于“一只美蝉”的故事得以完成，从而永久地保存着对我爱妻的纪念，她在漫长的岁月中长期与一种使人衰竭的疾病抗争着。

旅游与姻亲

如果说我们这种出于相互爱慕的婚姻生活完美无缺，那并不正确。由于我经常不在家，露芙经常被留在孤寂的北京家中，但她以勇敢的精神面对各种困难。我们两个幼子夭折后，她更加专注于读书和写作以求慰藉。我养成了一个习惯，无论去哪里，都会给她写信，介绍我在工作和考察过程中遇到的会让她感兴趣的事物。当我们还年轻时，我们经常一起享受旅游之乐，我们去过苏州、杭州西湖、南京、福州和广州等地。我和她一样喜爱福州，而且同她的父亲、博纳菲尔德小姐以及诸位至亲一起，访问过乡村地区和散布在群山中别具一格的寺庙。福州的美食，尤其是清蒸鱼总令我垂涎。而那里的妇女，不论是受过高等教育者还是农妇，都显得那样妩媚与温柔。福州方言是我没有掌握的少数语言之一。

第一次世界大战（1914）之前，我和妻子曾一起访问欧洲，前往伦敦、剑桥、巴黎和柏林等地观光。在德国首都，她为那里繁忙的交通感到惊怵，有一次我拉着她的手穿过马路，她突然不知所措地试图拉我倒退，如果我依了她，几乎可以肯定会发生严重事故。但我用力继续前行，得以安全地过了马路。

1925 年，露芙和博纳菲尔德小姐由上海搭乘“总统号”班轮前往美国。她们在旧金山登岸，乘坐穿越美洲大陆的全钢火车，去看望我们的儿子长庚，那时他即将在约翰·霍普金斯大学获得他第一个学位。她们又去波士顿拜访了海峡殖民地的老朋友谢德诒先生，他娶了美国夫人并在该地定居，工作是为当地人义务讲授有关中国的课程。谢先生比我年轻几岁，凭借他与美国人民的长期联系，不但为自己赢得了颇高的声望，还为自己那历尽沧桑的古老国家争了光。谢先生如今在马萨诸塞州布莱顿市沿湖大街 54 号有一栋舒适的住宅，遗憾的是我从未有机会前去拜访。

我们的儿子在霍普金斯获得第一个学位后，我妻子送了他一辆汽车。此举让她犯了一个错误。她用从北京带来的全部银行汇票再加上她美国旅途的结余款，凑齐了买车钱。礼物表达了慈母之心，无可厚非，但这却让我们的儿子成天忙于结交那些不良朋友，结果他未能通过在霍普金斯的下一轮考试，得到的是一份系主任签署的不佳的成绩报告单。为此我不得不匆忙赶赴巴尔的摩，亲自向那位对长庚颇不含糊的指导教师了解情况。后来我将孩子带到纽黑文的耶鲁大学，将他交给了我的朋友、公共卫生学系主任温斯洛（C. E. A. Winslow）教授严加管束，直到他获得了卫生学博士学位。后来长庚前去纽约的罗切斯特攻读医学博士学位，他轻松地通过了。最后他进了伦敦的热带医学学院，又额外得到一个英国公共卫生学毕业文凭，然后回到中国。

我还应谈到一件令人警醒的事。那是 1925 年我访问巴尔的摩的后续事件。我为那不曾想到的事而非常生气，命令儿子卖掉那辆讨厌的汽车。于是找到了一个美国人买主，他自称曾经在中国当过传教士。谈好出价几百美元（忘记了具体数目），传教士给了我一张当地银行的支票，我便留下了汽车动身回中国。不久我收到儿子来信，说那张支票被银行拒付，因为银行账册中没有这个签发人。结果是剥夺了我孩子漂亮的汽车，又损失了我的金钱，而骗子却一走了之。唯一感到慰藉的是，我的孩子后来成长为精明的人，他远离了那些胡作非为的伙伴，以后安心求学终于金榜题名。

在西方谈及婚姻生活，就会不留情地评论岳母，这似乎是种风气。但这种评论往往并不公允，尤其是闽南人家庭中。在那里，婚后的年轻人实际上是由岳母收留着，他们住在家中最好的房间里，享用着燕窝羹、炖腰花以及家中的其他佳肴（在新婚的前两个星期）。如果恰巧新娘的父母富裕并拥有宽敞的宅邸，这对年轻夫妇便可以在父母屋檐下一住许多年，而生下的一大串孩子通常都由外祖父家照管。我曾经见过这样的人，他们在这种被奉为娇客的家中不用付费一住几十年，直到他们自己的孩子在这同一住宅中谈婚论嫁的时候。还有一些不知廉耻的人，享受着合法妻子的照料，实际上却在外面纳妾，另筑新巢生儿育女。一般说来，生活在岳母家中的年轻人都要经过仔细的考察，如果他的品格令人满意，将接纳他参与家庭事务。

寡居而企求有所依靠的岳母，会主动来到年轻夫妇的小家，义务充当厨师、仆人、外婆与保姆管理家务，这有助于节省家用。世界上许多已经成功的大家族，都可以历数某位不图回报的外婆一心操劳的时光，她的节俭和辛劳只为了她所疼爱的孩子婚后生活有个良好开端。作为回报，也有不少有钱的人会帮助外婆的穷亲戚。

然而还有一类与那些外婆们大不一样的姻亲，他们不太正派，也不体谅别人，一开始就对家庭生活起着不好的作用。这就是一些因联姻而互认的兄弟和姐妹。那些姑嫂们对待新进门的新娘很不友善，甚至残忍，新娘起初的几年处境十分艰难，不断受到挑剔和流言蜚语的中伤。大伯小叔们尽管较少过问，但他们的干预却可能是致命的，尤其是当他们游手好闲无所事事的时候，也会散布听来的有关新媳妇的飞短流长，全不顾是真是假。我便有和第一位妻子的弟弟不愉快交往的经历。他在中国接受了相当于初等的教育，两个姐姐在新加坡结婚后，便跟随而来，在两个家庭中尽情享乐。但他生性懒惰，为他找到合适的工作也总是待不多久，宁愿辞职，在家里无所事事，与他的姐姐和亲戚们闲聊当下的丑闻。有一次，他怂恿一个姐姐处理掉那些多余的原始式样的金首饰，说是它们与有教养的中国女士不相称。她姐姐同意了，他便卖给了一个金匠，所得却被他挥霍一空。另一次，这个小流氓应邀参加一个宴会，他又向另一个姐姐进谗，说她的丈夫在宴会上行为不检。姐姐听后怒不可遏，他又挑唆姐姐说，为表示愤怒，最好的手段是毁掉她丈夫珍藏的那些有价证券。于是她找出一直藏在床底下的一堆中国储蓄券，连同价值达800元的政府债券一起付之一炬。这个毫无责任心的亲戚浑浑噩噩地生活着，后来被送回福州，在那里悄无声息地死了。

第二次婚姻

我的柔弱却才华横溢的妻子故去后，我迎娶了现在这位续弦夫人。她出生在东北的吉林省，父母都是新会县移居此地的广东人，她自幼即说北方话，她真的讲得很自然，以至于在家中用我们原来的方言表达她的想法时感到很别扭。她在寒冷地区靠小麦和小米而不是稻米长大，身体比前妻露芙强壮，她的名字与淑琼的相似，虽然接受的是纯粹的中文教育，但为了便于与说英语的朋友交往，取了个英式名字玛丽。她自幼身体健康，可以陪我游历中国各地，并且经常步行，得以身临其境欣赏那许多名胜古迹。她的适应能力很强，无论在何处都感觉像在家里一样自在。她生育了五个孩子，

伍连德与续弦妻子玛丽·李淑贞合影(1951 年摄于槟榔屿)

前四个（两男两女）在中国出生，最后一个（女孩）生在怡保（1938 年后我便在怡保定居）。五个孩子的中文名字分别是玉玲、玉珍、长生、长员和玉珠，他们也有英文名字：贝蒂、埃伦、弗雷德、约翰和珀尔。这五个孩子都强壮而且聪明，未发现任何严重的疾病。每个孩子都适时接种了疫苗，抚育得当，服装应季，都注射了对症的预防制剂，受过卫生生活方式教育，诸如餐后漱口，刷牙，按时学习，在学校坚持身体锻炼，按时就寝，等等。当今学校生活比我们那个时代更进步了，孩子们应该更容易保持身体健康，少染疾病，更加聪明，以更好的成绩通过他们的考试，并且成长为更加有用的公民。这些都是未来自治国家马来亚所需要的。

第二位妻子玛丽与她的两个儿子长生（右）和长员（左）合影。长生毕业于剑桥及中殿律师学院，现为合格的律师（摄于 1950 年）

长女玉玲在新建的马来亚大学紧张学习三年后毕业于文科，并获得史密斯·蒙特奖学金（Smith-Mundt Scholarship）得以进入美国哥伦比亚大学（艾森豪威尔总统曾任该校校长）深造，取得文学硕士学位后留校任教。她在美国纽约结识了教师同事台镇华并结为伉俪。然后他们一同受聘于伦敦东方语言学院任教两年，现已回到新加坡。台先生现为马来亚大学文学院教育学讲师，玉玲则在新建立的新加坡师范学院任高级教师。

我与玛丽的第一个儿子长生在剑桥

大学以法律、文学士双学位的优异成绩毕业，1956 年取得了律师资格。二女儿玉珍曾在怡保女修道院学习三年，现为正式的合格教师。二儿子长员现在香港大学学习医学，五年内不会回家。最小的玉珠现年 17 岁，刚进入她学校中的剑桥高级班，还不能肯定她将来会取何种职业。

他们都不像我的第一次婚姻所生三个男孩，他们平添了我们晚年的慰藉。

伍连德晚年的全家福照片。五个孩子中四个在高级剑桥考试中获得 I 等成绩。三个女儿现在都是注册教师，长子为新加坡缎劳尔申与墨敬苏（Donaldson & Burkinshaw）律师事务所的律师，次子是香港大学医学生

第24章

知足常乐——长寿之道

为确定这最后一章的标题我曾踌躇再三。一个人因知足而长寿，还是因长寿而知足？某人实现了他最大的抱负，譬如荣登爵位、买卖成功、积财成富、家丁兴旺、晋升教授或连年中彩和赌球赢钱，是否就能够心满意足呢？下笔之时，同胞五兄弟中，我是唯一的幸存者，是唯一活到 70 岁的人。六姐妹中，也只留下现年 82 岁的姐姐（月清）和 72 岁的妹妹。妹妹几年前患坐骨神经痛，但如今十分健康，成天收拾她那栋小木屋，每周三个夜晚去看中国戏，闲时便听收音机。

人们不禁要反躬自问，是否某人不管闲事，在其平庸的生活中一帆风顺，便能美满、幸福与长寿呢？我们知道，老洛克菲勒（1839—1937）之所以能那样高寿，差两年即满百岁，那是因为他积累了巨大的财富后还在继续工作，为了帮助他的独生子（小约翰·洛克菲勒，John D. Jr.）把他那为“人类的福利”而设立的 3 亿美元基金恰当地用在科学、医学和人道主义上。老洛克菲勒生活中有酸奶即满足，习惯于赏给孙儿们和偶遇的市井小儿 5 分或 1 角的镍币。

还有退休后保留着荣誉称号的哈佛大学校长艾略特，他 92 岁临终前一直活跃，为后世留下了“一百部最佳图书”。再如英国植物学家里德利（Henry Nickolas Ridley），他出生于1855年，是在马来亚辽阔的热带土地上种植橡胶树（Hevea braziliensis）的主要推手，开始时还曾遭冷遇，后来他独自隐居在英国皇家植物园附近的家中，1955年12月10日在一片赞赏和崇敬声中十分圆满地度过了百岁寿诞。

除了健康的生活和事业上的成功，是否还需要在宗教或哲学思考方面有所寄托才能不虚度一生呢？

中国的国画家描绘乡间风景时，画中常有那些昔日高士，他们身着宽松长袍，散淡隐逸、博览群书。他们或坐读于茅庐，或垂钓于溪边。也许这些人将来理所当然地成了作家，因为许多名声不小的高官退休或谪贬后，便会退隐乡间写作和反省。

也许有人会问，“普通家庭怎样尊崇老人呢？”我们知道，在历史与现实生活中，大多数中国人以敬老著称，随处可见年画和瓷器上从右到左并排而立的家喻户晓的福、禄、寿三星，便代表着幸福、财富和长寿。从这种排列顺序看，财富居中，处于显赫地位；幸福居右，位列第二；左边的长寿则居第三位。“福”涵盖着儿孙满堂与生活快乐，“禄”代表功名利禄以及财富。福星怀抱着一个或两个婴儿；禄星多半身着官服，手捧一柄象征权威和尊严的朝笏；而第三位象征长寿的寿星，则是笑容满面，银须冉冉，左手拄着带节拐杖，右手掌中捧着粉红色的寿桃。某家名门收受的寿礼，通常都会有在锦幛上绣着“福禄寿三星”五个字，这表示“子孙、财富、长寿三个星宿”全都享有的完美人生。

显然，自古以来这种荣耀就被权贵和富豪垄断着，退而求其次的才是那些可望安度晚年的幸福家庭，等而下之则是那些白髯长飘的忠厚老者，尽管他们年迈而理应受尊敬，但因不能再自食其力而被当做家庭的负担！

老人们啊，要有自知之明！

在西方国家，尤其是美国，下班后可以看到老妇人们在清理凌乱的办公室和过道，而老翁们则照管着电梯。这些老人都曾尽心将下一代抚育成人自立于社会。年轻人有了成就而被吹捧时，却少见供养父母度过余生。这些后生偶尔前来看望老夫妇，也是开着汽车来，从未让老人乘坐过汽车，略表孝心而已。

万幸的是，在中国，尽管有现代生活的诱惑，无论是在本国或定居外国，一般的中国家庭，不管是否富裕，很少会让年迈的父母干粗活。

患病

活到这样的年龄，回忆这漫长生命途程中的一些疾病（除了婴幼儿时生病记不起外）、事故或灾祸的经历，是颇耐人寻味的，也可以从某种角度体察这些经历对我一生的影响。

我对第一次身患重病记忆犹新。那是去英国前我 15 岁那一年染上了副伤寒。亲属们称它“大热”，连续高烧卧床三个多星期。奎宁或者任何其他混合药剂都无济于事，来家出诊的身材高大的英国医师是本地最出名的挂牌医师，也束手无策，只命我静养。后来我知道他的名字叫布朗（W. G. Brow），退休后回到伦敦，接替了康德黎（James Cantlie）创建的热带病医学协会秘书那个尽义务的职位。当时还没有发明肥达试验（由病人的血清抗体凝集反应确诊）。甚至那据说能包医小儿百病的本地首屈一指的中医（林花鐕）也无能为力。幸好高烧及时消退了，我被送到城外 7 英里乡下的父亲的鹤山果园去疗养，我以听鸟儿鸣叫自娱，等待那气味浓烈却甜美无比的熟榴莲不时砰然落地。我还清楚记得，卧病在床时，父母亲曾到椰脚街寺庙去祈求我早日康复。那时基督教在马来亚还刚刚起步，几乎没有传教士在当地民众中活动，而欧洲人住在自己的生活区，很少接触其他民族的人，除非要寻求法律、医疗或政府事务的帮助或咨询。葡萄牙人的后裔通常称做欧亚混血儿，他们都去自己的罗马天主教堂，在那里可以得到相应的服务。中国的宗教人员，不论僧道，难得为他们的信徒们提供精神上的帮助。他们通常都居留寺院中修行礼佛，如果他们去拜访家庭，便是前去化缘或超度亡灵。

除了这次困卧病榻的副伤寒外，我童年时期身体一直很好，从未患过喉炎或疟疾。许多学生的家庭都不讲卫生，像我这样的倒是令人意外。在那里毫无疑问流行着肺结核，但是通常在发现时已到晚期，而且没有专门医院或休养所收容他们。我总觉得不可思议，殖民地的英国教育体制中不设专职校医，而校医的职责应该是监督收纳学生的那些机构的卫生状况，并定期检查学生的健康状况和及时处理可能会出现的任何疾病。直到 1955 年我仍然很遗憾地发现，马来亚不像别的国家那样，很少甚至根本不提供某种适当的“学校卫生服务”经费，尽管政府在教育方面资助的数额巨大。

第一次居留欧洲的那 7 年（1896—1903），我有幸保持着好身体。在剑桥的第一年，唯一的健康咨询是到国王步道的皮克眼镜店，那是因为近视而配了一副合适的眼镜。

在圣玛丽医院，我总能仰赖那些咨询人员的免费服务。他们是医务主管伯德（Michael Bird）博士，后来则是住院医师。但除了偶尔出现鼻塞外，我不记得是否曾因流感而卧床过一天。多年来我一直身体强健，直到 1907 年夏初访问上海时，因急性细菌性痢疾而卧病数周，到我返回槟榔屿时还未痊愈。那是由于我冒失地吃了太多的杏（我第一次品尝这种水果）。此后数年间，每当春天来临时便会复发，后来我便再也不碰这种倒霉的水果了。

1917 年我在北京发作过心绞痛（可能是冠状动脉轻度血栓），此事前文曾谈及。那是在中央医院完工后，在施工时和我联系密切的外行同事，有预谋地把我排挤出了早就由我担任的管理岗位，以便让他那刚毕业于华盛顿大学的儿子来接替。当时我还不满 40 岁，为在京城创建一座模范医院，极尽艰辛。那段苦涩的经历，教会了我许多，其中相当重要的是，对在完成任务过程中可能发生的任何不愉快，都要控制自己的感情。因为没有人是必不可少的，而内心的痛苦和泄气，都会熄灭生命之火。

根据同样的原则，1952 年我理智地接受了命运的安排，不再参与霹雳图书馆的事务。这座图书馆是经过 3 年规划和施工建成的，向朋友们募集了 6 万元，我个人捐了 1 000 元。图书馆落成后，一些奸诈小人（他们几乎没有出钱也没有出力），通过操控年会增补新成员之机，将选票投给了他们中意的人，剥夺了我进一步参与的资格。这是实现民主必修的一课！

事故和灾祸

除了中度近视需要 -3 度的眼镜来矫正外，我一生中都没有遇到严重的灾祸。由于我受的是旧式教养，从未学过游泳，失去了这种运动带来的许多乐趣。正因如此，我有心鼓励我的孩子们，不管是男是女，十几岁时便要去学游泳，并且坚持到底，不管他们将来从事何种职业。尽管我有这个弱点，我在去英国前，还是和一些学校中的朋友们同享受过几次钓鱼之趣。在某些季节，槟榔屿和大陆之间的海域鱼类极多。星期六和星期天我们经常划一条叫做舢板的平底船去到海上，用鱼线去钓那常见且美味的鳘鱼（gulama）。一般只需线上绑一个鱼钩，挂上一只烂小虾即可，鱼很多时，我们常在一排十字形木架上挂上三四个鱼钩，每起出一次，都能拖上来两三条鱼。有一天，我和一个朋友划着一条狭窄的小船，两人中某人身体稍微斜向一边，小船便翻了，我们都掉进海里，幸好水浅，我奋力爬上了岸。后来，我在上海或哈尔滨也曾下到混浊的江水中，在香港与槟榔屿可爱的海洋也多次下水，但是我从未冒险远离陆地。

早年在巴黎巴斯德研究所的经历已在前文介绍。一支培养破伤风细菌的玻璃管碎片割破了我的一根手指，幸亏实验室的同事（后来的莱瓦迪蒂教授），立即给我注射了抗血清，没有出现不幸后果。同样非同寻常的是，我在满洲曾检查过数以百计的鼠疫病人，在封闭的解剖室和露天解剖过无数因鼠疫而死的尸体；在哈尔滨我的实验室进行过 20 多年微生物实验，处理过各种各样的动物，从凶猛的旱獭到驯服的豚鼠和小白鼠，我从未遭遇过任何意外。也许这是因为我们的技术人员和训练有素的助手们的小心谨慎，也许因为我们从不饮酒。不过我还记得有个陈姓助理，他是我们实验室和解剖室中最得力的助手，但他讲迷信，在和我们一起剖开尸体之前，总要事先狂饮五加皮酒或北方产的黑麦威士忌来壮胆。

在中国官场或上流社会，出类拔萃的酒精饮料是一种淡黄色、带甜味、香气诱人的米酒。几个世纪以来最好的品牌是在浙江省绍兴及周边地区酿造的，显然是因为那里的稻米和气候最适合酿酒。访问这个地区必定令人大开眼界，方圆数英里之内到处垒满了成千上万个本地烧制的不大不小的酒坛，其中盛满着这种佳酿——黄酒。这些酒坛用软木塞封口，用草绳捆扎着以防破损，然后用船运往地球上每个角落，只要那里有华人。

多年来，我在中国宴请宾客或被高官招待时，几乎从未见过其他任何酒精饮料会比这种米酒更适合大型饮宴。除了外交圈内，香槟酒根本无人问津，或许这样正好，因为中国酒味道香醇、大众化而随处可得。实际上，它按西方的说法就是“不起泡的香槟”。人们可以开怀畅饮，而不会造成任何不良影响，因为它的酒精含量不足百分之十。我曾在私人或正式场合接待过许多军界朋友，公平地说，一旦知道我滴酒不沾，他们从不强迫我喝酒，还会用中国话说“伍博士不喝酒”，然而他们自己却可能沉溺于这种黄酒中。矿工和劳工阶层都喝黑麦或小米酿造的烈性酒，但只在用餐时喝。小客栈中备有简单廉价的膳食，如需要也会卖烈性酒。但在英国和美国随处可见的那种只卖酒类的“酒吧”，在全中国都难见到。说来话长，就像唐代著名诗人李白那样的天才，也只有酒醉状态才能写出最好的诗篇。当他辞官引退时，唐明皇赐给他一枚镌刻铭文与皇帝御玺的金牌，使他有权在辽阔帝国的任何地方，任何时刻免费饮酒。而那种在街上游荡的醉汉，在中国是很少见到的。

直到我返回马来亚，我才见到许多富裕的华人阶层，无论是本地出生的还是移民，都在饮用威士忌和白兰地。这些人的非正式晚宴（有时聚集1 000 人坐在 100 张圆桌前）开始之前，每桌都摆着一瓶刚打开的价值 30 先令的优级法国干邑白兰地。除了成年人，我还经常见到随父母前来参加聚会的青少年，他们也可痛饮白兰地，由于不胜酒力，在喧闹的宴会结束前已醉态毕现。

囚禁与绑架的经历

当日本军队把中国视为半殖民地而在那里无恶不作的日子里，我经常沉湎于以自由撰稿人的身份化名发表文章。在上海出版过一份由私人经营的英文周刊，名为《中国评论》（*China Critic*）。这份刊物的编辑是桂中枢先生，此人头颅特大而身材矮小，毕业于耶鲁，受过美国传统新闻学最好的教育。桂先生依靠一批志愿作家的帮助，其中一位便是林语堂。林先生负责两个版面，栏目叫“小评论”。在这个专栏里，他经常讽刺不受欢迎的中国部长，以及派到北京威胁中国政府的那些骄横不可一世的日本使节。广田弘毅就是受嘲讽的一个，此人脑满肠肥、面目可憎，一看即知是个目空一切的帝国主义分子。理所当然，他受到过林语堂辛辣的嘲讽。语堂精通中、英两种语言，能用简单的英语表达出中国人复杂的思想。这位杰出的中国作家首先被厦门大学校长林文庆罗致，但当时林语堂观点相当“左”倾，以至于与他的上司时相争吵，最终只好付给他两年薪俸，提前解聘。后来语堂得到赛珍珠（Pearl Buck）的帮助，在第二次世界大战前后出版了《吾国与吾民》、《生活的艺术》和其他作品，成了英语世界一位大受欢迎的作家。当1952年由福建同乡创建新加坡南洋大学时，语堂被任命为校长。他在殖民地工作了几个月，不幸的是他的办学方针与当地组建者不一致，只好带着离职补偿金离开。这个不愉快的结局令我非常遗憾，因为他的广博和难能可贵的经验，对这所华人赞助建成的新的高等教育机构是不可多得的财富。

《中国评论》刊行的5年中，在中国和外国赢得了相当高的声誉。我投寄的稿件多数涉及外交。在伦敦有个《笨拙》（*Punch*）周刊，每周星期三编辑们在当地一家餐馆聚会讨论前一周的事件，决定下一期该写什么文章。我们的刊物有点与其相似。外国人和讲英语的中国人都热切期盼读到我们的周刊，发售和广告收入超过了付出的所有费用。但日本的入侵，像其他地方的各种中国人的活动一样，这个刊物也停刊了。

我在前文中已经谈过1931年11月发生的事情。那是一个寒冷的日子，火车途经长春时，我被日本宪兵押送到他们的宪兵队机关，讯问了一整天，然后囚禁在地下室。第二天早上我被转移到沈阳（向南150英里）接受更高级别军官的反复审问。虽然我没有受到体罚，但他们无中生有，企图逼迫我签字承认是中国政府的间谍。事实上，15年来我一直是南满铁路地区最高级日本官员的上宾，并获赠在那个地区旅行的免票乘车证。审问过程中，他们甚至提到我曾为《中国评论》编辑部的服务，然而我的名字却从未在那个刊物上出现过。不过宪兵队终于在沈阳释放了我。他们的沈阳总领事因为我被他们国家那些不听政府号令的军人扣押深表道歉后，我得以在大连登上一艘轮船前往上海。这次沈阳历险后的6年整，即1931—1937年，我忙于组织和经营总部设在上海的全国海港检疫管理处，完全断绝了与满洲的联系。

后来第二次世界大战爆发，1941年远东卷入战争之中。马来亚被日本占领四年，他们在这里肆无忌惮地重施在满洲和全中国的暴行。马来亚的居民，包括英国人、欧亚混血儿、华人、马来人、印度人和当地的其他民族，第一次体验到这个东方国家如此残暴，而直到灾难降临之前，他们还对日本的发达和军事及工业实力推崇备至。当1904—1905年日本人打败俄罗斯人时，真是让马来亚人佩服得五体投地。他们举行盛大的庆祝活动，挥舞太阳旗声嘶力竭地呼喊着“Banzai，Banzai”［日语“万岁”］。再者，1923年时，大地震严重地毁坏了东京和横滨，马来亚人民捐赠了巨额的金钱和大批红十字会用品与服装，用以援救日本的受害者。然而，当时光走到1941—1945年时，他们本应回报危难中的东方邻国以人道，却是以怨报德，这帮岛民征服者露出了前所未见之最残暴面目，滥杀无辜，在这片占领区向受尽屈辱的居民横征暴敛，还美其名曰“自愿捐款”。

先期侵入的日本部队显然已接到命令，要向被征服国家人民的头脑中逐步灌输“日本不可战胜”的思想。但是当时的马来亚并不存在国家，只是一个走投无路的悲惨的受害者群体。在那些特别要被找来审问的头面人物中，有我的名字。

1942 年 2 月，我带着家人从临时避难地（吉隆坡附近双溪毛糯麻风病院）返回怡保遭到洗劫的家，这里曾经是我温馨的住宅。我费力地修理好了屋顶和墙壁，由于上年 12 月英军撤退时炸毁近打河大桥，殃及我的住宅，使它严重受损。

与当时生活在怡保的其他华人一样，我经常遭受侵略者的侮辱。但因为我曾被授予东京帝国大学的高级学位，而且是一名普通的医师，所以还得到了某些尊重，甚至在银行和司法联谊会之中还有点关系。

1943 年 7 月某个星期六，一个穿着讲究的人诱使我前去距城中心 4 英里的某匪巢为发烧病人出诊。我按来人指示的路径，驾驶自己的汽车前往。在驶过 3 个里程碑后向左转汽车停在一个角落，来人便要求我步行走几码进入橡胶树林中，我双手还提着出诊包和火卤注射器具。我不知道身处何地，却见四个持手枪的年轻人围住我，命令我随他们进入丛林。在长途跋涉一小时后，方才看见一片空地上有几间茅草屋。于是我被监禁在此，傍晚时给了我一碗米饭和蔬菜，并命令我躺在一张简陋的木板床上，两个看守手持步枪直指我的头部。我回顾了那天所发生的事情，为我的糊涂懊恼。我习惯于在星期六下午与太太一起外出，如今却遭此匪巢被囚之辱。大约晚间 10 时，我被命令起床，来了一群年轻人，其中有个我从前的病人。几个月前他患恶性疟疾，是我救了他的命。头儿是个高大的客家人，说话时手里摆弄着手枪，显然是在恐吓我。他说因为他们资金紧张，要我向他们捐赠 15 000 元（1 800 英镑）现金。我说家里没有这么多钱，绑架我的人叫我给我的太太写信，令她出售或抵押一些珠宝筹集钱款。我答道，我们从未拥有那么多贵重物品可以换来这笔巨款。他问我能筹集多少，我说勉强可凑5 000元。他说绝对不行，如果我拒绝要求，会把我带到丛林深处。于是继续讨价还价。最后商定为7 000元（833英镑），于是我给在城里的妻子写了个便条，要她在第二天早晨筹到这一大笔现金。审完后他们命令我回到床上，在饕蚊成阵的嗡嗡声中我当然无法入睡，只好等候天明。这是我第一次被丛林土匪拘禁的体验。所幸的是，即使在丛林深处夜晚也相当温暖，那时我已经65岁了，白天我只穿着夏装，未穿任何其他外衣。清晨，那两个看守一阵骚动，他们命令我在附近的溪流中洗漱。大约9点钟，他们告诉我信件已送到，我的妻子已从怡保来此，她将亲自乘他们的车带来钞票，然后就会释放我，一路上会有个忠实的看守看押着我，而此人正是我那个从前的病人。在分离20小时后，我和我太太在10点钟相逢。她交出了7 000元，我获得了自由，可以回家了。幸好她在家里保存着一大笔钱，否则可能会拖延更久，或许还会出现令人厌烦的种种传言。

接下来的事情也有必要记录在案。两个月后，两个日本宪兵造访我的诊室，要求我和太太前去面见宪兵司令部的首脑。当时他们占据着已故富裕的锡矿主、华商会会长梁燊南的大宅邸，妻子和我不得不并排肃立在身穿制服的军官面前。他说已得到重要情报，大意是我们二人已经加入共产党，并捐献7 000元巨款作为赞助。这实在令我们莫名其妙，因为我们从未主动与任何共产党人或任何可疑的组织联系过。这个军官通过翻译告诉我们，要说实话，否则将自讨苦吃。他命令一个军曹继续审问我们，这个军曹因逼供手段残酷而臭名昭著。然后我们被带到后面他自己的小办公室。真是天意，原来这个军曹过去一年中定期来找我看病，我治好了他和他的情妇经常出现的那种小毛病，因而他佩服我的医术，以同我交往为乐。尽管起初他疑心重重（因为我的名字上了所谓“仇日粤人”黑名单），但在接连查访我的诊所和楼上私人居室之后未发现任何对我不利的秘密往来，于是他为我的无辜而高兴。我无保留地告诉这位军曹，几个月前我如何被一个从前的病人诱骗进丛林，身陷匪巢，那时我被带到他们离城镇 4 英里的藏身之处，被迫付了赎金 7 000 元，而他们现在却声称那是我对他们事业的自愿捐献。这伙匪徒显然已经被日本人捕获，酷刑之下却把我这笔钱说成是捐献，而不承认是绑架赎金。我的夫人完全证实了我的证词。这位军曹相信我们的陈述，于是及时将调查结果上报。最后他告诉我们，今后这样的大事不能隐瞒，要立刻报告日本当局，以便他们能立即前去捕捉绑架者。这次永难忘怀的事件之后，夫人和我庆幸得以回家，也没有经受任何体罚。

在他们终于向盟军投降之前，那些身居高位的日本官员曾多次试图向我示好，其中包括霹雳州的地方首长。他说在大连曾和我一样是南满铁道株式会社副总裁松冈洋右的客人。有才华但性情乖张的松冈，后来升任为外务大臣和国际联盟日本首席代表。1932 年，当国联接受了李顿调查团关于日本参与建立傀儡国家伪满洲国的报告时，他曾为此而退出会场。

阑尾炎

我不会忘记那次急性阑尾炎。那是在 1940 年 8 月某夜降临的，当年我已 61 岁了。我行医已近三年，每天过着平安的生活。某个午夜，我阑尾部位突发疼痛使我醒来，同时伴有发烧但未呕吐。病状持续至天明，于是我自己驾车赶往距我家约 12 英里的华都加也那家最大的政府医院，10 时许奇蒂

（E. C. Chitty）博士和切尔乌姆（T. Chelvum）医师为我做了检查，前一位是资深的英国外科医师，而后者是锡兰人，毕业于新加坡医学院。两位医师确诊为阑尾炎，并下达了两小时内手术的医嘱。手术在脊椎麻醉中完成，奇蒂博士向躺在手术台上的我出示了那讨厌的阑尾。我一直相当清醒，两位外科医师不断向欧洲护士和华人护士助手下达的指令我都听到了。

我把自己的阑尾保存在福尔马林溶液中，和来自其他病人的有意义的标本放在一起保存起来。我顺利地康复着，拒绝在手术后注射吗啡止痛，伤口一期愈合，10 天后出院，后来没有出现任何麻烦，只收了我每天 10 元的住院费。

综观平生，除了科学研究外，还有过颇为惊险的插曲。在槟榔屿受困于副伤寒，在巴黎早年偶遇实验室事故，在北京突发心绞痛幸而得救，被马来亚匪帮绑架而得以赎回，两度遭日本宪兵拘押和审讯，日本占领时期凶险的疟疾大流行中得以幸免……时至今日，居然还能够写书回忆这些遇险经历。就在庆幸自己一生顺遂寿高 76 岁，身心健硕之时，竟突患左腿坐骨神经痛。书上说这是由于主神经干本身或与其连接的沿大腿背面分叉前的纤维组织发炎所致。只有受过那种折磨的人才能体会沿神经通路出现的疼痛是何等难受，最困难的是一举一动都十分痛苦。如果某人恰巧睡在楼上，每天上下数次，便能理解我被迫静养 6 个星期是多么艰难。我咨询过几位年轻的医学同行，采纳了最新的透热法、局部用药和注射治疗，但均不奏效。或许古老的针刺疗法能起作用，不过我并未尝试过。疼痛持续着，但我能感觉到，天长日久的折磨中，炎症在逐渐自行消退。到第六周结束时，我的病情多少有些减轻了。坐骨神经痛一般眷顾那些 40 岁以上生活优裕、患有痛风或糖尿病的人，不过我在饮食上总习惯于节制和适度。也许我清淡的生活方式能加速缓解我这些病痛，因为它会延缓并变成慢性疾病。我如今感到双腿无力，尽管我还能够走路，我每周一次步行前去市场，而以前我总愿意一周运动三次。我知道岁月不饶人，必须格外注意在睡眠时对腿部和全身的保暖。从 1938 年开始我即定居热带马来亚，那里白天炎热，夜晚寒冷，终年睡觉不盖任何衣被，我确信我这样的习惯可能是腿部神经炎的真正原因。一个 76 岁人的身体不会像 60 岁的人那样轻便。但我喜欢冷水浴，像大多数东方人一样，在早上 7 点用一小桶水淋向全身，我一直保持着这个习惯。

怀念

现在让我在此回顾那些从美国院校留学归来的中国学生，他们是早年由容闳带领前往美国的，年长于我。据我所知如今只有一位依然健在且精力充沛，1955 年已寿高九十有二，这位可敬的绅士就是周寿臣爵士。他是大英帝国骑士，兴旺的东亚银行创始人。这家银行总部设在香港，活动现已扩展到了新加坡。周先生出生在香港，但他为清政府服务过 30 多年，曾身居北方铁路（后称京奉线）总裁和牛庄道台等要职。他精明地将存款在香港投资，而且将他的才华贡献给了大英帝国在东方的这块属地的发展。他在这块殖民地上有一位终生朋友，那就是银行家、地产和航运巨头何东爵士。1915 年香港大学授予我法学博士荣誉学位时，何东爵士这位好客的东道主让我下榻在他府上。他也是一位 92 岁的高寿老人，尽情享受生活而且奢华，纵然他经常抱怨肠胃不好。我一直保存着上述两位可敬的长髯老者的照片，这张照片摄于 1952 年肯特公爵夫人代表皇室访问东方时，他们坐在夫人的两边。

在早期容闳带出的学生里，我至少认识20位，其中出类拔萃的是唐绍仪。他在清末位居奉天巡抚，民国时又是首任内阁总理。尽管我较唐先生年轻许多，但看来他愿意与我结交，并且有幸将对我的信任与友谊维系到他临终。我也熟悉他的几位家庭成员，包括前妻所生的分别名叫埃尔西和梅的两个女儿。第一位嫁给了朱祀年先生（曾任中国驻瑞典大使，他曾推荐我为诺贝尔医学奖候选人，但未获足够支持）；第二位是曾任驻华盛顿、伦敦和巴黎的著名使节顾维钧博士的早殇夫人。

唐先生健在时，曾对我谈及他早年在朝鲜所知道的一切。那时中国和日本的代表分别是袁世凯和伊藤伯爵，彼此在外交上明争暗斗。唐先生还将我带进了中国古代艺术的堂奥，他收藏有丰富的珍贵瓷器，竟允许我随意把玩。

唐先生讲得一口纯正的英语，尽管他在美国只读过中学，而且身处官场，在同僚和下属中罕有使用机会。他退休后住在天津和上海时，我多次请求他写回忆录，因为在所有现代中国官员中，只有他具备完整而准确的有关中国与西方世界关系的知识。他又参加过早期南北双方的谈判，当时袁世凯（由唐绍仪代表）和孙逸仙（由伍廷芳代表）的全权代表双方发生激烈争论的至关重要问题是清帝退位后是否实行共和，唐君是力主共和的，但是袁世凯不同意，于是他曾一度辞职。

那是一个动荡的年代，日本人、汪精卫和蒋介石都在为控制中国而战斗，唐君的声望仍然很高，都很希望他出山。唐先生在上海租宅而居，数月中辞谢了任何一方。1937 年某日，人们发现他死于家中，脑后受过重击，事情发生在向一个冒充的古董商出示他的藏品时。我于 1953 年 4 月在新加坡探望过他的遗孀，她向我讲述了唐先生遇害的全部详情。

“唐先生安分地住在上海法租界一座小房中，整日与心爱的古玩为伴。某日，他接待一个陌生的高大北方人来访，此人自称古玩商，在本地开了一间店铺。过去唐先生总是友善地对待这些人，即使知道他们不一定有什么值钱的物件，还是会接待他们，有时候会给他们 10 ~ 50 元钱。这一次，此人给唐先生看了一些小件物品，但是唐先生都看不上，于是客人告辞且答应以后带些更好的来。不久后的一天，当时唐太太远在香港，女儿埃尔西和儿子刘易斯外出，这个陌生人再次到来，并带来一只大花瓶。唐先生亲自开门迎进客厅，陌生人跟随其后。此人突然从花瓶内抽出一个小而沉重的铁器击打唐先生后脑，并连击数次。年逾七旬身体衰弱（1861 年出生）的唐先生当即身亡。凶手显然已经知道他家属不在而此时仆人也不在场，于是他得以不留痕迹地逃离。不过此人已被人见过并有可能被人认出，一年后，发现他死在重庆（四川省）一家旅馆，是被一个不明身份的人所枪杀。"

唐先生就这样横死于 76 岁，不再有机会去撰写记述他那波澜壮阔的一生并遗泽后世的回忆录。他珍贵的古董收藏，开始保存在上海和澳门附近的家乡唐家湾，后来以极低的价格变卖了很多，因而散失殆尽。他的遗孀所生女儿嫁给了新加坡橡胶巨头李光前的长子，李氏是为促进马来亚教育和社会服务而建立的李氏基金会的领导人。

向皇家亚洲文会的捐赠

读者应该记得，在第 14 章里我曾谈及某次海港检疫管理处年度宴会上，美国总领事及驻上海领事团的资深前辈坎宁安（Edward Cunningham）先生发表过演说，他在演说中提及我向皇家亚洲文会（RAS）中国支会捐赠 3 万元（约 3 000 英镑）建设资金一事。这个机构开始是由居住在上海的英国人为研究亚洲艺术和文化而创立的，目的是借助英国政府和商界领导人促进对英国和中国文化的了解。这座二层小楼建在由当局捐赠的一小块土地上，由离外滩仅一箭之遥的博物馆路通过一条狭窄小巷即可到达。文会只有很少的会员，主要是英国官员、商人、教育工作者和传教士，出版了一份英文年刊，其中通常都刊有很令人感兴趣的文章，大多数是历史方面的。我本人在文会举行的会议上发表过两次讲演，一次题目为“中国的医学先驱者”，另一次是“中国早期的旅行家”。

到 1930 年，这座旧建筑已显露破败迹象，为了重建，曾向公众募捐到至少 10 万元（1 万英镑）。在当时，最兴旺的公司和最有钱的是欧洲人和犹太人，因此期待他们多捐助，但回应却令人失望。我在中国服务 20 年间，有些积蓄，我觉得自己能有今天，主要是由于英国政府在我早年提供了奖学金和让我有机会接受大学教育，因此我捐赠了相当于 3 000 英镑的存款，其数额接近所需总额的三分之一。我率先之举，特别是因为我是中国医务人员，在外国人社团中造成了明显的影响，于是大笔捐款源源不断。《大美晚报与文汇报》（*The Shanghai Evening Post and Mercury*）1931 年 2 月 16 日一篇头条新闻中曾这样写道：

这份丰厚礼物的目的是在这座城市的中外人士间造成一种友善和相互尊重的氛围……我们这些生活在中国的外国人中，仍抱有旧观念的人是太多了，他们对中国事务主要关注的竟是那些看似纷繁复杂却实为再简单不过的问题，为什么不去关注彼此的共同点呢？

1931 年 3 月 14 日出版的《英国医学杂志》（伦敦）曾载文道：

伍连德博士向中国的皇家亚洲文会捐赠 2 万银元（3 000 英镑），用于在上海重建这个机构，该机构中设有图书馆和许多设施，以促进中国与西方在思想上的共识。这份礼物是伍连德（当时的名字为 G. L. Tuck）博士用以表达他受到帮助的感激心情。1896 年，他获得海峡殖民地设立的每年 200 英镑女皇奖学金，从而得以进入英国剑桥大学依曼纽学院，随后又在伦敦的圣玛丽医院接受英国的医学教育。

皇家亚洲文会新址于 1933 年首次开放。该建筑有三层，第一层是图书馆和阅览室，二层是以伍连德博士命名的讲堂，顶层是办公室和陈列中国与西方文物的博物馆。若干年来，博物馆的馆长都由苏柯仁（Arthur de carle Sowerby）担任，他是一位蜚声国际的卓越的动物学家，父母是英国传教士。

早年（1908—1910）我偶尔会去北京，必见程璧光将军，他后来成为袁世凯总统的海军总长。程将军是一位质朴、不装腔作势的高官。他历经沧桑，首先是 1894—1895 年的中日甲午战争，后来到清末时又被人怀疑是革命党。程与我在星期天闲暇时会去逛古玩店寻觅古董。有一天，我得到一尊涂过漆的铁铸观音小雕像，高 4 英寸，比例匀称，显然是件古董，其容貌与已故维多利亚女王惊人相似。那位女王君临天下时，我还是伦敦的一个学生。程对我购得的这件物品赞不绝口，建议我为它配个合适的象牙底座。岁月流逝，程将军在担任广东督军（后来成为政治谋杀的牺牲品）时，我也得到晋升。我珍藏这尊宝贵的小雕像长达 15 年以上。后来我听说英王乔治五世和王后玛丽都对中国艺术品感兴趣，我便通过老朋友伦敦

酷似维多利亚女王的铸铁小雕像，象牙底座（宋代，13 世纪）。伍博士赠送给英王乔治五世，现藏于温莎城堡博物馆

大学医学院院长、皇家外科学会会员埃利奥特博士，与皇家内科学会会员、宾夕法尼亚大学医学博士、国王御医道森（Dawson）勋爵取得了联系，表示如果接受，愿将这尊雕像赠送给英国王室。很快便收到回复，两位陛下都很乐意看到小雕像。我随即将古玩包装在一个坚固的木箱内邮寄过去，随后及时收到了一封正式的感谢信。这件少见的艺术品经大英博物馆东方收藏品专家鉴定，断定为真实的宋代（960—1127）作品，并已转呈给他们的王室。国王陛下表示，这个近一千年前铸造的人物酷似他的祖母陛下，令他们惊喜不已。还告知我这件礼物会收藏在温莎城堡。这个罕见的人物头戴高顶王冠，左手持一柄仙女的拂尘，飘逸的拂尘毛向后散开覆盖着左肩，而右手掌则握着一个类似王族风格的球状物。这尊完好雕像不由得使我想起维多利亚女王，当年她曾以至高无上的王权自任印度女王。

过去多年来我不得不数次搬迁，从这方面看，这件珍贵的文物能妥善收藏在那个城堡中让我欣慰，否则将会像我许多其他财产一样付诸东流了。

捐赠北京住宅

1949 年中华人民共和国中央人民政府取代国民党政权，决定将中华医学会总部由上海迁往北京。于是我写信给设在北京东单三条的总部新任秘书，表示要将位于东城东堂子胡同 55 号的那栋宽敞的三层住宅赠送给学会永久使用。这座房屋的空间足以安置图书馆、阅览室和办公机构，还可为员工和外地来京会员提供住所。

六幅古画和一枚御玺

日本侵占马来亚期间（1941—1945）我的艺术珍藏中，劫后余物是六幅我特别喜爱的中国绢画。其中有四幅是一组用艳丽色彩描绘的杭州风景，杭州曾是南宋皇帝的都城。这些画每幅高30英寸，宽20英寸，配以乌木框，描绘了山川、宫阙及云彩，古朴高雅。每一幅画都表现了宋代艺术家那淡雅独到的写意特色。这四幅山水画都出自赵伯驹手笔，在第一幅画上署有其表字“千里”。

另外两幅的尺寸是26英寸×24英寸，已确认是著名耶稣会士画家郎世宁的作品。此人是著名的乾隆皇帝（1736—1796）的随身侍从。这两幅人物画描绘了两个身穿唐代（618—907）服装的宫廷美女，她们身披华丽飘逸的长袍，别致的蝶形发髻上佩戴着珍珠和凤钗。画面着色尽依天然投影之法。这两幅画尽管已问世150年以上，而且长期暴露在炎热、潮湿和热带强阳光下，但依然艳丽如初。

第七件古董是一枚椭圆形的象牙御玺，大小为4英寸×3.5英寸。通体精雕着盘绕的9条五爪龙。它是清王朝第五代皇帝嘉庆（1796—1820年在位）发布诏书时的用玺。日本人占领时期这些宝物都藏在槟城我的老家，逃过了一劫。现在全都赠送给了马来亚大学艺术博物馆。那里的画廊备有空调装置，并能防除热带昆虫的侵害。著名的中国艺术品专家对那六幅画作过评估，现在的总价值为6 000英镑。希望这些罕见的由古代大师创作的中国画珍品能够成为核心，借此凝聚成一个更大的收藏中心，用以发展大学的艺术教育。

热爱书籍

从我拥有第一本书至今，我经常感到学海无涯。为此从在剑桥学习医学时开始，我都购买二手教科书，以便节省几个先令，即使通过考试后我也不将这些书处理掉。直到现在，我还藏有福斯特（Michael Foster）著的《生理学》，这部厚重的巨著是在第二学年（1897）买的。还有哈利伯顿（Halliburton）的《生理学手册》（1899）和奥斯勒（Osler）的豪华版《医学实践》[似为 *The Principles and Practice of Medicine* 一书之简称]。我自立以后，阅读范围便扩展开来，开始收藏有关历史、艺术、哲学、古代医学和古老文明之类的书籍。

从欧洲归来和随后居留中国期间，我对中国、日本和美国的历史、艺术和文化越来越感兴趣。由于我的知识面逐渐扩展和藏书越来越多，我开始思考建立一个小型综合性图书馆的可行性。我经常参观北京莫里循博士的东方图书馆（请见第 10 章），因而上述想法愈加强烈。前文已经说过，我曾力图说服在北方的那些中国朋友，趁莫里循博士准备离开中国时收购他的藏书。但一位日本金融家抢先了一步，我们无缘他那绝妙的收藏。

与我合作编著《中国医史》的朋友王吉民医师，在 1925 年曾建议我收购一个藏书精善的小型图书馆，那是一位退休在杭州的中国官员收藏的古代中国医学典籍，以便用它作为中华医学会颇具规模的图书馆内有关中国医学史专题藏书的核心，那时医学会在上海的池浜路 41 号已经有自己的会址。我发自内心同意他的建议，并为此捐献了 3 万元（当时约相当于 300 英镑）。我们医学会那座收藏丰富的图书馆，收藏着各语种的医学图书和期刊，特别是英国、美国和中国文献，中文藏书从此成了它的重要组成部分。

1935年，吴铁城先生在江湾完成了他的模范大上海建设，要求我为他新建的城市图书馆英文部捐赠书籍，我欣然同意将自己1 200部藏书中以艺术类为主的200种献出。为了展示艺术类和科学类书籍中的插图，我还主动参与了那些有伦敦大英博物馆风格的玻璃橱窗设计。可恨的是，“大上海”只存世3年，日本军队入侵这座城市，摧毁了大部分美丽的建筑，这座图书馆连同它的收藏也一起灰飞烟灭了。

另一次灾难发生在我离开上海后的1938年，我剩下的藏书和艺术收藏被包装在39个木箱中，交由海船运回马来亚，却被误投他处，至今无线索可寻。

聊以慰藉的是，在东方战胜日本后，我又从各种来源重新收藏了超过2 000部有关中国、印度、欧洲的艺术、哲学、科学、历史和文化的书籍。我期待着终有一天，这些书籍会出现在某个学术机构中，惠及现在和世世代代的马来亚人。新加坡的南洋大学于1957年接受了我捐赠的最新藏书，这些书被专门放置在大学图书馆的一角，并称之为“伍连德藏书”。

1916年香港大学曾授予我法学博士荣誉学位，后来我将有关鼠疫的少量收藏品，连同日本入侵后我们从哈尔滨博物馆中抢运出来的标本、防疫专著和报告等，一起赠给了香港大学。

忆往

当我书写这些回忆录并回想起早年生活中发生的种种往事时，我有时不禁感到惊讶，为何那些往事，甚至是在学校时的经历，竟是那样记忆犹新。记得那时有个比我大三岁的恶棍，简直就是我的灾星。他经常拧着我的手臂强索我那从微薄的零用钱中省下的几个铜板，显然他也会以同样的方式对待其他孩子。他脸上有道伤疤，有着诡诈的眼神和一张可谓残忍的嘴巴，他后来未享天年。

50多年前我在剑桥和别处见过的一些人，现在也仍然历历在目，恍如昨日。身材短小的塞奇威克（Adam Sedgwick）讲课时口齿十分不清；身高6英尺6英寸瘦削的达克沃斯（Duckworth，卒于1956年）讲课生动，简直能让那骷髅咧嘴发笑。另一位身高6英尺的皮尔森（S. V. Pearson）也毕业于依曼纽学院，我进剑桥时，他已经是文学士，还是赛艇蓝衣队员。他毕业时也得到医学博士学位，正当谋求在伦敦哈利大街执业行医时，突患肺部出血，不得不在瑞士的诺德拉赫（Nordrach）治疗数月，他后来完全康复了，在私营的蒙德斯利（Mundesley）疗养院担任了44年院长，享年75岁高龄。他写过一本通俗易懂的书——《人、医学和我》。

我还记得克里奥尔舞蹈家梅罗德（Cleo Merode）和著名女演员贝纳尔（Sarah Bernhardt），我曾在法国的舞台上见过她们。那些犹如过眼烟云数不胜数的中国高官与军阀们常有特殊的癖好，如张宗昌的傲慢与好色。还有北京那数不清的古董商，不管你怎样评论他们货物的真假，似乎总不会失去耐心，因为他们深谙此道，如果某件东西对你有吸引力，便会三番五次前来，最后必按要价买走。

大脑中是什么能使人清晰地储存这些记忆如此长久呢？大脑皮质细胞如何起作用呢？如果告知某个医学生说机体细胞总在分裂是确实的，那么活了70年后，原来的细胞结构留下的一定很少。去年（1955），我请教过谢菲尔德大学社会与工业医学系主任霍布森（William Hobson）教授，他亲切的讲解足以消除我的困惑：

“虽然机体的大多数细胞会持续生长和分裂，但生物个体的中枢神经系统细胞在早期即已停止分裂，或许正是它们一旦停止分裂便能记住一些事情。也就是说，某人的大脑皮质细胞结构，60 年前和现在是相同的，这些细胞的衰老不像皮肤基底细胞那样迅速，某生命个体一生中，皮肤的基底细胞是在持续生长和分裂的。这确实是个明显的事实：某种类型的细胞可以完好保持 60 多年而不衰老，另一些细胞却只能存活几年。”

老年医学

过去的十余年，研究衰老过程的老年医学或老年学受到世界各地许多科学家的关注。我早年在巴黎巴斯德研究所的老师梅奇尼科夫，便是论述这个问题最早的作者之一。他在其所著《延长寿命》（1908）一书中阐明了自己的观点。他主张饮用按保加利亚人的方法制作的发酵乳（Koumiss 乳酒）以延长寿命。他本人享年 71 岁（1845—1916），尽管他那散乱的灰色长须总是显得比实际年龄要苍老。中国历史上关于老将军、老哲学家和老学者的故事屡见不鲜，总是教导人们恪守孝道，尊敬古稀老人。在现实生活中，会有人教导我们，许多达到 60 岁的人脸部往往生出一些难看的黑色或紫色、形状不一的皮肤增生，那是“长寿斑”，医学教科书上说这并不是年迈体衰的征候。以我自己为例，我很厌烦在我右脸颊上日渐增多的那些乳头状皮肤突起，我曾尝试涂抹治疗鸡眼的药水（水杨酸溶入乙醚火棉胶)，但它们并未像脚趾上常见的鸡眼那样缩小，涂抹两周以后竟有两三个增大一倍，我只得赶快停止用那种药水，以免刺激它们！

饮食

为了探明遗传和环境的交互作用以何种方式决定生命的延续，并找出生长速率、发育、成熟和衰老等可能通过疾病或意外影响死亡的因素，用不同数量的规定食物喂饲大白鼠进行过大量实验。可置信的统计结果表明，肥胖者风险较高，身材精干者较肥胖者长寿，过多的脂肪摄入易于引起心血管疾病。

已经发现，蛋白质或碳水化合物含量高的食物并不缩短大白鼠的寿命，还有人认为食物中含有14%的蛋白质时，雌雄鼠的寿命最长。高脂肪，特别是其中含有胆固醇的食物，对供实验的大白鼠和小白鼠的寿命都有负面影响。总之，可以说这些结果让人们相信，到达一定年龄后身体即停止生长，便应节制饮食，特别是限制脂肪和碳水化合物的摄入。

于我自己而言，1955年11月测得的血压是收缩压131，舒张压82。这与我40岁在北京时几乎一样。此前，收缩压通常处于120~130，舒张压介于65~70之间。我从不饮酒吸烟（不论何种品牌），也很少熬夜。总的来说，我采取了正常的符合生理学的生活方式。在饮食上我也有节制，设宴时避免过度丰盛的菜肴。但那是中国式筵席的常规，10道甚至15道菜接连摆上餐桌。事实上，我70岁后进食的米饭和菜肴或许只是年轻时的四分之一。15年来我的体重一直稳定在150磅至152磅，而我在大学时的体重是120磅。我厌腻家中饭食时，便去外面餐馆品尝各类美食，例如面条或佐以鱼虾的辣味印度咖喱饭，换换口味并不会令我不适。

偶尔粗心大意误喝了过熟的或不新鲜的椰子汁，胃肠便会不舒服，有时会拖延整整两天，但最终还是会复原，并保持着我的身心平衡而不受疾病干扰。

现在也许有人会问："如此保养，或者说采取这种斯巴达式的生活方式，难道是健康长寿所必需的吗?"丘吉尔这个活生生的例子就放在我们面前，尽管他从来不知俭朴，随意吃喝、吸烟，1955 年已达耄耋之年，而那些嗜好似乎并没有损害他的精力或才智，他领导英国闯过了悠久历史上两个最关键的时期，还能忙里偷闲赢得诺贝尔文学奖，绘画水平也相当高，砌砖如同老瓦匠。此前也有人像丘吉尔那样生活过，但少见有人能活到古稀之年并为造福人类取得如此高度的成就。

曾有一派科学家怀疑人们能活到 100 岁；约翰·霍普金斯大学已故的珀尔（Raymond Pearl）曾多次在课堂上说，如果某人自称已经到了那个年龄，便应该严肃地怀疑是否可靠。波斯有不少自称已有 140 岁或更老的例子，这些人通常都属于无知识阶层，并且是根据穆斯林传统估算年龄，那他们在我们的一年中就过了两个新年。

1958 年 9 月 18 日和蔼可亲的伍连德博士在新加坡南洋大学为师生讲演时的留影。桌上叠放的许多书籍是作者发表的著作。左边包裹是他赠送给南洋大学的猩红色博士袍

然而由于老年医学的问世，人们更注重收集这

类统计数据。就在不久前某天（1955 年 11 月 15 日），据来自德克萨斯州的报道，有位美国内战时期的退伍军人依然健在，寿高 113 岁，这位老兵与他 84 岁的妻子和 12 个孩子中尚健在的 5 人庆祝了自己的生日。他的秘诀是："过道德高尚的生活，起床便吃早餐，在家吃午餐和晚餐。"

我还可以用植物学家里德利为例。他在 1955 年 12 月 10 日度过了百岁寿诞，是我有生之年认识的唯一百岁老人。还有香港出生的两位华人百万富翁何东爵士[①]和周寿臣爵士，他们不久就将达到 95 岁高龄。荫少泉（S. C. Yin）[②] 博士，是我所尊敬的同行，在新加坡执业。他娶了一位英国妻子，育有二子。长子查特里斯（Leslie Charteris）是著名的侦探小说作家，创作了《圣徒》；次子荫牧师（R. H. Bowyer Yin）曾在牛津受过教育，被委以圣职并被任命为伊顿公学校长。这位老医师 1956 年依然健在，那时已经 79 岁高龄，不过长期患有关节炎而不能行动。他曾患过肺痨，还尝试吸鸦片十余年，但是他的肺病和鸦片瘾都被完全治愈了。即使对于一个开业医师来说，这也是何等特别的经历啊！

最后，我想谈谈我在医学界的资深同行林文庆博士[③]。他在 1955 年庆祝了 87 岁生日。以林博士和已故的陈嘉庚先生为主，在新加坡集资创建了第一所医学院，现已并入马来亚大学。林博士是学院的第一位药物学讲师。这个还在成长中的教学中心的现任领导，不应该忘记趁那些老人还健在时，授以他们相称的荣誉。在香港，他们对那些理应受到表扬的人，已经做了该做的事。

---

① 何东爵士卒于 1956 年 4 月。——作者原注
② 荫少泉博士卒于 1958 年 4 月 2 日。——作者原注
③ 林文庆博士卒于 1957 年 1 月。—— 作者原注

结束语

伍连德的最后留影之一，
1960 年摄于马来西亚槟城

享有高寿的老人，为后辈提出某些忠告，让他们在谋取幸福的人生道路上一帆风顺，看来已经成为风气。在我看来，仅仅长寿并不足以自慰，除非有健康的身体，并能有机会在某种程度上与他人同享相互理解的生活乐趣。当然，这是相对而言的。如果一个人不能发挥他的智慧，或无缘回报友谊和情感，而仅仅是活着，那么，不论别人如何宽容，也并非乐事。所幸的是，随着科技进步，借助收音机、电视机和其他新发明，使人们能够听到、看到其他人的行动和思想，因此能够与时俱进。比起足足享有84 岁高龄的父亲那个年代，长寿在今日有着高得多的价值。

6 年来，我为准备这些回忆录而给自己带来了极大的乐趣，不过我还是担心，由于频繁的中断和缺乏足够的参考文献，可能不如我所希望的那样令人满意。

附　录

伍连德年表

人名索引

伍连德年表

1879 年　3 月 10 日出生于南洋槟榔屿（今马来西亚一个州）华侨家庭。

1886—1896 年　入槟榔屿大英义塾学习 10 年。

1896 年　在新加坡举行的女皇奖学金考试中名列第一，赴英国剑桥大学意曼纽学院学习，是剑桥第一个华人医科学生。

1899 年　6 月，被授予文学士学位。8 月，考取圣玛丽医院大学奖学金，在医院学习 3 年临床课程，多次获得奖章和奖学金，如齐德尔临床内科金质奖章（1902）、临床外科特别奖（1901）、临床内科特别奖（1901），以及克斯莱克病理学奖学金（1901）。

1902 年　4 月，通过最后一次医学士考试，是当年同批入学学院中，唯一在 5 年零 3 个月内通过第三次考试的学生。4 月至 9 月，入伦敦布朗普顿医院，学习研究结核及胸科疾病的治疗。9 月，获准意曼纽学院每年 150 英镑的研究奖学金，毕业后可在英国或欧洲大陆上任何一个研究机构从事研究工作。9 月至 12 月，在利物浦的热带病研究所罗纳德·罗斯（Ronald Ross）教授指导下做研究。

1903 年　1 月至 4 月，赴德国哈勒大学卫生学研究所，在卡尔·弗兰克尔（Karl Fraenkel）教授指导下开始进行破伤风感染的细菌学研究。5 月至 8 月，入巴黎巴斯德研究院，师从梅奇尼科夫（Elie Metchnikoff）教授，继续破伤风菌的研究。获文学硕士、医学士、外科学士学位。8 月，提交关于破伤风研究的论文，通过剑桥医学博士学位答辩，1905 年实授学位。9 月，乘邮船离开伦敦，一个月后抵达新加坡。

1903—1904 年　入吉隆坡医学研究所（IMR），研究南洋一带流行的致命的疟疾和脚气病，工作之余，组织成立雪兰莪州文学与辩论学会（雪兰莪文学社），出任会长，倡导剪除发辫、改革旧式婚俗等。

1904—1907 年　在槟城牛干冬街执业行医，并成为社会活动特别是禁鸦片运动的组织领导者。

1905 年　7 月，与黄淑琼小姐结婚，后育有三子。

1907 年　直隶总督袁世凯邀聘伍连德回国供职，不久赴伦敦、柏林考察军事医学。

1908 年　10 月，任天津陆军军医学堂帮办（副校长）。

1910 年　10 月，东三省肺鼠疫大流行。经外务部施肇基推荐，12 月 19 日，清政府委派伍连德赴哈尔滨调查瘟疫、组织防控。12 月 24 日，伍连德抵达哈尔滨，深入疫区调查研究，解剖疫死者尸体，建立实验室，发现鼠疫病原菌。采取了控制交通、隔离疫区、建立医院收容病人、火化鼠疫死者尸体等多种防治措施，使这场震惊中外的瘟疫很快就被控制。

1911 年　4 月 3 日至 28 日，在奉天（今沈阳）召开“万国鼠疫研究会议”（International Plague Conference），伍连德当选为大会主席，这是中国近代史上首次国际科学会议。4 月，学部奏请给医官伍连德医科进士学位。5 月，为表彰伍连德扑灭鼠疫大流行的功绩，摄政王载沣代表宣统皇帝在紫禁城召见，前一日授予北洋新军协参领（相当于少校军衔）。俄国、法国也授予荣誉奖。7 月，率领中俄联合考察队赴满洲里和西伯利亚的博尔贾一带调查鼠疫状况。其结论形成《旱獭（蒙古旱獭）与鼠疫关系之调查》长篇论文，1913 年在《柳叶刀》（*Lancet*）发表。12 月，作为中国政府代表团成员赴海牙出席国际鸦片会议。

1912 年　11 月，中国近代第一所常设防疫机构宣告成立，伍连德任总办兼总医官。

1913 年　6 月，聘为大总统侍从医官，历任十余年。7 月，代表中国政府赴海牙出席国际禁毒会议。

1915 年　2 月，与颜福庆等 21 人在上海集会，宣告中华医学会成立。选举颜福庆为首届会长，伍连德为书记，还受命创办《中华医学杂志》，出任总编辑。

1916 年　2 月，中华医学会第一届大会在上海召开，被选为会长，连任两届（1916—1920）。同年兼任京汉、京张、京奉、津浦四条铁路总医官。12 月，获香港大学荣誉法学博士学位。

1918 年　1 月，山西暴发肺鼠疫流行，赶赴疫区防控。1 月 27 日，经过 3 年的不懈努力，建成了北京中央医院（该院址现为北京大学人民医院），任院长 4 年。

1919 年　北洋政府在北京设立中央防疫处。哈尔滨霍乱流行，伍连德领导下的东北三省防疫事务总处集中全力防治，取得令人满意的结果。

1920 年　10 月，东三省第二次肺鼠疫在东北北部和西伯利亚暴发，由于有 1912 年建成的东三省防疫事务总处及其下属医院和 8 年来研究工作积累的经验，第二次肺鼠疫的流行并未造成灾难性的后果，此时中国人的防疫水平已超过日本和俄国。

1921 年　9 月，洛克菲勒基金会于 1914 年首次派出中国医学委员会，研究和报告中国的公共卫生和医学状况。伍连德力主在北京建立一座新型的医学院校及医院，他提出的许多建议都被采纳，北京协和医学院及医院在本年落成。

1922 年　受奉天督军张作霖委托，在沈阳创建东北陆军医院。两年后医院落成，是当时中国规模最大、设备最好的医院。

1922 年　获上海圣约翰大学荣誉科学博士学位。

1923 年　作为访问教授赴日，是中国第一位访日的交流教授。

1924 年　赴美国约翰·霍普金斯大学进修学校卫生和公共卫生学。次年获公共卫生学硕士学位。

1926 年　5 月，《肺鼠疫论述》（*A Treatise Pneumonic Plague*）由日内瓦国际联盟出版。

日本东京大学授予作者医学博士学位，首次将此学位授予外国人。夏，哈尔滨再次流行霍乱，滨江医院积极防治，美国卫生学杂志评论该院为优秀防治霍乱医院。9 月 8 日，在东三省防疫事务总处及其所属滨江医院的基础上创办了哈尔滨医学专门学校，学制 4 年，并出任第一任校长。这是我国东北地区最早由中国人自办的高等医学院校，1938 年更名为哈尔滨医科大学。

1927 年　3 月，被国际联盟卫生组织聘为该组织中国委员，并授予“鼠疫专家”称号，随即被派遣考察和报告欧洲 12 个国家的卫生机构和研究所。出席国际联盟在印度召开的第七次远东热带医学会议，当选为副主席。

1929 年　12 月，伍连德等向南京国民政府提交收回检疫主权的书面报告。

1930 年　7 月 1 日，遵照国民政府卫生署训令，全国海港检疫管理处正式成立，伍连德任处长，兼上海海港检疫所所长。从此由外国人手中收回海港检疫权。

1931 年　代表国民政府刘瑞恒署长出席国际联盟卫生会议。在上海主持召开第一届检疫学术会议。11 月，“九一八”事变后，赴安东检疫医院视察，乘火车返回途经长春时遭日本宪兵逮捕，视之为国联李顿调查团间谍，经英国领事营救，拘押 3 天后释放，南下上海。

1932 年　年初，日军向东北全境进犯，哈尔滨沦陷，东三省防疫处被迫解散。“一·二八”事变，上海港吴淞检疫医院被日寇炮火炸毁，上海港检疫中断一年之久。伍连德率检疫处同仁组成战地救护队，救治几百名伤兵。大批难民涌入租界引发霍乱流行，检疫处投入防治。7 月，与王吉民合撰《中国医史》（*History of Chinese Medicine*）出版。与刘瑞恒博士合作从新加坡慈善家胡文虎处募集 30 万元，于当年建成南京中央医院。

1935 年　由时任中国驻瑞典大使朱祀年等推荐为诺贝尔医学或生理学奖候选人，提名理由为：从事肺鼠疫研究工作，特别是发现旱獭在其中的传播作用。

1936 年　5 月，*Plague：a manual for medical and public health workers* 在上海出版，作者伍连德、陈永汉 、伯力士（R. Pollitzer）、伍长耀。同时出版中文版，书名《鼠疫概论》。

1937 年　4 月，当选为中华医学会公共卫生学会会长。7 月，日本发动全面侵华战争，淞沪抗战中，全国海港检疫管理处财产被日寇劫掠一空，位于上海市江湾区的伍氏私人住宅也毁于日寇炮火。国破家亡，伍连德被迫偕家眷返回马来亚避难。9 月，定居马来亚怡保市，开设私人诊所，时年 58 岁。

1942—1945 年　马来亚陷于日军铁蹄之下，以行医为业，和当地人民一道艰难度日，1943 年 7 月曾被绑架，被勒索巨款。

1947 年　11 月，抗战胜利后，偕夫人重返中国访问。会见许多阔别多年的老同事，还应邀到他曾尽心竭力创建的几所医学机构做客。

1950 年　将北京东堂子胡同住宅捐赠给中华医学会做办公地点。

1957 年　向新加坡南洋大学捐赠"伍连德藏书"。

1959 年　2 月，《鼠疫斗士：一个现代华人医师的自传》（*Plague Fighter: the Autobiography of a Modern Chinese Physician*）由剑桥 Heffer and sons 公司出版，全书 660 页。1960 年 8 月由徐民谋节译为国语，新加坡南洋学会出版。

1960 年　1 月 21 日清晨，伍连德博士在他的槟城新居中突发脑中风逝世，享年 81 岁。

人名索引

A

B

D

E

F

J

K

L

Q

R

S

W

Y

图书在版编目(CIP)数据

鼠疫斗士：伍连德自述（下）/伍连德著；程光胜，马学博译；王丽凤校．—长沙：湖南教育出版社，2012.4（2020.4重印）
（20世纪中国科学口述史/樊洪业主编）
ISBN 978-7-5355-9415-0

Ⅰ.①鼠… Ⅱ.①伍… ②程… ③马… ④王… Ⅲ.①伍连德（1879—1960）—自传 Ⅳ.①K826.2

中国版本图书馆CIP数据核字（2012）第056280号

书　　名	20世纪中国科学口述史 鼠疫斗士　　伍连德自述（下） Shuyi Doushi（Xia）
作　　者	伍连德著　程光胜　马学博译　王丽凤校
责任编辑	朱　微
责任校对	刘　源　张　征
出版发行	湖南教育出版社(长沙市韶山北路443号)
网　　址	www.bakclass.com
电子邮箱	hnjycbs@sina.com
客　　服	电话 0731-85486979
经　　销	湖南省新华书店
印　　刷	长沙超峰印刷有限公司
开　　本	710×1000　16开
印　　张	29.5
字　　数	352 600
版　　次	2012年4月第1版　2020年4月第1版第3次印刷
书　　号	ISBN 978-7-5355-9415-0
定　　价	75.00元